TEA

BOOKS

Za izdavača
Tea Jovanović
Nenad Mladenović

Glavni i odgovorni urednik
Tea Jovanović

Korektura
Agencija Artelittera

Prelom
Agencija TEA BOOKS

Dizajn korica
Agencija PROCES DIZAJN

Izdavač
TEA BOOKS d.o.o.
Por. Spasića i Mašere 94
11134 Beograd
Tel. 069 4001965
info@teabooks.rs
www.teabooks.rs

ISBN 978-86-6142-038-2

MARKO LOPUŠINA

UBIJ BLIŽNJEG SVOG

Jugoslovenska tajna policija
1945–2002.

TEA
BOOKS

UVOD

Prvo su na prostoru SFRJ počele da ratuju tajne policije podržavljenih republika, a potom same republike i države. Bio je to tihi i nevidljivi rat za običan svet, ali pouzdan simptom za političare, koji su vagali, svaki na svoj način, kako će i kada izaći kao pobednici iz duela sa Srbima. Srpska tajna policija je progonila državne neprijatelje, kako u Srbiji, tako i u drugim republikama. To su znali samo oni koji su osetili srpski politički bič na svojim leđima.

Tajnost je glavni i osnovni princip postojanja i rada svih obaveštajnih službi sveta, pa i srpske i jugoslovenske tajne policije. U toj tajni o sebi i drugima sadržane su snaga, moć i dugovečnost državne političke policije, koja postoji na ovim našim prostorima poslednjih pedeset godina. Njen zadatak je od 1945. do početka devedesetih, a i kasnije, uvek bio da brani, štiti i čuva državu, vlast, partiju i njen politički vrh od tzv. unutrašnjeg i spoljnjeg neprijatelja. Zato su Oznu, Udbu, SDB, politički čelnici od milošte zvali „pesnica komunizma" ili ponekad i „štit revolucije".

A u vreme Slobodana Miloševića tajna policija zvana Resor državne bezbednosti bila je njegov politički i tehnički servis. I jedna i druga policija, SFRJ i SRJ, koristile su svoje političke simpatizere, ali i plaćenike kao tajnu političku armiju. U Titovoj Jugoslaviji oni su bili saradnici Službe, a u Miloševićevoj paravojska. Ljudi iz podzemlja radili su i za doktora Franju Tuđmana i za Aliju Izetbegovića, a ni Milan Kučan ih nije previše mrzeo. Tako je svaka nova država dobila i nove ulične narodne heroje, svoje Arkane, Tute i Juke.

Činjenica je da su jugoslovensku tajnu službu stvarali i vodili Hrvati i Slovenci, a da su njeni najrevnosniji policajci bili Srbi, samo zato što su se trudili da dokažu svoju odanost Titu i Partiji. Kao verni čuvari Broza i druge Jugoslavije, Srbi „oznaši", „udbaši", „debejci", proganjali su, mnogo puta i bez suda, ne samo po principu velikog broja i velike nacije već i svesno, upravo vlastiti narod. Srbi su u drugoj Jugoslaviji bili sami sebi i goniči i progonjeni, tačnije i dželati i žrtve tajne policije.

Malo je reči u našem jeziku koje tako sumorno zvuče kao što je to reč Udba. U njoj je sadržan sav ljudski gnev i tihi otpor prema jednom delu života u komunističkoj Jugoslaviji, koji su mnogi njeni žitelji potisnuli, makar prividno, iz sećanja. Udbom i danas ljudi zovu sve jugoslovenske službe državne bezbednosti, jer žele da na taj način pokažu koliko su svesni zla koje je politička policija nanela vlastitom narodu.

Prema mojim procenama, jugoslovenska tajna služba je u drugoj Jugoslaviji progonila i unesrećila najmanje pola miliona ljudi. A u trećoj još najmanje sto hiljada ljudi. Svedoci akcija jugoslovenske političke policije sećaju se Kočevja, Zelengore, crvenog terora, Golog otoka, obaveznog otkupa, Dahauskih procesa, Četvrtog plenuma, studentskih demonstracija, maspoka, liberalizma, kosovske drame, bosanskih progona, slučaja osmorice, devetog marta, zime 1996. godine, nesreće na Ibarskoj magistrali. Bile su to direktne posledice građanskog rata, među Jugoslovenima i Srbima, ali i onog neobjavljenog građanskog rata koji je kasnije vođen protiv političkih neistomišljenika. Tada su stradali pisci, umetnici, intelektualci, ali i obični ljudi. Državu i njenu Službu, kako je sami policajci zovu, to pamćenje ne služi, pa o svojim delima u ime naroda, a protiv naroda, javno nikada ne govore. Ćutanje je deo policijske tajne zakletve.

Pročitane istorije Ozne, Udbe, SDB-a, KOS-a, VOS-a i SID-a više govore o nedelima neprijatelja nego o delima državnih čuvara Tita i druge Jugoslavije. Zato su i sve istine o jugoslovenskoj tajnoj policiji poluistine, a neke od njih, zahvaljujući lošim piscima, postale su i sumnjive legende. Namera autora ove knjige je upravo da pokuša da reši enigmu tajnih službi u SFRJ i da se, makar na trenutak, dokopa te istine o srpskoj i jugoslovenskoj tajnoj policiji.

Nema iole poznatijeg jugoslovenskog političara starije generacije, koji u svojoj uspešnoj karijeri nije prekoračio i stepenicu Ministarstva unutrašnjih poslova. Biti policajac bila je čast, a poslednjih godina Jugoslavije i sramota jugoslovenskih i srpskih političara. Neki od njih su zato i skrivali te podatke iz svoje biografije.

Rad u kontraobaveštajnoj i obaveštajnoj službi JNA, zatim SID-u SSIP-a i SDB-u SSUP-a, odnosno Ozni i Udbi, predstavljao je često samo jednu od stepenica u političkoj karijeri mnogih naših visokih funkcionera. U njoj su novi lideri bili ili vojskovođe ili članovi organa bezbednosti. Josip Broz Tito, Cvijetin Mijatović, Raif Dizdarević i Bora Jović kao obaveštajci, komandanti, ministri, ambasadori, dogurali su i do pozicije predsednika Jugoslavije, a Nikola Ljubičić do prvog čoveka u Srbiji, kao i Milan Kučan u Sloveniji.

Za Oznu, Udbu, SDB odnosno RDB radili su Josip Đerđa, Janez Zemljarič, Vladimir Rolović, Svetislav Ćeća Stefanović, Franjo Herljević, Jože Smole, Milan Mišković, Josip Manolić, Josip Boljkovac. Rezidenti Kominterne bili su Josip Broz Tito, Ivo Lola Ribar, Josip Kopinič, Ivan Stevo Krajačić, Zdenka Kidrič i Andrija Hebrang. A zatim i Dušan Mihajlović, Nenad Đorđević, Jovica Stanišić, Rade Marković, Uroš Šuvaković.

Osnivači Ozne bili su Josip Broz Tito, Aleksandar Ranković i ruski pukovnik Timofejev. Svi su oni punih pedeset godina bili gospodari života i smrti ljudi u drugoj Jugoslaviji. Nasledili su ih u svakoj republici po jedan gospodar, pa bilo da se on zvao Kučan, Tuđman, Gligorov, Izetbegović ili Milošević, jer vladali su titoistički.

U zavisnosti od prilika i događaja na unutrašnjoj političkoj sceni Jugoslavije, o tajnoj policiji ispredane su razne priče, koje su ponekad imale i karakter mita. Još tokom rata u narodu je rođena pošalica da „Ozna sve dozna", koja se u srpskom žargonu održala do današnjih dana. Druga izreka, koja je postala i politički moto, glasila je „Udba je srpska sudba". Ona je na najslikovitiji način odražavala narodno shvatanje moći i nemoći srpske, a i jugoslovenske tajne policije.

Kako se kretao odnos političkih snaga između federacije, republika i pokrajina, Slovenaca, Hrvata i Srba, između vladara i posilnih, takva je bila i sudbina tajne policije i njenih funkcionera i operativaca. Međusobni obračuni, najčešće upereni protiv Srbije i srbijanskih kadrova, često su išli baš preko leđa tajnih policajaca.

Poslednjih dvadeset godina tajne službe SFRJ su čak tiho i podmuklo ratovale međusobno. Prva jugoslovenska tajna služba pravljena je po komunističko-internacionalnom receptu Moskve i NKVD-a, a rasturana je po planu vašingtonske centrale i satelita Novog svetskog poretka.

Beograd, leto 2001. godine
Autor

OČI I UŠI BEOGRADA

Svaki vladar voli dosluh, pa i sâm gospod Bog. To se može i zaključiti iz trinaeste glave *Biblije*, u kojoj piše da: „... Gospod reče Mojsiju pošalji svoje ljude da ispitaju zemlju Hanan, koju dajem deci Izraela... I Mojsije ih posla da potajno ispitaju zemlju Hanan...“

Najstariji pisani trag o špijunaži nađen je na glinenoj pločici ispisanoj pre 4.000 godina, kada je obaveštajac Banum, iz države Mavi na reci Eufrat, javio svom vladaru da je primetio sumnjive svetlosne signale u susednom neprijateljskom selu. Prvo najznačajnije pisano delo o obaveštajnoj službi, međutim, ostavio je Sun Cu Vu, u Kini pet stotina godina pre nove ere. U svojoj *Veštini ratovanja* ovaj vojskovođa je zapisao da je špijunaža „... božansko povlačenje niti...“ i „... najdragocenija osobina vladara...“ Ko želi da vlada, mora imati sposobnost da vidi i predvidi događaje u vlastitoj državi i okolini.

U vreme apsolutnih monarhija žbirske igre odvijale su se po dvorovima i među plemstvom, da bi sa stvaranjem prvih gradova-država u Italiji špijunaža postala i opasna društvena zabava. Vladari su red i mir čuvali uz pomoć bučne i teško naoružane javne milicije, a svoju vlast uz pomoć tajne policije. Zbog verskih i građanskih ratova obaveštajni poslovi su se već u sedamnaestom veku delili na „unutrašnje“ i „spoljne“. Tačnije, zadaci agenata, već tada su bili prikupljanje informacija o domaćim zaverama i o komšijskim vojnim planovima. Godine 1647. engleski parlament je ustoličio prvi državni organ sa obaveštajnom funkcijom. Osnivač i prvi ministar te moderne tajne policije u Engleskoj bio je Frensis Volšingem. U Francuskoj osamnaestog veka bio je to ministar Žozef Fuše, a u Pruskoj, polovinom devetnaestog veka, načelnik unutrašnje i spoljne bezbednosti bio je Vilhelm Stiber. Tek dvadeseti vek je pokazao punu snagu i moć obaveštajnih službi, i to u oba svetska rata. To je bilo vreme totalne špijunaže, kada je zaraćenim i posvađanim državama najvažnije bilo da prepadnu protivnika i to na njegovom terenu. Tajne službe su se tada najviše bavile prikupljanjem vojnih podataka druge strane; pronalaženjem informacija o novim tehničkim i naučnim dostignućima; aktiviranjem pokreta otpora u okupiranim zemljama i akcijama dezinformisanja i varanja neprijatelja. Pariz, London, Kazablanka, Istanbul, Kairo, Berlin, Rim bili su, u to ratno vreme, najveći centri međusobnog špijuniranja zaraćenih strana.

U državi Srba pod Nemanjićima policijskim poslovima su se bavili vlastelini, župani i sami knezovi i vojvode. I u vreme Karađorđa i Obrenovića knezovi i vojvode su čuvali vlast, dok su Turci stolovali u Beogradu, čak i kad je posle Prvog srpskog ustanka formiran Praviteljstvujušči sovjet. Kako je 1811. formiran novi Praviteljstvujušči sovjet, među šest popečitelja našao se i prvi srpski ministar policije – Jakov Nenadović. Tajna služba je, međutim, bila u rukama samog Vožda. On je, u svojoj malenoj državi, imao i zakonik o špijunima. Istoričari se danas ne spore da je Vujica Vulićević bio najpoznatiji ustanički špijun, ali su još u dilemi da li je on radio za Karađorđa ili za Miloša ili za obojicu i sebe istovremeno.

Temelje srpske službe bezbednosti postavio je još knjaz Miloš Obrenović u okviru Popečiteljstva vnutrenih dela i Popečiteljstva vojenih dela, koja su vodili Dimitrije Davidović i Mileta Radojković. Oni su predstavljali „vrhovne čuvare javnog bezbjedija i poretka...“ Njihov zadatak je bio da paze „... da se ko s neprijateljem Srbije ne dogovara, protivu Praviteljstva rđave reči ne raznosi i da se tajna družestva u Srbiji ne pletu...“

Doktor Andreja Savić je, u svom udžbeniku za srpske policajce 1994. godine, dao jednu preciznu, doduše, profesorsku definiciju tajnih službi, koja odslikava suštinu njihovog postojanja i delovanja. Obaveštajna služba je društveno-istorijski i klasno uslovljena, specijalizovana organizacija, koja u okviru svog delokruga rada, sprovodi tajne obaveštajne, kontraobaveštajne i subverzivne akcije prema vitalnim interesima protivnika, koristeći pritom, takođe, specifične metode i sredstva, s ciljem ostvarivanja određenih političkih interesa i zaštite unutrašnje i spoljne bezbednosti zemlje. U svim državama sveta, ta služba je formacijski smeštena u resor državne bezbednosti pri civilnim, a negde i pri vojnim ministarstvima. A negde je zasebna u okviru vlade ili parlamenta. Zbog toga što obaveštajne službe deluju i unutar jedne zemlje, ali i u svim regionima sveta, može se reći da one nisu orijentisane usko nacionalno, već internacionalno, pa je teško i odrediti širi okvir njihovog policijskog i prostornog delovanja.

U zavisnosti od same organizacije tajne policije, njene nadležnosti i predmeta rada, obaveštajne službe se, u teoriji i praksi, dele na strateške i taktičke, na vojne i civilne, odbrambene i agresivne, na unutrašnje i spoljne, odnosno na obaveštajne i kontraobaveštajne. Obaveštajna aktivnost vezana je za prikupljanje, obradu i prezentaciju podataka o delatnosti protivničke strane, dok se kontraobaveštajna bavi zaštitom vlastitih sistema, ali i otkrivanjem i onemogućavanjem stranih službi, kao i njihovim dezinformisanjem. Shodno tim vrstama poslova i pripadnici tajne službe dele se na obaveštajce i kontraobaveštajce. Najbitnije je, međutim, da je taj resor državne bezbednosti, kao deo državnog aparata, bio neosporno i institucija koja bitno utiče na stvaranje političkih odluka garniture na vlasti. Taj uticaj tajna služba, a posebno politička policija, tvrdi dr Andreja Savić, zasniva pre svega na svojim specijalnim ovlašćenjima i metodima rada, na monopolu nad najdelikatnijim informacijama, na usmeravanju same službe prema državničkim i političkim potrebama vlasti, kao i na neposrednom kreiranju državne politike.

Odnos između državne politike i tajne policije se u osnovi svodi na određivanje poslova i zadataka za obaveštajnu službu od političkog vrha s jedne strane, i od povratnog uticaja političke policije svojim informacijama i analizama na organe vlasti s druge strane. Iskusni obaveštajci, međutim, skloni su da kažu kako je tajna policija uvek bila samo servis političkog vrha za borbu protiv unutrašnjeg i spoljnjeg neprijatelja, odnosno za očuvanje postojećeg režima.

Odbrana Kraljevine

U Kraljevini Srba, Hrvata i Slovenaca, unifikacijom policijske organizacije, temelji bezbednosnog sistema postavljeni su tek 1922. godine, dok je policijsko zakonodavstvo usvajano sve do 1929. Ministarstvo unutrašnjih poslova Kraljevine SHS formirano je 7. decembra 1918. U njemu su postojala četiri sektora: Odeljenje za državnu zaštitu, Odeljenje javne bezbednosti, Pravno odeljenje i Odeljenje za samoupravu. To prvo odeljenje bilo je nadležno za rad državne bezbednosti. Odeljenje za državnu zaštitu Kraljevine SHS imalo je u svom sastavu Odsek za suzbijanje unutrašnje antidržavne i razorne propagande i akcije, Obaveštajnu službu, Odsek za suzbijanje spoljašnje antidržavne i razorne propagande i akcije, Odeljak za policijski nadzor nad strancima i putničkim saobraćajem, Administrativni odeljak i Odeljak za štampu. Samo u gradu Beogradu, sa sto hiljada stanovnika, u to vreme radilo je hiljadu žandara i stotinak inspektora Odeljenja za državnu zaštitu. Američki časopis *Policijske vesti* zabeležio je, na primer, da je u Kraljevini SHS 1921. godine otvorena Policijska škola, koju je pohađalo dvadeset osam agenata. Već naredne godine škola je imala pedeset polaznika.

Ovakva organizaciona struktura srpske službe bezbednosti odgovarala je klasičnoj postavci u obliku lepeze svih tajnih policija sveta. Na njihovom vrhu se, obično, nalazi centrala, ispod nje je centar za određeni region, zatim potcentri za okruge i srezove, i zatim obaveštajni punktovi u svakom mestu i važnijim institucijama i ustanovama. Svaka od ovih direkcija imala je istovremeno i svoju mrežu obaveštajaca, koji su bili podređeni i odgovorni samo svojim naredbodavcima lično. Na taj način je ispoštovan princip tajnosti veza i podataka, tako da drugi obaveštajci i načelnici tajne policije nisu mogli znati šta njihove kolege rade i s kojim podacima raspolažu.

Sa stvaranjem Kraljevine Jugoslavije udareni su i novi temelji jugoslovenskog obaveštajno-bezbednosnog sistema, koji su sačinjavali: Vojna obaveštajna služba, Kontraobaveštajna služba i Šifarsko odeljenje u Ministarstvu vojske i mornarice, zatim Kontraobaveštajna služba i Politička policija u Ministarstvu unutrašnjih dela. Žandarmerija je predstavljala okosnicu unutrašnje i javne bezbednosti. Kako su poslovi unutrašnje bezbednosti bili skoncentrisani u Ministarstvu policije, to je ono bilo podeljeno na dva sektora: Direkciju javne bezbednosti i Direkciju nacionalne bezbednosti.

Druga direkcija je zadatke državne bezbednosti izvršavala kroz tri odeljenja: političko, specijalno-obaveštajno i odeljenje specijalne bezbednosti. Političko odeljenje je, zapravo, bilo centar tajne policije Kraljevine Jugoslavije, iz koga se rukovodilo kontrolom i suzbijanjem aktivnosti stranaka i njihovih pristalica. Ono je vodilo, kako je tvrdio pokojni dr Obren Đorđević, istrage protiv uhapšenih lica i predavalo ih državnom tužiocu. U svom sastavu Političko odeljenje je imalo politički odsek za obaveštajnu službu, odsek za udruženja i odsek za kontrolu štampe i štampariju. Ovo odeljenje je bilo srž političke policije i zato je bilo najjače u Kraljevini Jugoslaviji, jer je pokrivalo teritoriju čitave zemlje.

Specijalno-obaveštajno odeljenje rukovodilo je kontraobaveštajnim poslovima jugoslovenske tajne policije, koji su bili podeljeni u pet referata: bugarsko-albanski, mađarski, italijanski, nemački i za

„ostale" države. Odeljenje specijalne bezbednosti staralo se o evidentiranju svih osoba čija je aktivnost bila bitna za sâm režim, kao i o vršenju analitičkih poslova u tajnoj službi. U odsecima na terenu formirani su i posebni dosijei za praćena lica, čije su kopije obavezno morale da se šalju za Beograd, gde je osnovana Centralna kartoteka jugoslovenske političke policije.

Najpoznatiji policajac Beograda bio je u to vreme Dragoljub Dragi Jovanović, šef Srpske državne bezbednosti, a kasnije i specijalni savetnik Ministarstva unutrašnjih poslova Kraljevine Jugoslavije. Rođen je 1902. u Požarevcu. Gimnaziju je završio u Velikoj Gradiški, a prava u Beogradu, gde se zaposlio kao policijski činovnik Uprave grada. Tridesetak godina kasnije, kada je pred posetu kralja Aleksandra Zagrebu otkrio ustašku zaveru, unapređen je u načelnika Opšte policije Beograda, mada su svi znali da je direktno rukovodio drugim političkim odeljenjem. Iza njegovog napredovanja u policiji stajali su i Anton Korošec, i Milan Aćimović, ministri policije, kao i premijeri Milan Stojadinović i Dragiša Cvetković. Kralj Aleksandar je na dvoru imao dve svoje obaveštajne službe, koje je vodio Petar Živković. Ovaj iskusni obaveštajac ugradio je kraljevu ličnu tajnu službu u sve jugoslovenske stranke i na vezi držao kao agente, špijune ili saradnike mnoge ugledne ličnosti: dr Dragutina Kojića, dr Milana Srškića, Momčila Ninčića, Voju Marinkovića, dr Ninka Perića, dr Nikolu Preka, dr Nikolu Nikića, Ivana Radića, Jovana Đonovića.

Vladar je imao i svoje obaveštajne centre u svim većim gradovima, a u Beogradu je formirao i špijunsku mrežu za štampu, koju su vodili Toni Šlogl i Milan Divjak. Beogradska tajna služba tog doba imala je pet odseka: administrativni, politički, defanzivno-obaveštajni – protiv inostranaca, antimarksistički i za kontrolu štampe. Kartoteka je bila zasebno odeljenje. Njihovi šefovi su bili Radomir Jovanović, Večeslav Montanja, Kosta Tasić, Kazimir Magašić, Slobodan Vujković, Konstantin Zaho.

Pod Jovanovićevom komandom u tajnoj policiji bilo je dvadeset pet činovnika i stotinu agenata. Za rad protiv radikala, na primer, bio je zadužen agent Steva Savković, novinar. Njegov kolega Josip Barišić pratio je hrvatske stranke i političare, a Boško Radovanović je kontrolisao demokrate i Zemljoradničku partiju.

Zakon o zaštiti javne bezbednosti i poretka u državi i Zakon o Državnom sudu za zaštitu države dali su političkoj policiji Kraljevine

Jugoslavije izuzetna ovlašćenja u progonu kritičara režima dinastije Karađorđević.

Glavna meta progona postala je ilegalna Komunistička partija, pa su zato komunisti bili najveći problem kraljevske tajne policije. I posle okupacije Jugoslavije dinastička služba je nastavila da deluje, ali u sastavu kraljevske vlade u izbeglištvu i kvislinškog aparata u zemlji.

U samoj Srbiji, na primer, delovali su Obaveštajno odeljenje Komande srpske državne straže, pa Obaveštajni odsek u štabu Srpskog dobrovoljačkog korpusa, Poglavarstvo policije, a naročito je bilo aktivno Odeljenje specijalne policije Uprave grada Beograda i njegov četvrti Antikomunistički odsek, koji je vrlo tesno sarađivao s Gestapoom. Gradska policija je tokom okupacije imala trista agenata, a Antikomunistički odsek devedeset. Šef specijalne policije bio je 1941. prvo Mija Petrović, a posle Ilija Paranos. Prvi odsek je u to vreme vodio Bora Mitrović, drugi Josip Vučinić, treći Nikola Gubarev, četvrti Božidar Boško Bećarević i peti Milan Jelovac. Većina njih su istovremeno bili i nemački špijuni, dok je sâm načelnik Dragi Jovanović s Nemcima i Dražom Mihailovićem održavao direktne veze. Od toga je Jovanović imao velike koristi, jer mu je, na primer, samo Gestapo u fond za progon komunista dao 1,4 miliona ondašnjih dinara.

Dragi Jovanović je bio upravnik, ali i glavni policajac Beograda, pa i Srbije sve do 1944. godine. Njegovi najverniji agenti i istražitelji bili su Bećarević, Grujičić, Šterić, Golubjev, Pavlović, Pantelić, Jeremić, Kosmajac, Miloradović i Zlatar, a njihovi doušnici među komunistima, po sećanju samog Jovanovića, bili su Jovanović, Buha, Žuti, Klonfer i Mali. Za četiri godine borbe s komunistima, tajna služba Dragog Jovanovića uhapsila je i saslušala 1.500, a zatim streljala 600 simpatizera KPJ. Odeljenje specijalne policije uspelo je da razbije organizacionu strukturu Komunističke partije u Beogradu i Srbiji, a okupatori su uspeli da u Jugoslaviji instaliraju 669 nemačkih centara, 102 centra italijanske i na desetine mađarskih i bugarskih centara tajne službe.

Kominternini obaveštajci

Komunistička partija Jugoslavije nije imala posebnu organizaciju koja se bavila obaveštajnom aktivnošću za svoje potrebe, niti specijalno odabrane i izdvojene kadrove koji bi se bavili tim poslovima. Tajnost,

konspiracija, budnost, zaštita svog i tuđeg imena, posebno rukovodila-
ca, šifrovana prepiska, bili su utkani principi delovanja jugoslovenskih
komunista. Samo godinu dana nakon što je 1919. godine osnovana,
partija komunista je zabranjena u Beogradu, ali nije sklonjena s jugo-
slovenske političke scene.

Potreba borbe za političku vlast, u takvim uslovima, nalagala je
KPJ da razvija svojevrsnu obaveštajnu aktivnost, pa su sve vrste sa-
znanja do kojih su dolazili aktivisti i simpatizeri partije, dostavljane
direktno, čak do Centralnog komiteta. Na drugoj strani, posebnim
merama bezbednosti, komunisti su se suprotstavljali delovanju or-
gana vlasti Kraljevine Jugoslavije. Članstvo je redovno, preko lista
Proleter, upozoravano na opasnost od tajne službe i informisano o
otkrivenim agentima i provokatorima. Decembra 1932. zagrebačke
organizacije su upozorene da se paze lažnog ilegalca Jose Starčevića
i poznatog provokatora Josipa Cara, a u Beogradu da se čuvaju agen-
ta Radoslava Markovića. Na primer, doušnik Branko Teodosić je sa
ženom, koja se potpisivala kao Cina Jota, političkoj policiji dostavio
spisak od pedeset simpatizera KPJ. Zato su policijske provale i metodi
mučenja komunista u partijskim ćelijama posebno analizirani, a sve
partijske ćelije su u slučajevima izdaje tajnoj službi blokirane i izolo-
vane od ostalih. Povlačenjem u duboku ilegalu, KPJ se spasavala od
progona političke policije Kraljevine Jugoslavije. Prve osnovne mere
bezbednosne zaštite KPJ je objavila u knjizi *Pravila konspiracije* tek
pred sâm rat, 1940. godine. Ko je ta pravila kršio, potpisivao je sebi
smrtnu presudu. Da bi zaštitila sebe, KPJ je bila surova prema kole-
bljivcima iz vlastitih redova.

Biti komunista u Jugoslaviji između dva rata značilo je često i biti
politički kadar, ali i obaveštajac partije, tj. Kominterne ili sovjetske
države, odnosno GPU. Bila je to Državna politička uprava SSSR-a
s pretežno kontraobaveštajnim zadacima, koja je 1936. prerasla u
NKVD (Narodni komitet unutrašnjih dela). Partijsko školovanje ko-
munističkih internacionalaca u Moskvi bilo je uvek tesno povezano i
sa agenturnim obrazovanjem. Istoričari se i danas trude da razaznaju i
razdvoje političku, partijsku i obaveštajnu aktivnost jednog Petka Mi-
letića, Mustafe Golubića Mujke, dr Sime Markovića, Milana Gorkića,
Borisa Kidriča, Andrije Hebranga, Ivana Krajačića, Josipa Kopiniča,
pa i Josipa Broza. Jedan od mlađih Titovih pratilaca, Marko Strunje,
smelo je nekom prilikom izjavio da je Broz od 1922. do 1924. godine
u Moskvi završio visoku Akademiju NKVD, i da je dobio sovjetsko

državljanstvo i čin general-lajtnanta. Koliko je Josip Broz zatim, tridesetih godina, bio jak kao vojni obaveštajac i politički komesar, svedoči Strunje, videlo se i po činjenici da je on Staljinu doveo i namestio Beriju za šefa sovjetske tajne policije.

U svojim memoarima, na primer, Jakov Blažević tvrdi da je Andrija Hebrang hteo da zajedno s Vladimirom Bakarićem 1941. uz pristanak ustaša, formira KP NDH, i da je Hebrang, zapravo, bio i sovjetski, i nemački, i ustaški špijun.

Pavle Pavlović Crni se seća, da su tokom tridesetih godina u vojnoj tajnoj službi SSSR-a radili Bosanac Ivan Kralj i Srbijanac Andrija Biklović.

Prvi je bio čak i šef GPU i tvorac jednog od najvećih srpskih špijuna Branka Vukelića, saradnika legendarnog Zorgea u Tokiju, a drugi je bio član sekcije IV uprave GPU za likvidacije političkih ličnosti po Evropi, u kojoj je neko vreme radio i Mustafa Golubić. Naime, pored obaveštajnog rada, Moskva se aktivno bavila kontraobaveštajnim, ali i specijalnim akcijama, odnosno i subverzivnom delatnošću, koja je često podrazumevala i uklanjanje nepodobnih kadrova. Jedna od tajnih organizacija Moskve sa specijalnom namenom, nosila je ime „Crveni kamerni orkestar“. Zvanično ova organizacija je pripadala tehničkom aparatu Kominterne. Njene temelje u Beogradu postavio je baš Mustafa Golubić, koji je, inače, bio koordinator ruskih tajnih službi na tlu Jugoslavije. Mujka je bio član centrale Komunističke partije SSSR-a, zadužen u Beču za Odeljenje Jugoslavija, a zatim rukovodilac Balkanske komunističke federacije. U Jugoslaviji se pojavio prvi put 1932. godine, a u Beogradu početkom četrdesetih. Tada je ovaj Mostarac već imao pedeset godina i status večitog studenta.

U beogradskom ansamblu tog „Crvenog kamernog orkestra“, pod komandom Golubića, radila je i Ljubica Đurđević-Popović, radio-telegrafista pod šifrom „Bauer“. Ona je imala dve mlade saradnice Davorjanku Paunović i Veru Miletić. Pored njih tu su bili i Pavle Popović Crni, Dida De Majo, Stevan Hristić, Dragutin Guta Kostić, dr Miša Subotić. U drugom obaveštajnom punktu u Beogradu članovi su bili Pavle Bastajić, Čeda Popović, Nezir Hadžinazović, Čile Kovačević, Čeda Kruševac, Radivoje Bata Uvalić, Mata Vidaković, Bora Prodanović. Pored njih, Pavle Popović spominje kao ruskog obaveštajca i pisca Dragišu Vasića. Treći obaveštajni centar „Pavlodar“ vodio je beogradski novinar Miša Brašić pod konspirativnim imenom „Džin“, a četvrti Blagoje Blaško Nešković, španski borac.

Zagrebački centar

Istovremeno u Zagrebu je delovao poseban obaveštajni centar koji je vodio Ivan Srebrnjak Antonov. On je bio Slavonac, obućarski radnik. Nekoliko godina je proveo u SSSR-u, gde je završio vojno-obaveštajnu školu. U Jugoslaviji, odnosno u Zagrebu, bio je šef sovjetske obaveštajne službe za Balkan. Koristio se još lažnim prezimenima Stefanović i Ivančić. U Hrvatskoj je postojao i drugi centar, koji je pripadao Josipu i Steli Kopinič. Bio je to zapravo obaveštajni centar Kominterne za osam srednjoevropskih država: Bugarsku, Grčku, Nemačku, Čehoslovačku, Mađarsku, Austriju, Švajcarsku i Jugoslaviju. Zadatak ovog centra, koji je radio od 1939. do 1944. godine, bio je da održava radio-vezu između Kominterne i KPJ.

Pseudonimi Josipa Kopiniča, rukovodioca ovog punkta u Zagrebu, bili su najčešće Vazduh i (Ramon) Valdes. Potpisivao se i kao Aleksandar. Staljin ga je zvao Stefan. Za Tita je bio Mali. U Hrvatskoj je bio major Marković, za ustašku policiju i Antun Kadić, a za kraljevsku beogradsku policiju bio je inženjer Nik Brozović.

Tihi i poverljivi čovek Josip Kopinič, drugi Titov najbolji drug, rođen je 18. februara 1911. godine u okolini Metlike, u Sloveniji. Studirao je ekonomiju i vojnu akademiju, ali se među komunistima proslavio kao osnivač partijske ćelije u bokokotorskoj flotili, zbog čega je morao da emigrira u Beč. U Moskvi je tridesetih godina dobio sovjetsko državljanstvo. Bio je stanar hotela *Luks*, kursista Čeke, apsolvent Crvenog univerziteta. U toj Rusiji tajni agent Josip Kopinič je Josipu Brozu dva puta spasao živu glavu. Prvi put kada je okrivljen za odavanje imena dobrovoljaca za Španiju i njihovo hapšenje na brodu u Budvi. Kominterna je tada 1936. planirala čak i da raspusti KPJ, ali je pobedila ideja Bjelova i Dimitrova da je bolje prepustiti KPJ vođstvu jugoslovenskih komunista, a drugi put kada je Broz 1939. godine, zbog prevoda „Kratkog kursa historije SKP/b", okrivljen da je trockista. Proveo je Kopinič i dve godine u španskom građanskom ratu. Po zadatku Kominterne postao je vojni i politički obaveštajac u Zagrebu. Radio-stanicu je držao u specijalnom bunkeru ispod stepeništa. Prvi je 1941. godine video Hrvate kako mašu i s cvećem dočekuju naciste. Prvi je počeo da dobija tajne informacije direktno iz Hitlerove „Vučje jame". Prvi je Moskvi slao depeše o nemačkim transportima za Rumuniju i ruski front. I prvi je osetio kako hrvatski komunisti šuruju sa ustašama i izbegavaju sukob s Nemcima. Otkrio je Hebrangovu izdaju. Josip Kopinič Vazduh, koji je držao obaveštajni centar Kominterne i KPJ usred Zagreba, tokom 1942. godine uspeo je da u ustaškoj policiji stvori agenturu. Glavna i tajna komunistička „krtica" bio mu je Tibor Vaško, referent u odeljenju za antikomunističku delatnost. Njemu je Vazduh izdao i posebnu ličnu kartu, kao i dokumenta na ime Teodor Maksimović, sekretar danskog konzulata u Zagrebu. O tome je svojevremeno svedočio Zvonko Morić, Kopiničeva desna ruka uoči Drugog svetskog rata. Kopiničev centar slao je tokom rata Kominterni depeše sve do njenog raspuštanja 1943. godine. Iz Zagreba je po moskovskim podacima stiglo čak 4.500 tajnih poruka od Vazduha. Neke od tih depeša Kopinič je posle rata, uz detaljan izveštaj o svom radu, poklonio Aleksandru Rankoviću za arhiv Ozne, ali je, kažu neki publicisti, Leka to odbio i dokumentaciju poslao Rusima, generalu Kiseljevu. Stela i Josip Kopinič stigli su u Beograd februara 1945. godine, gde je Vazduh dobio čin pukovnika JA, iako je već bio potpukovnik španske Republikanske armije. Da bi spasao svog saradnika Tibora Vaška od Hebrangove izdaje, Kopinič je zamolio Aleksandra Rankovića da ga dovede iz Zagreba i smesti na neko tajno mesto. To mesto je bio specijalni zatvor usred Beograda. Tu je ovaj agent i okončao svoj život. Sva dokumenta o aktivnostima Tibora Vaška, tajni agent Vazduh predao je kolegi Maksimilijanu Baćeu.

Po nalogu Moskve, a i želji samog Tita, nekoliko meseci kasnije, Josip Kopinič je upućen na novi obaveštajni zadatak. Postavljen je za trgovačkog atašea u Istanbulu, što je bilo samo pokriće za njegov rad u diplomatskoj tajnoj službi. Zahvaljujući baš Vazduhu, i Moskva i Broz su sve znali o zbivanjima u Jugoslaviji i unutar KPJ. Tu, na prostorima Turske, iskusni obaveštajac Josip Kopinič uspeo je u jesen 1947. godine, da od starih španskih boraca iz Rusije dobije podatke o Staljinovoj optužnici protiv Tita i Jugoslavije. Kada je Stari dobio Vazduhovu informaciju, naprosto nije verovao u nju, ali posle objavljivanja Rezolucije IB-a pokazalo se da je od osamnaest tačaka Staljinovih optužbi Josip Kopinič dostavio Titu čak sedamnaest.

Kada se nekoliko godina kasnije sve oko Rezolucije Informbiroa završilo dobro po Tita, predsednik Jugoslavije je želeo da se oduži Josipu Kopiniču za vernost, odanost i profesionalnost imenovanjem za admirala Ratne mornarice, ali je Josip Kopinič izabrao da bude direktor brodogradilišta *Uljanik* u Puli. Ovaj čovek iz Titove senke izašao je tek 1983. godine, kada je Vjenceslav Cenčić u dva toma pokušao da odgonetne enigmu Kopinič. U tome ga je omela hrvatska tajna služba, kojom je dirigovao Josip Vrhovec, pa se zbog mogućih neprijatnosti Kopinič iz Pule, sredinom osamdesetih, preselio u rodnu Sloveniju, odnosno Ljubljanu. „Ramon Valdes", „Vazduh", „Mali" i ko zna još kako se sve zvao Josip Kopinič, kao svaki veliki obaveštajac nikada nije nikome ispričao svoju kompletnu priču o radu za „đeda", „Direktora" i Tita.

Čovek zvani Stevo

Kako tvrdi Josip Kopinič, ne samo sovjetski obaveštajac nego i rezident tog IV odeljenja NKVD-a, a kasnije i KGB-a, bio je lično Ivan Stevo Krajačić, i to od 1942. godine pa do svoje smrti. Rezident je šef obaveštajaca na terenu, na određenom prostoru, a to je Krajačić bio za Jugoslaviju, a i za države Srednje Evrope.

Poruke koje je direkcija NKVD-a slala Titu iz stanice u Kujbiševu, bile su potpisane lozinkom „Centr", dok su Brozovi telegrami bili pod šifrom „Za direktora". Te tajne depeše iz Jugoslavije su slate po sledećem sistemu: pozivna oznaka – KFO, osnovni talasi – 56 m, rezervni talasi – 35 m, moskovsko vreme emitovanja – 01.30 i vreme trajanja emisije – 20 minuta. Prvo sa osnovnog, a zatim s rezervnog talasa. One poruke koje su bile namenjene centrali Kominterne u Moskvi, Tito, Kopinič i Krajačić su adresovali lozinkom: „Za đeda". Sva trojica su prošla istu političku i policijsku školu u Moskvi, mada Broz i Krajačić to nisu želeli da priznaju jugoslovenskoj javnosti, dok je priča o Kopiniču objavljena tek sredinom osamdesetih. Vlado Dapčević se seća jednog incidenta kod Tita, kada je na večeri s Rankovićem, Tempom i Krajačićem 1948. godine, podnapit i ljut na Staljina, Tito rekao: „Evo kako nas napadaju, a mi smo im dali najbolje kadrove. Čak sam i ja radio za Ministarstvo državne bezbednosti NKVD!" Kada ga je Krajačić gurnuo nogom, da ga opomene da ćuti, Broz mu je odgovorio da nema šta da krije, jer oko njega su njegovi najbolji kadrovi. Josip Broz i Josip Kopinič su se prvi put sreli upravo u Moskvi, krajem maja 1935. godine. Godinu dana kasnije i Ivan Krajačić je došao u sovjetsku prestonicu. Kada su Tito i Stevo posle rata u Španiji otišli u Pariz, Krajačića je lično Broz preporučio Kominterni kao obaveštajca u Jugoslaviji, jer je taj posao obavljao sjajno za Božidara Maslarića Andrejeva, sovjetskog špijuna u Madridu. Svoj potpis Ivan Stevo Krajačić stavio je na zakletvu NKVD-u u Pragu 1936. godine i postao tajni agent Stefan. Sličnu preporuku, ali dosta kraćeg sadržaja, Broz je dao i za druga Vokšina, kako se tajno tada zvao Kopinič, jer je Moskva njegovu biografiju s karakteristikama već imala. Kopinič je bio šef centra za Srednju Evropu, pa je Krajačić i od njega dobijao obaveštajne zadatke. Za ovu trojicu komunista, obaveštajaca i političara, a posebno za Broza i Krajačića, pokazaće se kasnije, vezuje se direktan nastanak, razvoj, a zatim i propast sistema bezbednosti i tajne policije u Jugoslaviji od 1945. do 1991. godine. A nijedan od njih trojice nije bio Srbin.

Za razliku od Josipa Kopiniča, koji je voleo da deluje iz senke, i mrzeo vlast i sve što ona donosi, Ivan Krajačić, poznatiji kao Stevo, voleo je javnost i vladavinu. Samo nije voleo da priznaje da je ikada bio rezident Kominterne i NKVD-a u Jugoslaviji. Doktor Obren Đorđević sećao se da je Krajačiću federalna tajna policija oduzela skrivenu radio-stanicu preko koje je održavao vezu s Moskvom tek 1985. godine, gotovo pred smrt. Tu radio-stanicu uzeo je general Jere Grubišić, načelnik vojne kontraobaveštajne službe, s namerom da proveri da li je Krajačić zaista i pred smrt radio za KGB. Izgleda da jeste, jer je i u bolničkoj postelji Stevo Krajačić ležao s pištoljem ispod jastuka. Toliko se bojao stranih agenata i sopstvenih neprijatelja. A imao ih je mnogo. Zadatak rezidenta Krajačića bio je, da prvo unutar KPJ, a i u Jugoslaviji stvori agenturnu mrežu za informisanje Kominterne, a zatim i da štiti Josipa Broza od frakcija, trockista, nacionalista unutar same Partije i Komunističke internacionale. Sarađivao je sa Srebrnjakom, koga je nasledio na mestu šefa obaveštajnog punkta u Zagrebu i s Ivom Lolom Ribarom Fišerom, koji je, pod Stevinom kontrolom, bio Titov lični obaveštajac.

Prema istorijskim dokumentima, Josip Broz je postao obaveštajac još 1914. godine i to na austrougarskom frontu prema Srbiji. Titovi biografi su dugo godina prećutkivali istinu da je Broz u Prvom svetskom ratu bio vodnik u bataljonu 25. domobranskog puka i starešina izviđačkog, tj. obaveštajnog odeljenja bečke armije. Njegov zadatak je bio da osmatra srpske pozicije, da upada na srpsku teritoriju, hvata zarobljenike, saslušava ih i iz njih „vadi" vojne podatke o srpskoj armiji. U Vojnom arhivu JNA svojevremeno su postojale fotografije Josipa Broza, austrougarskog podoficira, kako stoji pored vešala sa obešenim Srbima, ali su ti snimci spaljeni po naređenju generala Nikole Ljubičića. Ostala je samo slika Josipa Broza na položaju prema Srbiji. Podoficir Josip Broz je bio toliko dobar vojni obaveštajac da ga je komanda predlagala i za odlikovanje. Tu medalju je Tito i dobio šezdeset godina kasnije iz ruku Kurta Valdhajma, možda, ponajviše zato što je, kako misli Dobrica Ćosić, Josip Broz u čitavoj svojoj političkoj karijeri srpsko nacionalno pitanje rešavao na austrougarski i austromarksistički način. S takvim obaveštajnim iskustvom Titu nije bilo teško da u Rusiji nastavi da bude vojni obaveštajac, ali Kominterne. Ima u Jugoslaviji publicista koji su tvrdili da je Josip Kopinič stvorio Tita, a da ga je Ivan Krajačić uništio.

Ako je, kao što tvrdi Anton Duhaček, Tito još 1940. godine, Stevi Krajačiću dodelio u rad Zdenku Kidrič, Ivana Matiju Mačeka, Lolu Ribara, Jokaša Dalibora, Francka Klinčeva, Vlajka Begovića, onda se može izvući zaključak da su Tito i Stevo u Jugoslaviji imali svoju privatnu tajnu službu. Već tada Krajačić počinje da stvara tajna dosijea o jugoslovenskim komunističkim kadrovima, koja je čuvao sve do svoje smrti 1986. godine. Ostavio ih je u nasledstvo svojim pulenima, među koje Vladimir Dedijer ubraja Josipa Vrhovca, Fabijana Trga i Budimira Lončara. Dolazak Broza na čelo KPJ bio je za obojicu ključni momenat u njihovoj kominternovskoj i komunističkoj karijeri. Prvom da osvoji vlast, a drugom da bude u vrhu te vlasti. Kada je Broz došao u Zagreb 1939. godine, ubrzo za njim je stigao i tajni agent Kominterne i NKVD-a – Stevo Španac.

Ivan Krajačić, koga je Broz najradije zvao Štef, bio je ključni čovek u Brozovom obračunu s konkurentima iz stare komunističke garde, kao što su bili Gorkić, Marković, Golubić. U tim, za KPJ, burnim godinama izgrađen je prisan i poverljiv odnos između Josipa Broza i Ivana Krajačića, koji je u uzajamnom razumevanju prevazilazio uspostavljene relacije generalnog sekretara KPJ i obaveštajnog poverenika Kominterne. Kao čovek od isključivog Titovog poverenja, Ivan Krajačić je lično Josipu Brozu preporučio Jovanku Budisavljević za rad u Belom dvoru. Josip Kopinič ne veruje da je Jovanka Budisavljević bila Krajačićev ili Moskvin špijun kod Tita, ali podseća da je Stevo Krajačić bio njen stari svat na Titovoj i njenoj svadbi.

Sâm Krajačić je, inače, kao i Broz bio oženjen Srpkinjom, Milicom Milidrag iz Bosne i Hercegovine. Milomir Marić je, u uvodniku feljtona Đure Zagorca za Dugu, o Krajačiću napisao da je „Drug Stevo bio najbolji drug našeg Najboljeg druga", odnosno da se može smatrati da je Ivan Krajačić duhovni blizanac Josipa Broza i jedini čovek koji je u Jugoslaviji mogao da čini, zaista, sve šta mu je volja. Razlikovali su se jedino po tome što je Broz uvek sanjao Jugoslaviju, a Krajačić Hrvatsku.

Brozova bitka

O Josipu Brozu je u Jugoslaviji napisano oko devet stotina knjiga. U njima je, međutim, bilo najmanje reči, upravo o Titovom obaveštajnom radu za Moskvu. I u njegovoj političkoj biografiji ima istorijskih rupa, i to baš o periodima kada je Broz od referenta Balkanskog sekretarijata Kominterne uzleteo do generalnog sekretara KPJ u zemlji. Bilo je to vreme Staljinovih čistki, u kojima su stradali mnogi jugoslovenski internacionalci, ali ne i Josip Broz. Govoreći o tom vremenu, sâm Tito je najčešće pominjao tri imena: Georgija Dimitrova, generalnog sekretara Kominterne, Vilhelma Pika, člana Izvršnog komiteta, a nešto ređe i Ivana Karaivanova, rezidenta NKVD-a. Dok je s prvom dvojicom obavljao političke i partijske zadatke selekcije kadrova za Španiju i Jugoslaviju, s trećim je Broz kao obaveštajac Valter, vršio proveru tih članova Kominterne. Ivan Karaivanov Špiner, bugarski internacionalac, bio je neko vreme desna ruka Božidara Maslarića Andrejeva, koji je bio izaslanik NKVD-a u Kominterni. Zvanično, Maslarić je radio kao zamenik Manuilskog, Staljinovog predstavnika Svesavezne komunističke partije (boljševika), i otuda imao dvostruki uticaj na Broza, i kao politički, i kao obaveštajni kadar. Sâm Andrejev imao je velike primedbe na Valterov rad, posebno zbog njegovog raskalašnog privatnog života, a i zbog optužbi Srebrnjaka da se Valter druži s jugoslovenskom buržoazijom. Broz je zbog toga bio pod partijskom i policijskom istragom, pa su ga Špiner i Andrejev uporno pratili.

Josip Kopinič je, međutim, uspeo da dokaže da je Broz čist, a da su drugi jugoslovenski komunisti sumnjivi, i to Gorkić, Miletić, i Srebrnjak. Optužbe Vojne obaveštajne službe tj. Srebrnjaka su povučene, a Špiner i Andrejev su postali veliki Brozovi prijatelji. Još su i bili zadovoljni izveštajima koje im je Broz dostavljao o kadrovima za Španiju, kao i o stanju u KPJ i njenom rukovodstvu. Insistiranjem na svojim kadrovima, koji su odani Kominterni, a ne na staroj gardi, koja je težila ka političkoj samostalnosti, Broz je ubedio i Andrejeva, i Dimitrova, i Staljina da mu povere mandat za stvaranje kominternovskog CK KPJ u zemlji. Neposredno pred postavljenje, Dimitrov mu je u poverenju rekao:

„Od jugoslovenskih kadrova ostao si samo ti!"

Tito je u Moskvu došao krajem 1934. godine i u njoj bio u raznim razdobljima sve do 1939. Izvršni komitet Kominterne mu je tada dao konspirativno ime Fridrih Valter, koje je Tito koristio sve do kraja Drugog svetskog rata. U tom periodu, Josip Broz se tako i potpisivao ispod svojih izveštaja Staljinu, odnosno Kominterni i NKVD-u. U Dedijerovoj biografiji Josipa Broza o obaveštajnim poslovima nema mnogo zapisa, samo se u drugom tomu *Priloga...* nalazi spisak svih Titovih tajnih imena. Njih ima oko sedamdeset. Ona svedoče o Brozovoj potrebi da iz bezbednosnih razloga prikrije svoj identitet, ali i da pod lažnim imenom deluje kao političar i kao obaveštajac. Ovo su bili poznatiji Brozovi partijski, politički, ratni, literarni, ali i obaveštajni pseudonimi: Metalac, Bradopor, Radnik, Georgijević, Zagorac, Rudi, Vanja, Jireček, Valter, Titus, Pebić, Ćaća, Ivica, Oto, Viktor, ing. Brkić, Titerman, Vaster, Spiridom, Vilim, Stari, Vanij, Petar, Isaković, Novak, Tito...

Kao organizacioni sekretar KPJ, Josip Broz je nastojao da učvrsti redove Partije, naročito posle učestalih provala i hapšenja i u Zagrebu i u Beogradu krajem tridesetih godina. Preduzimajući razne mere zaštite kao generalni sekretar, a i mnogo ranije, kao polit-referent Jugoslovenske sekcije u Kominterni, Broz je insistirao na konspiraciji, ilegalnosti, tajnom radu i delovanju jugoslovenskih komunista. Na V Zemaljskoj konferenciji u Dubravi 1940. i na savetovanju rukovodećih kadrova CK KPJ maja 1941. godine Tito je posebno oštro govorio o potrebama konspiracije, bezbednosti i zaštite od tzv. pete kolone.

Tada je i naglasio da iz Partije treba ukloniti „... sve elemente koji su se pokazali kao kolebljivci i nesigurni...", a da prilikom prijema novih članova treba obratiti pažnju i budnost da se „... ne bi provokatori i tuđi elementi uvukli..." u KPJ. Očigledno je, zaključuje istoričar Milovan Dželebdžić, da je KPJ, u periodu svog ilegalnog delovanja, imala organizovanu obaveštajnu i bezbednosnu službu. Nju su sačinjavali članovi Partije ubačeni u državni i policijski aparat Kraljevine Jugoslavije, ali i simpatizeri KPJ, koji su se nalazili u vojsci, železnici i ostalim važnijim ustanovama. U KPJ tada nije postojala posebna tajna služba, politička policija ili organizacija niti telo za vršenje obaveštajnih funkcija, smatrao je dr Obren Đorđević, jer su one bile inkorporirane u političku aktivnost svih komunista, od partijske ćelije do CK. Zato se i dešavalo da i politički sekretar, kakav je bio Rade Končar, zvani Brka, u Zagrebu padne u zamku policije. Iz bezbednosnih razloga premešten je prvo u Beograd, a zatim u Split, gde je, opet, zbog nepažnje uhapšen. Umesto njega u Zagreb je otišao Aleksandar Ranković. Andrija Hebrang, potpisan kao Faty, u svom izveštaju CK KPJ, tim povodom je napisao da su „... nekonspirativnost i aljkavost bile njegova (Brkina) slabost..." U takvoj situaciji KP Hrvatske i KPJ dočekale su i početak oružanog otpora nemačkom okupatoru jula 1941. godine, koji je pripreman preko oblasnih, okružnih i mesnih, tada već „vojnih" komiteta Partije.

Kako je svedočio Josip Kopinič u svom intervjuu *Politici*, 23. maja 1941. godine, Josip Broz je, samo dan pre nego što je rođen njegov drugi sin, Miša, odlučio da iz Zagreba pređe u Beograd i odatle vodi KPJ, a kasnije i ustanak u Jugoslaviji. Razlozi za to su bili dvojaki. Prvi je, što se dan kasnije zatvarala granica između NDH i okupirane Srbije, pa Broz nije mogao lako da pređe preko nje. A drugi je, što je Tito, gledajući Hrvate kako s veseljem dočekuju naciste, shvatio da se Nemcima samo Srbi mogu odupreti. To je glasno i rekao Kopiniču. Kada je došao u Beograd, Josip Broz je kao iskusni internacionalac, obaveštajac i komandant, gradio oko sebe zid bezbednosti, koji će do njegove smrti činiti isključivo armijski kadrovi.

BEZBEDNOST HRVATA I SLOVENACA

Kada se Vrhovni štab našao na terenu, kada su formirane partizanske jedinice 1941. godine, Josip Broz je naredio i formiranje bezbednosne službe na frontu i oslobođenim teritorijama.

Mnogi istoričari bezbednosti pišu da je to bilo prema Titovim opštim naređenjima za organizovanje i partizanske (kontra)obaveštajne službe izdatim prvi put još na Savetovanju u Stolicama 26. i 27. septembra 1941. godine, a zatim iste godine u Crnoj Gori.

Pukovnik Mirko Simić, autor poglavlja o istorijskom nasleđu vojne obaveštajne službe, u knjizi o VOS-u kategorično i dokumentovano tvrdi da u Stolicama nije bilo ni reči o pitanjima obaveštajnog rada. Kako je to savetovanje trajalo samo jedan dan a ne dva, tvrdi pukovnik Simić, Tito nije ni stigao da govori o tom pitanju, pa se prema tome, svako uplitanje Stolica u istoriju vojne tajne službe može smatrati izmišljanjem istorije.

Činjenica je, međutim, da je te ustaničke godine Glavni štab NOP Hrvatske još u decembru 1941. objavio Uputu za organizaciju političke obaveštajne službe. Taj termin je preuzet najverovatnije od ruskih instruktora, jer je predratnim kursevima u SSSR-u rukovodila upravo „Glavna politička uprava" – GPU. Tu hrvatsku „uputu" potpisali su politički komesar Vlado Katić, odnosno Vladimir Bakarić i komandant Ivo Vladić, tj. Ivan Rukavina.

Najagilniji u stvaranju prve političke policije u Hrvatskoj bio je Štab grupe narodnooslobodilačkih odreda za Liku, koji je u odredu *Velebit* i svim bataljonima imao svoje obaveštajne političke oficire. Na oslobođenoj teritoriji u Korenici, Glavni štab Hrvatske je imao svoju oficirsku školu, u kojoj su polaznici sticali i prva znanja o obaveštajnoj službi. Elaborat koji je tom prilikom korišćen kao udžbenik delio je tajnu službu na „informativnu", odnosno obaveštajnu i na „obaveštajnu" odnosno kontraobaveštajnu. Takva podela je prihvaćena i za oficire ove svojevrsne političke policije, pa su i oni deljeni na „informativne" tj. obaveštajne i „obaveštajne", odnosno kontraobaveštajne.

U toj školi oficiri bezbednosti su učili šta su to zadaci Obaveštajne i Informativne službe uopšte, koji su to organi i sredstva Obaveštajne službe, kakve osobine treba da ima tajni agent ili provokator, a koje obaveštajni oficir. I da su njegovi konkretni zadaci: da prima direktive za organizovanje obaveštajne službe od komandanta i komesara, pristupa njihovim izvršenjima, vrši organizaciju službe u jedinicama s dva-tri poverenika iz redova KP, sačinjava nedeljne obaveštajne izveštaje i planira nove akcije. Krajem marta 1942. godine, u Lici je održana i prva konferencija političkih obaveštajnih oficira, na kojoj su razmatrani izveštaji i novi planovi rada. Na Kordunu su u početku partizanski kuriri vršili obaveštajne poslove, a kasnije je za to određen Grga Milašinčić.

Tek krajem te godine u Hrvatskoj je pridavan veći značaj političkoj obaveštajnoj službi, posebno kad je formiran Operativni štab za Baniju. Za obaveštajnog oficira je imenovan Dragan Branković, a za informativnog Stevo Bevandić. U štabu srednjodalmatinskog odreda, tajni oficir je bio prvo Vjeko Širinić, a zatim Ivan Grubiša. Glavni štab u Zagrebu, radi komandovanja i koordinacije ovom obaveštajnom mrežom, već je sredinom 1942. oformio Političko-obaveštajni odsek.

Međutim, Vladimir Bakarić, politički komesar Glavnog štaba Hrvatske 1942. godine, nije bio zadovoljan funkcionisanjem političkih oficira, pa je i javio Centralnom komitetu KPH da je celokupna ta „... organizacija obavještajne i informativne službe još vrlo traljava...“

Istoričar Milovan Dželebdžić ocenjuje da je razvoj tajne službe i komunističke političke policije u Hrvatskoj bio, kao i u Sloveniji, deo narodnog otpora neprijatelju i okupatoru, ali i odgovor na građanski rat koji je buktao u ovom delu Jugoslavije.

Kardeljev VOS

Tada je, međutim, jedino CK KP Slovenije, i to u prvim mesecima rata, imao sopstvenu (kontra)obaveštajnu organizaciju: Varnostno-obveščevalna služba (VOS).

Ovom tajnom službom, koja je formirana 15. avgusta 1941, rukovodio je specijalni četvoročlani Kolegijum određen od CK KPS. Zato su u njenom radu učestvovali isključivo članovi Partije, izvestio je

Edvard Kardelj 29. marta 1942. godine vrhovnog komandanta Josipa Broza Tita.

„... Sve bi u našem pokretu bilo nerazumljivo bez tzv. Varnostne in obveščevalne službe Osvobodilne fronte. Čitav aparat VOS-a sastoji se od članova Partije i to naši ne daju nikome iz ruku. Izgrađena je iz dva dela – od obaveštajne službe i egzekutivnog aparata. Rukovodstvo je jedinstveno i sastoji se od sekretara oba dela i rukovodioca čitavog tog rada, koji je direktno vezan za CK. Obaveštajni ured je masovan odozdo i dnevno dolazi na rejonske punktove obaveštajne službe mnogo svakih prijava. Imaju čitavu uređenu kartoteku za ljude koje imaju pod nadzorom, prate ih... Isto tako imaju svoje provokatore u belogardističkim organizacijama. Zahvaljujući tom zaista dobrom aparatu, odlično su u svemu obavešteni i sprečili su čitav niz pokušaja da se ubace provokatori u KP i Osvobodilnu frontu. Taj aparat danas sigurno daleko bolje funkcionira od Overe ili Gestapoa u Ljubljani...“

Tvorci VOS-a bili su Edvard Kardelj, Zdenka Kidrič, Franc Ravbar Vitez, Franc Leskošek i Ivan Maček Matija. Bezbednosno-obaveštajna služba slovenačkih komunista delovala je na prostoru Slovenije, ali ponajviše u okupiranoj Ljubljani. Bezbednjaci su bili organizovani u grupama i radili su na sprovođenju oružanih akcija protiv Italijana i Nemaca u Sloveniji. Posebne egzekutivne ekipe VOS-a radile su i na likvidaciji izdajnika, špijuna, petokolonaša, najčešće u Ljubljani i Novom Mestu. Jedan od vođa prve borbene grupe bio je Milan Juričev, sin ruskih izbeglica iz Boke Kotorske, predratni komunista s konspirativnim imenima Rostov i Jugov. Rukovodioci VOS-a dali su mu drugo tajno ime – Tarzan.

Pored njega u grupi su bili i Janez Artič, Lado Hafner, Ive Lončar, Jože Ludvik, Nik Bojić, Marjan Dolinšek, Toni Šubert, Miha Urbašek i Janez Mejič. Sedište ove udarne grupe VOS-a bilo je u pivari *Union*. O delovanju 2.500 pripadnika VOS-a, a posebno službe bezbednosti, Edvard Kardelj je redovno izveštavao Kominternu, potpisujući se obaveštajnim pseudonimom France Birk. To ime Edvard Kardelj je dobio dok je od 1934. do 1936. boravio u Moskvi na obuci i školovanju. U prepiskama s rukovodstvom VOS-a, Edvard Kardelj se potpisivao kao Krištof. Marta 1942. izveštavajući Tita o radu likvidatora VOS-a, tada pod konspirativnim imenom drug Bevc, prvi slovenački komunista Edvard Kardelj je napisao:

„... Egzekucioni aparat sastoji se iz oko pedeset momaka, naoružanih revolverima i bombama, koji su se dobro izvežbali. Sada su počeli njihov broj podizati s obzirom na sve žešći italijanski teror i akcije Bele garde. Ti momci rade svake stvari. Nekoliko primera: skoro dnevno padaju denuncijanti, okupatorske snage itd. Nikakva policijska zaštita ne spasava one koje su vosovci, tako ih ovde zovu, uzeli na muhu. Vosovci ulaze u restauracije s revolverima, zamole prisutne da dignu ruke, da se legitimišu, ako traže nekoga, hapse na ulicama i preslušavaju."

Obaveštajci su delovali u tri sektora: vojnom – prikupljanje podataka o neprijateljskim jedinicama; specijalnom – rad saradnika VOS-a u okupatorskim ustanovama; i obaveštajnom – masovnom prikupljanju informacija na terenu. Za rad ovog trećeg sektora u svakom terenskom odboru Osvobodilne fronte postojalo je odgovorno lice, odnosno poverenik, kome su dostavljani svi poverljivi podaci o neprijatelju koje je narod sakupio. U Ljubljani je, na primer, krajem 1940. godine, bilo preko 400 terenskih odbora, tvrdi Milovan Dželebdžić, što dovoljno govori o širini delovanja ovog sektora VOS-a. Slovenačka tajna služba uspela je, na primer, da još 1941. godine, kod predsednika Pokrajinske uprave ljubljanske provincije i generala Jugoslovenske kraljevske vojske, Leona Rupnika, ubaci svog obaveštajca – daktilografkinju Mariju Malahovsku, zvanu Vane. Ona je uspela da postane Rupnikova lična sekretarica i da sve do januara 1945. godine u njegovom kabinetu prikuplja važne političke informacije i vojne podatke i dostavlja ih VOS-u.

Najpouzdaniji saradnik VOS-a bio je svakako jedan od šefova ljubljanske policije, dr Vladimir Kante. Ovaj doktor prava bio je pre rata načelnik političkog odeljenja ljubljanske policije, zadužen za progon slovenačkih komunista. Godine 1941. postao je savetnik, a zatim i šef operativne grupe u Ljubljanskoj kvesturi. VOS ga je zavrbovao i vodio kao obaveštajca pod tajnim imenima Lia i Filister. Gestapo ga je otkrio tek januara 1945. godine, kada je pala i Marija Malahovska. Oboje su mučeni a zatim likvidirani kao komunistički špijuni.

Pravi šef slovenačke tajne službe bila je Zdenka Kidrič, iskusni moskovski đak, supruga Borisa Kidriča, koja se potpisivala tajnim imenom Marjeta. Bila je rođena Ljubljančanka, stara dvadeset jednu godinu kada je postala član Partije, 1930. godine, a ubrzo i poverenik Moskve za Crvenu pomoć. Posle partijskog rada u SSSR-u, Francuskoj i Austriji, dolazi u Ljubljanu, gde postaje sekretar Okružnog komiteta 1939. godine. Na toj funkciji je zatiče i početak rata. Aktivni obaveštajci VOS-a bili su i Ejper Ernest i Muhin Dušan, koji je vodio centar u Trstu. Pored nje, najaktivniji članovi VOS-a, kao likvidatori, bili su Dušan Bravničar, France Stedlar Pepe, Bojan Polak Stjenka, Štefan tj.

Edi Brajnik, Franc Tavčar Rok i Miha Babnik. Franc Grajzner Albin je bio komandant bataljona VOS-a i obaveštajac, koji je, posle pogibije 1944. godine, proglašen za narodnog heroja. Bivši vosovac Albert Svetina Erno priseća se da su baš ovi ljudi likvidirali dr Lambreta Erliha, bana dr Marka Natlačena, lidera Bele garde i tvorca nacionalističke izreke „Srbe na vrbe", komunistu Petra Cefuta Gada zbog izdaje, i Marjana Sterniša, vođu četnika Draže Mihailovića u Sloveniji. Zbog smrti Natlačena, Italijani su oktobra 1942. godine u Ljubljani streljali 24 taoca.

U izveštajima VOS-a objavljivanim u *Slovenskom poročevalcu*, još početkom 1941. godine, nalazili su se podaci o likvidacijama nemačkih i italijanskih špijuna u Sloveniji. Između Črnuča i Trzina, na primer, ubijen je konfident gestapovaca Lojze Majhenič. A u Vevčama likvidiran je žandar, italijanski špijun Sušnik, dok je u čitavoj Gorenjskoj ubijeno 12 denuncijanata i 46 gestapovaca, žandara i policajaca.

U izveštaju italijanskog 11. Armijskog korpusa, s kraja 1942. godine, mogu se sagledati glavne karakteristike slovenačkog VOS-a. Širenjem ratnih, odnosno vojnih operacija na prostoru čitave Slovenije, delovanje VOS-a je počelo postepeno da se sužava, zbog toga je CK KPS 10. februara 1943. godine izdao Uputstvo za izgradnju VOS-a na terenu i u vojsci. Ovim dokumentom VOS se pretvara u „... akciono oružje oslobodilačke borbe za razbijanje neprijatelja na njegovim vlastitim pozicijama, s posebnim metodama koje su svojevrsne karakteru VOS-a..."

Time je slovenačka tajna služba izrasla u vojnu bezbednosno-obaveštajnu organizaciju i organ Glavnog štaba NOV i POJ Slovenije, pri kome je formiran i poseban Obaveštajni centar pod vođstvom Eda Brajnika. On se rodio u Kamniku 1922. godine. Studirao je prava u Ljubljani i kao ilegalac počeo je da se bavi (kontra)obaveštajnim radom. Bio je jedno vreme član Kolegijuma VOS-a za Sloveniju, a tokom rata i šef VOS-a za Ljubljanu i načelnik Odseka unutrašnjih poslova u Osvobodilnoj fronti Slovenije. U Ljubljani je ostao sve do maja 1943. godine, kada prelazi na slobodnu teritoriju. Uputstvo o delovanju VOS-a u vojsci i na terenu, potpisao je Edvard Kardelj, kao prvi čovek KP Slovenije, ali i kao slovenački vojni komandant. Tim novim VOS-om je rukovodila Centralna komisija bezbednosno-obaveštajne službe CK KPS i CK KPJ. Radi zaštite KP Slovenije, partijskog rukovodstva, pa i samog VOS-a, i Partija i tajna služba su i na terenu, među partizanima i u narodu, bili konspirativni i ilegalni tokom čitavog rata. Tajna služba VOS funkcionisala je u Sloveniji sve do februara 1943. godine, kada je transformisana i utopljena u Odsek za unutrašnje poslove.

Ratni informatori

Prve ozbiljnije korake u organizovanju obaveštajne službe čitavog NOP-a na teritorijalnom principu Vrhovni štab i vrhovni komandant NOV i POJ Josip Broz načinio je, posle formiranja Drugog odseka VS NOV i POJ, maja meseca 1940. u Foči posle usvajanja tajnih dokumenata o obaveštajnoj mreži, upravo na prostorima Slovenije, Hrvatske i Bosne. Tito je „Uputstvo za obaveštajnu službu" doneo u Bihaću 27. novembra 1942. godine. Obradu tog teksta vršio je, opet ruski kadar, Fjodor Mahin, član Kominterne i pukovnik sovjetske vojske, koji je posle rata postao i general JA. Tito je to naređenje prosledio Glavnom štabu Slovenije istog dana, a u GŠ Hrvatske i GŠ Bosne i Hercegovine istom naredbom, poslatom iz Bosanskog Petrovca 2. decembra 1942. godine. Ovom naredbom data je potpuna organizaciona struktura obaveštajne teritorijalne službe, koju čine glavni obaveštajni centri pri glavnim štabovima Slovenije u Ljubljani, Hrvatske u Zagrebu i BiH u Bihaću.

U Glavnom štabu NOV i POJ Hrvatske, odnosno Glavnom obaveštajnom centru, bilo je pedeset rukovodilaca i dvesta poverenika tajne službe. Na tim poslovima radili su Vladimir Kurt, Ivan Krajačić, zvani Stevo ili Brko, Pero Dozet, Jure Naglić, Branko Ognjenović, Petar Grubor, obaveštajni oficiri Josip Đerđa, Karlo Mrazović Ortega, Brzi tj. Pavle Gregorić, Ranko Mitić, pa i ruski rezident Dalibor Jakša Maljčik, koji je bio posebno aktivan u Dalmaciji. Karlo Mrazović je bio, na primer, tada zadužen da po Slavoniji kontroliše kretanje četnika i nedićevaca. Pokrajinski obaveštajni centar u Slavoniji vodili su Ranko Zec, Đuka Matošić, Ivo Pekar Posavac i Ivan Mišković Brk.

Sâm Krajačić je jednom priznao da je, po nalogu CK KPJ, preuzeo da vodi ilegalnu vojnu obaveštajnu službu u Zagrebu. Njegovi saradnici bili su i mnogi ugledni oficiri NDH. Franjo Pirc je bio načelnik Štaba komande NDH, Matija Petrović zrakoplovni bojnik, Srećko Brana, ustaški satnik, Ivan Cvenček, komandant aerodroma *Borongaj*, Ljudevit Gerl, domobranski satnik, Ivan Knežević, domobranski bojnik, Nikola Obuljan, pukovnik VZ NDH, Vlado Galić, komandant Pavelićeve tjelesne garde i komandant grada Zagreba, Frane Biočić, bojnik, Nenad Stefanović, zamenik Operativnog odeljenja Glavnog štaba NDH, Miha Marki, mornarički oficir, Demetar Varda, potporučnik, profesorka Anita Drobnić, Jože Kropar, Ljudevit Šinko, Franjo Balon, Emilio Žeželić, Zvonimir Hećimović, Josip Horvat. Većinu njih Krajačić je kasnije preveo u partizane, a posle rata im dao boračke penzije.

Sâm Tito nije bio posebno impresioniran radom komunističke agenture u Zagrebu, ali jeste onom u Splitu, o čemu je lično izvestio Moskvu.

Kako je u kom delu Jugoslavije rastao narodni i partizanski otpor, tako su tokom 1943. godine, organizovani pomoćni obaveštajni centri za zone i regione Gorenjsku, Notrenjsku, Dolenjsku, Štajersku, Korušku i samu Ljubljanu, zatim za Primorje i Istru, Gorski Kotar, Liku, Kordun, Baniju, Slavoniju, Gornju Hrvatsku, Dalmaciju i grad Zagreb. Te godine, na tlu Hrvatske, maja meseca stvorene su i prve oružane formacije za borbu protiv „pete kolone". Naređenje je izdao Glavni štab NOV i POJ Hrvatske, odnosno Vladimir Bakarić i Ivo Rukavina. Oni su tu jedinicu i krstili kao „Četa P. P. K.".

Štab Prvog slavonskog korpusa formirao je po tom naređenju, na primer, sedam grupa od po devet boraca, naoružanih puškama, bombama i puškomitraljezom, za borbu protiv izdajnika, kolebljivih elemenata i dezertera. Slične čete formirane su i pri slovenačkom VOS-u, a zatim i u drugim oslobođenim delovima Jugoslavije. Komandant Pavle Pekić se dobro seća tog vremena:

„... Posle pete ofanzive u Jajcu smo raspravljali u Štabu o reorganizaciji Komisije protiv pete kolone. Šeta maršal i u jednom trenutku kaže: 'Kako to da nazovemo, neka bude Odsek za zaštitu naroda!' E, sad njemu treba neka oružana snaga, neka bude četa Narodna odbrana! Drug Marko je uzeo iz partijske škole u Jajcu Trivića, Sinkaru, Boška Baškota, Šehu, a za komandanta čete Duška Simića. Pri Vrhovnom štabu je formiran odsek i četiri opunomoćstva – za teritoriju komandi područja: banjalučko, bihaćko, drvarsko i jajačko. Tu su bili uz štab Mijat Vuletić, Marko Katunić, Slavko Odić, Jefto Šašić, Mićo Medić... Odsek za zaštitu naroda, osnovan pri Vrhovnom štabu NOV i POJ imao je svoja opunomoćstva u Bosni, delu Hrvatske i Sremu..."

Preko dva meseca, u Užičkoj republici 1941. godine, koja je povezivala područja pet okruga, delovali su narodnooslobodilački odbori. Vrhovni štab NOPOJ je tada, na tom prostoru, organizovao 1941. godine službu bezbednosti koja je nazvana Komisija za borbu protiv pete kolone. Njen posao je bio otkrivanje agenata okupatora i petokolonaša, vođenje istrage protiv osumnjičenih špijuna i izdajnika i obavljanje policijskih dužnosti. U samom Užicu ovu prvu tajnu policiju u Srbiji vodio je upravo Slobodan Penezić Krcun. Lično je hvatao špijune i saradnike okupatora: „Drug Ranković mi je u tome pomagao, hapsili smo i kažnjavali najokorelije petokolonaše!", i sudio im kako kad, nekad metkom, nekad olovkom.

Nemački agenti su, za Slobodana Penezića, čak dojavili Gestapou u Beograd da je on rođak Moše Pijade. Njegov pomoćnik Novak Živković imao je zaduženje da nadgleda četnike u Požegi, dok je Milan Bajo Janković bio na čelu komisije u Čačku. U to vreme, novembra 1941, partizani su još bili u slozi s četnicima, pa je i rukovođenje ovom tajnom službom bilo zajedničko. Tada je Krcun prvi put video Tita, koga je instinktivno osetio kao velikog čoveka. Jednom prilikom je zapisao:

„... Ja znam šta je mene nosilo, a znam da su i oni koji su verovali u mene, kroz mene verovali u Tita!"

Tu su još bili i Venijamin Marinković, Slobodan Janković, Milivoje Nikitović Furtula, Peko Tanović, Radomir Dabić, Ljuba Nikolić i Miša Glišić. Čačani su imali i specijalno poterno odeljenje, u kome su bili Milomir Vasilić Ivo, Gojko Vujović, Dragoslav Pavić, Milivoje Jovanović, Mile Pavlović, Milenko Jovanović Popaj, Miloš Vasović, Živorad Davidović.

Rankovićevi ljudi

U svojim memoarima o tim užičkim danima Milovan Đilas je zapisao:

„... U jednom trenutku našao sam se s Mitrom u vojnom sudu, u sobi za saslušavanje, Ranković je imao nekog drugog posla, pa me je zamolio da završim saslušanje jednog zatvorenika. Verujem da se zvao Pavlović, držao je u Parizu partijsku knjižaru *Horizonti* i bio agent provokator kraljevske tajne policije. Zatvorske poslove je inače vodio Slobodan Penezić pod nadzorom Rankovića. Tako je počela njihova veza i saradnja u tajnoj policiji..."

I kasnije, tokom zime 1941, kada je Vrhovni štab prešao u Foču, po sećanju Vladimira Dedijera, Krcun je obavljao specijalne zadatke u obezbeđenju Titove komande.

Čitava ova obaveštajna mreža glavnih štabova NOV i POJ bila je centralizovana i neposredno potčinjena Obaveštajnom odseku Vrhovnog štaba, koji je rukovodio i upravljao celokupnom obaveštajnom službom. Moto rada ove ofanzivne obaveštajne službe bio je sadržan u kineskoj devizi da „… kad neprijatelj zna šta neprijatelj radi, neprijatelj će lako pobediti neprijatelja!“.

Tamo kuda se kretao Vrhovni štab NOV i POJ s Titom na čelu bilo je i sedište drugog Obaveštajnog odseka i njegove Komisije za borbu protiv špijuna i pete kolone, kojim je rukovodio Aleksandar Ranković, član vrhovne komande poznatiji kao drug Marko. Pre rata je bio profesionalni partijski i sindikalni radnik. Rođen je 1909. godine u Draževcu kod Obrenovca. Završio je abadžijski zanat i dao se u ilegalni komunistički rad. Član SKOJ-a postao je 1927, a KPJ 1928. godine. Više puta je hapšen i osuđivan. Robijao je šest godina u Sremskoj Mitrovici i Lepoglavi. Bio je zatim biran za sekretara PK KPJ za Srbiju i za člana CK KPJ, odnosno Politbiroa CK KPJ. Jedan je od retkih kadrova Partije koji nije studirao i koji nije bio na političkom i obaveštajnom doškolovavanju u Moskvi. Prvoborac, član Vrhovnog štaba NOV i POJ, general-lajtnant, a od 1942. organizacioni sekretar CK KPJ. Tito mu je poverio rukovođenje obaveštajnim poslovima, jer je u njega imao najviše poverenja, a možda i zato što Ranković, jedini od funkcionera, nije bio kadar i agent Kominterne i što nije imao žicu profesionalnog špijuna, koji su često spremni i da trguju svojim informacijama i svojim životom. Ta maršalova odluka dugo je držana u tajnosti tokom rata, sve dok drug Marko nije, maja 1944, imenovan za Titovog pomoćnika, kao ministar narodne odbrane i šef jugoslovenske političke policije.

Titovim uputstvom iz 1942. godine, smatra Milovan Dželebdžić, udaren je temelj stvaranju jedne savremene obaveštajne organizacije, ali samo na jednom delu tadašnje, ratom okupirane, Jugoslavije. Obaveštajci – narodni heroji koji su poginuli tokom rata bili su uglavnom s tog područja. A to su Nedeljko Barnić s nadimkom Žarki, Muharem Bekteši, Mojica Birta zvani Zec, Ernest Ejper, Elias Engel, Petar Grubor Buzdovan, Radisav Janićijević, Gojko Kruška, Jovan Marinković Ivo, Danko Mitrov, Vladimir Perić poznatiji kao Valter, Dušan Vujošević, Žarko Vuković zvani Pucar i Slavoljub Vuksanović Jajko. U Srbiji, na Kosmetu i u Makedoniji, naime, teritorijalna obaveštajna služba nije stvarana, jer Glavni štabovi NOV i POJ nisu dobili ovo maršalovo uputstvo. Na ovim prostorima, tvrdio mi je dr Obren Đorđević, delovali su samo obaveštajni oficiri pri štabovima odreda i bataljona, a kasnije i pri komandama mesta i štabovima operativnih zona.

Pred ustanak i u ratu nicala su, po nalogu KPJ, po Srbiji pojedina (kontra)obaveštajna uporišta. Inženjer Miladin Radulović upućen je s poručnikom Rodoljubom Neumovićem u Kosovsku Mitrovicu da stvaraju agenturu. U Valjevu je kontraobaveštajno radio Ljubomir Petrović Mingeja. Njegovi saradnici su bili Milica Nožica, Nada Ilić, Jovica Patak, Miša Veličković, Ljubiša Milošević i Dragan Ristić. Oni su grad podelili u četiri rejona i tako nadgledali šta se u njemu dešava. Obaveštajni centar u Aranđelovcu vodio je Dragomir Petrović Gema, a u Lazarevcu Dragutin Karakljajić Muzikant. Ovaj prvi je na vezi držao mnoge gradske činovnike, tako da je faktički kontrolisao čitavu varoš. U Kragujevcu je čak dvadesetak simpatizera KP Srbije radilo na prikupljanju vojnih i političkih informacija.

Mnogi komunisti su bili ubačeni i skriveni u suprotnim taborima. Gojko Gošović je bio u četničkom javorskom korpusu, Miloš Popović Đurin u cerskom, a Rade Jakšić u odredu Draže Mihailovića. Predrag Marković postao je komandant Nedićevog Krajiškog odreda. Ta agenturna aktivnost, međutim, sve do povratka Vrhovnog štaba NOV i POJ 1944. godine u Srbiju, nije bila organizovana kao jedinstvena (kontra)obaveštajna mreža, kakve su već postojale u Sloveniji i Hrvatskoj. Istorijski, dakle, gledano Slovenija 1941. i Hrvatska 1942. godine bile su kolevke rađanja i razvoja jugoslovenske političke policije i (kontra)obaveštajne službe. To ujedno znači da sve do 1944. godine Aleksandar Ranković i nije faktički mogao da bude glavnokomandujući ilegalnim komunističkim, a zatim partizanskim (kontra)obaveštajnim službama na teritoriji Jugoslavije. Glavni obaveštajci i političari bili su tada sâm Tito, Kardelj, Bakarić, Krajačić i Kopinič.

OZNA SVE DOZNA

Služba državne bezbednosti u drugoj Jugoslaviji predstavljala je vrlo snažan oslonac vlasti jednopartijskog sistema u zemlji pod rukovodstvom Komunističke partije. Nastala je iz potrebe da se narod i oslobođene teritorije, pa i sâm NOP, zaštite od tzv. unutrašnjeg i spoljnjeg neprijatelja, a prerasla je u službu partije koja se borila da osvoji i zadrži vlast. Prvi državni i institucionalizovani oblik te službe bezbednosti bila je Ozna (Odeljenje zaštite naroda). U Uputstvu o organizacionoj šemi Ozne, koje je potpisao Josip Broz Tito, predsednik Nacionalnog komiteta oslobođenja Jugoslavije i Vrhovni komandant Narodnooslobodilačke vojske i partizanskih odreda Jugoslavije, o Ozni se kaže:

„Jedna od garancija za očuvanje nove demokratske vlasti u Federativnoj Demokratskoj Jugoslaviji, jeste izgradnja i osposobljavanje organa državne bezbednosti. Da bi se to postiglo, treba naročitu pažnju posvetiti podizanju, u borbi proverenih, kadrova i uporno raditi na njihovom osposobljavanju za izvršavanje postavljenih zadataka. Odeljenja zaštite naroda, moraju postati čvrst oslonac naše vojske, državne vlasti u borbi protiv okupatora i svih njegovih sluga. Organi Ozne moraju biti najdosledniji zaštitnici i čuvari tekovina narodnooslobodilačke borbe. Stoga i neumoljiva prema neprijatelju, pravedna prema svakom poštenom čoveku, Ozna će postati najomiljenija organizacija našem narodu. Kao što se iz priloženog uputstva vidi, odeljenjima zaštite naroda stavlja se u dužnost:

a. politička obaveštajna služba i kontraobaveštajna služba na okupiranoj teritoriji i inostranstvu;

b. kontraobaveštajna aktivnost na oslobođenoj teritoriji i

c. kontraobaveštajna aktivnost u vojsci."

Ozna je time preuzela funkcije političke policije i kontrašpijunaže od odgovarajućih obaveštajnih centara, odnosno političko-obaveštajnih odseka, čime su faktički odvojeni jedni od drugih obaveštajni i bezbednosni poslovi. Stvorena je zasebna bezbednosno-obaveštajna organizacija, u zemlji i inostranstvu, pod neposrednim rukovodstvom J. B. Tita, koja je pored klasičnih obaveštajnih karakteristika imala i osobine jake unutrašnje političke policije. Ta famozna jugoslovenska politička policija nikla je iz Odeljenja zaštite naroda (Ozna), čiji su temelji postavljeni Brozovim dekretom tokom rata 1944. godine u Drvaru. Bila je to Naredba vrhovnog komandanta NOV i POJ i Poverenika za narodnu odbranu Nacionalnog komiteta oslobođenja Jugoslavije od 13. maja 1944. o osnivanju Odeljenja zaštite naroda, zavedena pod brojem sedam. Uz naređenje maršala Jugoslavije J. B. Tita, priložena je bila i Organizaciona struktura Ozne: U sadašnje vrijeme, političkom obavještajnom službom na teritoriji koju su okupirali Nijemci i njihovi agenti, kao i borbe protiv špijuna, diverzanata, terorista i drugih antinarodnih elemenata u Narodno-oslobodilačkom Pokretu, bavi se niz organizacija.

„U tu svrhu:

1. Svu aktivnost u borbi sa inostranom agenturom, agenturom protivnika i antinarodnim elementima u NOP, treba koncentrisati u odeljenjima za zaštitu naroda i njihovim odsjecima, kako u centru, tako i po mjestima, izdvajajući te funkcije od vojne operativne obavještajne službe.

2. Uzimajući u obzir da je u današnje vrijeme sva oslobođena teritorija ratni logor i da NOVJ treba, prije svega, zaštititi od prodiranja neprijateljske agenture u njene redove odjeljenja zaštite naroda treba formirati po vojničkom principu: pri povjereništvu za Narodnu Odbranu NKOJ, odnosno pri Vrhovnom komandantu i njegovom štabu, na teritoriji glavnih štabova i na teritorijama korpusnih oblasti.

Ova struktura čini – za vrijeme rata – efikasnim sistem mjera za borbu protiv elemenata koji su neprijateljski raspoloženi prema NOP i – istovremeno – daje mogućnost da se, s prelaskom na mirnodopske uslove, lako stvori aparat državne bezbjednosti, time što bi se od vojske odvojili Prvi i Drugi odseci OZN-e.

Smrt fašizmu sloboda narodu"

Tito

Tito je potpisao i Uputstvo o formaciji vojnih jedinica Korpusa narodne odbrane i Uputstvo o organizaciji radio-veze Ozne. To je ozakonjeno odlukom Nacionalnog komiteta oslobođenja Jugoslavije, odnosno Povereništva za narodnu odbranu 15. avgusta 1944. godine, kada je zvanično stvorena organizacija Korpusa narodne odbrane Jugoslavije (KNOJ). Tim dekretom, koji je potpisao maršal Jugoslavije Tito, određeni su i osnovni zadaci Knoja:

a. Borba sa antinarodnim ustanicima u pozadini NOV i likvidacija četničkih, ustaških, belogardejskih i drugih antinarodnih bandi na oslobođenoj teritoriji Jugoslavije; b. Obezbeđenje centralnih organa vlasti (Nacionalnog komiteta, Vrhovnog štaba, Zemaljskih antifašističkih veća, Glavnih štabova, Odeljenja zaštite naroda itd.); c. Čišćenje tih oslobođenih teritorija od ostataka razbijenih neprijateljskih jedinica i špijuna i diverzanata koje bi neprijatelj ostavio u pozadini NOVJ; d. Obezbeđenje luka, obala i državnih granica; e. Obezbeđenje najvažnijih železničkih i automobilskih puteva i mostova, zavoda i fabrika odbrambenog karaktera, aerodroma i drugih objekata odbrambenog značaja; f. Izvršavanja zadataka Odeljenja zaštite naroda u raznolikim operacijama (potjerama, proveravanju stanovništva putem pretresa stanova i legitimisanja, zasjedama, sprovođenju uhapšenika, zarobljenika i sl.).

Korpus narodne odbrane bio je potčinjen neposredno povereniku za Narodnu odbranu, odnosno Titu, koji je rukovodio Knojom preko načelnika Odeljenja zaštite naroda tj. Aleksandra Rankovića. U sastav Knoja ušle su sve jedinice Povereništva za narodnu odbranu NKOJ i posebno slovenačka „Vojska državne varnosti", jedinice Odsjeka zaštite naroda, kao i jedinice za borbu protiv pete kolone – bataljoni PPK u Hrvatskoj. Za slučaj neophodnosti izvođenja borbenih akcija za likvidaciju antinarodnih ustanika i krupnih bandi plan operacije izrađuju zajedno načelnik Glavnog štaba, načelnik Ozne i komandant formacije Knoja, što je dovoljno jasno govorilo koliko su jedinice ovog korpusa bile vezane za tajnu policiju nove Jugoslavije. Drugom posebnom naredbom Tito je 20. avgusta 1944. postavio Štab Knoja u kome su bili: komandant Jovo Vukotić, general-major, dotadašnji načelnik štaba Trećeg korpusa, politički komesar Vlada Janjić, dotadašnji komesar Šestog korpusa, zamenik komandanta Nikola Ljubičić, potpukovnik na raspolaganju u GS Srbije, načelnik štaba dr Marjan Dermastja, potpukovnik i prvi pomoćnik načelnika GS Slovenije, prvi pomoćnik načelnika Stojadin Soldatović, major na raspolaganju u GS Makedonije, i obaveštajni oficir Mesud Hotić, potpukovnik, dotadašnji načelnik štaba X divizije.

Odeljenje zaštite naroda, poznatije kao Ozna, koje je vodio Aleksandar Leka Ranković, imalo je četiri odseka sa po tri sekcije. Prvi odsek se bavio i obaveštajnim radom na okupiranim i tuđim prostorima, pa su iz njega kasnije stvoreni VOS (Vojno-obaveštajna služba JNA) i SID (Služba informacija i dokumentacije u SSIP-u). Taj sektor Ozne bio je nadležan da stvara obaveštajne izvore u raznim državama i državnim ustanovama protivnika, vrbuje poverenike, organizuje njihovo prebacivanje preko granice i prikuplja podatke o neprijateljskoj agenturi, policiji, kvislinškom državnom aparatu i vojnim formacijama. Šef tog odseka bio je Maksimilijan Baće zvani Maks ili Milić. Za njega je Svetislav Stefanović Ćeća jednom izjavio da je bio najaktivniji ratni obaveštajac. Već prilikom prve diplomatske posete ambasadora Jože Brileja Londonu, a zatim Vladimira Velebita Kairu, načelnik Baće je s njima poslao i svoje obaveštajce Miću Vujovića i Slavka Komara. Baće je bio Pakoštanin. Rođen je 1914. godine. Filozofiju je diplomirao u Zagrebu, gde je i primljen u KPJ 1934. godine. Hapšen je kao ilegalac i osuđen na godinu dana robije, posle koje je otišao u Španiju 1936. Vraća se četiri godine kasnije na dužnost člana PK KPH za Dalmaciju i političkog komesara.

Iz Drugog odseka Ozne, koji se bavio kontraobaveštajnim poslovima na oslobođenim teritorijama uperenim protiv domaćih izdajnika i saradnika okupatora i stranih tajnih službi, nastala je 1946. godine Udba (Uprava državne bezbednosti), odnosno 1966. godine Služba državne bezbednosti (SDB). Zadatak ove druge uprave je bio da stvara agenturnu mrežu u raznim ustanovama i da prikuplja obaveštajne informacije o aktivnostima političkih grupa u NOP-u i van njega, o radu neprijateljskih agenata i njihovom likvidiranju, o ostacima jedinica kolaboracionista, i o aktivnostima stranih predstavnika. Njegov prvi načelnik bio je Pavle Pekić. Crnogorac, rođen 1910. u Šavniku. Završio je Medicinsku školu u Zagrebu, a Višu vojnu akademiju u Moskvi. Član Partije od 1939. godine, prvoborac, komandant mesta u Šavniku i zatim Durmitorskog vojnog područja. U Vrhovni štab NOV i POJ ušao je juna 1942. godine.

Treći odsek Ozne je radio na zaštiti oružanih snaga i kontraobaveštajnim poslovima u korist JA, na stvaranju svoje obaveštajne mreže u armijskim ustanovama, pa je iz njega izrastao 1946. godine KOS (Kontraobaveštajna služba JNA). Za rukovodioca ovog odseka određen je general Jefto Šašić. Sva ova tri odseka Odeljenja zaštite naroda su, ujedno, bili i centri za subordinaciju, po liniji rada, s povereništvima na terenu. Četvrti odsek se bavio statistikom i tehnikom za prijem, predaju, zaštitu i obradu podataka. Načelnik je bio Mijat Vuletić.

Januara 1945. godine, formiran je i peti odsek Ozne za otkrivanje i suprotstavljanje delovanju stranih obaveštajnih službi.

Jugoslovensko-ruska mreža

Na teritoriji glavnih štabova frontova, armija i pojedinih delova Jugoslavije, Ozna je imala u svom sastavu četiri odseka. Prvi je imao zadatak da stvara svoje centre na okupiranoj teritoriji i u pograničnim oblastima, pa i u susednim zemljama Italiji, Austriji, Mađarskoj, Rumuniji, Bugarskoj, Grčkoj i Albaniji. Ostali odseci imali su iste obaveze kao i centralni. U odsecima Ozne korpusnih oblasti, postojale su tri sekcije rada: prva vrbuje, priprema i šalje svoje poverenike na okupiranu teritoriju u zoni delovanja korpusa, druga organizuje rad (kontra)obaveštajne mreže u srezovima i njihovim ustanovama, treća rukovodi mrežom u partizanskim jedinicama i štabovima. Svima je prvenstveni zadatak bio otkrivanje i hvatanje neprijateljskih špijuna, prebeglica, izdajnika i dezertera. Istragu nad uhapšenima, po Titovom naređenju, vršio je onaj odsek na osnovu čijih je podataka lice uhapšeno, s tim što prvi odsek nikada nije vršio istrage i hapšenja.

U proleće 1944. godine poslove bezbednosti na teritoriji Jugoslavije, i oslobođenoj, i neoslobođenoj, vršili su, u Hrvatskoj, Vojvodini i Crnoj Gori Centri teritorijalne obaveštajne organizacije, u Sloveniji – Obaveštajno odeljenje u Odseku unutrašnjih poslova, u Srbiji, Makedoniji i na Kosmetu – obaveštajne službe partizanskih odreda, i u delovima Vojvodine, Hrvatske i Bosne – Odsek za zaštitu naroda. Ovako rascepkana obaveštajna i bezbednosna služba nije mogla da odgovori potrebama naraslog NOP-a, pa je Vrhovni štab, odnosno vrhovni komandant J. B. Tito, potpisao dekret o postavljenju Ozne Jugoslavije. Na dan potpisivanja tog naređenja Aleksandar Ranković, organizacioni sekretar CK KPJ i član Vrhovnog štaba NOV i POJ, postavljen je za načelnika Odeljenja zaštite naroda pri Poverеništvu za narodnu odbranu NKOJ. Ranković je Uputstvo o formiranju Ozne potpisao 18. maja 1944. u Drvaru. Tada je za njegovog zamenika imenovan Svetislav Stefanović Ćeća:

„Bio je april. Dobio sam telegram potpisan od druga Marka. U njemu je stajalo da predam dužnost, da se oprostim s drugovima u Dalmaciji i prvim mogućim vozom dođem u Drvar. Odleteli smo do Brindizija i doleteli do Drvara. Sreli smo se u njegovoj rezidenciji, onoj baraci kod pećine. Drug Marko mi je rekao da je održano II zasedanje AVNOJ-a, da je formirana država, vlast i da treba da pristupimo organizovanju obaveštajne i kontraobaveštajne službe, mnogo centralizovanije, na terenu. Treba nam jedna služba za borbu protiv neprijatelja, protiv kontrarevolucije, protiv neprijateljske obaveštajne službe, koja će biti povezana i na oslobođenoj, i na neoslobođenoj teritoriji. Rukovodilac te službe biću ja, a kao pomoćnik i moj zamenik – ti! Istovremeno mi je napomenuo da su tu Rusi i da će nam pomoći. Rekao mi je da napišem nešto o Knoju. Znao sam, doduše, nešto o Ceki i GPU. Dok sam bio u Sovjetskom Savezu čitao sam neke feljtone o Ceki. Na osnovu toga sam i ja video zadatke naše službe u borbi protiv kontrarevolucije. Posle ovog razgovora, sreli smo se s pukovnikom Timofejevim, koji nam je doneo organizacionu šemu. Nacrtao je nešto, govorio o nekim sektorima, o pravilima rada službe. Ta se šema, međutim, menjala, još u Drvaru, jer ona nama nije odgovarala do kraja. Bilo je dvoumljenja i oko naziva službe. Konačno je ostalo da to bude Odeljenje za zaštitu naroda, a skraćeno OZN. Tome je najviše doprineo drug Marko. On je stalno nešto pisao i odjednom rekao: Ozna! I tako je ostalo!"

Godinu dana kasnije, kod postavljanja i definisanja organizacije Ozne, vrhovni komandant J. B. Tito, predložio je identičnu organizaciju kakvu je imao Narodni komesarijat državne bezbednosti SSSR-a. Razlozi za to su bili očigledni i direktni. Naime, 23. februara 1944. godine u Jugoslaviju je stigla, na oslobođenu teritoriju, sovjetska vojna misija s generalom Kornjejevim na čelu grupe od trinaest oficira. U misiji je bio i pukovnik Timofejev, oficir Narodnog komesarijata državne bezbednosti (NKVD) koji je odigrao odlučujuću ulogu u izgradnji organizacije Ozne. Drugo, što je odlučujuće uticalo na rukovodstvo NOP-a da na čelo zemaljskih odeljenja Ozne budu članovi KPJ, jeste praksa Moskve da u državnu bezbednost budu postavljeni politički uticajni ljudi. Treće, sovjetska iskustva bila su odlučujuća u pogledu metoda i stila rada, a ona su radnicima Ozne preneta iz Moskve preko slušalaca na operativnom kursu NKVD, koji se održavao pri Višoj školi državne bezbednosti SSSR-a. Tu školu je pohađalo oko šezdeset pripadnika Ozne iz svih federalnih jedinica Jugoslavije. Prva grupa je otputovala u SSSR krajem 1944. godine, a druga u drugoj polovini 1945. godine. Ozna je politički i bezbednosno bila kopija sovjetske političke policije.

Novopostavljeni načelnik Ozne izdao je 18. maja 1944. godine Uputstvo u kojem se do detalja razrađuju zadaci Ozne i njenih organizacionih jedinica na terenu i u jedinicama NOV. Ovo ujedinjavanje obaveštajnih službi, predstavljalo je ujedno prvo ozakonjenje obaveštajnog sistema, a zatim i reorganizaciju tajne službe. Naime, u tom kakvom-takvom sistemu bezbednosti, na primer, kontraobaveštajni poslovi zaštite NOV, ali i slobodnih teritorija, iz armijskog resora prebačeni su u Oznu, koja je dobila i ofanzivne obaveštajne zadatke prema neprijateljskoj strani. Odeljenje zaštite naroda, odnosno njegovo rukovodstvo, bilo je direktno potčinjeno J. B. Titu. Načelnici Ozne u republikama, armijskim oblastima i pokrajinama bili su potčinjeni Aleksandru Rankoviću i Povereništvu za narodnu odbranu NKOJ.

Ozna Jugoslavije je kao centrala službe bezbednosti bila sastavni deo državnog aparata Demokratske Federativne Jugoslavije i zbog toga su njene obaveze, ali i njena ovlašćenja, bili izuzetno veliki. Ona je ujedno bila i politička i partijska institucija, za koju je Radovan Zogović govorio da je „... straža i uzdanica zemlje, oruđe protiv političkog kriminala..." Sreten Žujović je za Oznu rekao da je „... mač u rukama naših naroda...", a sâm Aleksandar Ranković je 1945. godine izjavio da je Ozna „... jedna od najlepših tekovina NOB-a i našeg naroda..."

Titovo naređenje

Istovremeno se pristupilo stvaranju organa Ozne na terenu, koje je završeno novembra 1944. godine. Odabrani politički kadrovi su iz Drvara nosili Titovo naređenje i Rankovićevo uputstvo za organizaciju Odeljenja zaštite naroda. Razgovori o tome vođeni su s Đurom Pucarom Starim, Ilijom Kostićem, Safetom Filipovićem i Živkom Živkovićem. Ovaj poslednji je uputstvo i instrukcije odneo u Crnu Goru, a Fićo Đaković u Vojvodinu. Ćeća je lično išao u Makedoniju. Prvo je formirana Ozna Hrvatske, maja 1944. godine, dakle pre nego u Srbiji, a njeni odseci u tri korpusne oblasti, početkom juna meseca. Zatim su osnovana i opunomoćstva za srezove i okruge. Za načelnika hrvatske političke policije postavljen je Ivan Krajačić Stevo, tada zvanično organizacioni sekretar CK KP Hrvatske. Na toj funkciji Krajačić je bio sve do juna 1946. godine, kada je, s činom general-pukovnika, preveden u rezervu. Iz penzije je, zatim, postavljen za ministra hrvatske policije, gde je ostao sve do 1953. godine. U Povjereništvu Ozne Zagreb načelnik je bio Marijan Cvetković, obućarski radnik iz Siska, komunista mlađe garde, rođen 1920.

S njim su radili, na primer, Josip Lukatelo, Roko Poljak, Blaško Sudarević, Vera Vajs, Čedo Grbić Kedacije, Luka Omić i Irena Ranogojec. Legitimaciju Krajačićevog tajnog agenta dobio je tada i Borivoj Viskić, koji je postao šef Ozne u Virovitici, a zatim je prebačen u Novu Gradišku pa u Slavonski Brod.

U Karlovcu je šef tajne policije bio Josip Boljkovac, što on izbegava da upiše u svoju zvaničnu biografiju. Štiteći hrvatsku Partiju iznutra od sumnjivih Srba, tek što je postao načelnik Ozne drug Stevo je u Lici i Slavoniji počeo da progoni Dušana Čalića, Ranka Zeca, Petra Drapšina, Duška Brkića, Ćanicu Opačića, Radu Žigića i druge, a na njihovo mesto je dovodio što čistije Hrvate.

U Bjelovaru je, na primer, načelnik Ozne do 1946. godine bio kapetan Josip Manolić, danas pričuvni general-pukovnik Hrvatske vojske u Zagrebu.

Tokom juna 1944. godine, ustanovljena je i Ozna za Bosnu i Hercegovinu, a za načelnika je postavljen Uglješa Danilović, organizacioni sekretar Pokrajinskog komiteta KPJ BiH. Po profesiji je bio inženjer agronomije. Rođen 1913. u opštini Odžak. Još za vreme studija u Beogradu, pristupio je SKOJ-u 1933. i KPJ 1935. godine. Pred početak rata prebačen je u Sarajevo da organizuje partijski život, zbog čega je bio član PK KP BiH i GŠ za BiH, i učesnik ZAVNO BiH i AVNOJ-a. Kasnije, kao ministar policije BiH, odigrao je važnu ulogu u progonu bosanskih rusofila.

U Ozni Slovenije postavljen je Ivan Maček Matija, organizacioni sekretar CK KP za Sloveniju. I on je pripadao staroj komunističkoj gardi. Rođen je 1908. u Ljubljani, gde je zauzimao od 1930. čelna mesta u PK KPS. Tri godine je proveo na partijskom i obaveštajnom školovanju u Moskvi. Robijao je u Sremskoj Mitrovici od 1937. godine. Rat ga je zatekao u Srbiji, ali se 1942. vraća u Ljubljanu na mesto polit-komesara, pa komandanta GŠ NOV Slovenije. Učestvovao je u obračunu s nacionalnim snagama u Kočevju i Zidanom Mostu, ali, kako sâm priznaje, samo je izvršavao Titovo naređenje. Posle rata postao je ministar slovenačke policije. U Ozni kod Mačeka, šef trećeg odseka bio je Čedo Grbić Kedacije, koji je došao posle oslobođenja u Ljubljanu. U Crnoj Gori načelnik je postao Veljko Milatović, član Biroa PK KP za Crnu Goru i Boku. On je bio nešto mlađi, rođen je 1921. u Nikšiću. Studirao je tehničke nauke u Beogradu. U toku rata bio je organizacioni sekretar PK SKOJ-a za Crnu Goru i potpredsednik USAOJ-a. Sa mesta šefa tajne policije, otišao je za pomoćnika ministra unutrašnjih poslova svoje republike, dok su mnoge njegove kolege iz Ozne postali i ministri policije.

U Makedoniji tajnu policiju je predvodio Bane Andrejev, organizacioni sekretar CK KPM. Ukupno je bilo dvanaest zaposlenih. Povereništva su postojala u Skoplju, Ohridu, Bitolju i Štipu. S identičnim ovlašćenjima i položajem, formiraju se Ozna za Vojvodinu, čiji je načelnik bio Čeda Reljić, član PK KPJ za Vojvodinu, Ozna za Sandžak, načelnik Đorđe Peruničić, član Oblasnog komiteta KPJ za Sandžak, Ozna za grad Beograd, načelnik Miloš Minić, član PK KP za Srbiju, i Ozna za Kosovo i Metohiju, načelnik Spasoje Đaković, član OK KPJ za Kosmet. U vezi sa odlukama o pripajanju Srbiji oblasti Sandžaka, Kosova i Metohije i Pokrajine Vojvodine, Ozna za Sandžak u junu, a za Vojvodinu i Kosmet u oktobru 1945. godine, prestaju da postoje, i poslovi zaštite naroda prelaze na Oznu za Srbiju. Beogradsko odeljenje državne bezbednosti, mnogo kasnije, 1. januara 1948. godine, prelazi u sastav Udbe za Srbiju.

Baš zato što su pojedine republike, pre svega, Slovenija i Hrvatska, već imale institucionalizovan obaveštajni sistem i tajnu policiju, i svoju jaku vladu, stvaranjem centralizovane Ozne, otvorilo se u Ljubljani, odnosno u Zagrebu, pitanje odnosa prema jugoslovenskoj političkoj policiji. Taj problem u Sloveniji Edvard Kardelj je rešio posebnim cirkularnim pismom-naređenjem, koje je uputio u CK KP Slovenije: „Pružite Ozni maksimalnu pomoć u svakom pogledu".

Čovek od inata

Ozna Srbije, što je interesantno, formirana je na Visu, u junu 1944. godine. U Srbiju je prebačena u noći 11. i 12. avgusta 1944. Još tada Ozna Srbije je imala svoje rezidente u Pirotu, Vranju, Leskovcu, Nišu, Kruševcu, Zaječaru i Beogradu. I svoje četiri radio-stanice. Njena direkcija se nalazila u Beogradu, prvo u beloj zgradi današnjeg Tanjuga na Obilićevom vencu, a zatim u zdanju sadašnjeg Muzeja Revolucije kod Savezne skupštine. Za prvog načelnika Ozne Srbije imenovan je Slobodan Penezić Krcun, član PK SKOJ-a. On je bio Užičanin, partizan sa iskustvom bezbednjaka. Rukovodio je 1941. godine pozadinskom linijom odbrane Užičke republike, borio se protiv špijuna, pete kolone i diverzanata. Od početka ustanka bavio se poslovima bezbednosti i stvaranjem partizanske obaveštajne službe pri Vrhovnom štabu. Krcunov otac Spasoje je bio kafedžija i pandur, a majka radnica. Slobodan Penezić je rođen 2. juna 1918. Bio je kao gimnazijalac u Užicu član Okružnog komiteta Partije, a kada je 1937. u Beogradu upisao Poljoprivredno-šumarski fakultet, agitovao je za SKOJ i KPJ. Zbog toga je tri puta i hapšen. Tada je Slobodan Penezić i dobio svoj čuveni nadimak, i to po jednom od junaka iz popularnog stripa *Krcun i Moca*, koji je štampao beogradski *Jež*. Specijalna policija nije dugo mogla da mu uđe u trag, baš zbog tog nadimka, jer je i kod svoje gazdarice bio upisan kao „mesje Krcun", dok je u arhivi tajne službe bio zaveden samo kao Slobodan Penezić. Po prirodi bio je veseljak, ali i ljutica, prek i raspojasan. Patrijarh German je za njega rekao da je bio vlastoljubiv čovek i da je sve što mu je stajalo na putu ka vlasti, brzo uklanjao. Takav ton je Krcun davao i Ozni Srbije, koja je bila čas narodna, a čas državna i partijska policija. Profesor Dragoljub Jovanović, koga je srpska politička policija tri puta hapsila, Krcuna je ponajbolje opisao: „Bio je to čovek sevapa i inata. U isti mah i hleb i otrov. Niko mu se nije uzalud obratio i svako je s njim bio načisto!"

Tu uz Tita Krcun je ispekao policijski i obaveštajni zanat i shvatio da su u tom poslu najvažniji ljudi s kojima radiš. Tog principa se držao i kada je pravio Oznu Srbije:

„Moj glavni posao u Srbiji bila je organizacija Ozne. Prvu legalnu organizaciju Ozne stvorili smo u oslobođenom Prokuplju. Mislim da je to bilo septembra 1944. godine. Tu je bilo raznih poslova. Slali smo ljude u Niš, Leskovac, a jednu grupu s radio-stanicom poslali smo u Beograd. U Toplici je bila manja grupa drugova, koja je u stvari bila okosnica Ozne. Pored Svete Lazarevića i Čila Kovačevića, tu su bili Radovan Grković i Slobodan Krstić Učo. Ova četvorica su bili i prvi načelnici odseka koje smo tada formirali. Mi smo smatrali da će za zadatak koji nas očekuje biti dovoljno pedesetak ljudi. To je proisticalo iz vere da smo toliko jaki i da imamo tako jaku podršku naroda, da ćemo se uz pomoć naše vojske brzo obračunati s neprijateljem... Štititi ono što je izvojevano u revoluciji isto je tako časno kao i pobeda same revolucije!"

Slobodan Penezić je lično postavljao svoje načelnike odseka i opunomoćenike. Zemljaku Dragoslavu Novakoviću je jednostavno dao radio-stanicu, desetinu vojnika i poslao ga u Užice da otvori ispostavu Ozne. Srećka Miloševića je uzeo iz II proleterske brigade i doveo ga kod sebe. Milan Đoković, zvani Pop, jer je u mladosti studirao bogosloviju, iz Pratećeg bataljona VŠ NOV prebačen je za šefa Ozne prvo u Kraljevo, a zatim u Čačak. Kako je Krcun kasnije i kao ministar policije Srbije lično nameštao svoje načelnike, Popa je 1960. postavio za šefa Udbe u beogradskoj opštini Skadarlija. Slobodan Krstić, zvani Uča, seća ga se od 1943. kada je baš od Krcuna i saznao da je raspoređen na rad u Oznu. Krcun mu je na nekoj livadi na planini Radan gotovo tajno pročitao poverljivu zapovest maršala Tita o formiranju Ozne za Srbiju. Tada je Uču imenovao za šefa III Odseka političke policije Srbije.

Slobodan Krstić je u Beograd stigao novembra 1944. Odmah je dobio i stan i kancelariju. Uča je bio Milanovčanin. Učiteljsku školu je pohađao u Jagodini, pa u Aleksincu i Vršcu. Dizao je ustanak u Šatornji, mada je bio neko vreme s četnicima, a zatim je prešao u partizane. Dušan Petrović Šane ga je u septembru 1941. upisao u KPJ. Krstić je zatim bio i sekretar partijskog komiteta za srez Kačarski. Kada je postao načelnik III Odseka, kao ovlašćeni predstavnik Ozne, kapetan Uča je bio zadužen i za uspostavljanje vlasti u tek oslobođenim srpskim gradovima. Pri komandi mesta obično je po jednog oficira zaduživao da mu šalje specijalne izveštaje. U Valjevu je, na primer, po službenoj dužnosti bio branilac na prvom javnom suđenju u ime narodne vlasti. Krstić je rešavao po Srbiji i problem masovnog dezerterstva, naročito u pirotskom kraju. Kada je godinu dana kasnije Ozna postala Uprava državne bezbednosti, kapetan Uča je postao major i sekretar Udbe.

Prvi načelnik srpske Ozne, Slobodan Penezić Krcun, bio je taj koji je odredio i trojicu mlađih oficira, koji su upućeni na školovanje u Akademiju NKVD. Oni su otuda i doneli pravila da Srbija treba na svakih deset žitelja da ima po jednog inspektora Ozne, da svako preduzeće treba da ima, takođe, po jednog poverenika političke policije i da treba „pokrivati" sve i svakoga.

Pošto je određen za načelnika Ozne za Srbiju, Slobodan Penezić Krcun je uz konsultacije sa Blagojem Neškovićem, sekretarom Pokrajinskog komiteta za Srbiju, predložio rukovodeće ljude za dužnosti u ovoj vojnoj organizaciji. Ozna je, naime, bila u sastavu Ministarstva za narodnu odbranu, u njoj je vladala vojna disciplina, a njeni pripadnici su bili vojna lica. U tom smislu Krcun se odlučio za majora Vasilija Čiču Kovačevića kao šefa I Odseka, majora Radovana Grkovića za šefa II Odseka, za vršioca dužnosti III Odseka kapetana Slobodana Uču Krstića, koji je imao samo dvadeset pet godina, i za šefa IV Odseka majora Svetolika Lazarevića. Ovaj sastav stigao je na teren Srbije sredinom avgusta 1944. Čim su došli u Srbiju, u dogovoru sa Okružnim komitetom KPJ otpočeli su da stvaraju svoju organizaciju na terenu. Tako su do kraja avgusta 1944. formirali Opunomoćstva Ozne za okruge pirotski, vranjski, leskovački, toplički, kruševački i niški. Februara 1945. godine, u Bjeljini, oficir Vojin Lukić je dobio specijalni poziv da se u Beograd javi na novu dužnost u Vrhovnom štabu. On je došao kod druga Marka, koji ga je pitao da li bi prešao na rad u Oznu. Unapređen je u čin majora i raspoređen kod Slobodana Penezića Krcuna, kao referent za političke partije. Vojin Lukić, kao i mnogi drugi partizanski borci, nije tačno razumeo šta treba da radi. To nije umeo da mu objasni ni Vladimir Rolović, koji je vodio političku policiju u Ozni nove Jugoslavije. Tek kad mu je Krcun na vezu predao Miloša Brašića, zakamufliranog sovjetskog agenta, koji ga je obučio, Lukić je postao dobar špijun. Vojin Lukić je bio moskovski špijunski đak. Otišao je na Univerzitet Dzeržinski marta 1946. godine zajedno s funkcionerima iz ostalih republika. Pre njega su išli, na primer, Mitja Ribičič, Milan Mišković, Vladan Bojanić. Kod Rusa je učio kako se hapsi, kako se vodi istraga, kako se otkrivaju neprijatelji naroda, revolucije i partije. Profesor mu je bio pukovnik NKVD Aleksandar Petrihin.

Posle šestomesečnog školovanja u Moskvi, Vojin Lukić je postao stručnjak za specijalne operacije tajne policije. Krcun Penezić nije baš mnogo cenio te moskovske policijske univerzitete, više je voleo beogradske. Lukić je organizovao saslušavanje Svetozara Vujkovića i Božidara Bećarevića, jer su oni u prste poznavali sve tajne službe na Balkanu. Kada je prevladala politička ocena da komunistima njihovi dojučerašnji krvnici nikako ne mogu biti učitelji, a ni saradnici, Vujković i Bećarević su uklonjeni.

U tom policijskom poslu Vojin Lukić je bio tako dobar, da je 1949. postao i šef tajne službe grada Beograda. Tada se i pohvalio Peneziću da je u stanju da uhvati svakog neprijatelja. To se u Beogradu prepričavalo kao vrhunski primer policijske savesnosti. Na toj funkciji Lukić je ostao sve do 1953. godine. Imao je trideset četiri godine kada ga je Krcun tog leta imenovao za ministra srpske policije. U Ozni se i oženio drugaricom Mirom, koja je bila šifrant u tajnoj policiji, a kasnije profesor. Lukić je bio jedan od onih tajnih policajaca, koji će se kasnije izdići u pravu legendu Ozne i kasnije Udbe, ali koji će kao Srbin postati i žrtva vlastite političke policije.

Vojska straha

Kako je koji okrug oslobađan od okupatora, tako su rukovodioci Ozne dograđivali srpsku tajnu policiju. Septembra i oktobra 1944. godine Krcun i njegovi zamenici završili su organizaciju Ozne na teritoriji Srbije. Ta organizacija Ozne bila je u skladu s Naredbom Vrhovnog komandanta NOV i POJ o organizaciji pozadinske vlasti od februara 1944. Po ovoj naredbi osnovna organizaciona jedinica jugoslovenske političke policije bilo je Opunomoćstvo Ozne, koje se osnivalo u okrugu, pri komandi područja, s tim da se pri komandi mesta, u sedištu sreza, mora postaviti i poverenik Ozne, koji je, inače, bio aktivan na raznim legalnim dužnostima. Ti prvi obaveštajci na terenu i zastupnici Ozne, najčešće su se nalazili na legalnim dužnostima obaveštajnog oficira, političkog komesara, zamenika komandanta. Dužnost poverenika Ozne bila je i da izgrađuju na terenu sreza poverilačku mrežu, koja je kao i svaka državna agentura, bila dužna da prikuplja obaveštenja o neprijatelju. Ta mreža stvarana je svuda tako gde se mogla očekivati neprijateljska delatnost protiv interesa NOP-a, a to su ustanove i institucije, kao što su fabrike, železničke stanice, mesni narodnooslobodilački odbori. U neoslobođenim gradovima i većim mestima od postojeće poverilačke mreže, stvarane su rezidenture s ciljem da prikupljaju što više podataka i da ta obaveštenja što pre stignu u centar – Opunomoćstvo Ozne. Dok je bilo neoslobođenih mesta, ovakva organizacija bila je dobra. Međutim, kada je oslobođena cela teritorija Srbije, ova organizacija nije odgovarala naraslim potrebama i problemima. U podrinjskom okrugu, na primer, odmah posle oslobođenja Loznice, septembra 1944. godine, formirano je Okružno opunomoćstvo Ozne. Po oslobođenju Šapca opunomoćstvo je premešteno u ovaj grad i preraslo je u Okružno odeljenje Ozne, marta 1945. godine. Načelnik je bio major Petar Zarić, koji je u svojoj kancelariji na zidu držao slike Tita, Staljina, Lenjina i Dzeržinskog. Zarićev pomoćnik je bio Borisav Bora Stojić, iskusni ilegalac i obaveštajac, a saradnik Nikola Đurić, zvani

Kvrc. Njihov prvenstveni zadatak je te godine bio da jure i hvataju čet-
nike Dragoslava Račića Šefa i Vojislava Tufegdžića duž reke Drine. U
Ljuboviji je šef Ozne bio Miško Pavić, a njegovi pomoćnici Rade Jezdić
i Nenad Jokić. Čitavo Podrinje je imalo oko hiljadu i po odmetnika.
Zbog toga je u Podrinju skoncentrisano tridesetak oficira Ozne, kao
i dva bataljona Knoja i čete Narodne milicije s tri hiljade pripadnika.

Po Naredbi Vrhovnog komandanta oružanih snaga u toku okto-
bra i novembra 1944. godine, u Srbiji su ustanovljene korpusne voj-
ne oblasti pri kojima su postojali Odseci Ozne. Oni su ustanovljeni u
Zaječaru za istočnu, u Nišu za južnu, u Valjevu za zapadnu i Kragu-
jevcu za centralnu Srbiju. Ovakva organizaciona struktura Ozne bila
je na snazi do januara-februara 1945. kada otpočinje reorganizacija
i usaglašavanje organizacione strukture sa Uputstvom VKOS-a od
13. maja 1944. Po ovom aktu osnovu organizacije političke policije
čine sreska Opunomoćstva Ozne, kojih je u Srbiji bilo osamdeset šest.
Opunomoćstvo postaje odgovorno za poslove bezbednosti ne samo na
obaveštajnom planu već i u izvršenju represije, otkrivanju i progonu
svih koji se suprotstavljaju uspostavljenoj vlasti. Istovremeno, umesto
Opunomoćstva, formiraju se u okrugu Okružna odeljenja Ozne koja u
svojoj organizaciji imaju II i IV, a nešto kasnije i V Odsek.

Prilikom formiranja Ozne u Srbiji je stvoreno petnaest okružnih
odeljenja. Ona su vršila kontrolu i pružala operativnu pomoć Opu-
nomoćstvima u srezu u rešavanju složenijih operativnih zadataka.
Na vrhu organizacione piramide, nalazila se Ozna za Srbiju sa svojih,
od aprila 1945. godine, šest odseka, koji su pratili i ostvarivali uvid u
izvršavanje zadataka celokupne organizacije.

Zemaljsko Odeljenje zaštite naroda AP Vojvodine obrazovano je
sredinom avgusta 1944. godine.

U toku septembra formiraju se i prva Opunomoćstva Ozne pri
komandama područja, a početkom decembra 1944. obrazuju se ode-
ljenja za okrug, s tim da se istovremeno stvaraju opunomoćstva za
srez. Tada je u Vojvodini formirano 8 okružnih odeljenja i 29 sreskih
opunomoćstava. Ovako je ostalo do 1. oktobra 1945. kada je rešenjem
Aleksandra Rankovića, načelnika Ozne za Jugoslaviju u Ministarstvu
narodne odbrane Demokratske Federativne Jugoslavije, ukinuto Ze-
maljsko odeljenje Ozne za Vojvodinu, a i Ozna za Autonomnu Kosov-
sko-metohijsku oblast, kojim se poslovi bezbednosti na ovim područ-
jima stavljaju u nadležnost Ozni za Srbiju. Istim rešenjem ukidaju se I,
V, VI, i IV Odsek, a njihovi šefovi se stavljaju na raspolaganje Ozni za

Srbiju. Ova odluka usledila je pošto su se skupštine, odnosno Odbori ovih autonomnih jedinica, izjasnili za priključenje Srbiji.

To Zemaljsko odeljenje zaštite naroda za Autonomnu oblast Kosovo i Metohiju formirano je u toku novembra 1944. i u toku istog meseca obrazuje se pet opunomoćstava pri komandama područja u Prištini, Uroševcu, Prizrenu, Peći i Kosovskoj Mitrovici.

U toku januara 1945. formiraju se, umesto opunomoćstava, 4 okružna odeljenja i 29 sreskih opunomoćstava Ozne. Na čelu tih organa Ozne našli su se Čedo Mijović, Ali Šukrija, Dušan Karić, Ljubo Šotra, Aljuš Gaši, Dimitrije Goljković, Nazmi Kursani, Čedo Topalović, dok je načelnik i dalje bio Spasoje Đaković. Ta kosmetska opunomoćstva su se sastojala, uglavnom, od dva-tri operativca, mladića s nepunih dvadeset pet godina, koji su tragali za državnim neprijateljima i odmetnicima.

I u Autonomnoj oblasti Sandžak formirano je Zemaljsko odeljenje Ozne pre oslobođenja, ali je ono počelo s radom 30. novembra 1944. Ova Autonomna oblast obuhvatala je srezove: dečevski – Novi Pazar, štavički – Tutin, sjenički – Sjenica, zlatarski – Nova Varoš, mileševski – Prijepolje, pribojski – Priboj, pljevaljski – Pljevlja, bjelopoljski – Bijelo Polje. U svim srezovima formirana su Povereništva Ozne na čelu s poverenikom. Međutim, odlukom vlasti Sandžaka od juna 1945. godine, Autonomna oblast prestaje da postoji, a njene teritorije dele federalne jedinice Srbija i Crna Gora. Tako nastaje šest Opunomoćstava i Okružno odeljenje u Novom Pazaru.

ČUVARI PRESTONICE

Grad Beograd nije obuhvatala klasična organizacija Ozne. U njemu je 16. oktobra 1944. formirano Odeljenje zaštite naroda koje je bilo autonomno, ali sa statusom Zemaljskog odeljenja direktno je odgovaralo za svoj rad Ozni za Jugoslaviju, pri Ministarstvu narodne odbrane DFJ. Beograd je, kao glavni grad Jugoslavije, imao tretman posebne administrativne jedinice. U njemu je obrazovano šesnaest Opunomoćstava Ozne za kvart. Tako je bilo sve do maja 1945. godine. Tada je izvršena reorganizacija, nakon koje je u Ozni Beograda bilo sedam rejonskih, a za grad Zemun i Pančevački rit dva posebna Opunomoćstva Ozne sa ovlašćenjima sreskih organa. Ovakvo stanje je potrajalo sve do 1. januara 1948. kada je čitava Ozna, odnosno tada već Udba, pa i Zemaljsko odeljenje Beograd, ušla u sastav Ministarstva unutrašnjih poslova Jugoslavije, odnosno Srbije. Od trenutka kada je Vrhovni štab NOV i POJ formirao Armijsku grupu za oslobađanje Beograda, Glavni štab NOV Srbije izdao je direktivu Ozni, da sazna što više činjenica o stanju u glavnom gradu, koje bi bile korišćene za izradu plana napada. Sredinom septembra 1944. iz Toplice je u Beograd poslata obaveštajna ekipa, koju su predvodili Feđa Dobrović i Nevenka Jeličić. Oni su u gradu formirali još jedan obaveštajni punkt s radio-stanicom, na kojoj su radili major Miloš Vučković i Miodrag Mirović. Približavajući se Beogradu, štab VI Ličke proleterske divizije uputio je u izviđanje četu na čijem čelu je bio Geca Končar, oficir Ozne. Na osnovu podataka koje je dobijao od svojih obaveštajaca, Slobodan Penezić Krcun, načelnik Ozne Srbije, sačinio je izveštaj u kome je, na osnovu saznanja da Dragi Jovanović i Boža Bećarević kupuju zlato i ostale vrednosti, zaključeno da se i rukovodstvo Specijalne policije priprema za bekstvo iz Beograda, pre pada grada u ruke partizanima.

I kako se koji kvart Beograda oslobađao, tako je Ozna Jugoslavije, odnosno Pavle Pekić, šef II Odseka, osnivao Opunomoćstva tajne policije za glavni grad. Bilo ih je ukupno sedamnaest. Ljudi za ovaj posao bilo je malo, a zatvori su već bili puni kvislinga, okupatora, njihovih saradnika i jataka. Svetislav Stefanović Ćeća je uzimao kadrove iz komiteta i slao ih u kvartove da rade kao operativci političke policije Beograda. Na dužnosti opunomoćenika Ozne glavnog grada postavljeni su, između ostalih, Geca Končar, Milan Trešnjić, Periša Vujošević, Milovan Milačić, Radoš Jovanović, Pavle Ljubinović, Jovo Čiča, Milovan Đerković, Duško Tomašević, Božidar Belče Aleksić, Mića Jevtić, Paja Aleksić, Aca Ciganović, Živa Čiklovan, Stevo Opačić, Janko Dimić, Nenad Stefanović, Mita Vasović, Božo Bregović, Mile Potkonjak. Major Milan Trešnjić je još u Drvaru, maja 1944, prebačen iz štaba brigade VI Ličke divizije, na nagovor Mome Dugalića i Dragoslava Pešića, u obaveštajnu službu. Za njega je ime Ozna bila neka čarobna formula ratovanja. Prvi zadatak mu je bio da iz Drvara pređe u Grahovo kroz neprijateljsku teritoriju i prenese Titovo naređenje Osmom korpusu. Trešnjić je u Beograd četiri meseca kasnije došao sa iskustvom u obaveštajnim poslovima. Njegov šef u II Odseku tajne policije glavnog grada bio je Bogdan Parović. Božidar Aleksić je imao samo dvadeset godina kada je po Beogradu jurio neprijatelje. Lično je otkrio jednog obućara koji je bio agent Specijalne policije. Aleksić je rođen u selu Nepari kod Kruševca, gde je završio gimnaziju i gde ga je zatekao rat. Stupio je u Rasinski partizanski odred. Kasnije je bio komesar VI Srpske udarne brigade. Gimnaziju je završio tek posle oslobođenja Beograda. U Oznu je došao iz XXI divizije, a kada je ona reorganizovana u Udbu, major Božidar Aleksić je završio Višu školu Uprave državne bezbednosti i ostao u tajnoj službi do penzije.

Kandidati za operativce Ozne Beograda morali su da budu odani klasnim interesima radničke klase, idejno-politički uzdignuti komunisti, primerni borci, ljudi s vrlinama i autoritetom, pismeni i inteligentni. U kvartovima su radila po dvojica-trojica oficira Ozne, uglavnom na poslovima progona. Tek kada su Opunomoćstva sredinom 1945. dobila kao pojačanje po trojicu novih oficira, započeo je u njima i agenturni rad. Oni su za to bili obučavani na kursevima koje su držali u Beogradu sovjetski agenti iz NKVD-a, a koji su trajali po pet i po meseci.

Skoro svako Opunomoćstvo imalo je po jednog oficira NKVD-a u svom sastavu. Oni se nisu mnogo mešali u rad Ozne, jer su bili nadležni za belogardejce, zarobljenike Crvene armije i sovjetske građane koji su se zatekli u Beogradu. Kako su dobro beogradski operativci završili školu NKVD-a vidi se i po tome što su upornim obaveštajnim radom otkrili i uhvatili četničkog tajnog agenta „Lorenca", odnosno

Petra Milićevića poznatog i po nadimku „Ante", koji je radio u Direkciji železnice i vodio agenturnu mrežu Draže Mihailovića u Beogradu. Prvo zvanično uputstvo o formiranju Ozne Beograda, izdato je 16. oktobra 1944. Njime je i utvrđeno da se, po rasporedu rada, unutar Ozne formiraju informativni, izvršni i istražni odsek. Svako Opunomoćstvo dobilo je na raspolaganje i oružane jedinice koje će se koristiti za „... izvršenje potrebnih zadataka..." a jedan od tih prioritetnih zadataka bilo je osvajanje važnih beogradskih institucija, čitavih zgrada i arhiva i hapšenje svih ljudi u njima. Sačinjen je bio i njihov spisak: Specijalna policija, Nemačka komanda, Gestapo, Nedićev štab, Četnička komanda, ministarstva, redakcije, Direkcija za ishranu, Abver, Kulturbund...

Gde je ubijen đeneral Draža

Osvajanjem ovih zgrada Ozna je trebalo da dođe do zvaničnih dokumenata okupacionih vlasti, kao i do policijskih arhiva iz kojih se moglo videti kako je funkcionisala obaveštajna mreža nemačke, Nedićeve, Ljotićeve garniture. Rekonstrukcija rada tih službi zato je bila jedan od primarnih zadataka Ozne i njenih analitičara. Taj posao je jugoslovenskoj tajnoj službi bio utoliko olakšan, jer je, na primer, Ozna uspela da uhvati Dragomira Dragog Jovanovića, bivšeg upravnika grada Beograda i šefa Srpske državne bezbednosti. Ovaj profesionalni policajac bio je osuđen na smrt streljanjem, ali je po naređenju Aleksandra Rankovića izvučen pre plotuna iz rake na Adi Ciganliji, na samoj obali Save kako bi prve kiše i poplave odnele njegovo telo u Savu i u zaborav.

Dragi Jovanović je svom isledniku Ozne, potpukovniku Milošu Novakoviću, otkrio aktivnosti svih okupacijskih službi i čitavu agenturnu mrežu. Tako je, na primer, Ozna otkrila da su agenti Gestapoa u Beogradu tokom rata bili Stevan Kljujić, novinar, Miodrag Savković, opštinski činovnik, Dušan Teodorović, policajac, Mija Alajbegović, činovnik, Nikola Gubarev i Milan Brkić, članovi gradske vlade, Đura Sarapa, načelnik policije, Mile Kuzmanović, advokat, Tasa Dinić, ministar.

Ozna se posebno interesovala za Jovanovićevo svedočenje o tome kako se ko od komunista držao pred njim u Specijalnoj policiji. Dragi Jovanović je, na primer, priznao da se Jelena Ćetković loše držala u Odeljenju specijalne policije, i da je, da bi se komunisti zavarali, po

Beogradu pušten glas da je ova skojevka bila hrabra i odvažna. Ti i slični podaci, poverljive prirode, čuvani su zatim u dosijeima komunističkih funkcionera kako bi Josip Broz Tito mogao da ih upotrebi u trenucima obračuna s vlastitim saradnicima. Ozna je vodila intenzivnu istragu i saslušanja i protiv Milana Nedića i Aleksandra Cincar-Markovića. Za razliku od Jovanovića i Markovića, koje je čuvala straža u hodnicima zatvora, general Nedić je imao svog „oznaša", kako su govorili zatvorenici, koji je sedeo zajedno s njim u ćeliji. Njegov islednik je bio Miloš Isaković.

Prvi načelnik Ozne Beograda bio je na toj dužnosti privremeno, svega desetak dana. Zbog hitnosti i važnosti posla na to mesto postavljen je Slobodan Penezić. Krcun se, kao načelnik srpske Ozne, zadržao na funkciji prvog obaveštajca Beograda svega dve nedelje. Za svog naslednika Krcun je izabrao Miloša Minića Crnog, rođenog 1914 , koga je doveo s mesta sekretara OK KPJ za Čačanski okrug. Minić je bio iskusan politički radnik star trideset godina, s diplomom pravnog fakulteta. Iz Čačka ga je u Beograd pozvao Aleksandar Ranković i rekao mu da po odluci Partije mora da primi tu dužnost. Minić je dužnost načelnika Ozne primio 10. novembra 1944, ali ju je posle nekoliko meseci predao Veljku Mićunoviću, jer je morao da ide na funkciju javnog tužioca Srbije. Mada je Mićunović (1916. godište) bio Cetinjanin, još kao student i ilegalac dobro je upoznao Beograd. Na dužnost je stupio marta 1945. Za zamenika je imenovao Radovana Grkovića, rođenog 1913, političkog radnika iz Gornjeg Milanovca, koji je pre toga bio šef Drugog odseka Ozne za Srbiju. Pomoćnik mu je bio Milisav Miša Lukić.

Kako u zvaničnoj istoriji Ozne piše dr Obren Đorđević, u beogradsku tajnu policiju došli su mladi, obrazovani oficiri i provereni komandanti i komesari. Šef Drugog odseka, na primer, bio je major Bogdan Parović, a rukovodilac istražnog odseka major Nikola Đukanović. U Ozni Beograda u to vreme kao operativci radili su i Slavko Glumac, Đuro Bošković, Tihomir Janjić, Mate Radulović, Srđan Brujić. Kadrovi za beogradsku tajnu policiju su uzimani iz proleterskih i srpskih divizija. Ni Veljko Mićunović, sa svojim zamenikom, nije se dugo zadržao u Ozni. Septembra 1945. imenovan je za načelnika Ozne Crne Gore, a njegovo mesto zauzeo je Jovo Kapičić (1919). Ovaj Crnogorac, rođen u Italiji, studirao je u Beogradu medicinu i vodio univerzitetski SKOJ i KPJ. Partizani su ga zvali Jovo Kapa, pa mu je taj nadimak ostao celog života. Vlado Dapčević ga pamti iz ustaničkih dana, kao pomoćnika

Rankovića po policijskoj liniji i kao likvidatora Nikole Lekića, Jovana Belova Vujovića i drugih kolebljivih kadrova KPJ. Kako je Davorjanka Paunović Zdenka bila njegova verenica, Dapčević pretpostavlja da je preko nje ovaj Cetinjanin gradio karijeru oko Tita i kod druga Marka. U vreme oslobađanja Beograda, bio je komesar Dvanaestog korpusa NOVJ.

„Po mom saznanju, u to vreme, u Beogradu je bilo osam rejonskih Ozni, gde su privođeni okrivljeni, a zatim upućivani u Oznu za Beograd, u nekadašnjoj Glavnjači, u Oznu za Srbiju, na Obilićevom vencu, u dve Ozne za Jugoslaviju, u Jugovićevoj ulici i zgradi bivšeg Prizada i u vojno-sudski zatvor u Đušinoj ulici. U tom procesu učestvovala je i Centralna milicija, u Tiršovoj ulici i rejonske milicije, koje su, takođe, bile pod upravom Ozne. Zatvorenici su mi pričali da su Sovjeti imali zatvore u Ulici majke Jevrosime i u zgradi bivšeg Poljskog poslanstva", zapisao je u svojim memoarima *Ožiljci i opomene – jedna srpska sudbina*, beogradski profesor Dimitrije Đorđević.

Ozna je delovala po specijalnom ratnom ovlašćenju koje se temeljilo, tvrdio je dr Obren Đorđević, na pravu svakog naroda ili revolucionarnog pokreta da u borbi za društveni progres i slobodu uništi svoje neprijatelje. To pravo NOP je manifestovao kroz devizu – SMRT FAŠIZMU – SLOBODA NARODU! Nju je Tito izrekao u direktivnom članku „Zadaci narodnooslobodilačkih partizanskih odreda Jugoslavije", koji je objavljen u Biltenu br. 1 Glavnog štaba NOVJ. Obrazovanjem Ozne, specijalno ratno ovlašćenje sadržavalo je u sebi zapravo dva posebna ovlašćenja. Prvo se sastojalo u tome da je Ozna donosila odluke o krivici pojedinaca pod određenim uslovima i sprovodila egzekuciju. Uhvaćeni ili zarobljeni neprijatelj je saslušavan uz zapisnik o okolnostima koje mu se stavljaju u krivicu. Opunomoćenik Ozne bio je dužan da napiše predlog uz navođenje potpunih generalija s ciljem utvrđivanja identiteta lica, a zatim navodi relevantne činjenice sa svim detaljima. To dostavlja Ozni federalne jedinice i tek s njenim mišljenjem upoznaje sekretara KPJ. Pored toga, opunomoćenik sastavlja Preki sud, koji razmatra krivicu optuženog, donosi odluku i saopštava presudu. Ni u jednom slučaju ne prepušta se pojedincu da odlučuje, već odluku donose najmanje tri pripadnika Ozne. Drugo ovlašćenje odnosi se na oprost zločina okrivljenog pod određenim uslovima, jer okrivljeni može da se na određeni način koristi interesima narodne borbe. Tada opunomoćenik Ozne predlaže Ozni federalne jedinice da se takvom zločincu kazna oprosti uz određene njegove usluge. Nakon prispelog odobrenja iz Beograda, Ozna bi s okrivljenim na terenu izvodila operativnu akciju. Takav slučaj je bio, na primer, s Nikolom Kalabićem, koji je Oznu doveo do Draže Mihailovića.

Hronika smrti

Najvažniji posao jugoslovenske, a i beogradske Ozne bio je otkrivanje, hapšenje, saslušavanje i kažnjavanje pripadnika okupatorskih, kvislinških, nacionalnih snaga i njihovih saradnika. Taj zadatak Ozna je vršila zajedno s tek formiranim narodnooslobodilačkim odborima i prisutnim jedinicama armije. Žitelji železničke kolonije sećaju se, na primer, da je predsednik tog odbora Azis Sultanović, od 17. oktobra do 5. novembra 1944, sa islednicima Ozne odveo u nepovrat Dragoljuba Vojnovića, Josifa Zumurovića, Milutina Stojanovića, Vladislava Didića, Sretena Božića, Sinišu Lazarevića, Dragoljuba Živanovića, Dragutina Đorđevića, Blagoja Jerotijevića, Pavla Marcikića, Branu Stojanovića i Dragoslava Stevanovića. Svi ovi ugledni trgovci i fabrikanti, pa i borci iz Prvog rata, bili su zatvoreni u zgradi XII kvarta na Dedinju, u kojoj je i začeta hronika nenajavljene smrti. Odgovornost za nju snosi tadašnji opunomoćenik Ozne s Voždovca, koji je kasnije postao jugoslovenski predstavnik u SSSR-u i Poljskoj. Kada se Bisenija Zumurović, te surove 1944. godine, nekako probila do Moše Pijade i upitala ga za sudbinu svog muža Josifa, ovaj joj je grubo odgovorio: „Šta ćete, drugarice, svaka revolucija guta svoju najbolju decu! Završili smo razgovor!"

Prestonički advokat Stevan Popović, koji je u svoju kuću primio vojnike Crvene armije, odveden je iz nje 10. novembra 1944. U zatvoru, u Đušinoj ulici, bio je zajedno s Gligorijem Božovićem, književnikom i novinarom Dušanom Jankovićem, rođenim bratom Milke Minić. Svi su streljani u noći između 3. i 4. januara 1945. To je, po svedočenju supruge Julijane Popović, lično organizovao Miloš Minić, koji je svog šuraka vređao i šamarao. Milka Minić je na prvom mitingu u Novoj godini, javno priznala da je naredila da se njen brat strelja, jer je uređivao *Mikija Mausa* dok sam se ja borila u šumi..."

Kroz ruke Miloša Minića, uglednog komuniste, policajca, a kasnije i visokog srpskog političara, prošao je i beogradski profesor Božidar Marković, koji taj period dominacije političke policije u Jugoslaviji, a posebno u Srbiji naziva komunističko ropstvo.

U glavnom gradu Srbije i Jugoslavije posle oslobođenja među prvima je likvidiran Krste Cicvarić. Ovaj vrsni intelektualac, ocenjen od inspektora Ozne kao anarhista, ubijen je rafalima u svom stanu zajedno s desetak mačaka koje su s njim živele. Mnogi Beograđani imali su snage nekako da dođu i do Slobodana Penezića, da mu se požale i zatraže odgovor na pitanje šta se dogodilo njihovim najmilijima. Krcun je imao običaj da samo kaže: „Istina je surova, vaši nisu više živi!" Njegov operativac Bata Živančević, međutim, bivao je otvoreniji i drskiji, jer je jednostavno ljudima saopštavao istinu: „Prebačeni su u logor na Banjici!" U logoru „Banjica" vršena je selekcija privedenih na one koje treba osloboditi i one koje treba streljati. Svako Opunomoćstvo beogradske tajne policije, moralo je zato da vodi Knjigu streljanih, Knjigu uhapšenih, Knjigu poternica i Registar svih knjiga, i da iz njih svaka dva dana pravi izveštaje za Oznu Beograda i Oznu Srbije. Liste streljanih bile su preduge. Stratišta su nicala u kamenolomu kod Topčiderskog groblja, u Lisičjem potoku, na igralištu na Senjaku, u uvalama kod Careve ćuprije, na Crvenom krstu, na Dušanovcu, ispod Dorćola, po dunavskim ritovima i savskim obalama kod Makiša. Tu su Srbi padali kao snoplje, kao žrtve ideje o uspostavljanju novog, humanijeg društva i narodne države. Oni su za novu vlast bili „reakcionarni šljam i buržoaska trulež", a ne ljudi. Spiskovi osoba za hapšenje takođe su bili dugi. Njih su pravili i sami operativci, partijski rukovodioci, ali i građani. Na tim listama nalazila su se, najčešće, imena izdajnika koji su se povukli u ilegalu ili pobegli u inostranstvo: Vladeta Marković, Dušan Živanović Čobić, Nemanja Katić, Slavko Milošević. Ozna je februara 1945. godine u Beogradu uhvatila i šestoricu kraljevskih komandosa. Njih je predvodio major Božidar Ivanović, koji se krio pod četničkim imenom Sreja Todorović. Posle njega uhapšen je i streljan i major Valentin Vertić, komandant komandoske Beogradske oblasti.

Uz pomoć jedinica Knoja, tajna policija Beograda uspela je da u kanalizacionom sistemu uništi nemačku specijalnu grupu „Ciklon-Jug". U podzemlju glavnog grada skrivalo se 175 esesovaca, kojima se suprotstavio Gojko Kraljević, komandant bataljona u VI Ličkoj brigadi. Njega je lično Miloš Minić doveo u Oznu Beograda. Pripadnici nacionalnih snaga imali su u oslobođenom Beogradu nekoliko ilegalnih organizacija: JURAO – Jugoslovensku ravnogorsku omladinsku organizaciju, ŽROS – Žensku ravnogorsku omladinu saniteta, ŠTAB 501/1 – Četnička omladina, BELI ORLOVI – ljotićevci, AKOOJ – Antikomunistička omladina Jugoslavije. Njihova aktivnost sastojala se u štampanju i distribuciji letaka protiv Tita, a za Dražu Mihailovića, kralja Petra II i srpski narod. Većinu ovih organizacija Ozna Beograda je otkrila, članove pohapsila i ugasila. Pored njih, međutim, stradali su i ljudi bez krivice.

Zadatak Ozne, u periodu odmah po osnivanju, bio je prikupljanje podataka koji će poslužiti Centralnom komitetu KPJ i drugim rukovodećim strukturama kod donošenja racionalnih i pravilnih odluka. Dakle , u ovom periodu orijentacija Ozne bila je na praćenju delatnosti neprijatelja i protivnika NOP-a – četnika Draže Mihailovića, struktura kvinslinške vlasti, balista, ustaša i muslimanskih milicionara, traganje za saradnicima okupatora, rada okupatorskih ustanova, aktivnosti raznih reakcionara i njihov odnos prema novoj i uspostavljenoj vlasti.

Osim obaveštajne delatnosti, bila je prisutna i represivna aktivnost prema pojedincima koji su u toku narodne borbe bili na strani okupatora. Milovan Vukov, kurir Ozne Vojvodine i III Brigade Knoja, seća se da je, na primer, u proleće 1945, godine u Bačkoj, likvidirana grupa od 79 visokih oficira Kraljevine Jugoslavije, koji su se tek vratili iz nemačkog zarobljeništva. Komandant u ovom „Odredu smrti" bio je kapetan Milan Stavrić, a komesar Bogdan Kovačević. Odmah po oslobođenju u Beogradu je, na primer, počela da radi Komisija za ratne zločine okupatora i njegovih pomagača i to uz pomoć Ozne i građana. Ozna je pristupala saslušanju okrivljenih i prikupljanju dokaza, a zatim ih predavala sa ukupnim materijalom nadležnom sudu – Sudu časti i Narodnom sudu. Kojem će sudu biti predato isleđivano lice, zavisilo je od toga za koje se krivično delo optuživalo. U Nišu je, na primer, Ozna otkrila „Tajnu organizaciju nacionalista Srbije" (Tonus), koju su formirali Radomir Stojković, Ljubomir Nalić i Dragan Stojković. Oni su pisali i delili po gradu letke, uglavnom u kafanama, protiv Tita, Krcuna, Đilasa, Rankovića. Ova ilegalna grupa delovala je skoro godinu dana u Nišu i okolini. Ozna ih je pohapsila, tukla i isleđivala. Kada je otkrivena 28. avgusta 1945 , u njoj je već bilo desetak članova. Sud, kome je predsedavao dr Milan Brkić, organizatora Radomira Stojkovića osudio je na dvadeset godina robije, a njegove sledbenike kaznama zatvora od dve do dvanaest godina. I u Aranđelovcu je srpska tajna policija tesno sarađivala s Prekim sudom. U Ozni su glavnu reč vodili Raša Đaković, Žika Nestorović i Bogdan Riznić. Pohapšene političke krivce, Ozna je držala u logoru „Sokolana" i magacinu Koste Cincarina.

Deset zapovesti

Mnogi od uhapšenih su okončali život na stratištima Bukulje, dok su oni mlađi slani na Sremski front. U Raškoj su bogatiji stanovnici prvo pljačkani, pa zatim im je suđeno. To je posvedočio i partizan Ratko Dražović: „Mi smo u Raškoj u porodici Kursulića, 1945. godine izvršili nasilnu eksproprijaciju 470 miliona dinara. To su u ono vreme bile velike pare, a posle smo ih uhapsili i sudili im, tako da nisu ni uspeli da vide more kao što su planirali!"

Oslobođenjem gradova i mesta u Jugoslaviji, pa i Srbiji, nametnula se potreba uspostavljanja prvih organa vlasti, kako bi pored vojnog aparata, proradile i institucije civilne vlasti. Time je uspostavljana i brana samovolji pojedinaca, ali i uspostavljani red i lična i imovinska pravna sigurnost. Kako je to izgledalo u praksi Ozne, vidi se iz pisma majora Svetolika Lazarevića upućenog Aleksandru Trajkoviću, sekretaru sreskog komiteta u Petrovcu na Mlavi od 19. oktobra 1944. godine:

„Zabraniti svako samovoljno hapšenje ma od koga dolazilo. To važi i za pretrese stanova i oduzimanje tuđe imovine. Ako bi neko protivno ovome uradio – uhapsi ga. Nikakvo streljanje i batinanje na teritoriji čitavog područja niko nema pravo da vrši. Svaku pljačku spreči, ma od koga dolazila. Prikupljaj podatke i saslušavaj sve one koji se nalaze u zatvoru. Ti nastavi, saslušavaj i od ljudi iz naših organizacija (NO odbori, AFŽ, SKOJ-a, USAOJ- a i Partije, kao i drugih simpatizera i sl.) prikupljati dokaze o njima, pa ćemo kada se vratim, videti šta ćemo dalje. Uzgred, pronađi neku pisaću mašinu! Trebaće ti!"

Aktom Ozne za Srbiju (Str. pov. br. 345 od 9. februara 1945) koji je upućen svim organima tajne policije, Slobodan Penezić Krcun je izdao posebna naređenja operativcima na teritoriji Srbije:

1. Niko ne sme biti uhapšen a da zato nema dovoljno razloga, a odluka da se donosi na osnovu prikupljenih podataka;

2. Istraga se mora sprovoditi u najkraćem roku, na sasvim korektan način. Istragom mi dobijamo podatke koji su potrebni za nas, da bismo lakše otkrivali saradnike i saučesnike;

3. Posle sprovedene istrage okrivljeni se predaje sudu na dalji postupak u kome mi nemamo više nikakvog udela ni uticaja;

4. Organi Ozne ne smeju se mešati u rad jedinica narodne odbrane;

5. Ne dozvoliti da hapšenje vrši svaka komanda ili čak i svaki pojedinac na svoju inicijativu i da se stvara u svakom srezu zatvor;

6. Težište rada baciti na prikupljanje i stvaranje mreže za kontrolu sumnjivih lica, kontrolu privrede, saobraćajnih sredstava i o tome nas redovno izveštavati.

7. Obratite pažnju u gonjenju četničkih grupa koje se do sada nisu prijavile. Budite obazrivi kada su u pitanju mobilisani seljaci, a nisu zlikovci. Iste treba puštati odmah.

8. Sa koljačima i oficirima treba postupati prema ranije izdatom uputstvu.

9. Naša naređenja treba shvatiti ozbiljno i reagovati brzo na njih. Tražio sam od Odseka za Valjevo da se uputi zarobljeni radio-telegrafista. To mi ni do danas nije učinjeno. Tražio sam u Kragujevcu da mi se uputi komandant kolubarske brigade Vasiljević. To mi nije ni do danas učinjeno. Ovo nisu usamljeni slučajevi.

10. S tom praksom mora se prestati..."

(Arhivski fond SDB RSUP-a SR Srbije)

Ozna Jugoslavije živela je kratko, godinu i po dana, ali je za to vreme, kako pišu njeni ovlašćeni istoričari, sa armijom oslobodila zemlju, zaustavila građanski rat i sprečila spoljnu intervenciju Anglo-Amerikanaca, zaštitila tekovine revolucije i doprinela pobedi revolucije. Cena toga bilo je i uništenje 12.000 pripadnika nacionalnih snaga, odnosno 791 odmetničke grupe i brojnih agenata, špijuna, diverzanata, i, kako je to zvanično rečeno, oružanih delova kontrarevolucije. Uspeh u ovom krvavom poslu, u posleratnom periodu, pripisivale su podjednako sebi i Ozna, i KOS, pa i Narodna milicija. Sve ove službe učestvovale su u zavođenju reda u novoj Jugoslaviji na svoj način. Pitanje je samo da li su organi bezbednosti morali da budu tako surovi, odnosno zašto su pripadnici nacionalnih snaga i ljudi bez patriotskog alibija morali da budu pobijeni bez suda, bez svedoka i bez traga?

UDBA SRPSKA SUDBA

„Udba kao ofanzivna obaveštajna služba imala je zadatke da prikuplja podatke o namerama i aktivnostima stranih država i njihovih organa kojima se ugrožava bezbednost FNRJ, da otkriva i onemogućava delatnost stranih obaveštajaca u zemlji, da se suprotstavlja aktivnostima emigrantskih organizacija, da preseca delovanja unutrašnjeg neprijatelja, da se obračunava sa ostacima odmetničkih bandi i da otkriva antisocijalističke pojave u društvu", piše u *Leksikonu bezbednosti* dr Obren Đorđević. Reorganizacija Odeljenja zaštite naroda izvršena je posle donošenja Ustava FNRJ marta 1946. godine, i tada je ona preimenovana u Upravu državne bezbednosti, u narodu označenu kao Udba. Izlaskom iz resora Ministarstva narodne odbrane i samim ulaskom Udbe u sastav Ministarstva unutrašnjih poslova Jugoslavije, ova tajna služba je nezvanično postala deo civilne policije. Ako, kako tvrdi kontraobaveštajac Milan Trešnjić, razlika u metodu delovanja Ozne i Udbe uopšte nije bilo, onda su one postojale u samoj organizaciji ove dve jugoslovenske tajne službe. U njoj su, doduše, vojni činovi i uniforma i dalje postojali, jer je jugoslovenska tajna služba zvanično i dalje bila vojna formacija sve do 1952. Korpus narodne odbrane je i dalje bio oružana snaga ove političke i obaveštajne policije. Druga bitna promena u državnoj bezbednosti dogodila se kada je iz sastava Ozne izdvojen njen III Odsek i ostavljen u Ministarstvu narodne odbrane i to kao XII Uprava – kontraobaveštajna služba. Ona se od 14. decembra 1955. preimenuje u Upravu bezbednosti MNO. U organizaciji Udbe nastaju promene i tada se ukidaju okružna odeljenja Ozne, koja su postojala do 1947. Ovom reorganizacijom Udba postaje moderna služba s razgranatom organizacijom poslova, s čak osam odeljenja.

Prvo odeljenje Udbe FNRJ, vršilo je poslove organizacije i koordinacije obaveštajne aktivnosti prema inostranstvu. Njegov prvi načelnik postaje Maksimilijan Maks Baće. Njegov zamenik je bio Antun Vratuša, koga je zamenjivao i nasledio Edo Brajnik. Ovo odeljenje je obaveštajno istraživalo strane zemlje preko obaveštajaca ugrađenih u naša diplomatsko-konzularna i druga predstavništva. Imalo je 35 obaveštajaca. Od ovih obaveštajaca formiralo se kasnije, januara 1951. godine, Obaveštajno odeljenje u Ministarstvu spoljnih poslova, koje je istovremeno obavljalo i kontraobaveštajne zadatke u našim predstavništvima u inostranstvu. Prelaskom obaveštajnih poslova u MIP, u MUP-u FNRJ formiran je prvi samostalni odsek koji je organizovao obaveštajnu aktivnost prema istočnoevropskim državama, a to znači da je od pedesetih godina FNRJ počela da špijunira i SSSR i druge komunističke zemlje. Šefovi pojedinih sektora u ovom odeljenju bili su Mihajlo Javorski, Ranko Zec, Dalibor Jakaša i Gojko Žarković.

Kako se kadrovski u državnoj bezbednosti zemlje ništa bitnije nije menjalo, to su u Udbi radili ljudi koji su bili i u Ozni. Tako je bilo i u Udbi za Srbiju, koja je imala dve stotine zaposlenih, a u Odeljenju Udbe za grad Beograd 164 zaposlena. Svaki od njih je potpisivao zakletvu o poštenom radu i ćutanju do smrti. Resor političke policije u Udbi za Jugoslaviju, na primer, vodio je i dalje načelnik Pavle Pekić, koga je zatim zamenio Vojo Biljanović. On je bio Crnogorac rođen 1914. na Cetinju. Pre rata je studirao tehniku u Zagrebu, prvoborac. Posle rata i odlaska iz tajne službe, postao je ministar policije Crne Gore. To Drugo političko odeljenje tajne policije FNRJ bavilo se i dalje borbom protiv unutrašnjih neprijatelja, odnosno vršilo je poslove političke policije.

Treće odeljenje Udbe organizovalo je i neposredno radilo kontraobaveštajne poslove: pratiti aktivnost stranih diplomatsko-konzularnih i drugih predstavništava, otkrivati agenturu inostranih obaveštajnih službi; istraživati delatnost okupatorskih obaveštajnih i službi bezbednosti i voditi istrage protiv otkrivenih agenata. Svi poslovi se obavljaju po geografskom principu i zato je odeljenje podeljeno na četiri odseka: Zapad, Istok, Jug i Sever. Načelnik ovog odeljenja bio je neko vreme Ante Eterović Vili, ali ga je ubrzo zamenio Edo Brajnik Štefan, iskusni operativac i bivši šef VOS-a. U toj upravi radio je i Vladimir Rolović.

Četvrto odeljenje objedinjavalo je poslove veze i evidencije, koji su bili raspoređeni u pet odseka i to sa sledećim zadacima: da se organizuje i rukovodi radio-službom u zemlji i inostranstvu, kontra radio-službom i radio-telegrafskom školom; kontrolom i pregledom pošte građana, telefona, telegrafa i obezbeđenja objekata PTT-a; evidencija agenturno-poverilačke mreže, antinarodnih elemenata, raspisivanje poternica i čuvanje neprijateljske arhive; rukovođenje tehnikom, daktiloskopijom, veštačenjem i fotografijom; uspostavljanje kontrole i održavanje u stručno-tehničkom pogledu i organizacija materijalno-tehničkog obezbeđenja. Šefovi ovog odeljenja bili su, prvo Mitar Mujo Kovačević, a zatim Selim Numić. Nikšićanin i Sarajlija, privatni nameštenik i intelektualac, prvoborci i komandanti, obojica zatim načelnici u saveznoj Udbi. Mitar Kovačević je radio u KOS-u na održavanju veza u Maršalatu, a Selim Numić je bio šef Prislušne službe Udbe.

Peto Udbino odeljenje staralo se o materijalnom obezbeđenju i finansijskom poslovanju. Šesto odeljenje vršilo je agenturnu i fizičku zaštitu najviših državnih i partijskih rukovodilaca. U samoj tajnoj policiji postojala je posebna Komisija Udbe za savezne funkcionere, koja se bavila ispitivanjem njihovog porekla i porekla članova njihovih porodica. Neko vreme ovu komisiju je vodio Veljko Mićunović, kao pomoćnik Aleksandra Rankovića.

Sedmo odeljenje Uprave državne bezbednosti FNRJ bavilo se kriptografskom zaštitom tajnih poruka, izrađivalo šifarska dokumenta i radilo na istraživanju u toj oblasti. Istražni odsek vodio je istrage za račun sva tri operativna odeljenja – I, II, i III. Odeljenje za kadrove, bilo je osmo i imalo je dva odseka od kojih se jedan bavio pitanjima organizacione prirode, a drugi personalnim pitanjima. Glavni kadrovik političke policije bio je Filip Bajković, stari oznaš i obaveštajac. Rođen 1910. godine, pravnik po struci, kasnije je postao pomoćnik ministra unutrašnjih poslova FNRJ.

Leka i Krcun

Prvi ljudi jugoslovenske i srpske policije 1946. godine bili su Aleksandar Ranković i Slobodan Penezić Krcun. Njihovi zamenici u državnoj bezbednosti bili su Svetislav Stefanović, znani kao Ćeća, i Miodrag Milatović, poznatiji kao Mile. Prvi je rođen 1910. u Kučevu, a drugi 1911. u Valjevu. Ćeća je iz Homolja, a pre rata je bio privatni nameštenik, kako piše u njegovoj zvaničnoj biografiji, odnosno kalfa kod čuvenog trgovca Vlade Mitića. Mile je bio iz Šumadije, u Beogradu je studirao prava. Obojica su kao članovi KPJ proganjani u Beogradu i osuđivani na Sudu za zaštitu države. Zbog progona, Stefanović je emigrirao u SSSR, gde je izučio partijske i policijske kurseve, dok je Milatović, kao aktivista, radio po Srbiji. Učestvovali su u ustaničkim danima, partizanskim borbama i kao članovi najužeg Titovog štaba imenovani su za poverenike Ozne, a zatim i Udbe. Svetislav Stefanović je zajedno sa Aleksandrom Rankovićem bio punih dvadeset pet godina, zvanično, prvi profesionalni policajac partije KPJ i države DFJ, odnosno FNRJ. Obojica su, kako piše dr Dragoljub Jovanović, uvek bili veliki Jugosloveni. Oni su u svojim rukama imali javnu i državnu bezbednost zemlje, ali realno, nisu njima vladali, jer su svoje policijske račune polagali Titu.

Prvi ljudi u srpskoj Udbi tog vremena, bili su Slobodan Penezić Krcun, Vladan Bojović, Vojin Lukić, Jovo Kapičić, Svetolik Lazarević. Centralizovana Uprava državne bezbednosti bila je organizaciono svuda isto postavljena kao i ranije Ozna. Za potrebe efikasnijeg rada u Beogradu je 1947. štampana knjižica *Principi rada i sredstva rada UDB-e.* Zbog tajnosti na njoj nije napisano ni ime autora, ni ime izdavača, ni godina i mesto izdanja. Samo delovodni broj – strogo poverljivo br. 202.

U tom uputstvu za operativce i mlade (kontra)obaveštajce je pisalo:

„... Kao osnov operativnog rada i postavljanja naše agenturno-operativne mreže, mi uzimamo tri principa. I to: objektni princip, linijski princip i teritorijalni princip. Što se objekata rada tiče, bile su to strane obaveštajne službe, antinarodni elementi i obezbeđivanje državnih objekata. Linijski rad bio je podeljen na – obaveštajne službe, neprijateljsko delovanje građanskih stranaka, banditizam, neprijateljsko delovanje vera i sekta, neprijateljsko delovanje reakcionarno-nacionalističkih organizacija. U cilju ostvarivanja zadataka koje pred organe Uprave državne bezbednosti postavljaju naša Partija i Vlada, organi UDB-e imaju raznovrsna sredstva kojima se služe u svakodnevnoj borbi protiv antinarodnih elemenata i agenata inostranih obaveštajnih službi. A to su: agentura, evidencija u koju ulazi i kartoteka, praćenje, operativna tehnika, provjeravanje, hapšenje i pretres, ovo dvoje poznato pod imenom – operacije, isleđenje... Pod operativnom tehnikom se podrazumevaju razna tehnička sredstva, koja se koriste u cilju razotkrivanja neprijateljskog djelovanja inostrane obaveštajne službe i antinarodnih elemenata u zemlji.

Operativno tehničke mjere su: cenzura pošte, prislušna telefonska služba, prisluškivanje pomoću mikrofona i hvatanje razgovora na gramofonskim pločama, prihvatanje radio-izveštaja, otkrivanje nevidljivog mastila putem hemijskih sredstava. Operativna tehnika nam omogućava razotkrivanje veza lica koja nas interesuju, razotkrivanje namjera neprijatelja, razotkrivanje kanala za ubacivanje agenata, pronalaženje lica koja se kriju od državne vlasti i onemogućavanje odavanja državnih tajni. Mi u našoj agenturno-informativnoj mreži imamo tri vrste saradnika. I to: informator, rezident i agent. Informator je naš tajni saradnik, koji nam signalizira o neprijateljskoj delatnosti ma gde se i u ma kakvom vidu pojavila. Rezident je tajni saradnik, odnosno tajni radnik organa Uprave državne bezbednosti, koji drži na vezi određen broj informatora i neposredno rukovodi njima. Rezidenta pronalazi i vrbuje operativni radnik. Agent je tajni kvalifikovani saradnik organa UDB-e, koji po svome položaju u antinarodnoj sredini i po svojim ličnim osobinama i obaveštajnim sposobnostima ima mogućnosti da duboko prodre u neprijateljsku sredinu i potpuno razotkrije njeno delovanje. Agenti predstavljaju najmalobrojniju vrstu saradnika, ali su najkorisniji po svojim obaveštajnim sposobnostima, mogućnostima za rad i po svom rezultatu u radu...“

Tajni dosijei

Ova prva reorganizacija državne bezbednosti imala je za cilj i institucionalno postavljanje Udbe kao čuvara političkog reda i državnog poretka. Svaka republika davala je za Upravu državne bezbednosti svoje najbolje kadrove. Selekciju operativaca u Sloveniji za Udbu Jugoslavije, na primer, vršili su Zdenka Kidrič, Edo Brajnik i Ivan Maček, u to vreme ministar slovenačke policije. Aleš Bebler, Jože Brilej, Antun Vratuša, Prežihov Voranc, Bogo Gorjan, Tone Lah, Franc Kos, Drago Flis, Rade Trošt, Maks Kadunc, Milan Venišek, Slavko Zore, Ratko Močivnik, Drago Kunc, Sergej Krajger, Stane Kolman, Vlado Mihalič i Mladen Devide, bili su uz Edu Brajnika „delegirani“ kao obaveštajci u Beograd.

Na predlog Jakova Blaževića i Ivana Krajačića u glavni grad je za načelnika u Upravi državne bezbednosti postavljen i Đuro Stanković, Srbin iz Hrvatske, nekadašnji advokatski pripravnik iz Gospića i dobar prijatelj Jakova Blaževića. Stanković je bio čovek od ugleda u Lici i Hrvatskoj kao politički funkcioner, a manje kao profesionalni policajac. Rođen je 1914. u Sjedinjenim Američkim Državama. Završio je pre rata prava u Beogradu, gde je 1938. i primljen u KPJ. Prvoborac, komandant, funkcioner DMUP-a. Političku karijeru je završio kao podsekretar SIV-a. Prema svojim shvatanjima političkih funkcija, Đuro Stanković je u SDB Jugoslavije počeo da razvija manje policijski, a više činovnički odnos prema poslu.

U Jugoslaviji su krajem četrdesetih godina donošeni mnogi propisi kojima je definisana konačna nadležnost i metodi rada tajne policije. Ministarstvo unutrašnjih poslova FNRJ je, na primer, juna 1947. godine usvojilo Uputstva za rad islednih organa UDB. Iz njih se vidi da je tajna policija dobila status organa gonjenja za devet grupa krivičnih dela, od napada na državno uređenje, preko terorizma, do privrednog kriminala. Za to je bila dovoljna najmanje usmena ili pismena prijava građanina. To uputstvo, iako nije imalo snagu zakona, dozvoljavalo je organima Udbe da vrše pritvaranje, isleđivanje, privođenje, lišavanje slobode i postupak sa uhapšenim licima.

Preciznije rečeno, za uhapšenika se otvara policijski dosije, registar koji ga svrstava u listu političkih delinkvenata u Jugoslaviji. Pod dosijeom se u tajnoj službi podrazumeva ceo predmet koji se odnosi na određeno lice. U njemu se nalaze svi spisi, složeni hronološkim redom kako su nastajali i prilozi koji sačinjavaju predmet za lice. Od zahteva za vađenje lične karte, pasoša, potvrde o državljanstvu, s priloženim dokumentima, do eventualnih sudskih poziva, rešenja i presuda, kao i službene beleške radnika tajne policije, u slučajevima da su dotično lice kontrolisali. U službi bezbednosti, u dosije za lice prikupljaju se svi dokumenti o delovanju pojedinca protiv postojećeg društveno-političkog sistema, a koje Krivični zakon kvalifikuje kao krivično delo. Pored navedenih dokumenata u svakom dosijeu za lice mora da postoji popis spisa i priloga. Skup dosijea za lice, iz različitih izvora, u jednom organu Udbe nazivao se operativni fond, a kartoni za svako lice, zvali su se Kartoteka tajne policije. Ona je predstavljala vrlo značajno sredstvo rada svakom načelniku, inspektoru i operativcu državne bezbednosti.

Čim jugoslovenska tajna policija dođe do prvih saznanja o neprijateljskom delovanju određenog lica, operativni radnik je dužan prvo da proveri u Kartoteci ima li podataka o tome licu iz ranijeg perioda. Inače, kada se dobiju prva obaveštenja, otvara se dosije za lice i posle rada na tome određeno vreme, dok se provere navodi, taj se dosije uništava ukoliko se ustanovi da su sumnje neosnovane, ili, ukoliko su osnovane, nastavlja se s radom. Rajko Đaković, načelnik srpske tajne policije u vreme preispitivanja rada Udbe, došao je do podatka da je državna bezbednost u Srbiji kroz svoje izveštaje i dosijea, imala u svom registru 1966. godine, čak 600.000 imena.

U pogledu policijskih dosijea u FNRJ bilo je primenjeno sovjetsko iskustvo, koje je jednostavno presađeno u praksu jugoslovenske tajne policije. Narodni komesarijat unutrašnjih poslova (NKVD) je građane SSSR-a protivnike postojećeg ustavnog poretka registrovao u određenu kategoriju. Ova praksa preneta je i na naše organe Ozne i Udbe, gde je vršena podela građana na A, B, C, D i E kategorije. To je izgledalo ovako: kao A je u Udbi registrovano lice koje aktivno neprijateljski deluje (odmetnik, pripadnik ilegalne organizacije); B je lice koje je u vezi sa osobama koje su neprijateljski aktivne (jataci ili pripadnici ilegalne grupe); C je lice pasivno kao neprijatelj (koje je za vreme rata sarađivalo sa okupatorom, bilo u kvislinškim formacijama); D je hapšeno i osuđivano lice; i kategorija E je lice sumnjive političke prošlosti, koje je kažnjavano društveno-korisnim radom, koje je delovalo na liniji IB-a. Interesantno je da su se u toj kategoriji E našli mnogi komunistički aktivisti koji novoj vlasti i novoj Jugoslaviji nisu odgovarali kao saradnici. Kada se predratni revolucionar Dida De Majo vratio iz Pariza u Beograd, Ozna i Udba su ga hapsile, maltretirale i saslušavale dva puta. Prvi put je uhvaćen još na aerodromu 1945. godine, a drugi put u svom stanu, u Francuskoj ulici 22, tokom 1949. godine. Aleksandar Mišić svedoči da je to bilo Đilasovo maslo, jer se bojao da će De Majo po Beogradu pričati kako su se on i Ćeća Stefanović loše držali pred policijom pre rata. Zbog Đilasovog ćefa slikar i grafičar Dida De Majo, iako nije bio osuđivan, nije u Beogradu mogao uopšte da nađe posao. Strah novih vlastodržaca od nepoželjnih svedoka njihove mladosti bio je tako veliki, da je i dr Ljubomir Živković, uhapšen od Udbe 17. marta 1946, proveo tri godine na robiji samo zato jer nije priznao šta mu je to poverljivo na samrti šapnuo na uvo Mustafa Golubić. Tito i njegov najbolji drug Ivan Krajačić, naime, bojali su se da Golubić nije izgovorio ime komuniste koji ga je ocinkario Specijalnoj policiji grada Beograda i tako doprineo njegovoj likvidaciji.

Nesrećnu sudbinu imao je i student Pavle Bunjević, član Demokratske stranke, čije je delovanje politička policija sankcionisala. Početkom 1949. godine njega i grupu istomišljenika Udba je uhapsila i izvela na sud, gde je Pavle Bunjević osuđen na smrtnu kaznu. Ona je odmah zamenjena doživotnom robijom. Zajedno s Pavlom Bunjevićem uhapšeni su i njegova žena Zora i sin Dušan, tada najbolji đak niške gimnazije. Oni su okrivljeni da se bave „neprijateljskom propagandom" samo zato jer su prodavali list *Demokratija*, koji je uređivao Milan Grol. Majka i sin su držani pod istragom sve do 1950. U tri zatvora – u Staroj ulici, Đušinoj i na Adi Ciganliji. Dušan Bunjević je zbog progona od Udbe pobegao u Ameriku, ne dovršivši studije teologije i istorije umetnosti u Beogradu. Danas je otac Dušan Bunjević sveštenik u San Francisku.

Na savetovanju Udbe, koje je održano u Beogradu u julu 1946. godine, konstatovano je da je tajna policija u Srbiji registrovala u svojoj Kartoteci 47.534 lica. Udba Bosne i Hercegovine je imala dosijea za 15.325 lica; policija u Crnoj Gori za 6.072 lica; a u tajnoj službi Slovenije upisano je bilo 18.517 lica. U Makedoniji je registrovano oko 6.000 državnih neprijatelja.

U Beogradskoj Udbi, početkom pedesetih, kada je Branko Ćopić zbog svoje „Jeretičke priče" pao u nemilost vlasti, kopijom tog teksta otvoren je i policijski dosije Ćopić. Naređenje je došlo s državnog vrha, jer je i sâm Tito u svojim nastupima pominjao tu satiričnu priču i njenog autora. Pored inkriminisanog teksta o komunističkoj novoj eliti, tajni agent „Remington", koji je zajedno s piscem pio po kafanama, priložio je i službenu belešku sa svim onim oštrim rečima koje je Ćopić govorio na račun članova političkog vrha zemlje. Ogovarao je, javio je cinkaroš iz kafane, Mošu Pijade i Rodoljuba Čolakovića. Da bi kvalifikacija Ćopićevih kafanskih reči bila teža, svedoči obaveštajac Milan Trešnjić, tajni agent Udbe je dodavao samovoljno zaključak da je slavni pisac *Nikoletine Bursaća* vođa grupe ljudi koji su privrženi Moskvi i Staljinu. U toj grupi doušnik „Remington", koji je tajno ime dobio po marki pisaće mašine na kojoj je pisao tekstove u *Politici*, pored Ćopića našao je i njegovu kumu Miru Alečković, Desanku Maksimović, Savu Nikolića, Dušana Kostića, Vasu Popovića i Zuku Džumhura. Kada je izbila politička svađa s Milovanom Đilasom, doušnik „Remington" je zabeležio da je Branko Ćopić bio „za" Đida, jer je u *Klubu novinara*, zajedno s Borom Drenovcem, pitao ko je još uz Đilasa. Kada je krajem 1954. godine na Građevinskom fakultetu, govoreći o svom književnom radu, Ćopić priznao da stvari u društvu i dalje stoje kao u „Jeretičkoj priči", GK SK je preko Udbe morao da interveniše. U listu *Student* je iz policijsko-doušničkih redova napisan pamflet s ciljem da se Branko Ćopić izvrgne ruglu i kritikuje kao neprijatelj socijalizma. Punih trideset godina politička policija je progonila Branka Ćopića. Da bi pobegao od svojih goniča, Ćopić se usamio, a zatim 1984. bacio s mosta na Savi na beogradski asfalt.

Ovakva registracija tzv. antinarodnih elemenata u političkoj policiji napuštena je krajem pedesetih godina. Od tada je državna arhiva čišćena sukcesivno od suvišnih i nepotrebnih dosijea za lica koja su samo opterećivala operativni fond. Naročito je veliko čišćenje, tačnije spaljivanje dosijea, nastupilo posle Brionskog plenuma, kada su evidencije Službe državne bezbednosti – SDB oslobođene svih nepotrebnih ličnih kartona. To se naročito odnosilo na dosijea za političare, jer je svaki od njih, pa i Kardelj, i Đilas, i Moša Pijade, onog trenutka kada mu je izdat pasoš, dobijao svoj karton u policiji. Državna bezbednost Srbije imala je tada, na primer, samo 500 dosijea o jugoslovenskim emigrantima. Udba se 1966. oslobodila i svih dosijea koji su bili zaplenjeni u toku rata od Specijalne policije uprave grada Beograda. Taj deo Kartoteke predat je 1970. godine istorijskim arhivima, da ih čuvaju i ustupaju istraživačima pod posebnim uslovima. Istovremeno je u samoj tajnoj službi formiran Istorijski fond SDB-a u kome se čuvaju svi dosijei koji imaju određenu istorijsku vrednost za državnu bezbednost.

Simbioza partije i policije

Praktično reorganizacija Ozne u Udbu izvršena je marta 1946, a dograđivana je od marta 1947. da bi dobila konačnu fizionomiju početkom 1951. godine. Zadržala se punih dvadeset godina, do gašenja Udbe 1966. godine na Brionima. Po ovoj organizacionoj šemi Udba je bila organizovana na celoj teritoriji FNRJ. Udba je bila partijska obaveštajna služba, ali i služba bezbednosti, i to naročito u početku njenog postojanja, krajem četrdesetih i početkom pedesetih godina, dok je bila pod kadrovskim mentorstvom KPJ i u funkciji sprovođenja političke strategije Komunističke partije Jugoslavije. Da bi se u takvom duhu iškolovali novi politički policajci, vlada Jugoslavije je u Beogradu, na Topčideru, 1949. otvorila Višu školu Udbe FNRJ. Njen direktor je jedno vreme bio Budo Milićević, a zatim i David Laušević. Predavači u školi bili su profesori Jovan Đorđević i Radomir Lukić, ali i policajci, jer je predmet „Državna bezbednost" predavao Edo Brajnik. Uspešni polaznici su bili i Budimir Lončar, i Ivica Kojić, i Branislav Pendić, i Milorad Mića Japundža, i Obren Đorđević. Većina studenata Udbe kasnije je završila Pravni fakultet u Beogradu.

Udba je po svojoj suštini bila klasična politička policija. I danas, pri kraju dvadesetog veka, u svim savremenim državama još postoje organi političke policije kao delovi upravnog aparata koji se angažuje u ostvarivanju državnih funkcija. Politička policija ima zadatak da svojom aktivnošću štiti ustavni poredak i prava i slobode građana. Milovan Đilas je, uostalom, u *Novoj klasi* pisao da je mehanizam komunističke vlasti možda najprostiji, jer je vlast u rukama partijskih komiteta i tajne policije. Nigde nije bila propisana „rukovodeća uloga" Partije, pa se ipak njena vlast ostvarivala u svim sektorima života. A i nigde nije ozakonjeno, pisao je Đilas, da tajna policija ima pravo da nadzire građane, pa ipak, ona je bila svemoćna. Nadgledala je čak i sud i tužilaštvo. Kako određene službe u vlasti nisu bile dostupne nikom sem članovima Partije, to je Titova država za sebe postavljala kadrove u policiji, diplomatiji i vojsci. Preciznije, to pravilo je glasilo da jedino članovi KP mogu biti policajci, diplomate i oficiri, odnosno jedino oni mogu da vrše stvarnu vlast. Tito je već od rata raspolagao, preko odanih ljudi, svim polugama vlasti. Imao je svoju Gardu, tajnu policiju i armiju. Otuda je i postojao određeni rivalitet između partijskih sekretara i šefova tajne policije. Partija i policija su se čak i preplitale u svakodnevnim aktivnostima. U provinciji je dolazilo i do otvorenih sukoba između sekretara i načelnika, odnosno između partije i tajne policije, dok je na vrhu ovaj „tim" za čuvanje poretka delovao složno i jedinstveno. To se ponajbolje moglo videti prilikom otvaranja političkih procesa u Jugoslaviji.

Najpre je tajna policija, mahom pod sugestijom partijskih funkcionera, pre svega samog Tita, utvrđivala da je neko protivnik države i Partije. Kada je to zaključeno, svedoči Đilas, koji je to iskusio i na sebi, pripremalo se pravno uklanjanje protivnika. To se vršilo preko provokatora, koji žrtvu navlači na ilegalno organizovanje i izvlači mu „nezgodnu izjavu", ili preko malodušnika koji terete žrtvu prema zahtevima policije. Većinu tih ilegalnih organizacija stvarala je sama tajna policija da bi lakše u njih uvukla svoje protivnike, kontrolisala ih i zatim likvidirala. Sud i sudije usko sarađuju s političkom policijom, oni zavise od Partije i policije. Sudije su zadužene svojom ulogom i zvanjem da dokažu ono što su policajci iznudili od žrtve. Zato što ne koriste torturu, pisao je Đilas u knjizi *Tamnica i ideja*, sudije primenjuju rafinirane metode isleđivanja, na šta žrtve uglavnom i nasedaju.

O čitavom toku saslušanja sudije izveštavaju političku policiju. Sva četiri politička procesa protiv Milovana Đilasa vodio je, na primer, jedan sudija – dr Josip Hrnčević. Njega je angažovao lično Aleksandar Ranković preko Svetislava Stefanovića Ćeće, tada prvog policajca u Jugoslaviji. I zatvori su bili pod kontrolom Udbe. Njihovi upravnici bili su oficiri državne bezbednosti. Kada se Đilas 1957. našao na robiji u sremsko-mitrovačkoj kaznionici, upravnik Dušan Milenković je bio blizak s vrhovima jugoslovenske i srpske policije. Takav status je imao i njegov naslednik Radovan Marković, oniski, proćelavi čovek poreklom iz Kraljeva. On je zvanično bio predstavnik Ministarstva unutrašnjih poslova u zatvoru, a nezvanično šef Udbe u KP domu Sremska Mitrovica. Zatvorska služba bezbednosti zaduživala je svakog kažnjenika da dostavlja upravniku sve podatke o „sumnjivim radnjama" drugih robijaša, a posebno onih političkih. Na taj način je Udba i u kaznionicama ispoštovala sistem totalnog pokrivanja svih ljudi, i čuvara i čuvanih.

Milan Rajić, Beograđanin, politički emigrant i pisac iz Kanade, seća se da je, kada je 1956. godine izašao s robije, posetio sedište Udbe u Podrinjskoj ulici, u Beogradu, gde mu je inspektor Dubajić pokazao gomilu pisama zatvorskih doušnika. U njima je pisalo kako se, navodno, Rajić držao u zatvoru, pa je inspektor Dubajić mogao samo glasno da zaključi:

„Znači, izašao si nepopravljiv!"

Punih šest godina beogradska Udba je pratila Milana Rajića, zbog sumnje da i dalje sarađuje sa srpskom neprijateljskom emigracijom. Godine 1962. Rajić je opet uhapšen i odveden u zatvor *Singsing*, kod osnovne škole „Vojislav Ilić" u Beogradu. Prvom prilikom kada se našao na slobodi Rajić je emigrirao u Kanadu. Kući se vratio tek 1992. godine.

Građanski rat

Kako su politički ciljevi Partije i države u FNRJ nakon oslobođenja ostali isti, to je i sâm ratni karakter političke policije ostao nepromenjen. I 1946. godina se mogla smatrati ratnom, jer je u Jugoslaviji i dalje trajao građanski rat između partizana, četnika i ostalih pripadnika nacionalnih snaga, a oko Jugoslavije, u Italiji i Grčkoj, vodile su se bitke za sfere međunarodnog uticaja. Šefovi Udbe u Vladimircima i Šapcu, oficiri Drago Mitić i Miloš Savić Crni, zajedno sa oficirom Milićem Todorovićem, tragali su u tamnavskim selima za odbeglim četnikom Savom Vićićem, koga su jataci zvali Kuštra. On im je u leto

1946. godine zadavao velike muke. U selu Varna razoružao je grupu podoficira, a zatim je mučki iz zasede ubio sekretara seoskog odbora i tek primljenog oficira u tajnu službu Ivana Đurića. Šef Ozne u Bogatiću je bio Jovan Dolnić s nadimkom Teča, a njegov najbliži saradnik Miloje Savić Vihor. Hvatanjem četničkih bandi Mirka Maleševića, braće Tufegdžić, braće Kovačević i Vojislava Maksimovića, poznatijeg kao Ćesin, u Tamnavi, rukovodio je iz Udbe Srbije prvo pukovnik Ljubo Popović, a zatim major Veljko Jovanović Širac, dok je zasede postavljao pukovnik Veso Bojić iz Beograda.

Pukovnik Popović, koji je učestvovao u hvatanju Draže Mihailovića, i ovom prilikom se koristio metodima partizanskog prerušavanja u četnike i ubacivanjem u jatačke kuće, kao i među odmetnike. Te akcije su trajale više od godinu dana i završene su uspešno krajem 1947. godine. U sličnim akcijama, u to vreme, iskazao se posebno Pane Đukić, stariji oficir Udbe, Bosanac koji je preko Kruševca i Rasinskog partizanskog odreda stigao u Beograd. On je zajedno s Milanom Dragutinovićem učestvovao u likvidaciji „gorske aždaje" Radoslava Minića u selima oko Nove Varoši. Sigurno najpoznatiji operativac Udbe koji se borio protiv četnika bio je Radenko Mandić, zvani Mandalo iz Čačka. U tajnoj policiji Srbije ostao je čak do početka osamdesetih godina, ali ju je napustio toliko nezadovoljan, da nije prihvatio ni sat od MUP-a kao poklon prilikom penzionisanja.

Na Kosmetu je trajao pravi rat policije s balistima, koji su iz zasede juna 1946. ubili Šefki Bećirija, pomoćnika načelnika Udbe u Gnjilanu. Te godine na Kosmetu je bilo hiljadu odmetnika i hiljadu dezertera. Zato je Udba napravila plan potere kako bi s prvim snegovima jedinice Knoja isterale baliste na čistinu. Komandir poterne brigade bio je Luka Turanjanin. Samo tokom februara, predalo se njih dve stotine. U borbama s tridesetoricom Šiptara, kod sela Vlahinje, ubijen je i njihov vođa Ahmet Seljanci, a zatim je likvidiran i Ukšin Kovačica. Ovu akciju je vodio ludo hrabri kapetan Vojo Janković, zamenik načelnika Udbe za okrug Kosovska Mitrovica, koga je rafal pokosio. Smrt je na Kosmetu uzela i živote Luke Turanjanina, Vula Vujnovića i Miloša Milinića, podoficira Knoja. Velike potere Udba je organizovala protiv četnika i u Bosni, na području Kotor Varoši, gde su se skrivali Mirko Džomba, Mitar Stolić, Simeun Obradović i Božo Berić. Kako privođenje jataka nije pomoglo oficirima Udbe da otkriju njihova skrovišta, pored 200 milicionara Knoja, u poteri je učestvovalo i 6.000 mobilisanih građana. Akciju je vodio kapetan Stojan Milašinović iz opunomoćstva Udbe u Banjaluci. Velikih potera bilo je i u okolini Mrkonjić Grada, jer su se tu sve do 1949. godine skrivali četnici Branka Lazičića, Laze Tešanovića, Mirka Živkovića, Mihajla Marčete i Borislava Bijelića. Na terenima Bosanskog Novog i Bosanske Kostajnice delovali su odmetnici Petra Kukrika, obeleženi u Udbi kao „zeleni kadar". Za njima su jurili Rade Filipović, načelnik Ozne i Udbe, i Ostoja Mijić, komandant jedinica Knoja, ali je Kukrika sa svojim ljudima uspeo da im pobegne u Italiju, odakle je zatim emigrirao u SAD.

Profesor Radovan Radonjić je 1985. godine u svojoj doktorskoj disertaciji napisao da su Ozna i Udba od 1945. do 1947. godine ubile 26.947 naoružanih kontrarevolucionara, ranile 2.950, a zarobile 86.031 četnika, ustaša, križara, belogardejaca, balista, stranih špijuna i diverzanata. Tokom kasnijih godina, od 1948. do 1951, piše dr Radonjić, Udba i Knoj su likvidirali još 35.846 takvih lica. Ako se tome doda i činjenica da je do 1956. na jugoslovenskoj granici u prebegu uhvaćeno 86.983 ilegalaca, onda je sasvim očigledno da su tajna policija Jugoslavije i vojna služba imale pune ruke posla. Pod njihovim progonom našlo se direktno oko 250.000 ljudi. A ako se tome doda i cifra prognanika zbog Rezolucije Informbiroa od 55.663 lica, postaje jasno da je politička policija u svojim dosijeima pod istragom i u zatvorima u tih desetak godina postojanja imala više od 300.000 ljudi. Još toliko ljudi je, kako je rekao Aleksandar Ranković na VI kongresu KPJ, partijski kažnjeno zbog odanosti Staljinu i Moskvi. Onoliko koliko je imao glavni grad Jugoslavije na kraju Drugog svetskog rata i početku mira. Kako je taj mir u novoj FNRJ izgledao, ponajbolje su osetili ovi gonjeni ljudi, ali i njihovi goniči.

Mada je, po komunističkom učenju, religija bila opijum za narod, tokom Drugog svetskog rata u NOV i POJ, verski život je bio gotovo normalan. U oslobodilačkoj borbi, a zatim i u novoj vlasti aktivnu ulogu imali su mnogi i pravoslavni i katolički i muslimanski sveštenici. Krajem novembra 1942. godine pri Vrhovnom štabu je formiran i poseban Verski odsek, da bi kasnije, posle zasedanja AVNOJ-a u Jajcu, taj odsek prerastao u državnu Komisiju za pitanja vere. Sve do 1944. godine veroispovest, pa i veronauka, bile su slobodne i poželjne. A tada je Tito ukorio Andriju Hebranga da insistiranjem na veronauci u školama unosi u „tekovine naše borbe elemente nazadnjaštva". Za političku policiju bio je to dovoljno jasan znak da se Crkva nalazi na onoj nepodobnoj strani politike i države. Početkom maja 1945, kod Zidanog Mosta, kada je došlo do obračuna jedinica Knoja i JA sa ostacima nacionalnih snaga, bez ikakvog isleđenja ili suda, kako piše Borivoje Karapandžić, pobijeno je 68 sveštenika Srpske pravoslavne crkve iz Crne Gore. Među ubijenima se nalazio i dr Luka Vukmanović, profesor teologije, rođeni brat Svetozara Vukmanovića Tempa. Već u septembru, kako svedoči, često nepouzdani Dragoljub G. Vurdelja, u beogradskoj *Glavnjači* ubijen je mitropolit Joanikije. Njegovi krvnici, tvrdi Vurdelja, bili su Vladimir Rolović, tada pukovnik Ozne, i general armije Peko Dapčević. Posle takvog sukoba partizana i četničkih sveštenika nije bilo ništa neobično što su u Beogradu oživele ideološke i policijske ocene da je deo Crkve zloupotrebio veru u političke svrhe i bio angažovan na strani okupatora i kvislinga, emigranata i antikomunista.

Verom protiv vere

Time je kler okrivljen za otvoreno ili prikriveno priključenje „kontrarevolucionarnim snagama" i smešten u Udbi u odeljenje tzv. unutrašnjeg neprijatelja kao klerikalna grupacija. Šef te „verske Udbe" u Upravi državne bezbednosti FNRJ bio je Krsto Leković. Partizan, Crničanin, prvoborac, potpukovnik Ozne, pa pukovnik tajne policije na službi u Makedoniji, na Kosmetu i u Crnoj Gori. On je čovek koji je, kako tvrdi srpska emigracija, doveo Hranislava Đorića, odnosno mitropolita Germana, za patrijarha i koji je uticao na stvaranje Udruženja pravoslavnih sveštenika, kao organizacije radi lakše kontrole rada SPC.

U Srbiji je načelnik Udbinog odeljenja za Crkvu po nekim izvorima bio Milan Vilić, a zatim Milorad Jeftović, čiji je pomoćnik bio Milan Mića Rapaić. U federalnoj i republičkim komisijama za verska pitanja bilo je dosta policajaca i funkcionera tajne službe: Mate Radulović, pomoćnik saveznog ministra policije, oficiri bezbednosti Vlada Stanojević, Todor Vojvodić, Done Ilijevski, Franjo Sladić, Marko Jokić i Slavko Fric.

Antidržavnu aktivnost u Srpskoj pravoslavnoj crkvi, zabeleženo je u policijskim udžbenicima, ispoljavali su pojedini sveštenici koji su bili u četničkim i ljotićevskim formacijama, iza rata u nižim slojevima crkvene hijerarhije, a kasnije, s buđenjem srpskog nacionalizma, čak i u „svim strukturama pravoslavne crkve". Prema službenim izveštajima koji su pristizali iz okružnih komiteta KP Srbije, preko šezdeset odsto sveštenika bilo je 1946. neprijateljski raspoloženo. Oko trideset odsto je bilo kolebljivo, a samo deset odsto popova je bilo spremno za saradnju s Narodnim frontom. U Zaječaru je Udba kao neprijatelja posebno apostrofirala episkopa Emilijana, a politička policija iz Čačka je glavna uporišta „bandi i neprijatelja" nalazila u manastirima Srpske pravoslavne crkve. Emigrant Dragoljub Vurdelja hrabro tvrdi da su u samoj Srpskoj crkvi za Udbu radili verski profesori Rajko Popović, Lazar Babić, Branko Cisarž, sekretar Bogoslovskog fakulteta Boško Lazarević, patrijarhov lični momak Mirčeta Stankov i šofer Đoka Mihailović. Partija je zbog toga sazvala i posebnu sednicu CK, septembra 1946. godine, na kojoj je zaključeno da se „popovima posvećuje mala pažnja". U januaru 1947. Politbiro CK KP Srbije zabranio je komunistima da slave Božić, krsnu slavu, da obavljaju venčanja i krštenja u crkvi. Zatim su Srpsku crkvu počele da pristižu i sankcije, naročito otkako je u novoj Jugoslaviji počela da pokazuje želju da utiče na politički život zemlje i naroda.

Ustavom iz 1946. godine Crkva je odvojena od države, a škola je odvojena od Crkve. Vrlo brzo veronauka je izbačena iz državnih škola, a za njom i venčanja i krštenja u crkvama, koja su 1949. godine postala nezakonita. Udba je matične knjige rođenih i venčanih oduzimala iz hramova Subotice, Beograda, Niša, Kragujevca, Negotina. Novim zakonima o agraru, na primer, crkvama je oduzeto skoro pedeset odsto zemljišta, a nacionalizovano je mnogo crkvenih objekata. Sveštenstvu su oduzeti parohijski domovi u Miletiću, Kostolcu, Bari, Bariču, Žagubici, pa i zemljište za gradnju Hrama Svetog Save u Beogradu. Dogodilo se tako da, na primer, Srpska pravoslavna crkva izgubi 35.000 hektara i 1.180 zgrada, vrednih, kako tvrdi Radmila Radić, saradnik SANU, osam miliona dinara.

U Vojvodini je bilo čak i pokušaja konfiskovanja crkvenih grobalja. Kada je Srpska pravoslavna crkva uvela prikupljanje priloga kod naroda, policija je i to zabranila. Verski činovnici obraćali su se 1945. više puta Ministarstvu unutrašnjih poslova Srbije s molbom da Udba i narodni odbori tj. lokalna vlast prestanu sa uzurpacijom crkvene imovine. Odgovor od Slobodana Penezića Krcuna Srpskoj pravoslavnoj crkvi nikada nije došao. Samo bi ponekad iz mesnih odbora stizala vest da je neki pravoslavni hram porušen jer ga je podigao četnički vojvoda, kao u selu Lesovica, ili ugrožava higijenu, kao što je bilo u Banji Koviljači. Na crkvenoj zemlji i na ruševinama pravoslavnih bogomolja, nova vlast je podizala domove kulture, koji danas služe kao skladišta, magacini, a najčešće kao ruglo grada i sela.

Kako je Crkva na izbacivanje veronauke iz državnih škola odgovorila otvaranjem svojih škola, to su se vrlo brzo i nastavnici i učenici bogoslovija našli na tapetu političke policije. Početkom 1954. u Jugoslaviji je bilo dvadeset šest verskih škola s preko 2.000 đaka. Od toga dve trećine su bila katolička semeništa i fakulteti. Glavni razlog za upis u verske škole bio je, tvrdi Radmila Radić, jeftina školarina. Državna bezbednost je, međutim, u svojim procenama pisala da učenici potiču iz imućnih i „neprijateljskih porodica", a i da su nastavnici „deklarisani i propali element". Za upravnika Bogoslovije u Prizrenu je čak napisano da je „izraziti pljačkaš imovine". Posle takve kritike Partija i Udba su pokušavale da udare novom komunističkom verom na staru religijsku „neveru", odnosno da zavrbuju i učenike i nastavnike nudeći im priliku da u bogoslovijama otvore frontovske organizacije, makar ilegalno, da se Patrijaršija ne bi ljutila. Tajna policija i milicija bile su posebno agresivne prema crkvenim licima u samoj Srbiji. Predsednik Sreskog suda u Kuršumliji je zabranio klisaru da zvoni dok je on na radnom mestu u kancelariji suda . Administrator dabro-bosanske eparhije u Sarajevu, vladika Varnava Vojislav Nastić, okrivljen je decembra 1947. da je „imperijalistički agent". Njega su lažni svedoci Udbe teretili da je pričao kako u Jugoslaviji nema demokratije, da se tokom rata viđao s doktorom Antom Pavelićem i da je kritikovao JA i Petogodišnji plan. Tadašnja *Politika* ga je javno nazvala izdajnikom. Ovaj prvi proces jednom srpskom svešteniku, završen je presudom od jedanaest godina zatvora s teškim radom i tri godine gubitka građanskih prava. Bilo je to i suđenje Srpskoj pravoslavnoj crkvi, jer se nije ogradila od vladike-izdajnika. Vladika Varnava robijao je prvo u Zenici, a zatim u Sremskoj Mitrovici, odakle je interniran u manastir Gomionicu. Tamo je njegov „pratilac" bio operativac Udbe Šeharić.

Episkop budimljansko-polimski Makarije se, zbog maltretiranja od organa unutrašnjih poslova, žalio Državnoj komisiji za verska pitanja, a Sveti arhijerejski sinod SPC je jednu predstavku poslao novembra 1948. i Predsedništvu vlade FNRJ, a naredne godine i Titu lično. Poseban memorandum potpisao je patrijarh Gavrilo. U njemu je navedeno da policija zabranjuje služenje verskih obreda, da se popovima čupaju brade, da se šezdeset srpskih sveštenika nalazi u zatvorima, da ima dvadeset dva slučaja hapšenja, prebijanja i čak ubijanja sveštenika pod optužbama da su reakcionari i neprijatelji naroda i države. Iz ruku Udbe, pisao je patrijarh Gavrilo Dožić, svoje živote nisu izvukli jereji Božidar Jovanović u Nišu, Milan Milić, paroh smederevski i jeromonasi Sevastijan u Kruševcu i Sava iz manastira Vitovnica. Vlada Jugoslavije odgovorila je da „narodna vlast" ne dozvoljava da je iko vređa, pa čak ni Sveti arhijerejski sinod, i da su njihove tvrdnje „tendenciozne, bezobzirne, nedozvoljene i ucenjivačke".

Srpska i jugoslovenska politička policija neprestano su okrivljavale Srpsku pravoslavnu crkvu da je neaktivna u suzbijanju neprijateljske delatnosti dela svog sveštenstva. Pukovnik Udbe, islednik Mate Radulović, kako tvrdi Dragoljub Vurdelja, „rekao je na saslušanju Andriji Lončariću, 1948. godine, da u ovoj zemlji za pet godina neće biti nijednog popa..."

Sama Udba je u SPC razlikovala dve grupe episkopa, mlađu i stariju. Prva je za njih bila patriotska i pozitivna, a druga antidržavna i negativna. U njoj su se nalazili episkopi Vasilije Kostić, Simeon Stanković, Arsenije Bradvarić, Nektarije Krulj, Jovan Ilić, Emilijan Piperković i Makarije Đorđević. Tajna služba imala je u dosijeima i imena episkopa Damaskina, Valerijana, Nikanora i Hrizostoma, jer je i njih smatrala antikomunistima. Za najopasnijeg Udba je smatrala episkopa Vasilija, za najuticajnijeg mitropolita Nektarija, a za najljućeg kritičara sistema vladiku Simeona. Vasilije Kostić je sve do 1960. više puta naprosto kidnapovan ispred Patrijaršije i vođen na tajne razgovore s Krcunom. Svi oni kao neprijatelji države imali su svoj dosije u Udbi, a i svoje pratioce, operativce tajne policije koji su im neprestano bili za leđima. Prema podacima do kojih je došla Radmila Radić, od oslobođenja do 1953. Udba je pohapsila 230 pravoslavnih sveštenika, dok su sudovi kaznili 1.403 jugoslovenska popa.

Utamničeni su bili prota Vojislav Aleksić iz Zaječara, paroh Andreja Arsić iz Surdulice, prota Božidar Arsić iz Užičke Požege, prota Sava Banković iz Kragujevca. Te 1953. godine u zatvoru se nalazilo 254 sveštenika. Tamo je o njima brinula tajna policija, jer su sve kaznionice bile u nadležnosti Udbe. Većina pravoslavnih popova, trideset osam odsto, stradala je zbog saradnje s okupatorima i kvislinzima, a trideset dva odsto zbog „neprijateljske propagande". Za „jatakovanje" osuđena je petina, a za „špijunažu" i „podršku staljinizmu" tek deseti deo srpskih sveštenika. Od 98 imena na svojevrsnoj listi smrti, koju je pravio 1964. u Trstu emigrant Dragoljub Vurdelja, nalaze se i imena sedamnaestorice ubijenih srpskih sveštenika. Monaha dr Jakova Arsovića ubila je Udba 1947. na putu od Požarevca do Rabrova, a njegovog sabrata Genadija Grbića otrovala crnom kafom iste godine. Ostali su streljani. Bilo je to vreme kada je KPJ, posle obračuna sa Staljinom i Kominformom, naredila novi napad na jugoslovenske konfesije, ne bi li i tako ostvarila potpunu kontrolu nad životom u zemlji.

Na Hvaru, u Šibeniku i Dubrovniku napadani su biskupi, u Bosni nekoliko hodža, a u Srbiji Udba je baš 1953. godine uhapsila dva, a sud kaznio devetnaest sveštenika. Iz BiH je proterano deset pravoslavnih popova, a jedan kaluđer je ubijen. U Banjaluci i Tuzli pretučeni su episkop Vasilije i mitropolit Nektarije. Dva sveštenika su najurena u Srbiju iz raško-prizrenske eparhije. U Nišu je napadnut episkop Jovan. Bio je to razlog da patrijarh Vikentije obavi razgovor s Dobrivojem Radosavljevićem, predsednikom Savezne komisije za verska pitanja, a da obojica vladika posete Aleksandra Rankovića, dok je mitropolit Arsenije odbio da ide kod Slobodana Penezića, jer je verovao da je red da Krcun kao mlađi dođe kod njega. Zbog toga je izbio još veći sukob između crkve i vlasti. Udba i vlada FNRJ okrivili su mitropolita Arsenija da je „duša i glavni organizator neprijateljskog rada" u Srpskoj crkvi, jer lično napada Tita, da je stranac, Poljak i diktator, i kritikuje postojeći poredak. Njega su trojica sveštenika Luka Poček, Mihailo Gazivoda i Marko Kusovac, saradnici tajne policije, teretili da je izjavio kako je Katolička crkva kriva za genocid nad Srbima. Zbog toga je ovaj episkop Arsenije Bradvarević, na procesu koji je montirala Udba, osuđen na jedanaestogodišnju robiju. Da bi se odnosi izgladili, Bobi Radosavljević je tražio od Sinoda da prekine sve veze s Crkvom u dijaspori, na šta Crkva nije pristajala.

KRV GOLOG OTOKA

Kada je 1948. godine izbila svađa u komunističkoj porodici između pristalica Staljina i Tita, Uprava državne bezbednosti Jugoslavije je zajedno s Kontraobaveštajnom službom JA i jedinicama KNOJ-a dobila najteži zadatak da pronalazi i hapsi po zemlji moskovske agente i Staljinove simpatizere. U Jugoslaviji je do marta 1948. godine bilo 89 oficira sovjetske obaveštajne i kontraobaveštajne službe na privremenom radu. Oni su uspeli da, zajedno sa službama ostalih „bratskih država", zavrbuju 9.322 Jugoslovena i 7.390 belogardejaca u našoj zemlji. Od 600 jugoslovenskih akademaca i srednjoškolaca u Moskvi i Pragu njih 103 je pristalo da radi za NKVD.

Publicista Rako Ilić, tvrdi da je profesor Jova Marjanović, član rukovodstva BiH bio zapravo agent NKVD. Po rečima ovog penzionisanog udbaša, u našoj armiji „izdajnici su postali general-pukovnik Arsa Jovanović, general-major Branko Petričić i pukovnik Vlado Dapčević". Dok Boško Matić, biograf Slobodana Penezića, kazuje da je Brana Jevremović, Krcunov pomoćnik za javnu bezbednost, bio vrbovan 1945. od moskovske tajne službe. Jugoslavija je pred OUN predstavila *Belu knjigu IB-a* sa imenima ruskih špijuna. Ilić pominje imena Arsenija Boremovića, tužioca u Travniku, Petra Oranskog iz Kragujevca, Nikole Noviselcova, prostitutke Suzane Velubekove, ambasadora Radonje Golubovića u Rumuniji, Momčila Ješića, Pavla Lukina, Pere Popivode, Hajrudina Kapidžića i Andrije Hebranga, starog lisca NKVD-a, i Stevana Žujovića. Posao oko likvidacije ove poslednje dvojice Tito i Ranković su poverili tajnom policajcu Milu Milatoviću.

Političke policije Srbije i grada Beograda uhapsile su najviše simpatizera Staljina i SSSR-a, ukupno 4.099. Vlado Dapčević se seća da je lično Rankovićev zamenik, Veljko Mićunović, uhapsio Stevana Žujovića kako bi se što pre uselio u njegovu vilu s bazenom. Tajna policija Jugoslavije uhapsila je 1.250 ibeovaca, Udba Hrvatske 2.099, Udba BiH 2.052, Udba Crne Gore 1.798. Vojna tajna služba stavila je lisice na ruke 3.678 oficira, podoficira i vojnika. Dojučerašnja internacionalna braća postala su preko noći ljuti neprijatelji i zato u toj ideološkoj i policijskoj borbi nije bilo milosti. Dovoljno je bilo i ćutanje pa da čovek bude uhapšen. Godine nisu bile važne. Vernost Titu se dokazivala i nad decom i nad mladićima. Sa sedamnaest godina Ljubomir Karadžić je 1948. bio član SKOJ-a, aktivista u opštinskom komitetu, glumac u Narodnom pozorištu u Pljevljima. Kada ga je maćeha prijavila da podržava SSSR i Staljina, sekretar komiteta Džemail Selmanović ga je izbacio iz partije i s posla. Godinu dana kasnije uhapšen je kao đak Poljoprivredne škole u Poreču i odveden na Goli otok. Ta dvadeset četiri meseca ukradene i krvave mladosti na tom ostrvu ovaj čovek ni danas ne može da zaboravi. O svojoj crnoj sudbini ćutao je trideset pet godina. Kada mi se poverio i kada sam njegovu priču krajem osamdesetih objavio u novinama, čitava familija je skočila na Ljubomira Karadžića. On je javno demantovao sopstveno kazivanje, i da bi sačuvao maćehin obraz, ponovo se povukao u ćutanje. Vlado Dapčević veruje da je većina kažnjenika s Golog otoka, prilikom izlaska iz kamene kaznionice, bila prinuđena da potpiše obavezu da će ili raditi za Udbu, ili do smrti ćutati o onome što se dešavalo na Golom otoku.

Pojedinci su se u Jugoslaviji izjašnjavali za Staljina još tokom leta 1948. Slavka Nedeljkovića, predratnog učitelja i partizana, Udbi je prijavio njegov najbolji prijatelj – Milivoje Nikitović, major tajne policije, jer mu se učinilo da se nešto koleba. Kada je uvideo da je pogrešio, Nikitović je lično Krcuna molio da pusti Nedeljkovića iz zatvora, ali mu je ministar pripretio da će, ako još jednom dođe da moli za prijatelja, i njega uhapsiti. U operativnom radu rukovodioci Udbe su se vodili principom da niko od „sumnjivih" ne sme ostati van njihovog domašaja. Politička policija FNRJ se držala starog načela NKVD da sve mora biti pokriveno. Lično je Aleksandar Ranković izdao naređenje da sve što može da nosi pušku a sumnjivo je bude odmah uhapšeno! Prve organizovane grupe tzv. ibeovaca, pojavile su se u Beogradu septembra i oktobra meseca. Na Beogradskom univerzitetu ih je bilo najviše. Posebno je bila aktivna grupa od četrdesetak staljinista na Agronomskom fakultetu u Zemunu i Arhitektonskom fakultetu u Beogradu. Organizacija ibeovaca bivšeg upravnika Partijske škole CK KPS u Beogradu imala je 125 članova, a u Trsteniku stotinak. Kada je otkrivena, njeni članovi su krenuli u šumu, a drugi su odlučili da beže u Bugarsku i Rumuniju. Na jugoslovenskoj granici , tokom četvorogodišnje komunističke hajke iz komšiluka, registrovano je 7.877

incidenata i 142 oružana sukoba. Malo je nedostajalo pa da se 1B pretvori u vojni komunistički rat.

„To je bio hladni rat u kome su duž naših granica padale ljudske glave. To je bio najjači pritisak svim mogućim sredstvima osim otvorenog rata", rekao je lično Tito.

Arhitekte zla

Glavni deo bitke sa staljinistima u Srbiji vodio je Slobodan Penezić Krcun, dok je Aleksandar Ranković bio koordinator rada Udbe na prostoru čitave Jugoslavije. Krcunu je to kao ministru srpske policije i članu CK KPJ bio jedan od poslednjih važnijih poslova, jer je 1953. godine prešao u Izvršno veće Skupštine SR Srbije. U samoj Udbi za Srbiju, do novembra 1948. godine bilo je registrovano samo deset radnika koji su podržali Staljinovu rezoluciju. To su bili Bogdan Bilić, Lazar Nikolić, Olivera Mitrović, Ljiljana Đorđević, Momčilo Vuković, Branko Aleksić, Ivan Goričar, Stanoje Belić, Boža Bokan i Stevan Miodragović. Kao „koblebljivci" u srpskoj tajnoj službi, gde su svi zaposleni bili komunisti, bili su označeni Danilo Jakovljević, Milan Milaković i Jovan Mitić. Sedmoro je bilo u zatvoru i pod istragom. Većina njih je bila na nižim funkcijama u IV Odeljenju Udbe Srbije i Udbe Beograda. Krcun, doduše, nije direktno učestvovao u stvaranju najozloglašenijeg jugoslovenskog zatvora, Golog otoka, ali je svojom doslednošću u progonu neistomišljenika po Beogradu i Srbiji, uspeo da ga napuni Srbijancima. Srpska Udba otkrila je i eliminisala 133 grupe staljinista tokom 1949. Tokom godine u Lovćencu, na primer, Udba je uhapsila dvadesetak rusofila, ali ih je ubrzo pustila kućama. Oni su, međutim, u novembru krenuli ilegalno preko granice za SSSR, ali su na jugoslovensko-mađarskoj međi svi pobijeni. Ljubo Pešikan iz Lovćenca tvrdi da je to bila vešta Udbina klopka. Grobovi ovih ljudi još nisu nađeni. Aleksandar Ranković je 1951. priznao da je policija uhapsila 8.403 ibeovca, od čega 47 greškom.

Zvanično, uhapšeni su bili neprijatelji države. Za njih je u Krivičnom zakoniku ustanovljeno posebno krivično delo „... neprijateljski rad na liniji IB...", a u Udbi i KOS-u poseban odsek među tzv. unutrašnjim neprijateljima. Načelnik je bio D. Jaričević.

Tokom prve tri godine borbe protiv simpatizera IB, tajna policija je uhapsila 12.829 lica. Od 1949. do 1958. godine, koliko je Goli otok radio, kroz njega je prošlo oko 11.000 kažnjenika. Njegovi upravnici su bili visoki oficiri Udbe : general Vojo Biljanović, pa Vladimir Rolović, Branko Damnjanović, Jovo Kapičić, Ante Raštegorac, Nikola Bugarčić. Ovaj treći je lično u logoru pretukao do krvi Vladu Dapčevića, koga je Jovo Kapičić kasnije temeljno saslušavao. General Jovo Kapičić, posle službovanja u Ozni, bio je neko vreme u diplomatiji, ali se u Parizu posvađao sa ambasadorom Markom Ristićem oko špijunskih poslova. Tito ga je vratio u Beograd i predao Rankoviću, a ovaj ga je imenovao za rukovodioca logora „Goli otok". On sâm tvrdi da je na ostrvu bio samo gost, četiri-pet puta. Za dobro obavljen posao na Golom otoku 1950. godine, Kapičić je imenovan za načelnika jugoslovenske Udbe. Sâm Aleksandar Ranković je jednom prilikom očajnički rekao Milovanu Đilasu:

„Najgore je što ne znaš ko ti je neprijatelj? Dojučerašnji drug – neprijatelj u vlastitim redovima!"

Kada je general Ljubodrag Đurić, na VI Partijskom kongresu novembra 1952. u Zagrebu, sa govornice okrivio Petra Stambolića da mu je oteo ženu, izbila je burna diskusija. Čovek koji je tom prilikom izveo generala Đurića iz dvorane bio je general policije Jovo Kapičić. Tito je za tom istom govornicom, za Đurića, šefa svog kabineta, rekao da je ibeovac. Punih šest godina Ljubodrag Đurić i čitava njegova porodica okajavali su grehe posle takve osude. Udba im je stalno bila za vratom. Tek tada je general Đurić shvatio da ga Jovo Kapičić nije izveo iz kongresne dvorane, već ga je jednostavno uhapsio iako mu je bio veliki prijatelj. Stari obaveštajac Nikola Nikolić je, koristeći prvi put vojne podatke, juna 1995, objavio da se po liniji Kominforma do 1963. godine izjasnilo čak 55.343 Jugoslovena. U samoj Srbiji najviše – 5.149. Među ibeovcima najviše je bilo boraca – 21.880, pripadnika JNA – 4.153, rukovodilaca KPJ – 2.616, policajaca – 1.772, od čega i 500 ljudi iz same Udbe. Najviše udbaša-staljinista bilo je u Sarajevu i Kladovu. Načelnici Udbe BiH Nenad Vasić i Remzo Duranović preveli su gotovo celu službu u ibeovce. Iz crnogorske tajne policije „za" Staljina je bio Vukosav Bošković, sekretar Udbe. Kako je kod nekih visokih funkcionera Staljin bio cenjeniji od Tita, to se uz Kominform priklonilo 2 člana Politbiroa CK KPJ, 8 iz CK KPJ, 16 iz republičkih centralnih komiteta, 50 iz oblasnih, 773 iz sreskih, 318 iz opštinskih, 498 iz mesnih i 953 sekretara osnovnih ćelija Partije. Nikolić nabraja da se pod udarom Partije, Tita i Udbe našlo i 6 saveznih ministara, 6 njihovih pomoćnika, 30 federalnih poslanika, 17 republičkih ministara i 85 pomoćnika, 33 republička delegata, 293 predsednika opština, 72 prvaka srezova, 6 generala, 43 pukovnika, 118 potpukovnika i 322 majora. U logoru su se našli i skojevci Branko i Gordana Mihailović, deca đenerala Draže Mihailovića, pa i sin slavnog vojvode Mišića, mladi Vojislav. Ubedljivu većinu među progonjenima imali su Srbi i Crnogorci. Ranković je to dobro znao. Krcun je jednostavno, kako je sâm jednom prilikom izjavio, samo sledio Titov put: „... A ja bih, čak i da sam znao da je Tito 1948. pogrešio, išao njegovim putem, bio bih njegov sledbenik!"

Mnogo ljudi je ostavilo kosti na Golom otoku. Istoričari kažu njih 343. Zatvorenici su cinkarili i tukli jedni druge. Udba je među njih ubacila lažne ibeovce. Takav je bio, na primer, Bora Viskić, kadar Ivana Steva Krajačića, stari oznaš, koji je potajno pravio za upravu spiskove ljudi koji se nisu odmah „revidirali". Bile su to ujedno i liste smrti. Batine i gladovanje vladali su sve do dolaska Aleksandra Rankovića na Goli otok, u septembru 1952. godine. Tog dana niko od robijaša nije išao na rad. Svi su bili postrojeni ispred svojih baraka. Šef isledika i milicionera bio je tada Ranko Balorda. Koliko su se čuvari bojali osuđenika videlo se tek tada, jer je ispred svakog stroja stajala kompletna jedinica milicije sa automatima i mitraljezima uperenim u goloruke ljude. Dosta osuđenika je zato mislilo da će biti streljani. Petar Vuković, bivši direktor Pošte FNRJ, glasno se ponadao slobodi. Niko ga nije čuo, jer su osuđenici u tom času počeli, po naređenju, da kliču: „Tito, Marko, Tito, Marko!" Ranković je došao brzo, posetio bolnicu, kuhinju, i još brže otišao. Obaveštajac Nikola Nikolić svedoči da je Ranković, navodno, po izlasku iz logorske žice svom pomoćniku Svetislavu Stefanoviću Ćeći rekao: „Majku im jebem, šta učiniše od naših ljudi?" Pre ove posete Goli otok je pobeleo. Da bi ugostili Aleksandra Rankovića rukovodioci zatvora su oprali krv i okrečili čitavo ostrvo, ali tragove surovog mučenja nisu uspeli da sakriju.

„... Mislili su da smo mi stoka. Da smo slepi, gluvi, da nemamo mozak, da ne pamtimo. Znamo mi sve šta su nam radili udbaši Vojin Jauković, Veselin Bulatović, Jovo Kapičić, Ante Raštegorac, Džemal Bijedić, Nikola Bugarčić, Aca Radaković i Miladin Mandić", pričao mi je Ljubomir Karadžić. „Čak i kada sam u septembru 1953. izašao na slobodu, Bulatović mi je rekao: 'Svakog bandita da mi prijaviš. Ko tako ne radi, doći će mi opet!' Bio je to Veselin Bulatović, upravnik Golog otoka. Zakleti režimlija, poznati zlikovac, koji se eto i danas slobodno šeta po Jugoslaviji, kao penzioner koji uživa veliku penziju. To je čovjek koji je najcrnje uprljao lik crnogorskih boraca i jugoslovenskih komunista. Znam da je radio po naređenju, pa se zato pitam, kakvu savjest nosi i da li ju je ikada imao...?"

Ovo ostrvo postalo je sinonim za svu surovost koju je novi poredak doneo svojim ljudima, ali i za još nekolicinu logora za ortodoksne komuniste. Na samom Golom otoku postojalo je nekoliko robijašnica: „Žica", „Velika draga", „Mermer", „Petrova rupa" i logor za žene. Tu je bilo više od pet hiljada zatvorenika, koje je čuvalo sto deset naoružanih milicionera, a saslušavalo pedesetak islednika Udbe. Njihova desna ruka bila je brigada revidiraca, koju je predvodio Osman Pašić. Pored Golog otoka, kaznionice za pristalice Staljina, napravljene su i na ostrvima Sveti Grgur, Rab i Ugljan. Ovaj prvi je bio namenjen samo vojnim i ženskim licima. Postojala su zatim i dva manja logora u Makedoniji. O njima je u Saveznoj skupštini FNRJ, da bi se legalizovali, provučen na brzinu jedan četvoročlani zakon. Mada je, svedoči general Kapičić, navodno, Ranković preporučivao upravnicima logora da zatvorenike, tj. „... te naše ljude..." kažnjavaju samo „... društveno-korisnim radom...", udbisti, kako su sami sebe zvali, očigledno ga nisu poslušali.

Najkrvožderniji kapo bio je Esad Šabanac, rusofil iz Sarajeva, koji je bio pod zaštitom Džemala Bijedića. Kada je napustio ostrvo krajem pedesetih, postao je prodavac cipela i doživeo punu jugoslovensku penziju. Beogradsku *Glavnjaču*, preotetu od Nemaca, komunisti su pretvorili u zatvor za svoje. Prva žrtva bio je ruski pop Nekljusov. Njega su uhapsili Maks Baće i Edo Brajnik i zavrbovali da na Golom otoku radi kao udbin prevaspitač. Kako je, međutim, pop imao veliku bradu, seća se čuvar Veselin Popović, stražari su mu je obrijali. Bez brade Nekljusov nije bio pop, odnosno lažna žrtva Udbe, pa su Baće i Brajnik naredili da se likvidira, kako ih ne bi odao. U *Glavnjači* su ležali i umrli u prisustvu vlasti Andrija Hebrang, Mirko Krdžić i mnogi drugi osuđeni komunisti. Upravnik ove kaznionice je bio neko vreme Pavle Baljević, nesvršeni student prava iz Nikšića, a zatim Nikola Mišćević, bivši žandar. Zatvor u Velikoj Gradiški bio je vojna kaznionica. Glavni je neko vreme bio major Vlado Lončar. U ovoj robijašnici za komuniste, posle nasilne smrti Ištvana Doboša, nasred logora okačena je tabla s licemernom naredbom: „U ovoj zemlji postoji zakon. Niko ne sme da neovlašćeno ubija. Ubice će biti otkrivene i izvedene pred sud!"

U Crnoj Gori najopasniji kazamat je bio *Bogdanov kraj*, zatvor u koji je ministar policije Savo Joksimović slao svoje rusofile. Kada se u Bijelom Polju desetina funkcionera sa Ilijom Bulatovićem na čelu odmetnula u šumu, ministar Joksimović, koji je imao čin pukovnika Udbe, jurio ih je s hiljadu boraca Knoja, dostigao i dotukao. Poseban logor za žene-ibeovce postojao je u Ramskom ritu. Vodio ga je Veselin Popović, major Udbe zvani Makarenko, a njegov pomoćnik bila je Marija Zelić. Ona je organizovala linč Savke Tasić, a zatim i progon upravnika Veselina Popovića, koji je lažno osumnjičen kao staljinista, pobegao u inostranstvo. U Bosni glavno mučilište bilo je u Bileći, gde je čuvar titoizma bio Nikola Bugarčić, a glavni batinaš ražalovani general Branko Kađa Petričević. Revolucija u Jugoslaviji jeste jela svoju decu, ali ih je i ponižavala. U zemlji je u vreme Informbiroa bilo najmanje četrdeset zatvora i logora za staljiniste, ali je samo Goli otok bio mesto koje je upamćeno kao mučilište sa specifičnim fizičkim i psihičkim metodama prevaspitavanja zatvorenika. Sâm general Jovo Kapičić je i priznao da je Goli otok „prljava stvar" jer je na njemu bilo omogućeno ponižavanje ljudi. Miroslav Popović, pisac i stradalnik, seća se da je logorašima taj isti general, zadužen kod Rankovića za zatvore u Jugoslaviji, 1949. godine na Golom otoku doslovno rekao: „... Vi ste pružili ruku neprijatelju, vi ste kao štetni izdvojeni iz naše društvene sredine, ovde izolovani na ovome ostrvu, zbog svog izdajničkog političkog stava i kažnjeni ste mjerom društveno-korisnog rada do dvije godine."

Kardeljeva ideja

Ko je izmislio Goli otok? Na ovo pitanje je teško odgovoriti, jer živi svedoci te vlasti ne žele da priznaju svoje učešće u policijskom masakru svojih drugova. Mnogi se za života nisu javno oglasili, izuzev Svetozara Vukmanovića Tempa, koji je rekao da on nije znao za ovu robijašnicu, pa i zaboravnog Milovana Đilasa, zvaničnika koji je prilikom posete ostrvu ibeovce nazivao stokom. Sâm Đido piše da je odluku iz opreznosti doneo sâm Tito, bez konsultovanja s Kardeljem i Rankovićem, i da je on, Đilas, za taj logor čuo tek, negde, u Crnoj Gori. Njegov partijski drug Vladimir Dedijer, naprotiv, javno je izjavio da je upravo Edvard Kardelj dao ideju o fizičkoj izolaciji staljinista, pa čak i o pravu da se u Jugoslaviji formiraju koncentracioni logori. Kada ga je Ivan Stevo Krajačić, tada ministar hrvatske policije, upoznao s činjenicom da postoji jedno mermerno ostrvo koje je video s vajarom Antunom Augustinčićem, slovenački kadrovik Edvard Kardelj je to saznanje preneo Titu. Krajem četrdesetih i početkom pedesetih godina glavni ljudi državne bezbednosti Jugoslavije bili su Aleksandar Ranković, Svetislav Stefanović, Veljko Mićunović, Jovo Kapičić. Svi narodni heroji Jugoslavije, i to od 1953, kada su logori za ibeovce počeli da se gase i zatvaraju. Njihov posao je bio, kako je napisao Vuk Trnavski, da ubiju čoveka u čoveku.

Čovek koji je bio u prvoj grupi kažnjenika na ostrvu, a zatim godinama u emigraciji, Milinko B. Stojanović, advokat i predsednik Udruženja „Goli otok", misli da je Jovo Kapa smislio i organizovao kaznionicu na Golom otoku i u Ramskom ritu, jer je pre toga radio na logoru „Buljkesa" za grčke emigrante, a da je Ćeća idejni tvorac sistema prevaspitavanja, odnosno represije na golootočki način. Sâm general Jovo Kapičić, u svojim intervjuima, u više navrata je priznao da je Goli otok nastao direktnom saradnjom Udbe FNRJ i tajne policije Hrvatske, odnosno da ga je izmislio niko drugi do Ivan Stevo Krajačić, najdraži Titov policajac. Istoričar Antun Miletić takvu tezu samo potvrđuje:

„... Još u staroj Jugoslaviji, ministar policije Korošec, zajedno s knezom Pavlom, razmatrao je mogućnost otvaranja jednog velikog zatvora na nekom jadranskom ostrvu, gde bi u slučaju pokušaja komunističkog prevrata mogli da smeste uhapšene pobunjenike, a da ne budu blizu istočnih granica, odnosno Moskvi. Kada se dogodila Rezolucija Informbiroa, i Tito je počeo tako da razmišlja. Stevo Krajačić i Edvard Kardelj su mu predlagali prvo da se za ibeovce otvori logor u Doboju. Onda su pomenuli taj kameni usamljeni otok. Vajar Antun Augustinčić ga se setio po izvrsnom mermeru koji neko treba '... da prerađuje...' Udba Hrvatske je utvrdila da je otok dobar za čuvanje, da je bezbedan. Odluku o otvaranju ovog logora doneo je Tito, a sproveo ju je Stevo Krajačić zajedno s Aleksandrom Rankovićem. Iz čitave Hrvatske su dovedeni kažnjenici, čak i osuđene ustaše da dižu barake, radionice, kuhinju i bolnicu. Tako je Tito na staljinizam odgovorio novim, svojim staljinizmom..."

Pisac Dragoslav Mihailović pamti slučaj profesora geologije Luke Marića iz Zagreba, koji je po nalogu Antuna Augustinčića, a za Udbu Hrvatske, pravio specijalni izveštaj i kartu geološke strukture Golog otoka. Vajar Augustinčić je ispred tajne policije Hrvatske i Ivana Steve Krajačića bio član posebne Udbine Komisije za logore, u kojoj su bili i generali Veljko Drakulić i Jovo Kapičić. Oni su tokom 1948. godine obišli mnoga jadranska ostrva u potrazi za lokacijom buduće kaznionice. Kapičić je čak smatrao da su Pakleni otoci podobni za politički zatvor, ali su Augustinčić i Krajačić odabrali Goli otok, i taj predlog prosledili lično Titu. Konačna odluka je donesena u Zagrebu, smatra Mihailović, gde se Josip Broz sklonio na petnaestak dana baš u vreme najžešće Staljinove kampanje protiv FNRJ. Titov sekretar, Milan Radlović iz Garde, pričao je svojevremeno Milovanu Buriću da su Maršal, Krajačić, Đilas, Kardelj, Ranković, Šašić i Augustinčić jahtom išli tajno u posetu ostrvima da bi lično izvideli teren. Odlučili su se za Goli otok. Mermer s tog ostrva koristio je Antonu Augustinčiću da pravi velelepne spomenike Revoluciji, a generalu Ivanu Krajačiću zvanom Stevo da obloži svoje kupatilo i bazen u Zagrebu i Opatiji. Ima dosta ljudi iz tog vremena koji veruju da je i Goli otok bio komunistička i zagrebačka zavera protiv Srba u samoj Hrvatskoj, pa i u Jugoslaviji. Džordž Alen, američki ambasador takvu tezu potvrđuje činjenicom da se iza političke čistke srpskih komunista u Hrvatskoj nalazio lično dr Vladimir Bakarić. Golootočki mučenik Dragoslav Mihailović prihvata ovakav način razmišljanja, jer se seća da je, na primer, Rade Žigić nastradao bez ikakvih razloga. Njega i Velju Mrdakovića iz Prokuplja u smrt je poslao upravnik logora Veselin Bulatović, ali i dodaje da je sâm Josip Broz, osećajući da takav stav poprima i međunarodni karakter, u nekoliko navrata javno isticao da obračun sa ibeovcima nije posledica međunacionalnog sukoba Hrvata i Srba. Utoliko je, kaže Mihailović, čitav taj proces bio sumnjiviji, čim je Tito imao potrebu da ga glasno demantuje.

Ljudi s Golog otoka bili su zauvek obeleženi. Jednom sedmično su sve do 1956. morali i na slobodi da se javljaju u ispostavu Udbe. Njihovi dosijei su u tajnoj policiji bili otvoreni sve do 1980. Na taj način ih je Partija preko Udbe, a zatim preko SDB-a neprestano progonila i podsećala da su i dalje državni neprijatelji vlastitoj otadžbini i narodu. Iako su odslužili svoje zatvorske kazne, ibeovci nisu bili slobodni ljudi.

Kada sam 1994. godine razgovarao s jednim bivšim ambasadorom i obaveštajcem o Rezoluciji Informbiroa, upitao sam ga otvoreno da li je sukob između Staljina i Tita zaista bio moguć na takav način. Ambasador mi je odgovorio da jeste, jer je IB bio samo jedna od mnogih borbi za vlast unutar komunističkih sistema Istočne Evrope, a kada sam posumnjao da je IB bio samo politički trik kojim su Staljin i Tito gurnuli Jugoslaviju kao komunističkog džokera Zapadu u zagrljaj.

Izvesni Marko Strunje, čovek visokog Titovog poverenja je jednom čak javno izjavio da je Josip Broz sve smislio, pa čak i inicirao Rezoluciju IB. I Milovan Đilas u knjizi *Druženje s Titom* piše da je Josip Broz pripremao sukob s Moskvom. To su želeli i Sovjeti. Znači plan je već postojao. Uostalom, da je Staljin zaista hteo da ukloni Tita, on je preko svojih špijuna, pa i samog Ivana Steva Krajačića mogao da ga ubije. Ali Staljin to nije učinio. Staljin i Tito su, možda, od Jugoslavije napravili Trojanskog konja, koji je preko srpskih žrtava ušao u kapitalističko društvo. Samo činjenicama i dokumentima iz sovjetskih i jugoslovenskih tajnih arhiva ovakve teze mogu da se dokažu. Njih možda i ima, ali sigurno je da ih ni Beograd, ni Moskva, zarad dalje saradnje, nikada neće pokazati svetu! A to znači da nikada nećemo ni saznati zašto je, zapravo, tako veliki broj ljudi stradao na jugoslovenskim golim otocima???

ĐIDOVA NOVA KLASA

Kraljevska tajna policija hapsila je komunistu Milovana Đilasa jednom, ali je zato komunistička državna bezbednost to zvanično činila četiri puta. Toliko puta mu je u Titovoj Jugoslaviji i suđeno: 1955, 1956, 1957. i 1962. Ne zbog protivnarodne ili protivdržavne akcije, već politički, zbog suprotstavljanja birokratsko-staljinističkoj praksi KPJ. Popularni Đido je bio ideolog i teoretičar te jugoslovenske partije. Po njegovoj ideji KPJ je postao SKJ. Kada je, međutim, Đilas postao i prvi javni kritičar te iste Komunističke partije, zadesio ga je Titov i Udbin gnev. Proglašen je 1953. revizionistom i izbačen iz CK SKJ. Osuđen je na ukupno trinaest godina robije. Kaznu je izdržavao u Sremskoj Mitrovici, u istom zatvoru kao i u Kraljevini Jugoslaviji. Svoje kritičke osvrte na komunizam i titoizam, zbog kojih je proganjan, Đilas je pedesetih i šezdesetih godina objavljivao u novinama *Borbi*, *Njujork tajmsu*, knjigama *Nova klasa* i *Susreti sa Staljinom*. Kako je obračun s Milovanom Đilasom bio, pre svega, politički, a tek zatim policijski, u početku je jugoslovenska tajna služba imala relativno malo posla s prvim i najvećim jugoslovenskim disidentom. O tim susretima s tajnim agentima Jugoslavije i Udbom i sâm Milovan Đilas je pisao sporadično:

„... Jednog jutra krajem leta 1957. godine u novinama sam pročitao napad na mene, povodom objavljivanja *Nove klase*. Kaznionske vlasti su se uzrujale, jer je u stranoj štampi bilo objavljeno da sam ja knjigu proturio iz zatvora. Već sutradan me je obišao udbovac Marković, koji je prema meni, inače, bio korektan. Umirio sam ga da je rukopis upućen u inostranstvo dok sam ja bio na slobodi. Rekao sam mu da ću to potvrditi i na sudu. Uoči suđenja pozvao me je upravnik Milanović i upitao koliku kaznu očekujem. Odgovorio sam: 'Deset, dvanaest godina!' Na suđenje su me odvezli rano ujutro, sporednim putevima – policajci vole da izigravaju budnost i domišljatost, kroz kukuruzište. Osudili su me za *Novu klasu* na sedam godina. Oduzeli su mi i sve ordene. Idućeg leta, 1958. godine, ukinut mi je ćelijski režim, što je bio znak da su policijski vrhovi shvatili da ne mogu da me slome. To je urađeno tako što su u moje prizemlje dovedeni probrani zatvorenici. Bilo ih je oko trideset i sa svakim su pojedinačno – kako su mi neki od njih poverili – razgovarali šef Udbe ili njegov pomoćnik da se prema meni odnose pristojno, ali i da saopštavaju šta kažem ili šta činim... Krajem zime 1960. godine dobio sam napad slepog creva. Odvezli su me u bolnicu. Štefica je svakodnevno dolazila u bolnicu i davala „biltene" stranoj štampi. Ja to nisam znao, jer sam bio potpuno izolovan: pred vratima su stražarili milicioneri iz kaznione, a sa mnom u sobi je spavao, kao „pacijent" Raka, pomoćnik šefa kaznionske Udbe. Skoro da nismo ni razgovarali... U jesen 1960. komandira zgrade 2, u kojoj sam tamnovao, smenio je zamenik komandira straže Šućak. Prozreo sam da je on to došao radi mene – zivkao me je sve češće na razgovor. Počeo je da me nagovara da pišem „drugovima gore" da me puste iz zatvora. Bilo mi je jasno da vrh, Tito i Ranković, žele da me puste zbog pritiska strane javnosti, ali ne po cenu svog prestiža. Ali budući da sam iz štampe uočio razliku između Rankovića i Kardelja, napisao sam pismo Kardelju. Posle nekoliko dana Šućak mi je saopštio da nije trebalo pisati Kardelju – nije on za to nadležan. Napisao sam pismo Rankoviću. Ali odgovora predugo nije bilo. Najzad, u decembru, došao je Vojin Lukić, sekretar unutrašnjih poslova Srbije, ili je zamenjivao sekretara. Navodio me je na razgovor, a ja sam bio krajnje suzdržan. Otišao je a da se nismo ništa dogovorili. Početkom januara došao je Slobodan Penezić, već predsednik vlade Srbije. Penezića sam dobro poznavao kao jednog od najsposobnijih funkcionera tajne policije i partije u Srbiji. Kada sam mu u razgovoru prebacio da je potpisao i davanje i ukidanje moje penzije, on je odvratio: 'Nego šta! Ti bi hteo i penziju i slobodan neprijateljski rad!'

„Penezić mi je podneo da potpišem već otkucanu molbu. Svakako je Ranković shvatio da 'vozanju' sa mnom nema kraja. Molba je bila sastavljena vešto – bezmalo sva iz delova mojih pisama Kardelju i Rankoviću. Jedino mesto koje mi se nije svidelo bilo je obećanje da neću ubuduće štampati *Novu klasu*. Potpisao sam molbu. Ali kada su mi kasnije u ćeliji dali kopiju molbe, na početku je bila rečenica koje se nisam sećao, a na koju ne bih pristao. Ona glasi: 'Imajući u vidu da su sama praksa i naš celokupni posleratni razvitak, kako u unutrašnjoj, tako i spoljnoj politici, opovrgli sve ono čime sam izazvao otvaranje krivičnog postupka i izricanje sudske presude nada mnom, očekujem da će Savezno izvršno veće pozitivno rešiti moj izlazak iz zatvora.'

„Odmah mi je bilo jasno da ta rečenica treba da posluži vođstvu i šefovima tajne policije kao ucena, odnosno – ukoliko se ne držim počudno – kao dokaz moje kolebljivosti i prevrtljivosti. Ali, bilo je kasno da išta popravim – molba je već bila otišla. Nekoliko dana posle Penezićevog dolaska, 20. januara 1961. godine, oslobođen sam uslovno ucenjivački, ponižavajuće. Po povratku u Beograd, u septembru ili oktobru 1961. godine, pozvao me je Vojin Lukić u SUP Srbije. Pošto mi je očitao da se ne pridržavam uslovnog otpusta, prešao je na moje susretanje sa stranim novinarima i zaključio: 'Mi možemo to, te vaše kontakte sa strancima, lako da oformimo u krivično delo. Skrećem vam pažnju da s tim prestanete, inače ćemo vas vratiti u zatvor. Ti strani novinari su agenti obaveštajnih službi – ne dolaze oni kod vas što su vam prijatelji, nego da vas koriste u svoje svrhe! Mi ćemo uz druge mere objaviti i vašu molbu za pomilovanje. Vi se u njoj odričete i kajete.'

„Već krajem februara u *Njujork tajmsu* je izašao stubac Sulzbergera koji je najavljivao delo *Razgovori sa Staljinom*. Opet me je pozvao Lukić i zamolio da mu dam tekst knjige. Predomišljao sam se i domišljao: Oni će tekst i tako i tako uskoro dobiti – ako nikako, a ono na stranim jezicima. Ali oni, šefovi Udbe, u nezgodnoj su situaciji pred Titom – kako to da su prespavali i nisu došli do teksta 'na vreme'? Pomislio sam: pa ja i nisam u sukobu sa Udbom, ona vrši posao koji joj nalažu Tito i Ranković. Ja sam u sukobu s Titom, s Centralnim komitetom, zbog čega i udbovce da stavljam u nezgodnu situaciju pred vrhovnim šefom? Lukić je uzeo sa stola već otkucani tekst i potvrdu da su rukopis primili od mene. Tih dana je Skupštini Jugoslavije podnet nov paragraf Krivičnog zakonika po kome može biti suđeno i licima koja odaju državnu tajnu iz svog ranijeg rada tj. ako više nisu funkcioneri. Bilo mi je jasno da je taj paragraf trebalo da bude primenjen na meni. Nekoliko dana posle razgovora s Lukićem pozvao me je Slobodan Penezić. Odmah je kidisao na mene: 'Opet si počeo, malo ti je bilo što si odležao, ovog puta nećeš se izvući! Povezao si se s beogradskom reakcijom i stranim špijunima. Ko su ti prijatelji? Veljko Kovačević i Voja Grol, čisti reakcionari! Nisam te zvao da se s tobom natežem! Nego da ti povučeš tu knjigu, inače... ti ovog puta ne gine desetak, dvadesetak godina robije. Nije ti dosta što si revizionista, no sad izdaješ i državne tajne. Ono o Albaniji je nezgodno, veoma nezgodno... Sad možeš ići, čuo si šta treba da znaš!'

„Dva-tri dana posle ugodnog razgovora kod Penezića, 7. aprila 1962. godine, u moj stan su došli agenti i sudija. Sudija je zatražio

Razgovore sa Staljinom i ostale rukopise. Odveli su me u Centralni zatvor. Sudija je sutradan, već strog, otpočeo istragu. Posle nekoliko dana – sudiju je kao islednik zamenio funkcioner Udbe. Shvatio sam to kao pritisak, kao zastrašivanje, mada se udbaš nasuprot sudiji ponašao korektno, ne podmuklo. Dobio sam i advokata Vukovića, ali i on je radio za Udbu. Posle četiri meseca – suđenje. Tajno kao i dotad. Osuđen sam na pet godina, u zbiru s preostalim kaznama trinaest godina. Krajem novembra ili početkom decembra 1966. godine su mi instalirali u ćeliji električnu grejalicu. Kakva-takva vajda od pada Rankovića u leto 1966. godine..."

S Đilasom je u Upravi državne bezbednosti Jugoslavije i republika otpočelo traganje za verbalnim deliktima i delinkventima. Bilo je to vreme kada su Aleksandar Ranković i Slobodan Penezić, iako zvanično visoki politički funkcioneri Jugoslavije i Srbije, bili i dalje najkompetentniji, posle Tita naravno, za rad policije, tajne službe, tužilaštva i pravosuđa. Udba Srbije je po principu teritorijalne nadležnosti bila zadužena da „pokriva" Milovana Đilasa, ali i njegovu suprugu Šteficu, koja je sve Đidine rukopise ilegalno slala izdavaču Vilijamu Jovanoviću u Njujork. Stefanija Đilas je, inače, bila Hrvatica, rođena Karlovčanka, službenica Udbe tokom 1953. godine, a zatim je prešla u CK KPJ, gde se i upoznala s Milovanom. Pod kontrolom su bili i Đilasovi advokati, rođaci i prijatelji. Srpska tajna policija je imala u Đilasovoj blizini svog saradnika koji je nosio šifrovano ime „Avgust". Bio je to jedan stariji urednik beogradske *Politike*, veliki prijatelj Đidovog brata Akima Đilasa, koji je Udbi svake nedelje dostavljao svoje beleške o Đidu. Evo šta piše o Đilasu u njegovom dosijeu, koji se nalazio u Udbi Jugoslavije:

„... Đilas je veoma nepoverljiv. Ubeđen je da ga Udba truje ili dopinguje. Setio se nedavno saveta koji je jednom dao Rankoviću, da pronađe – injekciju istine, pa da je daje zatvorenicima koji neće da priznaju krivično delo. Sada misli da je Leka našao taj serum i da ga daje njemu. Đilasa muče i pare od njegovih knjiga u Americi. Njegovi izdavači nemaju s njim potpisan ugovor, sve se radi na reč, ali pare ne dolaze. Amerikanci se boje, ako pare pošalju direktno Đidu, da devize ne dođu u ruke jugoslovenske vlade, zato će ga isplatiti na neki drugi način. Ne kaže na koji. Tokom godine, Đilasu je došla pošiljka s knjigama iz Amerike, štampanim na srpskom jeziku. Jedna knjiga je namerno poslata i Danilu Lekiću, direktoru *Politike*. Bila je umotana u korice *Službenog glasnika SFRJ*. Lekić je mislio da je to neki zakonik, a kad je otvorio, video je *Anatomiju jednog morala*. Od straha, knjigu je odmah predao policiji. Druga pošiljka stigla je Udbi u Novom Sadu direktno iz Nemačke. Đilas se tome slatko smejao, jer kaže, sada Udba ima knjigu pa ne mora da je traži od mene...“

Jedan drugi novinar, Dragan Marković, inače, bivši radnik bezbednosti, neki kažu i veliki ljubimac Slobodana Penezića, sakupljao je službenu građu o Đilasu kao komunisti koji traži građansku restauraciju jugoslovenskog društva. Na osnovu analize dokumenata Udbe, urednik Dragan Marković je otkrio da je u Đilasovom policijskom dosijeu bio zapisan svaki njegov kontakt sa strancima. Za saradnju sa Institutom za Istok u Švajcarskoj, operativci Udbe su napisali da je to bila samo još jedna ekspozitura CIA u Evropi, ali da to sâm Đilas nije znao. Registrovano je i da je Đilas bio zajedno u društvu s Viktorom Kravčenkom i Olegom Penkovskim, sovjetskim dezerterima, oficirima koji su prebegli na Zapad i, takođe, radili za američku Centralnu informativnu agenciju. Sâm poslovni kontakt s Vilijamom Jovanovićem, potomkom crnogorskih emigranata i velikim američkim izdavačem iz Njujorka, Udba je beležila Milovanu Đilasu kao „neprijateljsku delatnost“. Zbog toga je kućni telefon porodice Đilas neprestano prisluškivan, čime je Udba dolazila do podataka ko sve stupa u kontakt s Milovanom i Šteficom. Ko su njegovi simpatizeri i novi jugoslovenski disidenti? Kako je disidenata najviše bilo u intelektualnim krugovima Jugoslavije, to je inteligencija, kao politički protivnik SKJ, postala posebna oblast proučavanja u organima državne bezbednosti. Na taj način Udba je pokazala da je s vremenom od partizanske vojno (kontra) obaveštajne i službe državne bezbednosti izrasla u klasičnu političku policiju.

Politička policija

Po samoj semantičkoj definiciji politička policija je bila organizacija koju država angažuje u borbi za ostvarenje isključivo klasno-političkih ciljeva. Njen cilj je bio onemogućavanje aktivnosti protivnika vladajuće klase i partije, ali i sakupljanje svih vrsta obaveštenja za vladajuću strukturu, kao i bezbednost političkog establišmenta. Čime će se Udba baviti, određivalo je partijsko rukovodstvo, preko čelnika Saveznog sekretarijata za unutrašnje poslove. Tokom godine, na primer, u SSUP-u je izrađen pravilnik o radu Uprave državne bezbednosti, koji je imao činovnički naziv „Klasifikator". U njemu je taksativno bilo navedeno trideset sedam poslova državne tajne policije: od neizvršavanja odluka organa samoupravljanja, nenamenskog trošenja sredstava, reagovanja radnika na niske lične dohotke do reagovanja građana na partijske kongrese, konferencije, izbore i međunarodne događaje. Ti Udbini poslovi su organizaciono u Udbi bili razvrstani na referate.

U pisanju tih referata tada je prednjačila beogradska Udba. Imala je nekoliko posebnih referata „za praćenje negativnih pojava na univerzitetu, u naučnim i kulturnim ustanovama" – film, pozorište, kulturno-umetnička društva, radio, televizija, štampa, umetničke akademije, radio-saobraćaj i muzeje i fakultete. Poseban referat je vođen za Srpsku akademiju nauka. Referat za štampu, na primer, imao je zadatak da prikuplja informacije iz tekućeg rada redakcija, da analizira sadržaj i tiraž zabavne štampe, ukazuje na njihov štetan uticaj, da koordinira rad sa službama ispostave oko manjih listova i biltena u preduzećima, da održava vezu sa saradnicima u novinarstvu, da odabira nova lica za saradnju. Takvih lica u beogradskim glasilima, bilo je dosta.

Najdrastičnije preventivne i represivne mere koje je politička policija preduzimala protiv „neprijatelja partije i države" bile su tajno praćenje i snimanje, cenzura pisama i rukopisa, posredno upozoravanje, ograničavanje kretanja i putovanja u inostranstvo, zatim hapšenje i saslušavanje, konfiskacija imovine, čak upućivanje u logor ili zatvor i obavezno javljanje sa slobode organima državne bezbednosti. Za to je tajna policija koristila širok krug svojih spoljnih saradnika, koje je regrutovala u svim sredinama. Samo na radnoj akciji „Bratstvo-jedinstvo", u Vranju, prema službenim podacima, Udba je, 1960. godine, imala čak 392 doušnika. Jaku mrežu svojih špijuna tajna služba je imala, na primer, i na fakultetima Beogradskog univerziteta. Preko njih se dolazilo do saznanja kako, na primer, jedan student iz Skoplja negoduje što se filmovi u beogradskim bioskopima ne prikazuju i na makedonskom jeziku, a drugi, iz Crne Gore, što u Jugoslaviji nema posebnih škola za muslimanske đake. Kako izbor doušnika Udbe nije bio veliki, to se često dešavalo da su za tajnu policiju kao potkazivači radili ljudi moralno-problematičnih osobina i nedovoljno školovani. Takva je, nažalost, početkom šezdesetih bila i kvalifikaciona struktura zaposlenih u službi državne bezbednosti, jer je svega 3,14 odsto operativaca imalo visoku školsku spremu. Ništa bolja situacija nije bila ni u saradničkoj mreži. O tome kako su birani Udbini doušnici pisala je krajem šezdesetih Tankosava Simić, član pokrajinske vlade na Kosmetu:

„... Pedesetih i početkom šezdesetih godina među saradnicima Udbe nalazio se veći broj lica koja su ranije svojim postupcima već bila kompromitovana u narodu. Neki od njih su, na primer, svojevremeno bili u balističkim ili četničkim jedinicama, neki njihovi jataci, neki pak osuđenici za političke delikte, osobe niskog morala i lica sklona malverzacijama. Oni su imali lošu naviku da se javno pokazuju sa operativcima Udbe, tako da su u narodu gradili sliku da su postali ljudi od vlasti. Građani su ih ipak cenili i prihvatali kao ološ. Takav izbor saradnika nametali su nam najviši funkcioneri i rukovodioci Udbe. U udžbenicima za operativce tajne policije naglašavalo se da za saradnike treba birati „kompromitovana lica“. U Udbi su to shvatali bukvalno, pa su čak takav ološ i zapošljavali, pod izgovorom – to je naš čovek. Ovakvi saradnici su najčešće korišćeni za ispredanje raznih intriga protiv poštenih ljudi, pa i članova SK. Korišćeni su kao lažni svedoci na sudskim procesima ili za vrbovanje novih saradnika. A preko nekih smo vršili i ubijanje ljudi...“

U Upravi državne bezbednosti Jugoslavije, republika i grada Beograda, postojali su početkom šezdesetih veliki spiskovi sumnjivih lica, koje je trebalo pratiti, o njima izveštavati visoke drugove ili pak privremeno zatvarati radi obezbeđenja velikih političkih skupova. U Hrvatskoj je pod kontrolom bilo 300.000 ljudi. Makedonska tajna policija je u svojim dosijeima šezdesetih godina imala 136.000 građana, kosmetska služba 22.035, a bosanska Udba čak 172.240 sumnjivih lica. Posebnu pažnju jugoslovenska tajna policija posvećivala je partijskim i državnim činovnicima, pa i funkcionerima. Pre njihovog imenovanja, Udba je proveravala njihove biografije, poreklo, kao i poreklo čitave porodice. To se posebno odnosilo, na primer, na zaposlene u Državnom sekretarijatu za inostrane poslove. Udba je imala 3.899 dosijea o ljudima iz DSIP-a. Neki od njih su vođeni na posebnim spiskovima kao „sumnjivi za saradnju sa stranim obaveštajnim službama“ ili „lica s lošom prošlošću“ ili „lica s partijskim kaznama“ ili „idejno-politički nepouzdani radnici“ ili „ljudi koje treba otpustiti“. Početkom šezdesetih, zbog tih pooštrenih kontrola a i direktnog uplitanja u rad ministarstva inostranih poslova, pojedini rukovodioci su se žalili Titu da im se Ćeća „meša u posao“. Tito je tu žalbu, međutim, brzo zaboravio. Među sumnjivima u arhivama jugoslovenske tajne službe bilo je dosta i društveno-političkih radnika, jer Tito, Krajačić i Ranković nisu ni njima dovoljno verovali. Na Kosmetu Udba je imala 900 dosijea pokrajinskih aktivista i političara, dok je u Kartoteci tajne policije Srbije bilo podataka o 272 člana partijskih komiteta i 122 skupštinska poslanika. Udba glavnog grada imala je u svojoj evidenciji 117 političkih radnika, 12 članova centralnih komiteta i 13 iz GK SK Beograda. Najduži spisak sumnjivih osoba u gradskoj tajnoj službi činila je lista beogradskih pisaca, novinara, naučnika, direktora, i opet funkcionera. Pomenimo samo neka imena: Dobrica Ćosić, Dragoslav Mihailović, Milovan Đilas, Vladimir Dedijer, Dragoljub Golubović, Jovan i Stanka Veselinov, Krste Crvenkovski. U prikupljanju podataka o tim ljudima, u Udbi, nije postojala nikakva granica. Uzimano je sve što su operativci i njihovi saradnici donosili. Kako je to radila Udba Beograda svedoči Milan Đoković, zvani Pop, tada načelnik Drugog operativno--obaveštajnog odeljenja tajne policije Beograda:

„...Udba je, praktično, bila servis Partije. Bili smo dvostruko vezani – za državnu i partijsku liniju. Tako smo i dobijali zadatke. Uz naš glavni posao, otkrivanje i gonjenje neprijatelja, morali smo gotovo iz dana u dan da prikupljamo podatke i pišemo izveštaje o reagovanjima određenih sredina u Beogradu na pojedina politička zbivanja u zemlji. Neki viši funkcioneri dolazili su direktno kod Životija Srbe Savića, načelnika Udbe Srbije, a zatim sekretara SUP Srbije, ili su telefonom naručivali, ove ili one informacije kako bi pouzdano znali šta se zbiva 'na terenu'. Obično se to dešavalo pred njihov govor ili prisustvo na nekom partijskom sastanku. Tražili su od Savića i Udbe obično ono što bi oni kao funkcioneri, u okviru svog delokruga rada, trebalo da prate i da znaju. Tako smo, na primer, Milojku Druloviću dali podatke o bezbednosnom stanju u Beogradu, što je on koristio u svom razgovoru sa studentima likovne umetnosti u Pariskoj ulici. Tokom 1962. godine Udba Beograda napisala je 153 izveštaja o događajima u glavnom gradu. Bili su to raporti tajne policije o reagovanjima novinara na neslaganja sindikata i državne uprave, o pripremi karikaturista za sastanak s Milentijem Popovićem, o samovolji Slobodana Bosiljčića, glavnog urednika Radio Beograda, o knjizi Milovana Đilasa o Njegošu, o komentarima Titovog govora u Splitu, o diskusijama na temu 'rotacija', o kadrovskim promenama u Televiziji i radu generalnog direktora Dušana Popovića. Naredne godine uradili smo 138 izveštaja za 'naručioce' iz političkog vrha. Najviše interesovanja pokazali su za zbivanja u kulturnom životu Beograda, pa smo ih zato informisali o reagovanjima stranaca na Titov govor u Splitu, o komentarima dodeljivanja *Ninove nagrade* Miroslavu Krleži, o kritici proslave Dana mladosti, o reakcijama na Krležin tekst 'Srpske teme' objavljen u *Politici*, o raspravama povodom drame *Banović Strahinja*, o neslaganjima oko *Oktobarske nagrade*, o svađi Josipa Đerđe s rukovodstvom DSIP-a, o problematičnim mlađim piscima, o stavovima Dobrice Ćosića prema kulturnim kretanjima u svetu, o negativnostima u *Avala filmu*, o boravku Vladimira Dedijera u Jugoslaviji i o nameri režisera Vojislava Nanovića da emigrira.

„Mi smo slali višem državnom rukovodstvu, a i u CK Srbije i GK Beograda, specijalne biltene s preciznim opisima događanja u glavnom gradu. Upakovali smo ih u lepe bele korice. Namenjeni strogo za internu upotrebu, bilteni su sadržavali pregled događaja i u neprijateljskim grupacijama, listu antisocijalnih pojava i pregled komentara javnosti o tekućim političkim zbivanjima. To su pisali pismeni ljudi, pa su svi funkcioneri te biltene tražili. Ta praksa započeta je odmah posle rata. Ponekad smo od naših informatora dobijali i podatke o nemoralnom ponašanju pojedinih visokih partijskih ili državnih funkcionera. Razgovarao sam o tome sa Srbom Savićem i on mi je odobrio da dobro proverene informacije o funkcionerima unesem u biltene. To su čitali najodgovorniji rukovodioci Partije, pa čak i Tito. Krste Crvenkovski je, na primer, železnicom iz Beograda u Skoplje samoinicijativno preneo mnoštvo umetničkih slika. Naše ministarke su se naprosto takmičile u otkupljivanju od privatnika raznih 'Lujeva', a direktori su iz inostranstva donosili za sebe skupocene poklone, najčešće tehničku robu. Radio-Televizija Beograd je, na primer, funkcionerima poklonila pedeset televizora, ali su ih natrag vratili samo Aleksandar Ranković i Veljko Vlahović. Ostali su ih zadržali za sebe. Sve dok je Slobodan Penezić bio živ, ti bilteni, a posebno podaci o lošim manirima političara, nisu nikome smetali. Kad je Krcun poginuo, sekretar Srba Savić me je lepo upozorio da više nema ko da me brani i da prestanem da pišem te Udbine biltene... Tako je i bilo. Kad je 1966. došao slom Udbe, svi ti funkcioneri i svi ti bilteni su mi došli glave...“

Čelnici jugoslovenske tajne policije su se strogo držali principa da pred političkim rukovodstvom ne smeju da skrivaju nijednu informaciju, ma koliko ona bila nezgodna ili neprijatna, niti ih smeju obrađivati i prilagođavati nečijem ukusu. Preko Udbe, otkrivene su mahinacije i Petra Stambolića, Miloša Minića, Radovana Grkovića, Jovana Veselinova i drugih komunista. Ivan Stevo Krajačić je, na primer, otkriveno je, imao u Švajcarskoj svoj tajni bankovni račun na koji je polagao veće sume deviza. Koristeći podatke savezne Udbe, Tito je u Splitu održao 1962. snažan govor protiv devijacija u jugoslovenskom društvu. Tajna policija je do 1964. godine imala u svojoj nadležnosti i privredni i klasični kriminal, tako da su svi u Udbi znali šta se mućka po zemlji. Kako se seća Vojin Lukić, negde 1961. godine, kada su se posvađali Geza Tikvicki, predsednik vojvođanske vlade i Miloš Minić, premijer srpske vlade, Stevan Doronjski je naredio novosadskoj Udbi, operativcima Čedi Ukropini i Luki Atanackoviću, da prate Čedu Reljića i još neke pristalice „te Republike". Kad su ovi to otkrili, otišli su odmah da se žale Slobodanu Peneziću i Jovanu Veselinovu kako ih tajna policija iz Vojvodine špijunira. Početkom šezdesetih godina, kako je to Vladimir Bakarić rekao na proslavi dvadesetog rođendana jugoslovenske policije, Udba je bila „jedan od osnovnih stubova nove jugoslovenske države". Pohvalio je njenu sistematičnost i upornost, što je rezultiralo hvatanjem i onemogućavanjem 11.000 špijuna i agenata različitih obaveštajnih službi, ostavljenih u našoj zemlji, kao i hrabrost i izdržljivost u likvidiranju 12.000 različitih naoružanih bandita i grupica u zemlji. Tih godina o službi državne bezbednosti u Saveznoj skupštini doneta su dva zakona o organima unutrašnjih poslova, čime je Udbi i određeno njeno zakonsko mesto u Sekretarijatu unutrašnjih poslova. Posle 1963. godine, donet je i zakon o samoupravljanju u Udbi. Te smernice o radu tajne policije, odnosno i svih organa unutrašnjih poslova, potpisao je Edvard Kardelj, predsednik jugoslovenskog parlamenta. Resor državne bezbednosti kontrolisali su zvanično Savezna skupština i SIV.

U to vreme gradsku tajnu policiju je vodio Slavko Glumac, a njegov zamenik je bio Slobodan Jovović. Šef Odseka za antisocijalne pojave u kulturi bio je Zvonko Radošević. To odeljenje u Udbi Beograda uvedeno je 1961. na zahtev CK SK Srbije i njegove komisije za kulturu. Slični odseci za kontrolu ljudi i zbivanja u kulturi postojali su već pri tajnoj policiji u Zagrebu, Ljubljani, Sarajevu, Skoplju, Titogradu, Novom Sadu i većim jugoslovenskim gradovima. Iz CK SKJ i SSUP-a, međutim, bilo je ideja da se u Udbi Srbije oformi posebna služba za praćenje tih negativnih pojava u kulturi. Tome su se oštro suprotstavili Vladan Bojanić, rukovodilac službe bezbednosti, i Vojin Lukić, tada ministar srpske policije. Za negativne pojave u privredi, u beogradskoj tajnoj službi bio je zadužen Vukašin Nikolić. Načelnik tehničke službe u Udbi Beograda bio je Gvozden Predojević. Milan Đoković Pop bio je iskusan obaveštajac. Prvoborac, u ratu je najviše vremena proveo u Pratećem bataljonu Vrhovnog štaba koji je čuvao Tita. Odatle ga je

Krcun odveo u Oznu. Bio je šef tajne policije u Kraljevu i Čačku, a zatim operativac u Novom Sadu. Šezdesete je došao u Beograd za načelnika Udbe na opštini Skadarlija. Dve godine kasnije postao je šef beogradskih operativaca. Njegov zamenik bio je Žika Bakočević.

Policijski kadar u beogradskoj Udbi bio je odabran po volji Partije. Bili su to pretežno borci iz NOB-a, dok su oni mlađi bili probrani skojevci. Njihov veliki problem već tada je bio neprestano mešanje savezne tajne službe, posebno nekih načelnika federalne Udbe, u rad srpske, pa time i beogradske Udbe. Naime, savezna tajna služba je smatrala da se samo u njenoj nadležnosti nalazi zaštita imena, dela i misli predsednika Jugoslavije. Kada je, na primer, 1962. Tito uputio oštre kritike modernistima, policija je shodno tom napadu krenula u čišćenje kulture od modernista. Na udaru se našla i grupa stvaralaca okupljenih oko projekta časopisa *Glas epohe*. U uredništvu su se nalazili Mihailo Lalić, Branko Ćopić, Desanka Maksimović, Miodrag Šijaković i Branko Kitanović. Kako je ovaj poslednji bio organizator čitavog posla, po nalogu Udbe, vojna tajna policija ga je uhapsila pred sam kraj odsluženja vojnog roka 1963. Na teret mu je stavljena izmišljena izjava da je Tito nesposoban rukovodilac koji služi Staljinu, a da je nesvrstanost vid svetske prošnje i ponižavanja. Svedoci su bila trojica oficira KOS-a, a sudija Bajo Đuranović, brat od strica Veselina Đuranovića. Tajnom suđenju Branku Kitanoviću za neprijateljsku propagandu, prisustvovali su načelnici Udbe Jugoslavije, Srbije i grada Beograda. Izmišljeni napadač na Tita dobio je pet godina robije, a časopis *Glas epohe* nikada nije odštampan.

BRIONSKA SRAMOTA

Brigu o kadrovima srpske tajne policije početkom šezdesetih i dalje je vodio uglavnom Slobodan Penezić, iako je već bio predsednik Izvršnog veća Srbije. Krcun je poginuo u saobraćajnoj nesreći 6. novembra 1964. godine zajedno sa svojim vozačem Miloradom Lomićem i kolegom iz Ozne, Svetolikom Lazarevićem. Otišao je pravo u legendu. Njegovi kadrovi su, međutim, i dalje vodili glavnu reč u jugoslovenskoj i srpskoj policiji. Vojin Lukić je 1947. bio zamenik načelnika beogradske tajne policije, a od 1949. pa do 1953. godine šef beogradske Udbe, a zatim punih deset godina srpski ministar policije, da bi posle odlaska Svetislava Stefanovića bio imenovan za saveznog sekretara unutrašnjih poslova i na toj dužnosti se zadržao samo dve godine, jer je postao organizacioni sekretar CK SK Srbije. Lukić je bio stručnjak za klerikalizam i zagovornik jačanja političke policije u Srbiji. Ćeća mu je u amanet ostavio dosije Đilas i tajni zapisnik sa sednice IK CK SKJ 1962. godine, ali Lukić nikada nije otvorio sef s tim dokumentima u svom kabinetu. Na mestu ministra srpske policije Vojina Lukića je nasledio Milisav Miša Lukić, Čačanin, iskusni kontraobaveštajac, koji je 1965. imenovan za zamenika Milana Miškovića, saveznog sekretara za unutrašnje poslove.

I dok je bio organizacioni sekretar srpske partije, Vojin Lukić je imao običaj da koristi Udbu za rešavanje nekih političkih slučajeva. Posle Brionskog plenuma prvi Lukić je otišao u penziju, a drugi je postavljen za saveznog činovnika, a osamdesetih i za viceguvernera. Vojin Lukić je iz tog obračuna s tajnom policijom, Srbima i Aleksandrom Rankovićem izašao kao poraženi, a Miša Lukić, koji je sebe doživljavao samo kao vojnika Partije, kao pobednik. Taj obračun pripremio je Ivan Stevo Krajačić, što je indirektno i priznao dvadesetak godina kasnije, kada je bio samo član Saveta federacije. U intervjuu *Vjesniku* 1984. godine, Ivan Stevo Krajačić je rekao:

„... Tri puta sam Rankoviću spominjao kako bi bilo dobro da se oslobodi te policijske dužnosti, da se rastereti brojnih dužnosti.

Smatrao sam da nije dobro da pojedinci, koji nisu mnogo stabilne ličnosti, štoviše, koji su pod utjecajem određenih krugova, u ovom konkretnom slučaju velikosrpskih, imaju previše zaduženja. Kad sam ponovo u Sarajevu to rekao Rankoviću, povodom toga smo se zakačili. Nije bilo kako je trebalo i Četvrti plenum je morao doći. Da bi Četvrti plenum mogao biti završen onako kako jeste, moralo se održati na Brionima. Nisam se bojao da bi netko mogao nešto napraviti u Beogradu, ali mogao je netko tko nije naš prijatelj da napravi neku psinu. Da bi netko naš zbog Rankovića i njegovih ljudi nešto poduzeo, toga se nisam bojao. Naš svijet ne bi išao ni u kakve psine, ali neprijatelj bi mogao. Normalno, na Brione neprijatelj ne može doći i svaka eventualna psina bi bila uklonjena. I moram kazati da sam bio veoma zadovoljan s redosledom događaja na Četvrtom plenumu. Mislio sam da će biti teže, a ono je bilo lakše nego što smo pretpostavljali!"

Plenum CK SKJ, četvrti po redu, koji je održan 1. jula 1966. godine na Brionima, imao je teške posledice na rad i aktivnost Uprave državne bezbednosti i njenu organizaciju. Najteža je bila, kako tvrdi Antun Duhaček, ta što jugoslovenska državna bezbednost posle plenuma nije više bila jugoslovenska služba. Razvukle su je republike i pokrajine, svaka na svoju stranu. Bio je to zapravo i prvi korak nacionalnih političara ka stvaranju uslova za jačanje republičke državnosti. Ljudi koji su politički uništili jedinstvenu jugoslovensku tajnu policiju bili su, po Duhačeku, Edvard Kardelj, Vladimir Bakarić, Mijalko Todorović, Krste Crvenkovski, Cvijetin Mijatović, Mika Tripalo, Vlado Popović, Osman Karabegović, Dobrivoje Bobi Radosavljević i Rato Dugonjić. S današnje distance može se reći da je taj partijski plenum bio zapravo političko suđenje Aleksandru Rankoviću, najjačem Srbinu u zemlji, zatim jugoslovenskoj političkoj policiji i, najzad, samoj Srbiji. Optužbe o ilegalno postavljenim žicama i, navodnom, prisluškivanju Josipa i Jovanke Broz, iako nedokazane, bile su samo alibi za politički linč.

Pored toga što je plenum pripreman u najvećoj tajnosti, ipak su prva saznanja o njemu procurila u Udbu još sredinom juna 1966. U martu se već po kuloarima govorilo da se „Stari i Marko više ne slažu!" Tokom leta doktor Vladimir Bakarić se pohvalio jednom stranom ambasadoru da će Aleksandar Ranković biti uklonjen iz političkog života jer koči demokratizaciju zemlje. To je savezna tajna služba zabeležila. Te informacije su delovale na ljude kao grom iz vedra neba. Na plenumu je utvrđeno da se Udba stavljala iznad partijskih i državnih organa, da je ispoljila profesionalnu deformaciju i zloupotrebe, i da njeni rukovodioci nisu prezali da prisluškuju razgovore koje je vodio predsednik Tito. Zaključeno je da se izvrši reorganizacija Udbe, prihvati Rankovićeva ostavka u CK SKJ, a Svetislav Stefanović isključi iz CK SKJ i razreši dužnosti člana SlV-a. Uvodno izlaganje, odnosno optužnicu, kako u slučaju Đilas tako i u slučaju Ranković, izložio je lično Josip Broz. Kao i kod Đilasa, i kod Rankovića je, po Titovom nalogu, bila oformljena prava politička porota, odnosno partijska komisija, u kojoj su bili Krste Crvenkovski, Đuro Pucar, Blažo Jovanović, Dobrivoje Radosavljević, Mika Tripalo i France Popit. Čitav tok ovog političkog obračuna sa Aleksandrom Rankovićem operativac tajne službe Mića Medić snimao je po službenoj dužnosti. Stenogram je skinuo i ukoričio u tri knjige, koje je kasnije poklonio Aleksandru Rankoviću. Ta partijska komisija Krste Crvenkovskog nijednom nije saslušala Aleksandra Rankovića, ali je zato Broz svakom članu posebno govorio kako ga Leka prisluškuje. Prvi put se, radi stvaranja zaverenićke atmosfere, požalio početkom juna meseca Svetozaru Vukmanoviću Tempu, za koga je znao da ne podnosi Rankovića. Ovoga puta Tito je na plenumu nosio naočare za sunce, jer Leki nije smeo da pogleda u oči.

„... Sâm Tito je znao da se jednom mora odlučiti ko će biti čovek broj dva u državi. Mislim da on nije mislio da to treba da bude jedan Srbin. Od Srba Tito je trpeo u svojoj blizini samo Petra Stambolića, jer je to bila tipična ulizica. Marko nije bio servilan i ponizan, ali je bio odan do kraja. I mislim da je on bio jedini Titov bliski saradnik koji je bio spreman da život dâ za njega. Bukvalno. Tito je napravio najveću grešku u svojoj političkoj karijeri kada je dozvolio da se smeni Ranković. Ja sam mu, uostalom, to i rekao, iako mu nije bilo drago. Tito je samo odmahnuo rukom", izjavio je jednom prilikom Josip Kopinič.

Leka se nije branio

Ranković se na brionskom političkom suđenju nije branio, jer je na Brionima dobio infarkt, a njegovi prijatelji su ćutali jer su shvatili da se nalaze pod oružanom pratnjom i pretnjom oficira KOS-a. Svojim ponašanjem, zapisao je Dobrica Ćosić, Ranković je nesrećno na Brionima potvrdio svoju gotovo religioznu, ritualnu odanost Partiji. Titov biograf, Vladimir Dedijer, zato i smatra da Ranković nije ni mislio da se brani, jer Tito je za njega bio idol. A on, Leka Ranković, najverniji

Titov saradnik. Čak i kad je Ranković pao u nemilost, na njegovoj rodnoj kući u selu Draževcu ostala je da stoji spomen-ploča posvećena Leki, odnosno „najbližem saradniku druga Tita".

Krunski svedoci Titove optužbe, koji su videli da „žice vire iz zida", što je sasvim logično, bili su njegovi čuvari Ivan Krajačić i Ivan Mišković. Prvi je iz Zagreba doveo stručnjake iz svoje tajne policije da montiraju mikrofone i žice, a drugi je izvršio tehničku kontrolu i sakupio dokaze, koji nikada nisu prezentirani javnosti, a ni političarima. Krajačić, zvani svojevremeno i Brk, istovremeno je bio i Titov poverljivi čovek za vezu s hrvatskim kadrovima, ali i najveći otvoreni hrvatski nacionalista u jugoslovenskom establišmentu i najveći nacionalista među hrvatskim kadrovima. Te iste 1966. godine, ali 3. jula, na otvaranju spomenika u Jasenovcu, predsednik hrvatskog Sabora, srpski zet Ivan Stevo Krajačić, srpskoj delegaciji je otvoreno rekao u lice:

„Malo smo vas ovde pobili!"

General Ivan Mišković, zvani, takođe, Brk, najodgovorniji čovek za Titovu bezbednost, bio je samo Krajačićev posilni. Uostalom, Dušan Nikolić i Živorad Paunović, prvi operativci savezne Udbe, okrivljeni za prisluškivanje Tita, bili su i „uhapšeni" od Garde, u Kabinetu predsednika, tamo gde niko nije ni mogao da uđe bez dozvole vojne policije. To je učinio lično Anđelko Valter, šef Titove bezbednosti i pukovnik KOS-a, uz asistenciju Milana Miškovića, ministra savezne policije. Preko njegovog brata Ivana Miškovića vojna tajna služba KOS JNA je iskorišćena za političku igru i manipulaciju, odnosno za obračun s civilnom jugoslovenskom i srpskom tajnom policijom. Sâm Krste Crvenkovski, predsednik brionske komisije, priznao je u jednom intervjuu da je sukob između KOS-a i Udbe zaista postojao, ali da je bilo velikih duela i između republičkih tajnih policija. Nije jedino znao da kaže da li je Leka Ranković bio žrtva tog tihog i podmuklog rata tajnih policija u Jugoslaviji. Činjenica je da je gotovo preko noći potpredsednik države, organizacioni sekretar Partije od 1940. do 1966, prvi policajac Jugoslavije od 1944. do 1953, isključen je iz SKJ, iz javnog i političkog života i oteran u kućni pritvor. Pre nego što je umro 1983. godine, tajna policija mu je iz stana ukrala sva odlikovanja, pa je Ranković sahranjen u Aleji velikana s tuđim ordenjem. Doduše, Leka je imao pravo da se slobodno kreće po Beogradu, ali ne sâm, već s Udbinim pratiocem. Milan Mišković, savezni ministar policije, zahtevao je da svakog jutra dobija izveštaj o tome kako je Ranković proveo prethodni dan. Nije mu bilo milo kada bi pročitao da je Leka dočekan u kafani na Terazijama s muzikom i pesmom „Marš na Drinu". Nije mu bilo ni drago kada je u izveštajima čitao da Ranković nije politički aktivan, pa je izmišljao njegove tajne susrete s bivšim političarima, kako bi Leku pred Titom oklevetao za „grupašenje".

Zajedno s Rankovićem stradao je politički i Svetislav Stefanović Ćeća, a krivično za odavanje državne tajne i zloupotrebu službenog položaja petnaest načelnika, operativaca i bivših šefova Udbe. Do razlaza između Tita i Rankovića, po mišljenju Vojina Lukića, počelo je da dolazi početkom šezdesetih godina, kada je maršal pao pod snažan uticaj Edvarda Kardelja i Vladimira Bakarića, a zatim Ivana Krajačića Steva i supruge Jovanke Broz. Neprikosnoveni predsednik države i partije – Tito, suočio se tada, zapravo, s Rankovićevom neposlušnošću, ali i njegovom odlučnošću, pa i snagom, kada je ovaj odbio da politički likvidira Lazara Koliševskog, Edvarda Kardelja i generala Milana Žeželja. Politički rukovodioci iz Slovenije i Hrvatske su shvatili da pored Aleksandra Rankovića ne mogu da razvlaste Srbiju, uvedu konfederalizam u SFRJ i unutar nje stvore svoje nacionalne države. Kakva je zapravo bila atmosfera u jugoslovenskom političkom vrhu najbolje svedoče reči Dobrice Ćosića:

„... Na Osmom kongresu, 1964. godine, već se nazirao koncept konfederalističke Jugoslavije. I taj je program evolutivno sprovođen preko likvidacije Aleksandra Rankovića, Amandmana 1968. sve do Ustava 1974. godine. U suštini iza celog Kardeljevog 'samoupravnog socijalizma' stoje regresivna nacionalna svest i ideološka eklektika. Osim Tita, nije bilo čoveka u Jugoslaviji koji je imao toliki mandat za budućnost i sudbinu dvadesetak miliona ljudi. Posle likvidacije Rankovića, tih trinaest godina predstavljaju Kardeljevu apsolutnu političku dominaciju na jugoslovenskom tlu. Tu je važna i uloga Vladimira Bakarića, ali nije bila tako vidna i spektakularna, niti formulatorska koliko je bila Kardeljeva. Sasvim sigurno on je politički konstruktor brionske Jugoslavije. Razume se, pod patronatom Josipa Broza."

Po rečima bivšeg ministra federalne policije Vojina Lukića, tvorci scenarija za rušenje Aleksandra Rankovića i tajne policije, za koju se cenilo da mu je najprivrženija, bili su upravo Edvard Kardelj, Vladimir Bakarić, ali i Pera Stambolić, Boris Krajger, Cvijetin Mijatović, Jovan Veselinov Žarko, Krste Crvenkovski, Dobrivoje Vidić zvani Baja. A izvršioci Ivan Krajačić, koji je još 1963. počeo da prikuplja materijale protiv Rankovića, a zatim Jovanka Broz, Tito, braća Milan i Ivan

Mišković i Draža Marković. Sve je završeno za samo šesnaest dana. O njima Lukić kaže:

„... Marko je bio veoma principijelan i ortodoksan, a katkad i naivan. Lično, čovek bez moralnih mrlja, kod mnogih je izazivao strah. Osim toga, upravo Rankoviću su poveravali ispitivanje raznih slučajeva. Pomenuću slučaj Krste Markovskog i Svetozara Vukmanovića Tempa. Kad su se pojedinci žalili zbog toga, govorilo se: 'Ma, pusti, znaš ti Marka!' Slobodan Penezić mu je skretao pažnju na te igre, savetujući ga da se okani ispitivanja slučajeva. No, Ranković je bio nepopustljiv u principijelnim stvarima. U igri protiv Tita, i posebno u uklanjanju Rankovića, Kardelj nije bio usamljen. Neki ljudi iz političkog vrha bili su bliži Kardelju nego Titu, a neki su iz ličnih razloga i računa pristali uz Kardelja. To nije bila neka oformljena grupa ili frakcija, već ljudi različitih pobuda i motiva, koje je zbližio zajednički cilj – ukloniti Rankovića. Odnosno ograničiti moć Tita. Vladimir Bakarić se ni u kom slučaju nije slagao s Titom i Rankovićem, ni oko jedinstva zemlje, ni oko ingerencija Federacije. Krste Crvenkovski je kao prononsirani antisrpski šovinist imao sve reference za ovu prljavu igru. Jovan Veselinov Žarko je bio ispunjen neograničenom mržnjom prema Rankoviću, Udbi i svima koji su sudelovali u otkrivanju afere prisluškivanja njegove žene. Petar Stambolić je u odlasku Rankovića video svoju šansu da bude 'prvi čovek Srbije'. Cvijetin Mijatović je bio trabant Petra Stambolića, koji je iz Sarajeva proturio intrigu da će Leka naslediti Tita, čime je trebalo da prelomi Josipa Broza da se brže obračuna sa Aleksandrom Rankovićem. Boris Krajger je preko svog pulena Eda Brajnika u SSUP-u započeo istragu protiv rukovodstva i radnika Udbe...“

Prljavi Slovenac

Edo Brajnik je bio punih dvadeset godina u Ozni i Udbi. Radio je kao obaveštajac u Titovom obezbeđenju. Bio je načelnik tajne službe, podsekretar i zamenik ministra federalne policije. Pedesetih godina dobio je specijalni zadatak od Tita da u Moskvi pronađe njegovu prvu suprugu Pelagiju Belousovu, što je Brajnik i uradio. Sredinom šezdesetih napustio je Beograd, da bi u Sloveniji bio imenovan za skupštinskog funkcionera. Iz Ljubljane je Edo Brajnik, na nagovor Krajgera i

Krajačića, još 1965. poslao Titu pismo u kome se žali da je savezna Udba prisluškivala njega i još neke visoke funkcionere. Sumnja se da je on s Kardeljem organizovao pompezne dočeke Rankoviću po Srbiji, a zatim širio glasine da Leka hoće da bude drugi Tito. Takav glas stigao je direktno i u Moskvu, gde je Aleksandru Rankoviću nazdravljano kao novom tj. budućem predsedniku Jugoslavije. Tito je i o tome bio diskretno obavešten. Najviše ga je razljutila vest da francuski predsednik De Gol ne želi da se susretne s Josipom Brozom, već samo s Aleksandrom Rankovićem. Tito ni to nije mogao da proguta. O Brajnikovoj prljavoj igri svedoči Luka Vučinić, operativac Udbe Jugoslavije:

„... Do 1964. godine Edo Brajnik je bio čovek od velikog poverenja i s velikim ovlašćenjima. U vreme Brionskog plenuma bio je slovenački republički funkcioner. Međutim, posle poznatog Titovog govora u Splitu 1962. godine, sticajem okolnosti, došao sam do zapanjujućih informacija o zloupotrebama službenog položaja i manipulacijama podacima SDB od strane Eda Brajnika. Izneo sam sve to na sastanku OOSK, gde sam i rekao da su manipulacije vršene zarad mutnih političkih interesa. Savo Mitrović, predratni komunista, operativac prislušne službe SDB, posle Titovog govora u Splitu mi je poverio da raspolaže izvornim dokumentima o ozvučavanju prostorija i prisluškivanju vrhunskih rukovodilaca iz Srbije na čelu sa Slobodanom Penezićem Krcunom. Na kraju sam rekao da ću Aleksandru Rankoviću uputiti zapisnik i moju diskusiju s molbom da me primi. Ministar Svetislav Stefanović je insistirao da me on prvo primi. Posle tog sastanka Sava Mitrović je pod hitno penzionisan. Kada sam pošao kod Ćeće, on nije bio na poslu, krenuo je na godišnji odmor. Iznerviran, svašta sam rekao podsekretaru Pavlu Pekiću, koji je i uručio Mitroviću rešenje za penzionisanje. Poručio sam mu da moje reči prenese Ćeći. Napustio sam tada SSUP i nekoliko meseci nisam dolazio na posao... Sve što sam ja tvrdio, kasnije je lično Ćeća opovrgao, rekavši da je to laž. Jefto Šašić je rekao da sam naivan. Penzionisani Mitrović nikada nije o svojim saznanjima svedočio. Odselio se za Split, gde je živeo i Pavle Pekić...“

Luki Vučiniću treba verovati, bio je u Ozni, odnosno Udbi od 1944. do 1971. godine, kada je penzionisan na lični zahtev. O manipulacijama Eda Brajnika nije više javno govorio u SSUP-u. Njegova veza u Udbi bio je kasnije Stanislav Pavlin, stari operativac slovenačke Ozne, koji je u SSUP došao još 1947. godine. Možda je zbog toga što ga je Luka Vučinić otkrio 1965. godine Edo Brajnik i napustio Beograd.

Ćeća je unapređen, a podsekretar je postao Branko Damjanović. Milan Mišković je tada bio savezni sekretar za unutrašnje poslove, a general Ivan Mišković je bio načelnik XII uprave DSNO tj. službe bezbednosti JNA. Ova bukvalno „bratska" bliskost državne i vojne službe bezbednosti samo znači da su obe službe bile pod neposrednom kontrolom Steva Krajačića. Da bi blokirali Rankovića da ne reaguje na takvo cepanje službe, Ivan Maček ga je javno, povodom Titove kampanje prema Kardelju, optužio da vodi antislovenačku politiku u CK SKJ, kao i „drugim organima federacije". Aleksandar Ranković je još početkom šezdesetih osetio da dolazi do cepanja sistema državne bezbednosti i do odvajanja Udbe po republičkim i pokrajinskim centralama, zbog čega je, kako svedoči general Ivan Gošnjak, tražio da se formira Savezno koordinaciono telo svih tajnih službi u Jugoslaviji:

„... Ranković je mislio da će jednim saveznim koordinacionim telom eliminisati ili barem ublažiti te međusobne deobe i nesuglasice između raznih obaveštajnih službi. Mene je pitao za odobrenje da u to telo stavi i vojne obaveštajne i kontraobaveštajne službe. Bilo je teško srediti to stanje, jer su mnoge republike preko svojih kadrova unosile u službu svoje republičke, da ne kažem nacionalne interese. Rekao sam Marku da ne mislim da je Udba kao telo glavni problem, nego Udba kao jugoslovenska organizacija, zapravo kao jugoslovenska obaveštajna služba. Mislim da to Marko nije tada shvatao. On se začudio kada sam 1962. na plenumu rekao da CK neće i ne može razrešiti nagomilane probleme u Udbi. I tada sam imao u vidu republičku i nacionalnu podvojenost u plenumu. Znao sam da će posle sastanka opet svako vući na svoju stranu. Meni je Ranko Zec pričao da je 1962. u Ministarstvu inostranih poslova organizovan napad na tajnu službu od Koče Popovića i Veljka Mićunovića. Upozorio sam na to i Rankovića. Ni to nije još uvek ozbiljno shvatio. Tada mi je rekao, ne znajući ko je bio organizator, da je došlo do sastanka između njega, Kardelja i Vlahovića, jer su se neki slovenački ambasadori žalili na obaveštajnu službu u MIP-u. Josip Broz je poslao svog službenika iz Maršalata Vjeku Bilića da vodi zapisnik na tom sastanku. Prema tome... zna se ko je inicirao jedan takav sastanak..."

Desetak godina kasnije Petar Stambolić lično je i priznao Dobrici Ćosiću:

„Ja sam učestvovao u likvidaciji Zujovića, Neškovića, Đilasa, Rankovića. Iskreno ti govorim, najteže mi pada tvoja likvidacija. Žao mi je. Ali šta mogu, to zahteva dijalektika klasne borbe!"

Kako je nalagao taj princip „klasne borbe" da komunisti moraju sami da čiste svoje redove, vrlo brzo se posle Četvrtog plenuma CK SKJ oglasio i CK SK Srbije. Na njegovom Šestom plenumu, 15. septembra 1966. godine, Cana Babović je predložila da se Leka Ranković isključi iz partije. To je i učinjeno, mada Leka nikada nije dobio pisanu odluku o izbacivanju iz Partije. Kada je Tito čuo šta se dešava s Rankovićem, samo je, navodno, procedio:

„Pa šta ti Srbi rade!?"

Kako se posle ovog sastanka srpskih komunista pokazalo da deo javnosti ne prihvata osude i kazne izrečene Aleksandru Rankoviću, piše Vojin Lukić u svojim memoarima, optužbe o deformacijama i zloupotrebi Udbe odmah su počele da se pripisuju svim njegovim simpatizerima. Tako je u politički, ali i u policijski rečnik ušao termin „rankovićevština" i mnogo češće korišćeni „rankovićevci". Da bi se dodvorili Titu, srbijanski kadrovi su tako od svojih Srba pravili nove neprijatelje države i partije. U Srbiji se punih dvadeset godina zatim ćutalo o Aleksandru Rankoviću, a spomenik Slobodanu Peneziću Krcunu podizan je čitavih petnaest godina. Sâm Aleksandar Ranković i njegova porodica su od tog dana stavljeni pod strogu kontrolu Službe državne bezbednosti, kako je nazvana nova tajna policija, posle ukidanja Udbe. Kako je jednom prilikom napisao Vladimir Dedijer, Aleksandra Rankovića je, izgleda, i uništio sistem koji je sâm stvorio.

Srpska čistka

Posle tog srpskog plenuma u Srbiji je zavladala manija samooptuživanja. Dobrivoje Radosavljević je lično odlučio da je oko 1.500 ljudi iz Udbe višak u Srbiji, a oko 700 ljudi su višak u organima federacije, prevashodno u Beogradu. Samo su Srbijanci optuživani za devijacije u Udbi, pa su čak birane i komisije s ljudima van Srbije, da ispitaju pravo stanje stvari. Partijske komisije su formirane po svim srezovima Srbije i Kosmeta. Predsednik te centralne porote bio je Danilo Kekić Daka, a članovi Sima Zatezalo, Mirko Popović, Milojko Drulović, Mirko Tepavac, Rajko Đaković, Voja Leković i Milisav Đurić. U SIV-u je sličnu komisiju vodio Avdo Humo. U toj istražnoj radnoj grupi bili su još i Fadilj Hodža, Aleksandar Grličkov, Vukašin Mićunović, France Hočevar, Milivoj Rukavina, Mirko Tepavac i Milan Mišković. Nadležni sudski organi u Beogradu poveli su krivični postupak protiv Vojina Lukića, bivšeg federalnog ministra policije, Životija Srbe Savića, bivšeg republičkog ministra policije, Selima Numića, pomoćnika sekretara SSUP-a i načelnika Odeljenja za pratnju i prisluškivanje, Pavla Tepine, direktora Tehničkog instituta SSUP-a, Vojislava Baldžije, njegovog pomoćnika, Bože Arnautovića, načelnika Odeljenja za operativno-tehničke poslove Udbe, Mirka Trivića, pomoćnika načelnika IV uprave SSUP-a, Živorada Paunovića, tehničara SSUP-a, Stanislava Pavline, pomoćnika direktora Tehničkog instituta SSUP-a, Velimira Đorđevića, tehničara IV uprave SSUP-a, Aleksandra Ignjatovića, penzionera Udbe, Milana Đokovića Popa, načelnika Odeljenja u Udbi Beograda, Slobodana Jovića, pomoćnika načelnika beogradske Udbe i Zvonimira Radoševića, šefa odseka beogradske tajne policije. Jedini od njih koji je „sve priznao" komisiji bio je Stanislav Pavlin.

Najgore je prošao Selim Numić, koji je proveo u zatvorskoj bolnici nekoliko meseci, a da nije „odao" nikoga od svojih kolega. Branislav Pendić, operativac federalne tajne službe, veruje da je ovaj musliman spasao obraz Udbi i živote mnogih inspektora. Da je, naime, Numić dao lažni iskaz, svi bi otišli na robiju. Istovremeno je bez posla u saveznoj tajnoj policiji ostalo 714 operativaca i rukovodilaca. Kada je postalo očigledno da ovi ljudi nemaju za šta da odgovaraju i da im se krivica na sudu ne može dokazati, Josip Broz Tito ih je sve pomilovao.

U ostalim republikama niko se nije uzrujavao zbog deformacija Udbe, jer ih tamošnje rukovodstvo nije ni registrovalo.

Doktor Vladimir Bakarić je, na primer, na plenumu CK SKH rekao: „Ako bi se reklo da je SDB imala uticaja na politiku CK SKH, treba da kažemo da ona na tu politiku nije imala nikakav uticaj i s druge strane, da CK Hrvatske nju, kao političku policiju, nije ni upotrebljavao ni u kakve svrhe." Čak se i Jovo Ugrčić, načelnik SDB Hrvatske hvalio da u „... republici postoje neki prorankovićevski elementi, o kojima imamo dosijea..."

Nijaz Dizdarević je na plenumu CK SK BiH, takođe, bio kategoričan: „... Grupa Izvršnog komiteta, koja je ispitivala rad SDB-a, konstatovala je da u ovoj Republici nije bilo frakcionaško-zavereničke delatnosti."

Specijalna komisija vlade Makedonije je jednostavno zaključila da Služba državne bezbednosti nije učestvovala u političkoj zaveri frakcionaške grupe Ranković–Stefanović. Plenum CK SK Crne Gore ponovio je isti stav, da crnogorska tajna policija nije učestvovala u – podrivačkoj i klikaškoj aktivnosti frakcionaške grupe i borbi za vlast, i armija se ogradila od Udbe, jer je Opunomoćstvo CK SKJ u JNA donelo sledeći stav:

„SDB JNA nije imala nikakve veze s političkim zloupotrebama i zaverevičkom delatnošću u vrhovima Državne bezbednosti."

Poruka ovih plenuma je bila jasna – afera Ranković je samo srpska stvar. Na taj način čitava navodna zavera pripisana je ne samo Aleksandru Rankoviću i Svetislavu Stefanoviću već i partijskom i političkom vrhu Srbije, pa i Srbima u celini. To je bila nova nacionalna optužba, nova politička hipoteka, iz koje se, videćemo, izrodila, i nova nacionalna trauma za Srbiju i njene kadrove. To je, čini se, i bio cilj Kardelja i Bakarića, odnosno onih predstavnika SFRJ koje će Vasil Tupurkovski dvadeset dve godine kasnije nazvati – neprincipijelna koalicija.

Činjenica je da su svi u Srbiji i Jugoslaviji tokom 1966. godine govorili o deformacijama u Udbi, a da niko nije ponudio konkretne činjenice i analize iz rada organa državne bezbednosti. Doduše, Edvard Kardelj je oformio jednu poluilegalnu Državnu komisiju o Udbi, sa zadatkom da u što kraćem roku, iz čitave Jugoslavije sakupi dokaze o zloupotrebi tajne službe. U toj, kako je Kardelj nazivao, komisiji nezavisnih, nalazili su se, uglavnom, novinari iz državnih glasila: predsednik Raša Lazarević, urednik *Borbe*, Pero Ivačić, glavni i odgovorni urednik *Tanjuga*, Saša Veselinović, urednik *Tanjuga*, Milan Jovanović, novinar Saveznog sekretarijata za informisanje, Pavle Stojanov, saradnik SSUP-a, Obren Ružić i Đorđe Miljević. Ova radna grupa je delovala po instrukcijama samog Edvarda Kardelja, koji je tražio da se u analizi posebno istakne odgovornost Aleksandra Rankovića i „njegove grupe" za deformacije Udbe. To je, po Bevcovom mišljenju, bila politička frakcija i zaverevička grupa unutar CK SKJ. Komisiji je zato pridodat Milan Mišković, ministar federalne policije, koji je otvorio arhive Udbe za istraživanja i koji je od republičkih ministarstava policije tražio sve podatke o radu tajne službe i posebno Leke Rankovića. Da bi posao tekao što brže, sama komisija je radila u zgradi SSUP-a na kraju Ulice Kneza Miloša u Beogradu. Niko, međutim, iz Ljubljane, Zagreba, Sarajeva, Skoplja, Titograda, Novog Sada, pa čak i Prištine nije ništa poslao od policijskih podataka ovoj Državnoj komisiji o Udbi. U kakvoj se atmosferi radilo svedoči lično Raša Lazarević:

„... Radi se pod jednom teškom psihozom. Hajka protiv tajne policije se pojačava. Novine sve registruju. Drže se plenumi i sednice. Partijsko rukovodstvo Srbije sve priznaje i potvrđuje. Za to dobija i javna priznanja. Tražimo i od njih izveštaje i dokaze. U drugim republikama – situacija normalna. Nigde niko, osim u Srbiji i u Beogradu, nije bio povezan s frakcionaškom i zavereničkom grupom Ranković––Stefanović. Njima će se suditi. Na zajedničkom sastanku Državne komisije iznosi se da je Ranković odbio da i kao svedok išta kaže. Govoriće samo ako mu bude suđeno. Kardelj ne krije razložni strah: A šta će biti ako Ranković progovori, ako bude rekao sve što zna? Tada je došao preokret, pomenuta je mogućnost abolicije. Dok čekamo izveštaje iz cele zemlje, listamo sve te silne materijale koje nam je na raspolaganje stavio SSUP. Mišković nas upoznaje da je stigao teleks iz inostranstva, koji glasi: 'Obaveštavam jugoslovensku vladu da ću izvršiti atentat na Edvarda Kardelja, ukoliko ne pusti iz zatvora Aleksandra Rankovića, Svetislava Stefanovića, Vojina Lukića i Srbu Savića. O tome će znati ceo svet!' Dobijamo i opširne informacije o pojedinim akcijama koje je Služba državne bezbednosti vodila – sa znanjem Aleksandra Rankovića. Te informacije su date i saveznom javnom tužiocu Francu Hočevaru. Prva je akcija oduzimanja oružja na Kosovu i Metohiji. Zbunjeni smo i akcijom 'Morava' i činjenicom da se odgovornost za Goli otok stavlja na Rankovićevu dušu, pa zatim ta afera oko uvoza 195 električnih lokomotiva. Zatrpani smo i materijalima i dosijeima. Veliki broj građana je pod prismotrom. Svačega tu ima. U materijalima kojima smo raspolagali bilo je znakova da je postojala i Udba u Udbi i da je postojao i nezvanični dosije o samom Rankoviću. Iznenađuje isto tako da je pred Brionski plenum Stevo Krajačić, tada zvanično predsednik Sabora Hrvatske, mogao tajno, noću avionom, da pošalje u Beograd svoje ljude, da bi ti komandosi obavili jednu važnu operaciju. Iz Hrvatske i Slovenije još nismo dobili nikakve podatke. Analize su pokazale, kako je primetio Avdo Humo, da služba državne bezbednosti nije bila jedinstvena, ni ista u Sloveniji i Srbiji. I da je faktički jedna vojna služba, KOS JNA, kontrolisala civilnu službu, Udbu Srbije. Pokazalo se i da dokaza o zloupotrebama Udbe nema mnogo, ali da ima o povezanosti tajne policije i politike. Na zajedničkoj sednici Državne komisije i radne grupe SIV-a, Vukašin Mićunović je izrekao nešto što se nigde nije smelo javno reći: 'Postojala je simbioza Udbe i Partije u vrhu! Na to je Avdo Humo rekao da se slaže da razmotrimo i to pitanje, ali radije ne bi da Partiju ovde uvlačimo!'"

Šiptarsko podmetanje

Sličnu komisiju predvodio je u Sloveniji kao predsednik Janko Smole. Njeni članovi su još bili Drago Flis i Ratko Močilnik, obaveštajci MIP-a. Njihov rad je, međutim, stopirao Edvard Kardelj naređenjem da slovenačka Udba treba da sačuva svoje kadrove. Uzalud je Miloš Bartoš protestovao zbog rada komisija samo u Beogradu i Srbiji, kada njegov predlog da slične radne grupe budu osnovane i u Zagrebu, Ljubljani, Sarajevu niko nije želeo da sasluša. Obračun Tita i koalicije sa Aleksandrom Rankovićem je zbog toga u Srbiji prerastao vrlo brzo u novu i nemilosrdnu staljinističku čistku. Nije bilo dovoljno što je Leka okrivljen za etatizam i dogmatizam, već je to pripisivano i hiljadama radnika tajne policije Jugoslavije i Srbije. Najveći šamar Srbiji i njenoj tajnoj policiji došao je od šiptarskih kadrova s Kosmeta. Na Brionima nije bilo ni reči o radu Udbe na Kosovu i Metohiji. Srpski kadrovi su očigledno shvatili to kao manu Titove komisije, pa su požurili da pruže šansu Šiptarima da napadnu srpsku tajnu policiju. Tri dana posle rasprave na Brionima ažurni Izvršni komitet CK SK Srbije formirao je posebnu komisiju za utvrđivanje odgovornosti rukovodilaca državne bezbednosti za političke deformacije i zloupotrebe u ovoj republici. Pored njenog izveštaja na Šestom plenumu CK SK Srbije 14. septembra 1966. godine, pojavila se Informacija PK SK Kosova i Metohije, u kojoj je bilo naglašeno da su Udbine zloupotrebe bile „izrazito teške" i da su „stvarale krupne političke posledice". Tu ocenu na samom plenumu, posebno slikovito, na svoj način, obrazložio je Veli Deva:

„... U Pokrajini je praćen veliki broj građana i članova Saveza komunista. Bilo je oko 120.000 dosijea, a od toga samo po liniji Udbe preko 50.000. Od 1960. godine uspostavljeno je više od 900 dosijea za političke ljude, od sela, pa preko članova PK, članova CK Srbije i CK Jugoslavije pa do svih vrsta poslanika, od pokrajinskih do saveznih. Sumnjivi su postali kadrovi koji su se na bilo koji način bavili političkim radom. Posebne mere su preduzimane prema inteligenciji iz redova Šiptara. U najtežem položaju bili su nastavnici šiptarskog jezika, književnosti i istorije. U jednom našem gradu krupno pitanje je postalo predavanje o jednom književniku, pesniku iz Albanije, koji pomalo liči na Petra Kočića, Ivana Cankara, Vasu Pelagića. Međutim, on je postao predmet Udbe i nije bilo dozvoljeno da se o njemu predaje u školama. Sve je to ostavilo svoje posledice. Bilo je i raznih inscenirnih procesa. Poseban problem za nas predstavljaju zloupotrebe izvršene nad građanima, koje predstavljaju krivična dela, a vršene su naročito u 1956. godini, a to se provlači sve do 1963. godine... Bilo je slučajeva praćenja, gonjenja, maltretiranja. Pravljeni su spiskovi ljudi koji su praćeni s ciljem kompromitovanja, političkih ucena. To je jako veliki spisak. Oko trideset hiljada ljudi je prošlo kroz ruke organa Udbe i milicije. Dobar deo ljudi koji su radili u SUP-u bili su iz redova Srba i Crnogoraca. Za Albance tamo nije bilo mesta. Ko zna ko se sve nalazi iz ove sale na tom spisku, ali karakteristično je tamo to da je to bio frontalan šovinistički napad...“

Bila je to, zapravo, šiptarska osveta za sve što je Udba činila na Kosmetu dvadeset i više godina. Naime, od oslobođenja, kada je konstituisan sistem bezbednosti, ovi organi policije i tajne službe su bili dužni da redovno i vanredno obaveštavaju partijske forume i nadležne državne organe o stanju bezbednosti na svojoj teritoriji. Ova dužnost bila je nešto šira pre 1966. godine, ali je Brionskim odlukama svedena na obaveštavanje političkog vrha samo o neprijateljskoj delatnosti kojom se ugrožava ustavni poredak. Ozna i Udba imali su, na primer, obavezu da povremeno, prilikom značajnijih partijskih odluka, državnih kongresa ili povodom govora istaknutih rukovodilaca, obaveštavaju partijski i državni vrh Jugoslavije o reagovanjima u javnosti po raznim kategorijama građana. Ova aktivnost je sprovođena zato što se osećao nedostatak opozicije, pa se zbog toga nije znalo šta misle građani o nekom pitanju. Zbog toga je Udba prikupljala podatke tajnim putem o komentarisanju građana povodom tih događaja ili pojava u društvu. Bili su retki slučajevi kada je Udba za područje republike ili cele zemlje organizovala tajno anketiranje građana i o njenom rezultatu izradila analize koje su dostavljane političkim korisnicima obaveštenja. Na primer, u godišnjem izveštaju Pokrajinskog sekretara za unutrašnje poslove Kosova i Metohije za 1965. godinu, između ostalog stoji:

„Smatramo da jedna pojava zaslužuje pažnju da bude posebno istaknuta. Radi se o pojavi iredentističkih strujanja u Pokrajini. Ona su utoliko opasnija, što se prilično dugo manifestuju legalnim formama, čak i kod društvenih i javnih radnika iz redova Šiptara. Nije redak slučaj da se iredentistička mišljenja provlače kroz škole, kroz nastavni plan i program, naučne radove, kroz odnose među ljudima i slično. Politički faktori su s vremena na vreme osuđivali ovu pojavu, ali se ipak na terenu, kod šiptarskog naroda, oseća izvesna tolerantnost... U osnovnim školama, srednjim stručnim školama, gimnazijama, učiteljskim školama omladina se legalno vaspitava nacionalistički, đacima se kroz nastavu uliva nacionalizam i raspiruje šovinizam prema ostalim jugoslovenskim narodima. Nastavnici šiptarske nacionalnosti intervenišu u većem broju jedan kod drugoga da učenicima Šiptarima daju prelazne ocene, iako gradivo nisu savladali, a to se motiviše potrebom stvaranja što većeg broja šiptarskog kadra u najkraćem roku, kako bi zauzeli rukovodeće položaje... U jednoj analizi ovog Sekretarijata u republici stoji da su neprijateljski nastrojeni Šiptari na Kosovu i Metohiji činili razne nedozvoljene radnje i vršili pritisak za iseljavanje iz Pokrajine srpskog i crnogorskog življa..."

(Iz knjige *Sprovođenje odluka IV sednice CK SKJ na Kosovu i Metohiji*, izdanje PK CKJ, Priština 1966. godine, strane 73 i 74).

Prikazani izveštaji predstavljaju u suštini sintezu obaveštajnih podataka prikupljenih na terenu Kosova i Metohije o raspoloženju i reagovanju ljudi na ono što se 1965. događa na ovim prostorima. Odlukama Brionskog plenuma zabranjeno je SDB-u da istražuje i bavi se sličnim poslovima od 1966. godine pa nadalje, čime su šiptarski separatisti dobili faktički odrešene ruke za antijugoslovensko i, posebno, antisrpsko delovanje.

Podaci koje je naveo Veli Deva, a koje su kasnije vrteli i ostali šiptarski funkcioneri, nisu odgovarali istini. Rajko Vidačić mi je pokazao službene podatke kosmetske Udbe, čiji je bio šef, iz kojih se vidi da je 1965. godine u tajnoj policiji postojala kartoteka za 22.038 lica. U dosijeima je bilo 15.501 Šiptar, 4.447 Srba, 1.398 Crnogoraca i 692 „ostalih". S tom lažnom pričom o ugrožavanju Kosmeta i Šiptara od izabranih Srba i Udbe kosovski kadrovi su se pojavili i pred Titom. On je naprosto aminovao tu šiptarsku optužnicu. Ranković i Srbi su optuženi za nacionalizam prema Albancima. Time je Tito omogućio Šiptarima da se revanširaju za suzbijanje balističkog pokreta, ali i doprineo polaganju albanskih kukavičjih jaja u Srbiji, na jednoj strani, a na drugoj je Tito direktno podsticao obračun među samim Srbima. Šiptarski napad na Beograd podržali su Ilija Vakić, Jovan Veselinov, Luka Vlahović, Dobrivoje Radosavljević, Stevan Doronjski. Suprotstavili su im se samo Jova Šotra, Kadri Raufi i Miloš Sekulović, ali su zbog toga brzo partijski kažnjeni. Razlozi za obračun nisu bili potrebni ni Šiptarima, a ni Srbima. Pomenute su akcije oduzimanja oružja kod Šiptara, zatim Prizrenski proces, prisluškivanje ministra šuma Mehmeda Hodže zbog sumnje da radi za albansku obaveštajnu službu i Ismeta Šaćirija, potpredsednika SSRN Srbije okrivljenog za silovanje maloletnice, kao i problem iseljavanja turskog življa na Bosfor. U to vreme načelnici tajne policije su bili Spasoje Đaković, zatim Rajko Vidačić, a ministar je bio Mićo Mijušković. Bili su to iskusni komunisti, prvoborci i policajci. Svi članovi PK SK Kosova i Metohije.

Pod kontrolom Jovana Veselinova i Fadilja Hodže na Kosmetu je formirana posebna Komisija za ispitivanje deformacija i zloupotrebe u radu Udbe, a zatim i slične komisije u Prištini, Kosovskoj Mitrovici, Peći, Đakovici, Prizrenu, Uroševcu i Gnjilanu. Šiptarska štampa je pokrenula pravi medijski rat protiv tajne policije, milicije i srpskih kadrova. Srbi su okrivljeni za dvadeset pet službenih ubistava u Udbi Đakovice. Kada je politički vrh Kosmeta počeo da sakuplja argumente za svoju antisrpsku kampanju, komisijama je, navodno, pristiglo 885 prijava, od toga 71 anonimna, protiv radnika državne bezbednosti. Podnosioci prijava protiv kosmetske tajne policije i njihovih radnika bili su većinom Šiptari i Turci, čak 763. Iz Drenice – 164, Đakovice – 114, Prištine – 112, Prizrena – 50, Peći – 44.

Kažem navodno, jer su sve one primljene zdravo za gotovo kao svojevrsna tužba protiv srpskih kadrova. Kao žrtve policije navođeni su samo Šiptari. Tako je čak zvučao, kaže Vojin Lukić u svojim memoarima, i podatak da je tih godina u Udbi na Kosmetu bilo zaposleno 58,3 odsto Srba, 28,3 odsto Crnogoraca i 13,3 odsto Šiptara. Vrlo brzo je, međutim, zaboravljena činjenica da su u tajnoj policiji radili Šaban Kajtazi kao pomoćnik ministra policije, Šalja Rezak kao načelnik kriminalističke uprave, a Mazlum Nimani i Misin Sanaja kao šefovi odeljenja u PSUP-u. Važni kadrovi te iste Udbe nekada su bili i Ali Šukrija, i Džavid Nimani i njegov brat Dževdžet Hamza, Enver Hodža, Memet Malići, Sabit Ćazim.

Sećajući se tih vremena Rajko Vidačić mi je rekao:

„... Sprovođenje odluka Brionskog plenuma na Kosmetu bilo je jednostrano, kampanjsko i maksimalno politizovano. Cilj je, zapravo, bio da se u PSUP dovedu sasvim novi ljudi. Na poslu su zadržani samo neaktivni operativci, koji se, navodno, nisu bili zamerili narodu. Veliki broj radnika je isključen iz Partije, a mnogi su oterani pre vremena u penziju: Mićo Mijušković, Stanislav Grković, Rajko Vidačić, Miroljub Parlić, Petar Čukić, Lazar Magovčević, načelnici u Udbi Kosova i referenti tajne policije Matija Trkulja, Vlada Vignjević, Drago Krkeljić, Vlada Šiljegović, Ilija Denić, Veljko Lekić, Mirko Zdravković, Aleksandar Nerandžić, Milan Furjanić, Sava Šurbatović, Aca Damjanović, Voja Čanović, Mile Vujović, Danilo Zelenović i Raif Spahija iz

Prištine. Uroš Ristić, Pera Papić, Aca Sinadinović, Blagoje Stevanović, Milorad Babić, Đura Budimir iz Uroševca; Milosav Blagojević, Jovan Pokuševski, Dragan Vuksanović, Bogoljub Radić, Milan Đurić, Stanko Cucurović, Milorad Elezović, Vjekoslav Savić iz Prizrena, i još četrdesetak načelnika i operativaca tajne službe iz čitave pokrajine.

„Vujo Vojvodić, načelnik policije u Peći, osuđen je na pet godina robije iz osvete jer je hvatao diverzante ubacivane iz Albanije na Kosmet. Mirko Ilić je okrivljen za ubistvo emigranta Ređe Derviša. Golub Dončić, operativac Udbe, ostao je bez posla jer je u stanu držao sliku svog dede s Karađorđevom zvezdom na grudima. Zajedno sa Srbima oterani su iz Udbe i vredni Šiptari, kao što su, na primer, bili Šerif Balja, šef tajne policije u Peći, i Hajri Đota, rukovodilac kontraobaveštajnog odeljenja u Udbi Kosmeta. Nas Srbe pokrajinsko rukovodstvo je, u dogovoru sa srpskim, odmah i iselilo iz Prištine. Tako je započelo kadrovsko, ali i etničko čišćenje policije, ali i Kosmeta od Srba. Izgovor je bio reorganizacija Udbe i smanjenje broja njenih radnika za čak pedeset odsto. Takav je bio i zvaničan zaključak te komisije. Glavni inspirator likvidacije Udbe na Kosmetu bio je Fadilj Hodža. Jovan Veselinov je već tada bio u Prištini. Pitao je pokrajinsko rukovodstvo da li imaju poverenje u kadrove iz policije. Ovi su odgovorili da nemaju. Onda ih je upitao koga predlažu za novog načelnika PSUP-a, a i kosovske Udbe. Fadilj Hodža mu je odgovorio da su najpogodniji Dževdet Hamza, za pokrajinskog sekretara, a Mehmet Šoš za rukovodioca Službe državne bezbednosti, jer su već radili u policiji. Hodža je prećutao podatak da su i Hamza i Šoš u PSUP-u bili kažnjavani zbog šumskih krađa, a i zbog saradnje sa albanskom tajnom službom Sigurimi. Mi zaposleni u PSUP-u nismo prisustvovali tom sastanku. Kada se završio, negde pred ponoć, susreo sam na stepeništu novog pokrajinskog ministra policije Dževdeta Hamzu. On mi se značajno obratio rečima: 'Razgovarao sam sa Slavkom Zečevićem, dobio si stan u Beogradu. Možeš da ideš da ga vidiš!' I otišao sam, zauvek, za Beograd.“

Zavera protiv Partije

U glavnom gradu, u to vreme, uhapšena grupa operativaca savezne Udbe, zatvorena u Sarajevskoj ulici, bila je podvrgnuta strogoj istrazi. Zatvor je vodio obaveštajac Branko Pavlica, a islednici su bili policajci

– Luka Šćepanović, Žika Jovanović, Joakim Šovša, Branko Damnjanović, Fehim Halilović, Marko Forte. Oni su svoje kolege optuživali za zaveru protiv Tita i Partije. Zaveru su, navodno, kovali u ribnjaku *Padinska Skela*, gde su se okupljali i policajci i političari. Živorada Paunovića i Dušana Nikolića, koji su uhapšeni u Maršalatu, saslušavali su na licu mesta, pod kontrolom KOS-a JNA. Sutradan je doveden „civilni" islednik Željko Galetović, ali su s njim bili i „stručnjaci" za prisluškivanje i ozvučavanje iz Slovenije i Hrvatske. Kako su obojica bili izloženi pritiscima i Milana i Ivana Miškovića, operativci Udbe nisu znali ko ih zapravo saslušava, SSUP ili JNA. Slična komisija za ispitivanje zloupotreba, ne samo u Udbi već i u čitavom SSUP-u, formirana je i u Beogradu. Njen predsednik je bio Obren Đorđević, koji je imao zadatak da utvrdi ko treba da napusti policiju, a ko treba da u njoj ostane. Kako Đorđević tvrdi, on se odlučio za razgovor s kolegama, i nije imao ideološke pretenzije, već čisto profesionalne. Posle takvog kadrovskog pretresa jugoslovenska i srpska policija je i faktički prepolovljena, jer je s posla izbačeno 2.500 službenika Udbe i SUP-a. Drugi zadatak koji je poveren ovim komisijama bio je da „preduzmu mere reorganizacije" tajne policije, odnosno naprave plan i program transformacije Udbe u Službu državne bezbednosti – SDB. Na Kosmetu je komisija tim povodom održala čak dvanaest sednica i utvrdila nacrt Zakona o unutrašnjim poslovima, nacrt Zakona o državnoj bezbednosti, unutrašnju organizaciju i okvire sistematizacije radnih mesta u SDB Kosmeta, delokrug i nadležnost policije i tajne službe, rešenje kadrovskih pitanja u resoru državne bezbednosti. U kosmetskoj Službi državne bezbednosti odmah je zaposlen veliki broj Šiptara, tako da je njihovo učešće među radnicima skočilo na čitavih 45 odsto.

Osnovnim zakonom o unutrašnjim poslovima 1966. godine utvrđeno je da poslove bezbednosti na nivou SFRJ obavljaju samo dve službe – javna i tajna. Služba državne bezbednosti je tada definisana kao specijalizovana služba za otkrivanje organizovane i tajne delatnosti pojedinaca, grupa i organizacija, kao i stranih obaveštajnih službi koje su usmerene na podrivanje ili rušenje ustavom utvrđenog poretka. Posebno su navedena ograničenja ovlašćenja SDB, ali i uvedena kontrola tajne službe preko posebnih komisija savezne i republičkih skupština. Prvi ljudi državne bezbednosti u Srbiji, od 1946. do Četvrtog plenuma CK SKJ, bili su i Milorad Milatović, general, pedesetih godina Vladan Bojanić, profesionalac, Srećko Milošević, policajac, kadrovik poreklom iz Čačka, i šezdesetih Dragoslav Novaković zvani

Muta, pređašnji ministar policije na Kosmetu. Dok su u beogradskoj upravi Udbe načelnici bili Miloš Minić, Veljko Mićunović, Jovo Kapičić, Svetolik Lazarević, Vojin Lukić, Životije Srba Savić i Slavko Glumac. Jugoslovensku tajnu policiju od 1946. do 1966. godine vodili su Svetislav Ćeća Stefanović, Veljko Mićunović, Edo Brajnik, Miša Lukić.

Posle Brionskog plenuma u Srbiji su glavne pozicije u Državnoj bezbednosti dobili ljudi koji su sedeli u komisijama i sudili operativcima i rukovodiocima Udbe. Branko Damjanović je ostao u SDB Jugoslavije, a Rajko Đaković je odmah postavljen za načelnika SDB Srbije. Podršku mu je dao Dobrivoje Bobi Radosavljević, predsednik CK SK Srbije. Đaković nije bio profesionalni policajac, već profesionalni političar. Rođen je 1922. u Vojniću kod Karlovca. Prvoborac, član Partije od 1944. Posle rata sekretar OK SK u Čukarici, Paraćinu, Kragujevcu, Trsteniku i Boru do 1959. godine, zatim predsednik Organizacione komisije CK SK Srbije, odakle odlazi na mesto načelnika srpske tajne policije. Za zamenika je postavljen Milorad Bisić, dok je Milisav Đurić imenovan za prvog čoveka beogradske Službe državne bezbednosti. Novi ministar srpske policije postao je Slavko Zečević. Novopostavljeni šefovi nastavili su da prate, saslušavaju i gone penzionisane radnike Udbe. Sâm Rajko Đaković bio je ubeđen da je Aleksandar Ranković odgovoran za izrastanje Udbe u centar moći iznad društva. U tome je on video razloge narodnog zaziranja i od Udbe, ali i od samih Srba, s obzirom na to da su oni držali ključne pozicije u saveznoj tajnoj službi. Tim merama, koje su predložene republičkoj komisiji i usvojene, početkom 1967. godine je načinjen prvi korak ka decentralizaciji, odnosno ka republikanizaciji i pokrajinizaciji sistema bezbednosti u SFRJ. Reorganizacija Udbe 1966. godine i posledice političke kampanje koje su vođene u društvu protiv nje imala je, videćemo, kasnije kobne posledice po bezbednost naše zemlje.

ŠPIJUNI S DOZVOLOM

Obavljanje diplomatskih poslova nikada se ne može generalno izjednačiti sa obaveštajnom aktivnošću, iako se kroz čitavu istoriju diplomatije provlači neminovno i priča o međunarodnoj špijunaži. Na Dalekom istoku diplomate su se uvek smatrale špijunima s državnim imunitetom, pa su i države svoja diplomatska i konzularna predstavništva koristila kao legalne centrale civilnih i vojnih obaveštajnih službi. Tu praksu negovali su posebno Španci. Do sredine šesnaestog veka, engleska tajna služba se u inostranstvu oslanjala u radu isključivo na britanske ambasade i konzulate. Tek sa dolaskom ser Fransisa Vašingtona na čelo engleskih obaveštajaca tajna služba je udaljena od britanske diplomatije, ali je i dalje ostala u njoj s jednim svojim odeljenjem. Mnoge države i danas imaju svoje obaveštajne službe u sastavu ministarstava inostranih poslova, pa se zato u političkom životu i u praksi vrlo često mogu sresti ljudi koji veruju da je diplomatija delatnost legalnih špijuna. Takvu diplomatsku agenturu imale su i stara i nova Jugoslavija, jer je i naša zemlja želela da koristeći državnički imunitet nesmetano špijunira svoje susede i prijatelje u svetu. Naime, kako Bečka konvencija o diplomatskim odnosima daje određene privilegije stranim predstavnicima, pre svega u smeštaju, korišćenju zastave, grba, svojih prostorija, nepovredivosti prostorija, nepovredivosti pošte, arhiva i dokumenata, a potom i same slobode kretanja i opštenja u inostranstvu, to se samim tim i stiču idealni uslovi za rad tajne službe. Svaka zemlja svoje ambasade i konzulate danas koristi kao centar za prikupljanje, obradu i slanje informacija. Mnoge od tih informacija su javne i legalne, ali mnoge i tajne i ilegalne, pa se s toga prećutno sva strana diplomatska i privredna predstavništva smatraju špijunskim gnezdima koja treba nadgledati. Ta aktivnost se organizuje, uglavnom, na dva načina. Ili tajna služba preko ministarstva policije ulazi u ministarstvo inostranih poslova i organizuje stvaranje agenture, ili sama ministarstva za spoljne poslove organizuju sopstvenu obaveštajnu službu. Britanci, na primer, imaju i samostalnu diplomatsku tajnu službu, dok Amerikanci za diplomatsko špijuniranje koriste CIA. Doduše, Amerikanci imaju Ured za obaveštavanje i priučavanje pri Kabinetu državnog sekretara, koji je najčešće i ministar spoljnih poslova, ali je sa 350 zaposlenih to pre informativni servis nego li tajna služba američke diplomatije.

Jugoslovenska obaveštajna služba pri Ministarstvu inostranih poslova DFJ stvorena je 1952. godine, ugrađivanjem Prvog odeljenja tadašnje Uprave državne bezbednosti u diplomatiju. Sa prelaskom obaveštajnih poslova u MIP, u MUP-u FNRJ formiran je prvi samostalni odsek koji je organizovao obaveštajnu aktivnost prema istočnoevropskim državama. A to znači da je od pedesetih godina FNRJ počela da špijunira i SSSR i druge zemlje komunizma. Diplomatska tajna služba dobila je tom prilikom, radi kamuflaže, zvaničan naziv Odsek za analizu i dokumentaciju MIP-a. Sami činovnici su je zvali Koordinaciono odeljenje, ali ostali zaposleni u MIP-u su je radije, kako svedoči Anton Duhaček, jednostavno zvali – Četvrti sprat. Odluku o tome da se udbaši pozajme Ministarstvu inostranih poslova formulisao je Edvard Kardelj još 1951. godine, a u naređenje pretvorio CK KPJ. Drug Bevc je postavio organizacionu šemu i način funkcionisanja obaveštajne službe MIP-a i to po uzoru na sovjetski sistem obaveštajne službe, pa se zato može reći da je Kardelj i tvorac jugoslovenske diplomatske špijunaže. Izbor policijskih kadrova za diplomatiju izvršio je Veljko Mićunović, tada pomoćnik ministra unutrašnjih poslova Jugoslavije, a potom postavljen za pomoćnika ministra spoljnih poslova FNRJ. Prvi obaveštajci koji su prešli iz Udbe u tu diplomatsku obaveštajnu službu bili su Mario Barišić i Icko Miljković. Posle njih prešlo je još četrdeset troje operativaca: Aleksandar Demajo, Nijaz Dizdarević, Osman Đikić, Arso Milatović, Gojko Božović. Tačnije, celo prvo odeljenje Udbe s načelnikom Veljkom Mićunovićem. Sâm prelazak iz MUP-a u MIP mnogi obaveštajci prihvatili su teško, jer su, kako tvrdi Anton Duhaček – iskusni diplomata, operativci Udbe bili faktički vojnički kadrovi. A diplomatija je tražila školovane i visprene civile. Taj posao je zato obavljen pukim naređenjem.

Iz tajne policije Jugoslavije uzeti su najstariji i najiskusniji kadrovi, stari borci, prvoborci, narodni heroji, pukovnici Udbe i prekvalifikovani u diplomatske špijune. Takva sudbina je zadesila Veljka Milatovića, Zvonka Graheka, Budimira Lončara, Dragoslava Pejića. Prvi je bio obaveštajni referent za Italiju, drugi referent za Francusku, treći analitičar. Za načelnika jugoslovenske diplomatske tajne službe postavljen je Antun Vratuša, zvani Vran, a za zamenika Ranko Zec. Vratuša je rođen 1915. godine u Murskoj Soboti ; doktorirao filozofiju u Ljubljani, prvoborac, član KPJ od 1943. Iz rata je izašao s činom pukovnika. Radio je u vojnoj obaveštajnoj službi, da bi kasnije bio prebačen u Udbu za zamenika načelnika odeljenja. Odatle je po volji Edvarda Kardelja imenovan za šefa diplomatske tajne službe, odakle je zbog nesposobnosti ubrzo prebačen u Obaveštajnu službu armije. Na njegovo mesto došao je Ranko Zec, koji je u to vreme bio glavni rezident MIP-a u Rumuniji. Njega je imenovao Aleksandar Ranković, kome je on lično i odgovarao za rad obaveštajne službe jugoslovenske diplomatije.

Ta nova jugoslovenska obaveštajna služba pri MIP-u imala je tri glavna sektora svog rada. Prvi sektor za referate predstavljao je centar za prikupljanje informacija o značajnim zemljama sveta od SAD, preko Francuske do SSSR-a. Tom grupom obaveštajaca rukovodio je u početku Dragutin Drago Rafaj, zamenik šefa ove obaveštajne službe. Hrvat iz Budinšćine, rođen 1920. Studirao je prava u Beogradu. Komunista od 1940. Partijski sekretar u Zaboku i Krapini. Prvoborac. Partizanski komesar, pripadnik Ozne Hrvatske i tajne policije Jugoslavije. U diplomatiju je ušao 1949. godine. Kada je Rafaj nekoliko meseci kasnije preuzeo mesto prvog sekretara u Ambasadi FNRJ u Bukureštu, na njegovo mesto došao je Krešo Majer. A potom su načelnici prvog sektora još bili Anton Duhaček i Slobodan Borisavljević. Na mestima referenata za pojedine zemlje radili su Zvonko Komarica, Dragan Bernardić, Tode Vardžinski, Mato Horvatić, Ivo Robić, Milan Matijašević, Rafael Tabor, Miro Zatović, Božo Dimitrijević, Nedeljko Zorić.

Drugi sektor za analitiku bavio se obradom informacija koje su dolazile od diplomatskih obaveštajaca, ambasada i konzulata iz sveta i prezentacijom u specijalnim biltenima za članove MIP-a, ali i političkog vrha Jugoslavije. Prvi šef ovog odeljenja bio je Zvonko Grahek, a posle njega, duže vreme, kako tvrdi Anton Duhaček, tu funkciju je obavljao Budimir Lončar, zvani Leka. On je rođen Zadru 1924. Završio je gimnaziju i otišao u rat 1942. godine. Do 1949. godine radio je u Jugoslovenskoj armiji kao obaveštajac, da bi 1950. bio poslat u diplomatiju, gde je bio i generalni konzul u Njujorku, i ambasador u Indoneziji, i savetnik državnog sekretara, a osamdesetih godina i ministar spoljnih poslova. Zajedno s njim u drugom sektoru radili su pedesetih i šezdesetih godina još i Milivoje Maksić, Nace Golob, Živojin Jazić, Milan Zupan, Branko Mikašinović, Davor Kostanjšek.

Treći sektor obrađivao je jugoslovensku emigraciju. Kako su se rukovodioci ovog odeljenja često menjali, to su, tvrdi Duhaček, u njemu šefovali Vaso Jovanović, Vesko Martinović, Ivo Robić. Zvonko Lucić je naimenovan šezdesetih godina, kada je povučen s mesta rezidenta tajne službe u Beču. A pre toga je radio kao obaveštajac u Trstu i bio zadužen za praćenje srpskog emigranta Dragoljuba Vurdelje. Emigraciju su kao operativci još pratili i Mališa Sekulović, Aco Olujić, Dušan Laličić, Veselin Bakić, Lazo Žarković, Duško Grujić, Branko Tintor, koji je osamdesetih godina postao i načelnik čitave obaveštajne službe MIP-a. Taj sektor je bio jedan od najagresivnijih u diplomatskoj tajnoj službi. Početkom šezdesetih njegovi operativci su u Italiji i Austriji, na primer, izveli čak četrnaest obaveštajnih akcija protiv jugoslovenske emigracije.

Četvrti sektor činila je ekonomska obaveštajna služba zadužena samo za sakupljanje i analizu privrednih i finansijskih podataka važnih za Jugoslaviju zbog pregovora oko trgovačkih i bankarskih angažmana u svetu. Šef ovog odeljenja dugo je bio Momčilo Sibinović. Rođen je 1919. godine u Bučju kod Knjaževca. Nosilac je Partizanske spomenice, politički radnik u Timočkom regionu. Posle oslobođenja radio je u Ministarstvu unutrašnjih poslova FNRJ, odakle je premešten 1950. u Ministarstvo inostranih poslova. Sedamnaest godina je proveo u diplomatiji, potom kao generalni konzul u Nemačkoj i ambasador u Finskoj. Njegov zamenik bio je Rade Trošt. Na privrednoj špijunaži u MIP-u radili su još i Drago Flis, Mihajlo Stevović, Saša Lončarević, Mladen Klenjak, Boro Rafajlovski, Dušan Kostić. Diplomatska obaveštajna služba Jugoslavije imala je u svom sastavu i arhivu, koju je dugo vodila Marica Glumčić, pa prevodilačku službu i daktilo-biro. Tih pedesetih godina u inostranstvu je MIP imao sedamdesetak svojih obaveštajaca, raspoređenih u dvadesetak centara i osam konzulata sa po tri do pet špijuna. Šezdesetih godina imali smo već 115 agenata u trideset dva centra u svetu. U nekim manje interesantnim državama imali smo samo po jednog diplomatskog agenta, ali i po nekoliko saradnika. Njihova šifrovana imena su bila: „Meri", „Antonesku", „Šifrant", „Partijac", „Belgijanac", „Šef kabineta", „Načelnik".

Svi naši rezidenti

Uspeh u radu diplomatske obaveštajne službe uvek je zavisio od stepena obučenosti i pripremljenosti ambasadora i konzula da budu istovremeno i obaveštajci. Ta vrsta špijunskih kadrova u mnogim zemljama stvarana je na dva načina: ili školovanjem u sopstvenim diplomatskim školama ili preuzimanjem iz drugih državnih institucija. Jugoslavija je u početku stvarala diplomatsku agenturu od pozajmljenih operativaca iz Udbe, ali kasnije i od privrednih i novinskih predstavnika u inostranstvu. Jedna od tih firmi za legalizovanu špijunažu bio je i *ZAMTES*, a potom *INA, Geneks, Astra, JAT*. Među ljudima koji su pod firmom biznismena sakupljali privredne informacije bili su, na primer, Drago Rafaj, Ratko Dražević i Slobodan Bata Todorović. Taj sektor je kasnije uspešno u MIP-u, kako tvrdi Anton Duhaček, vodio Miloš Krstić. Dok su među novinarima-dopisnicima najaktivniji kao obaveštajci MIP-a bili, na primer, Đuka Julijus, Jurij Gustinčić, Leon Davičo, Vojo Đukić, Zoran Žujović, Žarko Stojanović, Faik Dizdarević, Pero Ivačić, Aleksandar Prlja, Joco Mesarović i posebno Josip Vrhovec, dopisnik *Vjesnika* iz Amerike. U samim ambasadama ili konzulatima obaveštajnu službu su vodili glavni rezidenti, ljudi koji su imali sopstvenu špijunsku mrežu u inostranstvu, dok su vojnu službu predstavljali vojni atašei. Negde je to bio i sâm ambasador ili generalni konzul, a negde tajni agenti sa izmišljenim titulama savetnika radi pokrića obaveštajnog posla. Jugoslovenska obaveštajna služba pri Ministarstvu inostranih poslova imala je početkom šezdesetih godina budžet od 350.000 dolara i zvanično registrovanog 241 agenta. Provaljeni su bili samo dvojica: Maks Kadunc 1953. godine u Parizu i Smiljan Pećak u Londonu. Jugoslovenski agenti su od 1946. do 1960. preko obaveštajnih centara u Londonu, Parizu, Bonu, Rimu i Bukureštu pokušali da vrbuju 330 stranaca. Po nekim procenama Odsek za analizu i dokumentaciju MIP-a bio je peta obaveštajna sila u svetu. Sa svojom špijunskom mrežom MIP Jugoslavije je pokrivao sve svetske centre političke moći i diplomatske institucije od OUN do NATO. Najčvršću poziciju naši obaveštajci imali su u austrijskom Ministarstvu spoljnih poslova, gde su se uglavili još 1948. Na tim visokim mestima naša diplomatska tajna služba imala je dvanaest svojih agenata, od čega su neki bili profesionalni političari, pa čak i ambasadori stranih zemalja. Početkom šezdesetih diplomatska tajna služba je samo u susednim državama izvela trideset tri operativne akcije, od čega najviše u Italiji – četrnaest.

Jugoslovenska praksa je bila takva da su generalni konzuli ili savetnici bili glavni rezidenti obaveštajne službe. Ta uloga nije bila namenjena ambasadorima, zbog toga što su oni kao političke ličnosti bili preopterećeni poslom, a i pod stalnom kontrolom obaveštajnih službi zemlje domaćina. Zvonko Komarica je, na primer, bio obaveštajac diplomata, odnosno rezident u Indiji, a Slobodan Borisavljević u Mađarskoj. Aleksandar Demajo je držao London, Raif Dizdarević je bio rezident u Pragu, Veljko Milatović u Varšavi. Takav status su imali i Boško Vidaković, Kreša Majer, Momčilo Peleš, Vesko Martinović, Momčilo Sibinović, Dragan Bernardić, Pule Prokić, Mija Krdžić i Anton Duhaček. Prokić se proslavio svojim obaveštajnim akcijama u Rumuniji. Sâm Duhaček, koji je rođen u Okučanima 1924, bio je od 1944. u vojnim obaveštajnim organima, gde je s jedinicama Knoja vodio bitku protiv državnih neprijatelja. Posle rata upućen je u pariski obaveštajni centar, da bi 1955. bio vraćen u MIP u tzv. Koordinaciono odeljenje. Tu je postao šef Centra za organizaciju obaveštajne službe MIP-a širom sveta. Odatle je slat za rezidenta u Atinu i London. Da bi se u inostranstvu izmaklo toj kontroli domaćih tajnih službi, Jugoslavija je često pod firmom privrednog predstavništva otvarala špijunske centre. Tako je u Rijeci nastao „Centar 13" za okupljanje i obradu jugoslovenskih mornara preko kojih se dolazilo do interesantnih privrednih, ali i političkih informacija. Taj centar neko vreme su vodili Vojko Pavičić, Zvonko Rus i Perica Kuiš. Kako se postajalo obaveštajac u diplomatiji govori i sudbina Bate Tomaševića:

„Veljko Mićunović me je tražio. Bio je šef Ozne Beograda, a u ratu ja sam mu dve godine bio pratilac. Ponekad me je morao nositi, imao sam tada svega 13 godina. Bio sam takoreći slep u službi jedne velike ideje. Kad sam demobilisan iz Ozne za Beograd, prebacili su me u Ministarstvo inostranih poslova za kurira u strogo pov. odeljenje. Po dvojica smo putovali naoružani vozom po tadašnjoj srušenoj Evropi i obilazili naše vojne misije i poslanstva da im uručimo diplomatsku poštu. Iako sam bio u partizanskoj uniformi, nikad me niko nije napao. Mi smo, ipak, bili saveznički, pobednički vojnici. Onda su me poslali u London. Vladimir Velebit je bio naš ambasador. Ja sam vodio sektor emigracije, šta ko protiv nas radi. Bili smo izmislili zakon da nijedan emigrant ne može da reši svoje pitanje u zemlji, da dobije krštenicu, da se oženi, da neku imovinu na nekoga prenese, dok ne dođe lično u ambasadu. A ja sam ga tamo čekao: odakle ste, gde živite, koliko vas ima, šta radite, čime se bavite? Naravno, čineći im razne preko potrebne usluge, želeli smo da ih vrbujemo. U Engleskoj je princ Pavle živeo druga vrata od naše ambasade. Poštaru sam rekao da kad god nešto ima za Jugoslaviju, pa i za jugoslovenskog princa, da poštu kod nas ostavi, jer je tobože tako sigurnije. Svašta se tada radilo. Mislilo se da je to veoma korisno za zemlju. Sretao sam se skoro svakodnevno na ulici s princem Pavlom, pozdravljali smo se i nije imao pojma šta mu radimo. Bio sam sasvim zatvoren, i nije mogao niko da me impresionira ko nije pripadao mojoj partiji. S mržnjom sam posmatrao sve što nije bilo partizansko.

„Mi smo tada bili cenjeni saveznici. Kada je Tito dolazio u Englesku, kraljica je lično došla da ga pozdravi u luci. Mi smo s engleskom policijom dugo pripremali tu posetu. Dali smo im imena svih sumnjivih po celoj Engleskoj, koji nekoliko dana nisu smeli da napuštaju svoje mesto i morali su se javljati i svaki sat, da ne bi bili isterani iz Engleske. Tako su time poplašili četnike da se posle toga nikad nisu oporavili. Čak i ovi koji su dolazili kod nas u ambasadu i psovali im majku englesku i govorili da su ih prodali Titu. U Engleskoj sam završio karijeru kada sam upoznao moju buduću suprugu. Rešio sam da se oženim svojom koleginicom 1958, ali to nije bilo moguće. Ambasador Ivo Vejvoda mi je rekao da mi on ne može dati dozvolu. Budimir Lončar je dolazio u London i savetovao me kako to ne bi bilo dobro, jer mene planiraju za Japan, da sam iz partizanske porodice i da imaju malo takvih kadrova i slično, da bi me uvek gledali popreko ovde u Jugoslaviji. Da bi me stalno pratili, ne bi mi više verovali kad bih se oženio strankinjom. Kažem: „Pa ko bi me pratio?" Kaže: „Udba!" „Pa neka me prati, to joj je i posao." Ali diplomatsku službu bi morao da napustiš. I tako je i bilo, nisi mogao biti poverljivi diplomata i biti oženjen strankinjom."

Indikativno je da je diplomatska obaveštajna služba Jugoslavije bila, kao i sve ostale tajne službe FNRJ, dobro opremljena hrvatskim i slovenačkim kadrovima. A najslabije srpskim operativcima. Najjači i najpoznatiji među njima bio je Ranko Zec, Srbin iz Slavonije, čovek za koga se tvrdi da je 1963. preko svojih obaveštajaca izazvao raskol u Srpskoj pravoslavnoj crkvi Srbije i Amerike. Godine 1952, prilikom preuzimanja kadrova iz MUP-a, u MIP je prešao dvadeset jedan obaveštajac poreklom iz Hrvatske. Kada se sredinom godine to Koordinaciono odeljenje MIP-a konstituisalo, od 152 obaveštajca, koliko ih je bilo, 46 su bili iz Hrvatske. Njih dvadeset troje je sačekalo Četvrti plenum u MIP-u i zdušno se obračunavalo sa Udbom i Aleksandrom Rankovićem. Po mišljenju Antona Duhačeka, bili su to, uglavnom kadrovi Edvarda Kardelja i Ivana Steva Krajačića. A pre svih Budimir Lončar, Dragan Bernardić, Zdenko Svete, Zvonko Komarica, Jakša

Bučević, Čedo Crlje, Nikola Žic, Mladen Klenjak, Obren Ružić, Drago Rožman i Josip Vrhovec, kasnije i ministar spoljnih poslova SFRJ. Kardelj je lično, na primer, iz Ljubljane doveo u MIP Čiku Vodušeka, obaveštajca VOS-a, za koga se sumnjalo i dokazalo da je radio za englesku tajnu službu. Pa ipak, takav čovek je postavljen za šefa kabineta ministra inostranih poslova Koče Popovića.

Krajačićev špijun

Krajačićev špijun kod ministra Marka Nikezića bio je Zdenko Svete, koji je, takođe, postavljen za šefa kabineta prvog čoveka MIP-a Jugoslavije. Svete je rođen u Bosanskom Brodu 1924. godine. Prvoborac, funkcioner SKOJ-a do oslobođenja, a potom načelnik odeljenja Ozne za Bjelovar i sekretar OKSK u ovom gradu. U diplomatiju ga je uputio Stevo Krajačić. Završio je Novinarsko-diplomatsku visoku školu u Beogradu, a karijeru je završio kao ambasador u Kraljevini Maroko i kao ambasador u Vatikanu. Većina ovih diplomatskih obaveštajaca se kasnije, sedamdesetih godina, opredelila za nacionalizam i hrvatsku državnost. A dva bivša ministra, Lončar i Vrhovec su aktivno 1991. učestvovali u razbijanju druge Jugoslavije i stvaranju nove Hrvatske. Dok je Budimir Lončar našao posao u OUN i otputovao u Indoneziju, Josip Vrhovec je penzionisan, ali je Zdenko Svete postao specijalni savetnik vrhovnika dr Franje Tuđmana i kardinala Franje Kuharića. Za svu trojicu Služba informacija i dokumentacije – SID, a i Služba državne bezbednosti – SDB imale su podatke da su stupali u kontakt sa stranim obaveštajnim službama. Lončar sa Englezima, Vrhovec sa Amerikancima, a Svete s Nemcima. Kako protiv takvih aktivnosti nije učinjeno ništa na kontraobaveštajnom planu, bilo je lako samo konstatovati da su rukovodioci SSIP-a bili, zapravo, dvostruki špijuni. O tim sumnjama bivši inspektor SSUP-a, danas advokat, Nebojša Pavlović kaže:

„... Još kao službenik SSUP-a 1981. godine upoznao sam jednog našeg stručnjaka, koji je radio u Nemačkoj, u *Nekermanu*. To je razvojni centar Nemačke obaveštajne službe, nešto kao naš Institut bezbednosti. Taj stručnjak je 1979. godine dobio od svog kolege Nemca dvadeset strana materijala na srpskom jeziku s potpunim opisom stanja svakog agenta JNA. Nemac ga je zamolio da mu prevede nekih tridesetak reči, kumivši ga da o tome nikome ništa ne kaže. U jednoj fusnoti je pisalo da je materijal za BND prosledio Vrhovec. Prirodno, naš čovek je taj materijal fotokopirao i tek dve godine kasnije, usudio se da ga iznese iz Nemačke. Ja sam taj materijal dobio i povezao se s Nedeljkom Boškovićem, tada načelnikom jednog sektora vojne bezbednosti JNA. Kada je on to pregledao, rekao mi je: 'Ovako nešto se dobija jednom u pedeset godina.' Materijal je prosleđen hrvatskom ministru policije Pavlu Gažiju, jednom poštenom čoveku i komunisti, koji je bio spreman da hapsi Josipa Vrhovca. Nekako je, međutim, glas o tome stigao do Anta Markovića, tada premijera Hrvatske, i Gaži je smenjen. Kasnije je taj slučaj opet oživljen u Beogradu, ali je Zdravko Mustač zataškao izdaju Josipa Vrhovca. Ja verujem da su tada u Beogradu postojali jaki repovi hrvatskog lobija, koji je imao veliku ulogu u dezintegraciji ovih jugoslovenskih prostora...''

Pavlović ne govori, međutim, ništa o akciji SDB Jugoslavije, koja je tih godina uz pomoć grupe beogradskih majstora za otvaranje stanova i kasa došla do dva kofera poverljivih dokumenata Josipa Vrhovca. Dokumenta su uzeta tajno iz Vrhovčevog stana u Zagrebu i donesena u Beograd. Iz dokumenata se videlo ne samo da je Josip Vrhovec bio agent CIA, već i da je bio aktivan učesnik mnogih dogovora u Zagrebu, Ljubljani, Bonu i Vašingtonu o rušenju SFRJ. Grupa specijalno angažovanih momaka iz Beograda za ovaj posao, prilikom povratka u glavni grad Jugoslavije avionom iz Zagreba, uhapšena je na aerodromu Surčin, jer se neko iz političkog vrha države predomislio i želeo da spreči otvaranje dosijea Josip Vrhovec. Kako su, međutim, tajna dokumenta iz Vrhovčevog stana bila dopremljena u Beograd automobilom, hapšenjem provalnika jugoslovenska policija i čelnici nisu došli do tog materijala, koji je kasnije sama SDB Jugoslavije prosledila Predsedništvu SFRJ na čuvanje.

Još u vreme formiranja Odseka za analizu i dokumentaciju došlo je, prvo po kadrovskim, a posle i po političkim pitanjima do sukoba između jugoslovenske Udbe, republičkih Udbi, armijske Kontraobaveštajne službe i tajnih službi Beograda, Zagreba, Ljubljane i Skoplja. Naime, svaka od ovih službi želela je da se dokopa pokoje važne pozicije u inostranstvu kako bi mogla da obavlja svoj (kontra)obaveštajni posao. Najveća gužva među jugoslovenskim službama i njihovim špijunima je bila oko jugoslovenske emigracije, za koju su mnogi šefovi Udbe smatrali da ne treba da spada pod tretman MIP-a već MUP-a. Sukob je izbio i oko raspodele obaveza obaveštajne i kontraobaveštajne službe u samom Ministarstvu inostranih poslova. Kontraobaveštajce u MIP-u je vodio Raša Radović. Čelnici MIP-a Koča Popović, Veljko Mićunović i Miša Pavićević nisu, na primer, uopšte razlikovali defanzivnu i ofanzivnu suštinu ove dve službe, pa se zato nisu ni slagali oko predloga za njihovo razdvajanje i vraćanje kontraobaveštajaca u MUP. Načelnik diplomatske tajne službe Ranko Zec je u više navrata oko toga razgovarao sa Aleksandrom Rankovićem, ali MUP se nije složio s time. Njegova ideja je bila da formira savezno koordinaciono telo za sve tajne službe u zemlji i na taj način da izvrši novu centralizaciju državne bezbednosti. Tome su se suprotstavili Kardelj i Bakarić, a i sâm Edo Brajnik, funkcioner u Upravi državne bezbednosti. Cilj rukovodilaca Udbe je, naime, bio da preko kontraobaveštajne službe u MIP-u provere diplomatsko osoblje i da tako dolaze do kompromitujućih podataka o jugoslovenskim ambasadorima, konzulima, referentima, koji bi mogli da ukažu na njihovu obaveštajnu aktivnost za neku stranu zemlju. To je, međutim, kako tvrdi Duhaček, mnogo puta zloupotrebljavano za politička ogovaranja, sumnjičenja i klevetanja, koja su čak dovodila do smene i naglog penzionisanja mnogih srpskih kadrova u MIP-u. Tako su nastradali Miloš Lalović, ambasador u Libanu, Dušan Čalić, ambasador u Mađarskoj, general Gojko Nikoliš, ambasador u Indiji. Kontraobaveštajce u Ministarstvu inostranih poslova vodili su, posle Raše Radovića, Nikola Mandić, pa Živko Jošilo, zatim Mirko Pandurović, Milutin Popović, Nikola Krajnović, Duško Karić i 1965. Žikica Stojanović. Tu politiku intriga protiv Srba u MIP-u su dirigovali Edvard Kardelj i Vladimir Bakarić, preko svojih ljudi u federalnom MUP-u koji su imali uticaja na jugoslovensku diplomatiju i njenu obaveštajnu službu. Prvo su za to koristili Eda Brajnika, tada zamenika načelnika slovenačke tajne policije, a potom i Ivana Krajačića, hrvatskog ministra policije. Njihovi džokeri šezdesetih godina u Beogradu su bili iskusni i poznati obaveštajci general Maksimilijan Baće, načelnik I Uprave MIP-a, Zdenka Kidrič, general Ivan Mišković, zamenik načelnika KOS-a, njegov brat Milan Mišković, s lažnim prezimenom Miškovski – tada ministar makedonske policije, Mihajlo Bata Javorski, Veljko Mićunović, načelnik diplomatske tajne službe, njegov naslednik Milorad Pešić, Arsa Milatović, Veljko Milatović i Jovan Kapičić. Svi oni su na svoj način dali doprinos rušenju Aleksandra Rankovića i razbijanja Uprave državne bezbednosti Jugoslavije na Brionskom plenumu. Uostalom baš iz MIP-a je u svet, samo tri nedelje pre Četvrtog plenuma CK SKJ 1966, otišla informacija svim ambasadama da će u zemlji doći do Brionskog plenuma, do velikih kadrovskih promena i da je „... potpredsednik Republike Aleksandar Ranković oslobođen svih funkcija...". Za to je većina njih bila nagrađena ambasadorskim mestima širom sveta.

Najagresivniji među njima bio je Veljko Mićunović, koji je bio besan zbog izgubljenih pozicija u saveznoj policiji. Naime, on je očekivao da će biti imenovan za Rankovićevog zamenika, ali je ta funkcija dodeljena Svetislavu Stefanoviću Ćeći. Mićunović je bio samo načelnik Prvog odseka uprave državne bezbednosti. Sa te funkcije je otišao u Moskvu za ambasadora, ali Rankoviću i Stefanoviću nije zaboravio „uslugu". Kako se seća Duhaček, negde 1962. godine Mićunović je na sastanku Kolegijuma MIP-a oštro napao Udbu i diplomatsku obaveštajnu službu. U tome ga je podržao i Jakša Petrić, dok je ministar Koča Popović bio ravnodušan, jer ni on nije podnosio obaveštajce i kontraobaveštajce u ministarstvu. Kada je posle nekoliko dana Ranko Zec, šef agenture to ispričao generalu Gošnjaku, ovaj mu je objasnio da je to bio zapravo napad na Rankovića.

Finalni obračun

Taj obračun finiširan je 1966. organizovanom likvidacijom srpskih kadrova u Odseku za analizu i dokumentaciju MIP-a Jugoslavije. Tada je napravljen spisak od trideset šest obaveštajaca koji su morali da napuste MIP. Taj posao vodili su Srđa Prica, kao predsednik Komisije za ispitivanje zloupotreba Udbe u MIP-u, i članovi komisije Sveto Vučić, Obren Ružić, Raša Stakić, Milan Zupan, Slobodan Martinović, Olga Strujić, Blagoje Popovski, Ladislav Bruner. Uz podršku Mihajla Javorskog, koji je po planu iz 1965. trebalo da bude novi šef obaveštajne službe u MIP-u, i Milorada Pešića, koji je na kratko 1966. godine postao i načelnik diplomatske agenture u Beogradu. Javorski je bio stari partijski kadar. Rođen je 1917. u Sremskoj Mitrovici. Komunista od 1937. Student prava u Beogradu i Zagrebu. Prvoborac, politički radnik malog kalibra. Savetnik Poslanstva DFJ u Mađarskoj, pa šef agenture i opunomoćeni ministar u MIP-u, ambasador u Belgiji, Italiji i Grčkoj. Karijeru je okončao 1969. kao pomoćnik ministra inostranih poslova. Za vreme njegovog mandata šef analitike u Odseku za analizu i dokumentaciju bio je Budimir Lončar. Novi načelnik diplomatske obaveštajne službe od 1966. godine, koja je posle Četvrtog plenuma CK SKJ prekrštena u Službu informisanja i dokumentacije (SID) – Milorad Pešić – rođen je u Danilovgradu 1921. Politički kadar Crne Gore, ali i CK NOJ i studentski funkcioner. Aktivan u diplomatiji od 1953. Prvo kao referent, a potom kao direktor Agencije za informacije u Parizu. Sa te funkcije je imenovan za šefa SID-a i pomoćnika ministra inostranih poslova Jugoslavije. Za likvidaciju Rankovića i Udbe u MIP-u nagrađen je mestom savetnika ambasadora u Moskvi. Pešić nije bio školovani obaveštajac, ali to državnim i partijskim kadrovicima nije smetalo, jer je posle Brionskog plenuma i donesena prećutna odluka da se na rukovodećim mestima u tajnim policijama Jugoslavije postave amateri i politički anonimusi. Na taj način je sistem bezbednosti u SFRJ deprofesionalizovan, depolitizovan i degradiran.

Na mesto starih referenata obaveštajaca došli su novi, mlađi, neiskusni Raif Dizdarević, Milan Georgijević, Mališa Sekulović, Mijo Krdžić, Mićo Vujović, Pantelija Prokić, Duško Jovanović, Trajko Trajkovski, Anđelko Blažević, Zdenko Dostal, Miloš Piljuga i Zdenko Svete.

Rasparčavanjem diplomatske obaveštajne službe, koja je posle 1966. Dobila ime SID – Služba informacija i dokumentacije, nije kao kod tajne policije došlo do njene koncentracije oko republika i pokrajina. Kako, naime, federalne jedinice tada još nisu imale jaka sopstvena ministarstva inostranih poslova, diplomatski obaveštajci su stavljeni u funkciju republika i pokrajina tako što su na svojim pozicijama prevashodno radili za „svog" ministra, ambasadora ili konzula u Saveznom sekretarijatu inostranih poslova Jugoslavije. Faktički to je značilo da su kadrovi iz Slovenije, Hrvatske, Bosne i Hercegovine, Makedonije, Vojvodine, Kosmeta, pa i iz Srbije u SSIP-u imali svoje lične, privatne i službene obaveštajce u inostranstvu, koje je plaćala savezna vlada iz svog budžeta. Tako su mnoge informacije bitne za rad SSIP-a umesto u kabinet ministra spoljnih poslova odlazile prvo kod njegovih zamenika i pomoćnika, jer je to za republike i pokrajine bilo važnije. Ta podela u radu operativaca SID-a najviše se osećala u oblasti praćenja jugoslovenske emigracije, jer je svaka republika želela da bude nadležna samo za „svoje" ekstremiste u svetu. Preciznije rečeno, Ljubljana, Zagreb, Sarajevo, Skoplje, Priština i Beograd hteli su da direktno kontrolišu belogardejce, ustaše, četnike, fundamentaliste u svetu, ali i da s njima uspostavljaju tajne kontakte i upozoravaju ih na ofanzivnu aktivnost Službe državne bezbednosti Jugoslavije. U tome su posebno bili aktivni Hrvati i Šiptari. U kasnu zimu 1969. pomoćnik ministra i načelnik za bezbednost u MIP-u bio je Ante Drndić, hrvatski kadar, kog je gurao Maks Baće, general Udbe. Njih dvojica su bili veliki branioci hrvatstva u saveznim organima, pa i u Ministarstvu inostranih poslova. Glavni zadatak im je bio da progone srpske kadrove, pod izgovorom da su to rankovićevci. Na njihovoj listi za odstrel našao se tada i konzul Milan Trešnjić. Privatno Drndić, kog su inače zvali Stipe ili Barba, bio je prijatan čovek, ali je politički sledio ne jugoslovensku već samo hrvatsku liniju. Njegov brat Ljubo Drndić je zbog hrvatskog nacionalizma već bio izbačen iz DMIP-a, pa je Ante morao da pazi šta radi. Koliko je to bilo važno u jugoslovenskoj diplomatiji na pragu sedamdesetih godina, vidi se po činjenici da je Ante Drndić otišao u Bugarsku za ambasadora, a da pre toga nije konsultovao politički vrh Hrvatske. Odmah je po nalogu iz Zagreba povučen iz Sofije i izriban. Pero Pirker je, naime, želeo da taj Hrvat iz Rijeke i dalje vodi Službu informacija i dokumentacije, jer je tako mogao da ima direktan uvid u sve tajne jugoslovenske diplomatije. Informacije koje su početkom sedamdesetih godina sakupljali i obrađivali operativci SID-a, bile su sve manje političkog i diplomatskog karaktera, a sve više ekonomskog. Privredna špijunaža postala je prioritetni zadatak SID-a, jer je tako želela i federacija, ali i republike i pokrajine.

Bilo je mnogo važnije otkriti novi posao, sklopiti novi trgovinski ugovor u svetu, nego li otkriti „spoljne neprijatelje" SFRJ. Shodno dogovoru na Jalti, a i političkoj simetriji bratstva i jedinstva u samoj Jugoslaviji, diplomatski, pa i privredni i politički interesi federacije, republika i pokrajina bili su podeljeni na tri sektora: Zapad, Istok i Treći svet. Tako se dešavalo da su Hrvati i Slovenci, pa i Crnogorci, dobijali diplomatska, ali i obaveštajna mesta u SAD, Nemačkoj, Italiji, Francuskoj i drugim zapadnim državama. Srbiji je obično pripadao SSSR s pratećim zemljama, a Bosni i Hercegovini nesvrstani, uglavnom, muslimanski svet. Zato su, na primer, Slovenci gradili zapadnjački privredni savez *Alpe-Adrija*, dok su Muslimani preko *Energoinvesta* održavali i političke veze sa Arapima.

Taj princip podele koristio je i SID u svom radu, pa nije ni bilo čudno što su mu jugoslovenski interesi bili na poslednjem mestu u prikupljanju informacija po svetu. Bilo je to vreme kada su SID vodili prvo Budimir Lončar Leka, a potom Mitja Krajger, pukovnik Udbe, koji je u SSIP došao iz SSUP-a. Oni su ponajbolje osećali da dolazi vreme decentralizacije Jugoslavije, što je institucionalizovano i Ustavom iz 1974. godine. Krajger je čak pokušao da pocepa službu bezbednosti SSIP-a, po staroj šemi, na obaveštajno i kontraobaveštajno odeljenje, kako bi lakše mogao u SID da dovodi svoje ljude. Naime, do tog vremena republike i pokrajine u oblasti spoljnih poslova imale su samo svoje sekretarijate u nivou činovničkih odeljenja. Njihov prevashodni zadatak je bio da vode diplomatske odnose s jugoslovenskim nacionalnim manjinama i jugoslovenskom emigracijom u dijaspori. U tim odeljenjima se obaveštajno nije ništa radilo, jer je za to bilo nadležno Ministarstvo inostranih poslova Jugoslavije.

Posle usvajanja Ustava 1974. kada su republike i pokrajine postale federalne jedinice sa svojom državnošću, ta odeljenja su izrasla u ministarstva inostranih poslova. A to znači i da su kadrovi za jugoslovensko ministarstvo, pa i za diplomatsku tajnu službu SSIP-a birani isključivo po republičko-pokrajinskim ključevima. Federacija više nije imala svoju bazu. Taj republičko-pokrajinski ključ primenjivan je ne samo na izbor kadrova za Savezni sekretarijat za inostrane poslove već i na raspored tih kadrova u diplomatsko-konzularnim predstavništvima SFRJ u svetu. Zavisno od političkih interesa svaka republika i pokrajina je mogla da bira gde će slati svoje ambasadore, konzule i specijalne savetnike. Ovi poslednji su bili diplomatski obaveštajci. U Nemačkoj, koja je tada već imala pola miliona jugoslovenskih gastarbajtera, dolazilo je i do otvorenih sukoba oko raspodele diplomatskih i obaveštajnih pozicija.

Tako se dogodilo, na primer, da je Bosna i Hercegovina „držala" u Nemačkoj jugoslovenske konzulate u Minhenu i Diseldorfu; Hrvatska je imala svoje predstavnike u Nirnbergu, Štutgartu, Majnhajmu, Frajburgu i Ravenzburgu. A Srbija je slala svoje ljude u Frankfurt, Hamburg, Hanover i Bon. U ovim mestima diplomatski obaveštajci su bili Milan Trešnjić, Marjan Kraljević, Božo Dimitrijević, Peko Todorović, Ilija Uzelac i Ljubo Majer. Najveće interesovanje, međutim, republike i pokrajine su pokazivale za Berlin, koji je bio špijunski centar Evrope. Tu poziciju držala je Jugoslavija, odnosno sâm Tito. Godinama je glavni rezident u Berlinu bio Anton Kolendić, prvi član Jugoslovenske vojne misije u Nemačkoj i kasnije ambasador. Ključni arhitekti takvih podela interesnih sfera u SSIP-u, a potom i u SID-u bili su Marko Nikezić, Lazar Mojsov, Budimir Lončar, Josip Vrhovec i Raif Dizarević. Ovaj poslednji je bio ambasador, pa ministar inostranih poslova, pa predsednik Jugoslavije, a da nije znao nijedan strani jezik. Raif Dizdarević je od obrazovanja imao samo nesvršenu srednju muslimansku versku školu, pa ipak je postao prvi čovek SFRJ.

Tajni agent Valdhajm

Kako je ta sprega funkcionisala pokazuje u svojim svedočenjima Anton Kolendić, koji tvrdi da je Lazar Mojsov još dok je 1968. bio ambasador u Austriji postao veliki prijatelj Kurta Valdhajma, ministra inostranih poslova. Nešto kasnije obojica su postali stalni predstavnici SFRJ i Austrije u OUN, a kada Valdhajm dobija mesto generalnog sekretara, on namešta Mojsovu mesto predsedavajućeg Trideset druge godišnje skupštine Ujedinjenih nacija. To je Mojsovu donelo dopunsku platu od 150.000 dolara. Lazar Mojsov je čovek koji je predočio Titu da primi Valdhajma i da mu dodeli jugoslovenski orden. Mojsov je prećutao sva upozorenja da je Kurt Valdhajm ratni zločinac kome je zabranjen ulazak u SFRJ. Anton Kolendić je bio prvi čovek koji je posle naimenovanja Valdhajma za ministra austrijske diplomatije otkrio njegov pravi identitet. I tada, 1968. godine, Mojsov je te Kolendićeve podatke sakrio i naložio SID-u da sakrije i dosije Valdhajm, koji se nalazio u SSIP-u. Godine 1982. Kina je sprečila ponovni, treći izbor Kurta Valdhajma za prvog čoveka OUN. Kada je sredinom osamdesetih godina, na primer, novinar Danko Vasović iz *Večernjih novosti*, koje su tada bile prevashodno jugoslovenski orijentisan list, opet naćeo priču o Kurtu Valdhajmu, dugogodišnjem generalnom sekretaru OUN, Budimir Lončar je u Saveznoj skupštini javno izjavio da se dosije Valdhajm u SSIP-u nalazi pod embargom. O čemu je reč?

I Vasović je otkrio da je Kurt Valdhajm tokom Drugog svetskog rata bio u Jugoslaviji, na Kozari i u Pljevljima, gde je učestvovao u hvatanju i deportaciji civilnog stanovništva u nacističke logore. Zbog toga je 1947. godine proglašen ratnim zločincem. Posle pet godina zabranjen mu je ulazak u Jugoslaviju. A desetak godina zatim SFRJ je dala glas da Kurt Valdhajm uđe u Ujedinjene nacije. Kasnije se, međutim, dogodilo da je Valdhajm uz podršku KGB-a dogurao do OUN, a 1986. se kandidovao i za predsednika Austrije. U međuvremenu Josip Broz Tito je Kurta Valdhajma odlikovao Ordenom jugoslovenske zastave i ugostio ga na Bledu. Čim je krenuo u istraživanje prošlosti Kurta Valdhajma, novinar Danko Vasović suočio se u samom Beogradu sa operativcima SID-a i SDB-a. Oni nisu prezali ni od fizičkog napada na Vasovića. Njegov poznanik general Jovo Popović ga je tada prijateljski upozorio rečima: „Znaš li ti koliko je težak orden koji je Tito dao Valdhajmu?"

„... Bio sam svestan da me prate i prisluškuju. Jednom prilikom na mene je nasrnuo jedan nepoznati čovek, udario me tvrdim predmetom u jagodice i nos. Da se nisam u poslednjem trenutku trgao, razbio bi mi glavu. Drugi put na mene je naleteo jedan kombi i jurio me po trotoaru da me zgazi. Ne znam kako sam ostao živ. Nekoliko puta sam izbegao sigurnu smrt, ali nisam smeo da se žalim prijateljima i rođacima jer bi pomislili da sam paranoičan. Šta sve nisam doživljavao, provokacije i montaže na svakom koraku. Nameštali su mi i devojke čiji je zadatak bio da saznaju što više o onome što ja znam o Valdhajmu. Moja knjiga *Valdhajm – jedna karijera* izašla je zato prvo u Norveškoj, pa tek onda u Jugoslaviji. Napisao sam novih sto stranica, ali jugoslovensko izdanje nije moglo da se štampa u Beogradu. Doktor Vladimir Dedijer mi je rekao da knjigu stopiraju Josip Vrhovec i Ante Marković zajedno sa Stanetom Dolancom da bi zaštitili svoje interese u projektu *Alpe-Adrija*. Predsednik Predsedništva SFRJ drug Lazar Mojsov je 1988. poslao specijalno pismo svim republičkim i pokrajinskim predsednicima, pa i Ivanu Stamboliću u Srbiji, s nalogom da se stopira moje i ostala pisanja o Kurtu Valdhajmu. Stvar je bila toliko zamršena da je afera Votergejt bila mačji kašalj prema slučaju Valdhajm. Akademik Dedijer mi je rekao da u jugoslovenskom političkom vrhu postoji jak lobi Valdhajm, što se moglo prevesti kao nacistički lobi. Uz njegovu pomoć i uz angažovanje obaveštajne službe SID i kontraobaveštajne SDB učinjeno je sve da se Kurt Valdhajm spase. Već tada je Ronald Regan, predsednik SAD zabranio ulazak Valdhajmu u Ameriku, jer je CIA dokazala ratne zločine bivšeg lidera OUN. Pored američkih i sovjetskih obaveštajaca u ovu igru su uključeni i nemački obaveštajci, koji su preko časopisa *Špigl* lansirali falsifikat-dokument koji dokazuje da je moja priča laž. A onda je preko SID-a u Beogradu pripremljena lažna 'brzojavka', koja mi je poturena kao verni dokument, da bih se javnosti predstavio kao falsifikator kome je stalo do slave i novca, a ne do istine.

„Dokument je podmetnut u Arhivu vojnoistorijskog instituta istraživaču Dušanu Plenči, a ja sam ga odneo u *Špigl*. Mislio sam kako sam na tragu serije dokumenata o Valdhajmu, jer mi je Vizental tvrdio da je nemoguće da je on deportovao 68.000 ljudi, a da o tome ne postoji nikakav dokument. Makar o prevozu, o snabdevanju, o prihvatanju logoraša, jer su Nemci za vreme rata vodili o svemu preciznu administraciju. Ispostavilo se da je 'brzojavka' original-falsifikat, sastavljen od detalja iz dva pisma zaglavlja i pečata u koje je tekst naknadno ukucan. To je uradila Nemačka obaveštajna služba, a poturila mi ga je jugoslovenska obaveštajna služba. Sve je urađeno besprekorno. Svetska javnost je bila zatrpana tekstovima o velikoj prevari novinara Danka Vasovića. Kurt Valdhajm više nije morao da polaže račune toj javnosti. U našoj štampi je počeo progon Vasovića 'falsifikatora i hohštaplera', tako da sam ubrzo izgubio posao u *Večernjim novostima*...", seća se svog stradanja Danko Vasović.

Taj posao razbijanja jugoslovenskih, a u okviru njih i srpskih pozicija u diplomatiji sedamdesetih godina nastavio je Josip Vrhovec, u saradnji s Dragom Rožmanom i Draganom Bernardićem. Ovaj drugi je bio otvoreni hrvatski nacionalista, ali je uspeo zahvaljujući Budimiru Lončaru da posle 1971. ostane u Saveznom sekretarijatu za inostrane poslove. Glavna Vrhovčeva teza je bila da je SSIP srpska institucija i da u njoj, tačnije u njenoj obaveštajnoj službi, još ima dosta Rankovićevih ljudi.

DRŽAVA ZARAĆENIH POLICIJA

Već u toku 1968. godine, usvojeni su amandmani na Ustav SFRJ iz 1963, prema kojima je pokrajinama Vojvodini i Kosovu i Metohiji, do tada u sastavu Republike Srbije, dato pravo da budu konstitutivni elementi Federacije, odnosno odvojene jedinice od Srbije. Time je prvo Srbija svedena na prostor koji je imala pre Balkanske federacije, a drugo, stavljena je pod politički patronat pokrajina, jer su Vojvodina i Kosmet dobile pravo glasanja i nadglasavanja Srbije u saveznom parlamentu i svim ostalim federalnim forumima. Takva politička destabilizacija Srbije, izvršena posle samo dve godine od smaknuća Aleksandra Rankovića i razbijanja Udbe, pokazala je pravu svrhu Brionskog plenuma. Leku je trebalo skloniti da ne bi kočio sužavanje srpske državnosti i jačanje, pored živog Tita, republičkih i pokrajinskih država u SFRJ. U takvoj državi Edvard Kardelj je planirao da bude čovek broj jedan, što je i postao kada ga je, početkom sedamdesetih, Tito postavio za koordinatora političkog vrha Jugoslavije. Usvajanjem novih amandmana, 1971. godine, udareni su temelji novog koncepta tog jugoslovenskog federalizma, odnosno počela je, kako tvrde dr Boško Todorović i Dušan Vilić, demontaža druge Jugoslavije. Konačno je izvršena i decentralizacija sistema u službi bezbednosti, jer je iz isključive nadležnosti Federacije ona prebačena u nadležnost republika i pokrajina.

Savezni sekretarijat za unutrašnje poslove pretvoren je u koordinirajuće i kontrolno telo jugoslovenske policije, dok je Služba državne bezbednosti suzila prostor svog delovanja na Beograd, granice Jugoslavije i inostranstvo. Tako podeljena SDB je postala nesposobna, tvrde Todorović i Vilić, za energično suprotstavljanje stranim obaveštajnim službama i borbu protiv organizovanog nastupa unutrašnjeg neprijatelja. Punih dvadeset godina SDB SSUP-a nije otkrila nijednog stranog agenta. Nije zato čudno što su baš posle Brionskog plenuma, odnosno federalizacije SFRJ, počeli masovni istupi nacionalista svih boja u Jugoslaviji, pre svega, u Hrvatskoj, Sloveniji i na Kosmetu.

Taktikom izbora što lošijih kadrova u federalne organe, pa i u javnu i tajnu policiju, republički centri su sedamdesetih godina otpočeli unutrašnje miniranje Federacije. Jugoslovensku tajnu policiju posle 1966. godine, vodili su Borče Samonikov iz Prilepa, Silvio Gorenc iz Krškog, Mitja Krajger iz Ljubljane, Srdan Andrejević iz Beograda, Zdravko Mustač iz Zagreba, Pjer Mišović iz Titograda, Dragiša Ristivojević iz Beograda, Mihalj Braca Kertes iz Beograda i Miljan Lalović iz Titograda.

Umesto Udbe, 1966. godine formirana je, pri Saveznom sekretarijatu za unutrašnje poslove, Služba državne bezbednosti (SDB) kao „instrument samoupravnih, socijalističkih revolucionarnih potreba radničke klase i naroda Jugoslavije". Služba državne bezbednosti SSUP-a SFRJ bavila se otkrivanjem i progonom spoljnjeg i unutrašnjeg neprijatelja. Nadležnost i zadaci SDB propisani zakonom bili su: a) borba protiv unutrašnjeg neprijatelja, kontraobaveštajna zaštita teritorije SFRJ, objekata i struktura od delovanja stranih obaveštajnih službi; b) suprotstavljanje subverzivnoj i drugoj delatnosti ekstremnih i fašističkih grupa i organizacija neprijateljske emigracije; c) neposredno angažovanje u obezbeđivanju društveno-političkih radnika; d) kontraobaveštajno štićenje štabova i jedinica Teritorijalne odbrane i objekata od posebnog društvenog značaja; e) krivični progon po nalogu tužilaštva, lica okrivljenih za dela protiv osnova socijalističkog samoupravljanja i bezbednosti SFRJ i složenijih dela ugrožavanja ekonomske osnovice društva; f) obaveštavanje subjekata društvene samozaštite o pojavama neprijateljske delatnosti, kako bi im se moglo suprotstaviti.

U njenom sastavu je zato bilo sedam uprava: Kontraobaveštajna, Unutrašnja, Emigrantska, Funkcionerska, Teritorijalne odbrane, Krivična i Obaveštajna.

Organi SDB postojali su i u republikama i pokrajinama, pri tamošnjim ministarstvima policije, kao i u velikim gradovima, dok su u manjim mestima funkcionisali samo poverenici vojne tajne službe. Sama Služba državne bezbednosti Jugoslavije, kako piše dr Obren Đorđević, odnosno njena organizacija i nadležnost su u okviru SSUP-a tako bili postavljeni da je SDB SFRJ faktički vršila poslove „usmeravanja, koordinacije i usklađivanja rada organa SDB na celoj teritoriji Jugoslavije" u borbi protiv unutrašnjeg i spoljnjeg neprijatelja.

Posle Brionskog plenuma i u SDB Jugoslavije tzv. unutrašnji neprijatelj svrstan je stručno u jedanaest kategorija: ostaci klasnih struktura; klerikalna grupacija: pravoslavna, katolička, islamska crkva i male verske zajednice; nacionalistička grupacija; informbirovska grupacija; liberalistička grupacija; anarholiberalistička grupacija; birokratsko-dogmatska grupacija; grupacija građanske desnice; alternativni pokreti: mirovni pokret, ekološki pokret, feministički pokret i pokret za socijalna kretanja.

Posle Brionskog plenuma SDB Jugoslavije preuzeo je makedonski kadar Borče Samonikov, profesionalni kontraobaveštajac. Završio je školu Udbe na Topčideru, ali se ponašao kao birokrata.

Međutim, u samoj Službi, kako je zovu operativci državne bezbednosti, posle Brionskog plenuma osetio se odmah i drugačiji odnos prema zadacima i, uopšte, drugačije rezonovanje. Videlo se da je taj plenum otvorio oči mnogim tajnim policajcima. Naime, oni su zadatke dobijane od šefova SDB-a prihvatali, ali se dešavalo i da se njihovo izvršenje dovodi, iz raznih razloga, u pitanje. Operativci su počeli da razmišljaju o svom poslu, o onome šta rade u svakom konkretnom slučaju, procenjivali su njegove posledice i tražili argumente da li slučaj zaslužuje toliku pažnju koliko je predviđeno tretmanom SDB-a. Drugi operativci su, na primer, jednostavno izbegavali da rade i da preduzimaju potrebne mere u nekim slučajevima.

Tako se, na primer, dogodilo da je inspektor SDB Miodrag Naumović, zvani Naum, posle višemesečne istrage nad jednim profesorom Beogradskog univerziteta, jednostavno sâm zaključio da profesorova naučna aktivnost nije antidržavna, a samim tim i da je njegov posao praćenja profesora besmislen. Naumović je zato dao otkaz u SDB Srbije, i iz državne bezbednosti prešao na rad u resor javne bezbednosti, gde je dogurao do mesta načelnika Uprave za strance i pogranične poslove RSUP-a Srbije. Kako je taj proces preobraćanja i SDB-a, ali i operativaca tajne policije, trajao veoma dugo, SDB je postepeno i sve više postajao skup profesionalaca, a manje partijskih radnika i političkih policajaca. Zadaci SDB-a Srbije su, na primer, u komplikovanim slučajevima, kao što je bilo hapšenje članova tzv. Slobodnog univerziteta, prihvatani i izvršavani, ali sa zahtevom inspektora da nalozi za rad, odnosno hapšenje intelektualaca budu potpisani. To je za radnike SDB Srbije bilo, makar formalno, pokriće za svaku radnju ili meru koju su preduzeli protiv osumnjičenih osoba za antidržavnu aktivnost. Retko su, posebno tokom sedamdesetih i osamdesetih godina, radnici SDB Srbije pristajali da urade nešto a da prethodno nije napisan zahtev sa obrazloženjem. Drugo, u SDB-u

Srbije radili su kadrovi koji znaju zakone i sve odredbe u kojima su precizirana ovlašćenja SDB i drugih represivnih organa u republici i državi Jugoslaviji.

Dobra strana Četvrtog plenuma i reorganizacije Udbe, po mišljenju samih rukovodilaca SDB-a, bila je i u tome što je u tajnoj policiji Jugoslavije, i posebno Srbije, sukcesivno vršena zamena kadrova i što se pazilo da u službu može doći samo pojedinac s visokoškolskom diplomom, a izuzetno s višom školom. Tako je SDB sve više predstavljala skup fakultetski obrazovanih ljudi, koji ni po čemu ne liči na Udbu, odnosno policijsku ustanovu polupismenih ljudi. Kadrovi za tajnu policiju su prvo školovani na Višoj školi Udbe, koja je radila od 1952. do 1967. godine u Beogradu. U toj školi Edo Brajnik je, na primer, bio profesor i predsednik Komisije za polaganje iz predmeta „Državna bezbednost". Operativci su se zatim školovali i u zagrebačkoj školi MUP-a, koja je počela s radom krajem šezdesetih godina. Posle nje otvorena je Viša škola unutrašnjih poslova u Zemunu, da bi krajem sedamdesetih u Skoplju proradio Fakultet bezbednosti. Kako ove ustanove nisu mogle da zadovolje potrebe SFRJ za inspektorima i operativcima tajne policije, njihova selekcija je vršena još i na mnogim fakultetima društvenog smera. Pritom je obavljana i političko-krivičana provera njihovih roditelja. Tako odabrani studenti su dobijali posebne državne stipendije, ali uz obavezu da posle diplomiranja rade u državnoj bezbednosti. Na Fakultetu političkih nauka u Beogradu, na primer, asistent Miroslav Radojčić je animirao studente da prime stipendiju SSUP-a, odnosno SDB Jugoslavije. U Službi državne bezbednosti postojali su spiskovi proverenih studenata s pravnog, ekonomskog, filozofskog, filološkog i FPN-a, koje je trebalo pridobiti da postanu kandidati za buduće operativce.

Ja, autor ove knjige, dobio sam takvu ponudu 1975. godine od SDB SSUP-a, ali sam je odbio, sa obrazloženjem da je dovoljno već to što je moj otac policajac u familiji. Tu stipendiju, koja je bila tri puta veća od redovne republičke, i privilegiju da ne služe vojni rok dobili su moje kolege Ramiz Hadžibegović i Toma Trajkovski, koji su radili u SDB Jugoslavije kao kontraobaveštajci. Početkom devedesetih otišli su s četrdeset godina života u penziju. Božo Vuković je kao stipendista SDB SFRJ bio referent za kulturu, a zatim čak i šef kabineta ministra federalne policije Petra Gračanina. Miroslav Radojčić je radio neko vreme u Institutu bezbednosti, a potom je bio na Kosmetu poverenik SDB Srbije.

Hrvatski udar

Kada su sedamdesetih nastali politički lomovi u Hrvatskoj, koje je pravio Tito uz pretnje da će pozvati Brežnjeva i Crvenu armiju u pomoć, Vladimir Bakarić se svim silama trudio da do istog loma, kako je napisao Slavoljub Đukić, dođe i u Srbiji. Zato je zajedno s Kardeljem učestvovao u obaranju srpskih liberala. Paralelno sa ovim političkim obračunom tekao je i jedan policijski sukob između Hrvata i Srba. Naime, krajem 1970. i početkom 1971. godine rumunska obaveštajna služba je došla do pouzdanih podataka o saradnji između hrvatskih nacionalista, ustaških emigranata i KGB-a. Tačnije između Zagreba, dr Branka Jelića u Nemačkoj, i Moskve. To saznanje Sekuritatea je prosledila u Službu državne bezbednosti Jugoslavije, a ono je preko srpskih kadrova stiglo i u SDB Srbije. Za beogradske kadrove bio je to krunski dokaz protiv hrvatskog nacionalizma, pa i protiv dr Vladimira Bakarića lično. Najvažnije od svega je bilo to što je i sâm Tito poverovao u takve informacije, koje su počele da mu pristižu i preko obaveštajne službe SSIP-a. Tada je ministar spoljnih poslova bio Mirko Tepavac. O tom vremenu govori Dragan Mitrović, tada operativac u beogradskoj upravi SDB:

„Mas-pokret u Hrvatskoj, a zatim otkrivanje veza hrvatskog rukovodstva sa ustašama ogorčili su srpske operativce. Nama mlađim inspektorima tada je sasvim postala jasna prava suština Brionskog plenuma. Srpska tajna služba je likvidirana da ne bi otkrila šta hrvatski političari, nacionalisti i ustaše pripremaju Jugoslaviji i Srbiji. Mi smo u SDB Beograda i SDB Srbije 1971. godine javno po kancelarijama negodovali što politički vrh ništa ne preduzima protiv hrvatskih lidera u Zagrebu i hrvatske nacionalističke euforije!"

Predosećajući opasnost, Bakarić je, međutim, odmah krenuo u protivudar. Prvo je od SIV-a, odnosno od premijera Mitje Ribičiča, zatražio da se povede istraga o „zaveri protiv hrvatskog rukovodstva". Takvu ocenu prihvatili su u vrhu zemlje odmah Stane Dolanc, Nikola Ljubičić, Fadilj Hodža, pa i sâm Tito. Hodža, a zatim i Savka Dabčević su ishitreno ocenili da je to bilo delo „ostataka onoga što nismo raščistili na Četvrtom plenumu". Pored SDB-a ona je prozvala i SSIP, tražeći da se preispita poverenje njihovih kadrova, pa i samog Tepavca kao Srbina. To je ohrabrilo Bakarića da zatim javno kaže: „Zavjera postoji i ona nije inspirisana od Jelića. Inicijativa je došla iz Jugoslavije, od beogradske čaršije!"

Srbija je takve optužbe odmah stavila na dnevni red CK SKJ, ali je on prekvalifikovan u „neka pitanja rada obaveštajne službe". Usmenu informaciju o ovom problemu Titu i Izvršnom birou podneo je Stane Dolanc, koji je smušeno pričao o tome kako se glasinama ruši ugled političkog rukovodstva Hrvatske. Okrivio je „ostatke poraženih snaga posle Četvrtog plenuma". Znači opet Srbe. Posle njega govorio je dr Vladimir Bakarić čitav sat. Mika Tripalo je za aferu okrivio Udbu, jer ona, navodno, oko ustaškog lidera dr Branka Jelića ima tri-četiri agenta, koji prenose u Beograd sve što ovaj kaže i slaže. Budimir Šoškić je javno rekao da je to stavljanje Srbije na optuženičku klupu. Kada su se na Izvršnom birou CK SKJ susreli Vladimir Bakarić i Marko Nikezić, dogovoreno je da se njihova svađa povuče iz zapisnika i čitav slučaj prepusti posebnoj državnoj komisiji. Titovu komisiju sačinjavali su Stane Dolanc, Maks Baće i Žiga Vodoušek, slovenački i hrvatski nacionalisti. Odmah je ocenjeno da je rad tajnih službi Jugoslavije bio loš, neadekvatan i nekoordiniran. Planirano je da se istraga oko ovog sukoba Zagreba i Beograda vodi tajno, ali je aprila 1971. Hrvatska objavila saopštenje svog CK SK, u kome opet, ali indirektno, proziva Srbiju:

„Na sednici CK SK Hrvatske izraženo je potpuno jedinstvo i ocenjeno da se radi o krupnoj i smišljenoj neprijateljskoj političkoj intrigi i organizovanoj zaveri. Politički motivi te intrige ukazuju na to da korene pre svega treba tražiti u zemlji, u interesima unitarističkih, centralističkih i birokratskih snaga, koje se sve organizovanije i agresivnije suprotstavljaju promenama koje učvršćuju samoupravni razvoj zemlje. Iz činjenice što su takvom delovanju poslužili i pojedinci u nekim najosetljivijim organima državne službe, proizlazi ocena o nedoslednom sprovođenju odluka Četvrtog plenuma. Nesumnjivo je da se radi o političkoj akciji, pa je zato neophodno da se, dosledno i energično, sprovedu potrebne organizacione i kadrovske promene, koje će osigurati da se te značajne i osetljive službe osposobe za efikasno delovanje na političkoj liniji SKJ."

Hrvatska je u ovoj prozivci apostrofirala Državni sekretarijat inostranih poslova i Savezni sekretarijat unutrašnjih poslova, tačnije SID i SDB, koje su i došle do informacija o saradnji Zagreba sa ustaškim emigrantima u Nemačkoj. Kako je o tome određena saznanja imao i ambasador Vladimir Rolović u Švedskoj, pretpostavlja se da su Hrvati bili kivni i na njega. Petnaestog aprila 1971. godine, ambasador je ubijen u Stokholmu od ruku ustaša Mira Barešića i Anđelka Brajkovića. Ima operativaca SDB-a koji tvrde da je to bila ustaška, odnosno hrvatska osveta i za likvidaciju Maksa Luburića u Španiji. Srbi su i javno posumnjali da je atentat na Vladimira Rolovića maslo Steve Krajačića i Vladimira Bakarića, pa je na sahrani Mirko Tepavac, ministar jugoslovenske diplomatije, govorio u insinuacijama, o antisrpskoj zaveri: „Živi mrtvima ne mogu ništa objasniti, ali mrtvi živima mogu mnogo!"

Beograd je zvanično odbio optužbe iz Zagreba. To je učinila i državna komisija u sastavu Marko Bulc, Trpe Jakovlevski, Ljubisav Marković, Marko Orlandić, Nikola Pavletić i Rajko Gagović. Indikativno je da su ovoj komisiji Služba državne bezbednosti Jugoslavije, SID i SDB Srbije dali sve potrebne informacije, dok je tajna policija Hrvatske odbila da izda ijedan dokument o ustaškoj emigraciji. U to vreme, naime, sâm Bakarić je tvrdio da ustaše nisu politički i državni neprijatelji Jugoslavije i Hrvatske, već samo – ekonomski emigranti. Titova komisija s Dolancom na čelu je donela sličan oslobađajući zaključak, mada je dugo za glasine okrivljivala SID i Ministarstvo inostranih poslova. Obe komisije su, međutim, jednoglasne u oceni da zavera protiv Hrvatske i njenih kadrova postoji i da je ona plod neprijateljske kampanje spoljnih i unutrašnjih neprijatelja, ali se ti neprijatelji ne imenuju. Srbe u Federaciji više niko nije pominjao, jer to nije bilo ni potrebno, oni su samim tim već bili obeleženi. Hrvatski lobi je na taj odgovor reagovao novim optužbama protiv Srbije i Beograda. Ovog puta, umesto rankovićevaca, za aferu s Brankom Jelićem i Vladimirom Bakarićem okrivljeni su ibeovci. Za njih se podrazumevalo da su ibeovci Srbi. Na to se odmah priključio Fadilj Hodža, koji je javno rekao da „ibeovci posebno deluju prema kadrovima na Kosovu". Već tokom proleća, oslanjajući se na izveštaje KOS-a JNA o Beogradskom univerzitetu, Dobrici Ćosiću i penzionisanim generalima, sâm Tito je Milentiju Popoviću u lice skresao: „U Beogradu je centar kontrarevolucije! Ja sam o tome obaviješten. Zavjera je protiv mene, a centar je u Srbiji! Ranković se sastaje s generalima Hamovićem i Milojevićem! Vaše rukovodstvo preko Mijalka Todorovića je povezano s Rusima. To je informacija našeg vojnog atašea u Moskvi!"

Tita su Hrvati i Slovenci u federaciji godinama informisali da je srpsko rukovodstvo protiv njega, pa ga je zato napadao neprestanim optužbama. Draža Marković je 1970. godine pitao Tita dokle će Srbija biti na optuženičkoj klupi? Stari obaveštajac i politički lisac Josip Broz Tito umeo je da kombinuje informacije političke policije i partijske ocene da bi stvarao optužbe protiv srpskog rukovodstva. U razgovorima s garniturom Marka Nikezića predsednik Jugoslavije je zabrinuto pitao šta to rade beogradski profesori, Đurić i ostali. Zato je Tito izabrao Dražu Markovića i Petra Stambolića, kako je napisao Slava Đukić, za staratelje Srbije. Obojica su bili laki na pronalaženju i žigosanju državnih neprijatelja u vlastitoj republici. Kada je, naime, u Skupštini Srbije godinu dana kasnije, došlo do raskida s liberalima, garnitura Draže Markovića je kao prvi zaključak o greškama Marka Nikezića navela upravo ta Titova pitanja iz delovanja Službe državne bezbednosti i KOS-a JNA:

Šta je Filozofski fakultet? Šta je časopis *Filozofija*? Šta je Srpska književna zadruga? Šta su monopoli u žirijima, u kulturnoj, izdavačkoj politici?

Posle pada liberala, pali su i beogradski profesori filozofije Zagorka Golubović, Trivo Inđić, Mihajlo Marković, Dragoljub Mićunović, Nebojša Popov, Svetozar Stojanović, Ljubomir Tadić i Miladin Životić. S tim političkim padom oni su, po nalogu Draže Markovića, postali i predmet tajnog posmatranja Službe državne bezbednosti Srbije i posebno SDB Beograda. Odmah su im oduzeti pasoši, a telefoni prikopčani na magnetofone za prisluškivanje. Tadašnji ministar policije, Slavko Zečević, imao je običaj da kaže svojim operativcima: „Uhapsite nekog, samo da ih zaplašimo, da pokažemo da smo energični!"

Gotovo da nije bilo Titovog govora, a da u njemu nije prozivao Beograd i Srbiju zbog aktivnosti opozicije i neprijatelja u njima. Na Izvršnom birou CK SKJ je čak rečeno da je Beograd centar „političke opozicije povezane sa ustaštvom i teroristima izvan naše zemlje". Milutin Milenković, publicista, smatra da je to bila politička igra visoke škole obaveštajnog rada, tačnije agresivna akcija hrvatskog rukovodstva na stvaranju utiska da je Hrvatska žrtva u Jugoslaviji, i to od neke potučene unitarističke snage koja nije likvidirana na Brionskom plenumu. Tu tezu o Srbiji kao centru kontrarevolucije širili su i Kardelj i Bakarić, ali ponekad i prozivani srpski kadrovi Draža Marković i Petar Stambolić. Na taj način Srbija je politički stiskana i gušena, primoravana da se bavi sama sobom i izmišljenim neprijateljima. Pošto je političko rukovodstvo na to pristajalo, tajna policija Srbije je imala pune ruke posla. U slučajevima kada je SDB Srbije odbijala da bude isključivi progonitelj sopstvenog naroda, tu ulogu preuzimala je savezna SDB, KOS JNA, pa i tajne službe drugih republika, koje su se ubacivale da rade po Beogradu.

Slučaj Bate Todorovića

U policijskoj i političkoj izolaciji već početkom sedamdesetih, nalazili su se u Beogradu Dobrica Ćosić, Milovan Đilas, Aleksandar Ranković, Vojin Lukić, Matija Bećković, Branko Ćopić, pa i Ivo Andrić. Za samog Leku u SDB Jugoslavije bio je zadužen neko vreme Milutin Simonović, dok je Milovan Đilas praćen dvostruko, i od operativaca tajne službe Srbije i SDBJ-a. Branko Damjanović, u saveznoj tajnoj policiji, imao je običaj da naređuje da se Đilas prati javno, kako bi znao da je pod kontrolom. Čak su išli za njim i kada je odlazio u žensko društvo. Zauzvrat, Đilas je svojim pratiocima kupovao karte u gradskom prevozu. O tome kako je „pokrivan", sâm Dobrica Ćosić je jednom rekao:

„... Niti želim, niti mogu da ispričam tegobe, napore i poniženja koja sam od 1966. do poslednjih godina trpeo od vlasti, policije, štampe, institucija, društvenih organizacija. U nekim vidovima bio sam potpuno građanski diskriminisan. Od političko-policijskih progona i diskriminacije, mnogo su propatile moja žena Božica, pa i kćerka Ana. Mnogi moji prijatelji, osobito iz zavičaja, maltretirani su zbog druženja sa mnom. Mnogi su morali da prijavljuju Udbi svaki razgovor sa mnom. Neki su 'vrbovani' da budu doušnici, nekima su društvene karijere bile prikraćene. Bilo je opasno biti moj drug, prijatelj, razgovarati sa mnom, zvati me u goste, dolaziti u moju kuću. I moja porodica u selu – brat Bogosav, bila je pod Udbinom 'paskom'."

Štiteći svoje i policijsko dostojanstvo, Dobrica Ćosić prećutkuje da su inspektori SDB-a s beogradske opštine Savski venac dovodili poznatog pisca na informativne razgovore o tzv. Otvorenom univerzitetu. Tom prilikom Ćosić je saslušavan uvek u istoj kancelariji, koja se nalazila do samog klozeta i u kojoj od smrada nije moglo da se diše. Time su inspektori želeli da ponize Dobricu Ćosića, zaboravljajući pritom da su tako ponižavali i sebe. U beogradskoj Upravi SDB-a u mnoge Ćosićeve izjave operativci, pa i načelnici, namerno su ubacivali tobožnje piščeve tvrdnje da se „... Petar Stambolić dodvorava Titu...", da „... Draža krčmi Srbiju...", kako bi kroz Ćosićev dosije najvišim srpskim političarima stavili do znanja šta narod, ali i sami ljudi iz tajne službe, misle o njima. Kako reče jedan od operativaca: „Mi smo i o Titu govorili sve najgore. Da je imao ko da nas hapsi, svi bismo završili na robiji!"

Početkom 1992. godine, posle otkrića 120 tona krijumčarenog oružja u Mariboru, slovenački ministar odbrane Janez Janša, gotovo da se javno hvalio kako njegova dežela trguje dugim cevima i municijom. Nekada je to bila strogo čuvana ne samo slovenačka već i jugoslovenska državna tajna. Naime, Slovenija u tom prljavom poslu učestvuje već pedesetak godina sa znanjem, a nekada bez odobrenja, nekadašnjeg političkog vrha Jugoslavije. Jedan čovek iz Beograda, međunarodni trgovac, Slobodan Bata Todorović, otkrio je krajem šezdesetih sve o toj ilegalnoj trgovini oružjem, pa se uz saglasnost JNA, u nju i uključio. Sredinom sedamdesetih Todorović je osuđen na dvadeset godina robije, ali ne zbog oružja, već zbog mahinacija u deviznom poslovanju. Svedoci tog vremena i ljudi koji su imali prilike da čuju Todorovićevu ispovest, tvrde da je suđenje bilo državna osveta zbog loše preprodaje domaćeg naoružanja i opreme. Tako tvrdi beogradski advokat Sava Anđelković:

„Kada je sredinom osamdesetih moj klijent Bata Todorović iz *Zabele* došao u Beograd na operaciju prostate, predosećajući da ne može da pobedi rak, ispričao mi je svoju najveću privatnu tajnu. Februara 1975. kidnapovan je i zatvoren u ljubljanski Dom milicije, gde su ga islednici slovenačke Udbe optužili za izdaju zemlje i špijunažu u korist Mosada, odnosno Izraela. Kao dokaz za to, pokazali su mu dokumente o preprodaji jugoslovenskog naoružanja ruskog porekla, koja je obavljena preko firmi Bate Todorovića. Tu prodaju od Todorovića je naručio lično Nikola Ljubičić, general i ministar, da bi JNA rasteretio zastarelog oružja. Najbolju ponudu za tu robu dali su Italijani i oružje je uz pomoć *Tranšpeda* otišlo za Trst. Ugovorom između prodavca i kupca, međutim, nije bilo naznačeno da Italijani nemaju pravo da preprodaju to naoružanje nekim zemljama koje su u ratu, pa je čitav kontingent, dovoljan da se opremi jedna armija, za dobre pare prodat Izraelu. Tim jugoslovenskim oružjem ruskog porekla i uz pomoć svojih veštih komandanata Izraelci su zaratili s Egipćanima i vojnički ih porazili. Kako Kairo to nije mogao da otrpi, žalio se Moskvi. Vrlo brzo iz Moskve je u Beograd stigao Brežnjevljev prekor Titu zato što naoružava 'neprijateljsku stranu'.

„Tu, u Titovom kabinetu, počelo je da se odmotava klupko. Otkriveno je da je glavni posrednik u prodaji bio Bata Todorović, ali je prećutano da JNA nije naznačila zabranu prodaje Izraelu, na šta je imala pravo, a da bi se ta greška sakrila, sva krivica je prebačena na Todorovića. Bata se u Ljubljani, dok je trajala tajna istraga, branio da poseduje kopiju Ljubičićevog naređenja o prodaji ruskog oružja, u kome piše da se ono ne sme preprodavati zaraćenim stranama. Islednici SDB Slovenije i SSUP-a su našli generalovo pismo, priznao mi je Bata, ali nisu prestali da ga optužuju, jer je Titu, a i Ljubičiću, bio potreban krivac da bi se Brežnjev nekako umirio."

Todorović je bio čovek s jakim vezama u Narodnoj banci Jugoslavije. Imao je dobre veze i u jugoslovenskoj diplomatiji. Milan Trešnjić, nekadašnji konzul u Nemačkoj, tvrdi da je šef konzularnog odeljenja u Ambasadi SFRJ u Beču, Mihailo Jurman, poslovao s Batom Todorovićem i zato bio na sudu. Iskusni bivši kontraobaveštajac Trešnjić, priznaje da je Todorović bio u stalnom kontaktu i s Edom Brajnikom i njegovim ljudima u saveznoj Udbi. Egon Konradi, nekadašnji direktor *Kompasa*, vodio je u Udbi zapadni sektor i stalno gurao Batu Todorovića da osniva spoljnotrgovinske firme napolju, ne bi li se kroz njih bavili i ekonomskom špijunažom. Udba, a kasnije i SDB, imali su s Batom Todorovićem velike kombinacije i poslove.

Bile su sve to mutne radnje tobože u korist jugoslovenske obaveštajne službe, a u stvari na štetu SFRJ, a pre svega srpske privrede. Zna se, na primer, da je Todorović italijanskim trgovcima isporučivao po nekoliko hladnjača „bebi bifa", s rokom plaćanja do 90 dana. Za to vreme dotični Italijani bi ugasili svoje firme, čiji je osnivački kapital obično bio mali, pa naša preduzeća iz Vojvodine nisu imala od koga da naplate to najkvalitetnije mlado juneće meso. Kako su sudski troškovi bili skupi, a sudovi spori, naši proizvođači bi od svega dizali ruke, ćutali i skrivali svoju sramotu. Italijani su znali da će se to dogoditi, jer je s njima i postignuta takva „špijunska pogodba".

Novac je deljen na tri dela: trgovcima, Bati Todoroviću i Edu Brajniku, odnosno Udbi. Takve i slične trgovačke trikove Todorović je izvodio najčešće sa Slovencima, koji su se u „ime države SFRJ", a za račun svoje dežele, bavili čak i velikim švercom novca, deviza posebno, pa i robe. U tim poslovima su imali učešće čak i slovenački ministri u saveznoj vladi. Pokriće su imali u jugoslovenskom političkom vrhu, najviše kod Edvarda Kardelja. Kako bi, inače, Slovenija godinama mogla da izvozi tri puta više nego što je bila njena proizvodnja? Nisu je Hrvati uzalud zvali „jugoslovenska primadona". Slovenci su čak i čuvenu srpsku šljivovicu pakovali u zelene flaše i prodavali je kao *Slovin exclusive brandy*, a ta rakija je točena, kako tvrdi Milan Trešnjić, u Levaču.

Slobodan Bata Todorović je sa Slovencima ušao i u lanac trgovine oružjem, kao najunosniji posao. Za Slovence je on tu bio posebno velika konkurencija i zato su rešili da ga uklone. Jednog zimskog dana, početkom 1975. godine, na alpskom prelazu Brener, iz Austrije u Italiju, dva automobila su sačekala reno 15 u kome je bio Todorović na putu za Milano. Tu su ga kidnapovali, uspavali injekcijom i u specijalnoj hladnjači prebacili za Ljubljanu. Bata Todorović je smešten u jednu već pripremljenu prostoriju Doma milicije. Tu je držan u strogoj tajnosti, pod istragom, punih šest meseci. Njegovi anđeli čuvari su bili Antun Žagar i Boris Stupar, alijas Lemai, operativci SDB Slovenije, a islednik se predstavio kao Mladen Ratković.

Pretpostavlja se da je nakon saslušanja pridobijen, odnosno prevaspitan na policijski način, ustupio svoje trgovačke veze i tajne kanale oružja slovenačkim kolegama. Ko zna šta se tačno dešavalo u tom specijalnom zatvoru. U Beogradu, u međuvremenu, niko nije ni znao da je Bata Todorović uhapšen. Pojavio se iznenada te godine u Kopru, gde je opet, ali ovog puta javno, uhapšen, a zatim sproveden nadležnim organima gonjenja u glavni grad, koji su za njim bili raspisali poternicu. Bata Todorović je još u Ljubijani slovenačkoj SDB, tj. Janezu Zemljariču, dao reč da nikada neće prozboriti o svom boravku u zatvorskoj sobi Doma milicije. Slovenački islednici nisu tukli Todorovića u Domu milicije, ali su mu pretili da će ga izručiti Italijanima, koji su ga tražili da mu sude zbog vojne špijunaže. Ucenjivali su ga da će objaviti u štampi da je po zadatku savezne SDB špijunirao i cinkario penzionisanog Aleksandra Rankovića, s kojim se, navodno, Bata Todorović privatno viđao u Dubrovniku, i da će ga optužiti javno da je finansirao četničke organizacije u Nemačkoj i Francuskoj. Pod takvim pritiscima Bata Todorović je prihvatio predlog Janeza Zemljariča, načelnika SDB RSUP-a Slovenije, da mu se javno sudi, ali za mahinacije u privredi.

Za slovenačko političko i vojno rukovodstvo Slobodan Todorović, veletrgovac i srpski obaveštajac, bio je vrlo opasan čovek. Naime, Bata je među prvima otkrio da se Slovenci u međugraničnom prometu masovno bave švercom raznih roba, pa i oružjem. Saznao je, na primer, da su delovi za tenkove, kupovani u Pragu, prodavani direktno Izraelcima. Taj posao je vodio Egon Konradi, načelnik u SDB SSUP-a, koji je održavao vezu s Mosadom. Najgore od svega je bilo što je Bata Todorović saznao da Slovenci kupuju oružje za TO Slovenije i da se tajno naoružavaju. Tim poslom rukovodili su Stane Dolanc i Miloš Ogrizek. Iz straha da će biti otkriven, Ogrizek, koji je bio ministar policije pa načelnik TO Slovenije, emigrirao je u Austriju. Odatle ga je u Sloveniju vratio tek počekom osamdesetih Janez Zemljarič, tada savezni funkcioner.

Do tih podataka Bata je došao preko svog kolege Đoke Anđelkovića iz Beča. Istim kanalima je otkrio i kako Slovenci iznose devize iz zemlje preko firme *Kredeks*, koja je bila zapravo filijala *Ljubljanske banke* u inostranstvu. Ovakve tvrdnje pojavile su se i u memoarima Franca Šetinca, ali i u *Zelenoj knjizi o tajnoj trgovini oružjem*, koja se nalazi u arhivi SDB SSUP-a. Slovenci su informisali predsednika Jugoslavije na svoj način, pa je Tito našao za shodno da javno napadne Batu Todorovića.

Titov napad na Batu Todorovića bila je, zapravo, prozivka Beograda i Srbije i pritajeni napad na Dražu Markovića. Prvog februara 1976. godine zagrebački *Vjesnik* je objavio razgovor novinarke Dare Janeković s predsednikom Jugoslavije i CK SKJ pod naslovom „Komunisti moraju stvarati etiku samoupravnog socijalističkog poretka". Bio je to treći po redu susret ove novinarke s Josipom Brozom i prvi intervju u kome je Tito, uopšte, pomenuo ime neke ličnosti. Očigledno da mu je bilo stalo da apostrofira baš Batu Todorovića. U odgovoru na pitanje o ljudima kojima nije mesto u SK, Tito je, između ostalog, naglasio:

„... Komunisti nisu bili trgovci. Došli su, dakle, bivši trgovci i to je za neke bio Eldorado. Oni su znali kako se trguje da bi se zarađivalo, oni su odgajali i članove Partije koji su radili s njima. Neki su nadmašili svoje učitelje, postali su gori od njih. Evo, sad imamo mnogo uhapšenih. Uskoro će početi veliki proces onima koji su napravili goleme štete, u milijardama, našoj spoljnoj trgovini. Krivci će biti oštro kažnjeni... Uzmite slučaj tog Bate Todorovića: banke su imali vani, a radili su s nekim našim bankama zajedno! Mi smo pohapsili dosta ljudi, onih koji su bili povezani s raznim špekulantima izvana i koji su nam pravili velike štete..."

Ko je, zapravo, bio Slobodan Bata Todorović? Rođen je januara 1925. u Smederevu, u porodici Dragoljuba i Adrijane, rođene Matić. Završio je Pravni fakultet u Beogradu, ali je prvi posao dobio u zagrebačkom *Merkuru*. Vojsku nije služio. Ženio se dva puta, Radmilom, s kojom je dobio kćerku Vesnu, i Ljiljanom, koja mu je rodila Adrijanu, Dejanu i Ana-Mariju. U Beogradu je dugo bio zamenik direktora spoljnotrgovinskog preduzeća *Progres*. Kako su takva preduzeća formirana pod kontrolom Udbe, to se pretpostavlja da je i Bata Todorović, kao direktor, bio saradnik srpske političke policije.

Prvi veći posao bio mu je da otkupi šezdesetak američkih brodova kao „staro gvožđe" za slovenačku železaru Štore. Međutim, Todorović je te čelične lađe „poklonio" Sloveniji i Crnoj Gori da ih koriste kao morsku flotilu. Ti brodovi su kupljeni u periodu od 1954. do 1959. godine. Kada su Amerikanci čuli da nisu isečeni u staro gvožđe, protestovali su diplomatskim putem. Slovenci su to iskoristili, jer su načuli da se Tito naljutio na *Progres* zbog toga, pa je njihov delegat u Saveznoj skupštini, Augustin Papić, napao ovo preduzeće. Posle toga su inspektori SDK i Savezne devizne inspekcije čitavih godinu dana kontrolisali rad *Progresa*.

Akcija „Vrh"

Kako nisu nađeni dokazi o mahinacijama, uhapšen je zamenik direktora, Bata Todorović, i optužen za preprodaju tri automobila. Istraga je trajala puna četiri meseca, pa je posle presude od šest meseci zatvora brzo pušten kući. Tužilac se žalio, pa je viši sud osudio Todorovića uslovno na dve godine zatvora. U međuvremenu, Bata Todorović je napustio *Progres* i prešao u *Interkomerc* iz Umaga. Odatle je s porodicom ilegalno otišao u Italiju. Za vrlo kratko vreme, od 1965. do 1970. godine, Todorović je u Italiji, iz koje je proteran, a zatim i u Nemačkoj, osnovao čak dvadeset pet trgovačkih firmi. Sve su radile za Jugoslaviju.

Postao je čuven po uvozu deset miliona žileta. Njegove kolege iz SDB-a tvrde da je to radio po nalogu srpske tajne policije, jer su firme bile i filijale za špijuniranje. Jugoslavija je u svetu imala tri stotine takvih „kompanija od jednog čoveka", čiji su se direktori, međutim, „otcepili" od domovine i SDB-a, pa im je zato bio strogo zabranjen rad s našim preduzećima. To je važilo i za Batu Todorovića, ali se on te zabrane nije držao, a i kako bi, kada ga je lično ministar odbrane, Nikola Ljubičić, angažovao da proda staro naoružanje JNA ruskog porekla. Bata Todorović je bio sposoban, pa zato i imućan čovek. Imao je kuće u Dubrovniku, Beogradu, Orebiću i Minhenu, po kome je voleo da se vozi u fijakeru. Pre odlaska iz Beograda nuđeno mu je da bude direktor *Jugobanke*, ali je on to odbio. U Nemačkoj je okupio oko sebe policajce stradale 1966. godine na Brionskom plenumu i pomogao im da uđu u biznis. Neki od njih poricali su da je to Bata radio po zadatku

SDB SSUP-a, koja je dirigovala operacijom „XI", čiji je pak cilj bio praćenje penzionisanih „udbaša", a posebno Leke Rankovića. O Rankoviću, međutim, Bata Todorović nije napisao nijedan izveštaj!

Sedamdesetih godina, s pojavom tzv. GG preduzeća (grupe građana), privatizacija je počela da ulazi na široka vrata u SFRJ. Partija i država su na to odgovorile odlukama Desete sednice CK SKJ da se formiraju posebne komisije za borbu protiv kriminala u privredi i za kontrolu porekla imovine. Prvi predsednik te komisije je bio Rato Dugonjić, a poslednji Jure Bilić. Ta politička bitka započela je baš s Batom Todorovićem i četrdesetak njegovih saradnika. Zbog ideološkog karaktera ova akcija, umesto organima javne bezbednosti, poverena je Službi državne bezbednosti SSUP-a, koja joj je dala tajni naziv „Vrh". Cilj je, naime, bio da se otkrije sprega privrednih kriminalaca s političarima i time ovo „zlo" saseče u korenu. Republičke službe su zato dobile direktivu da formiraju svoje operativne grupe za borbu protiv kriminala u privredi. Srpska je bila najbrojnija. Njen šef u SDB je bio Vidosav Zlatić. Advokat Sava Anđelković mi je rekao da o tome postoji arhiva CK SKJ i SDB Jugoslavije.

„Suđenje Bati Todoroviću je bilo politički proces. On je okrivljen da je oštetio Jugoslaviju za oko 800 miliona dinara. Pare koje je doneo državi SFRJ bile su mnogo veće, ali se o tome ćutalo, kao što se ćutalo i o direktorima iz Slovenije i Hrvatske koji su se, takođe, bavili 'korisnim malverzacijama'. U Srbiji je zbog toga posle Bate Todorovića smenjeno 150 direktora, a u Sloveniji nikome nije falila dlaka s glave. Za ovo suđenje direktno su bili zainteresovani Josip Broz Tito, Vladimir Bakarić i Draža Marković. Kidnapovanje i prebacivanje Bate Todorovića u Beograd i suđenje organizovao je ministar savezne policije, general Franjo Herljević. Za sudiju je doveden „udbaš" Dragoljub Nikolić iz Obrenovca, koga je Herljević, posle drakonske presude Bati Todoroviću od dvadeset godina robije, častio pištoljem.

Proces Todoroviću je održan u vreme rasprave o novom ustavu, čijim je donošenjem ozvaničeno pravo na decentralizaciju SFRJ. U ovom slučaju Slovenija je htela ne samo da sakrije svoje tajne poslove već i da sruši jedinstveni devizni sistem kako bi mogla slobodnije da trguje devizama.

Posle suđenja u Beogradu tadašnji Savezni devizni zakon je i promenjen, jer je dokazana navodna veza privrednih kriminalaca s Narodnom bankom Jugoslavije. Po mišljenju pojedinih advokata, proces Todoroviću i još četrdesetorici, pa i smena direktora, predstavljaju novi srpski Goli otok. Najveće zlo bilo je, izgleda, u tome što su tadašnji lideri Srbije sami pristali na tu slovenačku podvalu. Da bi se pravda koliko-toliko ispravila zahtevao sam obnavljanje procesa i rehabilitaciju ovog beogradskog veletrgovca. Takav zahtev podneli su Saveznom sudu i Saveznom javnom tužilaštvu i advokati ostalih osuđenih direktora, jer i oni veruju da pravda mora da bude zadovoljena. Uostalom, i sâm Bata Todorović je svojevremeno, u pismu Mitji Ribičiču i Milki Planinc, otvoreno priznao: – Kažnjen sam ne zato što sam kriv, već zato što je to koristilo za druge ciljeve!"

Da je slučaj Todorović bio Srbima namešten, i to na Brionima, posvedočio je lično i Dragoslav Draža Marković u svojim memoarima *Život i politika*. Srpski lider je na dva mesta pisao o tome kako mu je savetovano šta da radi s Batom.

Na strani 155. stav 6. (knjiga druga), Draža Marković je zapisao: „Imao sam ozbiljan razgovor s Bakarićem oko suđenja grupi Bate Todorovića. Herljević, savezni sekretar za unutrašnje poslove, zahtevao je da se sudi celoj grupi u Beogradu. Mi nismo upoznati s rezultatima istrage, koja je vođena u Ljubljani, gde je on i uhapšen. Nismo to hteli prihvatiti. Bakarić se složio. Biće sada spora i gužve s Herljevićem. No, neka bude."

Na strani 159. memoara *Život i politika* (knjiga druga), nalazi se još jedna beleška Draže Markovića o slučaju Bate Todorovića: „Osmog oktobra leteli smo Tića, Živan i ja na Brione. Tamo nam se pridružio i P. Stambolić. Bili smo na razgovorima kod druga Tita... Kroz razgovor smo dobili potvrdu i za naše opredeljenje u pogledu nekih konkretnih pitanja (suđenje Todoroviću...)".

Ako se zna da je Todoroviću i još četrdesetorici lica suđeno baš u Beogradu, onda je sasvim jasno da su Tihomir Vlaškalić, Živan Vasiljević, Petar Stambolić i Draža Marković pristali da na Brionima budu nagovoreni od Tita i Bakarića da se suđenje održi u glavnom gradu Srbije i SFRJ, a ne u Sloveniji, gde je Todorović uhapšen, saslušavan i isleđivan. Izvršena je zamena teza, umesto da se Slovenci okrive za kupovinu oružja i naoružavanje, Srbi su okrivljeni da preko SDB-a ilegalno trguju jugoslovenskim oružjem. Na taj način stvoren je još jedan slučaj u Srbiji, a ne u Sloveniji. Operativci Službe državne bezbednosti Srbije koji su radili na slučaju Bate Todorovića upozorili su na vreme politički vrh Srbije o kakvoj se nameštaljki iz Ljubljane radi, ali Draža Marković i Petar Stambolić nisu želeli da poveruju u informacije svojih tajnih policajaca.

U federalnoj tajnoj službi slučaj Bate Todorovića vodio je Jerko Bradvica, policajac iz Bosne i Hercegovine, Hrvat sa završenim semeništem u Širokom Brijegu. Pri Službi državne bezbednosti Srbije bila je formirana posebna mešovita radna grupa za Batu Todorovića, sastavljena od operativaca iz SDB Jugoslavije i SDB Srbije. U njoj su bili Slobodan Stević, Negosav Pantelić i Milan Labus. Šef grupe je bio Vidosav Zlatić. Kada je ova radna grupa ugašena, a operativci penzionisani, jer su otkrili da se Slovenci naoružavaju preko Bate Todorovića, formirana je druga grupa, u kojoj su bili Obren Đorđević i Dragan Mitrović. Sâm Đorđević je lično išao u Minhen na razgovore s Batom Todorovićem pre njegovog hapšenja, kada je došlo do saznanja da Slovenci trguju oružjem i naoružavaju Teritorijalnu odbranu.

U takvoj misiji je bio i Milorad Mika Bisić, načelnik u SDB Srbije, ali o tom saznanju nije smeo da „uznemirava" politički vrh SFRJ. Uz to, otkriveno je da je Bata Todorović radio i za SDB Slovenije. Da se viđao čak i sa Edvardom Kardeljem, a da je imao i dobre veze sa Egonom Konradijem, načelnikom u državnoj bezbednosti Slovenije, a zatim i SDB Jugoslavije. Oni su poslovali preko *Ljubljanske banke* i kompanije *Kredeks*. O tome su SDB obaveštavali njeni doušnici Radovan Raca Mitić i Igor Polaniščak, inače Batini bliski saradnici.

Kako, međutim, srpski političari, pre svih, Slavko Zečević, ministar policije, nisu reagovali na informacije SDB Srbije, operativci su, predvođeni Slobodanom Stevićem, o tome upozorili saveznog ministra Franju Herljevića, koji je upravo 1974. godine stupio na dužnost. Herljević je podržao žalbu Slobodana Stevića i preneo je Stanetu Dolancu, ali ju je ovaj lukavo vratio u Srbiju, prvom čoveku srpske partije Tihomiru Vlaškaliću, koji ju je odneo na sto ministra policije Slavka Zečevića. Iz osvete, Zečević je operativca Slobodana Stevića izbacio iz SKJ i iz SDB Srbije i oterao ga na ulicu.

Kidnapovanje pukovnika

Jugoslovenska tajna policija bavila se svim metodama predviđenim u radu svih (kontra)obaveštajnih službi sveta; kao što su, na primer: tajno ugrađivanje agenta u redove protivnika; tajno snimanje i prisluškivanje; prikriveno anketiranje; prikriveno praćenje i posmatranje; maskirano naučno istraživanje; ispitivanje izbeglica, dezertera i emigranata; izviđanje; prikupljanje podataka preko privrednih, diplomatskih i novinarskih predstavnika. U udžbenicima državne bezbednosti za buduće operativce pominju se i nasilni metodi rada, ali kao „neobaveštajna dejstva obaveštajne službe": psihološka dejstva; propaganda; špijunaža; diverzija; sabotaža; izazivanje kriznih situacija; prevrati i pučevi; terorizam; ubacivanje naoružanih grupa; specijalne operacije. Kidnapovanja i likvidacije državnih neprijatelja se ne pominju, a upravo to su, gotovo, trideset godina, bili karakteristični metodi jugoslovenske tajne policije.

U inostranstvu su, na primer, kidnapovani Vlado Dapčević, Mileta Perović, Slobodan Bata Todorović i Krunoslav Draganović i dovedeni u SFRJ da im se sudi. Pukovnik JA, ibeovac iz logora u Bileći, emigrant u SSSR-u i Belgiji, Vlado Dapčević je 1975. godine boravio u Bukureštu. Bio je u društvu sa svojim telohraniteljem Đokom Stojanovićem, jer je već imao najava da će ga SDB Jugoslavije kidnapovati. To se, po njegovom sećanju, i dogodilo 8. avgusta 1975. On je kasnije prebačen u vojni zatvor na Voždovcu, gde su ga posetili šef odeljenja jugoslovenske državne bezbednosti Ćetković s pomoćnicima Đerkovićem i Žikom Jovanovićem. Na prvom saslušanju Dapčević je shvatio da SDB zna sve o njemu. Na suđenju kao krunski svedok pojavio se emigrant Lala Ivanović, a doveli su i nekog ibeovca koji je, kaže Dapčević, radio za Službu državne bezbednosti Jugoslavije. Vojno suđenje je trajalo pet-šest dana. Odlukom suda Vladimir Dapčević je osuđen na smrt streljanjem. Kazna nije izvršena, jer je zamenjena s dvadeset godina robije, od čega je Dapčević u požarevačkoj *Zabeli*, kao civilno lice, odležao dvanaest godina. Na slobodi se našao 1988, odnosno trinaest godina manje dva meseca od trenutka kada je kidnapovan u Bukureštu.

Sâm Dapčević veruje da su kidnapovanje organizovali šefovi jugoslovenske Službe državne bezbednosti i rumunske Sekuritatee, uz saglasnost političkih rukovodilaca SFRJ i Rumunije. Početkom sedamdesetih, u vreme dok je Vlado Dapčević živeo u Briselu, tajna služba Vojvodine je poslala u Belgiju operativca Slobodana Mirtića, zvanog Bob Karate, da otkrije gde i kako živi ovaj bivši jugoslovenski general.

Kako je pisao u svojim memoarima rumunski general Jon Paćepa, dogovor o saradnji jugoslovenske i rumunske tajne policije postignut je početkom sedamdesetih godina, prilikom Čaušeskuove posete Titu. Tom prilikom s Paćepom su razgovarali Luka Banović, tadašnji ministar savezne policije, i Silvio Gorenjc, rukovodilac u SDB Jugoslavije.

On je upozorio Paćepu, a time i Nikolau Čaušeskua da Vlada Dapče-
vić, lider ibeovaca, radi Titu o glavi, dok njegov brat Peko Dapčević
istovremeno radi kod Josipa Broza u Maršalatu. Tito je od Čaušeskua,
svedoči Paćepa, lično zatražio da namami Vladu Dapčevića u Rumu-
niju, uhapsi ga i izruči Službi državne bezbednosti Jugoslavije. Za-
uzvrat SDB će namamiti rumunskog emigranta Fausta Bradeskua u
Beograd, uhvatiti ga i izručiti Bukureštu.

Čaušesku je odgovorio da će namamiti Dapčevića, ali da ne želi
njime da prlja ruke! Već 30. jula 1975. Bukurešt su posetili Draško
Jurišić i Silvio Gorenjc da organizuju Vladino kidnapovanje. Tada je
ministar jugoslovenske policije već bio general Franjo Herljević. Posao
je na sebe preuzela Sekuritatea, rumunska tajna služba. Zbog obilne
kiše, piše Paćepa, otmica je obavljena u hotelu. Tom prilikom Marku-
šev je, smrtno ranjen u glavu, preminuo, a Đorđe Stojanović je teško
ranjen i s Vladom Dapčevićem predat Jugoslovenima. U otmici je uče-
stvovao i operativac SDB-a Nikola Nikolić. Zbog nemara u zbrinjava-
nju ranjenog Stojanovića, došlo je do iskrvavljenja i on je preminuo
u beogradskom zatvoru, odmah čim je dovezen. Sahranjen je tajno
na zrenjaninskom groblju. Posao skrivanja Stojanovićeve sudbine od
javnosti, a i od njegove najbliže rodbine obavili su Zoran Martinov, šef
vojvođanske tajne policije, i Obrad Grković, načelnik SDB Zrenjanin.
Tanjug je tek 25. decembra 1975. javio da je Vlado Dapčević uhapšen
na „jugoslovenskoj teritoriji, gde je obavljao neprijateljske aktivnosti".
Stane Dolanc se šepurio po novinama da je uhvatio jednog od orga-
nizatora Barskog kongresa KPJ, održanog u vili prištinskog profesora
istorije dr Branislava Boškovića 6. aprila 1974. godine, na kome su ibe-
ovci osnivali novu komunističku partiju u Jugoslaviji.

O smrti Aleksandra Opojevića i Đorđa Stojanovića Dolanc nije ni-
šta izjavio. Kako se za sudbinu svog brata veoma zainteresovao Ivan
Stojanović, tajna policija SFRJ je počela da ga prati, što su činile dve
devojke – agenti, i da mu prisluškuje telefon. Ni desetak godina kasni-
je, kada je obio sve političke i pravosudne pragove u Jugoslaviji, Ivan
Stojanović nije dobio odgovor na pitanje gde je njegov brat Đorđe Sto-
janović. Policija i država su ćutale. I još ćute. Luka Banović i Silvio Go-
renjc su javno demantovali memoare i generala Jona Paćepe i generala
Vlada Dapčevića. Odeljenje za ibeovce u SDB Jugoslavije neko vreme
vodio je Meho Mujagić. Ni on nikada o tome nije progovorio.

Od pet hiljada ibeovaca koji su emigrirali iz Jugoslavije njih dve sto-
tine su bili aktivni i tokom sedamdesetih godina. U SDB-u Jugoslavije

se smatralo da su oni samo produžena ruka KGB-a i ostalih tajnih službi iz socijalističkih, ali i nekih kapitalističkih zemalja. Zahvaljujući saradnji s tim službama, a i doušnicima koji su se nalazili među ibeovcima, SDB je pedantno pratila njihov rad, a posebno pokušaje uspostavljanja veze sa staljinistima u samoj Jugoslaviji. Takvih grupacija je početkom sedamdesetih već bilo u Beogradu, Zagrebu, Splitu, Bosanskoj Dubici, Budvi, Ljubljani, Skoplju, Sremskim Karlovcima. Jugoslovenska tajna policija ih je neprestano pratila i snimala. Najaktivniji među njima je bio „Koordinacioni odbor za osnivanje nove KPJ", formiran 1971, zatim Tuzlanska grupa i Barska grupa, nastale 1974. Obe su vođene spolja, iz inostranstva, a razbijane iznutra, iz Jugoslavije. Jedan od ibeovaca, Milorad Todorović, pao je, na primer, u ruke SDB-a tako što je na slavi kod svog zeta izjavio: „Ako Staljin nije 1948. uspeo da sruši Tita, srušiće ga sada Rusi."

Todorović je zaboravio da je njegov zet nekada radio u Udbi. Prijavio ga je tajnoj policiji, a ona je uhapsila Milorada Todorovića. Prilikom pretresa njegovog stana pronađene su staljinističke knjige *Crveni apostol*, *Kritika antimarksizma*, *Prilog ideji o obnovi KPJ*. Zbog neprijateljske propagande Todorović je osuđen na pet godina robije. Kada je u noći 7. aprila 1974. Peti kongres KPJ započeo rad u privatnoj vili u Baru, tajna policija je pohapsila sve njegove organizatore i rasturila tu ibeovsku organizaciju. Sami operativci SDB-a danas govore kako je taj kongres bio namešten od Službe državne bezbednosti da bi se uhvatio Vlado Dapčević i da bi likvidacija informbirovaca mogla lakše da se izvede.

U Bosni i Hercegovini, kao i u Hrvatskoj nova potera za ibeovcima je korišćena radi novog obračuna sa srpskim nacionalno opredeljenim intelektualcima. U Banjaluci je, na primer, dve godine kasnije Služba državne bezbednosti izvela na sud dr Perka Vojinovića, Srboslava Čelebića i Zdravka Marijanca pod optužbom da su želeli da sruše ustavni poredak SFRJ. Suđenje je montirano uz pomoć četiri lažna svedoka SDB BiH.

Jaka Jugoslavija imala je tada i u svim policijama sveta svoje dobre saradnike. KGB je posle kongresa u Baru upozorio sve jugoslovenske ibeovce da će ih pohapsiti i proterati ako budu delovali protiv Tita i Jugoslavije. Predsednik nove KPJ, Mileta Perović, uspeo je da bežanjem iz Moskve u Francusku izbegne hapšenje od KGB-a i SDB-a SFRJ. Napustio je SSSR 1975. godine i prešao u Pariz. Odatle je proteran onog trenutka kada se pročulo da će Džemal Bijedić, jugoslovenski premijer, posetiti Francusku. Perovića zatim put vodi u Bugarsku, Finsku, Švedsku, Veliku Britaniju i Izrael. U to vreme neprestano mu se kao saradnica i saputnica još iz Kijeva, nudila Mirkana Obrenović, bečka bogatašica. Živela je u Luganu sa svojim kominternovskim uspomenama na Tita, Đilasa i Staljina. Nekako je uspela da ubedi Perovića da odu na izlet u italijanski grad Paradizo. Tu je Mileta Perović kidnapovan od navodno mladih fašista, koji su za njega tražili otkup od 200.000 američkih dolara. Taj posao su, međutim, italijanski mafijaši uradili za jugoslovensku tajnu službu.

Čitavom operacijom, koja je imala šifrovani naziv „Generalni sekretar", u Paradizu rukovodila je Sveta Kunc, operativac slovenačke Službe državne bezbednosti, koja je kod Mirkane Obrenović bila zaposlena kao služavka. Otmica je mafiji iz Milana plaćena 150.000 maraka iz tajnog fonda SDB Jugoslavije. Mileta Perović je vezan u automobilu, na državnoj međi kod Nove Gorice, prebačen u Jugoslaviju, gde je, po zvaničnom izveštaju policije, i uhapšen. Iz Slovenije je prebačen specijalnim avionom koji je zbog Perovića pristigao iz Beograda. Na ulazu u avion, kako se seća Mileta Perović, pozdravio se s Nikolom Nikolićem, načelnikom u SDB Jugoslavije. Uhapšenik je u Beogradu bio smešten u luksuznom stanu kod glavne železničke stanice. Osuđen je na tajnom procesu u Beogradu na dvadeset godina robije. Kaznu je izdržavao u Sremskoj Mitrovici, jer je tamošnji zatvor bio namenjen političkim delinkventima iz Srbije i inostranstva. Mirkanu Obrenović i Svetu Kunc lider nove KPJ, Mileta Perović, nikada više u životu nije video. Ova prva pojavljivala se, kažu neki ljudi, krajem osamdesetih u Vojvodini pod imenom Mirjana Zelen Makša. Mileta Perović je na slobodu izašao za Novu 1988. godinu.

Realna opasnost od povratka staljinista u SFRJ nije postojala, ali je Titu i političkom vrhu zemlje bio potreban još jedan političko-policijski obračun radi učvršćivanja sopstvene vlasti i demonstracije svoje snage i Istoku i Zapadu. Sâm Milovan Đilas je tih godina pisao da je Josip Broz, opirući se rastućem uticaju SKJ i JNA, koje je 1971. godine očistio od nacionalista, ponovo uzeo pod svoju kontrolu jugoslovensku tajnu policiju, jer mu je bila potrebna za nove političke obračune. Time je i SDB dobijala na snazi i moći, a njeni rukovodioci veliku policijsku i političku moć. Kako, međutim, Tito više nije mogao da se suprotstavlja uticaju Edvarda Kardelja, to su se u jugoslovenskoj tajnoj policiji sedamdesetih godina skoncentrisali uglavnom slovenački kadrovi, koji su postepeno preuzimali potpunu kontrolu nad Službom državne bezbednosti. Čovek koji je tada sebe doživljavao kao prvog policajca Jugoslavije, bio je Stane Dolanc. O njemu je Dobrica Ćosić lepo rekao da je bio najmoćniji čovek brionske monarhije:

„... Kardelj je bio mozak titoizma, Dolanc njegova pesnica deceniju i po. On je vladavini, od starosti onemoćalog Tita, davao energiju alpiniste i okrutnost lovca na sitne zveri. Tito je s Dolancom nadoknađivao upravo one moći koje su mu malaksavale i bez kojih njegova despotija ne bi funkcionisala, a to su lukavstvo, beskrupuloznost, upornost u naopakoj politici. Kardeljeva samoupravna destrukcija Srbije i utvrđivanje hrvatsko-slovenačke hegemonije, bez Dolanca, njegove autoritarne volje i energije, ne verujem da bi se tako uspešno održala!"

POSLEDNJA TITOVA PREVARA

U Beogradu, 8. maja 1980. godine, sahranjen je Josip Broz Tito, tadašnji predsednik, tadašnje Socijalističke Federativne Republike Jugoslavije. Sahranjen je u cvećnjaku svog vrta, Kući cveća u Užičkoj broj 15. Nije naodmet podsetiti, da su tih dana u mimohodu, poslednju poštu Josipu Brozu odale stotine hiljada Beograđana i ljudi iz svih krajeva Jugoslavije. Tog dana u Beogradu su se našli predstavnici zemalja za koje mnogi nisu ni čuli. Našlo se na jednom mestu ukupno 209 delegacija iz 127 zemalja: 122 državne delegacije, 68 delegacija partija, 4 delegacije oslobodilačkih pokreta, 9 delegacija međunarodnih organizacija i 6 ostalih delegacija. Na čelu državnih delegacija bilo je 38 šefova država, pa su se tu našli, između ostalih, i Leonid Iljič Brežnjev, Indira Gandi, Margaret Tačer, Sandro Pertini, Kenet Kaunda, Sadam Husein, Helmut Šmit, Hans Ditrih Genšer, Todor Živkov, Nikolae Čaušesku, majka Džimija Kartera i mnogi drugi. Četiri kralja došla su takođe da odaju poslednju počast Josipu Brozu, pored ostalih švedski kralj Gustav XVI, norveški kralj Olaf V, prinčevi i članovi kraljevskih porodica.

Došlo je 7 potpredsednika republika, 6 šefova nacionalnih parlamenata, 10 predsednika vlada, 3 potpredsednika vlada, ministri inostranih poslova, 20 članova vlada i 22 državna funkcionera. Našli su se tu i delegati partijskih delegacija iz 103 zemlje. Vatikan je poslao takođe svoja dva delegata u Beograd na ispraćaj. Međunarodne organizacije i udruženja nisu zaostajali sa učešćem na poslednjem ispraćaju Tita, pa su tu bili delegati Evropskog saveta, Izvršnog saveta EZ u Briselu, Uneska, Ujedinjenih nacija, OECD-a, parlamenta, Komonvelta, Arapske lige i mnogi drugi.

Tada je, između ostalog, Vladimir Bakarić rekao:

„... Još za života legenda, Tito sada prelazi u legendu historije, među njene vrhove... Hvala Ti, druže Tito, na nasleđu koje si nam ostavio. Čuvat ćemo ga kao zjenicu oka svoga..."

Da bi posle njega Stevan Doronjski u svom oproštajnom govoru rekao:

„... Mi smo s Titom dovoljno sazreli i očvrsnuli u svesti da možemo opstati kao čvrsta i monolitna zemlja samo kao ravnopravna socijalistička zajednica svih naših naroda i narodnosti...“

Mnogi političari i funkcioneri tadašnje Jugoslavije, a i dugo posle Titove smrti, imali su svoje poslednje slovo u ime naroda nad odrom Josipa Broza Tita. Sahrana Josipa Broza Tita bila je svetski događaj, ali i veliki ispit za jugoslovenski sistem bezbednosti i tajne službe, jer je trebalo obezbeđivati 600 uvaženih gostiju. Neki od njih su sa sobom poveli vlastite telohranitelje. Svaki od jugoslovenskih operativaca angažovan na ovoj sahrani bio je zadužen da prati po jednog stranog državnika. Neka tajna saznanja kazuju da je na Titovoj sahrani, ipak, sve bilo mnogo drugačije.

Moj sagovornik je bio čovek pod zakletvom o ćutanju. Doktor Obren Đorđević je četiri decenije proveo kao profesionalac u organima bezbednosti. Bio je oficir Ozne, Udbe i načelnik SDB-a, prvo u beogradskoj upravi, a zatim od 1978. do 1985. godine u srpskoj tajnoj policiji. Istovremeno, baveći se naučnim radom, dr Đorđević je napisao čuveni *Leksikon bezbednosti*, zatim *Građanski rat 1941–1945.* i još nekolicinu knjiga i udžbenika. Mada je već godinama u penziji, dr Obren Đorđević je i dalje čovek čije su ime svi policajci, ali i građani koji su ga poznavali, izgovarali s poštovanjem. Umro je nenadano od izliva krvi u mozak u leto 1998. godine u svom stanu u Ulici Ivana Milutinovića u Beogradu.

Njegovo svedočenje o tajnim službama uvek je prihvatano sa uvažavanjem. O samoj Titovoj sahrani dr Obren Đorđević mi je ispričao gotovo neverovatnu priču:

„Mi iz Službe državne bezbednosti Srbije tada smo imali zadatak da ’pokrivamo’ Beograd spolja. Jovanku Broz i 600 stranih državnika čuvali su radnici SDB SSUP-a, KOS-a i agenti stranih službi bezbednosti. Beograd je tada bio centar sveta, tu je, pored predsednika država i vlada, kraljeva i prinčeva, bilo i stotinak stranih obaveštajnih službi od CIA, KGB-a, Mosada, preko BND-a do japanske službe bezbednosti! Kada je Josip Broz umro, pojedini članovi Predsedništva SFRJ, pre svega Stevan Doronjski i Stane Dolanc, želeli su da ga balsamuju i stave u mauzolej kakav ima Lenjin na Crvenom trgu. Titovo telo, međutim, bilo je puno raznih lekova i medikamenata, pa je počelo prerano da se raspada i da širi oko sebe neugodan miris. Iz medicinskih i higijenskih razloga, pre svega, Dolanc, Mikulić i Doronjski odlučili su da se javna sahrana izvrši bez Titovog tela. Tako se i dogodilo da su za praznim kovčegom išli Jovanka Broz, mnogi svetski državnici i naši građani. Tito je naknadno sahranjen u Kući cveća. O tome niko ništa nije znao, sem Stevana Doronjskog, Staneta Dolanca i ljudi iz Titovog najužeg obezbeđenja. Bila je to poslednja Titova prevara. A i Bog je, kaže narod, zbog te prevare kaznio Doronjskog. Umro je odmah posle Titove sahrane! Ima, doduše, ljudi koji tvrde da je ta sahrana tako izvedena jer je tadašnji šef SDB SSUP-a Mitja Krajger strepeo od moguće diverzije emigracije na samoj sahrani Josipa Broza.

„Tvrdi se da je zapravo iza svega stajao ministar policije Stane Dolanc, samo zato jer se spremao da nasledi Tita. Međutim, kombinacija oko Titovog naslednika bila je malo drugačija. Kada su krajem sedamdesetih za šefa savezne Udbe, zatim za načelnika Generalštaba i šefa Vojne obaveštajne službe dovedeni Mitja Krajger, nekadašnji pukovnik KOS-a, Stane Brovet, vojni obaveštajac i general Potočar, izvršene su pripreme za promociju Edvarda Kardelja za novog Tita. U pozadini tog političkog puča stajao je Stane Dolanc, koji je bio izuzetno moćan čovek. Toliko je bio jak da je, na primer, generalu Franji Herljeviću, koji je na jednom kongresu SKJ želeo da referiše Titu, Dolanc jednostavno rekao: 'Ne može!'

„Ta kombinacija s dolaskom Kardelja na čelo države je, međutim, propala, jer je Bevc 1976. iznenada umro od raka. U jugoslovenskom političkom vrhu je uvek bilo dosta bivših obaveštajaca i policajaca. Stane Dolanc je bio major KOS-a. Neki kažu čak i dupli agent CIA i KGB. Tako velika koncentracija bivših agenata i policajaca u vlasti može se objasniti činjenicom da je druga Jugoslavija nastala iz rata, tj. iz revolucije. U njoj su novi lideri bili ili vojskovođe ili članovi organa bezbednosti. Mi smo još od 1944. godine u Moskvi i Lenjingradu školovali mlade borce u Akademiji KGB-a za poslove bezbednosti.

„Imam kod sebe fotografiju na kojoj su Mitja Ribičič, Josip Manolić, Čedo Grbić, Koča Končić, Miša Lukić i Radivoje Radović u uniformama ČEKE slikani u vreme kada su bili đaci budućeg KGB-a. Neki od njih su kasnije, kao Manolić i Ribičič, postali ljuti protivnici SDB-a i KOS-a, mada su u njima i penziju zaradili!

„Služba državne bezbednosti je kao produžena ruka SKJ bila neka vrsta njenog političkog štita. Gonili smo samo one političke protivnike koji su nanosili veliku štetu SK. Ono što se, na primer, 1974. godine dešavalo na Pravnom fakultetu inicirala je i završila Partija. SDB Srbije s tim nema veze i sasvim je nevina. Što se tiče 'Slučaja osmorice', mi u SDB-u smo smatrali da taj tzv. Otvoreni univerzitet nije opasan za Srbiju.

„U Predsedništvu Srbije, međutim, naređeno je da se taj univerzitet ugasi. Čak smo se i posvađali oko toga. SDB je svesno uleteo u tu akciju s rizikom. Gurnuli smo političare napred, jer smo znali da je sve bilo zakuvano u CK SKJ kod Staneta Dolanca. Priča se da je i afera Memorandum delo Staneta Dolanca, jer je navodno uz pomoć radnika SDB SSUP-a taj rukopis SANU podmetnut *Večernjim novostima* kako bi Srbiju okrivio za nacionalizam. Ne znam detalje, ali znam da i u moje vreme Stane Dolanc nije imao prođu u SDB Srbije, ali je imao izvesne veze i uticaje na GSUP Beograda! Kada je pred sednicu KEBS-a u Beogradu trebalo da ih 'neutrališemo', ja sam ih pozvao i zamolio da budu korektni i mirni u vreme održavanja te konferencije. Oni su obećali da će sve biti u redu i tako je i bilo...“

Svi Dolancovi ljudi

Glavni problem SDB Jugoslavije je bio loša saradnja između centrale u Beogradu i službi na terenu, po republikama i pokrajinama. Već tada, sedamdesetih godina, rukovodioci SDB-a u republikama i pokrajinama su toliko prekrajali i frizirali poverljive informacije, da SDB Jugoslavije nije imao realnu sliku o zbivanjima u zemlji. Zbog republičkih, a često i ličnih interesa napušteno je sveto operativno pravilo da se centrali dostavljaju sve informacije, direktno i bez obrade. Služba državne bezbednosti Jugoslavije, koja je imala oko 150 operativaca i rukovodilaca, faktički je obmanjivana od republičko-pokrajinskog rukovodstva i političke policije. General Franjo Herljević, savezni ministar policije, radio je na razvodnjavanju funkcija bezbednosti u SSUP-u i SDB-u Jugoslavije. Dobri poznavaoci ovog Hrvata iz sela Stupara kod Tuzle, koji je pre rata bio bravar, sećaju se, da ga je krajem 1973. godine Tito pozvao u Bugojno i jednostavno mu saopštio da treba da ide u SSUP za ministra i da tamo „... očisti one Augijeve štale u policiji...“

General Franjo Herljević je maršalu hrabro odgovorio da se ne razume u policijski posao, ali da ceni, poštuje i voli druga Tita. Josip Broz mu je tada naredio: „Ideš za ministra policije, baš zato što me voliš!“

Preko generala Franje Herljevića u federalnoj policiji i SDBJ, prvi čovek SFRJ i ljudi koji su ga okruživali sprovodili su novu čistku srpskih kadrova, namećući im sindrom Četvrtog plenuma. Najviše su stradali školovani policijski kadrovi, iskusni profesionalci, koje su u operativni rad uveli kontraobaveštajci i obaveštajci tzv. ratne generacije kao što su bili, na primer, Nikola Banićević i Nikola Nikolić. Novi ministar savezne policije umesto srpskih kadrova u Službu državne bezbednosti Jugoslavije počeo je da dovodi, na nagovor generala Ivana Miškovića, vojne kadrove. Tako je, na primer, general Jovo Popović ušao u SSUP i vrlo brzo postao čovek od poverenja generala Franje Herljevića.

Novi ministar i novi kadrovi iz SSUP-a i SDBJ čak su vršili i pritisak, prvo na srpske kadrove u SSUP-u, a zatim i na RSUP Srbije da se prva i najsurovije obračunava s državnim neprijateljima. Na nagovor Branka Mikulića, general Herljević je, na primer, u vreme održavanja KEBS-a u Beogradu predlagao da se izvedu policijski tenkovi na ulice radi očuvanja bezbednosti od unutrašnjeg neprijatelja. Srbija je jedva uspela da spreči ovu bruku. Naime, posle Brionskog plenuma, maspoka i liberala na političku scenu je stupila nova garnitura antisrpski raspoloženih političara, koje je predvodio mladi i agilni Stane Dolanc. Za njim su išli Branko Mikulić, Jure Bilić, Josip Vrhovec, novi Titovi ljubimci.

Dolanc je samo nastavio posao Franje Herljevića. Već 1981. godine, na primer, Dolanc je uspeo da u Predsedništvu SFRJ izdejstvuje odluku da se Arhiva SDB Jugoslavije podeli po republikama i pokrajinama. Tako su mnoga tajna dokumenta iz Beograda otišla po principu: Bosancima bosansko, Hrvatima hrvatsko, Slovencima slovenačko, Srbima srbijansko. Dolaskom Staneta Dolanca i novih Hrvata u SSUP i Službu državne bezbednosti, republika Srbija i Srbi su u oblasti državne i vojne bezbednosti ostali faktički bez svojih ljudi. Novi Krcun i novi Ranković nikada se nisu pojavili u Srbiji. Preko lova i kafanskih stolova ovaj slovenački vojni kontraobaveštajac i političar umeo je da se približi pojedinim srpskim operativcima i rukovodiocima SDB. Njegovi veliki prijatelji su bili i Srdan Andrejević i Dušan Stupar. Stane Dolanc je postao prvi čovek bezbednosti SFRJ. On je bio taj koji je neprestano tražio srpske glave na stolu. Najčešće je od SDB Srbije zahtevao da se kontroliše i pritvara Milovan Đilas:

„... Đilas je imao dosije u Udbi Srbije još od 1952. godine. Mi smo ga po naređenjima iz političkog vrha države često kontaktirali i on se vrlo brzo navikao na nas. Ponašao se korektno, pa i nismo imali potrebu da ga stalno pratimo, niti da nekog od inspektora zadužujemo da radi posebno na Đilasu. Negde 1979. godine, mi smo mu oduzeli trofejno i ratno oružje iz stana, jer je to nalagala bezbednosna situacija. Đilas je došao kod nas u SDB i zatražio da mu oružje vratimo, jer je to bio lični poklon ruskog maršala Konjeva iz rata. Tada nam je u šali rekao: 'Hapsite me malo češće, kako bi se moje knjige u inostranstvu bolje prodavale!' U vreme kada se održavao onaj kongres Partije u hali *Pionir*, ja sam bio šef Štaba bezbednosti. Dobio sam naređenje iz CK SKJ da Đilasa 'uklonim'. Kako mi naređenje nije bilo jasno otišao sam kod Staneta Dolanca i pitao šta želi da uradim s Đilasom. Da ga hapsimo? Za to mi treba pismeno naređenje tj. rešenje. Dolanc je bio lukav, nije želeo ništa da potpisuje, pa sam mu ja predložio da Đilasa pošaljemo na sedam dana u Aranđelovac o trošku Službe državne bezbednosti. I Dolanc je to oberučke prihvatio...", seća se dr Obren Đorđević.

Stane Dolanc je, po mišljenju svog prijatelja generala Jove Popovića, bio poslednji pravi titoist. U svim njegovim govorima pojavljivale su se političke floskule o državnim neprijateljima, kakve je upotrebljavao i Josip Broz. Umeo je javno da govori kako je sistem bezbednosti i služba bezbednosti Federacije, republika i pokrajina jedinstven mehanizam s visokim stepenom funkcionalnog jedinstva, mada je i sâm znao da to nije istina. Drug Stane je imitirajući Tita govorio o neposlušnim intelektualcima, o otvorenom antikomunizmu, o peticijama visokim funkcionerima, o srpskom i albanskom nacionalizmu zajedno, o crkvama i džamijama, takođe, zajedno, mada se znalo da islamski verski objekti niču u SFRJ deset puta brže nego pravoslavni, o otkrivenom terorizmu, o privrednom kriminalu i stranim špijunima.

Kako je SDB u njegovo vreme radila, sâm je rekao 1983. kada je istakao da je broj prijavljenih političkih delinkvenata narastao u 1982. godini na 861 lice. Dolanc je bio ministar jugoslovenske policije od 1980. do 1984. godine, a zatim odgovorno lice u Predsedništvu SFRJ za bezbednost zemlje. To je i koristio da se za sve pita i da sve u Jugoslaviji kontroliše. Dok je bio član Predsedništva SFRJ, nije bilo policijskog skupa u zemlji a da na njemu Dolanc nije bio počasni gost. Zbog Dolanca su se čak ti skupovi održavali na Bledu ili u Kranjskoj gori. Dok je Dolanc bio ministar, SDB Jugoslavije je vodio prvo Srđan Andrejević, koji je pod uticajem ovog Slovenca preko noći postao lovac. Stane Dolanc i Draža Marković imali su još jednog kandidata za tu funkciju, Obrena Đorđevića, ali se nisu odlučili za njega jer je bio isuviše ozbiljan profesionalac. Srdan Andrejević im je mnogo više odgovarao. Bio je to provereni Oznin kadar, kontraobaveštajac u beogradskoj upravi tajne policije. Kada je došla 1966, bio je šef engleskog referata u sektoru Zapad. Jedan je od retkih šefova koji je pregrmeo Brionski plenum. Tada je imenovan za načelnika analitike u SDB grada Beograda, a kasnije, u vreme ministra policije Slavka Zečevića, i za analitičara SDB Srbije. Odatle je i otišao u federalnu tajnu policiju. Pre njega načelnik tajne službe SFRJ je bio Mitja Krajger iz Slovenije, a posle je iz Hrvatske došao Zdravko Mustač. Iza ovog zagrebačkog kontraobaveštajca u SDB Jugoslavije nastupio je period v.d. stanja. Njen prvi šef bio je, takođe, Dolancov čovek, Pjer Mišović iz Crne Gore. Stigao je u SSUP kao policijski amater, prevodilac za francuski jezik, a uspeo da postane šef Odeljenja za informacije i dezinformacije i načelnik SDB SSUP-a. U to vreme je bio i predsednik Komisije za koordinaciju službi državne bezbednosti Jugoslavije pri SSUP-u, odnosno glavni čovek tajne policije na Kosmetu.

Služba državne bezbednosti SFRJ je u Dolancovo vreme imala deset uprava. U njima su radili, na primer, Nikola Banićević u Prvoj kontraobaveštajnoj upravi vodio je drugi sektor za emigraciju. Banićević je bio i stručnjak za CIA. Nasledio ga je Nikola Nikolić, stručnjak za BND. Posle njega načelnik za emigraciju je bio Mićko Desnica. Treću upravu, unutrašnju, predvodio je Luka Ivanović, bivši načelnik tajne policije u Bjelovaru. U analitici i dokumentacionom centru bili su dr Vidan Marković i Ivan Nahtigal. Vučina Čagorović je u Petoj upravi bio zadužen za obezbeđenje jugoslovenskih funkcionera, što je krajem osamdesetih preuzeo Dragan Pajović. Sedmu upravu tehnike u Institutu bezbednosti držao je Dragan Mojsovski, a Roko Dodik je bio šef Desete uprave za praćenje diplomatskih i stranih privrednih predstavništava. Bio je ekspert za nemačku tajnu službu BND. Danas i živi u Nemačkoj. Najbolji poznavalac nemačke tajne policije, kažu sami operativci, bio je Ilija Svilar, koga su Nemci kao obaveštajca i uhapsili. „Pao" je posle izdaje kolege Joze Perkovića iz Osijeka, koji je radio za BND. Svilar je kasnije 1978. godine razmenjen. Milutin Janković je u Službi državne bezbednosti Jugoslavije, kao kontraobaveštajac pratio engleski MI5. Fehim Halilović je vodio Operativni centar SDBJ. Bili su to ljudi lojalni svom ministru, poslušni do te mere da nisu stizali da razmišljaju o vlastitoj sudbini i sudbini svog naroda. Većina njih, posebno onih srpskog porekla, pala je na ispitu iz državne bezbednosti na kosmetskom pitanju. Kada je, naime, Rahman

Morina postao prvi čovek kosmetske tajne policije, imao je naviku da se aktivno druži sa Stanetom Dolancom, ali ne i da dobro radi. Morina je svoje izveštaje o radu SDB Kosova i Metohije redovno slao u SDB SSUP-a, ali ne i u SDB RSUP-a Srbije. Rukovodioci u tajnoj službi Srbije mogli su te raporte da vide samo kada su, jednom godišnje, dolazili na koordinacioni sastanak svih jugoslovenskih načelnika i zamenika u SDB Jugoslavije.

Na jednom od takvih sastanaka, predstavnici SDB Srbije su stavili primedbu da su izveštaji Rahmana Morine nepismeni i netačni. Sutradan je na sto Srdan Andrejević doneo drugi izveštaj SDB Kosmeta. Vrlo brzo se, međutim, otkrilo da je taj raport napisao Luka Ivanović, načelnik Treće uprave SDBJ, na šta je SDB Srbije i sâm RSUP preko ministra Svetislava Lalovića uručio zvaničan protest SSUP-u. Da bi se problem izgladio, naredne godine Dolanc je poslao zajedno Zdravka Mustača i Dragana Mitrovića da posete SDB Kosmeta. Posle te inspekcije Mustač je dao pozitivnu ocenu Rahmanu Morini i kosmetskoj tajnoj službi, a negativnu ocenu dobio je SDB Srbije.

Među policajcima Dolanc je upamćen kao funkcioner koji je uspeo da, kao Tito, admiral Mamula i predsednik Raif Dizdarević, sebi stvori privatnu tajnu službu. Dolanc je imao svoje ljude u SDB Beograda, SDB Srbije, SDB Vojvodine i SDB Kosova i Metohije. Upamćen je i kao ministar policije koji je do maksimuma razvio saradnju SDB s kriminalcima u zemlji i mafijom u svetu. Po rečima jednog inspektora, čak sto pedeset delinkvenata je radilo za SSUP. Savezna tajna policija Jugoslavije tih godina bavila se i švercom duvana i cigareta kako bi došla do sredstava za svoje specijalne i ilegalne akcije. Oko toga SDB Srbije je sa SDB Jugoslavije vodila tihi rat, jer je plenila federalne švercerske kamione s cigaretama. Na vrhuncu Dolancove moći njegov sin Igor Dolanc dobio je u RSUP-u Slovenije mesto načelnika za kontrašpijunažu, a nešto kasnije, krajem osamdesetih je postao i šef Službe državne bezbednosti Slovenije.

Interesantno je, da kako je rastao politički rejting Staneta Dolanca od sredine sedamdesetih godina u Federaciji, tako se povećavalo i prisustvo slovenačkih kadrova u tajnim službama Jugoslavije. Ključni ljudi u SDB SSUP-a, a zatim i SID-a SSIP-a postali su Silvio Gorenc, Egon Konradi, Martin Košir, Mitja Krajger, Boris Zore, Ivan Eržan. Nisu to bili neki veliki (kontra)obaveštajci, naprotiv, Slovenija je u Beograd slala svoje najgore kadrove, ali dovoljno spretne da se bave mućkama. Kada je, na primer, beogradski košarkaški klub „Partizan" sredinom osamdesetih, naprosto, kidnapovao Vlada Divca iz kraljevačke „Sloge“, Ivan Eržan je aktivirao SDB Jugoslavije, po nalogu Staneta Dolanca, da pronađe Divca i „pretera“ ga u ljubljansku „Olimpiju“. Srećom, obaveštajci zaposleni u „Partizanu“ bili su veći mangupi od „debejaca“ iz „Olimpije“.

Većina ovih slovenačkih ljudi poticala je iz OK SK i iz slovenačke privrede. Zato su se partiji i privredi posle isteka mandata u tajnoj policiji i vraćali. Silvio Gorenc je, na primer, bio pre dolaska u SSUP, predsednik opštine u Krškom, a Martin Košir sekretar komiteta u Kranju. Kada je napustio Beograd, načelnik Silvio Gorenc je dobio da vodi nuklearnu elektranu Krško, a zatim fabriku papira „Đuro Salaj“. Posle njega na mesto šefa SDB došao je Dimitrije Mitja Krajger, penzionisani pukovnik JNA, koga je reaktivirao general Franjo Herljević, od 1974. novi ministar federalne policije. Krajger je bio dva mandata po četiri godine u Beogradu, prvo u SDB-u, a zatim u SID-u.

Egon Konradi je bio obaveštajac sa osamnaest godina u VOS-u. U Ministarstvo unutrašnjih poslova Slovenije ušao je 1956. Oženio se tada jednom Bosankom. Početkom šezdesetih postao je načelnik slovenačke Udbe, a 1968. i ministar policije. Odatle je nakratko bio u SDB Jugoslavije, vodio je sektor Zapad u Kontraobaveštajnom odeljenju, da bi po povratku u Ljubljanu postao direktor slovenačkog *Kompasa*. To mu je ujedno i bilo pokriće za obaveštajni rad za SDB Jugoslavije, ali i za CIA i Mosad, kako su utvrdili operativci KOS-a JNA. Gorenc i Konradi zajedno su šezdesetih radili u slovenačkoj policiji, ali su zbog slučaja Kavčič doživeli različitu policijsku sudbinu. Silvio Gorenc je unapređen u šefa u SDB Jugoslavije, a Konradi je poslat u privredu.

Progon intelektualaca

Najslabija tačka u policijskoj karijeri Staneta Dolanca bili su intelektualci. On je, naime, kao oficir i bezbednjak KOS-a imao kompleks niže vrednosti, pa je zazirao od pametnih ljudi, koji su drugačije mislili. Taj sindrom, uopšte, pratio je organe državne bezbednosti Jugoslavije punih pedeset godina. Razumljivo je onda što su intelektualci povremeno dolazili u sukob s vrhovima vladajuće stranke. S obzirom na to da je postojala identičnost partije i države, to su činjene mnoge zloupotrebe, kojima je svako ko je kritikovao postojeći sistem vlasti ili funkcionisanje njegovih delova smatran neprijateljem, a svaki takav istup kao neprijateljski akt. Krajem šezdesetih godina, pod uticajem evropskih kretanja u studentskom pokretu, dolazi do poznatih demonstracija 1968. godine na univerzitetima i u našoj zemlji.

Posle demonstracija u Beogradu nastaje neformalna grupa intelektualaca koji se povremeno sastaju po privatnim stanovima i tom prilikom polemišu o stanju u našem društvu i društvenim kretanjima u svetu. U tom smislu tvrdili su da najveće zlo u našem društvu donosi birokratizovana partija i njeni vrhovi, da je razvoj radničkog samoupravljanja nespojiv s postojanjem jedne avangardne organizacije s vodećom i usmeravajućom ulogom u društvu. Tvrdili su da će istoričari naći dovoljno snage da najzad pristupe reviziji slike o razvoju KPJ i naše revolucije. Govorili su da zaći u korene naše situacije znači obuhvatiti vladajuću komunističku organizaciju, da u našem društvu ne može biti stvarne demokratije sve dok postoji vladajuća partija. Posebno su tvrdili da u zemlji počinje borba za elementarna ljudska prava i slobode građana. Na osnovu podataka o grupi koju je sačinjavalo nastavno osoblje Beogradskog univerziteta više puta je raspravljano na plenumima CK SKJ i Srbije i ocenjeno je da ona predstavlja za SK i našu državu veliku opasnost, kao potencijalni izvor budućih nemira na Univerzitetu, pa je zato zauzet stav da se oni uklone iz nastave. U tom pravcu, na osnovu merila moralno-političke podobnosti, oni su premešteni u druge ustanove u kojima nemaju dodira sa studentima.

Drugi primer dešava se početkom sedamdesetih godina, kada su donošeni amandmani na savezni ustav i povodom toga su održavani sastanci i naučni skupovi na kojima su istaknuti stručnjaci ustavnog prava imali da govore o prednostima koje našem društvu donosi novi ustav SFRJ. Međutim, dogodilo se nepredviđeno. Grupa profesora Pravnog fakulteta svojim izlaganjima je dokazala da SR Srbija ovim ustavnim promenama ništa ne dobija, već je stavljena u podređeni položaj u odnosu na svoje dve pokrajine, koje osim toga postaju tutori SR Srbije i istovremeno dobijaju status federalne jedinice, koji do tada nisu imale. Čak su dobile da samostalno obavljaju poslove narodne odbrane i državne bezbednosti. Pored ostalog konstatovano je da ovakva prava pokrajine nemaju nigde u svetu u ustrojstvu države. Ovakav završetak skupa na Pravnom fakultetu izazvao je reakciju partijskih foruma koji su ocenili ovaj skup kao delo velikosrpskih nacionalista, zakletog neprijatelja revolucije u Jugoslaviji i direktno upereno protiv bratstva i jedinstva i ravnopravnosti naroda i narodnosti u našoj zemlji. Pošto su ocenjeni kao neprijatelji revolucije, treba ih zbog toga eliminisati iz nastave da ne truju studentske mase.

Kao protivnici vladajuće partije, učesnici u ovoj diskusiji su oglašeni kao neprijatelji naroda i zbog toga je jedan od njih, profesor dr Mihailo Đurić, bio osuđen. Drugi su poslati u penziju, treći su razmešteni na radna mesta van nastave, a jedan broj je ostao bez posla. O takvim političko-pravosudno-policijskim suđenjima u Jugoslaviji osamdesetih godina, advokat dr Rajko Danilović kaže:

„... Od smrti Josipa Broza Tita 1980. godišnje je bilo nešto više od pet stotina slučajeva policijskog i sudskog progona neistomišljenika. Ti ljudi su obično optuživani za politički kriminal, za tzv. verbalni delikt, odnosno dela koja su kriminalizovala drugačije mišljenje – učestvovanje u neprijateljskoj delatnosti; udruživanje radi neprijateljske delatnosti; neprijateljska propaganda; ugrožavanje ličnosti i dela Josipa Broza Tita. Inkriminacija mišljenja najpreciznije je definisana u članu 133. Krivičnog zakona SFRJ rečima – ko napisom, letkom, crtežom, govorom ili na drugi način poziva ili podstiče na obaranje vlasti radničke klase i radnih ljudi, na protivustavnu promenu socijalističkog samoupravnog društvenog uređenja, na razbijanje bratstva i jedinstva i ravnopravnosti naroda i narodnosti, na svrgavanje organa društvenog samoupravljanja ili vlasti ili njihovih izvršnih organa, na otpor prema odlukama nadležnih organa vlasti i samoupravljanja koje su od značaja za zaštitu i razvoj socijalističkih samoupravnih odnosa, bezbednost ili odbranu zemlje, ili zlonamerno i neistinito prikazivanje društveno-političkih prilika u zemlji kazniće se od jedne do deset godina.

„Takav progon preživeli su advokat Srđa M. Popović, Milan Vujin, radnik Manojlo Bojat, Vladimir Dapčević, Milija Gojak, Momčilo Selić, Zoran Gluščević, Božidar Jakšić, Miroslav Mandić, Mihailo Đurić, pop Nedeljko Janjić, dr Vojislav Šešelj, Milan Nikolić, Miodrag Milić, Ivan Ivanović, Gojko Đogo i mnogi drugi Srbi. Za organizatora političkog sudskog procesa najsuptilniji zadatak je bio izabrati sudiju koji će predsedavati sudskim većem.

„Sâm izbor se vrši po principu da Srbin sudi Srbinu, musliman muslimanu, Albanac Albancu, Crnogorac Crnogorcu, Hrvat Hrvatu. Time se postiže privid objektivnosti suda i dokazuje lojalnost te etničke skupine samoj vlasti. Najpouzdaniji je sudija onaj koji je saradnik političke policije. To važi i za svedoke. Ima i danas u pravosuđu i advokaturi dosta ljudi koji su nekada i bili politički policajci. Sudbina političke policije, tužilaštva, dobrim delom i sudstva, zavisi od sudbine politčkih vlastodržaca, jer oni su samo njihova egzekutiva. U tom služenju političkoj oligarhiji u tajnoj policiji, tužilaštvu i sudu uvek se prespe i malo od moći te oligarhije... što ovi često svojim ponašanjem i pokazuju... Progon političkih neistomišljenika bio je od završetka rata do nedavno najoštriji u Bosni i Hercegovini, prvenstveno zbog nacionalne i verske šarolikosti, ali i osećanja nesigurnosti vlastodržaca."

Kritika intelektualaca u opoziciji zbog upotrebe verbalnog delikta za obračun sa onima koji drugačije misle, najviše je pogađala državne funkcionere. Ministar federalne policije Dobrosav Ćulafić je, na primer, odgovarajući takvim kritičarima, izjavio da je u SFRJ od 1981. do 1985. godine, registrovano 1.652 politička kriminalca. Od toga po tom famoznom članu 133. KZ osuđeno je 522 lica. Ćulafić je naglasio da je to bila posledica obračuna države s kontrarevolucijom na Kosmetu i nacionalizmom u čitavoj zemlji. Skidanje instituta verbalnog delikta iz Krivičnog zakona, ministar policije Jugoslavije je poistovetio s pozivom na bratoubilački rat. Na Veliki petak 20. aprila 1984. godine, u stanu Dragomira Olujića, Ulica Knez Milentijeva, Beograd, uhapšeni su polaznici tzv. Slobodnog univerziteta: Milan Nikolić, Pavluško Imširović, Vladimir Mijanović, Miodrag Milić, Gordan Jovanović, Dragomir Olujić, Milovan Đilas, Vojislav Šešelj. Hapšenje su mnogi izbegli, a među njima i Dobrica Ćosić. Ljubomir Tadić i Svetozar Stojanović, jer nisu došli na predavanje.

Ova neformalna intelektualna tribina živela je u Beogradu više od osam godina, kada su vlasti, predvođene Petrom Stambolićem i Dražom Markovićem, odlučile da je zatvore. Nalog je izdao baš Stane Dolanc, prvi policajac Jugoslavije, čuvar državnog poretka, koji je samo dan ranije obišao GSUP Beograda sa željom da proveri da li su policajci spremni za akciju. Služba državne bezbednosti Srbije je odbijala da pravi slučaj tamo gde ga nema, ali su i Dolanc i Draža, a posebno Borislav Srebrić bili uporni u zahtevima da uhapse Đilasa i Ćosića zajedno. Zato je akcija poverena tajnoj policiji grada Beograda. Veselin Đuranović, predsednik Jugoslavije, i Nikola Ljubičić, član kolektivnog šefa države, pozdravili su uspeh državne bezbednosti i zatražili suđenje državnim neprijateljima. Sudija je bio Zoran Stojković, a suđenje je vrlo brzo poprimilo međunarodne razmere, što je još više stiskalo vlast da ga završi svojim uspehom. Kako za to nije bilo dovoljno dokaza, sudija je prvo odustao od optužnica za jedan broj okrivljenih, a zatim je za Nikolića, Milića i Olujića delo udruživanje radi neprijateljskog delovanja prekvalifikovao u običnu neprijateljsku propagandu.

Prvog dana u februaru 1985. Milan Milić je osuđen na dve, Milan Nikolić na jednu i po, a Dragomir Olujić na godinu dana zatvora. Vojislav Šešelj je nastradao tek kada se vratio kući u Sarajevo, gde ga je Duško Zgonjanin uhvatio i izveo na sud. Krunski svedoci su bili Šešeljev neobjavljeni tekst „Šta da se radi" i podmetnuti saradnici SDB, novinar Nebojša Tošić, izvesni Slobodan Čvoro i pukovnik Dragoljub Čučković. SDB BiH je za Šešelja, na pritisak Branka Mikulića i Staneta Dolanca, tražila kaznu od osam godina zatvora.

Doktor Obren Đorđević je u to vreme predvodio srpsku tajnu policiju:

„... Služba državne bezbednosti je kao produžena ruka SKJ i osamdesetih godina bila neka vrsta njenog političkog štita. Gonili smo samo one političke protivnike koji su nanosili veliku štetu SK. Oni ljudi koje je SDB Srbije tada aktivno pratila nisu više aktivni u političkom životu. Na primer, to su bili Vlada Mijanović poznatiji kao 'Vlada Revolucija' i režiser Lazar Stojanović. Kada je pred sednicu KEBS-a u Beogradu trebalo da ih 'neutrališemo', ja sam ih pozvao na kafu i zamolio da budu korektni i mirni u vreme održavanja te konferencije. Oni su obećali da će sve biti u redu. I tako je i bilo. Ono što se, 1974. godine dešavalo na Pravnom fakultetu inicirala je i završila Partija. SDB Srbije s tim nema veze i sasvim je nevina.

„Što se tiče slučaja 'osmorice', mi u SDB smo smatrali da Otvoreni univerzitet nije opasan za Srbiju. Gurnuli smo političare napred, jer smo znali da je sve bilo zakuvano u CK SKJ kod Staneta Dolanca. Što se tiče pesnika Radomira Radovića, mogu da kažem da je taj čovek bio samo jednom 'obrađivan' u SDB Srbije. Kod nas je bio na informativnom razgovoru. Upozoren je da se ne petlja s disidentima. To je bilo sve. Posle smo čuli da je nađen mrtav u nekoj vikendici pored Obrenovca. Dosije o tom slučaju ima GSUP Beograda. Služba državne bezbednosti Srbije tu nije ni luk jela, ni luk mirisala! I drugo, što je vrlo važno reći, srpska tajna policija se nikada nije bavila ubistvima!"

Najveći politički čuvari Tita bili su SSRNJ, SUBNOR Jugoslavije i naravno SKJ. Čak i u vreme kada je demokratizacija s pojavom političkog pluralizma 1989–1990. zahvatila Jugoslaviju, ovi politički forumi proganjali su komunističke neistomišljenike koji su pominjali Titovo ime. Oni su i tada, kada je od samoupravljanja ostala samo forma, govorili da je napad na Tita zapravo napad na Revoluciju i socijalističko samoupravljanje. Zadatak političke policije je bio da takve osobe pronalazi, hapsi, isleđuje i izvodi na sud. U samom Beogradu pod paskom

SDB glavnog grada našli su se, na primer, Aleksandar Mandić, režiser, i Tihomir Arsić, glumac, odnosno tvorac i izvođač monodrame *Tako je govorio Broz.*

Dokle je u svom progonu ljudi koji su drugačije mislili išla politička birokratizovana vrhuška Jugoslavije, koja je i naređivala SDB-u šta da radi, najbolje pokazuje sastanak Predsedništva SFRJ i Predsedništva SKJ održan 12. novembra 1986. na kome su doneti zaključci „Ocene i stavovi o osnovnim karakteristikama političko-bezbednosne situacije u zemlji s posebnim osvrtom na aktivnost građanske desnice i drugih antikomunističkih snaga". Umesto da oceni šta su pravi uzroci postojeće bezbednosne situacije i nezadovoljstva u društvu koje sa svakim danom sve više zabrinjava, pogotovu ekonomska situacija u zemlji, birokratizovana vrhuška vidi izlaz iz postojećeg stanja u još dubljem dovođenju zemlje do krize. Zato zahteva mere državnih i drugih organa da se ovome suprotstavi. U zaključcima s tog sastanka na dvadeset stranica, pošto se govori šta sve treba preduzeti, sledi i ovaj tekst:

„... S obzirom da aktivnost građanske desnice i drugih antisocijalističkih snaga postaje sve otvorenija i agresivnija sprega i da se na toj osnovi vrši uticaj u pojedinim važnim segmentima našeg društva s krajnjim kontrarevolucionarnim ciljevima, takvoj delatnosti moraju se organizovano, koordinirano i energično suprotstavljati sve subjektivne snage našeg društva. Potrebno je oceniti i neophodnost određenih izmena i dopuna i zakonskog regulisanja pojedinih oblasti (izdavačke, informativne i filmske delatnosti, udruženja građana i slično)."

Bojkotovanje Beograda

Po Zakonu o sistemu bezbednosti SFRJ, Savezni sekretarijat za unutrašnje poslove organizuje, koordinira i usklađuje rad republičkih i pokrajinskih sekretarijata za unutrašnje poslove. Savezni sekretar Petar Gračanin imao je teškoća da, shodno jačanju republičkih policija i službi državne bezbednosti, uskladi aktivnost svih sekretarijata, pošto je već postojala asimetričnost među njima. Bilo je to vreme kada je u Jugoslaviji javna bezbednost zapošljavala, po podacima Frana Višnara iz Zagreba, čak 150.000 milicionara i inspektora, a državna bezbednost 12.000 operativaca. U dve republike, Hrvatskoj i Sloveniji, u kojima su prvo obavljeni višestranački izbori, izvršena je i reorganizacija resora unutrašnjih poslova. Naime, u tim ministarstvima unutrašnjih poslova zadržali su vršenje poslova tzv. političke policije, koje su nazvali Politička uprava, čija je delatnost bila nadziranje političkih neprijatelja. Istovremeno u Republici Srbiji donet je zakon kojim se pokrajinama oduzimaju državne funkcije, pa je RSUP Srbije preuzeo vršenje poslova državne i javne bezbednosti na teritoriji cele Republike. Sve je ovo učinilo da se sistem bezbednosti u Jugoslaviji takoreći raspao. Najbolji primer da ovaj sistem nije konzistentan, vidi se iz činjenice što se nisu izvršavali, na primer, zahtevi iz raspisanih poternica. Naime, Republički sekretarijat unutrašnjih poslova Srbije raspisao je poternice za učesnicima tzv. „Kačaničkog sastanka", u kojima se traže Jusuf Karakuši, bivši pokrajinski sekretar za unutrašnje poslove, i drugi „delegati" koji su živeli slobodno u Zagrebu i Ljubljani. Tamošnja vlada ne samo da im je davala političku podršku već ih je čuvala hrvatska, odnosno slovenačka tajna policija. Takvim odbijanjem zahteva SSUP-a ove republike i njihova policija su frapantno narušile sistem bezbednosti u Jugoslaviji. Druge republike Crna Gora, BiH i Makedonija uglavnom su krajem osamdesetih, izvršavale obaveze prema Saveznom sekretarijatu unutrašnjih poslova Jugoslavije.

Prvi Crnogorac toga vremena, Vidoje Žarković, čvrsto je u svojim rukama držao crnogorsku policiju i tajnu službu. Na ključnom mestu ministra policije i Crna Gora je poštovala politički princip, po kome je važnija ideološka opredeljenost nego stručnost u poslu, pa je ta funkcija poveravana Slobodanu Filipoviću, Lazaru Đorđiću i Pavlu Bulatoviću. Službu državne bezbednosti vodili su Vlada Keković, Husnija Redžepagić i pukovnik Lazar Boričić. Ovi prvi bili su poznati po svojim antisrpskim stavovima i policijskim pokušajima da se spreči ulazak srpskog pokreta sa Kosmeta u Crnu Goru. Vlada Keković je u tome imao podršku svojih saradnika Ratka Mićunovića, šefa operative, Nina Vušurovića, Daca Đolevića, Raja Vulikića, Rada Samardžića, braće Rada, Gojka i Mita Pejovića. Lazar Đorđić je imao pomoć svoje milicije, koja je na Žutoj gredi potegla i pendreke i suzavac na vlastiti narod. Svi oni su kasnije, kada je došlo do pada starog Žarkovićevog rukovodstva, smenjeni sa svojih dužnosti i izvedeni na sud zbog batinanja naroda. Na njihova mesta su došli, za ministra policije Nikola Pejaković, a za načelnika tajne službe Boško Bojović, bivši šef SDB u Bijelom Polju. Oni su upamćeni po batinanju Čeka Dačevića, dr Vojislava Šešelja i grupe civila u Spužu. Zbog toga su smenjeni, a funkciju prvog tajnog policajca Crne Gore 1995. godine preuzeo je Vukašin Maraš, bivši sekretar AMSJ.

U svim republikama, saglasno Ustavu SFRJ, ali često i mimo njega, 1990. godine, u oblasti državne i javne bezbednosti izvršene su promene da bi se ovaj resor unutrašnjih poslova usaglasio s radikalnim promenama u našem društvu. U organima unutrašnjih poslova izvršene su mnoge organizacione promene, jer su mnoge uprave za spoljnjeg i unutrašnjeg neprijatelja ukinute. Smanjivanjem poslova došlo je do potrebe i za smanjivanjem broja kadrova u tajnoj policiji Jugoslavije i njenih republika.

Tako je, na primer, u Beogradu, tačnije u SSUP-u, penzionisano nekoliko desetina radnika koji su za to imali uslove, s namerom da se smanji broj radnika u organima, mada su mnogi i svojevoljno napustili federalnu policiju, pa i SDB Jugoslavije, a pojedinci su jednostavno prebegli u svoje nacionalne republike i policije. Sa zahtevima za demokratizacijom, što znači i za manjom društvenom kontrolom, najveće promene zadesile su upravo jugoslovensku i republičke političke policije. Sa njihovih lista unutrašnjih i spoljnih neprijatelja su otpali pripadnici emigracije, raznih humanitarnih, ekoloških i političkih pokreta, pa i sami disidenti. Umesto partije na vlasti, kakav je bio SKJ, u novim prilikama višestranački parlamenti su počeli da određuju ko su neprijatelji Jugoslavije.

Kada je 1991. izbio građanski rat na tlu bivše SFRJ, ti neprijatelji su postali jedni drugima slovenački, hrvatski, muslimanski, šiptarski, pa i srpski nacionalisti i šovinisti. Tako se i dogodilo da je MUP Hrvatske u Dvoru na Uni uhapsio Željka Ražnatovića Arkana pod optužbom da je naoružavao srpski narod u Krajini i pripremao terorističke akcije protiv nove nezavisne države Hrvatske.

Zašto je Armija morala da interveniše umesto Službe državne bezbednosti Jugoslavije prilikom sprečavanja tajnog naoružavanja HDZ? Ima li Jugoslavija federalnu policiju? Da li SSUP može da zaštiti ugroženo stanovništvo u Kninskoj krajini koje od nje traži pomoć?

To su bila samo neka od pitanja koja su se čula u javnosti prvih meseci 1991. naročito otkako je došlo do zaoštravanja stanja u Hrvatskoj, a na koja Savezni sekretarijat za unutrašnje poslove dugo nije reagovao. Oglasio se tek sredinom februara 1991. i to u Skupštini SFRJ:

„Saveznom SUP-u je onemogućeno da efikasno vrši svoje funkcije u skladu sa odgovornostima za bezbednost zemlje. SSUP je suočen s potpunim ignorisanjem od RSUP-a Slovenije. Saradnja s MUP-om Hrvatske odvija se kontinuirano i postoji spremnost da se i dalje održava. Problemi u toj saradnji su jednostrano i netačno informisanje

MUP-a o akcijama hrvatskih nacionalista i šovinista i o paralelnim vojnim formacijama", rekao je, između ostalog, Petar Gračanin delegatima Saveznog veća Skupštine SFRJ.

Kako je taj republički bojkot izgledao, SSUP SFRJ je osetio, na primer, decembra 1990. godine, kada je na njegov zahtev RSUP-u Slovenije da dostavi podatke o postojanju paravojnih formacija iz Ljubljane stigao odgovor sledeće sadržine:

„Obaveštavamo vas da su promenjeni međusobni odnosi, koje je prouzrokovalo usvajanje Ustavnog zakona za sprovođenje ustavnog amandmana XXVI na Ustav Republike Slovenije. Među 27 saveznih zakona koje je slovenačka Skupština proglasila za nevažeće na teritoriji ove Republike, stavljen je van snage i Zakon o vršenju unutrašnjih poslova iz nadležnosti saveznih organa uprave, osim člana 6. koji definiše saradnju SSUP sa stranim organima i organizacijama. Na sednici užeg kolegijuma sekretara za unutrašnje poslove Republike Slovenije, održanoj 31. oktobra 1990. godine, zauzet je stav da RSUP Republike Slovenije i dalje sarađuje sa SSUP-om, s tim da će se saradnja odvijati na područjima koja su bezbednosno interesantna za Republiku Sloveniju."

U Sloveniji je izvršena tada reorganizacija Službe državne bezbednosti, o čemu se donose i posebna zakonska akta. Umesto profesionalca Štefana Tepeša doveden je civil, profesor Miha Brajc, za načelnika državne bezbednosti. Dežela je, međutim, iza leđa javnosti formirala pravu (kontra)obaveštajnu službu, kojoj je dala naziv Sova. Kad je ministar Petar Gračanin najavio da će u Sloveniju uputiti inspekciju SSUP-a, tamošnji ministar policije Igor Bavčar mu je javio da „nema potrebe da se vrši inspekcija RSUP-a Slovenije". Igor Bavčar je, stvorivši vlastitu republičku policiju, SSUP pretvorio u svoj servis i kurirsku vezu sa SIV-om.

Bavčar je oficirski sin iz Novog Mesta, odrastao uz stripove i romane Karla Maja. Svojevremeno je napustio Ljubljansku gimnaziju i završio Školu unutrašnjih poslova. Pravi uniformisani policajac bio je svega devet meseci, dok se nije upisao na studije sociologije i političkih nauka. Interesovao se za južnoameričku teoriju razvoja. Ne krije da je neko vreme bio crveni gardista, možda čak i crveni fašista. Zalagao se za slovenačko civilno društvo, ali je prethodno moralo da se slomi jugoslovensko komunističko. Za tu njegovu revoluciju bila mu je potrebna hajka na JNA, na Srbiju i federalnu policiju, jer je ona za njega bila isključivo srpska. Namerno je zaboravljao činjenicu da su tih osamdesetih godina najveći policajci u SFRJ bili jedan Slovenac – Stane Dolanc i jedan Hrvat – Zdravko Mustač.

Sličan odnos prema Saveznom ministarstvu za unutrašnje poslove ima i Josip Boljkovac, nekadašnji udbaš, koji je obmanuo Petra Gračanina kada mu je javio da u Hrvatskoj nema paravojnih organizacija i kada je prećutao prisustvo terorista iz Hrvatskog državotvornog pokreta u Zagrebu. Mada je svojevremeno baš ministar policije Hrvatske priznao da mu je kuća puna terorista koji žele da „stvore Veliku Hrvatsku po uzoru na NDH“. Mustaču se lojalnost Tuđmanu osvetila, jer kada je došao u Zagreb nije dobio hrvatsku penziju, a Beograd nije želeo da mu daje saveznu, pa je neko vreme prvi čovek SDB SSUP-a i tajne policije NDZ-a živeo kao siromašak.

Tuđmanovi Hrvati

Hrvatska je zvanično ugasila Službu državne bezbednosti i RSUP maja 1990, kada je izvršena teritorijalna reorganizacija javne i tajne policije. Tom prilikom je formirano redarstvo po ugledu na NDH u osamnaest gradova od Vukovara preko Zagreba i Gline do Knina. Svaki SUP je postao Tajništvo javne sigurnosti, a povereništvo SDB-a je preimenovano u Ured za zaštitu ustavnog poretka i Tajništvo državne sigurnosti. Za javnost, povod ovoj transformaciji hrvatske policije bila je tuča na maksimirskom stadionu, kada su, posle incidentnog prekida susreta između „Dinama“ i „Crvene zvezde“, milicionari s pendrecima zavodili red i na tribinama i na terenu. Ljaga zbog te tuče sportista i navijača bačena je na srpske kadrove u hrvatskoj policiji. To je lično učinio dr Franjo Tuđman. Naime, već te godine HDZ je uspeo u svojim nastupima da nahuška hrvatski narod na Srbe, pričama da Srbi imaju kadrovsku prevagu u državnim organima. Preciznije, da 11,5 odsto Srba vlada armijom i policijom u Hrvatskoj. Zvanični podaci su, međutim, govorili da je u ukupnom sastavu RSUP-a Hrvatske bilo samo 32 odsto Srba, a 63 odsto Hrvata i 4 odsto Jugoslovena. U rukovodstvu hrvatske policije tih osamnaest novih tajništava, bilo je 75 odsto Hrvata, a 12,5 odsto Srba i 6,25 odsto Jugoslovena.

„Neće Srbi više sami sebi izdavati pasoše i dozvole za oružje“, poručivao je Hrvatima dr Franjo Tuđman.

Takvo obećanje lidera HDZ-a pretvoreno je vrlo brzo 1990. godine u hajku na srpske policajce po Hrvatskoj. Za to je aktiviran rezervni sastav milicije, koji je zaposeo sva Tajništva javne sigurnosti i počeo da vrši nacionalna podvajanja zaposlenih. Akcijom je rukovodio Perica Jurič, zamenik ministra hrvatske policije Josipa Boljkovca i doskorašnji operativac SDB BiH, kadrovski podmladak Branka Mikulića. U to vreme načelnik Tajništva državne sigurnosti bio je Đuro Perica, a zatim predsednik Komisije sabora za kontrolu. Prvi otpor tom nadzoru rezervista nad profesionalnim policajcima pružen je u Zadru, kada je grupa od 142 milicionara, Hrvata i Srba, od vlade Hrvatske zatražila zaštitu svojih radnih i ljudskih prava. Doktor Franjo Tuđman im je odgovorio otkazom. U Puli su bez posla ostali operativci SDB Davor Dužman i Janoš Palko, jer su otkrili povezanost između tajne policije Slovenije i jadranskih kockarnica. Kada su o tome obavestili SSUP u Beogradu i Službu državne bezbednosti u Zagrebu 1989. godine, narednog leta dobili su otkaz. Posle toga došlo je vreme policijskog prebrojavanja Srba u svakom hrvatskom mestu. Jedan od tih projekata, koji je, takođe, naručio Perica Jurič, imao je naziv „Presjek stanja sigurnosti na području Centra službe državne bezbjednosti Gospić". U njemu su nabrojani svi srpski aktivisti, koji rade na okupljanju srpskog naroda u Hrvatskoj. Na području Gospića kao podstrekači srpskih nereda obeleženi su penzionisani generali Danić Damjanović, Milan Žeželj, pukovnici Petar Raškov i Aca Ciganović, profesor Petar Štikovac, David Rastović, predsednik opštine Donji Lapac, Mile Majstorović, auto-prevoznik, Dušan Žegarac, profesor, Rade Čubrilo, Spaso Đukić, Jovan Grujić.

Autor ove procene Nikola Pavičić, načelnik Centra SDB Gospić naglašavao je da je „stanje u regionu komplikovano, jer su Srbi, samom nacionalnom pripadnošću predodređeni da budu neprijatelji mladoj hrvatskoj demokraciji..."

Juriš na Srbe u hrvatskoj policiji vrlo brzo se pretvorio i u traganje za agentima SDB, jer se verovalo da su i oni sve sami Srbi. Dojučerašnji radnici Službe državne bezbednosti i KOS-a JNA u Hrvatskoj utrkivali su se koji će od njih objaviti u novinama spiskove srpskih špijuna i doušnika. List *Zatvorenik* je, na primer, objavio kompletnu radnu listu zaposlenih u nekadašnjem resoru SDB u Splitu, sa imenima i brojevima telefona. Ta kampanja, međutim, vrlo brzo se izrodila u klevetanje Hrvata, jer se pokazalo da su u Službi državne bezbednosti radili i ministar Josip Boljkovac, i zamenik Perica Jurič, koji je bio u SDB Doboj, i Franjo Vugrinec, savetnik policije za SAO Krajinu, i poslanik Simo Rajić, i Milko Gajski, predsednik ustavnog suda, i sabornik Slavko Degoricija, Božo Kovačević, glavni kontrolor na HTV, i Vladimir Šeks, i Gojko Šušak, i Zdravko Mustač, specijalni savetnik dr Franje Tuđmana, i Bruno Stojić, bezbednjak iz Herceg-Bosne, pa čak i ministar Anton Vrdoljak, i Vice Vukojević.

Dotadašnji načelnik Službe državne bezbednosti Jugoslavije i drugi čovek SSUP-a, Zdravko Mustač, svojevremeni organizator hapšenja maspokovaca i dr Franje Tuđmana među njima, postao je 1990. godine specijalni savetnik dr Franje Tuđmana za bezbednost. U prvi mah takva vest da je Zdravko Mustač postao i član hrvatskog Ureda za zaštitu ustavnog poretka zvučala je apsurdno. Mnogi Mustačevi saradnici i kolege nisu verovali u takvu mogućnost, jer su znali da je Mustač 1971. godine, kao načelnik SDB Zagreb, organizovao hapšenje i saslušavanje dr Tuđmana i ostalih maspokovaca. Posle toga Zdravko Mustač je, kako svedoči osiječki advokat Ivan Vekić, po kazni prebačen u SSUP. Tu naredbu je izrekao Mika Špiljak, kada se osamdesetih opet dočepao vlasti u Hrvatskoj.

Veliki hrvatski prijatelj Jevrem Brković vođen je pod šifrom „Sodoma i Gomora". Agenti su bili i Milan Brezak, i Đuro Pešut, i Josip Perković, i Ivan Vakić, budući ministar hrvatske policije i osnivači HDZ-a Josip Manolić, Milan Kujundžić i Josip Boljkovac. Mnogi od njih su, poput Vugrinca, Kovačevića, Vekića, Mustača svojevremeno progonili hrvatske nacionaliste i pripadnike HDZ-a. Što reče Zvonimir Čičak: „Hrvatska je bila puna udbaša i agenata."

Pometnja u Srbiji

U Srbiji je pokrajinski ministar policije Jusuf Karakuši otišao u penziju, a njegov resor preuzeo je RSUP Srbije. Neplanirana penzija stigla je i Dragana Mitrovića, načelnika SDB Srbije, koga je na toj funkciji nasledio Predrag Todorović, podsekretar RSUP-a. U Saveznom SUP-u, međutim, kadrovske promene na vrhu su tek nagoveštavane. Govorilo se da će i savezni ministar policije Petar Gračanin, a i načelnik SDBJ Zdravko Mustač u penziju. Na njihovo mesto, po jugoslovenskom ključu, trebalo je da dođu kadrovi iz Makedonije, možda Jovan Trpenovski, i iz BiH, Sredoje Nović. Tako se barem pričalo, jer je seoba kadrova iz federalne policije već počela. Poslednjih meseci te 1990. godine organe unutrašnjih poslova SFRJ napustilo je oko tri hiljade ljudi. To je bila najveća kadrovska smena u jugoslovenskoj policiji nakon Brionskog plenuma 1966. godine, kada je samo iz Srbije policiju napustilo više od šest hiljada milicionara, inspektora, načelnika i komandira. Radilo se, kako su tvrdili zvaničnici o planiranom smanjivanju savezne i republičke administracije, koje je, izgleda, najdoslednije tada sprovođeno baš u SSUP-u.

U RSUP-u Srbije, radni odnos prekinulo je više od dve stotine policajaca. Polovina iz SDB Srbije. Mnogi od njih su se, čim su čuli za mogućnost odlaska u penziju, prijavili, pa se tako dogodilo da je RSUP Srbije napustio i jedan broj inspektora u najboljim godinama. Slična, ali mnogo manja „epidemija" zadesila je i RSUP Makedonije. Bio je to 1990. godine, najbolji znak da se u javnoj i državnoj policiji nešto sprema. Najveći broj ljudi napustilo je policiju na Kosovu – oko 1.500. Reč je bila o svojevrsnom političkom dezerterstvu, koje je izvedeno pod pritiskom prištinske alternative.

Jedan broj albanskih milicionara je napustio PSUP da bi se pridružio separatistima. Nekima je to dezerterstvo plaćeno 3.000, a drugima i 5.000 nemačkih maraka, zavisno od njihovog položaja u policiji. Za Gazmenda Malićija, nekadašnjeg rasvetljivača u TV Prištini, koji je uz pomoć oca Mehmeta Malićija postao inspektor SDB Kosova, zna se da ga je brat Skeljzen Malići, lider alternativaca, nagovorio da izda svoju profesiju. Jusuf Karakuši, lično prvi čovek PSUP-a Kosovo, jednostavno se preko noći prodao separatistima, bojeći se ne samo za svoj život već pre svega za svoja imanja i kuće. U vreme svog rukovođenja policijom, Karakuši je trgovao kućama. Jusuf Karakuši je zvanično 13. juna 1990. godine, u intervjuu *Radio Prištini*, otvoreno dao podršku albanskim separatistima.

Mora se priznati da je i SIV jedan od faktora koji onemogućava rad federalne policije, jer nedovoljno koristi i Zakon o sistemu državne bezbednosti, koji mu daje pravo na intervenciju federalne policije u slučaju ugrožavanja ustavnog poretka. Takvih intervencija je bilo na Kosovu preko Združenog odreda milicije SSUP-a, pa u Moševcu, Vevčanima i Kosovu Polju, preko specijalnih komisija SlV-a, tj. SSUP-a. Kada je, međutim, 1990, trebalo otići u Knin ili u Petrinju, SSUP nije dobio ovlašćenje za tako nešto.

Doduše, potpredsednik SlV-a, Aleksandar Mitrović, ponudio je tada Stipi Mesiću da se u okviru člana 8. pomenutog Zakona angažuje

Združeni odred SSUP-a i Kninjani zaštite od hrvatskih nacionalista, ali je potpredsednik Predsedništva SFRJ to odbio. Mesiću i HDZ-u je bio potreban nemiran Knin, kako bi mogli da internacionalizuju problem nove Hrvatske. Nejasno je, zašto, SIV i Ante Marković nisu dali ovlašćenje Službi državne bezbednosti SSUP-u za intervenciju. Uostalom, kakav je bio odnos SlV-a prema SSUP-u najbolje se videlo u činjenici da je oko tri stotine ljudi iz ovog ministarstva otišlo u penziju, da u Upravi za SDBJ, u Jedinici za obezbeđivanje, u Upravi za opšti kriminal i u Upravi za pravna i sistemska pitanja 1991. godine nije bilo načelnika. U njima vlada v.d. stanje.

Paradoksalno je, na primer, zvučala činjenica da u vreme kad je zemlja gotovo na ivici građanskog rata, kad raznorazni strani obaveštajci špartaju Jugoslavijom, Služba državne bezbednosti nema svoje rukovodstvo. Dotadašnji šef SDBJ, Zdravko Mustač, već mesec dana bio je na raspolaganju, jer mu je istekao mandat, a novi šef SDB nije delegiran iz BiH. Kandidat je bio tamošnji načelnik SDB Sredoje Nović, Srbin iz Sarajeva, čovek koji je svojevremeno prošao političke i policijske konsultacije svih republika. Njegov dolazak u Beograd je doveden u pitanje zato što je Fikret Abdić, čovek koga je Nović svojevremeno krivično gonio, stavio primedbu da je red „da SDBJ vodi jedan musliman". Sredoje Nović je zatim degradiran u referenta za izdavanje pasoša u sarajevskoj policiji.

NAPAD IZ BOSNE

Život u Bosni naučio je ljude da izbegavaju nevolje. On im je dugo poručivao: „Ne pjevaj u Sarajevu, ne trguj u Visokom, ne pametuj u Travniku!" Novo Đurkić, zvani Đurica ili Motorzage, planinac, bivši gastarbajter, majstor za popravke testera, nije se mnogo držao ovog pravila. Počeo je 1987. godine da pametuje po Travniku i vlast ga je, kaže, najurila. Odselio se pod pritiskom bosanske tajne policije u Petrovaradin. U Travniku je ostavio praznu kuću od pet stotina kvadrata, s radionicom i garažom, jer od njega niko nije želeo da je kupi. Đurkić i danas živi u srcu Vojvodine, u kući od brezovih polovica. O svom životu u Bosni kaže:

„Na Dan bezbednosti 1987. godine pobegao sam iz Travnika. Na taj čin sam se dugo pripremao zajedno s mojom ženom Ljubinkom. Nikome o tome nismo pričali. Oklevali smo neko vreme, jer mi je posao dobro išao, ali čim sam osetio da će me policija uhapsiti, mi smo se odselili. U to vreme ja sam počeo po kafanama da pričam kako rade Služba državne bezbednosti u Travniku i njena centrala iz Zenice. Na taj način slao sam poruke ljudima iz SDB-a za koje sam nekada radio kao spoljni saradnik, a koji nisu hteli da prihvate moj otkaz. Ubeđivali su me, a kada su čuli da sam se žalio SSUP-u i da sam tražio zaštitu od SDB Jugoslavije, počeli su i da mi prete. Morao sam bežanjem da spasavam živu glavu. Punih sedam godina radio sam za Službu državne bezbednosti u Travniku. Početkom osamdesetih jedne večeri otišao sam s Kemom Kondićem u lokal na piće. Unutra grupa ljudi, meni nepoznatih, jer sam ja u Travniku bio nov. U tom neko viknu: 'Živio Ante Pavelić!' Ja, iznerviran, na to viknem: 'Jebo te on!' Odjednom, zavlada neka neprijatna tišina. Vidim biće belaja i krenem kući. Za mnom izađe jedan čovek i reče mi: 'Ko si ti? Ja sam musliman. Hoćeš da te Plašna proguta?'

„Sutradan odem u kafić kod Alena Nužića i pitam ga da li je on video i čuo šta je sinoć bilo. Nije, kaže. Pitam i Kondića, ni on se ne seća. Obavestim o tome dvojicu milicionara Mensura Šiljka i Stanoja

Jankovića, a oni mi rekoše da mi ne mogu pomoći. Na kraju mi kolega Dragan Radovanović reče: 'Znam čoveka. Doći će za pet minuta.'

„I dođe čovek u restoran *Plava voda*. Sedosmo u separe. Vidim nosi kolt, ali i magnetofon. Kaže, zove se Ivan Nedoklan i radi u SDB Travnik. Sve sam mu redom ispričao. Posle deset dana eto ga drugi, Enes Kadrić. Kaže: 'Dođi sutra u SDB.' I ja odem!"

Novo Đurkić je toga dana u tajnoj policiji Travnika potpisao svoju izjavu o događaju u kafiću, ali i svedočenje da je njegov poznanik Jovo Cvijić, kako se po gradu pričalo, politički opasan. Radnici SDB Travnik su ga brzo ubedili da im dojavljuje slične informacije. Pismom, preko kurirke. Konspiracije radi, dobio je i tajno ime – Ban. Kad su se bolje upoznali, Ivan Nedoklan ga je oslovljavao sa Stari, a Enes Kadrić mu je dozvoljavao da dolazi u prostorije SDB. Na drugi sprat zgrade travničkog SUP-a dolazile su, kao spoljni saradnici političke policije, još neke zanatlije: jedan mesar, jedan piljar, jedan tv-mehaničar, jedan kafedžija. O svojim motivima da postane policijski doušnik Novo Đurkić kaže:

„Ja sam saradnju sa SDB u Travniku, prihvatio kao patriotsku obavezu i građansku dužnost. Vaspitan sam tako da vlastima prijavljujem sve što vidim da se ne radi po zakonu, što nije pošteno. Naravno, kao saradnik tajne policije osećao sam se sigurnijim nego običan čovek, jer sam znao da ima ko da me vadi ako i ja nešto zabrljam u životu. Nisam iz te saradnje imao nikakve koristi, iako su mi operativci SDB nudili novac, čak i mogućnost da ne plaćam porez. Prvi zadatak mi je bio da u kafanama slušam šta ljudi pričaju o Titu, o Draži, o Paveliću, o državi, o našim visokim funkcionerima. Zatim sam dobio zadatak da idem u pravoslavnu crkvu, da slušam na srpskim slavama i Božiću šta ljudi pevaju, pričaju, psuju i da o tome izvestim Ivana Nedoklana, Enesa Kadrića, a kasnije i novog operativca, Salka Bebu. Izveštaje sam im prenosio usmeno, tokom vožnje u njihovim kolima. Salko je koristio golf, a nekad smo se i tajno sastajali u ribljem restoranu u Pucarevu ili u kafani *Most* u Vitezu..."

Zbog Đurkićevog cinkarenja, probleme su imali Jovo Cvijić, penzioner, Drago Kajić, kafedžija, Savo Bilić, komandir milicije, Mića Nenadović iz vojne pošte i milicioner Žarko Pejić. Ovaj poslednji je u kasapnici uzeo dva kilograma mesa, nije ih platio i zbog toga ostao bez posla. U slučaju Jove Cvijića, okrivljenog za raspirivanje nacionalne netrpeljivosti, tajni agent Ban korišćen je od SDB Travnik kao svedok na sudu. Kao vojni kurir, rezervista Đurkić je imao zadatak da noću deli pozive za vojnu vežbu. Usput je, priznaje, beležio imena ljudi i prijavljivao ih SDB zato što su psovali Titovu vojsku ili govorili da neće da deru cipele za Branka Mamulu i JNA.

Tajni agent Ban

Đurkić se, kaže, svog posla nije stideo:

„Moj rezon je bio da ja radim za državnu službu, po zakonu i Ustavu SFRJ. Ali kada sam video kako se ta služba u Travniku i Zenici zloupotrebljava, odlučio sam da više ne radim za nju. Dobio sam 1985. godine, na primer, specijalni zadatak da pratim pravoslavnog popa Jovu, jer se sumnjalo da on po srpskim selima širi šovinizam. Rečeno mi je da razgovaram s njim, da se sprijateljimo, da vidim da li deli letke, šta govori ljudima. Ja sam to i radio. Kada sam završio kuću, pozvao sam ga da je osveti. Čak sam s njim išao i na Božić u Donji Vakuf. Moraš mu nešto naći, rekao mi je Salko Beba, operativac SDB. Nisam čoveku ništa našao. Prateći ga i raspitujući se o njemu, saznao sam od ljudi, i Srba, i Hrvata, i muslimana da je dobar čovek. Devedesetih, međutim, počeo je da ga po opštini goni njegov komšija zato što je pop, navodno, podigao kuću na njegovoj zemlji. Istražujući popov život, otkrio sam da muslimani žele da proteraju ovog pravoslavnog sveštenika sa placa koji se nalazi tik pored zgrade SUP-a. Tada sam shvatio da sam uvučen u prljavu rabotu. Mnoge stvari su mi postale jasne, a najbitnija je istina da sam korišćen za borbu protiv Srba!"

U travničkoj Službi državne bezbednosti krajem osamdesetih nije radio gotovo nijedan Srbin. U samoj miliciji ih je bilo vrlo malo. Toliko malo da su bili nemoćni da se obračunaju s prekršiocima zakona, koje su lokalni funkcioneri štitili. Novo Đurkić je to jako dobro znao, jer je neke od tih prekršilaca lično prijavio Ivanu Nedoklanu, Enesu Kadriću i Salku Bebi, ali krivcima nije falila ni dlaka s glave. Jedan saobraćajac je u selu Komari, na primer, pretio javno da će pobiti sve Srbe u Travniku, jedan opštinski rukovodilac je kao mladić bio u ustašama. Jedan šofer u RO *Borac* je krao za sebe i rukovodioce, drugi saobraćajac je u Dolcu, u kafani *Dva goluba*, pevao ustaške pesme. I, nikom ništa. Za bolje poznavaoce prilika u Travniku to nije bilo ništa neobično. Pojedinci su se u ovom gradu, čak po kafanama, hvalili činjenicom da je tokom rata Travnik dao 1.300 ustaša, a samo 1.100 partizana i da je oslobođen posle Beograda. Šta je to hvalisanje pripitih Travničana zapravo značilo, Novo Đurkić, doškolovani zanatlija, shvatio je 1985. godine kada je Travnik dočekao ponoć išaran kukastim krstovima. Dve godine je tajna služba BiH tragala za crtačima ovih krstova. Oko 800 ljudi je saslušano zbog toga, ali delinkventi nikada nisu pronađeni. Služba državne bezbednosti je znala baš sve što se dešavalo na njenom rejonu do Pucareva i Viteza.

Jedan operativac iz Zenice se čak hvalio Đurkiću da SDB ima kompletan film o kukastim krstovima, ali da političari ne žele od toga da prave aferu. Umesto da gone kršioce zakona, članovi SDB u Travniku i Zenici su preko svojih doušnika pritiskali ljude kojima političari u BiH nisu bili zadovoljni. Đurkić sumnja da su iza takve taktike političke policije stajali njen šef Mladen Antić iz Zenice i politički „starešina" iz Sarajeva Hamdija Pozderac. Kao primer, Đurkić mi je naveo slučaj javnog tužioca Rajka Mihajlovića, koji je od Milanka Renovice tražio pomoć za razrešenje nekih situacija u Travniku, ali to njegovo pismo je došlo na sto Hamdije Pozderca. Javni tužilac Rajko Mihajlović, inače Srbin, morao je da se iseli u Vojvodinu.

Život je, nažalost, pokazao da su u tim akcijama političkog čišćenja terena u BiH, umesto ustaša i fundamentalista, najčešće stradali Srbi. Zbog toga je Novo Đurkić i napustio tajnu službu u Travniku:

„Sve sam ja to rekao u lice šefovima i operativcima Službe državne bezbednosti u Travniku i Zenici. Mnogo puta su mi savetovali da ćutim, jer će vrag odneti i mene i njih. Zato sam im i rekao da oni ne štite ni Ustav SFRJ, ni zakon, i da zapravo ništa ne rade. Odbio sam dalju saradnju, ali oni taj moj otkaz nisu prihvatili. Posebno kada su saznali da sam se žalio SSUP-u i da sam bio u Beogradu i razgovarao s nekim ljudima iz SDB Jugoslavije. Tek kada su osetili da im SDB SFRJ neće ništa, prestali su da mi prete, ali su nastavili sa ubeđivanjima da ostanem njihov saradnik. Jer Ban je njima bio dragocen. Naročito u toj borbi gde treba da ide Srbin na Srbina."

Šta se, zapravo, događalo u SDB BiH?

Osamdesetih godina, s jačanjem Srbije kroz njenu borbu za državnost, koja je bila ugrožena na Kosmetu i u Vojvodini, došlo je do narastanja srpske nacionalne svesti i kod Srba van Srbije, a posebno u Bosni i Hercegovini, odakle je zbog raznih vrsta pritisaka, od rata iseljeno oko 350.000 Srba. Bojeći se homogenizacije Srba u BiH, njeni politički vladari, Hrvat Branko Mikulić i muslimani braća Pozderac – Hamdija i Hakija, naložili su partiji, ali i policiji pojačavanje pritiska na bosanske Srbe i sprečavanja svih njihovih veza s maticom Srbijom i Beogradom. To je bila politička borba protiv bauka Velike Srbije, odnosno protiv samog jačanja i povratka državnosti Srbiji unutar SFRJ. Sinhronizovano je 1985. godine, na primer, u Zvorniku SDB BiH inscenirala slučaj „četničke trojke", u kojoj su kao četnici okrivljeni Bogdan Antić, Obren Jović i Jovan Nikolić. A u Banjaluci je za srpski nacionalizam i pripadnosti građanskoj desnici okrivljen Jovan B. Dušanić. Epilog te vrste progona je poznat, svi oni su se s porodicama iselili u Srbiju.

Tako surovu upotrebu tajne policije u Bosni i Hercegovini proterani književnik, Vojislav Lubarda, tumači samo činjenicom da su gotovo svi sarajevski politički čelnici, na ovaj ili onaj način, tokom svoje karijere prošli kroz razne škole i organe državne bezbednosti. Od stare garde bila su to braća Nijaz i Raif Dizdarević, od srednje generacije sâm Džemal Bijedić, a od mlađih Hasan Grapčanović i Mate Andrić. Po njihovim nalozima Služba državne bezbednosti je vrbovala i Srbe, ali i muslimane lokalne funkcionere da prate i cinkare srpske intelektualce i aktiviste. Posle talasa progona srpskih intelektualaca u Bosni i Hercegovini, što je kulminiralo osamdesetih godina policijsko-političkom hajkom na dr Vojislava Šešelja i Vuka Draškovića, bosanski čelnici Branko Mikulić i Hamdija Pozderac su samoinicijativno zaključili da će Srbi krenuti u kontraakciju.

Prema lažnim podacima Službe državne bezbednosti Bosne i Hercegovine srpski nacionalisti su pripremali prepade na hrvatske i muslimanske nacionaliste. Posao na sprečavanju bosanskih Srba poveren je takođe Srbinu, policajcu Dušku Zgonjaninu i njegovim denuncijantima Ratku Kovaču, Manojlu Cerovini, Miloradu Vlajčiću, Nenadu Guzini, Marku Zirojeviću i Slobodanu Samardžiću. Srbi koji su odbili da učestvuju u progonu nedužnih Srba nestali su jednostavno iz bosanske policije Dragan Vujisić, Miodrag Simović, Srećko Žulj, Drago Vuković, Vito Žepinić. Radi političke simetrije s prognanim muslimanskim fundamentalistima, koje je vodio Alija Izetbegović, sarajevski čelnici i tajna policija koju je vodio Rašid Musić su izmislili četnike na Ilidži. Operacija njihovog hvatanja i likvidiranja je u SDB BiH nosila šifrovani naziv „Golub 86". Pokrenuta je naređenjem Duška Zgonjanina, ministra bosanske policije lično, koji je rekao: „Neću da znam da na Ilidži nema neprijatelja! Ima da ih ima!!!"

Desetorica sa Ilidže

Tragajući za četnicima-početnicima u Sarajevu, Služba državne bezbednosti BiH se 1986. godine okomila na „neprijateljsku" grupu Srba sa Ilidže. U njoj su bili: Radomir Kovačević, službenik, Sveto Petković, privatni ugostitelj, Vukašin Koprivica, ekonomista, Ljubo Bosiljčić, advokat, Ratko Ćurić, profesor fizike, Milorad Babelj, komercijalista, Zdravko Mišeljić, advokat, Budimir Đurić, ugostitelj, Elez Vlado, ekonomista, i Branko Kapular, penzioner. Da bi se dokazala politička nepodobnost Srba sa Ilidže, u glavnom gradu BiH saslušano je čak dvesta ljudi. Taj posao je obavljala Služba državne bezbednosti Sarajeva, koju je vodio Slobodan Škipina. Sarajevske novine, posebno *As*, zajedno su s tajnom policijom krenule u juriš na te „četnike". Kako niko ništa loše nije rekao o njima, SDB je sama tako nespretno montirala politički proces, pa je za četništvo okrivljen i jedan Hrvat, Branko Kapular. Tako je nastao slučaj Ilidžanci. Hapšenja i saslušanja su vršili Boro Đurica, Dragan Međović, Bane Blagovčanin, Mirko Kurilić i Mirko Subotić, inspektori SDB BiH. Ovo je priča jednog od stradalnika, advokata Zdravka Mišeljića, poznatijeg na Ilidži kao Braco:

„Rođen sam 17. maja 1937. godine, kao drugo dijete u porodici. Kao pravnik učen sam da je sveta dužnost čoveka borba za istinu i slobodu. Vjerovao sam ljudima, cijenio prijateljstvo, ljudstvo, komšijske, kolegijalne odnose. To su bili moji kriteriji za druženje s ljudima. Međutim, posle privođenja i 'obrade' u Centru državne bezbednosti Sarajeva od 1. i 2. aprila 1986. godine sve se to u meni srušilo. Žena me je probudila 1. aprila 1986. oko 6.15 i saopštila da me traže neki ljudi. Sišao sam u hodnik, gde sam zatekao trojicu u civilu i jednog uniformisanog milicionara. Pružio sam ruku da dohvatim farmerke da se obučem, a taj uniformisani je kao panter skočio jedno četiri metra i iz mojih ruku iščupao pantalone, vrlo pažljivo pretresao džepove, i posle toga mi ih dodao. Ispred kuće postoji 'ligustrum', živa ograda preko koje sam vidio krov dva automobila, a primjetio sam jedno sedam do osam ljudi ukupno u dvorištu. Pokazan mi je nalog za pretres, i pri tome mi je saopšteno da će mi se uzeti kao olakšavajuća okolnost pri izricanju kazne ako odmah predam sav 'inkriminirajući' materijal. Porodici je zabranjeno da se kreću po kući. Mene su fotografisali u nekoliko poza s bratovim oružjem, i u jednoj pozi s mojim pištoljem, za koji sam imao dozvolu za nabavku, ali ne i za držanje i nošenje. Nakon što sam im predao svoje i bratovo oružje, tražen je i drugi materijal, no ja sam rekao da drugo ništa nemam. Oni su tražili letke, a ja sam rekao neka traže. Zatim su me odveli u SDB negdje oko sedam sati. Kada sam ja poveden za Sarajevo, poneseno je oružje moga brata i moje i jedan lovački nož s posvetom 'Bracu od Luke'. U prisustvu dva svjedoka pretresli su kuću, tavan, šupu, štalu, garažu, i to vrlo detaljno. Na nalogu za pretres radnje piše da sam nastanjen na Ilidži, a ne da je to advokatska kancelarija. Advokatska kancelarija se može pretresati samo kada se prethodno donese rješenje o otvaranju istrage protiv advokata, jer je advokatura javna, a ne privatna služba. Pri tome pretresu odneseno je iz kuće navodno oružje, lovački nož, *olimpija* pisaća mašina, pasoš, jedan stari rokovnik u kome su bili telefonski brojevi za tu godinu. A iz radnje mala *unis* pisaća mašina i list hartije koji je meni bio podsjetnik da sam Savi Lukiću dao dvije knjige Dobrice Ćosića *Vreme smrti* i *Stvarno moguće*. To je bio sav 'inkriminirajući' materijal koji je pronađen u kući.

„Doveden sam u Službu državne bezbednosti Sarajeva, u kancelariju na trećem spratu. Tu sam čekao negdje do deset sati kada je došao jedan od inspektora koji je počeo sa mnom razgovor pitanjima: koga imam u inostranstvu, koga imam od prijatelja, ko su mi klijenti itd. Nisam imao nikakve potrebe da bilo šta slažem od onoga što sam bio pitan, pa sam iskreno odgovarao. Međutim, odmah sam primjetio da inspektoru uopšte ne odgovaraju moji odgovori.

„Objašnjavao sam da imam u selu prijatelje Šutele, Martiće, Tomiće, koji su Hrvati po nacionalnosti, i Džankovića koji je musliman, zatim poslovne prijatelje, advokate, Edu Bećirbegovića, Ljubović Nijaza, Erski Ivana, Blaža Tomića. Ni to se inspektoru nije dopalo, jer je očito po njemu to bilo nemoguće, pa je valjda mislio da lažem. Treća vrsta prijatelja su bili moji kafanski drugovi Ratko Kovač, Ratko Ćućilo, Korup Fadil, te drugi, koji su, saznaću kasnije, bili isto tako saslušavani i maltretirani kao i ja. Posle je usledilo pitanje: 'S kojim sam klerikalnim klubovima povezan u zemlji, a s kojim u inostranstvu?'

„Odgovor: 'Vodio sam dvije privatne parnice za sveštenika Đuru Ilića iz Blažuja i to je sve.'

„Zatim pitanje: 'S kojim advokatima izvan Sarajeva sam povezan po pitanju razmjene pravnih stanovišta sudova za političke delikte?'

„A znali su da sam ja kao pravnik civilista. Video sam da me ne okrivljuju i da sam dobio ulogu svjedoka. Zato sam morao odgovarati na brojna pitanja pretpostavljene krivice Budimira Đurića, moga poznanika i prijatelja. Ono što mi je bilo poznato, to njima nije trebalo, ono što su oni tražili, ja nisam znao. To je tako trajalo devet i po sati. Posle toga je donesen komad papira i postavljena su mi pitanja na koja sam ja trebao dati odgovore. Svaki je od tih papira s pitanjima pocijepan na moje oči zbog nezadovoljstva odgovorom. Tražili su da im kažem Budino mišljenje o privrednom sistemu, o političkom sistemu, o Josipu Brozu, Hamdiji Pozdercu, Branku Mikuliću, Raifu Dizdareviću, ZUR-u, samoupravljanju kao sistemu odlučivanja, o delegatskom sistemu i naročito gdje su njegove pare?

„Ispitivanje se prvog dana završilo oko 15.30 sati, ali mi je naređeno da dođem sutra 2. aprila u sedam sati. Ja sam se javio na vrijeme, ali sam na recepciji sačekao do jedanaest sati, dok 'drugovi inspektori' nisu malo odspavali. Taj drugi dan saslušanja počeo je njihovom konstatacijom, pričom: 'Juče si ti nas saslušavao čitav dan, a sada je došlo vrijeme da i mi saslušamo tebe'.

„Poturen mi je pod nos neki papir na kome je jasno stajao potpis profesora Ratka Ćućila. Datum – nečitak, mjesec – decembar 1985. godine. Tekst otprilike govori da sam se ja u kafani kod Bude, u slobodnom izlaganju, vrlo kritički osvrnuo na disidente bilo koje vrste, kojima je malo slobode i demokratije u Bosni, pa se presele u Beograd, odakle se bore za Bosnu. I u tom pravcu iznio mišljenje da niti njima valja što odu iz Bosne, niti beogradskoj čaršiji što ih objeručke primi. To je bilo moje mišljenje, ja ga ni tada nisam promjenio. Međutim, tome mišljenju je dodata uzrečica: 'Jer u Srbiji je lako Srbin biti!' I takva mi ubačena u usta. To je bio 'doprinos' Ratka Ćućila za 'rasvjetljavanje istine' o mom neprijateljstvu. Njemu je bar dobro poznato da ja nikada nisam 'srbovao' i da sam sto puta rekao da bih radije bio i Roman German kad bih mogao, nego Srbin. To je jedna od tačaka optužbe protiv mene. Druga se sastojala u sledećem: Od istog dostavljača informacija – Ratka Ćućila – zapisana je jedna dogodovština iz Splita. Relativno često sam išao na sud u Split i sporio se s *Poduzećem za izgradnju Splita* i tako upoznao njihovog pravnika. Posle jedne rasprave pozvao me je na kafu u kafe bistro kod pravosudne palate, što sam prihvatio, i u vrijeme pauze za doručak jedva smo našli dva prazna mjesta za šankom. Taj kolega mi je postavljao izuzetno uvredljiva pitanja: koji je vezir bio u Travniku kada je Dubrovnik imao Republiku, i gdje su nas u to vrijeme hvatali na užad, kada je Dioklecijan pravio palatu u Splitu?

„Po povratku iz Splita ja sam to ispričao i Ratku Kovaču i Ratku Ćućilu u kontekstu jedne nekolegijalnosti, jedne neprijatnosti. Osim ta dva slučaja, meni ništa drugo nije imputirano, niti sam saslušavan. Posle toga sam vraćen ponovo na razgovor o Budi Đuriću. Inspektori tajne policije su se smenjivali. Obećavane su nam kazne zatvora od 126 godina za nas desetoricu. Dakle, broj okrivljenih je bio određen u SDB Sarajeva mnogo ranije. Iz susjedne kancelarije čulo se strašno udaranje po nekome. Da li je to bio zvuk s trake ili izravno nije mi poznato. Jedini od inspektora koji se tog drugog dana predstavio bio je Mirko Kurilić. On mi je objašnjavao da mi ne gine teška robija, jer krivično djelo poreske utaje može da preraste u krivično djelo protiv naroda i države, kao ekonomsko podrivanje zemlje.

„Međutim, prijetnja da će zbog mene upropastiti životni poziv bratovog djeteta, totalno me je izbacila iz takta. Nije me bilo više strah. Postao sam odsutan duhom, suze su same tekle. Vjerovatno i zbog gubitka tečnosti pomjerio mi se kamen u bubregu, tako da sam počeo dobijati i vrlo jake bolove. Pod tim bolovima bio sam još jedno dva sata i kada su vidjeli da mokrim krv, otpustili su me kući s pozdravom: 'Marš kući đubre jedno neprijateljsko i da nisi nikud makao od kuće ili otputovao.'

„Ilidžom je zavladao strah. Tri mjeseca i više se nisam mogao osloboditi straha. Sve se promjenilo, proružnjalo, sve sam omrzao, čak i Malu aleju kroz koju prolazim svaki dan dva puta. Sve ono što mi je ranije bilo vrlo skupo, kao drugarstvo, prijateljstvo, sve se pretvorilo u svoju suprotnost zahvaljujući vrlo povjerljivim ljudima SDB Ratku Kovaču, Ratku Ćućilu, Radi Pindžo, i, donekle, Fadilu Korupu. Revnosnost s kojom je Ratko Kovač radio meni o glavi dostojna je divljenja. Tako revnosno, i s toliko energije, ja ne bih mogao raditi ni najhumaniji posao. On me nije puštao iz ruku. Svakog petka mi je bio u radnji, to se znalo da će doći na lozu ili na gemišt. Držao sam ga za prijatelja, tako se predstavio, tako sam ga prihvatio, i tako doživio. Iz tih razloga što sam ja njega držao za pravog prijatelja, a on mene kao objekt za posmatranje i otkrivanje u meni neprijatelja, zamrzio sam i sâm termin 'prijateljstvo'. Isto mi se desilo, ali sam kasnije saznao s Ratkom Ćućilom. Kovač je stalno vozio auto pijan, i stalno su mu oduzimane vozačke dozvole. Priličan broj puta je uporno insistirao da me vozi kući, pa ga je saobraćajna milicija zaustavljala dok sam ja bio u autu. On bi se kao dobar saradnik SDB-a i s njima bahato ponašao. Odbio sam da s njim razgovaram, glumio mi je pijana čovjeka, i posle se nismo viđali.

„Još je trajao april 1986. godine kad je OK SK Ilidža objelodanio dopunu procjene političko-bezbjednosne situacije na opštini. Tom dopunom OK SK napravio je grupu od deset ljudi. Proglasio ih je srpskom, četničkom, nacionalističkom grupom, a da se ti ljudi između sebe nisu uopšte poznavali. Jednostavno, bili su samo Srbi i to je Komitetu i tajnoj policiji bilo dovoljno. Taj slučaj je trebalo zapravo da bude opomena Srbiji, a i Srbima u Bosni i Hercegovini da ne srbuju previše. Ja s nekim od tih ljudi nisam stajao nikako. S Ljubom Bosiljčićem, advokatom, razišao sam se još u studentskim danima na pitanju neke elementarne ljudske etike. A 1986. sam samo jednom sjedio za istim stolom s njim, Budom, Smailom Sokolovićem, i Ratkom Ćućilom, a povod je bio moja molba da me zamijeni na sudu u Kiseljaku. Branka Kapulara sam poznavao, ali mi se nije sviđao. Svetu Petkovića, sam znao odavno. Kako je on vrlo snažan čovjek, mjerili smo snagu ruku preko stola. Mišu Koprivicu sam samo jednom vidio u gostima kod Svete kad je doveo neku delegaciju na ručak, i konobar mi je rekao da je to Mišo. Upoznali smo se onoga dana kada smo pošli u CK SK BiH, u *Ekspres restoranu* na Ilidži. Nekog Eleza trgovačkog putnika niti sam do tada vidio niti znao. Mišu Babalja sam znao iz viđenja. On je većinom bio u društvu s Nezifom Letićem, Jelić Radom i Ljubom Bosiljčićem. Dakle, znali smo se, ali nismo bili društvo jedan drugom.

„'Odvažni drugovi' Srbi, drugovi komitetski, drugovi sa zavidnom partijskom nadgradnjom, Rade Vasiljević, Milan Banjac, Štefko Bilić Markulj, dobili su svaki za sebe partijske zadatke, koje su disciplinovano izvršavali. Tako treba. S državnim neprijateljem nema šale, a budni čuvari tekovina Revolucije, i higijeničari političkog duha i misli na Ilidži pokazali su se u akciji. Milan Banjac, s kojim sam se godinama znao, zajedno bili i pili, kada je u ime Komiteta održao nekrolog nije mogao da ne pusti suzu očajnicu nad sudbinom naše zemlje, toliko mu je teško pala obaveza da obavjesti partijsko članstvo kako se u srcu Ilidže, rodnom mjestu M. Muharemovića, Rave Janković Gliše zakopitila četnička organizacija. Znao je Milan Banjac da je to laž, ali mu je valjda trebala još neka zvjezdica na epoleti. Takvi i trebaju Komitetima."

„U jednoj proizvodnoj OOSK-a javio se jedan radnik iz neposredne proizvodnje, koji se mene sjeća kao pravnika iz *Famosa* s otprilike sledećim opservacijama: 'Ja iz ove grupe znam samo Zdravka Mišeljića, a za njega mogu reći da je on nekvarljiva roba. Ako su ti drugi ljudi kao on, onda je to samo sudar političke birokratije sa slobodnim čovjekom, koji ni od koga ne ovisi i nikoga ne zarezuje'."

„Radnik je i dodao da on ne vjeruje informaciji koja se odnosi na mene. Na istom sastanku pala je opklada da li će taj radnik sutra doći na posao ili će Udba doći po njega. Jer kada se Komitet s političkom moći zaogrne republičkom SDB kao policijskom moći, onda na ovim podnebljima BiH nema šta protiv toga da se kaže, iz razloga bojazni za vlastitu bezbjednost. Informacija OK SK Ilidža je postigla pun pogodak. Od 1. aprila do 31. decembra 1986. godine kroz moju kancelariju su prošla samo četiri klijenta. Kako ja radim više za privredu, a bavim se poljoprivredom, ja sam tu godinu, kao i posle preživio, dok je Ljubo Bosiljčić morao zatvoriti advokatsku kancelariju zbog instrukcija Komiteta. Budo je prestruktuirao objekat, umjesto restorana, u koji mu niko nije smio ući, sagradio je piceriju za mlađi svijet. Ratko Ćućilo je dobijao platu za neki drugi posao. Mišo Babalj je ostao bez posla. Dalji potezi OOSK Ilidža su, takođe, bili usmjereni na bojkotovanje u drugim oblastima u kojima je bilo ko od nas imao ugled ili funkciju. Tako je stiglo naređenje Podružnicama udruženja SRVS-a da nas poizbacuju iz udruženja, što je vrlo disciplinovano urađeno. Svi smo poizbacivani."

„A u MZ Otes, gdje sam ja bio organizaciono povezan, niti su me zvali na sastanak, niti su mi dostavili odluku, već su samo odluku kao dokaz vojnopolitičke lojalnosti Komitetu dostavili Sekretarijatu za NO Ilidža. Dana 9. oktobra 1987. godine, dok sam čekao tramvaj kod banke, vidio me je Mirko Kuralić i zatražio da s njim odem u zgradu SDB, što sam bez pogovora i uradio. Nije me ništa pitao, odveo me je u jednu malu prostoriju, koja izgleda kao neki priručni magacin, i predao u jednoj kartonskoj kutiji obje pisaće mašine, knjigu *Grešnik* i stari rokovnik. Ja mašine nisam htio da uzmem, jer sam već bio nabavio druge dvije. Ali mi je prisutni inspektor vrlo oštrim tonom naredio da iznesem to 'đubre' i da ga ja bacim gdje hoću, a da zapisnik potpišem, što sam, naravno, i uradio. Tako sam posle tačno 18 mjeseci i 10 dana ponovo dobio svoje mašine. Lovački nož nisam nikada dobio..."

Dizdarevićeva nameštaljka

Novi političko-policijski udar na Srbe u Bosni i Hercegovini usledio je krajem osamdesetih godina, posebno s pojavom Slobodana Miloševića na političkoj sceni. Okrivljujući ga za bujanje srpskog nacionalizma, bosanski kadrovi u Federaciji, ali i u BiH našli su sebi politički alibi za obračun sa srpskim predstavnicima u lokalnoj i republičkoj vlasti. Širom BiH širen je strah od Srbije i od Srba. O tome na svoj način govori i slučaj Moševac, gde je 1989. godine bosanska policija pretukla muslimanske seljake, jer su se zbog terora lokalnih činovnika žalili Beogradu. Pravi stradalnici su bili aktivisti Dževad Galijašević i Hasan Delić, koji su i znali pozadinu čitavog ovog slučaja. Sâm Delić kaže da koreni sukoba potiču baš iz te zlokobne 1985. godine:

„... Zašto su Moševljani tučeni shvatio sam kada mi je Kasim Fa-lan, šef kabineta Kažimira Jalčića, predsednika SSRN BiH rekao da je u Sarajevu davno odlučeno da muslimani ne smeju praviti nikakvu gužvu u republici, posebno ako je ona dirigovana iz Beograda. Mi kao muslimani morali smo da mislimo na Sarajevo, a ne na Beograd. I taj se nalog u BiH morao poštovati. Kako i zašto, shvatio sam kada sam se prisetio jednog susreta pre nekoliko godina u Maglaju. U bašti resto-rana *Centar* u Maglaju sedeo sam s operativcima državne bezbednosti Predragom Radulovićem, zvanim Pile, Omerom Grahićem i Ilijazom Hasanićem. Pričali smo puno o politici, pa su počeli i da me obrađuju pričama da sam dobar momak, da sam svestan da dolazi opasnost iz Srbije i da ja kao musliman moram o tome da mislim. Radulović mi je predlagao da radim za SDB, da će mi dati posao i para koliko mi treba. Najbolje bi bilo da, za početak, otputujem u Beograd, da pra-tim šta se tamo zbiva, jer SDB BiH igra veliku igru u Srbiji, a za to u Beogradu nema pravog čoveka. Ukratko, želeli su da po nalogu iz Sa-rajeva budem njihova veza u Srbiji. Ilijaz Hasanić mi je iz torbe pružio 800 miliona dinara, da trošim po Beogradu, ali da pazim šta radim. Dževadu Galijaševiću su otvoreno nudili da radi za SDB BiH. Meni su to isto kasnije ponudili i inspektori Brezonjić, Nikolić i Hrnjadović iz Službe državne bezbednosti Doboj. Njihova veza sa Sarajevom bio je načelnik Milan Krnjajić. Kada smo sve te ponude odbili, krenula je hajka na mene i Dževada. Preko svojih veza u SDB Jugoslavije, tajna policija BiH, tačnije Dizdarević, Mikulić i Pozderac raspisali su crve-nu poternicu protiv nas, jer su mislili da se skrivamo u Beogradu. Želja im je bila da našim hvatanjem u Beogradu obrukaju Srbiju, ali smo ih mi nadmudrili, jer smo se sklonili baš u Sarajevo...“

U to vreme ključni ljudi u Službi državne bezbednosti Bosne i Her-cegovine bili su prvo Rašid Musić, kome je dugo obećavano mesto mi-nistra bosanske policije iskliznulo iz ruku, pa se povukao iz politike. Njegovu funkciju preuzeo je Sredoje Nović, koji se kao poslušni Srbin nije libio da proganja vlastite sunarodnike. Bili su to pouzdani kadro-vi legendarnog bosanskog policajca Duška Zgonjanina, Srbina iz sela

Grabašnice kod Novog Grada, u opštini Prijedor. Krajem osamdesetih, naime, državna bezbednost BiH je bila uredno počišćena od srpskih profesionalnih kadrova. Progon Srba iz bosanske Udbe započeo je još pedesetih godina, tako što su profesionalci iz Sarajeva slati na službu u provinciju, a na njihova mesta dovođeni polupismeni policajci Hrvati i muslimani. To je bila politička namera Osmana Karabegovića, Hajre Kapetanovića i Avda Hume. Do 1966. godine načelnici Udbe, odnosno zamenici ministara bosanske policije, bili su Boško Baškot, Ratko Bajić, Vojo Čolović, Brana Šekarić, Vojin Bobar, Jeremija Ješa Perić i Mirko Miojlić. Jedan broj njihovih bosanskih operativaca je prebačen u saveznu Udbu, a zatim iz nje u SID. Takva sudbina je zadesila, na primer, Marka Kosina, Vesu Popovića i Ivicu Kojića. Posle Brionskog plenuma čišćenje bosanske tajne službe od Srba je nastavljano još većom žestinom. Umesto Ratka Bajića, Mirka Miojlića i Voje Čolovića, policijskih profesionalaca iz političkih struktura BiH počeli su da pristižu hrvatski i muslimanski kadrovi ili poslušni Srbi. Ante Miljas je, na primer, bio ministar policije. Nasledio ga je Vaso Gačić. Mate Andrić je postao šef SDB-a. To je čovek koji je zajedno s Franjom Herljevićem 1972. godine „pustio" hrvatske teroriste na Radušu, jer je naivno verovao da su ustaše bezopasne. Zbog njihove nesmotrenosti i neznanja u obračunu sa ustašama poginuli su Miloš Popović, Branko Blečić, Luka Bošnjak, Kasim Alijagić, Marijan Bradić, Milan Sabljić, Ismet Čolić, Ahmet Galić, Stjepan Radić i Franjo Ivanda. Andrićev pomoćnik u tajnoj policiji BiH postao je Jerko Bradvica, koji je doveden iz Mostara. Tamo je načelnik tajne policije bio Osman Ćimić. On je rođeni brat profesora Esada Ćimića, koji je svoje disertacije o kleru i pisao na osnovu dokumenata SDB BiH. Popularni Ćima je dugo godina bio saradnik *Glasa koncila* i obaveštajac zagrebačkog Kaptola, što su svi Srbi u SDB BiH znali. Smajo Juršić je u SDB BiH pristigao iz Cazina. Udbu BiH je napustilo dvadesetak rukovodilaca srpskog porekla. Čolović je delegiran u CK SK BiH, a Bajić i Miojlić su penzionisani. Time je nacionalni sastav Udbe BiH, koji je 75 odsto bio srpski, promenjen, pa je SDB BiH postala muslimansko-hrvatska policija. U njoj su Duško Zgonjanin i Vaso Gačić bili mali Srbi, ali veliki Bosanci i veliki Jugosloveni. Tačnije, veliki progonitelji Srba u Bosni i Hercegovini. Zgonjanin je, na primer, telefonom u Banjaluci 1968. penzionisao sve srpske policajce. Te godine na listi progonjenih u SDB BiH našli su se i srpski književnici Radovan Karadžić, Duško Trifunović i Rajko Petrov Nogo. Podatke o njima sakupljao je na univerzitetu operativac

Miroslav Sredanović, koji je kasnije otišao u SID, a zatim bio konzul u Parizu. On je te informacije dobijao od svog saradnika profesora Brane Jankovića s Pravnog fakulteta. Radovan Karadžić tada, a ni kasnije, nije imao nikakve veze sa Službom državne bezbednosti u Sarajevu. Šef referata za kulturu, Mića Japundža, skinuo je ove mlade pisce sa spiska SDB Sarajevo za hapšenje (ukupno petnaest lica), jer je verovao u njihovu nevinost. Zbog toga je, međutim, protiv Japundže pokrenut disciplinski postupak, jer ga je kolega Bahrudin Bijedić, zvani Buri, prijavio da štiti srpske nacionaliste. Kasnije je taj Bijedić postao pomoćnik ministra policije BiH, obaveštajac SID-a i konzul u Čikagu, gde je uhvaćen zbog ilegalne trgovine oružjem.

Kada je Duško Zgonjanin 1994. umro u 68. godini života, u beogradskoj štampi je to zabeleženo kao žalostan slučaj. Umro je čovek koji je prvi počeo da progoni muslimanske nacionaliste, zapisale su srpske novine, ali su zaboravile da napomenu da je Duško Zgonjanin prvo progonio bosanske Srbe i u BiH, ali i u samoj Srbiji, tačnije u Beogradu. On je bio kadar Mate Andrića, člana CK SK BiH. Karijeru tajnog policajca započeo je u Doboju kao operativac i načelnik Udbe. Kasnije je službovao u Banjaluci, odakle, posle kraćeg kursa u SSUP-u, odlazi za šefa SDB Sarajevo i tajne policije BiH. Zahvaljujući Andriću, po nacionalnom ključu Duško Zgonjanin osamdesetih godina postaje i bosanski ministar policije. Baš u njegovom mandatu dogodile su se u Bosni i Hercegovini najveće privredne, političke i policijske afere. Jedna od njih, afera *Agrokomerc* došla mu je glave, jer je okrenuo muslimane protiv Sarajeva. Nacionalne podele u tajnoj policiji i RSUP-u BiH pratilo je i republičko odvajanje od federativne službe, opet na nacionalnoj osnovi. Kako, naime, Dizdarević, Pozderac, Mikulić nisu verovali svojim srpskim kadrovima u SDB SSUP-a i Službi dokumentacije i informacija u SSIP-u, važne policijske i političke depeše nisu slali šifrovano teleksom u ova ministarstva, već ručno po kuririma. Posao kurira je bio da poruke preda, ne ovlašćenim saveznim funkcionerima već njihovim bosanskim kadrovima, Hrvatima i muslimanima u SSUP-u ili SSIP-u.

U Službi državne bezbednosti bosanski džokeri su bili Josip Bukovac i Vlado Seršić, lični šef kabineta generala Franje Herljevića, a zatim konzul u Španiji. Tu praksu je posebno razvio Raif Dizdarević kada je postao ministar inostranih poslova Jugoslavije, a zatim član i prvi čovek kolektivnog šefa države. Njegov najvažniji kurir jedno vreme bio je konzul Milenko Ostojić, koji je sve poruke za Raifa Dizdarevića, tada predsednika Predsedništva SFRJ, slao iz Švajcarske preko SDB Sarajevo, samo da bi zaobišao SDB Jugoslavije. Na taj način su bosanski rukovodioci, a posebno Raif Dizdarević, stvarali svoju ličnu tajnu službu, mimo SDB SFRJ i SID SSIP-a, pa i KOS JNA. Samo na taj način Raif Dizdarević je mogao da izmanipuliše Predsedništvo SFRJ, Savezni savet za zaštitu ustavnog poretka, prvog policajca Jugoslavije Staneta Dolanca, SDB Jugoslavije, Srbe u BiH i jugoslovensku javnost, i stvori slučaj Kecmanović.

Dogodilo se to u proleće 1989. godine onoga trenutka kada je sarajevskim funkcionerima postalo jasno da Kecmanović ima mnogo više izgleda od dr Zdravka Grebe da ode u Beograd. Da bi se takva inauguracija jednog Srbina iz Bosne i Hercegovine sprečila, samo Predsedništvo BiH je izašlo sa saopštenjem u kome se, prema detaljnim podacima SDB BiH, ali i tajne službe SFRJ, tvrdilo da je „dr Nenad Kecmanović održavao kontakte sa stranim diplomatama, s nekim stranim ličnostima među kojima su utvrđeni i obaveštajci...“

Čelnici bosanske tajne službe, da bi potkrepili svoje dokaze, još su naglasili da je dr Kecmanović zbog sumnji da sarađuje sa stranim obaveštajcima praćen i prisluškivan još od 1982. godine. Takvo saopštenje podržali su odmah mnogi bosanski političari, među kojima je najagilniji bio Muhamed Berberović. On je čak tvrdio da je dr Kecmanović dobio poziv od direktora Američkog kulturnog centra da poseti SAD i bude gost američke vlade, gde je „... mogao biti zavrbovan...“

Tadašnji ministar bosanske policije, Muhamed Bešić, i šef tajne policije, Sredoje Nović, javno su saopštili da su oni upozoravali dr Nenada Kecmanovića da se druži sa stranim obaveštajcima i da o tome postoji informacija koja je dostavljena SDB SSUP-a. Stane Dolanc, potpredsednik Predsedništva SFRJ i predsednik Saveznog saveta za zaštitu ustavnog poretka Jugoslavije, kao najodgovorniji čovek u zemlji za bezbednost, takvu laž nije mogao da proguta, pa je demantovao RSUP i SDB BiH rečima da u Federaciji nikada i niko „... nije dobio bilo kakvu zvaničnu informaciju o dr Kecmanoviću, niti se o tome ikada raspravljalo...“ Dolanc je još mnogo toga rekao novinarima lista *Osmica*, ali snimci tih izjava nisu objavljeni, jer potpredsednik Predsedništva SFRJ nije tada želeo da širi vatru.

Objavljujem samo isečak iz tog zabranjenog dela intervjua Staneta Dolanca:

„Tačno sam znao kada je Dizdarević zatražio od Zgonjanina da skupi u Sarajevu sve što može kompromitujuće o Kecmanoviću, pošalje u SSUP, a zatim zatraži natrag i distribuira s pečatom Beograda. Materijal mu je stajao u fioci. Izbegavao je da s tim upozna Predsedništvo SFRJ i mene kao predsednika Saveznog saveta za zaštitu ustavnog poretka državnog tela koje objedinjuje sve službe državne bezbednosti. Znao je da kod ostalih, a i kod mene, ta njegova naivna konstrukcija o Kecmanoviću ne bi mogla da prođe. Međutim, u Sarajevu, stvar je lako prošla. Tamo su sedeli Mikulić, Filipović, Mutapčić, Karavdić, Uzelac. Oni se nisu baš podnosili, ali ih je objedinila želja da, rušeći mene, otvore sebi novu priliku u ponovnom izboru za Predsedništvo SFRJ. U to vreme savezna Udba bila je nešto kao banka podataka, bez vlastite operative, u kojoj su se sticali podaci iz, od Četvrtog plenuma, osamostaljenih republičkih centara. Na zahtev BiH, SSUP je vratio materijal o Kecmanoviću koji je dobio iz Sarajeva, ali sada su na njemu bili i federalni pečat i memorandum. Amateri u Sarajevu su naseli na to, pokušali da dokument objave kao da ga je pisala SDB SFRJ, a ne SDB BiH i tako se nasankali. Tačnije, ja sam nasankao Raifa Dizdarevića. Meni je to bilo dovoljno, pa je Raif ostao u Predsedništvu SFRJ dok mu nije istekao mandat.“

Ministar policije Dobrosav Ćulafić, međutim, povodom podvala iz SDB BiH javno je izjavio samo da „... ja s tim nemam apsolutno nikakve veze...“ Jože Šušmelj, predsednik savezne Komisije za kontrolu SDB, kadar Staneta Dolanca, Slovenac, izjavio je da se oseća iz BiH „... izvestan atak na Službu državne bezbednosti Jugoslavije...“ i izvesna prekoračenja primene Zakona o državnoj bezbednosti u Sarajevu. Naime, Šušmelj je smatrao da su rukovodioci iz Sarajeva prekoračili ovlašćenja po članu 24, time što su funkcionerima državne bezbednosti dali preveliku mogućnost da odlučuju šta je opasno po zemlju, a šta nije.

Na taj demanti Predsedništvo BiH je odgovorilo replikom da je, ipak, informisalo politički vrh SFRJ, odnosno direktno i pisanim putem predsednika Predsedništva Jugoslavije 27. marta 1989. godine, dakle dva meseca pošto je SDB BiH obavestilo republičke rukovodioce o špijunskoj aktivnosti dr Nenada Kecmanovića. Samim tim u javnosti je stvoren željeni utisak da je Kecmanović strani špijun, a time i nepodoban za ozbiljnu funkciju člana Predsedništva SFRJ. Mada je sâm Kecmanović, oklevetan i osramoćen, povukao svoju kandidaturu, istovremeno su je povukli i delegati svih foruma BiH. Jugoslovenska javnost se tim povodom zapitala da li će nam tajna policija i dalje birati šefa države?

Po Kecmanovićevom mišljenju to je sve bilo maslo Raifa Dizda-
revića:

„... Riječ je, prije svega, o Raifu Dizdareviću i njegovoj, kako bih
rekao, ljudski i politički sasvim razumljivoj želji da ostane u Predsed-
ništvu SFRJ. U političkom vrhu BiH za njega u izbornom poluvreme-
nu nije bilo kadrovskog prostora, a u Beogradu, u saveznim organima
– takođe. Za njega prihvatljive najviše funkcije bile su popunjene, a on,
uprkos godinama, još uvijek zdrav, vitalan, ambiciozan i pri tome ne-
kvalifikovan za bilo kakav sem za funkcionerski posao. Alternativa je
bila ostati ili otići u penziju. On je, sjećate se, prije toga nasledio Ham-
diju Pozderca, koji zbog afere *Agrokomerc* nije izdržao cijeli mandat.
Po kadrovskim pravilima u Bosni, taj mandat odradio je političar iste
nacionalnosti, a sljedeći je trebalo da pređe u ruke Srbina. No, Raifu se
taman bilo osladilo... Ne treba zaboraviti da ni uhapsiti Azema Vlasija,
ni proglasiti vanredno stanje na Kosovu, nije mogao nijedan republič-
ki funkcioner, nego samo šef savezne države. Praktično to je moglo
odlučiti samo Predsjedništvo SFRJ na čelu s Raifom Dizdarevićem i
on je to učinio kao musliman, pa je to u Sarajevu više vrijedelo. Ovog
puta nije bilo tako. Na čelu saveznog SSUP-a nalazio se srbijanski ka-
dar general Petar Gračanin, pa je priča o mojoj špijunaži djelovala još
uvjerljivije, ali, dodatni je elemenat bio to što je na moju stranu stao i
Stane Dolanc. Zbunio je sve u Bosni, pa i mene samog. Naknadno sam
otkrio da je motiv njegovog istupa bio ne meni u prilog, već protiv
Raifa Dizdarevića i protiv Beograda... Na naknadnom kandidovanju u
Sarajevu, pobedio je Bogić Bogićević, samo igrač iz Raifove ekipe, iako
je Dragan Kalinić imao više glasova...“

Godinu dana kasnije, doktoru Nenadu Kecmanoviću je uskraćena
i kandidatura za rektora Sarajevskog univerziteta, iako nije bilo doka-
za da je strani špijun. Kada je izbio građanski rat u SFRJ, dr Kecmano-
vić se, ipak, iz Sarajeva preselio u Beograd.

Ucenjeni Bogić

Tada je u Predsedništvu SFRJ sedeo jedan drugi Srbin, za koga se
veruje da je Srbiju i Jugoslaviju mnogo koštao – Bogić Bogićević. Član
Predsedništva SFRJ, član Saveznog saveta za zaštitu ustavnog poret-
ka, Bogić Bogićević je bio tipičan poslušnik svojih naredbodavaca iz

Bosne i Hercegovine. On je zajedno s Raifom Dizdarevićem i Brankom Mikulićem u jesen 1989. godine pokrenuo političku hajku na Srbiju, optužujući je da ubacuje svoje agente u Bosnu i Hercegovinu. Te godine, pred jednu sednicu kolektivnog šefa države, Bogićević je naglašeno tražio od dr Borisava Jovića da preduzme nešto protiv srpskih nacionalista u Srbiji. Pominjao je Dobricu Ćosića, stanje na Kosmetu i u Beogradu. Doktor Jović mu na ovo nije ostao dužan, pa je Bogiću Bogićeviću uručio zvaničnu informaciju o iseljavanju Srba pod pritiskom iz istočne Bosne. Bio je to dokument SDB Srbije namenjen funkcionerima Republike Srbije i članu Predsedništva SFRJ. Podaci sadržani u ovom podnesku srpske tajne policije dobijeni su od bosanskih Srba, koji su se u Ljuboviji, Bajinoj Bašti, Banji Koviljači i Užicu žalili operativcima SDB na pritiske koje doživljavaju u BiH.

Žitelji Zvornika, Srebrenice i Bratunca su svoje pisane predstavke dali, na primer, policajcima Jakovu Sokiću i Miloradu Kovačeviću iz Užica. U operativnoj dokumentaciji našla su se i pisma Zorana Mijatovića iz Bajine Bašte i Nikole Boškovića iz Zvornika. Prvo je imalo dve strane, a drugo sedam gusto kucanih. U prvom je otac Predraga Mijatovića, učenika škole u Bratuncu svedočio o napadima muslimana na njegovog sina, a drugi o svakodnevnim posetama bosanskih policajaca njegovoj porodici. Predragu Mijatoviću su odrasli muslimani otimali torbu, psovali mu srpsku majku i terali ga da ide u Srbiju, dok su operativci SDB-a BiH profesoru Boškoviću pokupili iz stana sve srpske knjige, novine, video i audio trake, pasoše. Tražili su da svedoči protiv „četničke trojke u Zvorniku“, a kada je odbio, pretili su mu da će se i on naći u zatvoru. Po nalogu tajne policije Nikola Bošković je ostao bez posla u fabrici *Birač*, čime je podstaknuta njegova porodična seoba u Srbiju. Dokument o proterivanju Srba iz istočne Bosne, sa oznakom „strogo poverljivo“, potpisao je Dragan Mitrović, tada načelnik SDB Srbije. Bogić Bogićević je tu informaciju istog dana prosledio u Sarajevo, odakle je krenuo novi politički napad na Srbiju.

Prvo je Ljuba Ninković, sekretar Predsedništva RK SSRN BiH, izjavio da „... pojedini državni organi iz drugih republika vrše analize u BiH o iseljavanju Srba iz ove republike...“ Ivan Cvitković, sekretar Predsedništva CK SK BiH, rekao je da su „... u Službi državne bezbednosti Srbije pribegli nedopustivom bavljenju političkim ocenama stanja u BiH i portretisanja njenih najviših rukovodilaca...“ Po nalogu Edine Rešidović, prve žene Socijalističkog saveza, novinar Senad Avdić je u zagrebačkom *Vjesniku*, a zatim i Vlasta Mijović u listu *Danas*, objavili vest da su agenti Srbije upadali u Bosnu, a zatim i „strogo poverljivu" informaciju SDB Srbije. Tu senzacionalnu informaciju o „upadu srpskih bezbjednjaka" odmah su prenele sve sarajevske novine i pored jasnog saopštenja Branka Ekerta, člana Predsedništva BiH i predsednika Saveta za zaštitu ustavnog poretka BiH, da RSUP SR Srbije nije delovao na teritoriji RS BiH!

Čak je i Obrad Piljak, predsednik Predsedništva SR BiH, javno tvrdio da je „... neprihvatljivo da SDB RSUP-a Srbije deluje na području SR BiH bez prethodnog kontakta i saradnje sa SDB RSUP BiH...", mada tog delovanja uopšte nije bilo, a dobro je znano da je SDB BiH delovala u Srbiji, odnosno po Beogradu, mimo znanja SDB Srbije. Ta činjenica je u Sarajevu prećutkivana. Vešto smišljena zamena teza u Sarajevu, da se umesto iseljavanjem, bave radom SDB Srbije, imala je za cilj indirektan napad na Slobodana Miloševića, koji je navodno želeo da „kosovizuje" BiH, i kompromitovanje Srbije na najvišem jugoslovenskom nivou. Na političkom nivou ova afera je završena obostranim ućutkivanjem. Srbija je bila zadovoljna što je problem iseljavanja Srba iz istočne Bosne javno otvoren, a BiH što je imala povoda da još jednom napadne srpsko rukovodstvo.

Kako su se 1991. godine muslimanski nacionalisti na izborima dokopali vlasti u Bosni i Hercegovini, odmah je smenjen Avdo Hebib, načelnik milicije MUP-a BiH, a na njegovo mesto Alija Izetbegović je doveo drugog muslimana – Jusufa Pušinu, nekadašnjeg direktora Milicijske škole. Ovo kadrovsko i nacionalno pomeranje u bosanskoj policiji deo je taktičke igre SDA, da od MUP-a BiH napravi muslimansku miliciju, koja bi, s vremenom, prerasla u pravu stranačku vojsku. To Avdo Hebib nije uspeo da uradi, pa je zamenjen tvrđim čovekom. Ujedno, to je i najava novih kadrovskih promena. Očekivalo se da će Alija Izetbegović i kao predsednik republike, ali i kao lider ove stranke, smeniti suviše mekanog i jugoslovenski orijentisanog ministra unutrašnjih poslova Aliju Delimustafića. Velike kadrovske promene unutar MUP-a BiH počele su odmah posle višestranačkih izbora, koji su završeni trostrukim nerešenim rezultatom. Partija koja se domogla predsedničkog kabineta, SDA, za ministra policije postavila je Aliju Delimustafića. HDZ je za ministra odbrane imenovao Jerka Doka. Dok je SDS dobio resore kontrole ovih bezbednosnih institucija, u kojima su bili Biljana Plavšić i dr Miodrag Simović, a to je za SDA značilo pravo da u MUP-u BiH sva najvažnija mesta dodeli muslimanima. Tada je u Sarajevu izbegnuto i imenovanje načelnika SDB MUP BiH, pa i načelnika SDB SSUP-a, jer je po nacionalnom ključu to trebalo da bude Srbin.

Naime, prvi put posle rata dogodilo se da je u Službenom listu SFRJ objavljeno imenovanje Sredoja Novića iz MUP BiH za šefa savezne Službe državne bezbednosti, a da do njega nikada nije došlo, jer to nije bilo po volji vladajućoj muslimanskoj struji u BiH. Srbi su postavljenje Alije Delimustafića prihvatali jer im je izgledao kao politički umerenjak. Alija Delimustafić je rođen januara 1954. godine u Olovu. Završio je prava i neko vreme radio u SUP-u Sarajevo, zatim u Domu JNA, trgovinskom preduzeću *Voćar*, a bio je i direktor *Geneksa*. Posao prvog policajca BiH, kažu njegovi poznavaoci, prihvatio je kao profesionalac, zato mu je i smetalo neprestano politizovanje MUP-a BiH, pa je jednom prilikom ogorčen javno izjavio:

„Uslovi za očuvanje javnog reda, mira i bezbednosti u BiH nikada nisu bili gori nego početkom devedesetih godina, jer su međunacionalni odnosi i u ovoj republici bili dovedeni do ivice građanskog rata."

U takvoj situaciji ministar unutrašnjih poslova, Alija Delimustafić, odlučio se za reorganizaciju MUP-a BiH. Formalno-pravne promene, međutim, nisu dovele do bitnijih poboljšanja stanja u policijskim stanicama. Doktor Miodrag Simović, potpredsednik vlade za oblast unutrašnjih poslova, javno je rekao da je služba bezbednosti BiH praktično dovedena u situaciju da ne može da ostvaruje svoju funkciju. U MUP-u je 41,8 odsto radnika bilo bez stana. U miliciji 13 odsto radnih mesta nije popunjeno, a usklađivanje nacionalne strukture radnika MUP-a s nacionalnom strukturom stanovništva predstavlja, takođe, veliki problem, s obzirom na to da dosadašnji nacionalni sastav u stanicama javne bezbednosti ne odgovara u potpunosti nacionalnom sastavu stanovništva! To u politici znači da su u mestima gde Srbi čine većinu načelnici, pa i milicionari, uglavnom bili muslimani, što u ovim vrućim vremenima ne daje garancije za miran i bezbedan život.

Čovek koji je prvi uspostavio vezu između Zagreba i Sarajeva, odnosno HDZ-a i SDA, bio je bivši milicionar i obaveštajac SSUP-a Nurif Rizvanović. Neki sumnjaju da je radio za nemačku obaveštajnu službu i da je on rukovodio akcijom dovođenja članova IRE u redove Zbora narodne garde. Bilo kako bilo, Nurif Rizvanović je 1991. bio glavni zagovornik stvaranja muslimanske milicije, makar i u saradnji s bosanskim HDZ-om. Pretpostavlja se da je Rizvanović pomagao i Miru Kovaču, predsedniku opštine Posušje, da preko svoje braće Ante i Ljube Kovača iz Nemačke prošvercuju oružje, radio-stanice i lekove za

„svoju vojsku". Ministar policije, Alija Delimustafić, pokušao je da se suprotstavi ovoj nacionalizaciji MUP-a BiH, ali u tome nije uspeo, jer je bio neprestano okružen pretežno muslimanskim kadrovima.

Ti isti ljudi su 1991. godine u poverljivoj septembarskoj informaciji o bezbednosnom stanju u BiH, otkrili postojanje paravojnih formacija, ali uglavnom u srpskim krajevima: na Ozrenu, u Bosanskoj Gradiški, na Romaniji, na Baniji, a kada je trebalo te iste krajeve braniti od ustaških napada iz Hrvatske, MUP BiH je zakazao. Nije to bio jedini neuspeh MUP-a BiH da zaštiti srpsko stanovništvo u ovoj republici. Batinaši koji su prebili ministra za informacije, Velibora Ostojića, ni do danas nisu pronađeni. U Banjaluci su izvršena četiri atentata na srpske lidere i predsednika opštine. Napadači nisu nikada identifikovani. Zbog nepružanja pomoći Krajišnicima, Srbi u BiH su u više navrata javno izjavljivali da nemaju poverenje u MUP BiH, a to je bio i generalni stav dr Radovana Karadžića i Srpske demokratske stranke. Sve je to ukazivalo na mogućnost zaoštravanja situacije u BiH, pa je ministar unutrašnjih poslova Alija Delimustafić inicirao sastanak s Petrom Gračaninom, ministrom federalne policije i generalom Aleksandrom Vasiljevićem, tada načelnikom Uprave bezbednosti SSNO. Na ovom skupu u Milićima dogovoreno je da SSUP i JNA pomognu MUP BiH tehnički i kadrovski da se suprotstavi delovanju paravojski, terorista i kriminalaca. To znači da je Alija Delimustafić i tada definitivno odbio ideju o stvaranju muslimanske milicije i hrvatske vojske, pod pokroviteljstvom SDA tj. HDZ. Time je doveo u pitanje i svoj opstanak u MUP-u BiH, jer ako je Avdo Hebib „pomeren" samo zato što miliciju nije obukao u muslimansku uniformu šivenu u Slavonskom Brodu, onda se logično očekivalo da će i Alija Delimustafić platiti ceh zbog svoje stranačke i nacionalne nediscipline.

IZDAJNIK U SAVEZNOJ POLICIJI

Zdravko Mustač, šef jugoslovenske tajne službe, tokom svog mandata u SDB SSUP važio je kao veliki Jugosloven, komunista i vrhunski policajac. Prelazak u Hrvatsku, u HDZ, u redove jednonacionalne policije i u tzv. krizni ratni štab Vrhovništva Hrvatske, prihvaćeni su u Beogradu, a i čitavoj Jugoslaviji, među policajcima, kao profesionalno dezerterstvo. Mustačeve kolege nisu mogle naći nijedan valjan razlog za ovakav potez, do tada, kako sami rekoše, sigurno najboljeg policajca u zemlji. Ljudi se prisećaju da je Zdravko Mustač pred penzionisanje bio iskreno zabrinut za svoju budućnost. Trebalo je da se kao penzioner vrati u Zagreb, ženi koja radi u *INI* i dvojici sinova, koji idu u srednju školu, a da ne ostane bez velikog stana i federalne penzije, jer je 1990. godine Vrhovništvo mnogim bivšim policajcima i tajnim agentima SSUP-a i RSUP-a iz Hrvatske oduzelo stanove i prepolovilo penzije. Zato se pretpostavlja da je ovaj četrdesetosmogodišnji policajac, obaveštajac i kontraobaveštajac skupo „prodao kožu" i svesno stao na stranu onih koje je godinama progonio. Bilo je mišljenja da je dr Franjo Tuđman, znajući za afere koje je Zdravko Mustač zataškao u Hrvatskoj, ucenio ovog bivšeg načelnika tajne policije Jugoslavije. Tvrdilo se i da je Mustač, kao dobar kontraobaveštajac, otkrivao veze dr Tuđmana s tajnim službama Nemačke i SAD, ucenio ga, postao njegov savetnik i tako spasao glavu. Možda se, kao mnogi vrhunski obaveštajci, jednostavno prodao onome ko više plaća.

Ima ljudi iz SDB Jugoslavije koji svedoče da je Mustač bio taj koji je preobratio Bogića Bogićevića, člana Predsedništva SFRJ, da glasa za raspad SFRJ. Naime, Mustač je od Leke Lončara iz SID-a dobio fotografije Bogićevića u neprijatnim pozama i scenama. Zapretio mu je da će ih sve objaviti u novinama i na televiziji *Jutel* ukoliko ne da svoj glas za neprincipijelnu koaliciju. Uhvaćen u sopstvenoj zamci, Srbin koga sami Srbi nisu mnogo cenili, popustio je pred ucenom. Da li je to tačno ili ne, ne zna se, ali je sigurno poznato da je Bogić Bogićević glasao za razbijanje SFRJ.

Zdravko Mustač je diplomirani ekonomista koji je s najvišim ocenama završio mnoge kurseve naše tajne policije. Svoju karijeru u Službi državne bezbednosti započeo je kao načelnik „analitike" u zagrebačkoj upravi, zatim je bio načelnik SDB Zagreb, pa kod ministra hrvatske policije Pavla Gažija podsekretar za SDB Hrvatske. S tog mesta došao je u SSUP, u prvoj polovini osamdesetih godina, dok je na čelu SDBJ bio Srdan Andrejević. Punih šest meseci Mustač je u saveznoj policiji radio na poslovima pomoćnika sekretara za informisanje. Čim je Andrejević otišao u penziju, on je zauzeo njegovo mesto i tu ostao za vreme ministarskog mandata Dobrosava Ćulafića i Petra Gračanina. Sve vreme bio je samac u Beogradu. Stan u Sarajevskoj napuštao je samo vikendom kada je odlazio porodici u Zagreb. Mustaču je supruga Srpkinja. Ima dva sina koja je dobio u kasnijim godinama. U glavnom gradu SFRJ družio se s Antom Markovićem, Zoranom Miškovićem, Zdravkom Poščićem, Budimirom Lekom Lončarom, Brankom Tintorom i porodicom Šainović. Voleo je ozbiljnu muziku, posebno operu i literaturu. Najveći prijatelj u Rijeci mu je bio Ragib Mendžarić, profesor na Pomorskoj akademiji, obaveštajac za Mustačevu vezu s Mikom Špiljakom i čelnim ljudima iz *INE*. Zagrebački prijatelji su mu bili, opet, Mika Špiljak, ali i njegov sin Vanja Špiljak, Miša Broz i Josip Vrhovec, koje je, kažu, svojevremeno zaštitio od provale. Tako je i nastao slučaj Gaži. O Zdravku Mustaču niko u SSUP-u nije rekao nijednu ružnu reč. Poznanici i kolege su ga cenili i kao čoveka i kao profesionalca. Dobar deo njih ga se i bojao, jer kažu da je pored dvojice ministara policije koji su vodili politiku SSUP-a, Mustač kao podsekretar i načelnik SDBJ, faktički bio prvi policajac SFRJ. Ujedno i koordinator sva četiri sistema bezbednosti u zemlji. Njemu su na noge dolazili i Branko Tintor, načelnik SDB u SSIP-u, i Marko Negovanović, načelnik Uprave bezbednosti JNA i republički tj. pokrajinski šefovi tajne policije. U toj ulozi Mustač je imao obavezu da o bezbednosnoj situaciji u zemlji i svetu redovno informiše Staneta Dolanca, odnosno Bogića Bogićevića, predsednike Saveznog saveta za zaštitu ustavnog poretka. Zdravko Mustač je, dakle, privatno i službeno u Beogradu, Zagrebu i SFRJ bio moćan čovek.

Na početku svog rada u SDBJ, načelnik Mustač je gurao jugoslovensku opciju, ali je s vremenom sve češće zagovarao stavove antisrpske koalicije. To se posebno osećalo u njegovim ocenama srpskog nacionalizma, koji je prvo izjednačavao s albanskim, a zatim ga proglašavao isključivim krivcem za loše stanje na Kosovu. Mustač je ostao zapamćen i po insistiranju na blokadi, pa i hapšenju srpskih lidera od

Koste Bulatovića do Miroslava Šolevića. Ova naređenja izdavao mu je direktno Stane Dolanc. Federalna policija je hapsila Bulatovića i Šolevića, a srpska ih je oslobađala. Veliku nepravdu Mustač i Dolanc naneli su srpskom narodu na Kosmetu neprestanim insistiranjima da je slučaj Đorđa Martinovića montiran, odnosno da se kod ovog čoveka radilo o samopovređivanju, a ne o fizičkom zlostavljanju i povređivanju.

O tome postoje dva „strogo poverljiva" dokumenta SDB Jugoslavije. U prvom, „Informacija o postupanju organa unutrašnjih poslova povodom slučaja samopovređivanja Đorđa Martinovića", još u naslovu se određuje stav SSUP-a i SDB SFRJ prema ovom događaju na Kosmetu, a u drugom, „Informacija o aktivnosti nacionalista povodom slučaja Đorđa Martinovića" čak se nalazi i lista Srba koji tvrde da je reč o nasilju Šiptara iz neprijateljskih pobuda: prvi Dobrica Ćosić, Vuk Drašković, Milan Komnenić, Antonije Isaković, Danko Popović, Rajko Đurđević, Velimir Cvetić, Dušan Bogavac, Bogoljub Pejčić, Bogdan Mrvoš, Dragan Barjaktarević, Miloš Marković, Antonije Đurić i drugi. Ovaj dokument je nastao 25. decembra 1988. godine.

Ja sam u razgovorima sa saveznim javnim tužiocem Milošem Bakićem, koji je pratio čitav ovaj slučaj, saznao da je Đorđe Martinović napadnut od trojice Šiptara, ali da su SDB Jugoslavije i KOS JNA učinili sve da ometu istragu nad ovim slučajem, kako srpski nacionalisti ne bi dobili argumente i duhovnu snagu za svoje nove političke akcije. Kao javni tužilac Miloš Bakić nije smeo nigde javno to i da kaže, a meni je branio da pišem u novinama kako sam tu istinu saznao u Saveznom javnom tužilaštvu.

Zdravko Mustač se kao vispren kontraobaveštajac bavio i dezinformacijama, opet, na štetu Srba. U više navrata menjao je tekstove informacija analitičke službe SDBJ namenjene saveznim funkcionerima i organima, jer nije bio zadovoljan ocenom i osudom srpskog nacionalizma.

Tolerancija prema Albancima

Neprestano je vodio računa o političkoj simetriji među političkim delinkventima. Protivio se, na primer, da davno penzionisani policajac Vojin Lukić, koji je u Boliviji imao sina, dobije u SDB Srbije pasoš, sve dok se takva putna isprava ne da i Vladimiru Šeksu u SDB

Hrvatske. Ovakav stav Zdravka Mustača, prvog čoveka političke policije SFRJ, mogao se tumačiti i činjenicom da je u to vreme SSUP, tj. Služba državne bezbednosti Jugoslavije, održavao direktnu vezu sa SDB Hrvatske, kao i s PSUP-om Kosova, preskačući RSUP i SDB Srbije. Mustač je u Prištini bio na vezi s Jusufom Karakušijem, Memetom Ljumom, Selimom Brošajem i onim ljudima koji su kasnije prešli na stranu albanskih nacionalista i HDZ-a. Time je Mustač stavljao u podređenu ulogu SDB Srbije, a i produbljivao stari sukob između federalne i ove republičke tajne policije. Na drugoj strani stopirao je aktivnost SDB SFRJ protiv albanskih nacionalista i špijuna, što se vidi i iz tajnog izveštaja Uprave za emigraciju: „... U realizaciji usvojene programske orijentacije i programskih zadataka u kontraobaveštajnom suprotstavljanju obaveštajnoj i drugoj antijugoslovenskoj delatnosti NR Albanije i ofanzivnom nastupu prema Albaniji, SDB Jugoslavije je ispoljila sledeće slabosti: naš ofanzivni-obaveštajni rad prema Albaniji, koji je potenciran i prihvatan gotovo na svim sastancima i radnim dogovorima, posle sedamdesetih godina, nije praktično uopšte zaživeo. Nemamo izraženih strateških i drugih pozicija u Albaniji, preko kojih bi se moglo kontinuirano dolaziti do saznanja, naročito u određenim kriznim i drugim situacijama, od značaja za procenu situacije i mogućih kretanja u ovoj zemlji, njenim stavovima prema iredenti, albanskoj emigraciji na Zapadu, ponašanju i aktivnosti naše IB i druge emigracije u Albaniji, obimu prisustva stranog faktora na tlu Albanije i drugim aktivnostima od značaja za bezbednost Jugoslavije u datoj situaciji. Tome je svakako doprineo i pesimizam u Službi, jer je duže vreme prisutno mišljenje da se na tlu Albanije ne mogu stvarati saradničke pozicije. To je dovelo do određene demobilizacije i veće orijentacije SDB prema centrima Albanske obaveštajne službe u trećim zemljama, kao i do promene stava političkog vrha u SAP Kosovo, koga su akceptirali i preneli na Službu bivši rukovodioci PSUP-a. U SDB su, naime, preneti s Kosova stavovi o 'dobrim odnosima' sa Albanijom, te da zbog toga prema njoj ne treba raditi ofanzivno, niti je bilo kako iritirati. Ovakvi stavovi o „dobrim odnosima s Tiranom" su obrazlagani da je Albancima u SAP Kosovo dodeljena uloga da grade nove odnose sa Albanijom, odnosno da su oni most preko koga treba da se grade odnosi Jugoslavija–Albanija. U tom kontekstu i teku otpori prema inicijativama u SDB-u za ofanzivan rad prema Albaniji, što se posebno manifestovalo na sastanku rukovodilaca SDB na Bledu i na Brezovici."

Načelnik savezne tajne službe, Zdravko Mustač, s ministrom federalne policije, Torom Ćulafićem, bio je čovek koji je naredio policijski obračun sa Srbima na Kosmetu, ali i u Crnoj Gori. Odobrio je izveštaj o Žutoj gredi, u kome su Srbi proglašeni za glavne organizatore „događanja naroda" u Crnoj Gori. Dokaze za to našao sam u dokumentu SDB SSUP-a od 16. januara 1989. godine, koji nosi naziv „Neke karakteristike sadašnje i procene mogućeg razvoja bezbednosne situacije u Crnoj Gori" – strogo poverljivo. Ove ocene stanja Službe državne bezbednosti Jugoslavije o srpskom i crnogorskom narodu date su na osnovu podataka dobijenih iz tajnih službi SFRJ, SDB Crne Gore, kao i neposrednog razgovora funkcionera SSUP-a Jove Vučkovića i Krste Kijca s čelnicima RSUP-a Crne Gore obavljenog, samo dan ranije, petnaestog januara:

„Stanje bezbednosti u SR Crnoj Gori, posle završetka mitinga u Titogradu i ostavke državnog i političkog rukovodstva je izuzetno složeno, s tendencijom daljeg pogoršanja i s realnom opasnošću izbijanja takvih ekscesa, koji mogu dovesti u pitanje javni red i mir i još ozbiljnije ugroziti ustavni poredak u Republici. Preti opasnost potpune paralize sistema, i stvaranja stanja anarhije. U takvoj situaciji je moguće da se nametnu i preuzmu rukovođenje pojedinci i grupe koje su se već iskazale kao neprijatelj političkog sistema socijalističkog samoupravljanja i Saveza komunista... Na samim skupovima pojavio se i jedan broj nacionalističkih parola 'Crna Gora je srpska Sparta', 'Crna Gora i Srbija to je jedna familija', 'Ko to kaže da Srbija nema more', 'Hoćemo u Prištinu'. Na skupovima je aktivno učestvovao i veći broj lica zahvaćenih merama SDB zbog ranijeg neprijateljskog delovanja. U Bijelom Polju i Pljevljima bilo je lica koja prolaze kroz kaznenu i operativnu evidenciju, kao i lica koja potiču iz porodica koje su tokom NOB-a bile na strani neprijatelja. Realna je opasnost da se zbivanja u SR Crnoj Gori negativno odraze na stanje u SAP Kosovo. Ukoliko bi se realizovale najave organizatora odlaska Crnogoraca u Prištinu u cilju 'rušenja kosovskog rukovodstva', međunacionalni sukobi, uključujući i upotrebu oružja, gotovo da se ne bi mogli izbeći. U slučaju 'uspeha' u Prištini na red bi, verovatno, došlo Skoplje, Zagreb i Ljubljana. U tom smislu indikativne su najave organizovanja mitinga za smenjivanje članova Predsedništva SFRJ i Predsedništva CK SKJ."

Iz ovog materijala SDBJ vidi se koliko je Zdravko Mustač s ministrom Dobrosavom Ćulafićem brinuo o sigurnosti rukovodstva Jugoslavije i rukovodstava u republikama. Ovakve procene donesene su posle mitinga u Nikšiću i Titogradu, i u vreme kada je specijalna komisija

SSUP-a utvrđivala odgovornost RSUP-a Crne Gore za batinanje vlasti-tog naroda. Komisija u sastavu Krsto Kijac, predsednik, Ivan Trutin i Marko Baletić formirana je po hitnom naređenju Dobrosava Ćulafića. Poslata je svim ministarstvima policije kao šifrovana depeša „DX" 10. oktobra 1988. godine. Ta komisija je, međutim, hladnokrvno zaključila samo da je RSUP Crne Gore tukao narod po zakonu i da nema dokaza o prekoračenju policijskih ovlašćenja. Verovatno je zbog toga Mustač podržao i radnike SDB BiH u svojim neosnovanim optužbama SDB Srbije da organizuje upade svojih policajaca u ovu republiku. Ostalo je zabeleženo da se Mustač nije usprotivio pokušaju SDB BiH da „špijuni-ra dvadesetak generala JNA po Beogradu, koji imaju vikendice u BiH". Na sarajevskoj listi sumnjivih patriota našli su se Dušan Pekić, Radojica Nenezić, Veljko Kovačević, Milan Žeželj, Gojko Nikoliš, Đoko Jovanić.

Kada se, na primer, svojevremeno na sastanku šefova službi be-zbednosti raspravljalo o vraćanju pasoša jugoslovenskim disidentima i političkim osuđenicima, na predlog Službe državne bezbednosti Srbije da ovu putnu ispravu dobije Milovan Đilas, načelnik SDBJ Zdravko Mustač se usprotivio rekavši da će on dati pasoš – Franji Tuđmanu.

Na osnovu takvog stava SDB Srbije, načelnik savezne političke policije je preko Petra Palkovljevića Pinkija dojavio Stanetu Dolancu „da se Srbi ne bore protiv svojih nacionalista, koji ruše Jugoslaviju". Da bi se Pinki kao saradnik antisrpske koalicije uklonio, inicirano je njegovo suđenje u Novom Sadu zbog privrednog kriminala, čime je diskreditovan u javnosti i ućutkan. Taj posao obavio je Ratko Sikimić, po nalogu Dragana Mitrovića, načelnika srpske tajne policije i Rad-mila Bogdanovića, ministra srpske policije. Pretpostavlja se da je baš zato, kasnije, Zdravko Mustač lično onemogućio Srbiju da za njegovog zamenika u SDBJ postavi Ratka Sikimića, dotadašnjeg načelnika VII uprave federalne tajne policije. Sikimić je u leto 1989. postao načelnik SDB Vojvodine, umesto uhapšenog Pinkija.

Mustač je sa Stanetom Dolancom inscenirao suđenje „šestorici", a zatim i slučaj Memorandum. SDB Jugoslavije je, naime, inscenirao da se 1986. u prostorijama *Večernjih novosti* tj. savezne novinske kuće, „nađe" kopija ovog „velikosrpskog dokumenta". Kao bajagi slučajni pronalazač je bio novinar Aleksandar Đukanović, zet profesora Jo-vana Đorđevića, koji je kod kuće posedovao rukopis Memoranduma SANU. Taj tekst je poslužio za novu političku hajku na Srbiju, a pre svega na SANU, koja je potekla i iz Zagreba, ali i iz samog Beograda. Kao glavni krivci nacionalističkog buđenja Srbije kroz Memorandum, imenovani su Dobrica Ćosić i Antonije Isaković, mada nijedan od njih nije učestvovao u pisanju ove nacionalne platforme SANU. Iza ovog političko-policijskog trika skrivao se Stane Dolanc, a iza njega Zdravko Mustač. Novinar Aleksandar Đukanović je za ovaj „podvig" nagrađen dopisničkim mestom u Parizu.

Interesantno je da je SDB Srbije, preko svog saradnika u SANU, uspela pre Dolanca da dođe do radnog teksta Memoranduma. Međutim, ceneći da je reč o jednom bezazlenom i nedovršenom projektu SANU, tajna služba Srbije nije upoznala Dražu Markovića i Petra Stambolića s njegovim sadržajem. Rukovodstvo SDB Srbije se bojalo da ih Marković i Stambolić ne gurnu da progone autore ove srpske nacionalne platforme. Kada je u tajnu policiju Srbije stigla informacija da će se s Memorandumom ići u javnost, bilo je već kasno za intervenciju. Stane Dolanc je bio brži od Dragana Mitrovića.

Možda će se nekom učiniti da je gotovo nemoguće da jedan čovek ima takvu moć. Ne treba, međutim, smetnuti s uma činjenicu da je Zdravko Mustač skoro deset godina bio načelnik Službe državne bezbednosti. Kao dobar poznavalac unutrašnjih i spoljnih prilika, načelnik SDBJ Zdravko Mustač koristio je svoje sposobnosti analitičara da uoči promene u jugoslovenskom, a i u čitavom evropskom društvu. On je među prvima u federaciji naslutio političke lomove u Istočnoj Evropi, a i nagovestio prodor demokratije u SFRJ. Međutim, u tim procesima njegovu pažnju je najviše privlačio Slobodan Milošević, na koga je upozorio još pre njegovog dolaska na vlast u Srbiji 1988. godine. Dugo se takvo ponašanje šefa tajne službe Jugoslavije tumačilo kao refleks politike saveznih organa, koja je neprestano upirala prst opomene u tzv. srpski hegemonizam. Radmilo Bogdanović, tadašnji ministar srpske policije prozreo je Mustačevo ponašanje i u više navrata ga prijavljivao generalu Petru Gračaninu. Čak je protiv Mustača Bogdanović podneo i krivičnu prijavu što nije sprečio naoružavanje Slovenije i Hrvatske. Radmilo Bogdanović se izborio da Mustač i SDB Jugoslavije prestanu s praksom organizovanja rada Službe državne bezbednosti Srbije.

Čuvanje doktora Franje

Kada se zna da je Zdravko Mustač potajno radio za HDZ, postaje jasno da je zastupao stavove hrvatskih čelnika, čiji je usred Beograda bio zaštitnik. Načelnik SDBJ je krajem osamdesetih godina uzeo iz Arhiva SDB dosije dr Franje Tuđmana, da bi ga „očistio" od nepotrebnih i suvišnih beleški i dokumenata. Zapravo, Mustač je taj kompletan dosije prosledio u Zagreb, tajnoj policiji Hrvatske, da ga ona „očisti", a u Beogradu, kod SDB Jugoslavije i SDB Srbije ostala je samo njegova kopija. Đura Pešut, tadašnji načelnik hrvatske tajne službe, isplanirao je da se na taj način originalni policijski dosije dr Franje Tuđmana skloni, odnosno uništi. Metar i po visok dosije dr Franje Tuđmana spaljen je u Zagrebu. Kada je MUP Srbije 1993. preuzeo SSUP i arhivu SDB Jugoslavije, i taj „kontrolni dosije", odnosno mikrofilmovani dokument o dr Franji Tuđmanu, došao je definitivno u posed srpske tajne službe. Mustač je bio poznat i po tome što je godinama štitio *INU*, prvo kao ekspozituru jugoslovenske tajne policije, a zatim i kao buđelar za sve hrvatske funkcionere koji su iz nje izvlačili pare takođe, pod izgovorom da je ona punkt naše tajne službe u svetu.

Pod izgovorom da unapređuje vredne Srbe, Mustač je iz hrvatske tajne službe prebacivao one najsposobnije u Beograd i tako čistio teren za Josipa Perkovića da lakše zagrebačku policiju pretvori u paravojsku. Takvu sudbinu je doživeo i načelnik Ratko Majstorović iz Osijeka, koji je prebačen krajem osamdesetih godina u SSUP, samo zato što je mnogo znao i o Mustaču i o HDZ-u. Mada se često ističe da je Zdravko Mustač bio „sjajan profesionalac", ipak se treba podsetiti da su se u njegovo vreme dogodile afere Šatri, Lakonić, Arkan, Špegelj, koje su osramotile federalnu policiju, i posebno Službu državne bezbednosti SFRJ. Ljudi u Beogradu opravdano smatraju da je Zdravko Mustač bio jedan od glavnih „razbijača" ove službe i njen „poslednji načelnik".

Umesto službi državne bezbednosti u Sloveniji i Hrvatskoj, koje su svedene na mizerna odeljenja, u Ljubljani i Zagrebu su, po ugledu na Nemačku, formirani Uredi za zaštitu ustavnog poretka. To je njihova nova tajna policija, koja za razliku od Nemačke ne sarađuje s federalnom. U takvom uredu, čiji je zadatak da štiti „mladu demokraciju", Zdravko Mustač je specijalni savetnik za bezbednost, i član tzv. Kriznog štaba, u kome su se nalazila još dvojica njegovih komšija i kolega iz komunističkog mandata. To su bili Josip Perković i Franjo Vugrinec, takođe, bivši „goniči" dr Franje Tuđmana iz 1971. godine. Dok je bio radnik hrvatske Udbe, Josip Perković je važio za stručnjaka za ustašku emigraciju i antiterorizam, a Vugrinec kao ekspert za unutrašnje neprijatelje. Josip Perković je do 1991. bio šef vrhovnikove tajne policije pri MUP-u Hrvatske, a od tada radi u Ministarstvu odbrane na kontrašpijunaži. On je posle osnivanja Ureda, marta 1992. godine, prebacio u svoje odeljenje dvadeset petoro Boljkovčevih tajnih agenata. Perković je svojevremeno organizovao prisluškivanje dr Jovana Raškovića, a i ilegalni šverc oružja kroz BiH. Franjo Vugrinec je postao specijalni savetnik Ureda za delovanje u SAO Krajina. Jurio je „unutrašnje neprijatelje" HDZ-a, dok je Mustač korišćen kao analitičar i planer svih akcija tajne policije Hrvatske protiv Srba. Ne samo u ovoj republici već i u SRJ, a i u inostranstvu.

Ima mišljenja da je nekadašnji načelnik SDBJ i koordinator službi bezbednosti u Jugoslaviji, vrlo dobro znao beogradsku mrežu obaveštajnih i kontraobaveštajnih službi, veze i saradnike, šifre, agente i njihove „informatore", i da postoji mogućnost da ih je „prodao" HDZ-u i tako ih provalio, kao što je to, na primer, svojevremeno učinio general Martin Špegelj.

To je značilo da su i neki pripadnici tajne policije Jugoslavije i republičkih i pokrajinskih službi stradali ne samo u Hrvatskoj i Sloveniji, već i u inostranstvu. Jedan od bliskih saradnika Zdravka Mustača mi, međutim, reče da bivši načelnik to nije učinio, jer je, ipak, pravi profesionalac. Uloga Zdravka Mustača u Hrvatskoj 1992/93. godine bila je da poveže konce razbijenog MUP-a, razjarene hadezeovske armade i tek rođene hrvatske vojske pod firmom rezervne policije. Praštajući tim bivšim jugoslovenskim agentima progone iz 1971. godine, dr Franjo Tuđman je pozvao u pomoć profesionalne policajce, jer je shvatio da Boljkovac i Degoricija nisu sposobni da rukovode MUP-om. Bilo je čak reči da će Mustač biti i novi ministar policije Hrvatske, ali to se nije dogodilo, već je Zdravko Mustač penzionisan.

O tome šta je Mustač mogao da odnese sa sobom iz SDB Jugoslavije dr Andreja Savić kaže:

„Koliko je i šta odneto iz SDB Jugoslavije, ne znam. Mogu reći da su se ti kadrovi iz Hrvatske i Slovenije vrlo brzo uključili u bezbednosne strukture secesionističkih republika. Mustač je po povratku iz Beograda direktno uključen u sâm vrh Ureda za nacionalnu sigurnost. Sigurno je da čovek kao Mustač u glavi ima mnogo toga. Ili Slovenac Boris Zore, koji je vodio, kako se stručno kaže, osetljive kombinacije prema inostranstvu. To je zbog njegove izdaje sve palo u vodu."

Zbog bekstva Slovenaca, Hrvata, muslimana, Makedonaca i bojkota 1992. godine, čitava policijska aktivnost SSUP-a svedena je samo na poslove obezbeđivanja saveznih i stranih diplomatskih predstavnika, kontrolu stranaca i međunarodni kriminal. Mada i tu ima problema, jer je i svaki naš član Predsedništva SFRJ, na primer, dovodio sa sobom svoje obezbeđenje. Dešavalo se da SDB SSUP-a nije ni znala gde se članovi Predsedništva SFRJ kreću po Beogradu, a niti su smeli to da znaju.

Na proslavi Dana bezbednosti general Veljko Kadijević je konstatovao da je sistem bezbednosti u SFRJ razbijen. Tada, 1991. godine, u našoj zemlji su delovale četiri vrste službi bezbednosti, reklo bi se svaka za sebe: vojna, koju je predvodio načelnik Marko Negovanović, savezna, čiji je vršilac dužnosti bio Pjer Mišović, Saveznog sekretarijata za inostrane poslove, čiji je šef bio Branko Tintor, i republičke, tj. pokrajinske službe. U BiH načelnik SDB je bio Branko Kvesić, u Hrvatskoj Josip Vukas, inače predsednik Ureda za zaštitu ustavnog poretka, u Crnoj Gori je to bio pukovnik JNA Lazar Boričić, u Makedoniji Stevan Pavlevski, a u Sloveniji Miha Brejc. U Srbiji je bio Zoran Janaćković, na Kosovu Radosav Lukić, i u Vojvodini načelnik tajne policije bio je Ratko Sikimić.

Kada je Dobrica Ćosić postao predsednik Jugoslavije, lično je insistirao, po dogovoru s generalom Petrom Gračaninom, da njegov šef kabineta, Dragiša Ristivojević, preuzme vođenje federalne Službe državne bezbednosti. U to vreme kao zamenik ministra, Ristivojević se pojavljivao u Saveznoj skupštini na raspravama oko policijskih izveštaja. Ristivojević je bio srpski kadar. Radio je u beogradskoj Upravi SDB, u vreme Dušana Stupara, kao načelnik kontraobaveštajnog sektora za Istok i albansku emigraciju pre nego što je krajem osamdesetih prešao u SSUP. Za Ćosićevog mandata Dragiša Ristivojević je samo neko vreme bio v. d. načelnika federalne tajne policije, dok 1992. nije otišao u penziju. Tada je savezna vlada na mesto ministrovog pomoćnika postavila Mihalja Kertesa, koji je nezvanično vodio i SDB Jugoslavije. S njim je, međutim, država SRJ imala druge probleme.

Poslanik za specijalne namene

Nema Srbina koji nije čuo za Mihalja Kertesa. To je poslanik s najviše poverljivih funkcija, ali i zastupnik SPS-a s najviše nadimaka. Kertes je bio predvodnik antiautonomaške revolucije u Novom Sadu. Proslavio se 1988. rečenicom da se on kao Mađar ne boji Srba. Autorstvo tih već istorijskih reči pripisuje se Jovi Radošu, tadašnjem funkcioneru

PK SK Vojvodine, ali i Miroslavu Šoleviću, lideru kosovskih Srba. Za razliku od njih dvojice, Kertes je s tim rečima napravio političku karijeru. Biran je za poslanika u Grockoj, uz osporavanje opozicije i podršku Vrhovnog suda. Upamćen je i kao ministar za narod, jer je bio predsednik Odbora za pritužbe i žalbe građana, ali i kao ministar bez portfelja u Šainovićevoj vladi. Nije se proslavio kao predsednik Odbora za Kosmet, ali jeste kao pomoćnik ministra unutrašnjih poslova Jugoslavije, kada je SSUP „priveo" u MUP Srbije. Zbog efikasnosti u političkom delovanju, *NIN* je 1993. za Kertesa napisao da je to čovek za specijalne namene u srpskoj vladi.

Nedeljnik *Vreme* ga je nazvao „Balkanskim špijunom", a za *Borbu* je bio „princ srpskog Diznilenda". Prijatelji i poltroni ga zovu Bracika, mada on najviše voli da je samo Braca. Kada je postao prvi čovek jugo-carine, Kertes je od nezadovoljnih radnika dobio i nadimak diktator. Njegovim dolaskom u kamenu zgradu Savezne uprave carina na Novom Beogradu, maja 1994. zavedeni su red i rad, što pojedinim činovnicima u ovoj federalnoj ustanovi, ali ni carinskim poreznicima na državnoj međi, nije baš bilo po volji. Mnogi ovlašćeni i neovlašćeni šverceri u SRJ doživeli su Kertesovo imenovanje kao atak na pravo da sami pljačkaju državu, pa su ga proglasili i srpskim šerifom od Notingema.

Mihalj Kertes je rođen 29. avgusta 1947. godine u Bačkoj Palanci. Po profesiji je socijalni radnik. Otac mu je bio krojač, majka domaćica, a brat mu je gastarbajter u Nemačkoj. Braca je završio Višu upravnu školu i 1970. godine se zaposlio kao referent za socijalnu zaštitu. Palančani ga pamte kao ljubitelja dunavskih riba i pecanja na avanturistički način. Od 1975. je član SKJ. U VO Dunav je radio kao referent za ONO i DSZ. Tih godina ušao je u političku strukturu opštine Bačka Palanka, a 1986. je postao sekretar OK SK.

Za Bracino ime su vezivane afere krijumčarenja oružja u Bosnu, koje je po pisanju *Vremena*, obavljao s Miodragom Davidovićem, načelnikom SUP-a. Lično je Dafina Milanović svedočila da mu se žalila kao bratu, da je „ovi njegovi prisluškuju". Sâm Kertes je u srpskom parlamentu priznao da je kao prvi čovek tajne policije SRJ prisluškivao i prevodio telefonske razgovore Andraša Agoštona, lidera vojvođanskih Mađara. Srbe je u tom parlamentu branio i od Jožefa Kase, gradonačelnika Subotice. Kasnije je, pod pritiskom javnosti, ali i SPS-a, Braca priznao da se šalio kada je govorio o prisluškivanju. Tu izjavu je dao javno, jer je već na svojoj koži bio osetio šta znači biti izbačen i bojkotovan unutar vladajuće stranke. Kada je Milan Panić suspendovao Kertesa, za njega nije bilo mesta u novoj srpskoj vladi, pa je Braca danima dolazio u Nemanjinu 11 i šetao se hodnicima. Ulazio je na kapiju predsednika vlade, tako da su ministri i njihovi pomoćnici mislili da to Kertes svakog dana svraća kod Nikole Šainovića. Jedina privilegija mu je tada bila da dobija benzin u MUP-u Srbije. Punih osam meseci je Mihalj Kertes, nekadašnji pomoćnik ministra savezne policije, bio bez posla i bez plate. Primao je, doduše, kao poslanik volonter svoj poslanički dodatak, ali to nije isto, jer je plata ovog viceministra bila mnogo veća. Popularni Braca je jedini čovek koji je platio ceh političkih hirova smenjenog jugoslovenskog premijera Milana Panića. Zato je Mihalj Kertes, uz pomoć dvojice advokata, i tužio ovog američkog biznismena sudu i u Americi i u Jugoslaviji, i zatražio odštetu za otkaz, uvredu časti i imena od deset miliona dolara.

Jednom prilikom Braca mi je ispričao kako je nastradao u Londonu:

„... Otišao sam na Londonsku konferenciju kao osmi član jugoslovenske delegacije. Bilo nas je dvadeset četvoro. Milan Panić je došao u Englesku dva dana pre delegacije. Ja sam bio smešten osam spratova iznad apartmana Slobodana Miloševića i Dobrice Ćosića, mada je, kao čovek iz federalne policije, trebalo da budem mnogo bliži našim predsednicima. Moj posao je bio koordinacija obezbeđenja predsednika SRJ Ćosića i predsednika Srbije Miloševića. Na početku konferencije imao sam problema s domaćinima, jer su izbegavali da Radovanu Karadžiću i Goranu Hadžiću izdaju propusnice za glavnu salu. Želeli su da ih smeste na galeriju kao posmatrače. Tek što sam taj problem rešio, prišao mi je jedan stranac i diskretno mi rekao: 'Čujem da ste smenjeni!?' Odgovorio sam zbunjeno: 'Može biti!'

„Nekoliko trenutaka kasnije pozvale su me kolege iz Beograda i saopštile mi da je Televizija Beograd iz Londona javila dve važne vesti. Prva je bila da je Londonska konferencija počela, a druga da me je premijer Panić smenio s dužnosti pomoćnika ministra federalne policije. Zatražio sam telefaks sa obrazloženjem, i dobio ga iz Beograda. Pisalo je da ne podržavam program o sprečavanju etničkog čišćenja u Jugoslaviji. Ostao sam sâm. Svi su pobegli od mene. Osećao sam se kao prevareni muž koji poslednji saznaje da ga žena vara. Čak je i Dobrica Ćosić od svoje supruge iz Beograda saznao šta mi se dogodilo."

„Tih dana se s Panićem uopšte nisam viđao. Nabavio sam njegov govor i video na dopisanoj stranici 4a. njegovu izjavu da me je zaista smenio. Pričalo se da je to urađeno zato što mu je tajna služba Britanije pokazala moj dosije o etničkom čišćenju. Nikakav tajni dosije o meni ne postoji kod engleske službe, niti sam se bavio prisluškivanjem. Milan Panić je mene jednostavno žrtvovao, jer mu je na toj konferenciji bio potreban neki efektan potez kojim bi zaradio politički poen više u međunarodnoj javnosti, a posebno kod stranih političara, a i da bi mi se osvetio.

„Pred raspravu na konferenciji dobio sam dva Panićeva dokumenta. U prvom se on zalaže da SRJ prizna Hrvatsku u Titovim granicama, uz obavezu da zatim Jugoslaviju prizna OUN. U rubrici za potpis bila su otkucana imena Milana Panića i dr Franje Tuđmana. Drugi dokument je predviđao saglasnost SRJ za formiranje autonomnih oblasti Kosovo, Vojvodina i Sandžak. U potpisu su bila imena Milana Panića, Slobodana Miloševića, Dobrice Ćosića, Momira Bulatovića i, ne znam zašto, dr Franje Tuđmana. Takav dokument je nabavio i dr Nikola Koljević i pokazao ga članovima naše delegacije. Svi su bili iznenađeni. Milošević je odbio da nastavi konferenciju ako se ti papiri unesu u salu. To je rekao i Ćosić. Panić je histerično lupao po stolu, preteći nam vojnom intervencijom i bombardovanjem.

„... Milošević ga je pitao šta sam ja to uradio. Panić mu je odgovorio: 'Čuo sam da je etnički čistio zemlju i ja sam ga zato otpustio!' Milošević ga je upitao da li ima dokaze za to, a Panić je onako šarmerski pokušao da me zagrli i dobacio: 'Ma, nije to ništa, dođi ti na posao!'

„I došao sam već u petak, ali mi je ministar federalne policije Pavle Bulatović objasnio da je vlada jednoglasno donela odluku o mom smenjivanju. Hteo sam da izvršim primopredaju dužnosti, ali ljudi iz SSUP-a mi to nisu dali. Radnici SSUP-a su mi obili radni sto i kasu. Tražili su verovatno neki kompromitujući materijal protiv mene, ali su našli samo flaše pića za reprezentaciju i pištolj CZ 10 Auto, koji smo kupili na poklon bivšem ministru generalu Petru Gračaninu. Ne znam zašto, ali isekli su na komade jednu umetničku sliku. Mislili su verovatno da i u njoj nešto krijem. Mene je od tada savezna administracija jednostavno bojkotovala. Platu su mi prebacili u *Jugobanku*. Oduzeli su mi londonske dnevnice. Radnu knjižicu su mi sakrili, rešenje o otkazu mi nisu dali, jer su želeli da me vode kao da sam na raspolaganju. Ja takav status nisam želeo, pa sam im posle tri meseca jednostavno oteo radnu knjižicu i radni dosije i tako zvanično ostao bez posla!“

Oko imenovanja u SMUP poslanik Kertes je imao problema. Njega je Srbija delegirala za zamenika saveznog ministra policije, ali je vlada Ante Markovića, odnosno potpredsednik Aleksandar Mitrović odlučio da ga imenuje za pomoćnika ministra. To imenovanje ometali su mnogi ljudi iz SIV-a, posebno Zoran Mišković, sin generala KOS-a Ivana Miškovića Brke, koji je uvek sanjao da bude policajac. Kad je Braca došao 1. aprila 1992. godine u SSUP, imao je sva ovlašćenja i zamenika, ali i pomoćnika ministra. Uselio se u kabinet u kojem su radili Stane Dolanc, Zdravko Mustač, a zatim i Ivan Eržan – izdajnici iz SSUP-a koji su pokrali i odneli sa sobom sva originalna dokumenta Službe državne bezbednosti Jugoslavije. Srećom, neki referent ih je sačuvao na mikro-filmovima, tako da je Kertes imao njihove kopije:

„... Želeo sam da SDB, a i čitav SSUP dovedem u red. Bila je to kuća alkoholizma, a i leglo antisrpstva usred Beograda. Red sam počeo odmah da zavodim. Zatražio sam stanje inventara od 31. decembra 1991. godine i odmah otkrio da su radnici SSUP-a ukrali četrdeset dve umetničke slike, čiji je vlasnik bila država SFRJ. Neposredno pre mog dolaska podelili su sve federalne stanove, čak i radnicima koji su prebegli u druge republike. U Ulici 27. marta, u stanu od 182 kvadrata, umesto saveznih činovnika zatekao sam prilikom kontrole devet podstanara. Devet Grka koji su plaćali mesečno 900 DEM jednom makedonskom funkcioneru. Promenili smo brave i taj stan uzeli natrag! Ja sam SSUP čistio po etičkom, a ne po etničkom principu.

„Tražio sam da se sa svih tzv. osetljivih mesta uklone ljudi van Srbije i Crne Gore. Ti ljudi nisu bili u stalnom radnom odnosu, već na privremenom radu u Beogradu. Oni su bili delegirani od svojih republika i ja sam samo tražio da se vrate kući, svojim državama. Zanimljivo je da u SSUP-u na ključnim mestima nije bilo srpskih kadrova. SSUP je godinama bio poznat kao antisrpska institucija. Što je još gore, protiv Srbije su radili i neki Crnogorci i neki Srbi, na primer, šef kabineta i samozvani šef obezbeđenja zgrade, kao i šef Uprave za opšte poslove. Ti ljudi su bili zaduženi da nastave kontinuitet delovanja protiv Srbije. Smenjivanjem i penzionisanjem takvih kadrova, ja sam želeo da presečem taj kontinuitet.“

Srbija otima SSUP

„Upad snaga MUP-a Srbije u tu zgradu, kažu, bio je deo moje akcije presecanja tog antisrpskog kontinuiteta? Ne bih ja to tako tumačio.

Vlada Aleksandra Mitrovića donela je odluku da se zgrada SSUP-a u Ulici kneza Miloša br. 92 prenese u vlasništvo MUP-a Srbije. Taj prenos je u Drugom opštinskom sudu i verifikovan 2. avgusta. Niko se na tu odluku vlade nije žalio, pa ni SSUP. MUP Srbije ga je o tome izvestio i zatražio da se izvrši preuzimanje zgrade. Oni to nisu na vreme učinili i MUP je jednostavno ušao u svoje. Ja sam se tamo zatekao slučajno i čuo jednog federalnog policajca kako mi dobacuje: 'Ovo je okupacija!' Ja sam ga samo zapitao: 'Šta je, jesu li to došli Nemci?' I on je ućutao.

„Osvajanjem zgrade MUP Srbije je preuzeo tada i tehničko odeljenje i arhivu SDB SSUP-a, a zatim i radnike. Služba državne bezbednosti Jugoslavije je imala jednu od najjačih tehničkih službi u Evropi. Ona je bila u stanju da prati i kontroliše veliki broj Srba, dok je arhiva imala na hiljade dosijea o srpskim patriotima, čak i o ljudima na visokim državnim poslovima. Puna jedna soba dosijea, koji su često u SDB SSUP korišćeni da se ti srpski političari ucenjuju i uznemiravaju.

„Jugoslovenska tajna policija je bila gospodar života i smrti ne samo u SFRJ već i u Evropi. To je bila država u državi, koja se borila protiv svega što je bilo srpsko. Pod komandom Zdravka Mustača, SDB SSUP-a je pratio, snimao i prisluškivao sve srpske kadrove još od 1986. godine, a ni mene nisu ostavljali na miru! Uzeo sam svoj dosije u SDB-u da vidim šta je o meni pisano. Unutra sam našao izjavu Stipe Šuvara na Predsedništvu SFRJ 1989. da sam ja, navodno, 1971. godine pripadao maspoku i učestvovao u akcijama hrvatskih nacionalista. Te godine ja sam bio u zatvoru, jer sam pevao na javnom mestu u Iloku pesmu 'Slava Srbinu'. U dosijeu sam našao i ocenu inspektora SDB Osijek da sam 'srbočetnički nastrojen', što se očigledno nije slagalo sa Šuvarovom tvrdnjom. SDB SSUP-a me je pratio i snimao i u vreme kada sam bio član Predsedništva Srbije! Ne znam da li je i Slobodan Milošević kod njih u SDB imao svoj dosije, nisam imao vremena sve da pregledam.

„Tražio sam, dok sam bio pomoćnik, od generala Gračanina da vidim neka dosijea, ali mi on to nije dozvolio. General je bio vrlo oprezan čovek! Bio je okružen ljudima koji i danas obožavaju Zdravka Mustača, pa je i on kao ministar morao da pazi šta radi. Dok sam bio u SSUP-u, dao sam nalog inspektorima da otkriju gde se nalazi agencija Zdravka Mustača i HDZ-a za razmenu imovine raseljenih Hrvata i Srba, koja je vršena po ceni od 1.000 DEM, ali na štetu Srba. Uspeli smo da otkrijemo da je iza te i takve razmene, ali i iza simpatizera

HDZ-a i ZNG-a u Hrtkovcima stajao velečasni Kraljević, koji je pune dve godine radio za hrvatsku stvar...“

U razgovoru s ministrom savezne policije, Pavlom Bulatovićem, o osvajanju zgrade u Ulici kneza Miloša br. 92 saznao sam:

„... Pravi razlozi nisu ni u kakvoj vezi s našom arhivom, mada je i ona zauzeta. Uveren sam da će je SDB Srbije čuvati. Ova akcija MUP-a Srbije indirektno ima veze sa zakonom o sistemu bezbednosti, jer neko u Srbiji ne želi jedinstvenu državu i bezbednost. Naime, kako ima sukoba između savezne vlade i republičke vlade oko pitanja ingerencija SMUP-a, to su neke snage u Srbiji isturile u prvi plan. Na sednici federalne vlade je procenjeno da su upadom MUP-a Srbije u SMUP mnoge funkcije savezne policije ugrožene. I Institut bezbednosti, koji je osnovao SIV, u aprilu je prenet u nadležnost MUP-a Srbije...“

Inspektor Boža Spasić, međutim, imao je nešto drugačiju priču:

„Hrvatska je u SSUP-u imala još jednog svog čoveka u Upravi za opšte poslove. Bio je to Zlatko Penčevski, hrvatski kadar sa šahovnicom, koji je pokupio kompletnu materijalnu dokumentaciju Saveznog SUP-a gde su objekti, gde su garaže, gde su njive, gde su svi strategijski značajni objekti i to je odneo u Hrvatsku. To isto je radio Zdravko Mustač po liniji državne bezbednosti. Došli smo do podataka da se u Uredu za zaštitu ustavnog poretka Hrvatske priprema jedna analiza takozvanog bogatstva Saveznog SUP-a, koju će Hrvatska, kada u Ženevi budu pregovori kod Badenterove komisije, staviti kao zahtev za deobni bilans. Jedino što nisu znali, a što smo mi u međuvremenu pročačkali, jeste da se sva imovina, svi objekti saveznog SUP-a, i dalje vode na nepoznate vlasnike, odnosno na državu FNRJ jedan deo, a drugi deo se vodi na seljake kojima su ta imanja oduzeta, pa još nije sve prepisano na državu. Pa, svakako da je ovo preuzimanje inicirano iz srpskog vrha, i svakako da je to bilo neophodno. Nakon toga je Hrvatska apsolutno odustala od prijavljivanja zgrade Saveznog SUP-a za deobni bilans, a kao pandan tome, oduzeto je i definitivno upisano kao hrvatsko odmaralište *Valbadon* koje je bilo vlasništvo Saveznog SUP-a. Znali su da mi imamo tu dokumentaciju. Sad je to definitivno tante za mante, tako da je to jedan vrlo značajan posao, koji je završio Braca Kertes.“

„Savezna tajna policija je uhodila Srbiju!?“ Tako mi je rekao dr Andreja Savić u leto 1994. godine. Profesor doktor Andreja Savić, nekadašnji operativac i analitičar u srpskoj Državnoj bezbednosti, a zatim načelnik za školovanje i stručno usavršavanje u Institutu bezbednosti

MUP-a Srbije, 1994. godine, objavio je knjigu pod naslovom *Uvod u državnu bezbednost*. To je jedno od retkih dela o sistemu bezbednosti uopšte, a posebno o sistemu bezbednosti Jugoslavije. Želeo sam da čujem njegovo stručno mišljenje o situaciji u sistemu bezbednosti i tajnih službi SRJ:

„Nalazimo se u procesu stvaranja treće Jugoslavije. U Ustavu iz 1992. godine, postavke i koncepcija odbrane i bezbednosti definisani su vrlo uopšteno i globalno. To će morati detaljnije da se razradi. Mislim da je Savezna Služba državne bezbednosti još u fazi nastajanja. Njene poslove preuzele su republičke službe iz poznatih razloga. Tamo je bilo dosta bezbednosnih problema. Posebno u vreme vlade Milana Panića. On je sa sobom doveo i savetnike iz Amerike, koji su prisustvovali sednicama na kojima se raspravljalo o najosetljivijim pitanjima, kao što su, na primer, bezbednost i odbrana.

„Preuzimanje poslova koje su obavile republičke službe mislim da je bilo opravdano. Moralo je to da se uradi kako bi se zaštitili nacionalni i državni interesi, a to faktički znači da politički vrh Srbije i Crne Gore nije imao poverenja u saveznu službu. Kada se država rastura i nestaje, postoji velika opasnost od oticanja podataka i mogućnosti da strane obaveštajne službe dođu u posed određenih poverljivih informacija. Strane službe su verovatno iskoristile ovu priliku. Došle su do nekih važnih informacija. Savezni SUP je faktički tada prestao da postoji. Nije ispunjavao svoje ustavne i zakonske obaveze. Bio je to poslednji čas da se stvari preuzmu i da se sačuvaju nacionalni interesi."

Po kazivanju jednog penzionisanog mladog operativca SDB Jugoslavije, prvo što su ljudi Jovice Stanišića tražili kada su ušli u SDB Jugoslavije bio je dosije Slobodana Miloševića. Pokupili su svaki dokument o Miloševiću i posle toga obavili razgovore sa svakim operativcem koji je službeno pokrivao Miloševića i o njemu u dosijeu ostavio belešku. Državnu bezbednost Srbije je mučio strah da u dosijeu ima podataka koji bi kompromitovali Slobodana Miloševića, jer je u to vreme SDB Srbije, a i SDB Jugoslavije došao do podataka da Ante Marković i Ivan Stambolić iznose milionske sume deviza iz SFRJ u inostrane banke. Tajna policija je to trebalo da spreči, ali nije imala mogućnosti, pa se SDB pribojavao da tako nešto nije činio i Slobodan Milošević, i da o tome podatke imaju Slovenci i Hrvati. Zato je Jovica Stanišić svakog operativca koji je pratio dosije Slobodana Miloševića lično ispitivao. Pokazalo se da je strah SDB Srbije bio uzaludan. Milošević nije potkradao vlastitu državu.

U to vreme Služba državne bezbednosti SRJ imala je oko 250.000 dosijea. Podaci o tzv. unutrašnjim neprijateljima sada su svrstani u policijski referat pod naslovom „Unutrašnji ekstremizam i terorizam". Među njima najdeblji su dosijei „Apel", „Partner" i „Tenis". Prvi sadrži podatke o akterima političkog pluralizma u bivšoj SFRJ, drugi informacije o aktivnosti Srpske pravoslavne crkve i njenih vladika, a treći činjenice o delovanju KGB-a na prostoru Jugoslavije. O stranim obaveštajcima dosijei se nalaze u Službi dokumentacije i informacija u SMIP-u, a o špijunima u SDB Srbije, koji kontraobaveštajno štiti SRJ.

Tajna služba SRJ je devedesetih godina transformisana i formirana prvo u Srbiji, a zatim u Crnoj Gori. O tome mi je dr Andreja Savić kazao:

„Osnovni delokrug rada naše Službe je odbrana od nasrtaja stranih obaveštajnih službi i svih faktičkih i potencijalnih krivičnih dela koja u sebi imaju element terorizma. U tom smislu Služba pruža značajnu pomoć kreiranju i strateške i taktičke politike Srbije i Jugoslavije. Da budem konkretniji, Služba dolazi do određenih saznanja o namerama i planovima koji su upereni protiv naše zemlje, bez obzira na to da li dolaze spolja ili iznutra. Ona to prezentira državnom rukovodstvu, koje te podatke dalje koristi kao podlogu za vođenje politike. S raspadom SFRJ i stvaranjem treće Jugoslavije, svi, odnosno većina atributa političke policije je iščezla. Kada to kažem, imam pre svega na umu sve one mere koje politička policija obično primenjuje. Mada opozicija tvrdi, iznoseći primere Šešelja, da politička policija i dalje postoji i da je pod uticajem i u službi vladajuće stranke. Teorijski gledano, u uslovima višepartijskog sistema Služba državne bezbednosti ne sme da bude u funkciji ove ili one partije. Verbalni delikt smo, na primer, smestili u muzej i on nije više predmet rada ove tajne službe Srbije i Jugoslavije. Čak ni verbalni napad na instituciju predsednika Republike Srbije. To rade organi pravosuđa. I sintagma 'unutrašnji neprijatelj' definitivno je proterana sa ovih prostora. Možemo da govorimo samo o antiustavnoj delatnosti s pozicija domaćeg terorizma koji ugrožava ustavni poredak. Svi ovi slučajevi koje smo imali u godinama ratnog okruženja uglavnom su vezani za ilegalne organizacije i grupe terorističkog karaktera, i to uglavnom na području Kosova i Metohije i Sandžaka."

„U MUP-u Srbije postoji Resor državne bezbednosti i Resor javne bezbednosti. U Crnoj Gori su zadržali stare nazive i imaju Službu državne bezbednosti i Službu javne bezbednosti. Bivša JNA imala je

Drugu upravu Generalštaba (VOS), čiji je zadatak danas ofanzivni rad prema inostranstvu, i Službu bezbednosti (KOS), koji radi danas na kontraobaveštajnoj zaštiti od nasrtaja stranih vojnih službi. Ta šema je i dalje ostala. Takođe, u Ministarstvu spoljnih poslova postoji Služba za istraživanje i dokumentaciju (SID). Za ovu službu se može reći da je u procesu transformacije. Ranije je bila sastavljena po republičko-pokrajinskom ključu i odigrala je ulogu Trojanskog konja neprincipijelne koalicije u Srbiji. Njen rad sada kreiraju Srbija i Crna Gora. Godine 1995. SID nije imao načelnika, jer je Zoran Janaćković postao generalni sekretar MIP-a SRJ. Tek treba da na čelo SID-a dođe čovek iz Srbije. Postupak je u toku."

Sistem bezbednosti SRJ i obaveštajnih službi SRJ i 1995. godine funkcionisao je po zakonu donetom 1985. godine u bivšoj SFRJ. Zašto se ova tako specifična, osetljiva i važna oblast nije uredila novim zakonom, teško je bilo reći. Verovatno zbog toga što ni Srbiji ni Crnoj Gori nije bila potrebna nova jaka Jugoslavija, pa ni njene jake tajne službe. Zakonski predlozi su tokom 1995. urađeni, ali je procedura u Saveznoj skupštini bila vrlo spora.

BOLJE SLAVONAC NEGO ZORGE

Armija je godinama skrivala i mistifikovala ulogu vojne Kontra-obaveštajne službe u Jugoslaviji. Tako stvarana slika o KOS-u posledica je nedovoljnog poznavanja same organizacije i metoda rada 12. Uprave bezbednosti nekadašnjeg Saveznog sekretarijata za narodnu odbranu (SSNO), koja je zbog strogo poverljive delatnosti uvek bila pod zaštitom države. Šira javnost tako nije bila u mogućnosti da sazna šta se dešava unutar Kontraobaveštajne službe, sve dok prve javne kritike nije dobila 1991. godine od tadašnjeg predsednika Jugoslavije. Doktor Branko Kostić je, naime, na jednoj sednici Predsedništva SFRJ uspeo hrabro da kaže da je KOS „značajno podbacio". KOS je iznikao iz Odeljenja za zaštitu naroda (Ozna), koje je imalo tri odseka. Treći odsek Ozne radio je na zaštiti oružanih snaga nove Jugoslavije i kontraobaveštajnim poslovima za potrebe JNA, pa je iz njega 1946. godine formiran KOS (Kontraobaveštajna služba JA).

Prvi načelnik KOS-a bio je pukovnik Jeftimije Jefta Šašić, zvanično zamenik Aleksandra Rankovića, i šef tog Trećeg odseka Ozne. Njegov zamenik bio je major Jovan Božović, koji je postao drugi čovek KOS-a. Sve do 1955. godine, saradnja svih organa bezbednosti u Jugoslaviji bila je direktna i neposredna, i to pod stalnom zvaničnom i službenom kontrolom Aleksandra Rankovića. U to doba sve tri službe – KOS, Udba i SID – bile su zapravo jedna služba, ali na različitim terenima delovanja. U njoj su dominirali vojni kadrovi, jer su ratni pukovnici bili i načelnici sve tri tajne policije. Pukovnik Jeftimije Šašić došao je u KOS iz Trećeg odseka Ozne, a Maks Baće je iz partizana došao za načelnika SID-a. Organi bezbednosti bili su visoko centralizovani i po principu piramide pokrivali su na terenu svaku opštinu, svaku jedinicu, svako diplomatsko ili privredno predstavništvo u svetu. Na vrhu te piramide nalazio se lično Josip Broz Tito.

Do zvaničnog odvajanja Trećeg odseka u KOS JA došlo je posle donošenja Ustava FNRJ 31. januara 1946. godine i formiranja prvih ministarstava nove Jugoslavije: Ministarstva za narodnu odbranu,

Ministarstva unutrašnjih poslova i Ministarstva za spoljne poslove. Po uzoru na sovjetski KGB (Komitet državne bezbednosti), pri ovim ministarstvima osnovane su i službe bezbednosti KOS, Udba i SID. Zvanično Treći odsek Ozne za vojsku ukinut je 13. marta 1946. godine, a istog dana je formirana Kontraobaveštajna služba JA. Od tada je KOS samostalna služba Armije, čiji je zadatak kontraobaveštajna zaštita JA od obaveštajno-subverzivne delatnosti spoljnjeg i unutrašnjeg neprijatelja. Ova služba je u suštini bila postavljena kao politička policija unutar Armije, jer je primarno bila usmerena na očuvanje političkog jedinstva i čistotu vojnih redova, kao i na otkrivanje i gonjenje državnih neprijatelja.

Politički vrh Jugoslavije je, naime, još tokom 1944. godine, naslutivši kraj rata i svoju pobedu, razmišljao o tome kako u miru da sačuva svoju vlast. Brozu i KPJ bio je neophodan takav instrument vlasti i bezbednosti koji će kontrolisati ne samo političke protivnike već i samo jugoslovensko javno mnjenje. Zato su svi ovi organi bezbednosti tada, a i decenijama kasnije, imali isključivo karakter tajne političke policije i u redovima Jugoslovenske armije i njenom bliskom okruženju. Stvaranje antikomunističkog bloka, odmah posle Drugog svetskog rata, i njegovo uplitanje u unutrašnja zbivanja socijalističkih zemalja, bili su dobar politički alibi za jačanje unutrašnje represije u tim zemljama. Tom maniru podlegao je i KPJ s Titom na čelu, rešen da po svaku cenu brani vlastiti sistem vladavine. Glavna poluga tog odbrambenog mehanizma bila je Ozna, a zatim KOS, kao i nekolicina specijalizovanih vojnih jedinica. Pored Knoja, postojale su i tzv. formacije za egzekuciju (PPK – Protiv pete kolone), pravljene po sovjetskom modelu SMERŠ (Смерть шпионам). Kako su sve te formacije još od 1944. godine delovale zajedno, teško je bilo razdvojiti šta je radila Ozna, šta KOS, a šta njihove operativne jedinice Knoj i PPK.

Izvesno je da se zbog snažnog pokreta nacionalnog otpora rat u Jugoslaviji nije završio mirom 9. maja 1945. godine, jer je u to vreme na našoj teritoriji bilo 790 odmetničkih bandi, kako piše u leksikonu *Vojna bezbednost*, sa 11.000 naoružanih bandita (7.600 četnika, 2.730 ustaša i 1.125 balista). Hvatanjem Draže Mihailovića, Keserovića i ostalih četničkih komandanata, razbijanjem ubačenih ustaških grupa Ljube Miloša, Kavrana i Vrbana, zadat je, piše u *Vojnoj bezbednosti*, najteži udarac izdajničkim, tj. nacionalnim snagama. Ove tajne akcije vodila je Ozna, aktiviranjem svih svojih odseka i posebnih jedinica Knoja. U operaciji „Gvardijan", na primer, pohvatano je 117 ustaških diverzanata, dok je u akciji „Dalmacija" likvidirano 11 ubačenih četničkih terorista. Zvanični biografi *Vojne bezbednosti*, međutim, ne pišu o masakru nad 200.000 pripadnika nacionalnih snaga u Blajburgu i Kočevlju, kao ni o masovnim streljanjima simpatizera okupatora, članova njihovih familija, civila po srpskim gradovima, kad je samo u Nišu ubijeno 12.000 ljudi. To za njih očigledno nije bila istorijska istina, mada su odluke o likvidacijama ponekad donošene i na tadašnjim vojnim sudovima.

Dvadeset sedmog novembra 1944. godine Beograd je bio oblepljen plakatom, koji je i dnevni list *Politika* štampao na prvoj strani, saopštenja Vojnog suda Prvog korpusa NOVJ o suđenju ratnim zločincima. Na smrtnu kaznu osuđeno je toga dana sto pet uglednih Beograđana, jer su, utvrdio je Vojni sud „... za fašističke osvajače radili pod okupacijom i za njihov račun izvršili veliki broj zločina..." Svrha tog obaveštenja bila je ne samo da stavi javnosti do znanja ko su narodni neprijatelji već da glasno žigoše i osramoti preživele članove porodica streljanih ljudi. Kako jedan svedok toga vremena reče: „Bilo je lako ubiti, a teško osramotiti ljude!"

Operacija „Crne tačke"

Na listi smrti našli su se: Arsenijević Velimir, kolar, nemački špijun; Babić Josip, agent Gestapoa; Babović Aleksandar, nedićevac; dr Birčanin Ilija, nedićevski pukovnik; Brberić Ilija, četnički koljač; Brković Vujica, student, agent Gestapoa; Budimir Spiro, četnik; Bunjević Lazar, nedićevski vojnik; Vales Oskar, agent Gestapoa; Veselinović Radosav, ministar poljoprivrede; Vićentijević Borivoje, četnički komandant; Galijan Vladislav, šef Aćimovićevog kabineta, agent Gestapoa; Glišić Dušan, nemački agent; Grujić Miloš, četnik i nemački agent; Deletić Milonja, italijanski agent; Domazet N. Rajko, agent Specijalne policije; Doroški Georgije, denuncijant; Dostanić Dragutin, četnički komandant; Đokić Srbislav, pomoćnik ministra; Đorđević Dušan, ministar finansija; Đumberski Nikola, nemački agent; Eror Dušan, nedićevski vodnik; Živadinović Jevto, nedićevski kapetan; Zarić Petar, službenik Specijalne policije; Zec dr Petar, bivši senator; Janković Đura, bivši ministar; Janković Momčilo, bivši ministar pravde; Jovanović M. Aleksandar, agent Gestapoa; Jovanović Branislav, ljotićevac, agent Gestapoa; Jovanović Branko, organizator „crnih trojki"; Jovanović Velibor, ljotićevac; Jovanović Zorica, agent Gestapoa; Joksimović Jovica, četnički komandant; Jevtić Mihajlo, islednik Specijalne policije; Jovanović Lazar, glumac, denuncijant; Jojić Risto, saradnik okupatora; Kockar Veljko, student, agent Gestapoa; Kočić Miodrag, žandarm, koljač; Krajnović Ilija, agent Gestapoa; Krneta M. Spasoje, agent Specijalne policije; Kotur Đuro, pomoćnik ministra socijalne politike; Kulundžija Dobrivoje, agent Specijalne policije; Lazarević Miodrag, član Dražinog prekog suda; Marjanović Čedomir, ministar pravde; Maksimović Ratko, četnički obaveštajac; Marinković Dragoljub, okružni načelnik iz Kraljeva; Marković N. Slavko, četnik Koste Pećanca; Mačišić Mihajlo, agent specijalne policije; Mijušković dr Jovan, ministar socijalne politike; Milovanović Dragoljub, organizator „crnih trojki"; Mihajlović Kosta, direktor gimnazije u Čačku; Markičević Strahinja, sudski kapetan; Mudrić Rade, žandarmerijski narednik; Nedeljković Aleksije, major, agent Gestapoa; Pavlović Radisav, član „crnih trojki"; Paković Vidak, referent Specijalne policije; Pitašević Sotir, agent Specijalne policije; Popović Branko, profesor Univerziteta; Pružić dr Ilija, profesor Univerziteta; Pomorac Radisav, agent Specijalne policije; Radosavljević Blažo, predsednik prekog suda u Kolašinu; Ristić Dragoljub, član četničkog prekog suda; Radulović Aleksandar, komandant gradske straže Beograda; Savić Milivoje, agent Gestapoa; Savić Svetolik, novinar, Nedićev plaćenik; Stefanović dr Svetislav, ideolog fašizma, Spasinović Ljubomir, četnik, denuncijant; Stanimirović Atanasije, potpukovnik, agent; Simić Bogdan, novinar, saradnik Gestapoa; Stojanović Aleksandar, general; Susman Anton, upravnik zatvora u Užicu; Tatić Milan, službenik zatvora u Užicu; Tanović Jovan, direktor *Novog vremena*, saradnik Nemaca i rukovodilac Nedićeve propagande; Terzić Vujica, pratilac četničkog kapetana, koljač; Todorović S. Nikola, agent Gestapoa; Trbović Marko, agent Specijalne policije; Urbanc Stanko, agent Gestapoa; Fidler Martin, agent Specijalne policije; Francen Sima, novinar, saradnik Gestapoa; Hempl Petko, agent Gestapoa; Han Ivan, agent Gestapoa; Horvatski dr Milan, pomoćnik ministra finansija; Cvetković Aleksandar, glumac u nedićevskom radio-programu; Džudović Novica, agent italijanske službe; Ćumić Čedomir, agent Specijalne policije; Šmit Josip, organizator četničkih bandi; Šnebl Dušan, agent Gestapoa; Štark Boris, nemački agent; Aranicki Miomir, agent Specijalne policije; Cvetković Miroslav, dželat iz logora Banjica; Ćosić Žarko, agent Specijalne policije;

Herceg Franjo, agent Specijalne policije; Dimitrijević Gradimir, agent Specijalne policije; Hudini Josip, sudski pukovnik; Obradović Branko, agent Specijalne policije; Ašković Božidar, zamenik vojvode Bosiljčića; Milovanović Milan, vojvoda Pećanac mlađi; Perišić V. Radivoje, vojni islednik SDS-a u Valjevu; Šinaka V. Otokar, nemački vojnik; Igor A. Lokar, nemački dobrovoljac; Vertag S. Alfred, nemački tumač; Đorđević Milutin, vojni ljotićev islednik; Smidling J. Josif, agent Gestapoa; Vučićević V. Dobrivoje, nemački jatak; Danilović Radojica, agent italijanske službe. Sve smrtne presude su izvršene.

Pokazalo se, pedeset godina kasnije, da su se iza ovako sročene i uopštene optužnice, skrivale i neke kobne greške vojne političke policije. Beogradski profesor Branko Popović se na tom spisku smrti nalazio na 58. mestu, uz objašnjenje da je denuncirao veći broj rodoljuba. Pored gubitka života, profesor Popović, tačnije njegova porodica, izgubila je stan, veliki atelje, koji je oteo Đorđe Andrejević-Kun, i svoja časna prava.

Pedeset godina kasnije njegov sin Prijezda uspeo je da od Republičkog javnog tužilaštva dobije potvrdu da njegovom ocu, Branku Popoviću, faktički nije suđeno, jer za to u arhivama nema nikakvog pisanog traga, što znači da ni njegova krivica nije dokazana. Da nije spomen-ploče na zgradi Udruženja književnika Srbije, profesoru Branku Popoviću zameo bi se trag za sva vremena. Slična sudbina zadesila je i Novicu Džudovića, učitelja iz Andrijevice, koji je bio pod brojem 84. okrivljen da je „... agent italijanske fašističke obaveštajne službe i organizator četničkih bandi Draže Mihailovića..." i zbog toga pogubljen.

Najstariji sin Stevan Džudović je 1957. godine iz Kabineta predsednika Jugoslavije J. B. Tita dobio službeni odgovor da je arhiva Prvog korpusa uništena na Sremskom frontu i da zato nema podataka o streljanju učitelja Novice Džudovića. Tokom 1994. godine, međutim, Javno tužilaštvo Srbije je izdalo zvaničnu potvrdu Stevanu Džudoviću da 1944. godine u Beogradu protiv njegovog oca nije vođen nikakav sudski proces, pa ni vojni. Beograđanin Živorad Stevanović je u zimu 1995. godine, preko *Politike*, javno zatražio da se otvore makar dosijei tih 105 streljanih građana glavnog grada, ne bi li se i na tom slučaju otkrilo pravo lice istine. Niko se, međutim, nije osetio prozvanim da odgovori građaninu Stevanoviću, pa je i taj slučaj preke smrti jednostavno prećutan.

Treći odsek Ozne, tj. KOS je u Beogradu, istovremeno s pripadnicima sovjetskog NKVD-a, tragao je za odbeglim i maskiranim belogardejcima, četnicima, ljotićevcima, nedićevcima. Aprila 1945. godine uhvaćen je i streljan Momir Petrović, četnički agent, koji je radio u Komandi ratnog vazduhoplovstva JA. Ma koliko su rat i borba za oslobođenje nametali potrebu za konačnim obračunom sa okupatorom i njegovim saradnicima, toliko u to vreme nije bilo razloga za progon civila, koji su na jedvite jade pregurali rat. Za Oznu i KOS, tačnije za mnoge njihove komandante i to je bilo sumnjivo, pa je u Beogradu, prema još neistraženim dokumentima, stradalo od 15.000 do čak 30.000 ljudi. Njih je jednostavno gutao mrak, a osvanjivali bi u Savi, Dunavu ili pod svežim humkama na Adi Ciganliji. Te akcije KOS je zvao – operacija „Crne tačke".

Prema naređenju od 13. maja 1946. godine KOS je u svom sastavu imao Odeljenje Kontraobaveštajne službe s načelnikom, pomoćnicima i referentima, KOS armija, KOS Ratne mornarice, KOS Ratnog vazduhoplovstva i KOS Korpusa narodne odbrane, sa svojim odsecima u komandama i jedinicama na terenu. Dve godine kasnije osnovano je i Odeljenje KOS za vojnu industriju i brodogradnju, kao i Odeljenje kontraobaveštajne službe za vojno građevinarstvo. Krajem četrdesetih godina, kada se završio sukob sa ostacima nacionalnih snaga i simpatizerima IB-a, s rastom samostalnosti novih ministarstava, rasla je i njihova unutrašnja piramida vlasti. Poslove bezbednosti na vrhu preuzimali su Aleksandar Ranković kao potpredsednik vlade i ministar policije, Ivan Gošnjak kao ministar odbrane i Antun Vratuša u Ministarstvu spoljnih poslova.

Ta tiha decentralizacija vlasti imala je za posledicu i sve slabiju saradnju između službi bezbednosti. Svaka od njih, a posebno KOS, našla je svoj model organizovanja i rada. Dok je Udba pokušavala da se decentralizuje s federalnog na republički nivo, KOS je, na primer, centralizovan u jednu armijsku službu bezbednosti po ugledu na NKVD tj. KGB. Bez obzira što je KOS tih pedesetih godina počeo da stvara i svoje prve škole bezbednosti u Kaštelu kod Splita, a time i da izbacuje prvih 180 oficira KOS-a, odnosno svoje kadrove, služba bezbednosti u Armiji bila je i dalje u suštini ideološka i birokratska institucija sovjetskog tipa. Najveći problem armijske tajne policije su bili, upravo, kadrovi. Sedamdeset odsto njih su bili bez neophodne stručne vojne i bezbednosne spreme. Najviše znanje im je bilo ratno iskustvo, pa su u JA ubrzano održavani kontraobaveštajni i obaveštajni kursevi, kako bi se došlo do kakvog-takvog policijskog kadra. Deo stručnjaka je preuziman od Ozne, odnosno Udbe.

Hrvatska žica

KOS je imao oko pet hiljada kontraobaveštajaca i ogroman aparat koji je brinuo o personalnim poverljivim dosijeima starešina, ali i vojnika i pojedinih građana, kao i o mnogim saradnicima stranih obaveštajnih službi. U armijskoj političkoj policiji 1946–1947. godine, najbrojniji su bili srpski kadrovi, činili su gotovo polovinu, hrvatski petinu, a slovenački tek desetinu. Bile su to godine kada su u JA politički komesari, od jedinica do Generalštaba, zapravo bili skriveni šefovi organa bezbednosti. Jedan od njih, Otmar Kreačić, zvani Kultura, bio je sigurno najpoznatiji i najuticajniji politički komesar u JA i KOS-u. Od formiranja Kontraobaveštajne službe JA, njom je formacijski direktno rukovodio pomoćnik ministra za narodnu odbranu, koji je istovremeno bio i član CK KPJ, odnosno partijski rukovodilac u Jugoslovenskoj armiji. Hijerarhijski, rukovodioci Kontraobaveštajne službe JA bili su direktno podređeni ministrima odbrane. Do 1953. godine to je bio Josip Broz Tito, a zatim je prvi čovek Jugoslovenske armije do 1967. godine bio general Ivan Gošnjak. Vladimir Dedijer smatra Gošnjaka, zajedno sa Aleksandrom Rankovićem, jednim od najvernijih „policijskih pasa na Titovom lancu". Uostalom, tvrdio je Dedijer, generali Ivan Gošnjak, Jefto Šašić i Milan Žeželj bili su najvernije Titove štitonoše punih trideset godina. Za to vreme život su mu spasli dvadeset tri puta, jer su uspeli da spreče sve pokušaje atentata na Josipa Broza. Odanog Gošnjaka je nasledio Nikola Ljubičić, iza koga je 1982. godine ministar bio admiral Branko Mamula, pa general Veljko Kadijević od 1988. do 1991. godine.

Posle Kadijevićeve ostavke, v. d. ministra bio je Blagoje Adžić samo godinu dana, da bi 1992. tu funkciju preuzeo prvi civil, premijer Milan Panić. Transformacijom JNA, Ministarstvo odbrane odvojeno je od Generalštaba nove Vojske Jugoslavije, čime je i izgubilo nadležnost nad KOS-om 1992. godine. Kako je za načelnika GŠ VJ imenovan general Života Panić, a 1993. general Momčilo Perišić, to je i Uprava bezbednosti bila u njihovoj nadležnosti. Njega je nasledio Dragoljub Ojdanić, Miloševićev general, koji je napredovao do ministra odbrane SRJ, a za načelnika je 1999. godine imenovan general Nebojša Pavković.

Za pedeset godina postojanja, KOS je imao jedanaest načelnika. Bili su to Jefto Šašić, Ivan Mišković, Stjepan Domankušić, Dane Ćuić, Branislav Joksović, Jere Grubišić, Ilija Ćeranić, Marko Negovanović,

Aleksandar Vasiljević, Nedeljko Bošković i Aleksandar Dimitrijević. Većina njih, kao profesionalci, prošli su sve nivoe rada u KOS-u i bili, pre imenovanja, zamenici ili pomoćnici načelnika XII Uprave Armije. Pored njih, zamenici načelnika Uprave bezbednosti su bili i major Jovan Božović, pukovnik Ilija Kostić, pukovnik Radoman Jakić, general-major Mitar Lojović, general-major Alojz Ahlin, general-major Čedo Radnić, general-major Ivan Baričević i pukovnik Mihajlo Pavičić. Pomoćnici su bili potpukovnik Bogdan Vujnović, major Vladimir Kovačević, general-major Đuka Balenović i general-major Đorđe Maran.

Prvi načelnik vojne Kontraobaveštajne službe, general-pukovnik Jeftimije Jefta Šašić, rođen je u Novskoj 1917. godine. Pre rata je studirao poljoprivredno-šumarski fakultet. Bio je i član OK KPJ Nova Gradiška. To je mesto u kome je komunistički delovao i Josip Manolić, načelnik Ozne u Bjelovaru, referent Udbe, pa ministar hrvatske policije. Šašić je u NOB ušao 1941. godine kao sekretar Kotarskog komiteta KPJ, kasnije je postao komesar Dvanaeste slavonske divizije i član Oblasnog komiteta KPJ za Slavoniju. Od samog osnivanja Ozne, kao iskusni kadar, Jefto Šašić je bio u rukovodstvu ove političke policije. Bio je i član ZAVNOH-a, AVNOJ-a, Ustavotvorne skupštine, Opunomoćstva CK SKJ u JNA i samog CK SKJ. Pojedini oficiri Šašića smatraju najboljim kontraobaveštajcem JNA. Šašić je još februara 1944. godine postavljen u Vrhovnom štabu NOV za pomoćnika načelnika vojne obaveštajne linije. Iskusni obaveštajac Vlatko Velebit je otišao u diplomatsku misiju u Englesku, pa je Šašić postao njegova zamena. Verovao je da je to delo druga Marka, jer se sa Aleksandrom Rankovićem znao iz predratnog Zagreba, ili Milovana Đilasa, koji je trebalo da bude prvi načelnik Ozne. U Vrhovnom štabu pukovnik Šašić je imao zadatak da drži na vezi predstavnike vojnih misija, mada nije znao engleski. Šašić je s maršalom išao u Italiju na razgovore s Čerčilom. Sa šmajserima na gotovs, čuvao je Tita u rimskim restoranima, a naoružan je ušao i u Crkvu Svetog Petra.

Jeftimije Šašić je kao Titov čuvar postao i načelnik UB JNA, a zatim načelnik Uprave za moralno-političko vaspitanje DSNO i pomoćnik državnog sekretara za narodnu odbranu za političko-pravni sektor. Njegov zamenik krajem četrdesetih bio je pukovnik Ilija Kostić, Crnogorac iz Rijeke Crnojevića, bivši oznaš u Beogradu, šef KOS-a VI Armije, glavni oficir za progon ibeovaca u vojsci. Lično je hapsio Mirka Karadžića, predsednika Vrhovnog vojnog suda, da bi posle došao na njegovo mesto. Postao je narodni heroj 1953. godine. Penzionisan je

1977. godine. General Jeftimije Šašić završio je Višu vojnu akademiju, napisao je *Dnevnik 1944–1968.* predao ga vojnoj arhivi. Jedan je od nekolicine kontraobaveštajaca koji su postali i narodni heroji. Dolaskom pukovnika Jefte Šašića za prvog načelnika KOS-a potvrdile su se glasine da je sektor bezbednosti u JA prepušten najpouzdanijim Titovim ljudima Slavoncima.

Na Titovu odluku da jedan Srbin iz Hrvatske bude šef KOS-a, malo je uticao Srbin iz Beograda, najverniji Brozov saradnik Aleksandar Ranković, a mnogo više Ivan Krajačić, zvani Stevo ili Štef. Ovaj Slavonac, šef Kominterne za Jugoslaviju i po svemu sudeći Brozov pretpostavljeni u komunističkoj agenturi, nametnuo je Šašića preko, takođe Slavonca, generala Ivana Gošnjaka, ministra odbrane FNRJ. Šašić je upoznao organizacionog sekretara KPH Ivana Stevu Krajačića, preko njegovog mlađeg brata Josipa Krajačića, druga iz gimnazije i s ratišta u Podravini. Krajačić je često imao običaj da se postavlja kao vladar Hrvatske, mimo Tita, što je Šašića stavljalo u dilemu šta da radi i koga da sluša. U toku operacije oslobođenja Zagreba, na primer, Tito je pozvao pukovnika Jeftimija Šašića i njegove zamenike Milana Kalafatića i naredio im da izvrše prepad na Kaptol i likvidiraju nadbiskupa Alojzija Stepinca. Međutim, Vladimir Bakarić i Stevo Krajačić zahtevali su od Šašića da od toga neizostavno odustane, jer bi likvidacija Stepinca imala loš uticaj na raspoloženje hrvatskog naroda. Obećali su mu da će oni pred Titom preuzeti svaku odgovornost. Tako je Stepinac ostao živ.

Posle pada Italije, na primer, Andrija Hebrang i Ivan Stevo Krajačić su pukovniku Jefti Šašiću poverili tešku obaveštajnu misiju da u Gorskom Kotaru i Istri utvrdi razloge jenjavanja partizanskog pokreta. Krajačić je to objašnjavao jakim delovanjem stranih službi, ali se pokazalo da je to bila logična posledica raspada Trinaeste partizanske divizije.

Posle dvadesetak godina vođenja KOS-a, čak i posle smene generala Ivana Gošnjaka, na mesto generala Šašića 1963. došao je general Ivan Mišković, zvani Brk, čiji je zamenik bio pukovnik Stjepan Stipe Domankušić. Obojica su bili Slavonci i vodili su KOS narednih desetak godina, do 1971. odnosno 1974. godine. Tako je u KOS-u stvoren slavonski sindrom, od koga je ova služba dugo godina patila. Ivan Mišković je rođen 1920. godine, skojevac je postao 1935. a komunista 1941. Dizao je ustanak u Slavonskom Brodu, a zatim postao politički komesar, član Štaba Šestog korpusa. Posle rata je bio načelnik jednog odeljenja u Ministarstvu narodne odbrane, pa načelnik uprave u Vojnoj oblasti, rukovodilac Uprave bezbednosti, pomoćnik načelnika uprave u SSNO, kao i specijalni savetnik Vrhovnog komandanta i predsednika J. B. Tita za pitanja bezbednosti, poslanik u dva saziva Savezne skupštine. Završio je Višu vojnu akademiju, kurs operatike, nosilac je Ordena bratstva i jedinstva, kao i Ordena zasluga za narod. Aktivna služba mu je prestala u JNA 1980. godine.

Jedan od osnovnih principa za izbor ljudi u tajnu policiju, pa i u onu koja radi za JNA, jeste poverenje. Ivan Stevo Krajačić, čovek koji nije mnogo verovao Srbima, imao je poverenja samo u ljude koji su bili iz njegove bliže okoline i koje je mogao lako i brzo da proveri, a to su bili Slavonci iz okoline Slavonske Požege i Velike Gradiške, gde je on i rođen 1906. godine. Prvi načelnik KOS-a, Jeftimije Šašić je rođen nekoliko kilometara dalje, u Novskoj. Njegov zamenik i naslednik Ivan Mišković je rođen kod Pule, ali je studirao u Zagrebu prava, a ustanak dizao u okrugu Slavonski Brod. U tom gradu je, inače, rođen 1919. godine, i Miškovićev zamenik, treći načelnik KOS-a, general Stjepan Domankušić. On je studirao matematiku i imao je u mlađim danima nadimak „Omega". Bio je, takođe, član OK KPJ, učesnik rata u Slavoniji, a zatim je 1947. godine bio načelnik bezbednosti u jedinicama Knoja koje je vodio pukovnik Nikola Ljubičić, pomoćnik načelnika Ozne Treće armije, a zatim zamenik načelnika bezbednosti. Otuda se smatra da je Ljubičić, kada je posle smene Gošnjaka 1967. postao ministar odbrane, s lakoćom obožavaoca Josipa Broza Tita, prihvatio za načelnike KOS-a dvojicu Krajačićevih ljudi: Ivana Miškovića i Stjepana Domankušića.

General „Omega" bio je i načelnik Uprave za granične poslove GŠ JNA. Na tom položaju je i penzionisan 1977. godine. Nosilac je Ordena partizanske zvezde, Ordena bratstva i jedinstva. Inače, taj princip bratstva i jedinstva i nacionalni ključ za izbor kadrova za Dvanaestu upravu JA tj. JNA kao da nije važio. Srbijanac Branislav Joksović bio je samo godinu dana šef UB JNA.

Peti načelnik KOS-a bio je zagrebački kadar. Bio je to general Dane Ćuić, predratni zemljoradnik, prvoborac i politički komesar koji je ratovao po Hrvatskoj. Rođen je 1922. u Krčevini kod Korenice. U komunističkom pokretu i revoluciji je od 1941–1942. godine. Tada je bio politički komesar bataljona, pa zamenik komesara Treće ličke brigade i pomoćnik komesara Šeste ličke proleterske divizije. General Ćuić je i posle oslobođenja bio pomoćnik komandanta Prve armije za MPV, načelnik klase Ratne škole GŠ, načelnik Personalne uprave i predsednik Komiteta organizacija SKJ u JNA. Završio je Višu vojnu akademiju i Ratnu školu, penzionisan je 1984. godine. Njegov zamenik, a peti načelnik KOS-a bio je Šibenčanin general Jere Grubišić.

Pre rata je bio zemljoradnik, član KPJ od 1943. godine, posle rata oficir vojne bezbednosti i zamenik načelnika Uprave bezbednosti JNA. Grubišić je punih dvanaest godina proveo u upravi bezbednosti, penjući se hijerarhijski do vrha. Toliko je bio uticajan da je njegov naslednik, sedmi načelnik KOS-a, general Ilija Ćeranić držao njegovu sliku na radnom stolu umesto Brozove. Ovaj Srbin rođen u Han Pijesku takođe je vojničku karijeru gradio i po Hrvatskoj. Kada je 1986. godine izbila u Beogradu afera Valdhajm, načelnik Ćeranić je bio zadužen da sakrije dosije ovog ratnog zločinca u vojnom arhivu. Kako je i pored toga taj dosije ugledao svetlost dana, zahvaljujući pre svega novinaru Danku Vasoviću i vojnom istoričaru Antonu Miletiću, general Ilija Ćeranić je lično zapretio pukovniku Miletiću da će ga saterati u mišju rupu. Uočljivo je da su ljudi iz Hrvatske punih četrdeset godina vodili službu bezbednosti JNA. U vreme kada je Brozova reč bila prva i poslednja u kadrovskoj politici, na pitanje kako je to bilo moguće, može se dobiti samo jedan odgovor: „Tito je tako hteo!"

Služba iznad činova

Mišljenja o prvom jugoslovenskom „kosovcu", pukovniku Jefti Šašiću, podeljena su. Jedni smatraju da je ovaj bivši učitelj, prvoborac i narodni heroj, u Armiji smatran profesionalcem bez mane, bio pretežak i kao komunista i kao komandant. Prvom načelniku KOS-a i u vreme njegovog komandovanja zameralo se što je neprestano protežirao zemljake iz Slavonije. Čak su visoki oficiri imali običaj da o njegovim kadrovskim principima kažu: „Bolje je biti Slavonac, nego Zorge!"

Oni oštriji kritičari ga optužuju da je rodonačelnik staljinizma jugoslovenskog tipa. Jefti Šašiću, a i generalu Ivanu Gošnjaku, koji su uz pomoć Ozne i KOS-a likvidirali dvadesetak hiljada političkih protivnika posle rata, pripisuje se preterana revnost u „čišćenju" Armije od simpatizera IB i Josifa Visarionoviča Staljina.

Prema podacima objavljenim u leksikonu Vojna bezbednost od 1948. do 1952. godine, KOS je pred vojne sudove izveo 2.440 osoba, od čega 1.982 aktivna vojna lica (četiri generala, 1.700 oficira i 188 podoficira), zatim 200 građanskih lica, 275 bugarskih agenata, 19 rumunskih i 36 čehoslovačkih špijuna i saradnika. Zbog raskola s Moskvom i Staljinom oko 4.500 pripadnika Armije priklonilo se Staljinu, dok je iz JNA dezertiralo 263 vojnika i oficira i jedan general – Pero Popivoda.

Neposredni rukovodilac generalu Jeftimiju Jefti Šašiću te burne godine bio je, kao i ranije, načelnik Političke uprave JA, Svetozar Vukmanović Tempo. Njegovo naređenje je bilo jasno: „Sve ibeovce treba pohapsiti!"

Načelnik KOS-a je to naređenje izvršavao revnosno, jer su ibeovci za njega bili državni neprijatelji, mada lično nije trpeo što mu je baš Tempo šef. Tom prilikom Šašiću se dogodio i jedan gaf. Kada je dobio informaciju o političkom kolebanju pukovnika Vlade Dapčevića, komesara Vojne akademije, Šašić je pošao da o tome izvesti Tempa. Kako njega nije bilo, načelnik KOS-a je sve rekao njegovom pomoćniku, Branku Petričeviću Kađi, ne znajući da je on zajedno s Vladom Dapčevićem i Arsom Jovanovićem stupio u vezu sa sovjetskim vojnim izaslanicima i da pripremaju bekstvo iz zemlje. Krajem četrdesetih KOS je opet potpao pod nadleštvo Aleksandra Rankovića, jer je trebalo da funkcioniše isključivo kao politička policija. Za načelnika KOS-a dileme nije bilo, ibeovci u Armiji su bili opasnost po integritet zemlje.

Osnovnu političku orijentaciju KOS-u u progonu oficira vernih Moskvi davao je Tito, rekavši da vojni kontraobaveštajci nikad ne smeju izgubiti iz vida da brane slobodu. Zato KOS nikome nije gledao kroz prste. Preko šofera, koji su bili operativci KOS-a, general Šašić je, na primer, kontrolisao kretanje i reči i samog Tempa, i Vlade Dapčevića, i Koče Popovića. Blažo Jovanović se čak žalio Titu da Šašić i KOS hapse najviše Crnogorce, ali ga je Tito upozorio da se u to ne meša, jer on ima puno poverenja u Svetozara Vukmanovića Tempa i Jeftu Šašića.

Štiteći zemlju i Armiju od stranih službi, ali i obračunavajući se sa ibeovcima, koji su delovali spolja i iznutra, KOS je jačao u „službu za sebe", i krajem 1948. godine izrastao u „službu iznad čina". Uprava bezbednosti Jefte Šašića toliko je bila moćna, da su njeni majori hapsili generale po kućama i to noću. Po nalogu Tita, Rankovića, a zatim i Gošnjaka, načelnik KOS-a je početkom pedesetih iz vojnog života izolovao Peka Dapčevića, Kostu Nađa, Pavla Jakšića, Koču Popovića i Gojka Nikoliša. Pod optužbom da su sovjetski špijuni, uhapšeni su Andrija Hebrang i Slobodan Žujović, članovi CK KPJ, a u Armiji generali Arso Jovanović i Branko Petričević, a zatim i Vlado Dapčević i general M. Karangelovski. Milinko Stojanović, predsednik Udruženja Goli otok, smatra da je lično general Jefto Šašić likvidirao generala Arsu

Jovanovića. General Radojica Nenezić tvrdi da je KOS u Šašićevo doba, pod Brozovim nadzorom, napravio Goli otok i na njega poslao sedam hiljada oficira, od kojih su čak 43 odsto bili potpuno nevini ljudi.

U svojim sećanjima „Zabranjeno samoubistvo", proganjani oficir vojne tajne policije Tomo Žarić, piše da je upravo general Jeftimije Jef-to Šašić, podržavajući Titovu odluku o izolaciji ibeovaca, odlučio da staljiniste iz armije zatvori u kazamat Stara Gradiška, gde su robijali najokoreliji ustaški zločinci. Tako su se, prema planu Jefte Šašića, na jednom mestu našli bivši partizani i bivše ustaše, ali ovog puta sa izmenjenim ulogama, jer su sada fašisti gonili komuniste. Žarić je kao pukovnik KOS-a oteran u ovaj zatvor, jer je odbio „... životnu šansu..." da bude komandant logora za oficire. Major Vlado Lončar je postao upravnik Stare Gradiške i čovek koji je doskorašnjim kolegama voleo da kači na grudi table s natpisima „Jazbina Informbiroa". Tako je, naime, hteo, Jefto Šašić. Hapšenja u vojsci zbog IB-a izvršena su po Šašićevom ključu, koji je ovaj dobio lično od Tita. Prvi na listi bili su najhrabriji oficiri s velikim ugledom iz rata, zatim oni na višim položajima, koji se nisu izjašnjavali, i treći su bili oficiri i podoficiri kolebljivci.

Nastavnik letenja Milovan Burić iz 105. lovačkog puka u Pančevu, star samo dvadesetak godina, skinut je sa aviona, odveden na železničku stanicu i u furgonu s bodljikavom žicom prebačen u Staru Gradišku, samo zato što je neko posumnjao da će, možda, kao i njegova trojica kolega, preleteti u Rumuniju. Po krugu je nosio veliku šper-ploču s natpisom „Špijun NKVD-a!". Kako se Burić seća, najveći oficiri mučitelji iz KOS-a bili su, pored Lončara, još i Slavko Ćupurdija, Novak Kecman i Osman Horozović, kao i članovi uprave Stojan Jovanović Tesla i Đoko Miličić. Oni su terali zatvorenike da tuku jedan drugog, a da bi ih dodatno ponizili, da jedan drugom stavljaju nos u čmar.

Mada cenjen kao intelektualac koji sjajno poznaje iskustva Pariske komune, i kao načelnik KOS-a koji je nabavljao najsavremeniju stranu i domaću literaturu i koji je razvio sistem obrazovanja domaćih kontraobaveštajaca, general Jefto Šašić je optužen da je bio i veliki vojni cenzor. Disciplinovano je brinuo o svim nepodobnim tekstovima i rukopisima vojnih lica u kojima je bilo iole kritike na račun Broza i JA. Zabranjivao je štampanje politički nepodobnih vojnih dela. Među njima, dr Boško Todorović posebno ističe knjigu generala Bogdana Oreščanina *Vojni aspekti borbe za mir*. VIC (Vojno izdavački centar) odbio je da štampa knjigu, pa je ona izašla u privatnom izdanju tokom

1961. godine. Tada je bilo zabranjeno i objavljivanje kritičkih osvrta na ovu knjigu u armijskoj štampi, pa ju je dr Todorović objavio u Sloveniji.

Ima oficira koji smatraju da je Brozova koncepcija ONO i DSZ rađena i izgrađena na tezama i argumentima iz ove zabranjene knjige generala Bogdana Oreščanina. Rad KOS-a, a time i generala Jefte Šašića, međutim, na Koordinacionoj komisiji obaveštajnih i bezbednosnih službi FNRJ, kao i na Interresorskoj misiji predsednika Republike, pa i kod ministra odbrane, dobio je 1954. godine odličnu ocenu. Tada je primećeno i da KOS ima uske okvire delovanja i da ga zbog potrebe razvoja JNA treba reorganizovati i transformisati u organe bezbednosti JNA. Pokojni maršal je o tome potpisao Naredbu 14. septembra 1955. godine, a posebnim Pravilnikom je regulisano da organ bezbednosti JNA sačinjavaju: Uprava bezbednosti DSNO (Državnog sekretarijata za narodnu odbranu), odeljenja i odseci bezbednosti u jedinicama i ustanovama, oficiri bezbednosti u puku, bataljonima i ustanovama njihovog ranga. Bez obzira na svaku kasniju promenu organizacione strukture i samog imena vojne Kontraobaveštajne službe, koja je dobila ime Uprava bezbednosti (UB), ona je i među oficirima, i među civilima, i dalje imala i ima samo jedno prepoznatljivo ime – KOS.

Ova Uprava bezbednosti JNA je u vreme generala Šašića bila toliko jaka, da su od nje zazirali i oficiri JA. General Pavle Jakšić u svojoj knjizi *Nad uspomenama* smelo piše da je KOS bio savršena politička mašina za uništavanje ljudi. Doktor Boško Todorović, pukovnik u penziji, takođe, priznaje da je KOS do pedesetih godina bio snažan u JA i jugoslovenskom društvu, posebno zato jer je pokrivajući se potrebama bezbednosti ulazio i u najskrivenije i najintimnije tajne ljudi. General Radojica Nenezić je pre 1986. godine javno stavio pod sumnju zvaničnu biografiju generala Jeftimija Šašića, kada je za novine izjavio da je bivši načelnik KOS-a, 1941. godine dezertirao iz Slavonije u Srbiju. Tu je kod Pančeva uhapšen od Gestapoa, ali i pušten pod sumnjivim okolnostima. Opet se vratio u Slavoniju, gde mu je suđeno zbog dezerterstva, ali je Šašić izbegao streljanje i postao politički komesar. Sa te dužnosti u 12. Slavonskoj diviziji je po kazni smenjen. Ovo svedočenje je iskoristio general Pavle Jakšić da postavi pitanje kako je moguće da takav čovek dobije Orden narodnog heroja. Umesto odgovora, general Jakšić je u svojoj knjizi citirao ministra odbrane Ivana Gošnjaka, nekadašnjeg Šašićevog ratnog komandanta, koji je izjavio: „Čovek koji hapsi i saslušava narodne heroje, zaslužio je Orden heroja!"

Srbi protiv Srba

Prema podacima iz leksikona *Vojna bezbednost*, u 1945. godini u organima Kontraobaveštajne službe JA bilo je Srba – 47,5 odsto, Hrvata – 21,5 odsto, Crnogoraca – 15 odsto, Slovenaca – 7,5 odsto, Makedonaca – 6,5 odsto i „ostalih" – 2,5 odsto. Sličan nacionalni sastav KOS-a zadržao se i u narednim godinama. Srbi generalu Jefti Šašiću najviše zameraju što je dozvolio da na čelo Uprave bezbednosti propusti jednog Hrvata, generala Ivana Miškovića, koji je u KOS uveo nova pravila igre – progon Srba. KOS je svih ovih godina bio desna ruka vojnog pravosuđa. Njegova uloga je bila progon i istraga nad akterima krivičnih dela protiv oružanih snaga, ali i počinilaca političkog kriminala. Samo u periodu od 1945. do 1949. godine, vojni sudovi su uz pomoć vojne tajne službe pravosnažno osudili 78.398 lica. Za politički kriminal osuđeno je tačno 1.056, a za vojni 2.308 oficira i podoficira. Progoni KOS-a i vojnih pravosudnih organa umnogome su se stišali početkom pedesetih godina, kada je, na primer, do 1954. godine pravosnažno osuđeno samo 25.154 lica. Za politička dela – 6.032, a za vojna – 7.685. Od toga, među osuđenima je bilo 3.631 aktivno vojno lice, ali i oko 7.230 vojnika i civila.

U oba slučaja, međutim, pokazalo se da su KOS i vojno pravosuđe više pažnje poklanjali progonu ljudi iz naroda (vojnika i civila, posebno), nego profesionalaca iz JA. Karakteristično je, takođe, za poratni period da su KOS i vojno pravosuđe više vršili progon za politička nedela, a mnogo manje zbog dela protiv oružanih snaga, zbog čega su i ova služba, a i vojni sudovi osnovani. Time se potvrđuje teza da je KOS jedno vreme bio izrazita vojna politička policija. U prvih deset poratnih godina zbog ovih nedela izricane su i smrtne kazne. Od 6.828 lica osuđenih na streljanje, samo 115 bilo je protiv aktivnih oficira i podoficira, a 735 protiv vojnika na odsluženju vojnog roka i čak 5.567 protiv civila. To je odgovaralo zvaničnom stavu JA da su svi oblici kriminala u oružanim snagama „uvezeni spolja". Tačnije, da se kriminal u vojsci javlja samo kod lica koja u njoj privremeno rade ili koja se nalaze u njenom spoljnom okruženju. Time je dokazivana i dokazana čistota oficirskog kadra JA, a posebno njegova politička podobnost. Kontraobaveštajna služba je zato i bila štit JA.

Prema postojećoj evidenciji, koju je izučio Ljubo Mikić, stradalnik 1948. godine, po liniji Informbiroa, u Jugoslaviji su osuđene 55.663

osobe. Među njima je bilo 12 učesnika Oktobarske revolucije, 36 španskih boraca, 23 savezna i republička ministra, dva predsednika i dva potpredsednika republičkih vlada, 39 pomoćnika ministara, 36 saveznih poslanika, 21.880 učesnika NOR-a, 1.673 nosilaca Spomenice 1941, zatim 4.153 raznih funkcionera KPJ, 1.722 radnika policije i oko 2.600 vojnih lica. Ako se zna da je po nacionalnoj strukturi stradalo čak 85 odsto srpskog i crnogorskog kadra, sasvim je izvesno da je to bio politički obračun sa Srbima i Crnogorcima. Advokat Velimir Cvetić zato smatra da bi zbog stradanja ljudi u posleratnim jugoslovenskim konclogorima trebalo pred lice pravde da izađu svi živi akteri tog progona.

Često se mogu čuti mišljenja da je KOS (Kontraobaveštajna služba JNA) bio i ostao samo bezbednosni servis i Armije i države Jugoslavije. Zvanično njemu je u vojnoj hijerarhiji pridavan mali značaj, jer je u strukturi DSNO (Državni sekretarijat narodne odbrane) KOS dugo godina bio poznat kao poslednja, odnosno XII Uprava. Taj naziv Uprava bezbednosti SSNO imala je i devedesetih, iako je hijerarhijski, u ovo ratno vreme, KOS napredovao čak na četvrto mesto. Formacijski, međutim, po onome što svaka kontraobaveštajna služba u jednoj armiji treba da radi, pa i u JNA, značaj KOS-a bio je mnogo veći. Ono na čemu je KOS posebno izgradio svoj ugled, pa i moć bila je njegova bliskost s Josipom Brozom Titom.

Kako je maršal najviše poverenja imao u Armiju, to je i naredio da o njegovoj bezbednosti, a i o zaštiti najviših državnih tajni brine, pre svih, vojna bezbednost. O Titu je tokom rata brinuo njegov Prateći bataljon i lični telohranitelj Boško Čolić. To je čovek koji je, ispred Tita, bio na čelu partizanske kolone sa otkočenim pištoljem u futroli čitavog rata – sve do 1949. godine, kada je s činom majora poslat u Moskvu na školovanje. Njegovo mesto je tada preuzeo general Milan Žeželj, lični maršalov ađutant i komandant Garde, koja je izrasla iz bivšeg Pratećeg bataljona. Interesantno je, međutim, da je Tito dozvolio da general Žeželj i general Jeftimije Šašić, načelnik KOS-a, na dosta surov način uklone majora Boška Čolića iz njegove blizine. Čovek koji je na Visu potezao šmajser na Čerčila dok je Titu nudio cigaretu iz tabakere, telohranitelj koji je čuvao ulazna vrata pape Pija XII dok je u Vatikanu razgovarao s maršalom, major koji je video Staljina i Broza zajedno, proglašen je od „kosovaca" za ruskog špijuna i uhapšen 1952. godine. Naime, posle povratka sa ubrzanog školovanja u SSSR-u major Čolić je, navodno, zbog reorganizacije Titovog kabineta raspoređen za nastavnika u I Vojnoj oblasti u Nišu. Tada je dobio obećanje da će se za njega naći neko mesto u Generalštabu. Major Boško Čolić je zbog toga glasno negodovao, što su oficiri KOS-a shvatili kao pobunu protiv Armije i optužili ga za neprijateljski rad. Uoči Nove 1952. godine uhapšen je na večeri u beogradskom Domu JNA.

U zatvoru Glavnjača, a zatim Banjica, brojni islednici su tražili od ovog majora da prizna da je s Gustavom Vlahovim, bivšim šefom Titovog kabineta i maršalovim obućarom, planirao da ubije Josipa Broza po nalogu Moskve. Kako za to nisu imali dokaza, islednici su mu prezentovali podatke o njegovoj navodnoj špijunskoj saradnji s ruskim glumcem Igorom Bersenjevim tokom 1946. godine na filmu *U planinama Jugoslavije*. Boško Čolić je, po posebnom Titovom odobrenju, ovom glumcu pričao ratnu istoriju NOB-a, po kojoj je sniman film koji je naredne godine videlo 74.000 Beograđana. Kako je u filmu, koji je rađen pre donošenja Rezolucije IB-a, prikazana i sovjetska pomoć u oslobađanju Jugoslavije, to je major Čolić optužen za špijunažu i osuđen 1952. godine na smrt streljanjem. Pomilovan je i poslat da robija prvo u Bileću, a kasnije na Goli otok. Uspeo je posle pet godina da izađe na slobodu, ali su ga radnici KOS-a opet uhapsili 1958. i s grupom ibeovaca poslali u logor *Sveti Grgur*. Izlazeći iz zatvora početkom šezdesetih major Boško Čolić, prvi Titov telohranitelj, čovek koji ga je čuvao punih osam godina, morao je da tajnoj policiji potpiše izjavu da nikada u životu nije video maršala. Ogorčen na Armiju i posebno na KOS i Udbu, major je iz Beograda otišao u unutrašnjost Srbije i zaposlio se kao prodavac lozova.

Ovakav tužan kraj jednog časnog čoveka bio je cena Titovih fobija. Josip Broz je kao iskusni agent Kominterne imao profesionalnu naviku da smenjuje ljude oko sebe, čak i one u koje je imao najviše poverenja, jer je strepeo da će mu i oni jednoga dana doći glave. Strah od atentata bio je Titova mora, koju je on uspeo da nametne i rukovodiocima KOS-a i svoje lične Garde. Dolazeći iz Vršca u Beograd 25. oktobra 1944. godine, Josip Broz je želeo da se useli u Beli dvor, ali je na to morao da priček a nekoliko nedelja, dok Armija nije proverila čitav teren na Dedinju. U vreme strašnog pritiska Staljina i Moskve, armijska bezbednost je tražila načine kako da jednostavno sakrije Tita. Vladimir Dedijer svedoči kako je KOS pod komandom generala Jefte Šašića 1948. godine kopao tajne kanale od Belog dvora do Dunava. Njima bi, bilo je planirano, u slučaju ulaska Rusa u Beograd, drug Tito mogao da se povuče do reke, a odatle da čamcem prebegne u Bosnu. Novi Titov štab građen je u tajnom skrovištu na Ilidži. Kasnije su bezbednjaci iz Armije maršalu podigli tajna skloništa i komande i u Kočevskom Rogu, u Kuparima, pa zatim na Kopaoniku. Preuređivanje ostrva Brioni u Titovo odmaralište izvršeno je, kako tvrdi Josip Kopinič, pre svega iz vojnih i bezbednosnih razloga. Ostrvo je bilo izolovano, strogo kontrolisano, imalo je zdravu klimu i bilo je daleko od Beograda, u kome je bilo veoma teško čuvati Titova leđa. Vrlo je važno bilo i to što su se Brioni nalazili u Hrvatskoj, čiji su rukovodioci često prebacivali Titu da se ne odvaja od Srbije. Dolaskom na Brione predsednik Jugoslavije se odmakao od Srba, a približio Hrvatima. To je ono što su želeli i Bakarić, i Kardelj, i Krajačić, ali i generali vojne bezbednosti Šašić i Mišković. Tito je u Beogradu uvek bio okružen oficirima KOS-a, kojih je, prema svedočenju Bogdana Prijića bilo na desetine:

„... U vreme dok je šef Kabineta vrhovnog komandanta Josipa Broza Tita bio general-pukovnik Petar Babić, a i posle njega, pod direktnom komandom nalazilo se 670 osoba. Odeljenje bezbednosti ili tzv. XII Odeljenje u svom sastavu je imalo oko dvadeset oficira i podoficira. Osnovni zadatak ovih ljudi je bio bezbednosna provera svih radnika, pa i vojnih lica, koja su se kretala u blizini maršala ili su obavljala bilo koje poslove za maršala. Nijedan radnik, pa ni vojno lice, nije mogao da dođe u blizinu maršala bez saglasnosti tog XII Odeljenja KOS-a. Prateći ili oficirski bataljon, sa oficirima, podoficirima, tehničkim osobljem, kuvarima i spremačicama imao je 300 ljudi. Njegov posao je bio fizičko obezbeđivanje maršala, kud god bi išao, bilo u zemlji ili u inostranstvu. Auto-četa za prevoz i opsluživanje maršala i njegove supruge imala je oko sto ljudi. Specijalna, tzv. Žutićeva eskadrila, poznata po dugogodišnjem maršalovom pilotu, koja je u svom sastavu imala i helikoptere, brojala je oko pedeset ljudi. Ađutanti, ordonansi, ekipe lekara, maserke, laboranti za pregled namirnica, vojni tehničari za preglede objekata i predmeta za maršalovo korišćenje, još pedeset ljudi. Osoblje 'plavog voza', saloni vrhovnog komandanta, salon pratećeg bataljona, osoblje za prevoz vozila s kuhinjama i trpezarijama, brojalo je oko dvadeset osoba. Specijalno odeljenje veze, oficiri, podoficiri, tehničari za održavanje od telefonskih, teleprinterskih do radio-veza za maršala i njegove goste, imalo je oko trideset ljudi. Pomoćno osoblje u svim objektima maršalovog boravka u zemlji imalo je stotinak ljudi, a ako bi se uzeo u obzir i civilni kabinet, i lica koja su u njemu i oko njega radila, može se zaključiti da je za maršala i njegovu suprugu bila stalno angažovana ekipa od hiljadu do hiljadu i po osoba...“

Kada je maršal putovao po zemlji, na hiljade vojnika i milicionara je ležalo pored pruga i puteva kuda je on prolazio ili kuda je trebalo da prođe. Ljudi su, dešavalo se, i po šest sati ležali u snegu, čekajući da maršal prođe. Mnogi od njih nikada nisu videli Tita, a neki tvrde da je pored njih prolazio i maršalov dvojnik, general Jovo Popović. Kontraobaveštajna služba je, naime, imala dva dvojnika Josipa Broza Tita, o kojima se ni danas ništa ne zna, jer se njihovi podaci čuvaju kao vojna tajna. Prvi put, međutim, o njima se javno govorilo u Americi tek 1963. godine, prilikom Brozovog susreta s Džonom Kenedijem. Šta se tada događalo?

Posle posete Meksiku, sredinom oktobra, Tito je 1963. godine, došao u SAD. Na toj turneji trebalo je da poseti San Francisko, Los Anđeles, Vašington i Njujork. Zbog masovnih demonstracija srpskih političkih emigranata, Tito je odložio posetu Kaliforniji i zabarikadirao se u njujorškom hotelu *Valdorf Astorija*. Na insistiranje KOS-a i Udbe, u njegovom obezbeđenju je radilo osamdeset jugoslovenskih i američkih agenata. Čitava tri sprata su bila blokirana, ali su dvojica mlađih četnika uspela da dođu do maršalovog apartmana na trideset petom spratu. Istovremeno, na ulici, demonstranti su prepoznali i pretukli generala Milana Žeželja, pa je zbog ovih incidenata upućena protestna nota američkoj vladi. Odlazeći iz SAD, jugoslovenski predsednik je priredio prijem, na koji dobar deo gostiju nije došao, jer su politički emigranti, a i pojedini američki mediji objavili vest da je Tito otputovao, a da će goste primiti njegov dvojnik. Bruka kojoj je maršal bio izložen u Americi, ali i propusti koje je imao u organizaciji života na Dvoru, bili su najjače oružje koje je Jovanka Broz koristila da iz rezidencije protera Titovog čuvara generala Milana Žeželja. Time se, međutim, u statusu Garde nije ništa promenilo, jer je ona i dalje ostala sastavni deo Uprave bezbednosti DSNO, zajedno s vojnom policijom.

Neposredni povod za formiranje jedinica vojne policije, bilo je gašenje Knoja, a time i pojavljivanje problema obezbeđivanja vojnih objekata, regulisanja vojnog saobraćaja i neposredne borbe s vojnim kriminalcima i stranim obaveštajcima. Tokom manevara 1953. godine, kada više nije bilo formacija Knoja, pri pukovima formirana su posebna odeljenja bezbednosti za vojno-policijske poslove. Oktobra 1954. godine u Beogradu je došlo do masovnih studentskih demonstracija zbog povećanja cena smeštaja i ishrane u domovima. Studenti su krenuli prema centru, pa je Gardijska jedinica KOS-a, koju je vodio pukovnik Anđelko Valter, morala da spreči njihov proboj prema palati

Albanija. Kako je sredinom pedesetih, bilo više radničkih i seljačkih štrajkova i demonstracija, koje su kao i ove studentske ugrožavale i objekte JNA, to se pokazalo da vojska nema formacijske jedinice za očuvanje vlastitog, ali ni javnog reda i mira. Novi neprijatelji Armije bili su pojedini vernici, povratnici iz inostranstva, dezerteri i strani špijuni. KOS je za pet godina otkrio 170 stranih agenata, među kojima su trideset trojica bila povratnici iz inostranstva.

Narastanje potrebe Armije da se zaštiti od novih opasnosti, koje je donosilo podruštvljavanje JNA, kao i iskustva stranih službi, dovela su do proširivanja delovanja KOS-a. Zbog toga je, Odlukom predsednika Jugoslavije i vrhovnog komandanta J. B. Tita, 23. marta 1955. godine Kontraobaveštajna služba JNA preimenovana i reorganizovana u Upravu bezbednosti (UB) DSNO. Da bi se novi sistem rada UB priveo praksi, krajem aprila 1955. godine održano je u Beogradu specijalističko vojno savetovanje armijskih rukovodilaca KOS-a, kako su oficiri, a i civili, i dalje nazivali ove organe bezbednosti. Iste godine, posle analiza rada policije u stranim armijama, odlukom Vrhovnog komandanta, formirana je septembra 1955. i vojna policija JA. Josip Broz Tito je Naredbu o osnivanju i delokrugu Uprave bezbednosti JNA potpisao 14. septembra 1955. godine. Ministar odbrane, Ivan Gošnjak, potpisao je 24. aprila 1956. godine Pravilnik o organizaciji, delokrugu i radu organa bezbednosti JNA, kojim je precizirana nova nadležnost za KOS: kontraobaveštajna zaštita komandi i jedinica, ustanova JNA i namenske proizvodnje za oružane snage; otkrivanje delatnosti unutrašnjeg neprijatelja u strukturama Armije; borba protiv težih slučajeva pokušaja razbijanja moralno-političkog jedinstva u JNA; zaštita tajnosti u komandama i ustanovama kroz raspodelu obaveza i zadataka sa organima vojno-političkog rukovođenja. Zbog toga je u Državnom sekretarijatu narodne odbrane (DSNO) formirana i posebna Komisija za tajnost.

ARMIJSKE FRAKCIJE

Jačanje KOS-a, ali i širenje njegove nadležnosti, kao i saradnje s Ministarstvom unutrašnjih poslova desilo se u vreme prisnosti vojnog ministra, generala Ivana Gošnjaka, i civilnog, potpredsednika Aleksandra Rankovića, koji su važili za najpoverljivije Titove saradnike. Kako se, međutim, menjao njihov položaj kod maršala, tako su se menjali i odnosi između KOS-a i Udbe. Krajem pedesetih i početkom šezdesetih, naime, u jugoslovenskom vojnom i političkom vrhu dolazi do pojava nacionalnih podvajanja. Prema svedočenju Ivana Gošnjaka, preteranu nacionalnu osetljivost pokazivali su prvi – Edvard Kardelj Bevc, i drugi – Vladimir Bakarić, koji su već tada bili potpuno samostalni u odlučivanju o razmeštaju slovenačkih i hrvatskih kadrova. Dok su Gošnjak i Ranković „nacionalno nezainteresovani" u organima bezbednosti držali ljude proverene jugoslovenske orijentacije, Jeftu Šašića, šefa KOS-a, i Ćeću Stefanovića, ministra policije, dotle su Kardelj i Bakarić za zamenike, mimo volje ovih funkcionera, progurali Eda Brajnika, šefa Udbe, i Ivana Miškovića, zamenika načelnika KOS-a. Time je ostvaren nacionalno-republički upliv u organe bezbednosti, koji će kasnije dovesti do podele na desnu, Kardeljevu, i levu, Rankovićevu, frakciju, pa i do obračuna na Brionskom plenumu. Bio je to, u vreme prvih simptoma Titove inferiornosti, začetak političke borbe za vlast, koju su Kardelj i Bakarić započeli izolacijom maršala od Ivana Gošnjaka i Aleksandra Rankovića. Bevc je za to imao i ličnog interesa, jer je Tito 1961. hteo da ga skloni iz političkog vrha, ali se Ranković tome usprotivio. U organima bezbednosti, sistem je nagrizen prvo u SID-u (Služba dokumentacije i informacije Ministarstva spoljnih poslova), a zatim i u federalnoj Udbi. Unutar KOS-a došlo je do osamostaljivanja organa bezbednosti oko samog Tita, jačanjem pozicije pukovnika Anđelka Valtera iz Garde, koja se sve više izdvajala u službu za sebe.

Visoki funkcioner Udbe i narodni heroj Luka Vučinić svedočio je o tome kako je još 1962. godine „desna frakcija" preko federalne tajne policije prisluškivala jedan broj visokih srpskih rukovodilaca, među kojima je bio i Slobodan Penezić Krcun. Organizator ovog prljavog posla bio je Edo Brajnik, slovenački funkcioner koji će kasnije prvi dojaviti Titu kako ga, navodno, Ranković prisluškuje. Krcun je bio poznat po svojim srpskim stavovima, pa su Kardelj i Bakarić željeli da njegovim kompromitovanjem postave pitanje odgovornosti Aleksandra Rankovića. Kada im to nije uspelo, oklevetali su Leku za prisluškivanje. Čovek koji je ispred Tehničke komisije trebalo da utvrdi da li je uopšte bilo prisluškivanja u Titovoj rezidenciji, bio je general Ivan Mišković Brk, načelnik KOS-a, a čovek koji je kontrolisao kompletnu akciju otkrivanja zavere protiv Tita i Jovanke bio je Ivan Krajačić Stevo. Konkretni dokazi nisu nađeni, ali je i činjenica o postojanju nekih nerazjašnjenih telefonskih veza bila dovoljna „desnoj frakciji" da otvori slučaj Ranković.

Ko zna da li bi do Brionskog plenuma uopšte došlo da je Ranković stigao da protiv predsednika srpske vlade Slobodana Penezića Krcuna otvori partijsku istragu zbog izjave „da je Srbija prevarena". Na Ibarskoj magistrali, 6. novembra 1964. godine, srpski premijer je nastradao u saobraćajnoj nesreći kod Lazarevca. Danas ima onih koji tvrde da je Krcun ubijen i da u tome svoje prste ima i KOS, a i federalna Udba koju je kontrolisao ministar policije Milan Mišković, rođeni brat šefa vojne bezbednosti generala Ivana Miškovića. Njih dvojica su preko svojih ljudi tako dobro špijunirali Krcuna, da su znali i šta priča i šta se u srpskom narodu o njemu priča i peva. Jedini koji se Titu usprotivio zbog političke likvidacije Aleksandra Rankovića bio je ministar odbrane general Ivan Gošnjak. Maršal mu je zbog toga odmah stavio do znanja da sebi traži zamenika i naredio da pravi društvo Rankoviću u vojnom avionu na putu za Brione. General Gošnjak nije govorio na Četvrtom plenumu, jer je strepeo da se, pored kritike nekih deformacija u radu Udbe, na dnevni red ne stavi i funkcionisanje KOS-a. Nije govorio ni Vojin Lukić, bivši ministar federalne policije, jer je pored njega sedeo general Petar Babić, s pištoljem za pojasom. Odgovornost vojne tajne službe posebno je kod Tita tražio Krste Crvenkovski, predsednik Komisije CK SKJ, ali mu je maršal odgovorio da će posle Udbe i Armija doći na red. U svom izveštaju, u mnogo čemu lažnom, Crvenkovski je, doduše, naglasio da „pored Državne bezbednosti postoje i drugi i dalje zatvoreni organizmi i institucije o čemu bi CK trebalo da povede računa".

Do Titove obećane kritike Armije tj. KOS-a nije došlo, jer je septembra 1966. godine Opunomoćstvo CK SKJ u JNA donelo nedvosmisleno jasne zaključke povodom Brionskog plenuma: „Organi bezbednosti JNA nemaju nikakve veze sa zloupotrebama u vrhovima državne bezbednosti, niti s takvim deformacijama zbog kojih je državna bezbednost pokušala da se pretvori u silu iznad društva. Do toga nije moglo doći u JNA zato što njima već dvadeset godina rukovode najodgovornije starešine JNA... U sistemu komandovanja i subordinacije u JNA, organi bezbednosti nisu mogli da se izdignu u silu iznad komandovanja".

KOS prati Udbu

Branislav Pendić, iskusni obaveštajac savezne Udbe seća se da je pred Brionski plenum čitav sastav državne bezbednosti Jugoslavije bio tajno praćen od oficira KOS-a. Svi Rankovićevi ljudi su bili pokriveni, a svi radnici Udbe kontrolisani od generala Ivana Miškovića i njegovog brata Milana Miškovića, saveznog ministra policije. KOS je prvi i uhapsio inspektora Dušana Nikolića, tako što ga je namamio u Maršalat da proveri uređaje za prisluškivanje gostiju. Posle su hapšeni ostali inspektori Druge uprave Udbe, na čijem čelu se nalazio načelnik Selim Numić. Među islednicima koji su saslušavali uhapšene inspektore Udbe u Beogradu uvek je bilo i oficira vojne tajne službe, koji su kontrolisali kako teče istraga u zgradi policije u Sarajevskoj ulici. Armija se bojala Udbe, pa je oficirima KOS-a izdala naredbu o prvom stepenu borbene gotovosti, jer se general Ivan Mišković bojao da obračun sa Aleksandrom Rankovićem i Srbima može izroditi srpski politički puč. Zato je plenum i zakazan na Brionima, kako bi se KOS lakše obračunao sa Srbima na hrvatskom ostrvu i zato se na Brione putovalo ilegalno, čak preko Mađarske. Vojin Lukić je danas ubeđen da je klopka za Rankovića od KOS-a u više navrata i ranije postavljana, ali on u nju nije uletao. Najperfidniju zamku general Ivan Mišković i Ivan Krajačić Stevo postavili su Rankoviću poturanjem generala Miloja Milojevića kao političko kukavičko jaje. Milojević je, naime, 1965. godine predao lično Aleksandru Rankoviću, tada organizacionom sekretaru CK SKJ, pismo u kojem se žali na antisrpsku kadrovsku politiku u Armiji. Leka to pismo nije uzeo, ali je ono umnožavano i tako stiglo do svih visokih funkcionera partije i države. General je zbog te predstavke isključen iz SK i smenjen s dužnosti, ali je, primećuje Lukić, posle Brionskog plenuma vraćen u Partiju, što za takve grešnike nikada nije bio slučaj.

Prosto rečeno, ako je KOS imao zadatak da pohapsi čitavu jugoslovensku i srpsku Udbu, i da vrši pritisak da sami udbaši sebe progone i čiste, onda je sasvim jasno da Brionski plenum i sâm Tito nisu mogli, a ni hteli da sude o radu vojne tajne policije. Bio je to tihi rat između vojne i civilne službe, koji je Udba izgubila.

Bilo je, posle blago izrečene ocene o vojnoj tajnoj službi, čiji je prevashodni zadatak bio da štiti Tita, i nekih neslaganja s njom, ali to u Armiji nije uzimano za ozbiljno. KOS je 1966. ušao u fazu normativizacije, čime je general Ivan Mišković želeo da što više ozakoni delovanje vojne bezbednosti. Mada se zvanično tvrdi da u Upravi bezbednosti nije došlo do kadrovske čistke, kakva je zadesila Udbu, nezvanično se, ipak, tvrdi da je posle Četvrtog plenuma i JNA počela da smanjuje broj „kosovaca". U periodu od 1966. do 1970. godine, KOS su napustila 264 oficira, na raspolaganje je stavljeno 51, a penzionisano je 184 oficira. Prema ocenama samog Tita, a i CK SKJ, da je Jugoslavija beskonfliktno društvo i da u njemu treba prigušiti delovanje tajnih službi, pa i KOS-a, došlo je do deprofesionalizacije Uprave bezbednosti JNA. Dobar deo iskusnih bezbednjaka napustio je KOS, jer su se uplašili da i oni jednog dana ne dožive sudbinu Rankovića i njegovih udbaša. To je za posledicu imalo ubrzano slabljenje moći vojne bezbednosti i KOS nateralo da pojača svoju saradnju s federalnom službom bezbednosti, ali i faktički u Upravi bezbednosti su otvorena vrata nacionalizmu, koji je preko republičko-političkog intervencionizma u organima Udbe, počeo da se uvlači i u JNA. Ovaj virus izazvao je vrlo brzo i pucanje KOS-a upravo po nacionalnim, odnosno republičkim šavovima. To je, po mišljenju, pukovnika Aleksandra Tolara, upravo i bilo ono što je želela „desna frakcija" i njen glavni eksponent u JNA general Ivan Mišković.

Poslovi bezbednosti u Armiji bili su ona klizava tačka na kojoj su padali i obični regruti, a i generali. Već ta činjenica je dovoljno jasno ukazivala na mogućnosti (zlo)upotrebe pojma bezbednosti i njenih institucija. Svaki komandant jedinice najviše je voleo da nema mnogo posla sa oficirima bezbednosti koji su mu bili podređeni. Onog trenutka, međutim, kada je vrhovna komanda, SKJ u JNA ili načelnik vojne oblasti nalagao viši stepen budnosti, i komandant jedinice i oficir bezbednosti znali su da pronađu neprijatelje u svojim redovima i tako dokažu kako brinu o odbrani zemlje.

Taj princip vojne lojalnosti i pokornosti veoma vešto je primenjivao i general Ivan Mišković, zvani Brk, koji je kao načelnik KOS-a ovakav metod rada preneo i na svog vernog naslednika Stjepana Stipu

Domenkušića. U vreme kada je general Ivan Mišković Brk bio načelnik KOS-a, od 1963. do 1971. godine, a zatim i specijalni Titov savetnik za bezbednost, pod nadzor Uprave bezbednosti JNA stavljeni su: generali Ivan Gošnjak, Radojica Nenezić, Gojko Nikoliš, Đoko Jovanić, Mirko Bulović, Drago Pauč, Franjo Herljević, Miloje Milojević, Rade Hamović, Veljko Kadijević, Viktor Bubanj, pa i admirali Mate Jerković i Ivo Parmač i ministri Aleksandar Ranković i Slobodan Penezić Krcun. Pored njih praćeni su i prisluškivani pukovnici Alojz Ahlin i Dušan Rusić, potpukovnici Milan Knežević i Anka Vučinić-Matijašević, zatim narodni heroj Luka Vučinić, kao i Jovanka Broz. Neke od njih general Mišković je optužio da su špijuni KGB-a, a druge da su „antiarmijski element“. Koliko su te insinuacije bile jake, vidi se i po tome što su mnogi od ovih ljudi posle Miškovićevog odlaska u penziju ostali „interesantni“ za KOS.

U vreme Miškovića, od 1963. do 1971. godine, KOS je pred vojni sud doveo oko 5.500 lica koja su osuđena za dela protiv države i oružanih snaga, dok je u Domenkušićevo doba, od 1971. do 1974. godine, pred lice armijske pravde KOS doveo nešto više od 3.000 ljudi. Među njima u prvom slučaju bilo je 650, a u drugom 340 oficira. Smena ove dvojice načelnika KOS-a, Miškovića i Domenkušića, dogodila se u vreme maspoka, tako da je i u JNA ispoštovan stari Brozov politički moto da se svaki nacionalizam mora tući unutar svake nacije. Tako se dogodilo da su dva Hrvata, generali Mišković i Domenkušić, kao prvi ljudi vojne bezbednosti, morali da progone hrvatske nacionaliste unutar i van Armije. Njihov plen je, što se tiče najviših činova, bio bogat, jer su žrtve KOS-a bili i generali Ivan Rukavina i Janko Bobetko. Prodor nacionalizma u JNA omogućen je jačanjem desne frakcije unutar SKJ, političkog vrha, pa i same Armije, koju su predvodili Edvard Kardelj i Vladimir Bakarić. Među generalima pristalice nacionalnog podvajanja i republičkih armija bili su i Ivan Šibl i Stane Potočar.

Da njihovi slučajevi ne bi eskalirali u političku aferu, Kardelj i Bakarić su preko KOS-a, odnosno Miškovića, a zatim i Domenkušića, pa i njegovog naslednika Danila Ćuića umeli da amortizuju hrvatski i slovenački maspok napadom na levu frakciju, odnosno na srpske nacionaliste, rankovićevce i pučiste. Taj princip političkog obračuna u Jugoslaviji, u SKJ, i u samoj Armiji bio je legalizovan tezom da jedan nacionalizam izaziva drugi i idejom o simetriji političkih problema. Čim bi se u jednoj naciji našli politički grešnici, odmah ih je trebalo, simetrije radi, naći i u drugoj.

Operacija „Manikirana ruka"

Poštujući ovo pravilo igre, generali Ivan Mišković i Stipe Domenkušić su početkom sedamdesetih, dok je trajao obračun s maspokovcima, inscenirali puč Jovanke Broz i generala Radojice Nenezića protiv Tita, JNA i SFRJ, kome su dali tajni naziv „Operacija manikirana ruka". Prema saznanjima načelnika KOS-a, u zavereničkoj grupi su se našli major Jovanka Broz, penzionisani general Ivan Gošnjak, načelnik vojne ispitne komisije general Radojica Nenezić, njegov zamenik pukovnik Đuro Breberina, načelnik VOS-a i Više vojne akademije general Mirko Bulović, načelnik kontraobaveštajnog odeljenja Uprave bezbednosti JNA pukovnik Dušan Rusić, njegov oficir potpukovnik Anka Vučinić Matijašević i pukovnik Garde Sekula Memedović.

Bilo je malo što je KOS ove ljude osumnjičio da su na Nenezićev mig planirali da u centru Beograda izvedu gardijski puk, zauzmu Radio i Televiziju Beograd i izoluju Tita, već i da su sve to radili kao saradnici Jovanke Broz i sovjetske tajne službe KGB. Kako ni Mišković, ni Domenkušić, nisu mogli da dokažu ovakvu optužbu, počeli su izokola da uklanjaju i pritiskaju ljude bliske generalu Radojici Neneziću, ne bi li ih naterali ili zavrbovali da rade protiv „pučista". Tokom 1974. godine održano je nekoliko tajnih sednica raznih državnih komisija, jednu je predvodio Rato Dugonjić, drugu general Mitar Lojović, načelnik bezbednosti SSNO, pa general Mirko Jovanović, komandant Prve armijske oblasti.

Najpre je uhapšen potpukovnik Radovan Koronsovac, prijatelj generala Radojice Nenezića, a zatim je hajka nameštena pukovniku Sekuli Memedoviću. Mada je ovaj komandant gardijskog puka dobijao priznanja za svoj rad, čak je i bio najbolji sa svojom jedinicom u Prvoj armijskoj oblasti, njegov pretpostavljeni, Mirko Jovanović, zamerao mu je na slaboj bezbednosti, a na otvorenoj saradnji s pučistom generalom Nenezićem. Pukovnika Memedovića su oficiri KOS-a pratili i prisluškivali. To su činili i s generalom Radojicom Nenezićem. Čak je namerno često pozivan u ozvučen kabinet generala Mome Dugalića da bi se tajno snimili njegovi razgovori s komandantom generalom Mirkom Jovanovićem.

Prvog februara 1977. godine pukovnik Sekula Memedović je uhapšen u Sarajevu zbog „neprijateljske propagande". Već u aprilu je osuđen na pet godina i dva meseca zatvora. Krunski dokaz bio je tajni magnetofonski snimak iz 1972, koji nikada nije objavljen, načinjen u stanu generala Mirka Nenezića, brata Radojice Nenezića. Tada je pukovnik Memedović, navodno, rekao da bi bio u stanju da izvede gardijski puk na ulice Beograda. Videvši da će stradati, pukovnik je zatražio pomoć od Vidoja Žarkovića, tada potpredsednika Predsedništva SFRJ, ali mu je ovaj rekao: „Kad je u pitanju general Nenezić, ti nam moraš pomoći da ga raskrinkamo i zauvek eliminišemo iz Generalštaba. On je Gošnjakov čovek i velika smetnja u vrhu Armije! Dobro je što ti je glava ostala na ramenu!"

Iz ove izjave Vidoja Žarkovića sasvim jasno se vidi da je KOS pod Miškovićem i Domankušićem, a kasnije i Ćuićem, uspeo da vojni politički vrh ubedi u priču o puču Jovanke Broz i generala Radojice Nenezića i time dobije podršku za njihovo uklanjanje iz Brozove okoline. U toj bici za vlast oko Tita krajem sedamdesetih, maršalova supruga je gurnuta u kraj, dok su glavnu reč počeli da uzimaju bivši kontraobaveštajac Stane Dolanc i ministar odbrane Nikola Ljubičić. Ovaj prvi, Dolanc, sanjao je da i on jednog dana bude ministar vojske Jugoslavije. Sećajući se tih vremena, general Đoko Jovanić kaže:

„... Još 1975. godine se pričalo u Armiji ko će naslediti Tita. Ljubičić mi je govorio: 'Slušaj ti si još skojevac. Vidiš da je Tito bolestan, da Kardelj izvršava njegove, a i on je bolestan... treba nam neko mlad i vitalan...'

A to je bio Stane Dolanc. Njegov plan je bio da odvoji Tita od Armije, jer je Tito na sastancima politbiroa stalno ponavljao: 'Ja ću Armiju upotrebiti bude li trebalo. Bolje to nego da dođu Rusi...'

Dolanc i drugovi su Partiju već imali u rukama. Ja sam bio svojevremeno postavljen za saveznog ministra za odbranu. Dane Ćuić, načelnik KOS-a i Nikola Ljubičić, savezni sekretar za odbranu, bili su zbog toga kod Tita, ali su se pobunili Dolanc, Mikulić i društvo. Posle toga sam postavljen samo za podsekretara. Bio sam svedok kako je taj Dolanc sve preuzimao u svoje ruke. Primerice, dođem kod Ljubičića, a on telefonom referiše Dolancu šta se u Armiji događa. Jednom mi je tako, Ljubičić i rekao:

'Meni je Dolanc svašta napričao o Jovanki i tebi! Taman smo počeli sastanak, kad javlja se Dolanc i naređuje telefonom Ljubičiću da Đoko Jovanić odmah preda dužnost, a Jovanka Broz da se izoluje. Poručuje da je bio kod Tita, da je Tito bolestan, ali da je to Tito naredio. Ja napišem pismo Titu i predam ga Ljubičiću, a on mi ga vrati, da se Tito ne bi uznemiravao. Moje je mišljenje da je glavni krivac za čitavu aferu Stane Dolanc, pa onda i Nikola Ljubičić, koji je od straha za svoj položaj prihvatio Dolancovu varijantu izolacije i Jovanke Broz i izveo čitavu stvar. Dolancu je odgovaralo sve što je protiv Armije i Jovanke Broz. Kada sam ja smenjen, Stane Potočar nije postao savezni sekretar, već Branko Mamula... Tako je hteo Stane Dolanc. Ja mislim da Tito o čitavom slučaju uopšte nije bio obavešten!'"

Kako je savezni vojni ministar birao načelnike Uprave bezbednosti i bio lično odgovoran za rad KOS-a, to je i vojna tajna služba bila pod direktnom kontrolom ljudi Staneta Dolanca. Dolanc je svoju karijeru u KOS-u započeo krajem pedesetih, kad je s dužnosti vojnog tužioca iz Knina došao u Zagreb na mesto načelnika bezbednosti. U međuvremenu je u Moskvi završio Školu bezbednosti KGB-a i od tada bio na direktnoj vezi s pukovnikom Rakom. Na kontraobaveštajnim poslovima u Zagrebu, major Stane Dolanc je radio zajedno s kapetanom Zdravkom Keberom, koji se seća da je major Stane Dolanc odlično poznavao ustašku emigraciju, da je suzbio rad Slovenačke antikomunističke veze i da je otkrio i uhapsio engleskog špijuna, potpukovnika JNA i načelnika Štaba divizije Vladislava Cvenka u Celju. Posle tog uspeha Stane Dolanc je na intervenciju svoje tetke Lidije Šentjurc, žene Sergeja Krajgera, otišao šezdesetih godina u politiku, na mesto činovnika CK SKS, a zatim i direktora Političke škole CK SK Slovenije. Stane Dolanc je rođen 16. novembra 1925. godine u Hrasniku, u Sloveniji. Učesnik je NOB-a od 1944, kada je i primljen u KPJ. Na početku rata bio je član „Jungenbunda" slovenačke fašističke omladine, ali je to skrivao u svojoj biografiji. Kada je Dušan Doder to napisao u svojoj knjizi *Jugosloveni* 1989. godine, Dolanc ga je preko SDB SFRJ proglasio agentom CIA i zabranio mu dolazak u Jugoslaviju. Iz rata je Stane Dolanc izašao s činom kapetana, da bi zatim postao major KOS-a i 1960. poslat u „rezervu" sa epoletama potpukovnika JNA. Političku karijeru je, kažu upućeni, napravio kada je pobedničku zlatnu medalju košarkaške reprezentacije Jugoslavije sa Svetskog prvenstva u Ljubljani poklonio lično Titu. Predsednik Jugoslavije bio je oduševljen ovim gestom, pa je stalno pitao za druga Dolanca iz Ljubljane. Tako je Stane Dolanc prešao u Beograd i postao sekretar CK SKJ, pa član Izvršnog biroa CK SKJ, pa ministar federalne policije, član Predsedništva SFRJ i predsednik Saveta za zaštitu ustavnog poretka i suvlasnik privatne firme *Nova*. Postao je jugoslovenski penzioner koji bere pečurke na Kranjskoj Gori i piše memoare o svojoj vladavini u Beogradu. Njegov drug Zdravko Keber iz odeljenja zagrebačkog KOS-a za Italiju i Austriju otišao je u Višu vojnu akademiju.

Posle školovanja Keber je postavljen za komandanta bataljona u Bjelovaru s činom kapetana prve klase. Bila je to, seća se Keber, 1969. godina. Hrvatski nacionalizam je već počeo da se oseća. Širom republike su osnovani klubovi Matice hrvatske, pa ga je general Bogosav Berić, načelnik Uprave bezbednosti Pete armijske oblasti, prekomandovao u Sisak za oficira bezbednosti u Šestu banijsku diviziju. U to vreme komandant Pete vojne oblasti bio je general Đoko Jovanić, a načelnik Komande general Janko Bobetko. Kada su sisački nacionalisti čuli da je u kasarnu divizije došao novi oficir KOS-a, i to Slovenac, na mesto Srbina Vite Radenkovića, potpukovnika, dočekali su ga dobrodošlicom i uverenjem da će major Zdravko Keber biti nacionalno neutralan. Prevarili su se. Kako je CK SK Hrvatske preko noći ukinuo postojanje Službe državne bezbednosti, pa je Dragan Ranišić, načelnik SDB Sisak „pobegao" u kasarnu, major Keber je preuzeo njegovu kompletnu arhivu i dosijea o hrvatskim nacionalistima. Početkom sedamdesete, Matica hrvatske u Sisku, koju su vodili predsednik Ivan Dnjeper i zamenik Đuro Brodarac, narasla je s tridesetak na pet hiljada članova. Tome je najviše doprinelo masovno upisivanje radnika Rafinerije, koje je lično pratila Savka Dabčević-Kučar.

Drski general

Maspokovcima u Sisku, međutim, suprotstavili su se ljudi iz Železare, pre svih direktor Norbert Veber, njegov zamenik Stevo Končar, član CK SKH Sjepan Žalac i predsednik SK Železare Drago Hemadi, kao i kadrovik Đuro Jović. Oni su sarađivali s majorom Zdravkom Keberom i čak finansijski pomagali KOS, tako da je Armija sasvim precizno znala šta se dešava u redovima Matice hrvatske u ovom gradu. To je, međutim, znao i general Janko Bobetko, koji je često obilazio i diviziju, i svoju rodnu kuću, i sisačke maspokovce. Nekad je to radio javno, a dosta često i tajno. Dva puta je general Bobetko, u odsustvu generala Đoke Jovanića, specijalnim naređenjima smenjivao s dužnosti oficira KOS-a majora Kebera, a treći put mu je spremao i noćnu seobu za Sloveniju. U više navrata je javno, pred oficirima u diviziji tražio da se major bezbednosti istera iz kancelarije ili da se promeni sala za razgovore, jer ju je, navodno, KOS ozvučio da bi prisluškivao hrvatskog generala.

Bile su to samo provokacije kojima je ovaj član CK SK Hrvatske želeo javno da dokaže kako i KOS, kao i SDB, treba proterati iz zagrebačke vojne oblasti zbog kršenja ovlašćenja. Zdravko Keber je sve takve provokacije izdržao, jer je imao podršku generala Đoke Jovanića. Jednom prilikom, na proslavi rođendana braće Radić, čak je i Mika Tripalo odbio da drži govor jer je pored njega za stolom sedeo oficir KOS-a.

Preko svojih ljudi ubačenih u Maticu hrvatsku, major Zdravko Keber je uspeo da sazna sve o planovima Đure Brodarca, tada komandanta Omladinskih jedinica Hrvatske, za naoružavanje 350 maspokovaca, tj. pretvaranje Teritorijalne odbrane Siska u republičku vojsku. Sedma banijska divizija je ovu akciju sprečila i general Bobetko i Mika Tripalo to nisu mogli oprostiti majoru Keberu. Načelnik komande je otvoreno tražio od komandanta Pete armijske oblasti da se ovaj oficir KOS-a smeni.

Definitivni udarac hrvatskim nacionalistima KOS je u Sisku zadao u jesen 1972. godine, kada su major Zdravko Keber i kapetan Bogoljub Petrović, preko radnika iz Rafinerije, otkrili u jednom zidu bunker s tajnim spiskovima za likvidaciju, izolaciju i izgon Srba. Na tom spisku je bilo tri hiljade imena, od čega je 560 Srba bilo određeno za klanje. Spisak su potpisali Ivan Dnjepar i Đuro Brodarac, koji su pored toga izdali i precizno uputstvo o hapšenju oficira JNA i njihovoj likvidaciji.

Sav taj materijal, seća se danas pukovnik Zdravko Keber, dostavljen je generalu Ivanu Miškoviću, odnosno Titu, i na osnovu njega maršal se definitivno odlučio da s političke scene ukloni sve tadašnje hrvatske lidere i generale šoviniste. Svestan te činjenice, major Keber je otišao direktno u kabinet Janka Bobetka, preneo mu odluku o suspendovanju sa dužnosti načelnika komande Pete vojne oblasti i naredio mu da preda lično naoružanje. Time sam ja njega suspendovao, a ne on mene seća se major Keber.

Život se, međutim, ružno poigrao sa Zdravkom Keberom. Ljudi koje je on razoružavao danas su opet na vlasti. Janko Bobetko i njegov sin Ivan Bobetko su glavnokomandujući ustaškim jedinicama na Kupresu. Đuro Brodarac je načelnik policije u Sisku, dok je pukovnik Zdravko Keber penzioner. Posle likvidacije maspoka, naime, ovaj oficir KOS-a je prebačen u kabinet maršala i postavljen za ordonansa. Dužnost mu je bila briga o fizičkom obezbeđenju Josipa Broza Tita. Zajedno s rukovodiocima Garde i Šestim odeljenjem SSUP-a, potpukovnik Keber je sprovodio planove obezbeđenja vrhovnog komandanta.

U slučajevima kada su Tita posećivali strani državnici, Zdravko Keber je bio njihov ađutant, tako da je za tri godine rada u kabinetu bio s carom Hailem Selasijem, Vilijem Brantom, Gadafijem, Jaserom Arafatom, Brežnjevom, Sukarnom, Suhartom, Makariosom, Niksonom i Kisindžerom. Kako sam pukovnik Keber reče:

„Ja sam ovim ljudima čuvao leđa."

Samog Tita čuvao je bez pištolja, u civilu, dok je strane goste pratio u uniformi i s gasnim pištoljem u futroli. Nikada nije bio u nezgodnoj situaciji, sem 1975. kad su dvojica Šiptara iz Peći pripremala atentat na maršala, ali ih je KOS na vreme otkrio i uhapsio. Titu je organizovao lov na medvede, a diplomatama na fazane u Karađorđevu. Otvarao je za njega boce skupog viskija, degustirao ga, a i ispijao sa oficirima, jer nijedna otvorena boca nije smela da stoji u kabinetu. Jovanka Broz se zbog toga ljutila, jer nije bilo viskija za njene gošće.

Negde sredinom sedamdesetih u Sarajevu je održan redovni godišnji prijem stranih vojnih izaslanika, čiji je domaćin bila Komanda Prve vojne oblasti. To je, kako to inače biva na svim skupovima vojnih obaveštajaca, KOS iskoristio da pregleda i snimi sadržaje kofera i akten-tašni svojih gostiju. Dok su vojni izaslanici i atašei stranih zemalja u velikoj sali hotela *Bosna* pažljivo slušali izlaganje svojih domaćina, pukovnik Zdravko Keber je ušao u sobu bugarskog generala. U njegovoj tašni, međutim, našao je samo par prljavih gaća i snimio ih na mikrofilm, kako bi njegovi šefovi videli kakvim prljavim poslom mora da se bavi u KOS-u. Kada je, međutim, pukovnik pokušao da izađe iz sobe bugarskog generala, u hodniku se pojavio jedan američki oficir koji je tajno ušao u sobu sovjetskog generala, dok je samo minut kasnije sovjetski pukovnik ušao u sobu američkog vojnog atašea. To opšte špijuniranje završilo se večerom na kojoj su se pukovnici i generali smejali jedan drugom prepričavajući potajno kakve ko nosi gaće i čarape.

Početkom osamdesetih pukovnik Zdravko Keber je imenovan za načelnika Škole bezbednosti u Pančevu, koju su završili mnogi oficiri KOS-a. Bilo je to generalsko mesto, pa je i Keber očekivao da će dobiti i taj najviši čin. Umesto toga zapao je u nevolje, jer su ga Grubišić, načelnik KOS-a, i ministar odbrane, Branko Mamula, stavili na crnu listu. Bio je to početak osvete za događaje u Sisku. Proglašen je za velikosrpskog nacionalistu i nepouzdanog oficira KOS-a. General Grubišić slao je u više navrata svoje ljude da montiraju tajne mikrofone za prisluškivanje u njegovim službenim prostorijama:

„Pratili su me moji dotadašnji đaci sa zadatkom da vide šta radim, s kim se družim, o čemu pričam. Kada nisu našli ništa čime bi dokazali svoju tezu o mojoj sklonosti srpskim nacionalistima, lično admiral Branko Mamula mi je poručio da se okanim one strankinje koja me posećuje."

Bila je to žena-agent koju je Keber vrbovao, ali su načelnik KOS-a i ministar odbrane na njenom primeru pokazivali da je pukovnik Zdravko Keber ženskaroš. Pod takvim pritiskom, pukovnik Zdravko Keber se povukao iz Škole bezbednosti u jedno odeljenje za pitanja granica u Generalštabu i tu sačekao penziju 1990. godine.

Juriš na Jovanku

Početkom sedamdesetih, sa oko dve hiljade zaposlenih, KOS je izrastao u ofanzivnu službu, jer je 77 odsto njegovog sastava činila operativa, a samo 23 odsto birokratija i rukovodstvo. Polovina zaposlenih bili su školovani i stručni oficiri. Kadrovi vojne bezbednosti jesu bili iskusni, ali i prestari, jer je čak 37,6 odsto njih bilo planirano za penzionisanje. Trećina njih bili su srpskog porekla. Najveći problem Uprave bezbednosti JNA je bio osipanje kadrova, što se posebno osetilo posle odlaska 500 kontraobaveštajaca. Da bi se taj kadrovski vakuum popunio, KOS je uvećao svoje formacije, ali i pomerio rok za penzionisanje.

Danilo Dane Ćuić, koji je nasledio Stjepana Domenkušića 1974. godine na mestu načelnika KOS-a, nije bio profesionalni kontraobaveštajac. Od bezbednosti više ga je interesovala armijska politika i SKJ, kao i izvršavanje Titovih naređenja. Govoreći o bezbednosti, Josip Broz je na manevrima „Sloboda 71." decidirano rekao: „U interesu bezbednosti i odbrambene sposobnosti naše zemlje, mi se s protivnicima našeg društvenog sistema moramo obračunati organizovano i efikasno, imajući u vidu i to da su oni, više ili manje, uvek povezani sa spoljnjim neprijateljem. U borbi protiv tih snaga, pored naše idejno-političke akcije, mi ćemo koristiti sva sredstva, ne ustručavajući se ni od najoštrijih mera..." To je, po Danetu Ćuiću značilo da KOS treba da čuva Josipa Broza, čak i od njegove supruge Jovanke. U neobjavljenom prilogu za list *Narodna armija* general-pukovnik Dane Ćuić o odnosu Jovanke Broz prema Titu kaže sledeće:

„... Tokom referisanja i susreta s drugom Titom meni su ostala u sjećanju dva-tri mučna, teška susreta, kada smo nalazili druga Tita neraspoložena, utučena, zabrinuta. Govorio je da je situacija na dvoru nesnosna, da nema uslova za rad, da sve to što se preduzima ne daje rezultate. Prešao je osamdeset godina, njemu je trebao mir, a on ga nije imao. Rekao sam mu: ʼDobro, druže Tito, da li bi mi nešto mogli vama pomoći?ʼ Moguća je bila promena personala i uslova rada, a ako treba i da se Tito zaštiti, jer smo se bojali da ne dođe u fizičku opasnost. On je govorio da to ne dolazi u obzir, da ne veruje da bi bilo kakve promene na Jovanku Broz pozitivno delovale. Sukob između Jovanke Broz i predsednika Republike poprimio je šire razmere naročito posle 1974. godine. Saznanja o tome izlazila su i van rezidencije, pa je KOS morao da interveniše. To je postalo predmet interesovanja kako unutar zemlje, tako i u inostranstvu, u prvom redu raznih obaveštajnih centara. Spekulacije su išle ka tome da se sve to prikaže kao sukob u političkom i državnom vrhu zemlje, a ne kao lični odnos Jovanke i Tita. To se dovodilo i u vezu s ʼposttitovskim danimaʼ, ko će ga naslediti kada umre? Da Jovanka Broz nije bezazlena, da ima odgovarajuće političke pretenzije da uzme vlast. I da su te ambicije kod nje podgrejavane od pojedinaca ili određenih snaga.

Definitivni raskol je bio kada je drug Tito pošao u Kinu, jer je Jovanka zahtevala da u delegaciji ne budu neki ljudi. Stane Dolanc i još neki. To je druga Tita razljutilo. Do tada su se ipak održavali kakvi--takvi odnosi. Oni su bili puni prekida, trauma, sukoba, nesporazuma. Tito je odlazio povremeno negde da radi, izbegavao je sukobe. Tada je bio definitivan sudar i raskid. Drug Tito je bio čvrsto uveren da se ne radi o političkim pretenzijama Jovanke, da je to borba za vlast. Naravno, nije on odbijao da postoji neka ambicija, želja za nekakvim afirmisanjem. To je bila njegova procena, da je dosta mlađa žena, pružila joj se velika šansa, velike mogućnosti, da je ona to delom iskoristila. Inače je malo samosvojna, ni sa kim ne može. Prilikom dolaska na referisanje kod Tita, ja sam već po osoblju znao atmosferu, jer je osoblje koje je bilo bliže, bilo vrlo upućeno u to. Oni su činili sve da mu olakšaju situaciju. Ljubičić ih je držao da ne padnu pod uticaj Jovanke. Koliko god su oni ispoljavali brigu za Tita, ipak ono najintimnije nije moglo da mu se pruži. Vrhovni komandant mi je rekao da je nemoguće tako živeti: ʼJa samʼ, reče Tito, ʼpobjegao. To je ludnicaʼ.“

SVEMOĆNI ADMIRAL MAMULA

Za KOS sedamdesetih godina neprijatelji su bili liberali, anarholiberali, ultralevičari, pripadnici studentskih pokreta, članovi klera, intelektualci i strani špijuni. Oficiri bezbednosti, međutim, za pet godina šefovanja generala Ćuića osetili su da se radi o pismenom i razumnom čoveku. O tome govori i jedna anegdota. Krajem 1978, oficiri KOS-a pokušavali su u više navrata da se ušunjaju u ambasadu Velike Britanije kako bi iz kancelarije vojnog atašea uzeli važne podatke o aktivnosti engleske tajne službe MI6. U tome ih je neprestano ometao jedan pas privezan u dvorištu ambasade. Ne znajući kako da opravdaju svoj poslovni neuspeh, oficiri su se požalili generalu Ćuiću kako ne smeju da „neutrališu kuče", jer bi to Englezima bilo sumnjivo. Načelnik KOS-a, Danilo Ćuić im je tada dao kratak savet: „Uspavajte to kuče pola sata i završite posao, dok je ambasador sa svojim korom u pozorištu!"

Bez obzira na ljudsku i profesionalnu dobrotu generala Ćuića, pukovnik Sekula Memedović ga smatra odgovornim što je dozvolio da ga generali Ivan Mišković i Stjepan Domenkušić prevare i uvuku u obračun s ljudima generala Ivana Gošnjaka. General-pukovnik Dane Ćuić bio je načelnik UB SSNO sve do 1979. godine.

Kada je general-pukovnik Branislav Joksović nasledio Daneta Ćuića, vodio je Upravu bezbednosti JNA samo godinu dana, od 1979. do 1980. godine, jer tada mu je prestala aktivna vojna služba. Načelnik Joksović je bio poreklom iz Požege. Rođen je 1920. godine, predratni student prava, prvoborac, politički komesar Druge proleterske brigade i Druge proleterske divizije. Posle rata bio je na funkcijama načelnika u Personalnoj upravi GS JNA, a na mesto šefa vojne tajne policije došao je s mesta načelnika Regrutne uprave GS JNA. Istovremeno je bio član Opunomoćstva CK SKJ za JNA, član Kontrolne komisije SKJ i poslanik Savezne skupštine. Završio je Višu vojnu akademiju i poput mnogih ratnih kadrova bio je nosilac visokih priznanja i odlikovanja. U vreme kada je general Branislav Joksović vodio UB JNA, začet je novi talas nemira u Jugoslaviji, koji su započeli smrću Josipa Broza

Tita i demonstracijama na Kosmetu. KOS je zajedno sa svim ostalim jugoslovenskim tajnim službama radio na obezbeđivanju gostiju iz čitavog sveta, koji su došli da se poslednji put pozdrave s predsednikom SFRJ. Na tom zadatku radilo je 5.000 radnika bezbednosti, kao i kompletni sastavi ministarstava unutrašnjih poslova, pa čak i Teritorijalne odbrane. Savez komunista Jugoslavije je posebnim dežurstvima u preduzećima angažovao sekretare OOSK da čuvaju red, mir i bezbednost u radnim kolektivima. Sahrana Josipa Broza Tita bio je jedan od najsloženijih zadataka za organe bezbednosti, ali je uz dobru organizaciju i pomoć stranih službi, izveden rutinski i bez incidenata.

Kosovski nemiri, međutim, stavili su KOS pred jedan drugi problem, upotrebu sile prema domaćem stanovništvu. Tada je na čelu KOS-a već bio novi Hrvat, general-potpukovnik Jere Grubišić. Samo za godinu dana broj nacionalističkih ispada, pa i napada prema JNA uvećan je za pet puta, što je stavilo pred iskušenje čitavu Upravu bezbednosti. Šiptarski nemiri na Kosovu 1981. godine posle desetak godina digli su jugoslovenske službe bezbednosti iz letargije i naterali ih da se aktivno uključe u jurnjavu za državnim neprijateljima. U to vreme, već na osnovu tajne studije centra *Maršal Tito* na Banjici, analitičari JNA ozbiljno su upozorili ministra odbrane i načelnika Generalštaba da je za borbenu gotovost Armije u zemlji najveći neprijatelj narastajući nacionalizam, a u svetu teroristička aktivnost antijugoslovenske emigracije u saradnji sa stranim faktorom. U skladu s tim upozorenjima, KOS je uspešno i čistio teren od albanskih šovinista i stranih agenata. Od 1981. do 1985. godine, kad je na čelu Uprave bezbednosti SSNO bio general Jere Grubišić, u JNA je pokrenuto 305 postupaka protiv aktivnih vojnih lica albanske narodnosti. Bili su to uglavnom vojnici. Istovremeno, na optuženičkoj klupi našlo se i 49 vojnika hrvatske, 38 srpske, 9 slovenačke i 7 muslimanske nacionalnosti. General-potpukovnik Jere Grubišić je, kao i general Joksović, pripadao staroj armijskoj gardi. Rođen je 1924. godine kod Šibenika, poticao je iz seljačke porodice. U NOR se uključio 1942. godine, a u KPJ godinu dana kasnije. Bio je komesar čete, a zatim oficir bezbednosti, pa zamenik načelnika i, najzad, načelnik KOS-a. Penzionisan je 1986. godine.

Tada je JNA imala oko 35.000 oficira i podoficira i čak 300.000 vojnika. U organima bezbednosti bilo je oko deset odsto svih oficira. Još prema Titovoj zamisli taj broj je trebalo svesti na 200.000, kako bi Armija bila efikasnija i ubojitija. Na poljuljano bezbednosno stanje u Armiji uticale su i sve učestalije krađe oružja i vojne opreme, oko stotinu slučajeva godišnje, a zatim i bekstva dezerterstva, odbijanje služenja vojnog roka iz verskih razloga, kao i odavanje vojnih tajni, pa i klasičan kriminal. Vrhunac te nestabilnosti dostignut je 4. septembra 1987. godine u slučaju V. P. 7518 Paraćin. Tada je Aziz Keljmendi u kasarni *Branko Krsmanović* masakrirao usnule vojnike. Ubijeni su na spavanju vojnici Srđan Simić iz Beograda, Hazim Džananović iz Kočica, Safet Dudaković iz Orahova i Goran Begić iz Zagreba. Ranjeni su vojnici Anto Jazić, Petar Đekić, Andreja Prešern, Huso Kovačević, Nadžid Mehmedović i Nazif Adžović. Za ovu tragediju KOS nije preuzeo odgovornost, mada oficiri bezbednosti danas govore da je do zločina došlo jer nije na vreme uspostavljena nikakva poverljiva veza s vojnicima šiptarske narodnosti. U međuvremenu, u špijunsku mrežu stranih država uhvaćeno je 36 Jugoslovena, a među njima i jedan oficir, jedan mlađi oficir, jedan demobilisani poručnik i šest vojnika. Pored toga što je KOS krajem osamdesetih počeo da otkriva pored albanskih ilegalnih grupa i slovenačke, posebno grupe pank-nacista, ta njegova ocena o nacionalističkoj opasnosti iznutra, omalovažavana je i pretakana u zaključak o „privremenom, vojničkom i spolja unesenom nacionalizmu u Armiji". Bio je to ozbiljan simptom zanemarivanja funkcije i same Uprave bezbednosti SSNO, koja je kadrovski osiromašena, a u nadležnosti nije smela u bezbednosnim proverama da ide dalje od čina kapetana. Gotovo svi ozbiljniji slučajevi ugrožavanja bezbednosti JNA i SFRJ rešavani su kabinetski. Visoki oficiri, a posebno generali i admirali, s bezbednosnog aspekta u vreme Branka Mamule, a i Veljka Kadijevića, postali su jednostavno za KOS nedodirljivi.

U jedinicama je razvijen poltronski odnos oficira bezbednosti prema komandatima, jer su formacijski bili u zavisnom položaju. Rad, a i karijera ljudi iz KOS-a, u jedinicama zavisili su od ocene komandanata, što je, s jedne strane, uništilo objektivnost, a s druge, omogućavalo širenje nacionalizma i među vojnicima i među oficirima. Moć pojedinih starešina bila je tako velika, da su organi bezbednosti u nekim slučajevima bili čak i privatizovani. To se posebno osećalo prilikom izbora i imenovanja pojedinih starešina za koje je KOS dao negativan sud, ali su oni pored toga, pod uticajem ministra ili republičkih političara, postavljani na visoke dužnosti. Posledice lošeg kadrovskog izbora i uspavanosti KOS-a, međutim, brzo su se osetile, jer su bile očigledne. Za četiri godine, prema podacima Uprave bezbednosti, JNA je uspela da otkrije i na sud izvede samo 49 vojnika Hrvata, 38 Srba, 9 Slovenaca i 7 muslimana, okrivljenih za nacionalizam i šovinizam. Od ukupnog broja albanskih nacionalista u Armiji krivično je gonjeno samo 5,8 odsto, a među kradljivcima vojne opreme i naoružanja KOS je otkrio, a sud kaznio tek svakog drugog. Bez obzira na nagli rast delinkvencije unutar i prema Armiji, rukovodstvo JNA je u više navrata donosilo pozitivne ocene o radu Uprave bezbednosti. To je učinio i general Nikola Ljubičić, tada savezni sekretar za narodnu odbranu, ali i Kolegijum saveznog sekretara i Vojni savet, kao i Predsedništvo Komiteta i sâm Komitet organizacije SKJ u JNA. S tom ocenom, izrečenom 24. decembra 1982. godine, upoznate su sve komande armijskih oblasti i garnizona u Jugoslaviji. Da paradoks bude veći, sve se to dešavalo u trenutku kada je jugoslovenski parlament inaugurisao novi Zakon o opštenarodnoj odbrani, Zakon o osnovama sistema državne bezbednosti, kao i druga akta kojima je proširivana oblast samozaštite u SFRJ.

Početkom osamdesetih savezni sekretar za narodnu odbranu postao je admiral Branko Mamula. Oficiri bezbednosti se danas sećaju slučaja pukovnika Milana Damjanovića, koji je na ličnu intervenciju Branka Mamule postavljen za njegovog ordonansa, odnosno za ličnog oficira bezbednosti, mada takav položaj u formacijskom rasporedu uopšte nije bio moguć. Pukovnik Damjanović je umeo da uzvrati ministru, pa je za njegov račun u Nemačkoj kupio jedna kola, a gospođi Zlati Mamuli služio je kao lični telohranitelj i nosač. Za Damjanovića se u srpskoj tajnoj policiji znalo da je osamdeset šeste godine po JNA raznosio pismo u kome se general Nikola Ljubičić optužuje za „izdajničko" ponašanje u vreme sovjetske invazije na ČSSR. Grafološka analiza tog pisma, koja je izvršena u SDB-u Srbije, pokazala je Ljubičiću da je autor visoki oficir iz bliskih krugova admirala Branka Mamule, pa je sumnja odmah pala na pukovnika Milana Damjanovića. Posle raspada JNA u građanskom ratu, pukovnik Damjanović je jednostavno nestao iz Beograda. Tvrdi se u pravcu Hrvatske. Prema nekim saznanjima Milan Damjanović se pojavljivao u više navrata u Beogradu, čak je i hapšen od srpske Službe državne bezbednosti i saslušavan u vezi indicija da je s pojedinim visokim oficirima pripremao vojni puč u SRJ protiv Slobodana Miloševića tokom 1993. godine. Pojedini oficiri KOS-a i VOS-a posvedočili su mi da je i admiral Branko Mamula zbog toga trebalo da se nađe pred islednicima SDB-a Srbije.

Pukovnik Ljubiša Petković, kako su mi svedočili oficiri bezbednosti, bio je čovek generala Aleksandra Spirkovskog, komandanta Gardijske jedinice. Toliko su bili bliski, da su čak i popodneva provodili zajedno igrajući stoni tenis u kasarni. Petković je doveden iz Sremske Mitrovice na Topčider, za zamenika načelnika Garde, ali je svojim uticajem uspeo da s mesta šefa bezbednosti potisne pukovnika Nikolu Zečara. On je, prema rečima oficira KOS-a, bio ortodoksni karijerista. Priča se da je uz podršku generala Spirkovskog i generala Andrije Silića, koji je, takođe, službovao u Gardijskoj jedinici, uklonio desetak „neposlušnih" oficira. Jedini čovek koga nije uklonio, bio je potpukovnik Miroljub Đokić, koji je na sastancima starešina javno kritikovao slabosti u radu organa bezbednosti na Topčideru. Da bi pokazao svoju revnost u progonu neprijatelja, pukovnik Ljubiša Petković je, navodno, otkrio u jednoj jedinici Garde grupu šiptarskih nacionalista. Potpukovnik Đokić je, međutim, otkrio da se radi o nameštaljki i da će načelnik bezbednosti nagraditi s petnaest dana odsustva jednog Šiptara ako napiše nekoliko velikoalbanskih letaka i podeli ih svojim zemljacima. Na tu zamku su natrčala četiri vojnika i zbog albanskog nacionalizma poslati su na vojni sud i osuđeni na robiju. Samim tim stvoren je utisak da je ta gardijska jedinica „centar albanskog nacionalizma". Izvedeno je nekoliko takvih slučajeva, pa je, kada ih je potpukovnik Đokić raskrinkao, morao lično da interveniše i general Aleksandar Spirkovski kako bi čitavu „nameštaljku" zataškao. Time je i ovaj oficir postao „dodatni neprijatelj" pukovnika Petkovića.

Slične manire primenjivao je i pukovnik Branimir Milovanović, za koga se sumnja da je preteranu ažurnost naplatio dobijanjem stana preko reda. Na drugoj strani, bundžija potpukovnik Miroljub Đokić je stavljen na raspolaganje, a zatim prebačen u saobraćajni sektor, samo da bi se ućutkao. Ljudi koji su tih godina radili u Gardi, tvrde da je većina oficira bezbednosti pošteno radila svoj posao i da nisu bili skloni karijerizmu, ni žrtvovanju vlastitih kolega. Oni su imali običaj da citiraju poznatog sovjetskog špijuna Abela: „Tajni agent mora da ima hladnu glavu, vruće srce i čiste ruke!"

Oficirima bezbednosti osamdesetih godina bilo je zabranjeno da između sebe govore o slučajevima neprijateljstva, sem kada je reč o službenim susretima. Izveštaji su slati Upravi bezbednosti SSNO, odnosno Generalštabu i ministru odbrane, tako da su operativci znali samo za ono na čemu su radili. Čim bi slučaj predavali komandantu, više nisu mogli da prate njegovu sudbinu, a dešavalo se da se bezbednosna istraga, čak i protiv nekih generala, jednostavno u komandi ili SSNO prekine. Zato se i moglo dogoditi da u vojnom vrhu KOS nikada nije otkrio nijednog špijuna, a ni nacionalistu, sem generala Antona

Tusa i generala Martina Špegelja, dok ih je među nižim oficirima bilo. Takav „državni neprijatelj" bio je, na primer, i niški pukovnik Dragan Popović, kad je početkom devedesetih pokušao da formira zavičajnu organizaciju Kordunaša pod imenom „Tromeđa".

KOS snima Miloševića

Pojava Slobodana Miloševića na političkoj sceni 1988. godine, izazvala je veliko interesovanje vojnog vrha, koji se trudio da preko KOS-a otkrije ko su ljudi, pa i institucije koje podržavaju novog srpskog lidera. U taj posao direktno je bio umešan i admiral Branko Mamula sa svojim kontraobaveštajcem Milanom Damjanovićem, jer je Milošević, kako se tada smatralo, bio pulen generala Nikole Ljubičića, koga admiral flote nije mnogo voleo, ali ga je poštovao kao protivnika. Zagovornici SFRJ smatrali su Miloševića opasnim, pa su pokušali da što pomnije prate njegovu delatnost preko njegovih saradnika. Kontraobaveštajna služba je tajno pratila i prisluškivala neke srpske ministre i načelnike službi u vladinoj administraciji. Mnogo udela u tome imao je Ilija Ćeranić, tadašnji načelnik KOS-a JNA i posebno šef Službe bezbednosti SSUP-a Zdravko Mustač, koji je bio zvanični koordinator službi bezbednosti u SFRJ. U poratnom periodu KOS i SDB najtesnije su sarađivali iz dva razloga. Prvo, broj oficira bezbednosti je bio bitno smanjen na samo 0,3 odsto od ukupnog broja pripadnika JNA, a drugo, u takvoj situaciji ne mogavši da pokriju čitav „teren", oficiri su morali da traže u republikama pomoć lokalnog SDB-a. Po nacionalnom ključu i JNA i KOS i SDB bili su nacionalno gotovo čisti. U Sloveniji i Hrvatskoj posebno, jer su komandanti bili ljudi iz tih krajeva. Jugoslovensko poverenje, koje je građeno četrdeset šest godina a srušeno za noć, plaćeno je prevarama i izdajama. Komandant TO Slovenije, Edo Pavčić, nekada oficir KOS-a, postao je nacionalista i komandant snaga koje su pucale na vojnike i oficire JNA u Sloveniji.

Iz šeme doktora Obrena Đorđevića vidi se da se sistem bezbednosti u Jugoslaviji 1990. godine, pred razbijanje SFRJ, oslanjao na tri stuba bezbednosti pri ministarstvima odbrane, policije i spoljnih poslova. U JNA, gde je komanda podeljena na SSNO (ministarstvo) i Generalštab (operativna komanda), i sistem bezbednosti je podeljen na Dvanaestu upravu bezbednosti, poznatiju kao KOS (Kontraobaveštajna služba) pri SSNO, i na Drugu upravu Generalštaba, tj. Vojnoobaveštajnu službu (VOS) pri samoj komandi. Zadaci KOS-a su krajem osamdesetih i početkom devedesetih bili otkrivanje i sprečavanje neprijateljskog delovanja „napolju" i „unutra", kao i zaštita odbrambenog sistema zemlje. Za potrebe rukovodstva države KOS je vršio sistematizaciju informacija o zbivanjima u društvu, ali i u Armiji, kao i podataka o neprijateljskim aktivnostima. Pored dnevnih informacija, Uprava bezbednosti je radila i analitičke procene o mogućim kretanjima na tlu Jugoslavije i u Evropi vezanim za bezbednost zemlje. Kada je započeo građanski rat u SFRJ, analitičari vojne bezbednosti tražili su, na primer, odgovor na pitanje kako će se ponašati Makedonija i da li će ona biti novi front za JNA i ostatak Jugoslavije? Zato je KOS delovao i u inostranstvu, ali i u Jugoslaviji. U Upravi bezbednosti JNA radilo je tada oko hiljadu oficira. Krajem osamdesetih, načelnik bezbednosti u armiji bio je general Marko Negovanović, koji je na tu funkciju došao s mesta šefa Političke uprave SSNO kao pouzdani čovek generala Nikole Ljubičića.

Njegov zamenik je bio pukovnik Mihailo Pavličić, koji je, kao profesionalac, zapravo i vodio KOS. Pavličić je posebno bio aktivan još 1985. u slučaju Đorđa Martinovića, civila na radu u prištinskom Domu JNA, za koga je KOS utvrdio da se sâm povredio. O tome u arhivi vojne tajne službe postoji i magnetofonski snimak, ali i stenogram, na osnovu koga je i SDB Jugoslavije, tačnije načelnik tajne policije Zdravko Mustač, pa i Savezno javno tužilaštvo donelo zvanično službenu procenu o samopovređivanju, suprotnu stavovima CK SK Srbije, koji je tvrdio da je reč o fizičkom napadu albanskih šovinista. Martinovićevo priznanje dobio je za KOS njegov prijatelj i šef, pukovnik Novak Ivanović, prilikom posete u bolnici. Taj stenogram sam video kod Miloša Bakića, tadašnjeg federalnog tužioca. Slučaj Đorđa Martinovića uzbudio je srpsku i jugoslovensku javnost koja je tražila krivce, ali je umesto njih dobila jednu surovu medijsku priču samog Martinovića i njegovih advokata. Ova afera, zbog suprotstavljenih ocena, međutim, ubrzo se pretvorila i u medijski i policijski rat između SDB SFRJ, KOS-a JNA i CK SK Srbije. Služba državne bezbednosti Srbije nije učestvovala u istrazi i obradi slučaja Đorđa Martinovića, ali su učestvovali policajci iz Javne bezbednosti RSUP-a Srbije.

Zdravko Mustač je pobegao u Zagreb, mada je sedamdesetih godina vodio istragu protiv doktora Franje Tuđmana, sada pod zaštitom nemačke obaveštajne službe BND dobio je u Hrvatskoj visoko mesto savetnika za bezbednost. On je sa sobom odneo i spisak svih saradnika

SDB-a, čak i među pripadnicima KOS-a. Neki sa tog spiska su i likvidirani. Ima indicija da su KOS i pomenuti Zdravko Mustač umešani i u aferu „Sevso", sa srebrom, ali da su od svega digli ruke, kada su, navodno, osetili da su u to umešani Titov sin Miša Broz, Goran Štrok i, navodno, Mamulin sin Vlada Mamula.

Godine 1988. Jugoslavijom je vladalo kolektivno Predsedništvo SFRJ, u kome je svaki član bio zastupnik ideje o republičkoj i autonomaškoj državnosti nauštrb same Jugoslavije. Kolektivni šef države bili su Raif Dizdarević, Lazar Mojsov, Stane Dolanc, Sinan Hasani, Josip Vrhovec, Nikola Ljubičić, Radovan Vlajković i Veselin Đuranović. Premijer je bio Branko Mikulić, vojni ministar Branko Mamula, a predsednik CK SKJ, doktor Stipe Šuvar. Kako je većina njih na albanskom separatizmu proučavala mogućnost otcepljenja vlastitih republika i pokrajina, to im je pojava Slobodana Miloševića, koji se borio za jaku i jedinstvenu Srbiju, bila, ne trn, već balvan u oku. Kolektivni šef države i Vrhovna komanda, pod njim, smatrali su Miloševića anti-Jugoslovenom, Srbinom koji je oživeo velikosrpski sindrom i na koga se može prebaciti krivica za njihovo vlastito razbijanje SFRJ putem lokalnih secesija. Zato su i Predsedništvo SFRJ i SSNO dali u zadatak SDB-u SSUP-a i KOS-u JNA da budno motre na Slobodana Miloševića i njegove nosioce buđenja srpskog naroda, a posebno srpskog pokreta na Kosmetu. Jedan general, Nikola Ljubičić, tada prvi čovek Srbije, bio je isuviše veliki Jugosloven da bi mogao i želeo da spreči kontrolu i tajno uhođenje Slobodana Miloševića. Nacionalno opterećeni vojni kadrovi u Hrvatskoj, pojavom Miloševića osigurali su sebi alibi za tihi progon srpskih oficira JNA. Takav je, na primer, slučaj Đorđa Dobre, poreklom iz Benkovca, koji je tretiran kao srpski nacionalista.

Od 1950. godine, kada je postao pitomac Vojno-sanitetske oficirske škole u Ljubljani, Đorđe Dobre sticao je priznanja, odlikovanja i zvanje lekara specijaliste interniste, kardiologa, i sanitetskog pukovnika. U Vojnoj bolnici u Zagrebu, gde je doktor Dobre već decenijama zaposlen, niko nije ni pretpostavljao da bi ugledni kardiolog mogao biti neprijatelj jugoslovenske zajednice i armije. Tako je bilo sve do 1989. godine, do slučaja koji doktor Dobre opisuje:

„... Pozvan sam 28. marta 1989. godine u Komandu Pete armijske oblasti, a da nisam znao zbog čega. Odmah po dolasku u Komandu, zajedno sa upravnikom bolnice, pukovnikom doktorom Mihajlom Radovanovićem, primio me je komandant, general-pukovnik Martin Špegelj i saopštio mi da zbog političkih razloga moram organima bezbednosti dati izjavu i da od moje iskrenosti zavisi moja dalja sudbina u JNA. Komisija sastavljena od organa bezbednosti (četiri člana) na čelu s pukovnikom Boškom Kelečevićem u zgradi u Ulici Socijalističke revolucije broj pet, počela je da me ispituje. Najprije općenito, o vređanju i omalovažavanju ličnosti i djela druga Tita. Odgovorio sam da je neistina da sam ja vređao ličnost i djelo druga Tita i da o tome nemam šta razgovarati. Da bi me komisija ubjedila, pustili su mi magnetofonsku traku na kojoj se čuje nerazgovetan govor i stalno nešto šumi, a glas nema nikakve sličnosti s mojim. Na moju primjedbu da je snimanje, prisluškivanje i praćenje protivustavno i zakonom zabranjeno, pukovnik Kelečević mi je odgovorio: 'Mi imamo na sve pravo'.

Što se tiče glasa, rekli su mi da će oni sve to filtrirati i pročistiti i da će mi tada sve biti jasno. Iako više nisam slušao tu traku, sada mi je potpuno jasno kako oni filtriraju sadržaj izjave i kakvim se metodama služe. Zatim su počeli da me pitaju o raznim pojedinostima, na šta sam odgovorio da sam o tome čitao u štampi, da možemo razgovarati samo o onome što sam pročitao, ali da na te teme nisam javno nastupao, jer to nije moj posao. Pukovnik Kelečević je rekao da ćemo o tome malo prodiskutirati tada, a da će on sutra ili prekosutra doći kod mene u bolnicu, pa ćemo konačno o svemu razgovarati. Međutim, više nikada nije dolazio kod mene, nego se bacio na rad sa svojim saradnicima kako bi me što više ocrnio. Pitali su šta mislim o naučnom radu i djelu druga Tita, šta znam o greškama Tita na Neretvi i Sutjesci, o smenjivanju rukovodilaca, školovanju druga Tita, o arteriosklerozi, o počasnim admiralima Bokeljske mornarice, koliko bi Titu dao ordena narodnog heroja, da li je i Tito kriv za tešku ekonomsku i političku situaciju, šta mislim o doktoru Gojku Nikolišu, admiralu flote Branku Mamuli, Branku Mikuliću, da li je i general armije Nikola Ljubičić kriv za situaciju u zemlji, šta mislim o Anti Markoviću, kako gledam na promjene u Vojvodini i SR Crnoj Gori, da li sam rekao da Jugoslavija u poslednjih petsto godina nije imala boljeg rukovodioca od Slobodana Miloševića i da li sam pročitao *Knjigu o Milutinu*.

O naučnom radu i delu druga Tita, odgovorio sam da ja nisam nadležan da dajem sud o tome, ali da sam u tjedniku *Danas* pročitao o tužbi Jovanke Broz radi isplate autorskih honorara za sabrana djela druga Tita. Kao zaključak, u tom članku je navedeno da Jovanka Broz nema pravo na autorski honorar, pošto se Tito nije bavio naučnim radom, a da su izdate knjige djelo njegovih saradnika koji su to radili po službenoj dužnosti i u redovno radno vrijeme. Odgovorio sam da ne znam ništa o greškama Tita u toku vođenja operacija na Neretvi i Sutjesci, osim onoga što sam pročitao u *Narodnoj armiji*, od general-pukovnika Velimira Terzića, i u *Vjesniku*, od Koče Popovića. Također sam rekao da je i o smenjivanju rukovodilaca pisalo u novinama, da Tito nije volio rukovodioce koji su mu prigovarali i da je preko noći smjenio generala armije Ivana Gošnjaka, admirala Matu Jerkovića, general-pukovnika Đoku Jovanića, Koču Popovića, a da je volio poslušne – Fadilja Hodžu, Branka Mikulića, Veselina Đuranovića. I o školovanju druga Tita u Sisku, odgovorio sam da je opširno pisala dnevna štampa, kao i da je o tome govorio metalski majstor iz Siska, Major, preko RTV Zagreb.

Kao stručnjak, o arteriosklerozi rekao sam da su naučnici koji se bave tim problemom dokazali da dijete, još u utrobi majke, ima početne znakove arterioskleroze, a kada će se ona manifestovati, i u kom obliku, najviše zavisi od genetskih faktora. Na potpitanje da li je Tito imao arteriosklerozu, odgovorio sam da je i Tito bio čovjek i prema tome da je imao arteriosklerozu. Rekao sam da sam u septembru 1988. godine, pred Dan mornarice, čitao *Slobodnu Dalmaciju* i na pitanje jednog kolege, koji su to članovi Bokeljske mornarice, odgovorio sam redom kako je pisalo: počasni admiral Bokeljske mornarice su Tito, Sukarno i Idi Amin. Na potpitanje da li znam da je Idi Amin kanibal, odgovorio sam da se to mene ne tiče, jer ga ja nisam ni učlanio u počasne admirale. Na pitanje da li je, po mom mišljenju, i Tito kriv za tešku ekonomsku i društveno-političku situaciju u zemlji, odgovorio sam da sigurno (krivice) ima, s obzirom na njegove najviše tri funkcije u zemlji. Na koncu sam rekao da, bez obzira na sve negativnosti koje su iznošene u štampi o Titu, on ima šezdeset odsto pozitivnoga, a onih četrdeset procenata treba podvrgnuti naučnoj analizi i sudu povijesti. O doktoru Gojku Nikolišu rekao sam da je španski borac, narodni heroj, načelnik saniteta u JNA u ratu i nakon rata, akademik, i da ga lično znam i na osnovu toga mogu zaključiti da je izvanredan čovjek. Članovi komisije imali su primjedbe da je doktor Gojko Nikoliš potpisnik Memoranduma, na šta sam odgovorio da se to mene ne tiče.

Rekao sam da sam prilikom jedne vježbe u Rijeci saznao o gradnji vile Branka Mamule u Opatiji i da to nije vojna tajna, a ako se nešto krije i mućka, da to nije pošteno. Odgovorio sam da se general armije Nikola Ljubičić dugo nalazio u vrhu vlasti i da sigurno snosi deo krivice za ovu situaciju u zemlji, a pogotovu na Kosovu, a posebno je na mene negativno djelovao njegov pasivan stav prema otvorenom pismu Svete Letice. Rekao sam da je i o Branku Mikuliću opširno pisala dnevna štampa, naročito o njegovoj krivici za političku likvidaciju Avde Huma, Osmana Karabegovića, Hajre Kapetanovića i Čede Kapora, kao i o njegovoj vili u Bugojnu, a da druge podatke o njemu ne znam. Odgovorio sam o Anti Markoviću da mislim, kao i svaki pošteni Jugosloven, da nas on jedini, sa svojim programom, može izvući iz ove teške situacije.

Pročitao sam *Knjigu o Milutinu* i rekao sam da se u potpunosti slažem s njenim sadržajem, osim nekoliko stranica koje sadrže mišljenje o dizanju ustanka u Jugoslaviji. Dobio sam dojam da su članovi komisije potpuno neinformisani i da ništa ne čitaju jer, u protivnom, ne bi meni pripisivali da sam ja rekao to i to, kada sve to piše u novinama. Rekao sam da nije istina kako sam izjavio da Jugoslavija u poslednjih petsto godina nije imala boljeg rukovodioca od Slobodana Miloševića. Jedino sam rekao, a to mislim i sada, da Srbija u poslednjih petsto godina nije imala boljeg rukovodioca od Slobodana Miloševića, a da li će tako i ostati pokazat će budućnost. Moji su se islednici naročito zanimali za ova pitanja o Srbiji i Slobodanu Miloševiću, a na saslušanju sam bio od osam do petnaest sati."

O svemu ovome doktor Đorđe Dobre pisao je saveznom sekretaru za narodnu odbranu, ali su mu iz kabineta saveznog sekretara savetovali da sačeka ishod pred Višim vojnim disciplinskim sudom i obavestili ga da savezni sekretar, zbog prezauzetosti, ne može da ga primi. U međuvremenu, doktor Dobre je, navodno strogo poverljivom informacijom, pročitanom pred gotovo čitavom Vojnom bolnicom u Zagrebu, proglašen za neprijatelja, čoveka koji se zalaže za Veliku Srbiju itd. Pokrenut je i krivični postupak kod Vojnog suda u Zagrebu, ali je vojni tužilac odustao od gonjenja zbog nedostatka dokaza. Međutim, pokrenut je i postupak pred Vojnim disciplinskim sudom u Zagrebu i doktor Dobre je osuđen najstrože moguće na gubitak čina i posla. Presuda je doneta na osnovu izjave jednog svedoka, medicinske sestre koja je jednom nedeljno radila u ambulanti kardiologa, iako je njeno svedočenje vojni tužilac u postupku istrage kod Vojnog suda u Zagrebu prethodno ocenio kao nepouzdano. Viši vojni disciplinski sud u Beogradu potvrdio je 1988. godine osudu doktora Đorđa Dobre.

Ovaj bivši pukovnik na službi u Vojnoj bolnici u Zagrebu, rođen 1. marta 1934. godine u Perušiću, opština Benkovac, SR Hrvatska, Srbin, na službi u oružanim snagama od 1. jula 1954. godine, završio Vojnu sanitetsku oficirsku školu, medicinski fakultet, postdiplomske studi-je iz kardiologije, specijalista interne medicine, do sada nekažnjavan, čekao je da se o njegovom slučaju konačno raspravi pred Vrhovnim vojnim sudom u Beogradu. Tada je izbio građanski rat u Jugoslaviji.

Špijunska lista Srba

U hrvatskoj štampi je početkom 1991. godine, baš na osnovu poda-taka SDB-a, objavljeno dosta kompromitujućeg materijala protiv JNA i posebno protiv KOS-a. Danima su u listovima koje finansira zagre-bačka policija, *Slobodnom tjedniku* i *Globusu*, objavljivani spiskovi sa-radnika KOS-a. Na njima se našao i novinar Miroslav Lazanski, čiji je otac pukovnik JNA u penziji. Prećutano je, međutim, da su za KOS ra-dili i Imre Agotić i Josip Manolić. Da bi zaplašio vlastiti narod, doktor Franjo Tuđman je, na primer, u Saboru februara 1991. godine izjavio da se „broj agenata KOS-a u Hrvatskoj uvećao za dvesta odsto" (?!).

To je, verovatno bio dovoljan politički alibi da pojedini urednici, članovi HDZ-a u novinama objave spisak četrnaest radnika KOS-a u Sisku. Na toj listi, koja je ličila na poternicu za linč, našli su se: „Rajko Mandić, umirovljeni policajac, stanovao je pokraj vojne baze u Žažini, živi u Sisku; Jovo Crnobrnja, umirovljeni policajac, živi u Sisku, Tra-koščanska 3, telefon 41-932. Posebni zadaci za Crnobrnju bili su praće-nje obitelji Brajković iz Odre, čiji je član Josip predsjednik Općinskog HDZ-a Sisak. Mile Đukić Grbe, umro prije petnaestak dana. Bio sudi-onik rata, a s majorom KOS-a Keber Zdravkom pisao optužnicu protiv obitelji Bobetko. Interesantno je da je Đukiću upravo general Janko Bobetko spasao život tijekom rata u selu Kladan u istočnoj Bosni, što znaju preživjeli borci Sisačkog odreda. Kasnije je Đukić na sebe preu-zeo progon Janka Bobetka. Dragan Rajšić, umirovljeni službenik Dr-žavne sigurnosti, radio i kao šef osiguranja u sisačkoj *Rafineriji,* gdje je isključivo zapošljavao radnike Srbe. Živi u Sisku, Maršala Tita 4, te-lefon 22-957. Branko Pejić, živi u selu Tišina Kaptolska. Radio za KOS izigravajući velikog vjernika i odlazeći u Međugorje, Mariju Bistricu. Josip Orijević, umirovljen kao načelnik Službe državne sigurnosti, živi u Sisku, Ulici maršala Tita. Suvlasnik ugostiteljskog objekta *Quatro,* u Ribarevoj ulici pokraj sisačke gradske tržnice. Ilija Zorić, umirovljeni policajac, društveni stan ostavio sinu Milanu u Sisku, Braće Čulig 11.

Zorić povremeno dolazi u Sisak, živi negde u Lici. Stevo Grubor, umirovljeni policajac, živi u Zagrebu, Lenjingradska 19. Bio komandir SM u Sunji, radio u Republičkom SUP-u. Milorad Inđić, radio u *Željezari*, živi u Zagrebu. Nagrađen odlaskom u Sabor, gdje je do prvih demokratskih izbora bio predsednik Kadrovske komisije. Oduvijek je bio pročetnički orijentisan. Drago Harmadi, kronični alkoholičar, živi u Sisku, Đure Đakovića 16, telefon 31-885. Radio u *Željezari* kao ekonomist, bio sekretar partijskog Komiteta, prvi tražio smjenu hrvatskog rukovodstva. Tijekom uspinjanja na vlast (stigao i do Sabora) njegova supruga i jedna kćerka počinile su samoubojstvo. Rajko Radišić, na mjesto šefa osiguranja u *Željezari* na inicijativu KOS-a postavio ga Stevo Končar. Isticao se dovođenjem i zapošljavanjem Srba, umirovljen, živi u Sisku, Ulica Milanke Kljajić. Nikola Grabundžija, umirovljeni policajac, radio kao komandir SM za kontrolu i regulaciju prometa Sisak. Živi u Sisku, Selje Ogulinca 1, telefon 23-013. Ranko Miočinović, umirovljeni rukovodilac Službe državne sigurnosti, živi u Sisku, Ulica Augusta Cesarca. Nagrađen stanom u Sisku, katnicom u Petrinji i privatnom trgovinom u Sisku, na Trgu prve internacionale. Slavko Ovuka, umirovljeni policajac. Zbog suradnje s KOS-om, oproštena mu prometna nesreća kad je u Sisku, u Ulici Ive Milkovića usmrtio čovjeka. Živi u Sisku, Braće Čulig 2, telefon 40-309."

Sličnom taktikom služio se i ministar odbrane Slovenije, Janez Janša, koji je uspeo da, preko svoje obaveštajne službe „Sektor 09", mnoge pripadnike SDB-a i prijatelje oficira bezbednosti zavrbuje. Janša je od njih dobijao precizne podatke o snazi i kretanju jedinica JNA po Sloveniji i sve to objavljivao u novinama. U svojoj knjizi *Premiki* (*Manevri*), on priznaje da je SDB Slovenije namestio KOS-u i JNA sva dokumenta o njegovoj navodnoj špijunaži i da je Beograd tu igru izgubio, jer ju je vodio Ivan Eržan, zamenik Zdravka Mustača. On je u leto 1991. godine pobegao u Ljubljanu službenim audijem, koji nikada nije vratio. Sami skloni mistifikovanju KOS-a, ali i taktici zastrašivanja, slovenački novinari su objavili da su za KOS radili i Milan Komiteja, a zatim i Kučanov specijalni savetnik Neven Borak. Taj sindrom KOS-a Hrvati su širili i po Bosni i Hercegovini, i to preko zagrebačkih novina. Tako je *Danas* decembra 1991. godine, objavio razgovor sa anonimnim odbeglim pukovnikom KOS-a iz Sarajeva, koji je ovu službu proglasio za „glavnog progonitelja". Sarajevski listovi su se dali u potragu za tim „zločincima" i utvrdili da su za KOS radili i Radovan Karadžić, još 1969. godine, pa i Mate Boban, početkom sedamdesetih. Obojica su bili na vezi sa Simeonom Tumanovim, odbeglim generalom KOS-a iz Beograda u Makedoniju.

Sličnih ekscesa bilo je i u Srbiji, gde je KOS pratio i prisluškivao generala Slavka Jovića, poverenika JNA u OUN, samo zato što je u kafanama razgovarao sa stranim vojnim atašeima na engleskom jeziku. Ima i drugih slučajeva. Na primer, kada se u proleće 1988. godine profesor Miroslav Egerić potpisao na peticiji za osnivanje privatnog lista *Samouprava*, kao jedan od 230 apelaša, istog časa je ostao bez čina rezervnog kapetana JNA, jer „grubo narušava moralni lik i ugled Armije". Tim potpisom je, po tumačenju Suda časti novosadske opštine Stari grad, prekršio odredbe Zakona o službi u oružanim snagama. Organi bezbednosti su ga zbog toga pratili i o njemu napravili svoj dosije. Profesor Egerić je u pismu admiralu Branku Mamuli tražio razumevanje i zaštitu, ali ih nikada nije dobio.

Dok se u Sloveniji, Hrvatskoj, Bosni i Hercegovini, radi destabilizacije JNA širio namerno strah od KOS-a, jer su oni bili jedini ozbiljni bedem jugoslovenske bezbednosti, dotle je istovremeno vojni vrh u Srbiji i Crnoj Gori isterivao svoje „velikosrpske neprijatelje". Time je, na jednoj strani zabašurivana aktivnost slovenačkih i hrvatskih nacionalista protiv svega što je jugoslovensko, a pre svega, protiv JNA i KOS-a, a na drugoj, vršen pritisak na Srbiju i srpske nacionaliste. To su na svojoj koži ponajbolje osetili pojedini srpski oficiri. Kapetan prve klase Boro Antelj bio je jedan od najboljih u Kragujevcu i Šumadiji, ali je imao tu nesreću da se u proleće 1990. godine zamerio generalu Tomislavu Peruničiću. Na predavanju ovog visokog oficira JNA, kapetan Antelj je javno izrazio svoje neslaganje s generalovim stavovima da je „... radnička klasa Jugoslavije imala uticaja na donošenje Ustava 1974. godine i da samo neuki ljudi vide da je taj Ustav poguban po srpski narod..." Samo šest dana posle ove tribine u kragujevačkom Domu JNA, oficiri KOS-a, pristigli iz Beograda, uhapsili su tridesettrogodišnjeg kapetana Boru Antelja. Narednih šest dana ovaj oficir je bio podvrgnut surovom ispitivanju.

Saslušavali su ga major Stojanović, kapetan Đukanović i kapetan Kutlača, svi iz Kontraobaveštajnog odeljenja Prve vojne oblasti, koji su kapetana Antelja optužili za „... kontinuiranu neprijateljsku delatnost u jedinici, koja se sastoji u negiranju stavova Josipa Broza Tita, SKJ, revolucije, socijalističkog samoupravljanja..." Oficirima KOS-a, koji su poslati da zaštite autoritet generala povređene sujete, Tomislava Peruničića, ali i da dokažu da niži oficiri nemaju pravo da glasno misle svojom glavom, okrivili su Boru Antelja da je velikosrpski nacionalista:

„... Optuživali su me da sam tendenciozno veličao istoriju srpskog naroda, recitovao epsku poeziju i srpske pesnike, veličao srpske oficire iz Prvog svetskog rata Mišića i Apisa, pa i glorifikovao Karađorđa i Svetog Savu, samo s namerom da osporim dela Josipa Broza Tita. Narednih dana pitali su me svašta: da li sam prisustvovao otkrivanju spomenika Živojinu Mišiću, koliko sam para dao za izgradnju tog spomenika, da li mi je Mišić idol, da li sam izjavio da je on najveći vojskovođa? Kada sam odgovorio da jeste, vidno uzbuđeni su me pitali kako Mišića mogu da stavljam ispred nekih komandanata iz Drugog svetskog rata.

Zahtevali su da kažem koje knjige čitam, da li znam ko je Matija Bećković i zašto slušam njegove večeri poezije kad je on građanska desnica. Posebno ih je zanimalo zašto čitam dela Dobrice Ćosića, Danka Popovića i Vuka Draškovića. Došla su i glavna pitanja: zašto sam pre tri godine rekao da je Tito kriv za sadašnje stanje, da je Ustav 1974. Titovo delo, da je Tito bio tipičan vladar? Tražio sam prvo izvođenje dokaza po tim pitanjima, a zatim da opširno odgovorim, sve su mi zabranili. Po kratkom postupku osuđen sam na Disciplinskom sudu 18. maja 1990. godine u Beogradu na gubitak čina...“

Tako je prošao Boro Antelj, kapetan, Srbin rođen u Nevesinju 1957. oženjen, otac dvoje dece, sjajan student Vojne akademije KOV, desetak godina posle smrti vladara i jedinog maršala Josipa Broza Tita. U trenucima kada se Srbija probudila i trudila da povrati svoju državu, vojni kadrovi Srbi sudili su Srbinu što je Srbin, a nije Jugosloven i titoista. Iza tih priča, međutim, skrivao se ponižen i uvređen sistem vojne bezbednosti koji je, rascepkan i previše zavisan od svojih komandanata, pa i političara, bio nemoćan da spreči građanski rat i vlastiti poraz. Ta nemoć, danas je očigledno, bila je namerno režirana, jer je JNA, tačnije KOS, krajem sedamdesetih i osamdesetih godina bio jedina jedinstvena služba bezbednosti na tlu Jugoslavije. Ostale službe su bile razbijene po republikama i pokrajinama. Međutim, KOS je bio toliko politički instrumentalizovan da je i sâm brzo upao u nacionalističku zamku. Jedan oficir bezbednosti je to ovako objasnio: „U političkoj državi kakva je bila SFRJ, s političkom armijom kakva je bila JNA, Uprava bezbednosti je radila na političkim, a ne na profesionalnim poslovima zaštite ustavnog poretka, same Armije i vojnog sastava, a političari i politika su nas uveli u rat koji JNA i KOS, kao sitni politički faktori, nisu uspeli da spreče!“

Služba protiv JNA

Uvođenjem kolektivnog šefa države Josip Broz Tito je očigledno želeo da izbegne svađu u porodici, odnosno dominaciju jedne od jakih republika. Ta institucija, bila je, međutim, pogubna po funkcionisanje Armije i njene Uprave bezbednosti, jer vojska traži jedinstveno komandovanje i rukovođenje. Zavisno od toga ko je bio predsednik Predsedništva SFRJ, a i od toga ko je bio ministar vojske, JNA i KOS-a, a zatim i SDB SSUP-a, bili su, ili preciznije, nisu bili u prilici da deluju kontraobaveštajno i da štite najveće državne tajne Jugoslavije. Bez naređenja s vrha KOS i SDB nisu mogli da spreče strane diplomate i obaveštajce da ulaze, čak i u savezni parlament i u vladu, čak i u vreme zatvorenih sednica, kako je to činio američki ambasador Voren Zimerman. Gotovo svaki od predsednika zapadnih republika želeo je da se vidi sa Zimermanom i da ga obavesti o najnovijim odlukama jugoslovenskog vrha. Kako se secesija republika i raspad Jugoslavije približavao, tako su i JNA i KOS postajali armija, odnosno tajna služba bez države. To je postalo i očigledno, tvrdi doktor Boško Todorović, na sednici SIV-a kada je vlada Ante Markovića u decembru 1990. godine odbila da usvoji državni budžet za narednu 1991. godinu, iz koga je najveći deo sredstava išao upravo za troškove Armije.

Secesionisti su se bojali jake JNA i njene uloge u eventualnom građanskom ratu, mada su joj i sami u međuvremenu objavili tihi rat. Od 1988. do 1991. godine u JNA je registrovano 459 fizičkih napada na oficire i vojnike, od čega se 200 dogodilo u Hrvatskoj. Zabeleženo je i 49 slučajeva kamenovanja vozila Armije. U JNA je otkriveno 140 ilegalnih grupa sa 800 članova, Šiptara i Hrvata, čije su namere bile da destabilizuju Armiju. Hrvatski tajni policajci pokušali su da za hrvatsku stvar zavrbuju pedesetak starešina JNA, dok su pod kontrolu stavili više stotina vojnih lica. Slične poteze načinila je i vlast Milana Kučana, bivšeg „kosovca", ali i izdajnika koji je nemačkim agentima dao poverljiva dokumenta o borbenoj gotovosti JNA u Sloveniji. Kučana su na vezi držali Viktor Majer i Ronald Hofler, novinari i agenti BND-a.

Slovenački šef SDB-a, Ivan Eržen, ujedno i savetnik Zdravku Mustaču u SDB SSUP-a bio je s Kučanom glavni organizator prisluškivanja i tajnog praćenja JNA, vrbovanja mlađih oficira, kao i sprovođenja posebnih akcija krađe vojnih dokumenata iz ljubljanskih kasarni. Kada su i Zagreb i Ljubljana došli do podataka o (ne)spremnosti JNA da se brani, usledila je opsada i napadi na kasarne. Tako se dogodilo da su se sukobile i tajne policije JNA, Slovenije i Hrvatske, koje su do 1990. godine činile jedan od stubova sistema bezbednosti u SFRJ.

Detronizacija KOS-a u Sloveniji je trajala samo sedam dana. Služba koja je skoro pedeset godina čvrsto stajala na svojim armijskim nogama pala je vrlo brzo, posle hapšenja njenog načelnika za Sloveniju, pukovnika Miladina Nedovića. Akciju su izveli pripadnici VIS-a, nove tajne policije MUP-a Slovenije, čiji je načelnik bio Miha Brejc. Oni su, kao kidnaperi, sa otrovnim bombama i maskama na licu upali u pukovnikov stan. Nedovića su uhapsili inspektori bivše SDB Slovenije koje je on obučavao u KOS-u. Kučanovi tajni policajci zaplenili su kompletnu dokumentaciju, arhivu s nekoliko hiljada dosijea, vojnu opremu i dva obaveštajno-prislušna centra JNA u Ljubljani i Mariboru. Kontraobaveštajna služba nije imala dovoljno snage, a njeni komandanti volje ne samo da se odupru ovakvim nasrtajima već i da osete i da ne upadnu u secesionističku zamku. Dešavalo se, na primer, da Kučan pre podne moli Kadijevića da ne bombarduje Ljubljanu, a po podne napada i ubija oficire JNA. U Sloveniji je poginulo 58 vojnika i oficira, ranjeno je 113, a uhapšeno 932. Najdrastičniji primer tog prećutnog likvidiranja vojne tajne službe, pa i JNA, bile su beogradske demonstracije 9. marta 1991. godine. Iz Borova sela komandant odbrane, Vukašin Šoškoćanin, javio je Operativnom centru Generalštaba da su u glavni grad stigli i pripadnici hrvatskih Zengi, koje je organizovao Tomislav Merčep, s ciljem da izazovu nerede, paniku, i strah. Zenge nisu zaustavljene, jer niko u KOS-u nije ozbiljno reagovao na ovu poverljivu informaciju jednog srpskog patriote. Kako su se demonstracije razbuktale i otele kontroli MUP-a Srbije, tek na intervenciju Borisava Jovića, armijski vrh je isterao nekoliko tenkova na ulice, više s namerom da Beograd osramoti u svetskoj javnosti nego da ga zaštiti od vandalizma i samouništenja.

Istraživanja doktora Boška Todorovića i Dušana Vilića su pokazala da je sama delikatnost pozicije KOS-a u jugoslovenskom sistemu bezbednosti uticala i na efikasnost u radu vojne tajne službe. Organi bezbednosti u JNA su, naime, bili obavezni da od vojnog vrha i od vrhovnog komandanta primaju zadatke, ali i odobrenja za svoje akcije, čak i od Stipe Mesića, koji je dolaskom na kormilo SFRJ javno izjavio da HDZ ne želi jedinstvenu Jugoslaviju, već Hrvatsku. Kada je decembra 1990. godine KOS, tj. Štab vrhovne komande, obavestio Predsedništvo SFRJ o ilegalnom uvozu oružja u Hrvatsku i o spremnosti da u Osijeku, Splitu i Zagrebu pohapsi glavne aktere ovog prljavog posla, predsednik Stipe Mesić i premijer Ante Marković su istovremeno o tome izvestili Franju Tuđmana, Martina Špegelja i nekolicinu stranih diplomata i obaveštajaca.

Vojni ministar, general Veljko Kadijević, iz samo njemu znanih razloga povukao je naređenje o hapšenju i nagodio se s Predsedništvom SFRJ, odnosno secesionističkom većinom u njemu, da se tajne vojske u zemlji raspuste. Kada je doneta odluka da se paravojne formacije razoružaju, to isto Mesićevo predsedništvo nije istrajalo kao vrhovni komandant u izvršenju sopstvene odluke, a general Kadijević, prvi čovek Armije, koje su se secesionisti najviše i bojali, to naređenje je prećutao. Dao je ostavku i otišao u penziju, ne odgovarajući ni za jednu svoju grešku, ali pravdajući se u svojim memoarima da su za sve krivi političari. General Martin Špegelj je u intervjuima 1995. godine priznao da mu je život spasao baš general Veljko Kadijević, ali je napomenuo da je KOS i pored toga pokušavao tri puta da ga kidnapuje usred Hrvatske. Kako to nije uspelo pukovniku Aleksandru Vasiljeviću, odlučeno je da se Špegelj likvidira. Taj zadatak je poveren snajperisti Miodragu Aleksiću, ali zbog jakog generalovog obezbeđenja, nije došao u priliku da puca na Martina Špegelja.

Doktor Boško Todorović i Dušan Vilić, možda kao bivši kontraobaveštajci, tvrde da KOS ipak i pored opstrukcije kolektivnog šefa države i vojnog vrha nije onemogućen u svom radu, jer je vojna tajna policija otkrila sve paravojne formacije u zemlji, logore za Srbe u Sloveniji, Hrvatskoj i Bosni, i preko *Jutela* pokušala da se suprotstavi secesionističkom medijskom ratu. Organizacijom i postavljanjem *Jutelove* TV stanice, iz ratnih rezervi, rukovodio je pukovnik Slobodan Vučković, ali se ovaj studio kasnije oteo kontroli JNA i pretvorio u antijugoslovenski megafon. Organi vojne bezbednosti su, na primer, uspeli vrlo brzo posle ubistva vojnika Gešovskog i davljenja njegovog kolege u Splitu da otkriju počinitelje Antu Vrdoljaka i Dragana Vranješa, odnosno Ivana Begonju, Branka Glavinovića, Matu Sabljića i Ronalda Zvonarevića. Mada se MUP Hrvatske i nova zagrebačka tajna služba, Ured za zaštitu ustavnog poretka, trudila da skloni napadače, KOS ih je pohapsio, ali ih je kasnije menjao za ratne vojne zarobljenike.

Najznačajniji poduhvat KOS-a bio je, smatraju ova dvojica analitičara, to što su preko svojih veza u BiH sprečavali punih sedam meseci izbijanje građanskog rata u ovoj republici, a time i otvaranje novog fronta prema Beogradu. Istovremeno, Armija se baš preko BiH izvukla iz secesionističkih republika i prebacila u Srbiju i Crnu Goru. Uprava bezbednosti je radila na zaštiti vojnih objekata, tehnike i ljudstva, kao i na razmeni zarobljenika, ali i civila u okupiranim gradovima. U tome su učestvovali i njeni načelnici, prvo Aleksandar Vasiljević, a zatim i Nedeljko Bošković. Uspeh KOS-a bio je u toliko veći jer vojna služba nije imala u BiH mogućnosti da sarađuje sa SDB SSUP-a, koji su vodili ljudi iz Zagreba i Ljubljane, odnosno Zdravko Mustač i Ivan Eržen. Njih dvojica su čak bili i direktno uključeni u naoružavanje Slovenije i Hrvatske, a kasnije i u njihovo otcepljenje. Otvoreno je pitanje zašto KOS i SDB Srbije nisu u Beogradu uhapsili i proterali i Mustača i Eržena, kao i njihove saradnike u vrhu zemlje i tako sprečili izbijanje građanskog rata i stradanje najmanje 200.000 ljudi, koliko je poginulo u međurepubličkom i međunacionalnom obračunu na tlu bivše SFRJ. Zato što ni ove službe nisu bile jedinstvene, jer je KOS štitio Jugoslaviju, JNA i Jugoslovene, a SDB Srbije srpske prostore i srpski narod. Doktor Boško Todorović i Dušan Vilić ipak zaključuju da organi bezbednosti JNA, uz velike napore, nisu postigli velike rezultate u kontraobaveštajnoj zaštiti Armije, države i naroda. Kada je srpska vlast preuzela Armiju, logično je i bilo što ju je očistila od nesposobnih kontraobaveštajaca, posebno onih koji su bili tvrdo jugoslovenski orijentisani. Sporan je samo način na koji je to izvedeno, sa aferom „Opera" i slučajem „Labrador". Ostaje, međutim, činjenica da je vojna tajna služba najbezbolnije pregrmela razbijanje SFRJ, jer je transformisana zajedno s JNA, a ne faktički ugašena, kako se to dogodilo federalnoj političkoj policiji SDB SSUP-a i SID-u SSIP-a.

Po mišljenju general-majora Aleksandra Vasiljevića, koji je 1990. godine preuzeo rukovodeće mesto od generala Marka Negovanovića, vojna Kontraobaveštajna služba bila je najpouzdanija, najorganizovanija i najsposobnija tajna policija u Jugoslaviji. KOS je za svoj rad 1991. bio direktno odgovoran ministru Veljku Kadijeviću i Vrhovnoj vojnoj komandi, a 1992. novom ministru odbrane (v.d. Blagoju Adžiću, tj. Milanu Paniću, odnosno generalu Životi Paniću, načelniku Generalštaba), a VOS je odgovarao načelniku Generalštaba, odnosno opet generalu Životi Paniću, jer novi načelnik nije bio imenovan. Mnogi visoki oficiri bezbednosti, međutim, smatraju da je loš izbor kadrova pred izbijanje rata, u SSUP-u i JNA, tu misle na generala Petra Gračanina, na generala Marka Negovanovića i generala Vuletu Vuletića, umnogome doprineo neefikasnom radu SDB-a Jugoslavije, KOS-a i VOS-a JNA.

AFERA DOUŠNIKA JANŠE

Po izbijanju rata u Jugoslaviji, KOS se prvi našao na udaru sece-
sionista, baš zato što je ova vojna služba bila izričit čuvar JNA i SFRJ.
Napadima na Armiju i njenom diskreditacijom rukovodstva Slovenije
i Hrvatske želela su da oslabe jedinu branu jugoslovenstva i federa-
lizma. S tim ciljem u Ljubljani je inscenirana afera „Janša", na kojoj
je kompromitovan i sâm načelnik KOS-a, Aleksandar Vasiljević. Slu-
čaj Janeza Janše začet je u Beogradu onog trenutka kada je na sednici
Predsedništva SFRJ 1988. godine potpredsednik Stane Dolanc došap-
nuo na uho ministru odbrane, admiralu Branku Mamuli, poverljivu
informaciju: „U ljubljanskoj komandi imate špijuna, obavestili su me
moji. Tvoja služba bi to morala istražiti. Neka stupi u kontakt s mojima
iz SDB Slovenije. Oni sve to znaju!"
Admiral Mamula reaguje munjevito i šalje pukovnika Aleksandra
Vasiljevića u Ljubljanu, gde ga Ivan Eržen, šef slovenačke SDB, upo-
znaje da izvesni referent za ONO I DSZ, Janez Janša, u svom stolu, u
preduzeću *Mikroada* u Ljubljani, drži strogo poverljiva vojna doku-
menta, koja namerava da preda stranim obaveštajnim službama. Janša
je uhapšen u kancelariji *Mikroade*. Oficiri KOS-a su mu iz ruku istrgli
telefonsku slušalicu kada je pokušao da pozove advokata. Saslušavali
su ga temeljito. Moguća predistorija slučaja „Janša" sadržana je u seriji
tekstova u slovenačkoj štampi, u kojima se na do tada neuobičajen na-
čin pisalo o JNA.
U Ljubljani je, na primer, objavljena reportaža o vojnicima koji su
gradili vilu admirala Mamule u Opatiji. Pisano je o radu KOS-a i o ju-
goslovenskoj zaradi na prodaji oružja. Marta 1988. godine prvi je na to
oštro reagovao baš savezni sekretar za narodnu odbranu, admiral flote
Branko Mamula. On je ocenio da se radi o specijalnom ratu, čiji kre-
atori nisu ljubljanske redakcije, jer su one, ceni Mamula, samo nečiji
izvršilac i da tu ima posla za vojnu tajnu službu. Posle dva dana jugo-
slovenska štampa je pod uticajem KOS-a i Generalštaba JNA sinhro-
nizovano objavila materijale nepoznatog autora, dokazujući sličnost

između tekstova u slovenačkim i glasilima antijugoslovenske emigracije. Time je KOS stavljao stranim silama na znanje da mu je jasno ko stoji iza napada na admirala Mamulu i JNA u celini.

U samoj Ljubljani, pukovnik Aleksandar Vasiljević je odmah naredio otvaranje istrage, koju je vodio pukovnik Živko Mazić, koji je marta 1988. utvrdio da Janez Janša zaista ima fotokopiju naređenja Komandanta Devete armije, strogo pov. broj 5044-3/8. 1. 88. o organizaciji i borbenoj gotovosti JNA. Kako su u pribavljanju i objavljivanju ovog dokumenta učestvovali još i zastavnik Ivan Boštner, novinar David Tasić i urednik Franci Zavrl, to je i njih Vojni sud, zajedno s Janezom Janšom optužio za odavanje vojne tajne. Janša je dobio godinu i šest meseci zatvora. To je bio povod za otvaranje prave hajke protiv, prvo admirala Branka Mamule, a zatim i protiv JNA i KOS-a u Sloveniji, gde je još tokom 1987. godine čak 65 odsto stanovnika imalo pozitivno mišljenje o jugoslovenskoj armiji. U vreme antiarmijske histerije, Milan Kučan, inače bivši saradnik KOS-a u mladim danima, preko slovenačke štampe je širio strah od čak „dvadeset hiljada srpskih agenata" u deželi.

Druga ekipa kontraobaveštajaca koja je došla u Ljubljanu u jesen 1988. godine je otkrila da je afera „Janša" podmetnuta KOS-u, ali je bilo kasno da se ona zaustavi ili barem amortizuje. Idejni tvorac afere bio je Stane Dolanc, a njeni realizatori su bili Dolancov miljenik i naslednik, Milan Kučan, i Ivan Eržen, načelnik SDB Slovenije sa svojim saradnicima Francijem Zavrlom i Robertom Boterijem iz lista *Mladina*. Zvaničnom Beogradu grupa okupljena oko *Mladine* predstavljena je kao zavereničko rukovodstvo koje želi da izazove građanski rat u Sloveniji. Cilj je bio da se zamažu oči Predsedništvu SFRJ, a i da se lagano ukloni Janez Janša, koji je postajao sve popularniji u deželi.

Prvi cilj je ostvaren: SDB Slovenije je nadmudrio JNA, KOS, Predsedništvo SFRJ, ali ne i Janeza Janšu, koji je postao ministar odbrane Slovenije. Posle slučaja Bate Todorovića bila je to druga ljubljanska velika podmetačina Beogradu. Očigledno je da je KOS, odnosno i sâm pukovnik Aleksandar Vasiljević, poražen napustio teritoriju Slovenije i Hrvatske ne uspevši da spreči secesiju, stvaranje antijugoslovenskog pokreta, naoružavanje paravojnih formacija, a zatim i sopstveni poraz. Jedinice JNA napustile su Sloveniju godinu dana posle suđenja Janezu Janši, 7. oktobra 1991. godine. Penzionisani načelnik Uprave bezbednosti general Aleksandar Vasiljević sklon je da neuspeh KOS-a u Sloveniji, Hrvatskoj, pa i BiH pravda neodlučnošću vojnog i državnog rukovodstva, zaboravljajući na odgovornost same Armije da čuva integritet SFRJ. Pristajući da ne vodi svoju armijsku politiku, JNA se sama pretvorila u servis političkog vrha Jugoslavije, koji je bio nesložan i razdeljen. Da se Armija pitala, sama bi rešila slučaj „Janša", kao i slučaj „Špegelj". Mnogi bivši kontraobaveštajci i poznanici generala Vasiljevića, doktor Boško Todorović i Dušan Vilić, na primer, odaju mu priznanje za stručnost, izgovarajući gotovo stereotipnu rečenicu: „KOS je sve znao!"

Vasiljevićevi agenti

U leto 1990. godine KOS je, imajući dovoljno dokaza o izdaji i otcepljenju Slovenije, Hrvatske i BiH iz SFRJ, doneo planove o vojnom udaru, uz obaveznu napomenu da bi Zapad takav čin smatrao ne demokratskim. Najmanje 20 ljudi iz vojnog i državnog vrha znalo je za pripreme za uklanjanje separatističkog rukovodstva Slovenije i Hrvatske. Iz Beograda su, međutim, baš iz tih najpouzdanijih sredina, u Ljubljanu i Zagreb procurile informacije o vojnom udaru. Aleksandar Vasiljević, tada pomoćnik načelnika Uprave bezbednosti, sumnja da je Ivan Eržen, koji je u to vreme bio pomoćnik generala Petra Gračanina, ministra savezne policije, a kasnije je prebegao i postao šef SDB Slovenije, tu informaciju prosledio starijem vodniku Janku Napotniku u Ljubljani, a ovaj Milanu Kučanu.

Istovremeno KOS je otkrio da su članovi Predsedništva SFRJ doktor Janez Drnovšek, Vasil Tupurkovski i Stipe Mesić održavali intenzivne obaveštajne kontakte s pojedinim službama u inostranstvu, ali ni to ne uspeva da spreči. Prijatelji Aleksandra Vasiljevića se hvale da je KOS imao u kabinetima kod Stipe Mesića, Josipa Boljkovca, pa i kod samog Tuđmana, svoje ljude. Ima onih koji tvrde da je spretni Vasiljević podmetnuo hrvatskom emigrantu Branku Kikašu avion pun oružja za HDZ, da bi ga uhapsio na aerodromu *Pleso*, dok bolji znalci armijskih tajni veruju da je i Kikaš bio samo Vasiljevićev agent. Uz pomoć tih saradnika KOS je, na primer, došao do snimka sastanka na kome je Josip Boljkovac s ljudima iz MUP-a Hrvatske razrađivao taktiku napada na Srbe, kao i na pripadnike JNA. Taj stenogram je objavljen preko Vladimira Kresića u *Večernjim novostima*, što se može samo protumačiti kao još jedan potez nemoći Uprave bezbednosti JNA.

Vrhunske sposobnosti KOS-a da otkrije i najveće tajne neprijatelja zemlje, odnosno da dođe do naređenja i političkih odluka suprotne strane, demonstrirane su u akciji „Štit". Operacijom otkrivanja tajnih tovara oružja za Hrvatsku i planova HDZ-a o istrebljenju Srba u Hrvatskoj rukovodio je lično Aleksandar Vasiljević, koji se predstavljao kao građevinski stručnjak u JNA. Naime, Vladimir Jagar, kapetan JNA i komšija generala Martina Špegelja, vojnog ministra nove Hrvatske, uspeo je kamerom montiranom u vrata ormana, da tajno snimi 19. januara 1991. ovog časnika HDZ-a, a i njegove saradnike Josipa Boljkovca, Đuru Đečaka, Antuna Habijaneca. Sredinom januara 1991. sve je bilo spremno za hapšenje ovih hrvatskih nacionalista. Takav dogovor je Aleksandar Vasiljević postigao s Borisavom Jovićem, članom Predsedništva SFRJ, i generalom Veljkom Kadijevićem, saveznim sekretarom za narodnu odbranu. Umesto hapšenja, Kadijević je generalu Vasiljeviću naredio da se vrati u Beograd, gde su svi članovi kolektivnog šefa države bili obavešteni o tajnom naoružavanju Hrvatske. Razlozi za to bili su Kadijevićeva preterana obazrivost, potreba da sve bude po zakonu, što ga je učinilo neodlučnim da operaciju „Štit" privede kraju. Zbog takve kolebljivosti general Veljko Kadijević je u javnosti predstavljan kao izdajnik, pa čak i kao agent CIA.

Nekoliko meseci kasnije grupa oficira iz Garde izvela je puč, tražeći od Kadijevića da podnese ostavku, a od generala Blagoja Adžića da preuzme mesto vojnog ministra, što je ovaj odbio, pa je pobuna time i okončana. U vezi sa operacijom „Štit" u SSNO, a i u Predsedništvu SFRJ, doneta je zato odluka da se paravojne formacije HDZ-a rasformiraju, a oružje preda JNA, što se nije dogodilo, pa je KOS, u očajanju, javnosti 25. januara 1991. godine prikazao film o Martinu Špegelju, a list *Narodna armija* je objavio kompletan dosije o naoružavanju Hrvatske i HDZ-a. Tog popodneva, akreditovane novinare u General-štabu JNA sa sadržajem filma upoznao je pukovnik Vuk Obradović, načelnik Uprave za informisanje i političku aktivnost, koji je lično bio ubeđen da će se vinovnici secesije sami predati JNA.

U samom Zagrebu čitava akcija je izazvala samo podozrenje kod Franje Tuđmana prema generalu Martinu Špegelju. Sumnjajući da je general agent KOS-a, vrhovnik, doktor Franjo Tuđman, takođe bivši general JNA, proterao je Martina Špegelja na godinu dana iz Hrvatske. Pod lažnim imenom Karlo Zelenbrz, general Martin Špegelj je bio neko vreme sakriven kod Slovenaca na Bledu, zatim kod Austrijanaca u Augzburgu, i na kraju kod Nemaca u Minhenu. Odatle se 1992.

godine vratio živ i zdrav u Zagreb. Ovakav rasplet bacio je KOS na kolena, njegove operativce Dragišu Jovanovića i Boška Mihajlovića u hrvatski zatvor i smrt, a Vladimira Jagara i Aleksandra Vasiljevića u penziju. Većina njih odlikovana je naknadno Ordenom za hrabrost, a načelniku KOS-a, generalu Aleksandru Vasiljeviću, čak je i suđeno avgusta 1992. godine. Okrivljen je za mito, terorizam i podrivanje vojne moći Jugoslavije, kao i za saradnju sa suprotnom, bosanskom stranom. Vasiljevićev advokat, Isak Stanić, misli da je hapšenje i suđenje načelniku KOS-a bio revanšistički čin generala Nedeljka Boškovića, novog šefa Uprave bezbednosti, miljenika Branka Kostića, predsednika SRJ i doktora Gavre Perazića, savetnika šefa države. Po svedočenju krojačice Mire Krstić iz VU *Jedinstvo*, još dok su mu se prišivale generalske grančice, Nedeljko Bošković je, primajući čestitke za postavljenje na mesto načelnika KOS-a, glasno obećavao: „Sve ću ih pohapsiti, i Vasiljevića, i Adžića!"

Novi predsednik SRJ, Dobrica Ćosić, dozvolio je da novi načelnik uhapsi i sudi bivšem načelniku Uprave bezbednosti Vojske Jugoslavije, ali je na molbu prijatelja, a među njima su bili i Milomir Marić i doktor Boško Todorović, prekinuo proces protiv generala Aleksandra Vasiljevića uz dogovor da ovaj kontraobaveštajac više ne daje intervjue i javnosti ne odaje državne i vojne tajne.

Među kontraobaveštajcima ima mišljenja da je Vrhovna komanda i četvoročlano Predsedništvo SFRJ, posle otcepljenja Slovenije i Hrvatske, svesno odustalo od odbrane tih prostora bivše SFRJ, ali i dopustilo naoružavanje, posebno HDZ-a, kako bi imali vojno i političko pokriće za oružani obračun s hrvatskim nacionalistima. Da se istovremeno, dok je trajao sukob u Hrvatskoj, ne bi u BiH otvorio novi secesionistički front, jer je Alija Izetbegović takođe uspeo da naoruža jedinice Patriotske lige naroda, KOS je uspeo da ostvari saradnju sa Alijom Delimustafićem, ministrom policije, i spreči ubrzano formiranje muslimanske paravojske i izbijanje rata. Delimustafić je bio poznanik generala Aleksandra Vasiljevića, a neki oficiri tvrde i saradnik KOS-a, za šta su ga optužili i muslimanski ekstremisti. Bitka za odbranu Srba u Bosni i Hercegovini otpočela je sa uspehom tek onda kada su KOS, SDB SSUP-a, SDB Srbije i MUP BiH zaposeli saobraćajne veze koje su vodile iz Srbije prema krajinama. Protivnik te akcije u bosanskoj policiji bio je načelnik Branko Kresić, zvanični zastupnik HDZ-a u Sarajevu. Ima indicija da je baš Alija Delimustafić angažovao u ime KOS-a i Murata Šabanovića da inscenira miniranje brane na Drini, ne bi li time upozorio svetsku javnost na terorističke namere musliman-skih nacionalista. Kontraobaveštajna služba, odnosno Aleksandar Va-siljević je imao bliski susret i sa Alijom Izetbegovićem, s namerom da ga upozori na terorističko delovanje Patriotske lige naroda i potre-bu da se drži saveznog dogovora o miru. Sâm Vasiljević, kao iskusni kontraobaveštajac, priznao je javno da je bio naivan kada je verovao da lider muslimana ne zna ništa o svojoj paravojsci od 50.000 ljudi, i iznenađen kada je saznao da je Izetbegović prekršio obećanje dato Predsedništvu SFRJ.

Zemunska „Opera"

Dugo se nije znalo ko je u bivšoj Komandi Ratnog vazduhoplov-stva i Protivvazdušne odbrane JNA u Zemunu voleo *Figaro*, *Rigoleto* i *Karmen*. Dugo se nije znalo ni šta je u ovoj komandi radila tajna grupa koja je nosila tako prozaičan naziv „Opera". O tome su u proleće 1992. godine prvi pisali novosadski magazin *Stav* („Jahači oluje: piloti protiv KOS-a") i beogradska *Revija 92* („Opera mina u Komandi"). Kasnije su te tekstove u skraćenom obliku preneli *Politika* i *Večernje novosti*, na šta se vrh naše avijacije oglasio stidljivim saopštenjem da će tek reći istinu. Klupko ove afere počelo je da se odmotava početkom marta 1992. godine, kada su u prostorijama zemunskog Doma JNA i na ulici, ispred bioskopa *Central*, uhapšena dva civila, koji su pilotima RV i PVO bili poznati kao Radenko i Slavko. Iza ovih konspirativnih imena skrivala su se dvojica radnika Službe državne bezbednosti Hrvatske i nekadašnje CK SK Hrvatske, Zagrepčani koji su po odobrenju bivšeg komandanta avijacije Zvonka Jurjevića došli u Beograd da vode Infor-mativnu službu RV i PVO. Vojnoj policiji, koja ih je uhapsila, oni su se predstavili kao Vinko Alkalaj i Boris Levi, tako da im javnost dugo nije znala prava imena.

Reč je bila, kako su pisale novine, o Srbima iz Hrvatske, koji su u Za-grebu bili obeleženi kao „četnici" i „ratni zločinci". Došli su u Zemun oktobra 1991. godine i stavili se pod komandu pukovnika Slobodana Rakočevića, načelnika Službe bezbednosti. Sa sobom su doneli punu torbu „tajnog materijala" za koji se kasnije ispostavilo da su zapisnici s tajnih sastanaka CK SK Hrvatske i nove Račanove stranke. Taj mate-rijal, međutim, trebalo je da bude njihov politički kredit. Vrlo brzo, po naređenju generala Veljka Kadijevića i generala Zvonka Jurjevića, oko ove dvojice poverenika SDB-a formirana je elitna ekipa za psihološko-propagandni rat protiv svih neprijatelja JNA, a posebno RV i PVO, koja je dobila tajno ime „Opera". Na njenom čelu se nalazio Savet za propagandnu delatnost, u kojem su bili komandant Zvonko Jurjević, njegov pomoćnik Slobodan Rakočević, sekretar potpukovnik Marjan Ziherl i „Slavko" (Malobabić) i „Radenko" (Radojčić). Tajna grupa „Opera" dobila je u zemunskom Domu JNA prostorije, kompjutersku i ostalu opremu za snimanje i komunikacije. Njihov prvi zadatak bio je da „proizvode" propagandni materijal koji će ubaciti u pozadinu neprijatelja da bi izazvali kolebljivost, sumnjičenje, pa i paniku među hrvatskim, muslimanskim, makedonskim i albanskim nacionalistima. U jednom od takvih letaka pod nazivom „Prevarena Hrvatsko", obaveštava se hrvatski narod ko je sve od njihovih vrhovnika bio ili još jeste saradnik vojne Kontraobaveštajne službe (KOS). Drugi zadatak „Opere" bio je preuzimanje informativne delatnosti u Komandi RV i PVO, što je imalo za pretpostavku dovođenje ekipe neprofesionalaca – novinara, čija su imena, takođe, bez pravog identiteta: Vlado Pralica, Slobodan Bastrak, Milorad Dujaković, Boris Gara, Zoran Mladenović, Svetislav Popović, Zvezdan Rajačić, Ljubo Grnjić, Adis Hondo. Njih je predvodio potpukovnik Marjan Ziherl. Dolaskom ljudi iz „Opere" u Službu informisanja RV i PVO, bez kompetencija oficira za vezu ostao je prvo potpukovnik Duško Knežević, a zatim i major Mladen Savić.

Pored blokade informativnog prostora u RV i PVO, „Opera" se bavila i podmetanjem dezinformacija s ciljem da izazove paniku u narodu i antiarmijsko raspoloženje. Umesto da uspostave što bolje veze sa akreditovanim novinarima i redakcijama, ova grupa tajnih propagandista RV i PVO počela je sama da „montira" i „frizira" informacije namenjene javnosti. Vrlo ubedljivo i profesionalno, na primer, snimila je razmenu generala Milana Aksentijevića za kanadskog švercera oružja Branka Kikaša u Sarajevu, i to pokušala da proda Televiziji Beograd za deset hiljada nemačkih maraka. Ta ista specijalna grupa za propagandu nije ništa javljala o dezertiranju pojedinih pilota i oficira iz Ratnog vazduhoplovstva, kao ni o ubistvu pilota Željka Parađina usred Zemuna. Umesto informisanja javnosti, grupa „Opera" bavila se, zapravo, cenzurom. Tako su za javnost bile zabranjene informacije koje su pravili Miroslav Lazanski, komentator *Politike*, i Vesna Živanović, novinar Televizije Beograd. S druge strane, pravljene su lažne informacije o navodnoj pobuni i peticiji pilota. Skriveni su i snimci o masakru

Srba u Vukovaru, o poklanoj deci, a posebno sve informacije koje su se odnosile na dvojicu najuspešnijih komandanata korpusa, generala Božidara Stevanovića i generala Ljubomira Bajića, koji su faktički u vreme Zvonka Jurjevića i vodili RV i PVO. Zaposlenima u Komandi RV i PVO, kao i u Domu JNA u Zemunu, kako su pisale novine, bilo je najstrože zabranjeno da kontaktiraju s članovima tajne grupe „Opera". Takvo je bilo naređenje pukovnika bezbednosti Slobodana Rakočevića, za koga se tvrdi da je bio rukovodilac ove grupe.

Postojeći Savet za propagandu bio je samo fasada za rad ovog pukovnika KOS-a, čiji je zadatak bio da svojevremeno otkrije izdaju generala Antona Tusa, bivšeg komandanta RV i PVO. Kao Tusov čovek, kako se sada glasno govori po Domu JNA, pukovnik Rakočević je ostao šef KOS-a za RV i PVO i u vreme Tusovog naslednika generala Zvonka Jurjevića. Sva ova naimenovanja odobrio je lično general Veljko Kadijević i Generalštab JNA. Za pukovnika Rakočevića se znalo, kako su izjavljivale njegove kolege iz KOS-a, da je oženjen Hrvaticom, da je veliki protivnik politike Slobodana Miloševića i Branka Kostića, a samim tim i protivnik odluka koje su donesene u Predsedništvu SFRJ i koje je potpisivao novi vrhovni komandant, u ime Predsedništva, Branko Kostić.

Tajna grupa „Opera" bila je nestalnog sastava i u nju su, po naređenju pukovnika Slobodana Rakočevića, ulazili samo poverljivi ljudi: general Vojislav Radović, takođe protivnik srpsko-crnogorske političke alijanse u Predsedništvu SFRJ, kao i Ratko Radaković, pomoćnik načelnika KOS-a u RV i PVO. Zajedno sa Slobodanom Rakočevićem „Operu" je vodila i izvesna gospođa Duka, Grkinja, koja je govorila sedam stranih jezika i koja je direktno izdavala naređenja za svaku akciju, posebno onu vezanu za biznis. Naime, pored poslovnog prostora i sredstava za rad, grupa „Opera" je na račun Komande RV i PVO dobila i automobile, pa i vojne avione marke „AN-26" i „JAK-40". I pored obaveze da plati njihovo iznajmljivanje, grupa „Opera" je to neko vreme odlagala ili je slala simbolične iznose. Ima podataka da je skrivala i plaćanje poreza. Firma koju su ovi tajnoviti ljudi osnovali zvala se „Opera orijentis". Prvi veći posao bio joj je otvaranje avionske linije Beograd–Udbina (kod Gospića), na kojoj je, o tuđem trošku, realizovano samo od 31. januara 28 letova. Zato se pričalo i nagađalo da se ova tajna kompanija, zavedena pod lažnim imenom vlasnika Radenka Radojčića, bavila i trgovinom ratnog plena od automobila do oružja. Upadom vojne policije u njene prostorije nađeno je, na primer, skladište sa stotinak pištolja, pušaka, sanduka municije i čak pedeset kilograma eksploziva.

Radenko i Slavko

Ko je Radenko? Sin podoficira JNA, Jevrejin po majci, momak talentovan, često i nervozan. Radojčić je kao dvadesetogodišnjak iskorišćen od KOS-a za razbijanje „hrvatskog proljeća" na Sveučilištu. Bio je to prvi test, nakon koga će ovaj podoficirski sin ući u lavirinte KOS-a. Sredinom sedamdesetih on je započeo užu specijalizaciju, odnosno osposobljavanje za obaveštajno praćenje rada masonskih loža i Katoličke crkve. Veruje se da je u to vreme primio masonsku inicijaciju. Putovao je po Evropi u potrazi za arhivima o zatvorenim društvima. Bila je to samo maska za njegove kontakte s Mosadom. Kad se vratio kući, po Zagrebu je vodio uglavnom polemike u kojima je prvenstveno napadao tzv. „kleronacionalizam" katoličkih sveštenika. Bio je zaposlen u Centralnom komitetu SK Hrvatske u Odjelu za analitiku, što je eufemizam za tajni partijski bunker s poverljivim dosijeima i izveštajima obaveštajne sadržine. Zahvaljujući potpunom uvidu u tu dokumentaciju, Radojčić je nesumnjivo stekao i pristojan pregled situacije iz kojeg crpi i svoju relativno veliku „špijunsku moć".

Radojčić je, koristeći se podacima koji su mu bili dostupni iz dokumentacije CK, prenosio informacije o čelnim ljudima iz političkog života Hrvatske, pa su tako u Beograd stizali biografski podaci, faktografske činjenice o doktoru Tuđmanu, o Manoliću, Boljkovcu, Mesiću, Šeksu, Šuvaru i drugima. U jesen 1991. godine Radojčić je u Zagrebu učestvovao na jednom sastanku između Milana Martića i Slavka Malobabića, o situaciji u Hrvatskoj, gde su zaključili kako su Srbi u Hrvatskoj kičma Jugoslavije i da na tome Jugoslavija prolazi ili pada. Deo štampe, posle izbijanja afera „Opera" i „Labrador", doveo je Radojčića u masonsku vezu s Vladimirom Bakarićem, kome je Radojčić bio šef kabineta. Mnogo važnije je, međutim, da je Radenko izveštavao KOS šta se u Hrvatskoj sprema. Na osnovu toga su posle nikle fantastične priče. One su tek delimično osnovane. Sredinom osamdesetih Radojčić je i u Ljubljani već imao „ugrađene pozicije", kako to kažu iskusni špijuni. Bio je bas-gitarista avangardne grupe *Lajbah*. Radojčić kaže o tom vremenu: „Tu nema nikakvog misterija – ispitivali smo granična polja zvuka i divno se zezali. O drugome, jasno, nikad ti neću pričati", a već krajem osamdesetih Radojčić je napravio novi dar-mar kada je u Zagrebu formirao darkersko društvo samoubica *Crna ruža*. Ni tada nije razdvajao špijunski posao od religioznog zanosa.

U to vreme dobio je partijsku opomenu od centrale u Beogradu pošto se, navodno, previše ugurao u sve to. Da bi pokrio svoju obaveštajnu aktivnost, Radenko je u Zagrebu otvorio firmu *Templin*. Dolaskom HDZ-a na vlast, obaveštajna mreža KOS-a u Hrvatskoj kreće u ofanzivu, a jednu od glavnih uloga u njoj ima upravo Radojčić. Dolaskom u Beograd on osniva kompaniju *Opera orijentis*, opet pod patronatom vojne tajne službe.

Godinu dana je Radenko Radojčić u Zemunu radio aktivno kao rukovodilac KOS-a. Kao tajni agent Ljudevit učestvovao je i u planu dizanja zagrebačkog Arhiva MUP-a u vazduh s grupom „Labrador", zatim u pokušaju hvatanja i privođenja pred sud Martina Špegelja. Radenku Radojčiću, takođe je bilo ponuđeno 80.000 nemačkih maraka za izvršenje atentata na pukovnika Imru Agotića. On je tada taj zadatak preneo Ivanu Sabol
oviću ponudivši mu 50.000 nemačkih maraka. U Beogradu je Ljudevit, međutim, postao i sâm žrtva ove kontraobaveštajne službe Vojske Jugoslavije. Kako sam tvrdi, zatvaran je i tučen, polivan rakijom, maltretiran toliko da je smršao četrdeset pet kilograma.

U pauzi između dva sudska procesa, on se našao na slobodi, ali bez pasoša. Po Beogradu se kretao u pratnji tamnoputog telohranitelja, koga je zvao David. Na obnovljenom procesu pred Vrhovnim vojnim sudom u Beogradu, tajni agent KOS-a Radenko Radojčić je oslobođen svih optužbi, jer „... nije bilo dokaza..."

Krajem 1993. godine, gubi mu se svaki trag. List *Monitor* je pisao da je Radojčić ili kidnapovan ili ubijen. Onda je stigao grom iz vedra neba! General Tuđman je na jednoj pres-konferenciji, govoreći o velikoj aferi „Opera" – „Labrador", rekao da je uhapšen Radenko Radojčić (42) „Srbin iz Zagreba". To je trebalo da bude prihvatljiva formulacija, pošto je hapšenje Jevrejina bilo krajnje nezgodno. Tuđmanovoj senzacionalnoj „obznani" prethodi eksplozija u Sesvetama, za koju neki misle da su je preko naručenih minera, organizovali Mesić i Manolić ne bi li destabilizovali vojnog ministra Šušaka, Tuđmanovog „frontmena" za Bosnu, oko koje izbijaju ključne trzavice unutar hrvatske politike. Onda neko vadi keca iz rukava: Radojčića!

Navodno, istraga je utvrdila da je korišćen eksploziv iz tajnog podzemnog skladišta KOS-a na Jarunu. Za njegovo postojanje (skladišta) u

Zagrebu znao je jedino Jakob Binefeld, šef obezbeđenja onih miniranih jevrejskih objekata iz 1991. godine, sada specijalni Tuđmanov savetnik za bezbednost. Po nacionalnosti Jevrejin. U odnosu na Beograd, taj se Binefeld spominje u dve sigurne verzije: raniji uredni saradnik KOS-a i čovek koji je, zajedno s jednim državljaninom Izraela (tendencija izbegavanja definicije „operativac MOSAD-a"), boravio početkom proleća 1994. godine u Generalštabu Vojske Jugoslavije, pod čudnim okolnostima i s čudnim sagovornikom, generalom Neđom Boškovićem, tadašnjim načelnikom KOS-a, koji je na sve načine, iz čudnih motiva pokušavao da dokaže da su Radojčić i društvo iz „Opere" minirali jevrejske objekte. Epilog: nakon izbijanja afere u Zagrebu, dolazi do zahlađenja odnosa, u do tada sve toplijim odnosima Srba i Hrvata; propadaju razgovori između Hrvatske i Krajine; analitičari predviđaju opšti rat; Radojčić, koji čami u kaznionici *Remetinac*, biva osuđen na kratku robiju, ali podnosi zahtev za hrvatsku domovnicu. Time je izdao KOS i prešao u hrvatsku vojnu službu, prokomentarisano je u Beogradu, a možda je i sve to učinjeno da bi se Radenko opet ubacio u Zagreb kao „krtica"?

Komanda RV i PVO, otkako je u nju došao novi komandant general Božidar Stevanović, smenila je, odnosno poslala u penziju i pukovnika Slobodana Rakočevića i njegove saradnike. Na njegovo mesto generali Stevanović i Bošković dovode pukovnika Svetozara Martića. Martićev zadatak je bio i da s načelnikom za tehniku, Milanom Karanom, tajno snima članove „Opere", a sa zamenikom, pukovnikom Svetozarom Džigurskim, da snabdeva na jednoj strani vojno tužilaštvo podacima iz istrage nad bivšim oficirima, a na drugoj beogradske redakcije. Televizija Beograd je u tome bila najagilnija, pa je čak montirala i objavila poseban dokumentarni film o striptizu u Domu JNA u Zemunu. Namera je bila da se pokaže kako su rukovodioci „Opere", dok je u Hrvatskoj i Bosni besneo rat, uživali gledajući polunagu kandidatkinju za sekretaricu. Protiv članova tajne grupe „Opera" podneta je krivična prijava za bavljenje subverzivno-propagandnom delatnošću protiv RV i PVO, odnosno JNA i Jugoslavije. General Stevanović je, posle uspeha u avionskim desantima u Hrvatskoj i Bosni, i kadrovskih promena u JNA, bio najozbiljniji kandidat za prvog čoveka jugoslovenske armije. Kako sâm reče, imao je barem takvo obećanje od Slobodana Miloševića.

Afera „Opera" mu je bila potrebna da rašisti situaciju u RV i PVO. Na meti generalove kritike bio je posebno Veljko Kadijević. Zato je u zemunskoj komandi i stvorena legenda o njemu, koju je KOS plasirao preko beogradske štampe.

Dok se u Beogradu pod uticajem KOS-a Ratne avijacije vodio mali medijski rat, dotle su u dalekoj Kotor Varoši pripadnici vojne policije našli i uhapsili Slavka Malobabića, dobrovoljca iz Zemuna, i priveli ga vojnom istražnom sudiji, kapetanu Božidaru Dragoviću. Grupa izbeglih Srba iz Zagreba je, u Beogradu, u imenu Slavko Malobabić prepoznala nekadašnjeg radnika RSUP-a Hrvatske i šefa kabineta Mike Špiljaka i Stanka Stojčevića u CK SK Hrvatske.

Reč je o čoveku četrdesetih godina, niskog rasta s naočarima, poreklom s Banije ili Korduna. Završio je političke nauke i dosta mlad postao šef kabineta Josipa Šlibara, načelnika RSUP-a Zagreb krajem sedamdesetih. Koliko je CK SK Hrvatske imao poverenja u Slavka Malobabića, vidi se i po tome što je izabran za člana radne grupe koja je utvrđivala odgovornost Pavla Gažija, ministra hrvatske policije, koji se digao protiv tog istog Mike Špiljka. Kada je Stanko Stojčević „pao", iz kabineta je otišao i Slavko Malobabić, za koga se sada tvrdi da je tih godina upoznao Zvonka Jurjevića, koji je bio u Zagrebu komandant korpusa RV i PVO. Kakva je to veza tada bila ne zna se, ali je jasno da je postojala čim je general, kao komandant RV i PVO, pet godina kasnije, angažovao Slavka Malobabića u tajnu grupu „Opera".

Saslušanjem ovog trećeg aktera špijunske drame u Komandi RV i PVO završena je druga faza slučaja „Opera", koji je na vojni sud doveo i generala Zvonka Jurjevića i Voju Radovića s čak dvadesetak oficira i dobrovoljaca. Zbog interesa istrage nemoguće je bilo dobiti zvanične informacije o daljem toku afere „Opera", ali se znalo da vojni istražni organi ulažu napore da kroz dokaze i svedočenja ljudi, potvrde svoje sumnje da su Rakočević, Radaković, Radojčić i Malobabić, počinili dela iz oblasti političkog i privrednog kriminala. Bilo je indicija, ali i režiranih glasina u KOS-u RV i PVO, da je tajna organizacija „Opera" formirana ne samo za propagandnu delatnost protiv Hrvatske već i za, eventualno, osvajanje vlasti u novoj Jugoslaviji i za njen povratak u stare granice. Simptomatično je, međutim, da se u javnosti slučaj „Opera" povezivao i s političkim interesima stranke SK Pokret za Jugoslaviju, pa čak i sa izjavama nekih zvaničnika o mogućnosti formiranja marionetske vlade u Jugoslaviji. Tu se, pre svega, govorkalo o navodnom vojnom puču, koji je pripremao u Londonu penzionisani admiral Branko Mamula.

Kada je tužilac Đorđe Trifunović izmenio i proširio optužnicu protiv glavnog aktera afere „Opera", pukovnika KOS-a Slobodana

Rakočevića, i za delo terorizma na dalekovodu *Krško*, postalo je jasno da zastupnik tužbe insistira na odgovornosti ovog načelnika bezbednosti u RV i PVO. Tom izmenom u optužnici, okrivljeni Rakočević je poneo breme sumnje za sve zloupotrebe u Komandi RV i PVO, dok su ostali okrivljeni stavljeni u poziciju saučesnika i podstrekača. Poznavaoci prilika u Komandi RV i PVO u Zemunu, smatrali su da je ovakav postupak tužioca bio realan. Naime, zato što posebna komisija, koju je vodio general Ljuba Bajić, nije obavila posao, okrivljenima je pružena prilika da nedostatak dokaza za svoju krivicu, „pokriju" žestokom odbranom kako je suđenje zapravo politički proces i osveta rukovodstva RV PVO i KOS-a. Tezu o političkom, čak montiranom procesu, podržavali su i advokati petorice okrivljenih, jer su shvatili da je tako i najlakše da ih brane od optužbi za terorizam, zloupotrebu službenog položaja, neovlašćeno raspolaganje oružjem i odavanje vojne tajne.

U takvim uslovima odvijalo se i svedočenje na Vojnom sudu u Ustaničkoj ulici, gde su okrivljeni, i pored izjava svedoka, apriori odbijali svoju odgovornost. Primetno je bilo, međutim, da su svi pominjali samo ime pukovnika Slobodana Rakočevića, načelnika KOS-a u RV i PVO JNA, pa se zato i nametnuo utisak da se posle tužiočevog dugog izlaganja moglo očekivati i strogo sudsko mišljenje o načelniku bezbednosti u Komandi RV i PVO. To se i dogodilo prvog dana februara 1993. godine, kada je sudsko veće, kojim je predsedavao potpukovnik Mile Vignjević, pukovnika Slobodana Rakočevića osudilo na četiri godine zatvora zbog zloupotrebe službenog položaja i neovlašćenog prisluškivanja.

Slobodan Rakočević je rođen 21. januara 1931. godine u okolini Kolašina, u zemljoradničkoj porodici. Bilo je njegovih kolega koji tvrde da je rođen godinu dana ranije, ali je zbog odlaska u penziju taj datum promenio, što je inače bio običaj za mnoge oficire u JNA. Rano je otišao na vojno školovanje. Završio je Vojno učilište artiljerije, kurs operatike u Komandno-štabnoj školi i izviđački kurs. U organe bezbednosti JNA je došao bez dana školovanja za KOS i VOS. Bavio se sportom, bio je odbojkaš. Politički u vojsci nije bio aktivan. Nagrađivan je i više puta odlikovan. Privatno je načinio saobraćajni udes, negde u Hrvatskoj, pa je zbog toga bio osuđen na godinu dana zatvora. Neki oficiri KOS-a su u poverenju tvrdili novinarima da je pukovnik Rakočević, navodno, zbog toga u Zagrebu vrbovan da radi za CIA. Ljudi koji znaju da Rakočević ima brata u Hrvatskoj, a i da mu je žena

Hrvatica, spremni su bili da tvrde da je ovaj pukovnik RV i PVO bio na vezi i s ljudima iz HDZ-a. Još za vreme istrage njegov oficirski dosije postao je dosije vojne tajne policije, u koji je najčešće imao uvid njegov kolega pukovnik KOS-a Svetozar Džigurski.

General Neđo

Po nalogu generala Nedeljka Neđe Boškovića dosije je davan i novinarima na čitanje. Zaboravljalo se, međutim, da je upravo pukovnik KOS-a Slobodan Rakočević, među prvima osetio izdajničko ponašanje i generala Antona Tusa, kao i pukovnika Imre Agotića, načelnika KOS-a Vazduhoplovnog korpusa u Zagrebu. U Rakočevićevo vreme iz njegovog resora bezbednosti dezertiralo je još dvadesetak oficira. Zagrebačke novine su zatim objavljivale njihova imena: Babić, Kadrić, Hodak, Sakač, Bulunović, Varžić, Radonjić, Šipoš, Grahek, Lazov, Platiša i Rakarić. Zanimljivo je da organi bezbednosti za vreme njegovog mandata nisu sprečili nijedno dezerterstvo, odnosno nikom nije zbog toga suđeno.

Na suđenju, pukovnik Slobodan Rakočević je svu odgovornost za rad u „Operi" prebacivao na generala Zvonka Jurjevića, tada komandanta Ratnog vazduhoplovstva, a ovaj na generala Voju Radovića, načelnika političke uprave odgovorne i za informisanje javnosti. U tom krugu, ipak, kako su svedočili glavni akteri drame, u Komandi RV i PVO načelnik bezbednosti je imao glavnu reč, jer su svi radili po njegovim zapovestima. Ne zna se prava uloga Slobodana Rakočevića u radu „Labradora", mada ima oficira koji svedoče da je on izdavao naređenja članovima grupe, a čak i da je među prvima saznao da je grupa otkrivena.

O tome armijski vrh nije bio obavešten, mada se u vojsci sumnjalo u patriotsku ulogu grupe „Labrador", jer se i mislilo da je ona, ipak, radila za MUP Hrvatske, a ne za KOS JNA. Beogradski magazin *Duga* objavio je 1992. godine kompletnu priču o tajnoj grupi „Labrador" sa imenima i drugim podacima o njenim članovima. Kako je ovaj tekst napisan na osnovu kontraobaveštajnih i poverljivih izvora, novi načelnik KOS-a, Aleksandar Dimitrijević, naredio je istragu, koju je vodio pukovnik Ljuba Ristić. General Dimitrijević je Moravac, iskusni kontraobaveštajac u Armiji, bivši saradnik generala Aleksandra

Vasiljevića. Istraga pukovnika Ristića je pokazala da je tajni dosije „Labrador" ovim novinama ustupio jedan visoki oficir KOS-a, sumnjalo se na generala Neđu Boškovića, s namerom da diskredituje njene članove, jer su neki od njih bili ujedno i pripadnici organizacije „Opera". Sve se to dešavalo u vreme suđenja glavnim akterima afere „Opera".

Sud je našao da je Rakočević odgovoran ponajviše zbog neovlašćenog raspolaganja oružjem koje je iz Bihaća dovezeno u Zemun. Oružje nije bilo evidentirano i deljeno je po ličnom nahođenju, što je protiv propisa JNA, tj. Vojske Jugoslavije. Kako je utvrđeno da je Rakočević mimo ovlašćenja generala Zvonka Jurjevića prisluškivao generala Božidara Stevanovića, komandanta Prvog korpusa, kažnjen je i za to neovlašćeno prisluškivanje i za snimanje ovog komandanta, kao i komandanta i pilota batajničkog puka. Uređaj za tajno snimanje generala Stevanovića bio je ugrađen u njegov radni sto, a snimano je u sobi ispod kabineta komandanta Prvog korpusa na Banjici. Pukovnici Ratko Radaković i Radomir Drobnjak kažnjeni su sa šest meseci zatvora uslovno, takođe zbog pomaganja u prometu oružja iz Bosne. Potpukovnik Ivan Sabolović iz Zagreba osuđen je na tri godine zatvora, jer nije uništio tajnu dokumentaciju o vojnoj obaveštajnoj grupi „Labrador" i o radu KOS-a u Petoj vojnoj oblasti, pa je ona pala u ruke MUP-a Hrvatske, a s njom i petorica saradnika. Radenko Radojčić i Slavko Malobabić su oslobođeni odgovornosti za rad u „Operi" i preduzeću *Opera orijentis*, jer za njihove zloupotrebe nije bilo dokaza. Ove presude u vojnim krugovima su prihvaćene sa olakšanjem, jer je, prema nekim komentarima, time skinuta ljaga s RV i PVO, dok je bilo oficira KOS-a koji su smatrali da je osuda, posebno pukovnika Slobodana Rakočevića, osveta Komande iz Zemuna.

To se posebno moglo videti iz demantija, koji je u štampi objavio general Voja Radović:

„U Komandu RV i PVO došao sam 1985. godine na mesto načelnika političkog odeljenja, a 1986. postao pomoćnik za PR i PP i tu ostao sve do 10. marta 1992. godine, kad sam predao dužnost pomoćnika komandanta za moralno vaspitanje i pravne poslove. Bilo je to u vreme velike zbrke oko delatnosti 'Opere', koja je nastala, po mom mišljenju, nešto iz neznanja, nešto i zbog zle namere. To što je popularno u javnosti nazvano 'Opera' nije bila nikakva tajna organizacija. Ne sećam se tačno ko joj je dao ime, čini mi se Radenko Radojčić, jer je to bio simbol za 'glasnost' RV i PVO. Sećam se da smo mi još 1988. godine analizirali jednu studiju Političke uprave SSNO o ulozi informisanja u savremenom ratu stranih armija i da smo u Komandi RV i PVO dali niz predloga kako da se unapredi rad naše informativne delatnosti. Rat je 1991. počeo, a taj posao nije okončan i tako smo se našli u situaciji da smo imali samo jednog referenta za informisanje. On, naravno, nije bio u mogućnosti da sâm izvrši pripreme informativne delatnosti za dejstvo u ratu. Poznato je kako je u Sloveniji i Hrvatskoj vođen tzv. medijski rat i kako je vođena informativno-propagandna aktivnost. Mi u Beogradu smo se, međutim, tome slabo suprotstavljali, jer se JNA, pa i Komanda RV i PVO, oslanjala samo na državu i njen sistem informisanja. Kako su nam u tome secesionisti doskočili, to su učestale i sve oštrije kritike komande iz jedinica, jer su nam oficiri i vojnici bili izloženi, rekao bih, varvarskim pritiscima. Mene su te kritike posebno pogađale, zato što sam formacijski bio odgovoran za propagandu u RV i PVO. Mi smo u Upravi za moral SSNO, doduše, dali nekoliko predloga kako da TV slikom i radio-signalom pokrijemo Hrvatsku, ali su ti predlozi bili neostvarljivi, jer Jugoslavija nije bila proglasila ratno stanje. Imali smo i neke predloge o informativno-propagandnim akcijama, za koje se može reći da predstavljaju začetak tzv. 'Opere'.

Kada su pod kontrolom KOS-a proradile na teritoriji Hrvatske neke naše radio-stanice, za HDZ i ustašku državu to je bila velika opasnost. Još veća je bila zakupljivanje satelitskog kanala za Televiziju Beograd, jer su naši sastavi, a i srpski živalj, mogli da gledaju beogradski televizijski program. Lično doktor Franjo Tuđman je naredio da se satelitske antene skinu po gradovima Hrvatske i sa srpskih kuća. Sledeći važan potez bio je formiranje televizijskih ekipa od naših ljudi u školskim centrima u Rajlovcu, Mostaru, Zadru i Zemunu, a zatim i stvaranje pres-centra u Bihaću. Kadrovski problem je rešen odlukom generala Blagoja Adžića o prijemu dobrovoljaca u JNA, tako da smo angažovali mnoge profesionalce. Kako kod nas nije bilo objavljeno ratno stanje, nismo mogli da mobilišemo poznate beogradske novinare. Mi u Komandi RV i PVO odlučili smo da stvorimo jedan informativni punkt, predložili smo komandantu generalu Jurjeviću da to bude organ komandanata, pa su za rad angažovani, pored našeg stalnog sastava, na predlog organa bezbednosti, zagrebački dobrovoljci Slavko Malobabić, Radenko Radojčić i drugi. Tom prilikom su dobili druga imena da bismo time zaštitili njihove porodice koje su ostale u Zagrebu posle njihovog bekstva. Tako je nastala 'Opera', koja je faktički bila zamena za tu ratnu propagandnu jedinicu, koja nam je nedostajala. Nama se potura da smo iza linije fronta, a i po Jugoslaviji bacali letke koji su uznemirili narod. Mi smo bacili u Srbiji i Crnoj Gori i Jugoslaviji samo jedan letak s pozivom na jedinstvo i spas Jugoslavije, prilikom poznatog skupa u Skupštini Jugoslavije. Netačne su i tvrdnje da se 'Opera' bavila subverzijama i terorizmom.

Taj slučaj 'Opera' je, po mom mišljenju, odraz, dakle, posledica stanja i u društvu, ali i u Armiji. Kako se rasturala država, tako se to prenosilo i na Armiju, što je postepeno narušavalo njeno jedinstvo i borbenu sposobnost. Dok je rat trajao, taj uticaj se nije osetno primećivao, ali kako je dolazio mir, on je bio sve veći i zadesio je i RV i PVO. Po onome što je govorio general Blagoje Adžić, smatram da je 'Opera' povod za neke mere koje su usledile u preobražaju Armije. Novi ljudi koji su došli u Komandu RV i PVO marta meseca naprosto su nas na brzaka isterali. Postupci prema nama u Komandi RV i PVO ličili su na puč. Ja sam koliko-toliko uspeo normalno da predam dužnost, ali smo nas nekolicina unapred osuđeni i proterani od generala Božidara Stevanovića i pukovnika KOS-a Nedeljka Boškovića, koji je reaktiviran.

Rad 'Opere' ne treba mešati isključivo s radom KOS-a. Članovi „Opere" koji su radili za SB nisu bili ti koji su uticali na politiku informativno-propagandne delatnosti u RV i PVO, već je to bilo u nadležnosti komandovanja. Sve što je činjeno daje mi za pravo da tvrdim da je general Božidar Stevanović s generalom Nedeljkom Neđom Boškovićem i s još nekim oficirima izvršio „puč", mada on to negira. U jednom intervjuu je, uostalom, i priznao da ga je na dužnost komandanta RV i PVO dovela „neka nova vlast". Sâm general Adžić je pisao da su smena i penzionisanje generala u dva talasa izvedeni na čudan način i da takvo čišćenje Armije novoj vlasti nije trebalo...", zaključio je general Vojislav Radović.

Prozvani general i novi načelnik Uprave bezbednosti SSNO, general-major Nedeljko Bošković, rodom je iz Crne Gore. Rođen je 1939. godine u selu Orja Luka kod Danilovgrada, a u JNA je od 1959. godine. Završio je vazduhoplovne vojne škole i Komandnoštabnu akademiju RV i PVO. Radio je u KOS-u Ratne avijacije, a neko vreme je bio i profesor u Obaveštajnoj školi u Pančevu. Bio je penzionisan, ali je na poziv Komande RV i PVO po izbijanju afere „Opera" preuzeo dužnost načelnika KOS-a u ovoj komandi. Taj izbor Boškovića su podržali generali Blagoje Adžić i Božidar Stevanović, mada su znali da je pukovnik bio disciplinski kažnjavan u KOS-u zbog zloupotrebe službenog položaja. U svom prvom javnom nastupu, u listu *Narodna armija*, izjavio je da u UB SSNO postoje kadrovi koji su sposobni da izvršavaju nove zadatke, a time, verovatno, i da privedu uspešno kraju slučaj „Opera". Ukazom Predsedništva Jugoslavije od 11. maja, pukovnik Nedeljko Bošković je unapređen u general-majora i postavljen za desetog načelnika KOS-a. Njega je nasledio general Aleksandar Dimitrijević, visoki oficir bezbednosti poreklom iz Jagodine, kadar Aleksandra Vasiljevića, ali i Radmila Bogdanovića.

Dok se u Zemunu odvijala afera „Opera", maja 1992. godine u Beogradu se dogodilo iznenadno penzionisanje i smenjivanje četrdesetak generala i admirala s visokih funkcija u Ministarstvu odbrane. Bio je to samo jedan od koraka u transformaciji JNA u Vojsku SR Jugoslavije, tačnije prilagođavanja bivše armije na tek proglašenu novu državu i njene vojne potrebe. Porazi JNA i posebno KOS-a nametali su, međutim, utisak da je reč i o čistki u vojnim redovima. Kada je Kontra-obaveštajna služba bila u pitanju, iz nje su uklonjeni svi kadrovi nesrpske nacionalnosti, a detaljno političko objašnjenje za to je dao lično prvi čovek SR Jugoslavije, ujedno i vrhovni komandant u kolektivnom Predsedništvu SRJ Branko Kostić, prilikom posete 36. Međunarodnom sajmu tehnike i tehničkih dostignuća u Beogradu. Odgovarajući tom prilikom na pitanje o vezi između smene generala i izdaje u Armiji, Branko Kostić je izrekao dosta oštru kritiku na račun organa bezbednosti u JNA:

'Možemo samo da damo prigovor i primedbu da, očigledno, od onih koji su se bavili ili morali baviti obaveštajnim radom u Armiji, Predsedništvo kao vrhovna komanda nije bilo informisano i obaveštavano... Ako bismo sudili i merili kako i na koji način su se događaji odvijali u Sloveniji i Hrvatskoj, a jednim delom i u Bosni i Hercegovini, iako o tome do sada nije bilo mnogo govora, onda se sasvim sigurno ne možemo oteti utisku da je taj deo službe u JNA značajno podbacio. Do sada su kritike češće bile upućivane na pojedine vojne komandante, a ovaj deo službe bio je zaobiđen. Mi smo sada ovim potezima i tu napravili radikalne promene. Prvo nedavno, u Komandi Ratnog vazduhoplovstva, a sada i u Generalštabu.'"

Prevrnuta uniforma generala Tusa

Na proširenom sastanku Vrhovne komande i rukovodećih generala, tada novi načelnik GŠ VJ Života Panić je, međutim, izjavio da je Uprava bezbednosti mobilno obavljala svoj posao i da je Generalštab jedino preko KOS-a redovno dobijao važne informacije, procene i planove. Javnost s tom ocenom nije bila upoznata. Za mnoge pripadnike JNA, i aktivne, a posebno penzionisane, izjava Branka Kostića protumačena je kao žestoki šamar Upravi bezbednosti SSNO, a samim tim i čitavom Ministarstvu odbrane. Prozivanje KOS-a i VOS-a (Obaveštajna služba), a i samo penzionisanje generala Aleksandra Vasiljevića, kao i njegovog prethodnika generala Marka Negovanovića, predstavljaju prvu i jedinu javnu kritiku, pa i čistku u organima bezbednosti JNA. Ovoj službi se na teret stavljala izdaja više od pet stotina visokih oficira, od kojih su neki, kao na primer general Anton Tus i admiral Sveto Letica, prebegli u Hrvatsku i izdali dva najelitnija vida vojske: avijaciju i mornaricu.

Njihova izdaja i prebeg povukli su za sobom i četiri pilota RV i PVO, koji su sa sobom odneli i avione „MIG-21", dok je Ratna mornarica zbog izdaje admirala Dragoljuba Bocinova, komandanta Splitske oblasti, izgubila svoju najvažniju stratešku luku – Loru, i na hiljade mlađih oficira. Iz avijacije je pobeglo dve stotine oficira.

Odgovornost KOS-a za gubljenje pojedinih bitaka, ali pre svega za izdaju i nesposobnost da reši mnoge velike podvale – slovenačke, hrvatske, pa i bosanske strane, potegnuta je glasno prvi put tri meseca posle izbijanja afere „Opera". Pokazalo se, naime, da je pukovnik KOS-a Slobodan Rakočević znao mnogo ranije da je komandant RV i PVO general Anton Tus izdajnik, ali, po njegovom kazivanju, do generalove smene nije došlo jer na Rakočevićeve izveštaje iz više komande, tj. iz SSNO niko nije reagovao. Čak ni kad je Tus prebegao, u JNA niko zbog toga nije odgovarao, a posebno ne u KOS-u.

U petak 20. septembra 1991. godine general-pukovnik Anton Tus podigao je s blagajne JNA penzijsku otpremninu u iznosu od sto starih milijardi. Već u ponedeljak Hrvatski radio je javio da je ovaj visoki oficir i penzioner JNA postao glavni stožernik oružanih snaga Hrvatske. Već se uselio u vilu na Tuškancu, pored kuće, takođe odbeglog, generala Martina Špegelja. Samo što je ušao u novi kabinet, ovaj stožernik i bivši komandant Ratnog vazduhoplovstva i protivvazdušne odbrane, pozvao je telefonom generala Veljka Kadijevića i zatražio mu devedeset borbenih aviona za hrvatske oružane snage. Odbegli general bez vojske, koji je oko sebe okupio stotinak, takođe dezertera, pilota JNA, Anton Tus general-pukovnik u penziji i stožernik u praksi, računajući na raspad SFRJ i razdruživanje, traži ono što Franjo Tuđman i on smatraju da pripada Hrvatskoj.

Samo dva meseca ranije, ovaj isti penzioner je na prve vesti da je preobukao uniformu i prešao u ustaše, putem telefona molio Komandu RV i PVO da prenese oficirima i vojnicima kako je on „vatreni Jugosloven", koji ih „nikada neće izdati". To njegovo obećanje ravno zakletvi trajalo je samo šezdeset dana.

U to vreme ćutalo se da su ustašama prebegli „Tusovi đaci", komandant korpusa Milan Maček iz Zagreba i oficir bezbednosti pukovnik Imre Agotić. Vojni kontraobaveštajci danas pričaju da se čak i general Veljko Kadijević svojevremeno sakrivao od generala Tusa, i to dosta uspešno. Kadijević je, naime, ilegalno leteo za Moskvu kod sovjetskog generala Jazova da bi ga pitao da li da JNA organizuje vojni puč i spase SFRJ, šta bi Vašington, a šta Moskva na to rekli i da li bi SSSR pomogao Jugoslaviji, ako bi Zapad intervenisao. Odgovor generala Jazova je bio kratak: „Njet!"

Time se ova tajna misija generala Veljka Kadijevića okončala, a da za nju nikada nije saznao komandant avijacije general Anton Tus.

Dezerterstvo generala Tusa je za mnoge oficire i podoficire u RV i PVO logična posledica loše kadrovske politike, preteranog insistiranja na nacionalnim ključevima u JNA i labilnog karaktera ovog penzionera koji je prišao doktoru Tuđmanu tek kada mu se učinilo da HDZ pobeđuje i da će se Hrvatska odvojiti od SFRJ. U JNA je inače decenijama vođena takva nacionalna politika koja je Hrvatima davala ogromnu prednost u nameštenju na visokim funkcijama, upravo s ciljem da se Armija kontroliše i u određenom trenutku razbije. Iz Hrvatske u JNA je, na primer, bilo petnaest kontraadmirala, dvanaest viceadmirala, četiri admirala i jedan admiral flote. Sem prvog komandanta RM (Slovenac Josip Černi, admiral) i poslednjeg komandanta Vojnopomorske oblasti (admiral Mile Kandić), svi komandanti i načelnici štaba komande RM odnosno Vojnopomorske oblasti bili su admirali iz Hrvatske: Mate Jerković, Ivo Purišić, Branko Mamula, Božidar Grubišić. Na kraju osamdesetih i početkom devedesetih godina u vojnom vrhu postojale su tri različite struje – meka, srednja i tvrda.

U prvoj su bili admiral Petar Šimić, admiral Božidar Grubešić, generali Konrad Kolšek i Svetozar Višnjić. U drugoj su se nalazili admiral Stane Brovet, general Veljko Kadijević i general Čanadi. Treću, najbrojniju grupu su predvodili generali Blagoje Adžić, Božidar Stevanović, Stevan Mirković, Josip Gregorić i kolega iz federalne policije general Petar Gračanin. Ostale struje, podeljene po nacionalnom i jugoslovenskom opredeljenju, bile su od minornog značaja za vojni vrh.

Ova afera „Opera" je, međutim, ukazivala i na nedovoljno jasno držanje generala Zvonka Jurjevića, tadašnjeg komandanta RV i PVO. Naime, borbeni avioni JNA nisu smeli da napadaju ustaške položaje sve dok na njih ne pripucaju sa zemlje. Tako se i dogodilo, jula 1991. godine, da je general Jurjević vikao preko telefona na pukovnika koji je odobrio dejstvo avijacije na raketni sistem hrvatskih snaga u Čakovcu. Kad je dobio odgovor da je to bila uzvratna vatra, komandant RV i PVO je prestao s protestima. Ovakvo ponašanje generala Jurjevića neki oficiri tumače kao izraz tihe simpatije prema Zagrebu, a drugi, kao izvršenje naređenja i stava SSNO da JNA deluje samo posle napada, što je u smrt odvelo mnoge vojnike i oficire.

General Aleksandar Vasiljević odbijao je odgovornost Uprave bezbednosti SNO za ove akcije, posebno za „Operu", jer kaže da je to bila delatnost Uprave za moralno vaspitanje i informisanost. Time se dolazi indirektno i do odgovornosti generala Vuka Obradovića, načelnika ove uprave, koji je podneo ostavku. Za običnog čoveka koji ne razlikuje sve te vojne institucije, ovakva tumačenja odgovornosti ne znače mnogo, jer je svima jasno da je u ovim slučajevima bila ugrožena bezbednost zemlje, a i njenih građana. Da bi se zataškala čitava afera i Armija sklonila s očiju javnosti, Slobodan Milošević je naredio da obračuni unutar KOS-a prestanu. Pukovnici Svetozar Matić i Svetozar Džigurski iz KOS-a RV i PVO su preko noći penzionisani.

General Nedeljko Bošković je dobio ponudu da časno ode, opet, u penziju, dok je general Božidar Stevanović to tvrdoglavo odbijao, nadajući se da će postati načelnik GŠ VJ. Njemu je sugerisano da ćuti. Čoveka i oficira, koji nije umeo da kontroliše svoj jezik, srušili su novinari s kojima je pio viski i sokove. Dada Vujasinović iz lista *Duga*, verovatno po nečijem nalogu, jedina od grupe novinara koji su posećivali Miku Šprajsa, objavila je neautorizovani intervju s njim u novosadskom listu *Svet*. Taj razgovor je fotokopiran u hiljadu primeraka i razdeljen po zgradi Generalštaba VJ kao primer vojničke i političke neposlušnosti. To je bio poslednji generalov intervju.

Skidanje afere „Opera" s vojnog dnevnog reda značilo je veliko olakšanje u radu KOS-a. General Aleksandar Dimitrijević, za koga se tvrdi da je čovek Aleksandra Vasiljevića, dakle i provereni kontraobaveštajac, požnjeo je uspeh ovim presecanjem sukoba između dve struje unutar Vojske Jugoslavije i samog KOS-a. Privatno, međutim, „rat" između generala Aleksandra Vasiljevića i generala Nedeljka Neđe Boškovića je nastavljen, jer je ovaj prvi tužio sudu ovog drugog načelnika KOS-a JNA za zloupotrebu službene dužnosti i prekoračenje ovlašćenja. Suđenje tokom 1996. još nije bilo zakazano, ali su se dvojica generala prepucavali preko novina. Vojska Jugoslavije, odnosno njena Uprava bezbednosti, devedesetih godina je nastavila kontinuitet KOS-a JNA i samim izborom kadrova, a i samim načinom rada. Načelnik Aleksandar Dimitrijević bio je, naime, svojevremeno saradnik i generala Aleksandra Vasiljevića i Nedeljka Boškovića, dvojice prethodnih šefova KOS-a. Sredinom devedesetih KOS Vojske Jugoslavije imao je četiri uprave: kontraobaveštajnu, unutrašnje bezbednosti, analitiku i operativni centar. Njihovi načelnici, poput pukovnika Branka Gajića, na primer, bili su iskusni (kontra)obaveštajci. Tako da se može zaključiti, da je KOS VJ, pored SDB-a Srbije i SDB-a Crne Gore, posle razbijanja SFRJ, uspeo da sačuva svoj bezbednosni integritet i da gradi novi.

CRVENI TEROR

Po samoj prirodi svog posla Ozna, odnosno kasnije Udba, bila je represivni organ vlasti. U obračunu s državnim neprijateljima, često iza rata, ova politička policija se koristila i naoružanim jedinicama milicije i Knoja (Korpus narodne odbrane), koji je postojao sve do 1953. godine. Do te godine pripadnici jugoslovenske tajne i političke policije nosili su uniforme i imali vojne činove, što znači da su zapravo i bili vojna formacija. Sâm Knoj su činile jedinice za čišćenje terena od pripadnika tzv. kontrarevolucionarnih snaga. U narodu je taj krvavi posao nazvan još i „crveni teror". Komunisti su tu vrstu odmazde nad svojim ideološkim protivnicima započeli još januara 1942. godine u Crnoj Gori. Tada je izdata naredba: „Isterati gubu iz torine!"

Nju je na Durmitoru potpisao lično Milovan Đilas. Sâm Đilas je u Crnoj Gori okrivljen više puta od građana da je likvidirao oko 600 Crnogoraca. To je Đido u novinama početkom devedesetih javno demantovao. Beogradski profesor doktor Aleksandar Drašković, dobar poznavalac prilika u Crnoj Gori, tvrdi da je u to vreme, umesto Đida, za likvidatora antikomunista bio zadužen Ivan Milutinović Milutin. Njegov pretpostavljeni je bio Moša Pijade. Odluku o odmazdi i teroru nad ljudima koji nisu podržavali NOP, doneo je, kaže doktor Drašković, lično Tito 7. decembra 1941. To se dogodilo u selu Drenovi kod Prijepolja, na sastanku najužeg vođstva KPJ i NOB-a, u sklopu razmatranja tzv. druge faze revolucije u Jugoslaviji. Josip Broz je tada savetovao Milovanu Đilasu da strelja svakog, pa makar i člana Pokrajinskog komiteta, ako se koleba ili pokazuje nedostatak discipline. Tito je imao običaj da izdaje naređenja o smrtnoj kazni, ali bez potpisa. Svojeručno je potpisivao samo pomilovanja. Tragove smrti ostavljao je drugima. Crnogorci pamte Đilasova „pasja groblja" koja su bila, zapravo, stratišta i mnogih nedužnih ljudi. I danas postoje uspomene na Šakovićke jame, bunare i krečane kod Šavnika, Jaruge kod Žabljaka, Kunovo prisoje kod Cetinja i kanjon Komarice. Za četrdeset devet dana vladavine Moše Pijade u Kolašinu, u zimu 1942. godine, ubijeno je 373 ljudi.

Niko vatrenim oružjem. U *Knjizi zločina*, koju je sastavio Branko Glogovac, upisana su stradanja žitelja Beranskog sreza. Na posebnoj listi smrti, vidi se da je u selu Polica, na primer, likvidirano 200 duša, u Šekularu 100, Buču 68, Budimlju 48. Porodica Zirojevića iz sela Brajevići pamti Veliku srijedu, odnosno 4. april 1942. godine kao dan kada je tzv. Udarni bataljon NOVJ, po kratkom postupku, usmrtio dvanaestoro ljudi. Među njima i sedam Zirojevića. Kada je streljanje izvršeno, komandant bataljona je naredio: „Pjesma nad bandom!" i vojnici su zapevali: „Naša borba zahtijeva..."

Vojvođanski istoričari, na primer, tvrde da su partizanske jedinice, po naređenju Josipa Rukavine, komandanta Vojne oblasti za Bačku i Baranju, prilikom ulaska u Novi Sad 23. oktobra 1944. godine, uhapsile i streljale grupu viđenijih Srba i Mađara u Rajinoj šumi. Živi svedoci iz Subotice tvrde da je Ozna u ovom gradu likvidirala oko trista „Njilaša", mađarskih fašista i njihovih simpatizera. Mnogi Valjevčani se sećaju da je nova vlast vršila odmazdu u gradu i po selima nad nepodobnim stanovništvom od oktobra 1944. do maja 1945. godine. Stratišta su bila na brdu Krušik, ispod kasarne Petog puka i u zvekarama, odnosno šibljacima. Ovim masakrom, u kome je stradalo više od hiljadu ljudi, rukovodila je Ozna, odnosno njen major Dragan Đurić, a sprovodio ga je Knoj. Svedok Slaven Radovanović u svom letopisu je zapisao imena i nekih egzekutora: braće Dudić, Stanka Paunovića, Obrada Jovanovića, Bore Vujića i Miće Jeremića. Njegova knjiga *Grgur Icanović* je zbog svedočenja o ovom masakru Srba dugo bila zabranjena u Valjevu, a pisac Slaven Radovanović izložen progonu od Udbe. Penzioner Slavko Tomašević, koji je u poratnim godinama radio kao grobar u Čačku, seća se da je, dok je opsluživao Oznu, svojim rukama zatrpao najmanje 150 ljudi. Tomašević tvrdi da je likvidacijama rukovodio Ratko Dražević, šef Ozne u Čačku, koji je svakog dana Slobodanu Peneziću Krcunu slao izveštaje o streljanjima i liste uhapšenih Srba. Samog Krcuna pripadnici nacionalnih snaga okrivljuju za smrt Andrije Mirkovića, ratnog predsednika opštine u Užicu, Tihomira Ljubojevića, šefa policije, i nekog Tomovića, kao i rukovodilaca železničke stanice i železničke radionice. Narod pamti da je porodica Penezić pokušavala da zaštiti Mirkovića, ali je on stradao jer mu je zet bio folksdojčer. Goran Lazović, publicista iz užičkog kraja, na osnovu svedočenja Vidana Micića, tvrdi da su i Krcun i Ranković organizovali streljanje starog komuniste Živojina Pavlovića, poznatog po nadimku Žika Ždrebe. Pre likvidacije, Pavlovića su saslušavali i pendrekom tukli Petar Stambolić, Vladimir Dedijer, Slobodan Penezić i Aleksandar Ranković. Streljački vod mu je pucao u srce, dok je većini drugih izdajnika pucano u potiljak. Titu je samo javljeno da je „... posao obavljen...". Vidan Micić, partizanski likvidator, seća se da je pod komandom Slobodana Penezića Krcuna i Petra Stambolića u Užicu usmrtio čak 400 ljudi. Nisu svi poginuli od metka, neke je ovaj egzekutor ubijao i maljem. Četnici su u Užicu i okolini, usmrtili 903 osobe dok su zarobljenog Krcunovog rođenog brata Dragana, predali Nemcima da ga streljaju. Povlačeći se iz Užičke republike, Slobodan Penezić je obećao svim palim partizanima da će ih osvetiti!

Za Kruševac stari Čarapani kažu da je posle oslobođenja 14. oktobra bio grad s najviše zatvora u Srbiji. Četnici Dragutina Keserovića, ali i mnogi sumnjivi građani bili su zatočeni u Realnoj gimnaziji, Starom zatvoru, Načelstvu, Kaznenom domu, kući inženjera Ž. Cvetkovića, podrumu Živanovića i Negulićevoj kući. Partizani su streljali hiljadu dvesta ljudi kao domaće izdajnike. Tu likvidaciju izvršila je Prva jugoslovenska brigada, koju je vodio Marko Mesić, brat Stipa Mesića, Hrvata koji je, kako sâm kaže, 1991. godine srušio SFRJ. Marko je u Kruševcu imao i jednu ulicu, doduše, s pogrešnim imenom: Ulica Mirka Mesića. Pored njega, u ovom teroru učestvovali su i članovi Prekog suda, tajne policije, Knoja, oficiri Milan Luković, Raša Lepenac, Desimir Milosavljević, Vlada Bajčević i Miodrag Tripković Madža. Branislav Marković, čovek koji je istraživao ta streljanja vršena u koritu Zapadne Morave, pod Bagdalom, Garskom potoku, u Slobodištu, Globoderu i srpskim župama, procenjuje da je crveni teror u Kruševcu odneo više od 5.000 srpskih duša.

„Najveće stratište u Požarevcu nalazilo se na starom Petrovačkom putu, mada su egzekucije vršene i u koritu Velike Morave i u selu Smoljinac. Streljanja su vršena, uglavnom, noću. Mnogi građani su stradali i u zgradi Ozne, koja se nalazila u današnjoj Nemanjinoj ulici. Za veći broj Požarevljana se ni dan-danas ne zna kako su završili život. Božidara Nikolića su noću odveli islednici Ozne i više ga niko nije video. Ni grob mu se ne zna, zna se samo da ga je izdala devojka. Sve pridošle Knoj je streljao po kratkom postupku. Majke mobilisanih i hapšenih mladića su prosto opsedale zgradu Ozne, ali ih čak ni Ludi Mane nije mogao oterati. Ovaj Mane se u Požarevcu proslavio tako što je u Ozni mnogima lomio kosti, jer nisu hteli da priznaju kome su za vreme rata bili jataci. Od Oznine ruke stradali su divni ljudi Živojin Mladenović Kapetanče i profesor Igor Venštajn. Njemu je lično presudio Sima Karović... Ozna je, posebno u požarevačkom kraju, vršila odmazde i nad srpskim vojnicima koji su bili u zarobljeništvu...", zapisao je u svojim beleškama novinar Rade Rončević. U seriji napisa o tim srpskim stratištima, punim dramatičnih svedočanstava, kragujevački list *Pogledi* je tokom 1991. godine, objavio podatke da je u toj partizanskoj i komunističkoj odmazdi, na primer, u Čačku stradalo 1.500, u Požarevcu likvidirano 2.800 ljudi, u Užicu 3.000, u Aranđelovcu 3.600, u Nišu, čak 12.000 Srba. Bilo je to, doduše, u vreme kada se u Srbiji tragalo za dokazima komunističke odmazde nad srpskim narodom i kada se više verovalo pukim kazivanjima ljudi, nego istorijskim dokumentima i dokazima, kakvih je bilo, i danas ima, vrlo malo. Prema nepotpunim, ali i nedovoljno proverenim podacima autora i sagovornika kragujevačkog lista *Pogledi*, Oznin teror je u Srbiji odneo 50.000 života.

Crveni teror je, trajao sve do 25. decembra 1944. godine, kada je po naređenju Slobodana Penezića Krcuna i ukinut. Ta naredba je glasila: „Nema ubijanja protivnika bez suđenja!"

Koliko je u tom teroru ljudi stradalo, niko tačno ne zna, pa su i brojke koje su se pojavljivale u novinama proizvoljne. To mi je potvrdio doktor Obren Đorđević, nekadašnji inspektor Udbe i načelnik SDB-a Srbije. Ima svedoka koji tvrde da su oslobodioci Beograda ubili oko 7.000 ljudi osumnjičenih za saradnju sa okupatorima i domaćim izdajnicima. Doktor Đorđević, međutim, precizira da je obično u svakom oslobođenom mestu Ozna likvidirala po desetak meštana radi osvete izdajnicima, ali i radi opomene stanovništvu. Praksa je, međutim, bila drugačija. Bez suda i na licu mesta jugoslovenska tajna policija i armija likvidirale su ne samo pripadnike nacionalnih snaga, razne odmetnike, pa i kriminalce, već i imućne i ugledne građane i seljake. Za to je bila dovoljna samo sumnja da su to ljudi koji ideološki nisu prihvatali novu komunističku vlast i nisu podržavali njene masovne akcije. Crveni teror je danas teško dokazati, jer o njemu nema pisanih tragova, ali još ima svedoka te državne odmazde, koja je, po slobodnim procenama ugrozila živote najmanje sto hiljada ljudi u Jugoslaviji. Ima ljudi, poput Bate Tomaševića, koji o tome javno govore:

„... Nikad neću zaboraviti kako smo Raka Mugoša i ja uletali u razne kuće u potrazi za neprijateljima kao neki komandosi iz akcionih filmova. On je bio mali, zdepast, ali čudovišno snažan. Kad bi ramenom udario u neka vrata, ili bi provaljivao kroz njih ili bi ih sa šarki skidao. Onda bi ispalio rafal, ništa nikoga ne pitajući. Moj brat je zaklan od četnika, a otac, majka i šestoro braće i sestra, svi smo bili u partizanima. U Beogradu sam se našao u januaru 1945. s Rakom Mugošom, koji je bio moj komandir i u Crnoj Gori. Beograd je još bio pun neprijatelja, skrivenih po nekakvim rupama, i mi smo imali zadatak da očistimo Beograd. Moram priznati da je streljanja uvek bilo kad se uđe u neki grad. Nekakav spisak kako se ko držao pod okupacijom dostavili bi ilegalci iz tog grada. Na Cetinju je streljano jedanaest, u Beogradu ne znam koliko... Ja sam bio prisutan kad je general Milan Nedić skočio kroz prozor zgrade Ozne na Obilićevom vencu u Beogradu. Vodio ga je jedan od kurira iz prateće čete. Sedeo je Nedić, naizgled mirno, u hodniku pored prozora i čekao na saslušanje. Međutim, iskoristio je priliku kad je kurir izašao i skočio kroz prozor. Nedić je pao kroz svetlarnik dole. Nije bilo razloga da ga bilo ko gurne, baci, jer nije bilo ni lako proći kroz taj prolaz. Zato su mene spustili konopcem kroz taj svetlarnik da ga vežem i da ga podignem na četvrti sprat. Još je krkljao, još je bio živ dok sam ga opasivao užetom."

Država Jugoslavija nikada javno nije progovorila o crvenom teroru, ali Srpska pravoslavna crkva i grupe građana jesu. Sveštenici čačanske crkve su u jesen 1993. godine na fudbalskom igralištu FK *Borac* služili pomen stradalnicima u crvenom teroru čije su kosti ležale tu na obali Morave. Mitropolit Amfilohije i vladika Atanasije su novembra 1994. u Grahovu održali parastos i položili kamen temeljac za pravoslavni hram u spomen postradalima u odmazdi partizana nad 548 Srba, 22. oktobra 1944. godine. Preživelih sa streljanja i masovnih likvidacija ima. Tužilaštvu u Čačku podneta je krivična prijava protiv bivših partizana Obrada Savkovića, Milojka Todorovića Plavog i Pantelije Vasovića za delo ratni zločin protiv civilnog stanovništva (čl. 142 KZ SFRJ). Tužilaštvo je tu prijavu, međutim, odbacilo kao neosnovanu. U ime Demokratske stranke, doktor Vladan Vasilijević je još 1990. godine, Tužilaštvu Srbije podneo zahtev za obnovu krivičnog postupka u svim slučajevima crvenog terora u Republici od 1944. do 1953. godine. Proces je vođen protiv nekoliko desetina hiljada građana optuženih za krivična dela protiv naroda i države, izazivanja nacionalne, rasne i verske mržnje, nedopuštene trgovine, špekulacije i privredne sabotaže. Republičko javno tužilaštvo Srbije uzelo je ovaj zahtev demokrata u razmatranje, ali do proleća 1995. godine nije o njemu donelo bilo kakvo rešenje.

Krvavo proleće

Sve do 1952. godine, kada je u FNRJ ubijen i poslednji pripadnik četničkih jedinica, trajao je obračun Udbe sa ostacima nacionalnih snaga u Jugoslaviji. Gro te vojske pobijen je na Kočevju u proleće 1945. godine, kada su Britanci i Amerikanci vratili iz Austrije Titu prebegle ustaše, četnike, belu gardu i baliste, a on ih pobio. Britanski lord Nikolas Betel, svedok i analitičar zbivanja u poratnoj Austriji, tvrdi da je London izručivanje prebeglica iz Jugoslavije partizanima učinio da bi zaustavio vojno nadiranje Titove armije na Zapad i da bi pružio ruku saradnje Beogradu. Vida Tomšič i Edvard Kardelj su javno od Britanaca tražili da Koruška uđe u sastav nove Slovenije. Englezi su to zajedno s Titom želeli da spreče. Istovremeno, Čerčil je uspeo da nagovori, tačnije da primora kralja Petra II Karađorđevića da prizna Titovu prevlast u Jugoslaviji. Dokaz tog priznanja bio je i apel kralja Petra II četnicima u Bosni i Crnoj Gori, u proleće 1945. godine, da se predaju partizanima i pređu na Titovu stranu. Zbog nepristajanja na pogodbu, Britanci su punih pedeset dana držali kralja Petra II u podrumskom pritvoru, sve dok nije pristao na saradnju s komunistima. Ovaj čin britanske i monarhijske izdaje teško su podneli pripadnici nacionalnih snaga, kako četnici, ljotićevci i nedićevci sebe nazivaju. Mnogi su se predali, neki čak izvršili samoubistvo, a većina je krenula preko granice u Italiju i Austriju. Pred naletom partizana maja 1945. godine u Austriju su se povukla tri puka Srpskog dobrovoljačkog korpusa, koji je predvodio Radoslav Tatalović, četnici Pavla Đurišića, koje je vodio major Vaso Vukčević, slovenački domobranci s komandantom generalom Francom Krenerom, tridesetak hiljada izbeglica iz Slovenije, koje je vodio biskup Rožman. Njih su progonile jedinice pet divizija Treće armije, pet divizija Druge armije i dve divizije Prve armije, kao i formacije Četvrte operativne zone Slovenije. Među likvidatorima bili su i Boško Šiljegović, general Hočevar, Kosta Nađ, Petar Drapšin, Mitja Ribičič i Zdenko Zavadlov iz slovenačke Ozne, Sima Dubajić, Milan Basta, ali i Milka Planinc, dok je politički komesar bio Relja Savović. U Sloveniji su tada bili i Tito, i Ranković, pa i Krcun.

„Komandovao sam u Kočevskom rogu", izjavio je prvi put za javnost Simo Dubajić u listu *Svet* jula 1990. godine: „Učestvovao sam u likvidaciji ljudi po naređenju. To danas govorim, jer sam shvatio da je savest jača od pobede. Kada sam 25. maja 1944. godine došao u

Ljubljanu, referisao sam Titu o zarobljavanju ustaša, fon Lera i zapleni zlata. Pre toga sam trinaestog maja dobio od Tita depešu da niko ne sme dirati nijednog zarobljenika. Mi tada nismo znali da će ti zarobljenici biti pobijeni. Govorilo se da ih treba vratiti u Sloveniju, da bi im se sudilo po međunarodnim konvencijama. Ja sam imao tu Titovu depešu, imali su je i svi ostali komandanti... Onda sam iznenada dobio nalog da se 30.000 tih domaćih izdajnika pobije u Kočevskom rogu. Naređenje su izdali Ivan Matija Maček, Maks Baće i Jovo Kapičić. Sve Rankovićevi pomoćnici. Takvu odluku nije mogao doneti niko drugi do Tito. Samo je on mogao da opozove svoju raniju depešu. Bio sam šef, i kontrolisao sam da se to izvrši do kraja. Taj masakr je izvršila Jedanaesta dalmatinska brigada, u kojoj je komesar bila Milka Planinc. Ona je za streljanje tražila dobrovoljce i najpoverljivije komuniste. Bilo ih je 85 ili 90, ali više od 100 nije. Strojem je komandovao drug po imenu Periša. Zvali smo ga još Dinko i Ljubo. Sedeo sam ispred jedne krčme i pio „Bakarsku vodicu". Imao sam dvadeset jednu godinu. I vojnici su bili mladi. Dolazili su kod mene, potezali iz flaše, povraćali i padali u nesvest. Bio sam pijan, pa nije isključeno da sam baš ja dao naređenje da se posle streljanja baci eksploziv u te jame kako neko ne bi iz njih izašao živ. Za te jame u Kočevskom rogu rekao nam je Ivan Maček, ministar slovenačke policije. On je poznavao taj kraj, tu se, uostalom, tokom rata skrivao Glavni štab Slovenije.

Svedoci iz emigracije tvrde da je tada ubijeno oko 250.000 ljudi. U britanskim arhivima postoje dokumenta i o predaji prebeglica, a i o likvidacijama koje su nad njima načinili partizani. Svedočanstva su dali i preživeli pripadnici nacionalnih snaga Branislav Todorović, Todor Miletić, Stevan Brašević, Velimir Golubović, Milivoje Slavković, Jože Korošec. U Čerčilovom dnevniku, ta komunistička odmazda opisana je u poglavlju pod nazivom *Incident Basovice*, po imenu jedne od kraških jama, na italijanskoj strani. Deset godina kasnije, zbog stratišta u Sloveniji, izbile su svađe u CK KPS, jer su se seljaci žalili da ne mogu da oru svoje njive, zbog leševa koji izlaze iz zemlje. „Kao da zemlja diše" govorili su seljaci.

Slovenci su ih, međutim, primirili visokim novčanim obeštećenjima i kreditima za podizanje kuća. Početkom pedesetih i sâm Edvard Kardelj je sprečio otvaranje istrage o posleratnim zločinima u Sloveniji. Englezi su, međutim, skrivali ove istorijske činjenice i od svoje i od jugoslovenske javnosti sve do kraja osamdesetih godina, kada ih je grof Nikolaj Tolstoj objavio. Zbog knjige *Ministar i masakr*, odnosno svedočenja o Titovoj i britanskoj odmazdi, grof je bio i sudski gonjen u Londonu.

O masakru u slovenačkim šumama Borivoje Karapandžić, ljoti-ćevski emigrant iz Klivlenda, napisao je knjigu *Titovo krvavo proleće.* Englezi su od 24. do 29. maja 1945. godine, na prevaru, pod izgovorom da ih šalju u Italiju, izručili Titu sve prebeglice. Prevozili su ih prvo kamionima do Filaha i Jesenica, a zatim vozovima u logor Šentvid kod Ljubljane. U Mariboru ih je dočekivao Zdenko Zavadlov, oficir Ozne. Zarobljenike je čuvala Vojska državne sigurnosti Slovenije, a njen put iz Austrije je kontrolisala Pokrajinska Ozna za Štajersku i Korušku. Zavadlov se seća da je i Tito dolazio u Maribor, da se susretne s ruskim maršalom Tolbuhinom. Tek posle tog susreta donesena je odluka o likvidaciji ljudi iz transporta. U Maribor je dovezeno 8.000 slovenačkih domobrana i 6.000 Srba. Tu ih je posetio Slobodan Penezić Krcun, u svojstvu predsednika Komisije DFJ za amnestiju. Borivoje Karapan-džić tvrdi da je Penezić zapravo doneo Titovo naređenje za likvida-ciju prebeglica, koje su i poslate na stratište u Kočevje. Još prilikom transporta četrdesetak dobro naoružanih partizana pretreslo je kon-voj, a kako Karapandžić svedoči citirajući reči preživelih Srba, neke izbeglice su i opljačkali. Najveća masovna streljanja Titovi oružnici su, po Karapandžićevim podacima, izvršili na sledećim mestima: na planini Pohorje i oko Maribora, u tzv. maršu smrti streljano je oko 200.000 Hrvata, koji su doterani iz Pliberka (Blajburga); u šumama oko Kočevja, naročito u Kočevskom rogu ubijeno je 12.000 Slovenaca, domobrana, oko 3.000 srpskih dobrovoljaca, oko 1.000 crnogorskih četnika, oko 1.000 hrvatskih domobrana i 1.000 ruskih belogardejaca. Oni su predati partizanima iz logora Vetrinje kod Celovca. Kod Zida-nog Mosta streljano je oko 6.000 Crnogoraca, na čelu s mitropolitom crnogorsko-primorskim Joanikijem i 70 srpskih pravoslavnih sveštе-nika iz Crne Gore. Na padinama Pohorja uništeni su životi i 8.000 četnika vojvode Pavla Đurišića, koji su vraćeni iz Pliberka. Kod Tehar-ja je ubijeno još 3.000 izbeglih Slovenaca, na prevoju Ljubelj i hiljade ranjenih i bolesnih dobrovoljaca, domobrana, izbeglica, među kojima je bilo dosta Srba. Pedeset godina kasnije, 1995. godine, kada se na-šao pred Parlamentarnom komisijom Slovenije koja istražuje zločine počinjene posle završetka Drugog svetskog rata, nekadašnji načelnik tajne policije u deželi Mitja Ribičič, da bi oprao ruke i obraz, javno je izjavio „... da slovenačka Ozna nije znala, niti je imala nalog da ubija zarobljene... Vrh JA naredio je likvidacije u Kočevju... mimo Titovog znanja!?" Mitja Ribičič je rođen 1919. godine u Trstu. Studirao je prava u Ljubljani kada je pristupio komunističkom pokretu. Učesnik je rata od 1941. godine. Prvo je bio organizator partijske tehnike, zatim pokretač obaveštajnih aktivnosti, a zatim politički funkcioner. U zvaničnim biografijama prećutkuje svoju delatnost u tajnoj policiji Jugoslavije i Slovenije. Drug Ciril, kako se ilegalno zvao, koji je u Moskvi završio Akademiju NKVD *Feliks Džeržinski* i tako postao školovani tajni policajac, očigledno ne želi da preuzme, u ime Slovenaca, odgovornost za masakre u Kočevju i Pohorju. Ribičiča je na najbolji način demantovao bivši partizan Albert Svetina Erno, koji je u leto 1944. godine postao prvi pomoćnik načelnika slovenačke Ozne, generala Ivana Mačeka Matije:

„... Bio sam u Partijskoj školi u Kočevskom rogu, kada je, maja 1944, CK KPS poslao po mene kurira s naredbom da se javim drugu Mačeku. Otišao sam u centar Ozne na Stražnjem Vrhu, gde me je Maček imenovao za svog pomoćnika. O njemu sam već slušao da je bio surov i primitivan. Maček se upravo vratio iz Drvara, sa sastanka Vrhovnog štaba. Na tom skupu bili su i Aleksandar Ranković, Čečo Jovanović, Edvard Kardelj. Razgovaralo se o kraju rata i zaključeno je, na osnovu ruskog iskustva, da treba započeti obračun s pripadnicima nacionalnih snaga, saradnicima okupatora i kvislinzima:

'Likvidirajte ih, što pre i što više, dok traju borbe za oslobađanje zemlje', rekao nam je Maček.

To su čuli svi slovenački oznaši – Brilej, Zore, Stadler, Ivanuša, Šilih, Stjenka i ja. Maček nam je naredio da napravimo poseban spisak slovenačkih kolaboracionista. Registraciju je vodio Branko Ivanuša, jer je on u Ozni Slovenije bio šef Odseka za evidenciju neprijatelja. Likvidacije su na teritoriji Slovenije trajale sve do 1953. godine. Za njih je Mitja Ribičič znao, čak je i sâm pravio spiskove za streljanje. To mi je rekla moja bivša žena Cveta Zimic, koja je bila Ribičičeva sekretarica u leto 1946. godine. Ja sam u to vreme bio načelnik Ozne za Primorsko..."

Likvidacijama u Blajburgu i Kočevju nije završen jugoslovenski građanski rat. U samom Beču, s dozvolom savezničkih vlasti, Jugoslavija je otvorila Misiju za hvatanje ratnih zločinaca. Na njenom čelu se nalazio prvo pukovnik Pavle Milić, a zatim major Stanimir Dinčić. Njihov zadatak je bio, da s još dvadeset jugoslovenskih oficira, na osnovu spiska Ozne od dve hiljade ratnih begunaca, pronađu što više ljudi i privedu ih u Beograd. U ruke im je pao Tanasije Tasa Dinić, ministar policije u Nedićevoj vladi, zatim Franc Nojhauzen, ministar

Hitlerove ratne privrede i još stotinak ratnih zločinaca. Doktor Ante Pavelić im je umakao u Južnu Ameriku. Ustaše procenjuju da je do 1951. godine Udba likvidirala i oko 1.000 katoličkih sveštenika, simpatizera Alojzija Stepinca.

Doktor Obren Đorđević je procenjivao da je Ozna, tj. Knoj, u obračunu sa 7.000 četnika u Bosni, 1.000 ubila samo u kanjonu Sutjeske. Kada je, međutim, na prostoru Jugoslavije taj unutrašnji rat završen, specijalne jedinice Udbe iz Srbije i Bosne tragale su za ostacima četničkih grupa da bi ih likvidirale. Najuspešniji egzekutor tog doba bio je doktor Milan Dragutinović iz Novog Sada, koji i danas kao trofej čuva pištolj čuvenog odmetnika Srpka Medenice. Mit o Udbi i njenim tajnim ubistvima, počeo je da se stvara odmah iza rata. Tome su, na primer, dosta doprineli neki nerazjašnjeni slučajevi iz samog političkog vrha. Publicista Đurica Labović tvrdi, na primer, da je Udba ubila Titovu miljenicu Davorjanku Paunović, jer se toliko osilila da je počela da se ponaša kao maršalica. Drugo ubistvo koje je ostalo sakriveno od javnosti je bilo ono Nikole Kalabića u njegovom stanu u Beogradu.

Posle izdaje Draže Mihailovća, ovaj četnički komandant je živeo slobodno u Beogradu. Hranio ga je Josif Cvetković, Krcunov lični šofer. Njegov lični telohranitelj bio je oficir Ozne Josip Petrović, koji ga je vodao noću po Beogradu. Nikola Kalabić je „dobijen" na reč Slobodana Penezića. Obećano mu je da će biti potpuno slobodan čovek kada oda četničkog Čiču. Iza tog obećanja stajali su i Tito i Ranković. Nikola je verovao Krcunu, jer su se znali iz užičkih kafana od pre rata. U slobodnom Beogradu, a zatim i u Tuzli, gde je Kalabić prebačen, njegov telohranitelj ga je najčešće vodio u bioskop i malo poznate kafane. Nikola se, međutim, propio i počeo da se, obrijan i uglađen hvali, da je on čuveni Kalabić.

U Udbi je čak planirano da se Kalabić prebaci u inostranstvo, negde u emigraciju, ali se od toga odustalo zbog njegove plahovitosti i hvalisavosti. Onda je Krcun odlučio i naredio da se likvidira. Po svedočenju Slobodana Krstića Uče, oficira Udbe, Nikola Kalabić je jedne noći zadavljen u stanu u Kosovskoj ulici broj 43. Bio je tada u društvu s Miletom Mijatovićem, Slobodanom Krstićem Učom i Vladanom Bojanićem iz Udbe, s kojima se dogovarao da ide na susret i suočenje s Dražom. Kalabić je tražio da bude obmotan zavojem, kako bi Čiči izgledao izmučeno i jadno. Prilikom previjanja zavoja, u sobu su ušli operativci tajne policije i udavili ga tim zavojima. Telo Nikole Kalabića je zatim prebačeno na Adu Ciganliju i tamo sahranjeno bez nadgrobne ploče. Naređenje za likvidaciju Nikole Kalabića preneo je „odozgo" Mile Milatović, Rankovićev zamenik, kada se i Leka složio s Krcunovim naređenjem. Ubistvo su počinila trojica radnika Udbe, ljudi u uniformama i sva trojica su, kako mi je rekao doktor Obren Đorđević, bili i u streljačkom vodu koji je na Adi usmrtio Dražu Mihailovića. Čiča je, po nalogu Aleksandra Rankovića, streljan u raci, s grupom osuđenika. Pre likvidacije je đeneral Mihailović i obrijan, kako ga u slučaju otkopavanja neko ne bi prepoznao. Jedan od likvidatora Nikole Kalabića i Draže Mihailovića i danas živi u Beogradu, ostali su preminuli.

Srpski Vajat Erp

O velikom broju anonimusa čije su familije stradale u čistkama posle rata progovorilo se tek pedesetak godina kasnije. Još se ne zna koliko je ljudi, pre svega Srba i Crnogoraca, stradalo zbog Rezolucije Informbiroa. Udba je krajem četrdesetih i početkom pedesetih bila politička mašina za uništavanje ljudi. U toj mašini doktor Milan Dragutinović, profesionalni Udbin ubica i čovek s deset imena, bio je samo jedan šraf:

„Iz rata sam izašao kao partizanski borac i rezervni poručnik. Nastavio sam studije medicine koje je rat prekinuo. Kao obaveštajac bio sam mitrovački robijaš, rudar, miner, sveštenik, reakcionar i lekar. Jednom sam čak glumio i kraljevog izaslanika. Tada sam se zvao Jovan Marković, a više puta sam koristio imena Milan Kojić, Obren Vidačić, Mile Popović, Saša Nenadić ili jednostavno Mile, Aca, Predrag, Stanko, Bata i Saša. Za moje najbliže saradnike bio sam samo 'Doktor'. U dosijeu Ozne vodio sam se pod šifrom 'M-34', pričao je doktor Dragutinović novinarima posle izlaska njegove knjige *Oči u oči sa odmetnicima*. Milan Dragutinović, rođeni Dorćolac, posle rata živeo je s majkom na Slaviji. Izbačen je iz SKOJ-a, proglašen reakcionarom, a Udba ga je i više puta gonila po zadatku. Tako je stvaran njegov imidž „neposlušnog oficira", reakcionara koji je voleo kralja i Dražu. Takav glas je vrlo brzo stigao i do četnika odbeglih u šume. Oni su mislili da je „Doktor" čovek koji ima dobre veze s „braćom van domovine". Na poslovima likvidacije odmetnika „Doktor" je direktno sarađivao sa oficirom državne bezbednosti i narodnim herojem

Panetom Đukićem, kao i s Miroslavom Sandićem, Živkom Trninićem Žućom, Ivom Šarovićem i Dragoljubom Maleševim.

Jednoga dana, preko nekog jataka, doktor Dragutinović je uspostavio veze s četnicima s Lima. Bilo je to 1946. godine. Parola Ozne je, inače, bila: „Ako imaš jatake u ruci, držaćeš i odmetnike za gušu!" Predstavljajući se kao čovek iz inostranstva koji će preostale četnike prevesti preko granice, Dragutinović je došao i do komandanta Radoslava Minića, zvanog „Gorska aždaja". Koliko je ovaj imao poverenja u njega govori i činjenica da je pristao da se zajedno slikaju. Čini se, međutim, da su odmetnici za Oznu bili laka meta, jer su živeli u šumi izolovani, bez pravih informacija o događanjima u zemlji i svetu. Čim mu se ukazala prva prilika, Milan Dragutinović je udario pištoljem Minića u glavu. Visok i snažan, čovek od sto dvadeset kilograma, Radoslav Minić mu se oteo i izvadio bombu. Nastalo je gušanje, koje je prekinuo četnički jatak s jednim metkom. Gađajući oficira Udbe, on je pogodio „Gorsku aždaju" pravo u čelo.

„Ja sam pre podne bio student medicine, a vikendom ili kada mi se ukaže prilika za teren, bio sam pod kontrolom specijalnih ekipa državne bezbednosti. Na fakultetu sam učio da rukujem skalpelom, a u šumi da pucam iz pištolja. To je bilo vrlo važno, jer mi je život zavisio od moje preciznosti. Kod četnika je uvek bilo pravilo da, kada se čuje prvi pucanj, u kući se odmah gasi petrolejka. Trebalo je tada u mraku pogoditi metu. Kad sam lovio Srpka Medenicu, pucao sam u mraku i ubio Ivana Šljukića, a teško ranio Dušana Rađenovića", seća se „Doktor" koji je bio brz na oružju kao Vajat Erp. U akcije likvidacija išao je s pištoljem i revolverom. Pucao je sa obe ruke, unakrst.

Da bi se približio četnicima, doktor Dragutinović je naučio sve njihove pesme, čak i Dražinu himnu. Kako se predstavljao i kao pop, znao je i Očenaš napamet. Molitvenik je uvek nosio sa sobom, ali i pištolj pored njega. Predstavljajući se kao veza sa svetom, Dragutinović je, da bi izradio lažne pasoše, uspeo da fotografiše većinu svojih žrtava, pa čak i opreznog i lukavog Srpka Medenicu. Pored njega doktor Milan Dragutinović je likvidirao i Milana Matovića, Vladu Sipčanina, Slobodana Popovića, kao i dvojicu balista, poznatih u narodu samo po imenima Hamdija i Husnija. Kada je pre dvadesetak godina objavljeno ko je tajanstveni „Doktor" koji je uspeo da likvidira sve ove „gorske aždaje" i koji je svojim očima gledao hvatanje Draže Mihailovića, ovaj Udbin likvidator se našao na meti napada stotine ljudi iz dijaspore i zemlje. Stizala su mu neprijatna pisma iz zemlje, ali više iz inostranstva, puna pretnje i s porukama da će visiti na novosadskoj katedrali. Međutim, neki ljudi na ulicama Novog Sada su mu čestitali, hvaleći njegovu hrabrost.

Mada tvrdi da je taj deo svoje prošlosti zakopao, „Doktor" se, prilikom promocije svoje knjige, pohvalio da je sačuvao ne samo službene beleške iz Ozne, tj. Udbe, već i da ima kod kuće pištolj Srpka Medenice, koji je ovaj dobio na dar od Draže Mihailovića. To je Dragutinovićev ratni plen i trofej.

Ni sâm doktor Milan Dragutinović, međutim, ne zna koliko je odmetnika ubijeno posle rata na tlu Jugoslavije. U tom građanskom ratu, kaže doktor Milan Dragutinović, izginulo je i hiljade radnika državne bezbednosti, milicije i vojske, a i nedužnih civila. Naročito po Sandžaku. Intenzitet borbi protiv odmetnika zavisio je od njihove brojnosti i aktivnosti, strategijskom značaju prostora po kojem se kreću i udaljenosti fronta protiv snaga okupatora. Stepen aktivnosti Ozne, tj. Udbe, nije se odnosio na jedno isto područje, već se to stalno menjalo zavisno od potreba borbe. Dok je trajala ta borba, uvek je strategijska i taktička inicijativa bila na strani snaga koje vrše progon.

Na teritoriji Srbije, u četiri područja, bilo je ostataka različitih vojnih formacija nacionalnih snaga. Područje okruga: užičkog, čačanskog, kragujevačkog, moravskog (Jagodina), kruševačkog, valjevskog, šabačkog, beogradskog, grada Beograda, požarevačkog, krajinskog, zaječarskog, niškog, pirotskog, topličkog, leskovačkog i vranjskog držali su, na primer, četnici odnosno, pripadnici Jugoslovenske vojske u otadžbini. Na teritoriji okruga sremsko-mitrovačkog, pančevačkog, zrenjaninskog, vršačkog i novosadskog bili su na terenu četnici, dok je na terenu Srema bio jedan manji broj ustaša. Kosovo i Metohiju opsedale su jedinice balista (vulnetara), i u manjem broju grupe četničkih formacija. Na prostoru Sandžaka bilo je ostataka muslimanske milicije, nešto balista i manji broj bivših četnika. Sve njih politička policija je nazivala jednim imenom – odmetnici. U Beogradu, Sremu, Banatu i Bačkoj krajem 1944. i početkom 1945. godine, zbog saradnje sa okupatorom i služenja u njegovim oružanim formacijama, najviši organ vlasti, Predsedništvo AVNOJ-a, donelo je rešenje da svi folksdojčeri i mađarske porodice, koji su posle 6. aprila 1941. godine došli na teritoriju Jugoslavije zajedno sa okupatorom, budu pokupljeni od jedinica Narodnooslobodilačke vojske Jugoslavije i Korpusa narodne odbrane Jugoslavije i stavljeni u logor. Tom prilikom je uhapšeno, na primer, oko 100.000 folksdojčera i 50.565 Mađara, koji su odmah proterani u

Nemačku, odnosno Mađarsku. Ova mera organa vlasti bila je neophodna, jer je bilo potrebno da se uklone s terena pripadnici nemačkog i mađarskog naroda, koji su predstavljali široku bazu neprijatelja, i to u pozadini naših jedinica koje su se nalazile na frontu.

Likvidacija balista i četnika

Na Kosovu i Metohiji, krajem 1944. i početkom 1945. godine, izbila je pobuna balista širih razmera. Tom prilikom odmetnici su pokušali da zauzmu tek oslobođene gradove. Kosmet je, kako je rekao Blagoje Nešković, 8. maja 1945. godine, u svom referatu na osnivačkom Prvom kongresu KP Srbije, imao još 1.200 odmetnika, i četnika i balista, i oko 1.000 dezertera. Kako su se oni kretali u većim grupama, u obračunu s njima korišćene su, uglavnom, vojne jedinice. Juna meseca Četrdeset druga divizija JNA preduzela je na planini Žegovac široku akciju čišćenja terena od pripadnika grupa Ćazima Lugadžije i Isena Trpeze. Svaka od tih grupa imala je po pedesetak odmetnika. Kako je na Kosovu i Metohiji tokom 1946. godine bilo još 55 balističkih grupa različite jačine, Udba je otpočela pripreme i za definitivan obračun s njima. Balisti su prvo detaljno obaveštajno istraživani. U Udbi su intenzivno prikupljani podaci o svakoj grupi i pravljeni planovi preko kojih ljudi može da se vrši uticaj na šiptarske odmetnike. Pokazao se korisnim rad Udbe preko džamija i hodža, jer su imali veliki uticaj na baliste u odmetništvu. U drugoj fazi ove operacije određivane su operativne grupe koje su formirane od boraca Treće brigade Šeste divizije Knoja, pripadnika Narodne milicije i dva operativna radnika Udbe. Oni su imali zadatak da gone baliste do njihove likvidacije. Te godine na Kosmetu je ubijeno 7 odmetnika, a 25 je uhvaćeno i osuđeno na kazne zatvora. Na terenu je razvijana vrlo živa propaganda protiv balista, što je stvorilo povoljnu klimu za učešće i albanskog stanovništva u progonu odmetnika na Kosovu i Metohiji. Građani su čak sami išli po nekoliko dana u poteru za balistima. To je dalo dobre rezultate, jer je broj balista prepolovljen, pa ih je početkom 1947. godine bilo 395. Tokom 1946. godine na teritoriji Srbije, po zvaničnim podacima Udbe za Srbiju, ubijeno je 355, uhvaćeno 138, a predao se 41 odmetnik. Za razliku od 1945. godine, kada su odmetnici stradali u direktnoj i surovoj oružanoj borbi, po oceni Udbe, te 1946.

mnogi četnici i balisti likvidirani su dobro osmišljenom i izvedenom operativnom kombinacijom.

Borbena aktivnost jedinica Jugoslovenske armije, Posadnih bataljona komandi područja, Posadnih četa komandi mesta, Partizanskih straža kao i jedinica Korpusa narodne odbrane Jugoslavije i Narodne milicije protiv odmetnika, trajala je uglavnom do sredine 1945. godine, a jedinica Knoja do kraja 1947. godine. Tom borbom, do sredine 1945. godine, rukovodio je Glavni štab NOV i PO u Srbiji. Njegovo Obaveštajno odeljenje pratilo je i registrovalo situaciju na terenu preko izveštaja područnih vojnih organa i preko svojih desetodnevnih izveštaja obaveštavalo štabove potčinjenih jedinica angažovanih na ovom zadatku. Glavnom štabu su bile na raspolaganju, osim Posadnih jedinica i Partizanskih straža, i jedinice iz Dvadeset četvrte i Četrdeset sedme srpske divizije. Pomenute jedinice zaposele su prostor centralne i južne Srbije, formirale poterna odeljenja koja su se bavila, posle povratka s fronta, progonom četnika i dezertera. Naime, one su svoje izviđačke jedinice preimenovale u poterna odeljenja, koja su tragala po terenu i nailaskom na četnike i dezertere pristupala njihovom progonu.

Tako, na primer, jedinice Dvadeset četvrte srpske divizije, pored ostalog, ubile su 6. januara 1945. godine, u okolini Brusa, četničkog pukovnika Dragomira Žikića i kapetana Strahinju Jovića i uhvatile više dezertera. Vojne jedinice posebno su bile angažovane na progonu četničkih grupa u kopaoničkom srezu. Tu je bio formiran Operativni štab za kopaonički srez, u koji su ušli predstavnici: Treće brigade Pete divizije Knoja, Narodne milicije topličkog okruga i Dvadeset četvrte srpske divizije, koji je rukovodio i koordinirao operacijom progona. U jesen 1945. godine na teren Zapadne Srbije dislocirane su jedinice Četvrte krajiške udarne divizije i Prve jugoslovenske brigade, koja je uzela učešća u progonu odmetnika u dragačevskom i račanskom srezu. Ova brigada je uspela da uništi odmetničku grupu poručnika Novice Cogoljevića, u kojoj je bilo preko 30 odmetnika. U ovim akcijama učestvovale su i druge jedinice Jugoslovenske brigade, kao što su delovi Druge proleterske, Trideset prve srpske brigade i druge. Na gušenju pobune u bosiljgradskom srezu bila je angažovana Treća brigada Pete divizije Knoja. Naime, jedan bataljon ove brigade zaveo je red u Bosiljgradu ne nailazeći na bilo kakav otpor pobunjenika u redovima JA.

Najupornije i najžešće borbe protiv odmetnika bile su one koje su vodile jedinice NOV protiv glavnine četničkih snaga, koje je predvodio Draža Mihailović. Ova grupacija, koju je činilo 5.000-7.000 četnika, stigla je iz okoline Modriče u predeo Zelengore s namerom da forsiraju Drinu i tako uđu u Srbiju. Njih su progonile jedinice Trećeg korpusa NOV, bataljoni i brigade bosansko-hercegovačke divizije Knoja, a zatim Trideset sedma sandžačka udarna divizija, Druga brigada Šeste divizije i Druga brigada Pete divizije Knoja.

U ovim borbama uzelo je učešće i ratno vazduhoplovstvo, koje je bombardovalo, mitraljiralo, i bacalo letke kojima se preživeli četnici pozivaju na predaju, jer su opkoljeni. Između 12. i 13. maja 1945. godine, ova četnička vojska je uništena, jer više stotina njih se predalo, jedan broj je uspeo da se izvuče, dok su drugi poginuli. U ovom napadu Knoja desetkovani su korpus Gorske garde NJ. V. kralja pod komandom potpukovnika Nikole M. Kalabića, deo požeškog korpusa, jedinice iz Posavine i crnogorsko-zlatiborskog sreza. Pukovnik Dragutin Keserović komandovao je ostacima topličkog, rasinskog i dela požeškog korpusa; potpukovnik Dušan Smiljanić komandovao je ostacima Prvog i Drugog šumadijskog i timočkog korpusa; pukovnik Radoslav Račić komandovao je ostacima cerskog i majevičkog korpusa; major Neško Nedić bio je komandant ostataka posavsko-tamnavskog i južnomoravskog korpusa; potpukovnik Sveta Trifković komandovao je jedinicama bivšeg beogradskog i smederevskog korpusa.

Prema kazivanju za zapisnik, okrivljenog pukovnika Dragutina Keserovića, od juna 1945. godine, kada je stigla na obronke Zelengore, Gorska garda je imala u svom sastavu oko hiljadu ljudi. Šest grupa je predvodio Draža Mihailović, tako da je u sastavu Jugoslovenske Vojske u otadžbini bilo oko 5.000 ljudi. Posle borbi na Zelengori prestala je da postoji Jugoslovenska vojska u otadžbini, jer se raspala na manje ili veće grupice četnika. Po operacijskom planu, Peta srpska divizija Knoja imala je zadatak da spreči prodiranje razbijenih četničkih grupa preko Drine do Srbije. U ovim borbama učestvovali su delovi Druge brigade Pete srpske divizije i jedinice Trideset sedme sandžačke udarne divizije. Slična situacija je bila s četnicima koji su se kretali u graničnoj zoni prema susednoj Rumuniji. Oni su se pred opasnošću da će biti pohvatani, sklanjali u Rumuniju. Bežali su kod rođaka ili prijatelja iz redova srpske nacionalne manjine, sve dok je postojala opasnost od progona na našoj teritoriji. Tako se i četnički vojvoda Vojislav Tribrošanin sklonio u Rumuniju sve dok nije otkriven i naveden na teren Velikog Gradišta, gde je u borbi s jedinicama Posadne čete komande mesta, poginuo. Takvu sudbinu je imao i Dušan Petrović zvani Boro, koji se kretao po Staroj Planini.

Lov na Dražu

Jedinice Knoja i Ozne u borbi protiv odmetnika, pokušavale su da sa što manje žrtava urade svoj državni posao. Za goniče je važilo pravilo da je bolje da se uhvati jedan živi odmetnik, nego više desetina da se ubije, jer od živog čoveka pripadnici Ozne mogu da dobiju vrlo važne podatke o drugim odmetnicima. Samo Sedma divizija Knoja je od decembra 1944. godine do oktobra 1946. ubila 421 odmetnika na teritoriji čitave Jugoslavije: 26 ustaša, 25 četnika, 69 Nemaca, 12 ratnih zarobljenika, 3 dezertera, 14 križara, 78 ilegalaca, 11 pripadnika „zelenog kadra", 64 logoraša, 113 švercera i 4 kriminalca. Ranila je 57 odmetnika, uhapsila 1.298 jataka, špijuna i sumnjivih lica, dok je zarobila gotovo 20.000 pripadnika okupatorskih i nacionalnih snaga, kao i dezertera. Kakva je bila snaga ove jedinice Knoja, ili preciznije, kakva je nesrazmera bila u tom obračunu između dve strane, vidi se po činjenici da su „knojevci" imali 29 poginulih i 28 ranjenih u toj borbi. Ozna je prilikom progona ostataka nacionalnih snaga koristila više metoda, ali je princip bio da se nikada isti metod nije upotrebljavao dva puta u istom kraju i protiv iste grupe odmetnika. Taktika ubacivanja operativaca Ozne u jatačke, a zatim i četničke redove, primenjivana je, na primer, u periodu masovnog dezerterstva, od proleća 1945. do kraja 1946. godine. Metod primene specijalne grupe pripadnika Ozne i aktivista, sačinjene od proverenih Frontovaca i demobilisanih boraca NOV, na čelu s dva operativna radnika Ozne, koristio se vešto postavljenim zamkama i zasedama za odmetnike u drugoj polovini 1945. i celu 1946. godinu. U tom periodu dešavalo se da je Ozna, a i Udba, uspevala da pridobije ponekog četnika da radi zajedno s njenim operativcem, uz jake garancije da će četnik iskreno raditi za političku policiju i da će odati svoje bivše saborce. Ove kombinacije bile su u upotrebi do kraja 1946. godine.

Udba je zatim počela da koristi taktiku lažnog emigrantskog predstavnika iz inostranstva, kakva je, na primer, korišćena u hvatanju Kalabića. Ovaj način hvatanja i likvidacije četnika bio je dosta komplikovan. Zahtevao je učešće većeg broja operativaca, tražio je određena i velika sredstva, a iznad svega i veliko strpljenje. Primenjivan je u malom broju slučajeva, od kraja 1945. do 1953. godine. Dosta ređe, korišćeni su i agenti Udbe koji su imali direktne veze s jatacima i odmetnicima, a zatim i saradnici tajne policije, koji su iz odmetničkih redova radili za političku policiju. Kako se broj odmetnika smanjivao, tako su i metodi Udbe sve manje bili nasilni i oružani, a sve češće informativne i obaveštajne prirode, za šta su se, na primer, koristili prijatelji, pa i srodnici odmetnika. Po tvrđenju doktora Obrena Đorđevića, sasvim slučajno, tajna policija je pronašla i uhvatila veći broj četnika, ljotićevaca, nedićevaca i balista. Na teritoriji Bosne i Srbije za njih su otvoreni i posebni logori u Tuzli i Šapcu. Od 1944. do 1954. godine, srpska tajna policija je u Beogradu ubila 86, a uhvatila 68 pripadnika nacionalnih snaga, dok je u Valjevu ubila 238. Valjevo je bilo među prvima oslobođeno, pa su se partizani tu najviše i svetili pripadnicima Nedićevske Srbije. U Smederevu je likvidirano 129 ljudi, u Nišu 109, Kraljevu 254 i Užicu 312. U celoj Vojvodini likvidirano je samo 38 odmetnika za tih deset godina crvenog terora. Neki Somborci su po zlu najviše upamtili kao batinaša i dželata učitelja Franju Nađa. Kako je to izgledalo u Čačku 1944. godine, svedočio je u kragujevačkim *Pogledima* seljak Slavko Tomašević:

„... Zatvorenici u gradskoj Ozni su bili svih starosnih doba. Dezerteri sa Sremskog fronta, seljaci, osumnjičeni za reakcionarno delovanje. Uglavnom mladići, izvođeni su danju da kopaju rake. Noću, ljudi su u manjim ili većim grupama ubijani. Bilo je dosta onih koje sam poznavao – David Maršunović, opštinski delovođa, Boško Jestrović, sveštenik Tucović... Domaćini, ljudi bez krivice. Sećam se da se glavni dželat prezivao Spasić. Čačanin, po zanimanju nastavnik. Jedan od njih, Midula Topalović iz Preljine, najviše je voleo da ubija maljem. Imao je običaj da kaže: 'Šteta je na koljače trošiti kuršum!' Dželat je bio i Obrad Savković, a među glavnim naredbodavcima bili su oficiri Pašić i Delić. Jedan od njih je i Pantelija Vasović, tadašnja krupna riba u Udbi. Za četrdeset pet dana, koliko sam proveo u tom haosu, izlazio sam dvadesetak puta s grupom od petoro, šestoro ljudi da kopam rake danju, a noću da zakopavam leševe...“

U toku 1945. i 1946. godine, Ozna tj. Udba je imala običaj da javno izloži leš likvidiranog odmetnika i to onog koji je značio nešto za Ravnogorski četnički pokret. Telo ubijenog je izlagano obično u sreskom mestu i tu je ostavljano da stoji dvadeset četiri časa, a zatim je sahranjivano. Pored četnika, Ozna je izlagala i ostale državne neprijatelje koji su bili poznati u javnosti po svojim nedelima za vreme rata ili posle rata. Srpska tajna policija je to radila da bi se građani uverili da tog odmetnika više nema, i da se pokaže da će isto tako proći svi oni koji su se odmetnuli od vlasti. Naime, posle uništavanja formacija JVUO i snaga Druge prizrenske lige, tokom 1945. odmetnici su se razmileli po svim krajevima Srbije. U leto te godine u Srbiji je bilo preko 8.000 odmetnika, većinom četnika. Oni su izvršili 1945. čak 516 terorističkih akcija – napada na narodne odbore, pljačkanje zadruga, rušenje komunikacija, ubistva istaknutih aktivista. Samo tokom juna 1945. u Podrinju je Ozna tragala za 1.500 osoba, u Jadru za preko 450, u Rađevini za 300, Azbukovici za 400 i Mačvi za isto toliko lica, za koja se pretpostavljalo da su među odmetnicima ili dezerterima, odnosno, u bandi, kako se govorilo u političkom i policijskom žargonu. U Bosni i Hercegovini tokom leta bilo je 8.000, uglavnom četničkih, odmetnika, svrstanih u prvo vreme u grupe koje su brojale 15–30 ljudi. Kako je borba protiv odmetnika dobijala u zamahu, tako su se ove grupe smanjivale, pa su brojale 5–10 ljudi. Istina, ostaci nacionalnih snaga pokušavali su da se grupišu, da deluju organizovano i pod rukovodstvom svojih komandanata kao oružana kontrarevolucija. Tako je, barem, procenjivano u Ozni. Zbog takve težnje odmetnika Ozna je pooštrila njihov progon iako su borbe protiv okupatora u Sremu i Bačkoj tek završene. U takvoj situaciji rukovodstvo Odeljenja zaštite naroda za Srbiju zaključuje da se mora pristupiti još organizovanijoj i planskoj likvidaciji odmetnika. Da bi se ovaj zadatak izvršio, donesena je odluka da se moraju prvo uništavati centri iz kojih se komanduje svim odmetnicima u Srbiji, pa tek onda grupa po grupa. Jedan broj četničkih oficira ubijen je ili zarobljen još prilikom borbi na Zelengori ili kasnije u Srbiji: pukovnik Dragutin Keserović uhvaćen je na Drini, zatim potpukovnik Vladimir Komarčević, potpukovnik Dušan Smiljanić, potpukovnik Radomir Cvetić, major Marko Muzikravić. U toku ove 1945. godine, ubijeni su i komandanti grupa korpusa potpukovnik Aleksandar Mihailović, zvani Saša, a zatim major Miloš Radosavljević. Tom prilikom zaplenjen je jedan puškomitraljez i 340.000 dinara, pisalo je u Dnevnom izveštaju Ozne za Srbiju 26. juna 1945. godine.

U toku meseca aprila 1945. u akcijama JA, Knoja i Ozne likvidirana je grupa koju je Draži Mihailoviću uputila nemačka obaveštajna služba, a koju je predvodio kapetan Branko M. Gašparević, zatim je uništena grupa komandosa od ukupno trideset ljudi koje su Nemci uputili na Kopaonik i okolinu. Uhvaćeni su i Vojni sud je sudio četrnaestorici terorista, jedan je poginuo prilikom prizemljenja, a 12 ih je ubijeno u borbi do juna meseca. Radoslav Pavlović, Radovan Bralović i Miloje Janković spasli su se i priključili četnicima, ali su ubijeni kasnije, 1947. godine. Da je reč o zaista opasnom protivniku, vidi se i iz spiska opreme bačene iz nemačkog aviona, noću 23. i 24. marta 1945. godine u selima Velika Reka i Bradaš:

„Pet puškomitraljeza, petsto metaka za puškomitraljez, četiri nemačke puške, pedeset metaka za pušku, sedamdeset šest komada raznih eksploziva, sto pedeset metara fitilja za paljenje eksploziva, dva nizača za puškomitraljez, četiri vojnička ašovčića, dvesta četrdeset kutija cibuka, dvadeset kutija biskvita, dvadeset kutija malih, šest šatorskih krila, četiri para cokula, jedna torbica sa sanitetskim materijalom, osamnaest malih čokolada, tri veće čokolade."

Plan u Ozni za Srbiju počeo je 1945. godine dobro i postepeno da se realizuje. Operativnim radom je otkriveno da se, na primer, pukovnik Dragoslav D. Račić, komandant, i njegov zamenik, potpukovnik Nikola M. Kalabić, kriju u Zapadnoj Srbiji. Zatim je utvrđeno, na osnovu dojava saradnika Ozne, da je krajem septembra došao na prostor Srbije, iz Istočne Bosne, i armijski đeneral Dragoljub Mihailović. Ozna za Srbiju usmerila je pažnju na ovu trojicu četničkih komandanata sa uverenjem da njihovom likvidacijom praktično prestaje da postoji četničko komandovanje. Ozna je prvo povela akciju za likvidaciju Račića. Ovaj posao bio je poveren Mišku Paviću, šefu Ozne u Ljuboviji, poručniku Janku Čaviću Čavki, Radetu Jezdiću i Nenadu Jokiću, pomoćnicima u Opunomoćstvu Ozne. Kada je dobijeno provereno obaveštenje, od Račićeve švalerke, da se ne skriva u selu Savkoviću, jedinica Narodne odbrane je u zoru 27. novembra 1945. godine pronašla Račića u stogu šaše, gde su ga zajedno s njegova dva pratioca izrešetali kuršumi iz puškomitraljeza. Potpukovnika Nikolu Kalabića uhvatila je Ozna u složenijoj operativnoj kombinaciji, kada je zajedno sa svojim pratiocem Dragoslavom Milosavljevićem, poznatim pod nadimkom „Čerčil", doveden u Beograd, noću između 5. i 6. decembra 1945. godine, gde je razoružan i uhapšen od Ozne za Srbiju.

Čelni ljudi Ozne, prvo Aleksandar Ranković, zatim Slobodan Penezić Krcun i Blagoje Blaško Nešković, prvi čovek srpske partije, ubeđivali su i ubedili Kalabića da im pomogne u hvatanju Dragoljuba Draže Mihailovića. Zauzvrat mu je obećan život u Jugoslaviji ili u inostranstvu. Narednih dvadeset dana Kalabić je slao pisma-naredbe kapetanu Miliću Boškoviću da mu se pridruže i drugi odmetnici. Tako su u Beograd doputovale tri-četiri grupe četnika i to u kamionu koji je prevozio drva od Valjeva do Beograda. Prevezeno je dvadeset osam uglavnom četničkih oficira. Od tog momenta započela je i operativna kombinacija dovođenja Draže Mihailovića u Beograd. Naređenje su izdali Ranković i Krcun: „Draža nam treba živ!"

Najznačajniji događaj u 1946. godini u Srbiji i Jugoslaviji za Oznu i KPJ bilo je hvatanje Draže Mihailovića, s kojim je likvidirano rukovodeće jezgro četnika u Srbiji. U toj operativnoj kombinaciji učestvovalo je dvanaest oficira Ozne, odnosno Udbe, pa čak dva puta na terenu i sâm Slobodan Penezić Krcun. Svi podaci, koji su dolazili iz JA, Ozne i saradnika, slivali su se u Ozni Srbije, u odsek, kod referenta za banditizam kapetana Milovana Pejanovića. Načelnik grupe, tj. provizornog štaba Nikole Kalabića i grupe za hvatanje, bio je major Svetolik Lazarević. Dana 13. marta 1946. godine, posle kraćeg obračuna u kome su poginuli četnici Dragiša Vasiljević, Blagoje Kovač i Nikola Majstorović, armijski đeneral Draža Mihailović, načelnik štaba Vrhovne komande JVUO, uhapšen je i doveden u Beograd. Ta vest, kada ju je 24. marta 1946. u skupštini objavio Aleksandar Ranković, obišla je zemaljsku kuglu i poražavajuće delovala na sve protivnike i neprijatelje vlasti u Srbiji i Jugoslaviji. Suđenje četničkom đeneralu u Beogradu pretvoreno je u antifašističku-političku predstavu, o kojoj su izveštavali i američki i britanski novinari. Dragoljub Mihailović Draža osuđen je na smrt streljanjem, zajedno s još 25 osuđenika, 15. jula 1946. godine. Čiča je streljan na Adi Ciganliji u grupnoj grobnici, za koju se smatra da ju je s vremenom odnela savska voda.

Profesor Dimitrije Đorđević, tvrdi da je telo streljanog đenerala poliveno krečom i tako spaljeno. Iz te rake, pre streljanja, u poslednjem trenutku, odlukom Slobodana Penezića Krcuna, Slobodan Krstić Uča izvadio je Dragog Jovanovića, zato da bi ovaj predratni i ratni šef policije, odao jugoslovenskoj tajnoj policiji kompletnu obaveštajnu mrežu u Jugoslaviji, sve obaveštajce, ali i sve komuniste koje je hapsio i način njihovog držanja.

U toj akciji učestvovali su visoki oficiri Ozne Srbije, i to: Slobodan Krstić Uča, šef trećeg odseka, Raša Nešovanović, Radenko Mandić, Đorđe Nešić, Dragoljub Vasović, Živan Živa Čiklovan, Svetolik Lazarević, tada šef Četvrtog odseka i rukovodilac referata Ozne Srbije za banditizam, Milovan Pejanović, Voja Čolović, Savo Pređa, Janko Dimić, Mile Bulajić, Mane Trkulja, Vladan Bojanić, Zvonko Sitarić, Đuro Šerbedžija, Nikola Miščević i sâm Krcun, preobučen kao „četnik Nikola". Njih je lično Nikola Kalabić obučavao kako da postanu četnici. Za njegovog ađutanta postavljen je major Ozne Dragoljub Vasović, a za lične pratioce Radenko Mandić i Bole Nešić. Koordinator na terenu Bosne, na radio-stanici, bio je pukovnik Jovo Kapičić. Draža Mihailović je uhapšen 13. marta 1946. godine u brdima kod Višegrada. Tek 24.

marta 1946. godine Aleksandar Ranković Leka, ministar unutrašnjih poslova FNRJ, u Narodnoj skupštini je obavestio delegate i javnost da se Draža Mihailović nalazi u rukama narodne vlasti:

„Drugovi, dozvolite da ovog puta kažem nekoliko reči o Odeljenju za zaštitu naroda, o jednoj od najlepših tekovina naše NOB, naših naroda. Ja znam da ovako lepo ne misle svi o Ozni, ali mislim da ćete se složiti i ako kažem da bi bilo zaista pravo čudo kada bi svi ovako mislili o takvom jednom organu naše narodne vlasti... Ustaške banditske grupe, sastavljene u ogromnoj većini od koljača, naišle su na punu potporu vrhova katoličkog klera i pokušale da se reorganizuju na, tobože, verskoj bazi tzv. križarskog pokreta. U četničkim banditskim grupama ostali su još mnogi oficiri-komandanti, ispunjeni nadom da su još u stanju da prošire svoje redove i dižu oružani ustanak protiv novog reda stvari. Ostao je u zemlji njihov glavni vođ Draža Mihailović. Različiti događaji u našem susedstvu i povoljne vesti o njihovoj sabraći preko granice davali su im nadu da će uživati stranu pomoć. Bilo je, pa čak ima i danas, njima prijateljskih glasova u stranoj reakcionarnoj štampi, koji su njihove snage preuveličavali i proricali ustanak, naročito vojske generala Mihailovića, prvo za prošlo proleće, a onda opet, za ovu godinu! 'Kad olista i ozeleni gora'. Ja mogu da izjavim da su se sve nade domaće i strane reakcije u snagu četničke organizacije i njenu sposobnost da ma u kom kraju naše države podignu narod protiv narodne vlasti u potpunosti i konačno izjalovile. Ja sam danas u mogućnosti, drugovi poslanici, da pred vama izjavim da je izdajnik Draža Mihailović od 13. ovog meseca u rukama organa narodne vlasti!"

Svi akteri ove uspešne akcije, tada već Udbe, izuzev jednog koji je državnu tajnu odao ljubomornoj ženi, dobili su od Tita ordenje 21. aprila 1946. kada su njihova imena i objavljena u *Borbi*, ali ne i podatak da su to ljudi koji su uhvatili Dražu. Sâm Čiča je tokom istrage priznao da je Ozna to uradila „majstorski, majstorski". Slobodan Krstić Uča, jedini partizan i komunista koji se ikada za vreme rata poljubio s Dražom, o toj akciji je još sredinom šezdesetih napisao rukopis knjige, odnosno feljton za *Večernje novosti*, ali je on držan pod embargom punih dvadeset godina. Milovan Pejanović, koji je u raznim feljtonima predstavljan kao Ljuba Popović, takođe je napisao knjigu, po kojoj je tek krajem osamdesetih napravljena i televizijska drama o hvatanju đenerala Draže Mihailovića. Sve do tada SDB je skrivala priču o ovom svom obaveštajnom podvigu.

PARTIZANSKE ODMAZDE

U toku meseca marta, aprila i maja 1945. u akcijama Ozne i Knoja uništeno je komandujuće jezgro kraljevskih komandosa koji su se nalazili u Beogradu i koji su izveli niz diverzantskih akcija u glavnom gradu Jugoslavije. U toj godini ubijen je u Srbiji od Ozne i Knoja najveći broj četnika – 617 i balista – 762. U samom Beogradu ubijeno je trideset devet, a uhapšeno četrdesetak pripadnika nacionalnih snaga. Kada je u avgustu 1945. Predsedništvo AVNOJ-a proglasilo amnestiju za sve odmetnike na teritoriji Demokratske Federativne Jugoslavije, vlastima se prijavio 241 četnik, dok ih je uhvaćeno od Ozne još – 379. Partizanski komesar Ratko Dražović iz Raške o tome je, s puno detalja, govorio za beogradsku *Dugu*:

„... Najjaču komunističku ćeliju imali smo u četničkom korpusu. Naime, Krcun Radulović otišao je u Javorski četnički korpus i postao glavna ličnost. Zato smo kod njega mogli da ubacimo grupu partizana koji su se bili razasuli po terenu, tako da smo 1943. godine imali partijsku organizaciju od dvadeset ljudi u tom četničkom korpusu. Četnike smo više mrzeli od Nemaca. Računali smo Nemci će kad-tad otići, ali šta da radimo s četnicima, nedićevcima, ljotićevcima kad se rat završi? Zato smo žurili da ih što pre i što više pobijemo, da se ne bismo s njima morali natezati. S Nemcima smo vrlo malo vodili borbe. Četnici su ušli u istoriju po svojim klanjima, mada treba priznati da smo i mi partizani klali. Prvo smo to radili iz nužde, kad recimo zarobiš neprijatelja, a ne smeš da pucaš da ne privučeš na sebe pažnju. Četnike smo najviše klali iz osvete: kao da smo se takmičili ko će biti veće zveri. Posle su partizanski borci u tome ogrezli i jedva su čekali da ima nekog da ubiju, ali ne da bi, recimo, skinuli čizme ili kaput s ubijenog, toga je manje bilo, već iz čistog zadovoljstva. Takvi ljudi su i pre dolaska u partizane bili primitivci, zločinci i delinkventi...

Drugi su to činili samo radi odmazde. Jednom kad su nas četnici opkolili, ubili su mog brata od strica. Posle smo mi na Kopaoniku 1944. godine, uhvatili baš tog što je ubio mog brata. Crnogorci su na

mene navalili da ja treba da ga lično ubijem. Nisam mogao i verovat-
no bih to bio prisiljen da učinim samo da sam bio sâm i da nije bilo
nikoga drugog ko bi to uradio... Mi srbijanski partizani patili smo od
nekog možda naivnog, suludog i divljeg asketizma. U celoj četvoro-
godišnjoj borbi ili u partizanskoj karijeri, kao sekretar Komiteta i za-
menik komandanta, zamenik političkog komesara, u stvari zamenik
partijskog sekretara u odredu, ili posle sekretar Okružnog komiteta,
ne znam ni za jedan slučaj neke naše pljačke. Sloboda me je zatekla
u Vrnjačkoj Banji, gde smo formirali novi Okružni komitet KPJ za
Kraljevo. Bilo je jako interesantno: Milinko Đurović, komesar Druge
proleterske divizije i Sredoje Urošević, komandant, goste se i svađaju
oko nekih žena u vili Tokarovića u Vrnjačkoj Banji... Ne bi se moglo
reći da smo pravili neke spiskove, ali zatvarani su odmah oni što ih
je neko prijavio, za koje se znalo da su sarađivali sa okupatorom ili s
četnicima, ali, nažalost, stradali su i oni koji su se držali potpuno po
strani i nisu nam pomagali. Dovoljno je bilo da je neko od naših bacio
oko na njihovu kuću, ženu ili ćerku. Ja sam svoju Rašku očistio tako
što sam streljao samo pet ljudi. Ipak, to je bila grozna situacija. Mi
smo streljali u zimsko doba u podrumu Ozne u Kraljevu. Nismo mogli
nigde da ih vučemo, pa smo ih, jednog preko drugog, ređali u jednom
skloništu, a ono hladnoća, ciča zima, tela im se smrznula. Kad smo
napunili to sklonište, bacili smo bombe, da padnu drveni nosači pa da
sve zatrpamo i zauvek predamo zaboravu. Dan-danas u toj zgradi živi
nekih 500-600 ljudi, a niko i ne zna koliko je nevinih ljudi, iskrenih
demokrata, ugrađeno u njene temelje, samo što nisu bili po ukusu nas
komunista...“

Pored problema koje je Ozna imala sa odmetništvom, tokom 1945.
bio je aktuelan problem dezertera. Njih je bilo u svim srezovima na
teritoriji Srbije, u nekom manje, a u nekom više. Maja 1945. u Srbiji se
nije odazvalo mobilizaciji u JA oko dve hiljade petsto mladića, a još
oko sedam hiljada su napustili svoje jedinice u JA. Ostaci nacionalnih
snaga su ih vrbovali za sebe kao kurire ili rezervni sastav, ali ne u ve-
likom broju. Tako je, na primer, u niškom srezu 20 dezertera stupilo u
četnike, u račanskom 6, takovskom 3, a u sokobanjskom 6 dezertera,
dok je u drugim srezovima ova pojava bila manje izražena.

Prioritetni zadatak Ozne, odnosno Udbe 1946. godine, bila je li-
kvidacija onih četničkih grupa koje su svojom delatnošću zadavale
najveću brigu organima vlasti na terenu. Samo u tuzlanskom kraju, na
primer, četnici su u avgustu te godine, ubili 21 osobu, ranili 9 i izvršili

8 pljački, a već u septembru ubili su 27 i ranili još 7 civila. Jednu od tih odmetničkih grupa, koje su delovale u Srbiji, predvodio je poručnik Milorad Vasić. Ona se kretala u okolini Kraljeva, uglavnom na planini Glediću. Vasićeva grupa je namamljena na desnu obalu Zapadne Morave, gde je i razbijena kod groblja u selu Stanišincima, dok je sâm Vasić nateran da izvrši samoubistvo na kraljevačkom groblju. Zarobljena je i četnička grupa kapetana Dušana Petrovića zvanog Boroš, bivšeg komandanta Prvog nišavskog korpusa. Operativnom kombinacijom Udbe ubijen je kapetan Vojislav Tufegdžić, zamenik komandanta cerske grupe korpusa. Na ovom slučaju najviše je radio oficir bezbednosti Miloje Savić Vihor iz Bogatića, čiji je pretpostavljeni bio Jovan Dolnić zvani Teča, bivši učitelj i partizan. U akciji likvidacije čitave grupe Bože i Voje Tufegdžića učestvovali su i major Veljko Jovanović Širac iz, tada već Udbe, Srbije, Petar Zarić Zare, načelnik Udbe u Šapcu, s Veljkom Mihajlovićem Hrabrim, Lukom Pajićem, Miloradom Blagojevićem, Dragoljubom Đurićem poznatijem kao Skeledžija, Tozom Čupićem s nadimkom Svileni, Jovicom Pavićem Jakim, Momom Sekulićem Minerom, Žarkom Čekićem zvanim Malj, Slobodanom Kneževićem Žicarom, Jankom Perićem zvanim Džin, Božom Savićem Crnim, Lazarom Jakšićem i Vasom Bojićem, pukovnikom Knoja koji je rukovodio zasedom. Poslednji odmetnici u Posavotamnavi bila su četiri brata Miloje, Mirko, Gligorije i Branimir Kovačević iz Koceljeve. Poteru za njima vodili su Zoran Radić Uča, oficir Udbe iz Vladimiraca, zajedno s Đorđem Popovićem zvanim Đoka, iz Koceljeve.

Prema rezultatima istraživanja doktora Obrena Đorđevića po srpskim opštinama, te 1946. godine u Beogradu je ubijeno 32, a uhapšeno 16 odmetnika, dok je, na primer, u Zaječaru ubijeno 11, u Valjevu 83, Kragujevcu 21, Smederevu 42, Nišu 43, Kraljevu 72, Užicu 41, i čitavoj Vojvodini samo jedan državni neprijatelj.

U Bosni i Hercegovini, gde je, takođe, bilo dosta srpskih odmetnika, Udba je te godine tragala za grupom Laze Tešanovića. Akciju je vodio mladi oficir Gojko Baškot iz Opunomoćstva Udbe za Kotor Varoš, koji je poginuo januara meseca prilikom likvidacije 12 četnika. Tešanovićev zamenik Mirko Džomba izvukao se iz obruča Udbe i na planini Čemernici formirao baze za svoje četiri grupe, koje su predvodili Boža Berić, Mitar Stolić, Dane Bubić i Marinko Ivanović. Za njim je tragala i Udba Banjaluke, ali i oko šest hiljada pripadnika Narodne milicije i Knoja.

Džombina grupa, iako je prebegla u Slavoniju, nije uspela da zaturi svoj trag, jer ih je, po povratku u Bosnu, Udba otkrila i likvidirala. U

1947. godini likvidirani su odmetnici koji su zauzimali odgovornije dužnosti za vreme rata u četničkom pokretu i to: kapetan Aleksandar Videnović, zvani Eugen, bivši komandant Drugog nišavskog korpusa; potpukovnik Branislav Petrović, komandant moravske „Z" zone Kraljevskih komandosa; poručnik Raša Radosavljević, komandant ljubićkog sreza; kapetan Radiša Čeković, komandant ljubićke grupe brigada; kapetan Dragomir S. Popović, komandant jurišne šumadijske brigade; kapetan Vladimir Martinović iz ljubićkog sreza, kapetan Miodrag Rajić, načelnik štaba temničke brigade; poručnik Petar Simić, načelnik štaba mlavske brigade; Spasoje Jerinić i drugi.

Završne borbe

Na Kosovu i Metohiji je završena operacija progona odmetnika koja je započeta krajem 1946. godine. Uništen je štab „Ibarske divizije", na čelu sa Ahmetom Seljansijem i Jusufom Boljetinijem. Pored njih likvidirana je grupa Ajet Grgur, Džon Seredži, Osman Bunjaku, Uk Sadik, Ćazim Barjaktari, Ajet Kosovica i drugi. Od 365 balista, koliko ih je bilo početkom 1947. godine, ostalo je na terenu njih 48.

Kako u Vojvodini nije bilo odmetništva, nije bilo ni tako oštre borbe protiv ostataka nacionalnih snaga. Na terenu odžačkog, a delimično i na prostoru novosadskog sreza, kretala se četnička grupa Lazara Vidića zvanog Čiča. Energičnom Udbinom akcijom Vidić je ubijen, a kasnije i pojedinci iz njegove grupe. Likvidirani su i četnici iz grupe Radivoja Dobrića, koja se kretala u okolini Stare Pazove. Na terenu Vojvodine ubijeno je 13, uhvaćeno 15, a predao se jedan odmetnik.

Na prostoru Banjaluke, u proleće 1945. godine, Ozna je uhapsila Dragišu Vasića, književnika i pripadnika Ravnogorskog pokreta, s namerom da ga preda centrali u Sarajevu. U hapšenju je, tvrdi Anton Duhaček, učestvovao operativac Ozne Nebojša Grebenar, koji je kasnije postao obaveštajac SID-a. Kako tvrdi Vasićeva ćerka Tatjana, pozivajući se upravo na kazivanje Nebojše Grebenara, načelnika Ozne u Banjaluci, zarobljeni Dragiša Vasić je streljan u ovom gradu po naređenju Đure Pucara Starog. Najstrožu kaznu mu je izrekao vojni sud. Grebenar je 1948. bio u bilećkom logoru isljednik, zadužen za Vladu Dapčevića. Šezdesetih godina je službovao u Moskvi kao savetnik u ambasadi, odnosno obaveštajac. Tu je, kako tvrdi Dapčević i otišao pod led kao rankovićevac.

Poseban problem za Udbu te godine u Srbiji, bile su osvetničke četničke grupe koje su se isticale u vršenju zločina prema nedužnom narodu. Takve su bile, na primer, grupe četnika Moše Deljanina u kopaoničkom srezu, Svete Milovanovića u gružanskom srezu, Jordana Čavića u topličkom srezu, Miše Dunjca u trsteničkom srezu, Žike Vesića u rasinskom srezu, Čede Ignjatovića, Predraga Nikolića zvanog Geba u takovskom srezu, Rajka Stefanovića u ljubićko-trnavskom srezu, Miroljuba Mitrovića zvanog Pican u crnogorskom, i račanskom – Kornila Milovanovića u valjevskom srezu, koje su takođe likvidirane. U ovoj godini bilo je 30 novoodmetnutih četnika, seljaka-jataka, kao i dezertera. Odmetnici su u Srbiji 1947. godine izvršili ukupno 308 akcija, ali je zato Udba u Srbiji onesposobila ukupno 648 odmetnika: ubijeno je 238 četnika, uhvaćeno 192, a predalo se 218 odmetnika.

Zbog slabih aktivnosti organa državne bezbednosti u Crnoj Gori su krajem 1946. i početkom 1947. godine, ojačale četničke grupe na čak 400 vojnika. Odmetnici su tada ubili brata Veljka Vlahovića, komandanta brigade nekog Mašanovića i, po Rankovićevoj proceni, čak zapretili da uzmu vlast.

Zato je ministar jugoslovenske policije, drug Marko, naredio generalu Jovi Kapičiću da u Titogradu preuzme Ministarstvo unutrašnjih poslova i ostane tamo sve dok ne „... istrebiš bandu...“ Kako je u međuvremenu Blažo Jovanović pohapsio silan narod, uglavnom, jatake, novi ministar je odmah doneo odluku da te ljude pusti kućama, verujući da će shvatiti da im je bolje da gledaju svoja posla nego da pomažu četnike. Tako je i bilo, veliki broj odmetnika se predao. Po Kapičićevom priznanju, likvidirani su samo Krsto Popović, nekoliko ljudi iz Krnje Jele na Sinjavinama, jedan u Grblju. Ostao mu je jedino Božo Bjelica, ali je on preko Sandžaka utekao u Srbiju.

Borbu Udbe protiv odmetnika u Srbiji u 1948. godini karakteriše nastavak fizičke likvidacije četničkih grupa koje su prestale da zagovaraju ostvarenje ideja Ravnogorskog četničkog pokreta, a prestali su i njihovi pokušaji grupisanja. Jedan od zaostalih četničkih oficira bio je u Srbiji, na primer, kapetan Vuk Kalaitović, komandant mileševskog korpusa, koji se kretao na terenima zlatarskog, sjeničkog, mileševskog, ariljskog i moravičkog sreza, gde je i likvidiran. U Srbiji su u to vreme na terenu postojale još i grupe: Stanoja Seničića u žičkom srezu s pet odmetnika; braće Bulatovića i Vlahovića u jablaničkom s pet četnika; Branislava Raketića zvanog Gembež u studeničkom i deševskom; Milana Stefanovića zvanog Žandar u ljubićko-trnavskom srezu s pet četnika; Milomira Ćebića u valjevskom i crnogorskom s četiri četnika; Stanoja Zdravkovića u rasinskom i kruševačkom s tri četnika; Milana Lopužića s četiri četnika; Ostoje Ostojića u valjevskom i račanskom s tri četnika; Milana Milančeta Petrovića u paraćinskom srezu s četiri četnika, i drugi pojedinci. Dakle, ukupno na teritoriji Srbije bila je 21 četnička grupa. U toku godine od pripadnika Udbe ubijeno je 117, uhvaćeno 64, predalo se 30 odmetnika, dok je jedan četnik umro u odmetništvu prirodnom smrću. Četnici u šumi izvršili su 62 akcije i čak 16 ubistava građana Srbije.

U to vreme na tromeđi između Bosne i Hercegovine, Crne Gore i Srbije ostalo je nelikvidirano nekoliko četničkih grupica. Zbog toga se pojavila potreba za objedinjavanjem i koordinacijom operativne aktivnosti organa gonjenja. Udba za Jugoslaviju preuzela je ulogu rukovođenja svim akcijama na likvidaciji četnika na ovom prostoru. Na teritoriji Srbije pretežno su boravile grupe pod komandom Bože Bjelice i Srpka Medenice. Ovaj prvi se neko vreme skrivao u selima oko Prokuplja. Toliko je bio drzak, da je jedne noći upao u kuću Draga Stikovića, načelnika gradske Udbe, i ukrao mu pištolj i mašinku. Za Bjelicom i Medenicom su angažovane znatne snage Udbe i Narodne milicije, koje su imale da izvrše ovaj zadatak. Pored intenzivnog stvaranja obaveštajne mreže radi uspešnog otkrivanja pojedinaca koji pružaju pomoć odmetnicima i samih odmetnika, pored oficira iz mesnih Opunomoćstava, na teren su poslati i oficiri Udbe za Srbiju. Novodošli oficiri su raspoređeni u mileševskom, pribojskom, zlatarskom, zlatiborskom, račanskom i užičkom srezu. U toku i do kraja 1951. godine ubijeni su Božidar Milić Bjelica i Srpko Medenica i njihove grupe četnika. U ovoj operaciji bilo je angažovano oko trideset operativnih oficira, a među njima najistaknutiji je bio doktor Milan Dragutinović. Te godine, na primer, u Vojvodini je ubijen samo jedan odmetnik, kao i u Nišu, Kraljevu i Užicu, dok ih je u Valjevu stradalo jedanaest, a u Zaječaru četvorica. Poslednji odmetnik među četnicima Bjelice i Medenice bio je Vladimir Šipčić, koji je ubijen 29. jula 1957. godine od organa unutrašnjih poslova u Bijelom Polju u Crnoj Gori.

Obavezni otkup

Druga vrsta terora Udbe bili su progoni seljaka zbog obaveznog otkupa, koji je intenzivno trajao od 1946. do 1947. godine, a zatim produžavan i do 1953. najviše u Srbiji, odnosno Vojvodini, a u Hrvatskoj samo u Slavoniji. Još u vreme donošenja zakona o zadrugarstvu i otkupu u Skupštini FNRJ vođa levih zemljoradnika, doktor Dragoljub Jovanović javno je istupio protiv donošenja propisa kojima se ukida seljačka autonomija. Lično Josip Broz Tito je, po sećanju Milovana Đilasa, naredio da se Jovanović uhapsi i osudi. Kada je Aleksandar Ranković primetio da je teško naći krivicu za Jovanovića, Tito se obrecnuo i naredio da krivicu, ako je nema, treba stvoriti. Bilo je kako je Tito rekao. Akcija obaveznog otkupa je u suštini bila politička i odbornička akcija kolektivizacije i socijalizacije sela, koja je sprovođena korišćenjem i državne prinude, pa su joj se seljaci i oružjem suprotstavljali. Samo u jednoj kampanji skupljanja razreza od seljaka u Vojvodini, zapisano je u arhivi CK KPJ, bilo je 94 slučaja maltretiranja i prebijanja zemljoradnika. Posledice ove, nezgrapno vođene političko-policijske akcije, bile su više ubistava seljaka, ali i odbornika i aktivista, kao i pljački koje su vršili odmetnici po nagovoru seljaka iz sredina koje su bile pogođene ovim merama. Jednog dana, sredinom četrdesetih, dok je Komisija za razrez poreza i otkupa zasedala u Bežaniji kod Beograda, neko je prišao iz mraka i kroz prozor mesne zajednice osuo paljbu iz mašinke. Svi članovi komisije su pobijeni. Slobodan Penezić je hitno naredio istragu, koja je utvrdila da je na poreznike pucao najbogatiji seljak iz Bežanije, samo zato jer je dobio preveliki razrez.

U beličkom srezu, na primer, jedna grupa imućnih seljaka uporno je zahtevala od četnika da ubiju odbornike MNOO-a, koji su se naročito isticali u akciji otkupa poljoprivrednih proizvoda. Sličnih slučajeva bilo je u dobričkom i trnavskom srezu. Kada je šef Ozne u Krupnju pohapsio desetak seljaka zato „... što nisu hteli u zadrugu...", da bi sprečio krvoproliće, Slobodan Penezić je naredio da se načelnik političke policije smeni, a pohapšeni ljudi oslobode. U razgovorima s novinarom Slavom Đukićem pisac Dobrica Ćosić je izneo jedno svoje neprijatno iskustvo:

„... Strašan period, zaista. Danas apsolutno neshvatljivog državnog terora nad seljaštvom, u stvari, nad svojim narodom. Ne samo što je davan razrez na otkup žita i mesa, nego i vune, perja, čak i turšije. Mnogi seljaci su morali da lutaju po zemlji i da pozajmljenim parama dokupljuju žito, da bi ispunili razrezani namet. U prvom petogodišnjem planu, gotovo smo posekli šume u Srbiji. Stvarnost je bila u nepodnošljivom sudaru s našom ideološkom fikcijom. Naša partizanska obećanja narodu, malo u čemu su bila saglasna s našom praksom.

Hapšene su partizanske pristalice samo zato što nisu mogle da ispune nametnutu i nepravednu obavezu. U mom trsteničkom srezu, kako sam naknadno čuo, u to doba otkupa hapšeno je ili saslušavano oko devet hiljada ljudi. Sramoćeni su i vođeni u zatvor najugledniji domaćini, upravo oni ljudi koji su partizanske ilegalce čuvali, žrtvujući svoje porodice četničkim odmazdama. Uplašena lica, moji seljaci i ratni saradnici, pitali su me: 'Zar i ovo doživesmo od vas i tebe, Dobrice?'"

Progon seljaka bio je naročito izražen u Vojvodini. Kontrolu sprovođenja ove državne akcije preuzela je jugoslovenska, odnosno srpska i hrvatska Ozna tj. Udba. U toj akciji je stradalo, u samoj Srbiji, oko 40.000 seljaka. U Vojvodini je, prema podacima Prvoslava Marića, autora dokumentarnog filma o prinudnom otkupu, konfiskovana imovina oko 13.000 domaćinstava. To je, međutim, bila greška, i KPJ, i Ozne tj. Udbe, a i KOS-a, jer ti ljudi nisu počinili nikakvo krivično delo. Njima je suđeno na licu mesta iz političkih razloga, zato što nisu prihvatali osnivanje zadruga, staljinističkih kolektiva, koji nikada nisu zaživeli. Rukovodstvo u srpskoj Udbi se, kazivao mi je doktor Obren Đorđević, s tim nije slagalo. Kako o tome srpska tajna policija nije ni odlučivala, Penezić i rukovodstvo Srbije moralo je da radi što mu je naređeno, jer je generalnu odluku o otkupu, tačnije oduzimanju hrane sa sela, doneo partijski i državni vrh. Celokupni sistem otkupa bio je centralizovan i organizovan odozgo nadole. Centralni organi su razrezivali količine stoke, žitarica i vune po republikama, ove su razrez slale u okruge, a okruzi su uzimali od seljaka po selima sve što su našli na imanju. Na početku 1947. godine ta akcija je vođena s parolom: „Mi radnicima žito, radnici nama industrijske proizvode!"

Zakonski otkup je, te godine, regulisan dvema uredbama vlade FNRJ, koje su predviđale mogućnost da seljak prodaje svoje robne viškove, da za njih dobija tačkice, kojima može da pazari industrijsku robu u državnim prodavnicama. Taj ekonomski model Boris Kidrič je 1947. godine obrazložio u nekoliko reči: „To je jedan ispravan način da se sreću kupovna snaga seljaka i kupovna snaga radnog naroda po gradovima, što je sasvim moguće i planirati."

U čitavoj Jugoslaviji bilo je predviđeno da se te godine otkupi 633.240 vagona žita, i to najviše u Srbiji 481.180, odnosno Vojvodini 303.421 vagon. Hrvatska je trebalo da proizvede samo 108.250 vagona, a Makedonija samo 23.280 vagona žitarica. Kako kupovna snaga radnog naroda u gradovima nije postojala, i kako seljak nije imao mogućnosti da kupi nepostojeću industrijsku robu, to se ovakav sistem otkupa pretvorio neminovno u državni harač iz koga se hranilo, po planu Privrednog saveta FNRJ, najmanje pet miliona građana. Zbog toga je čitava akcija prerasla u političku borbu protiv „kulaka", čime je dobijen ideološki i socijalni alibi za nasilje nad seljacima.

Seljačke pobune izbile su, prvo u Dolovu, pa u Knežici kod Banjaluke zatim je u Vrbasu došlo do velikih demonstracija. Taj državni harač bio je najjače izražen upravo u vreme sukoba Beograda i Moskve 1948. kada je Jugoslavija naglim uvođenjem kolektivizacije sela, htela da dokaže SSSR-u da je i dalje država Staljinovog tipa. O tome je na Trećem plenumu CK KPJ javno govorio Jovan Veselinov 30. decembra 1949. godine:

„... Stalno zakašnjavanje u sprovođenju potrebnih mera otkupa i kolektivizacije doveli su nas dotle da smo počeli s konfiskacijom. U Vojvodini je izvršeno oko hiljadu konfiskacija, od toga sto šezdeset totalnih i to prema ljudima koji nisu mogli izvršiti svoje obaveze. To je prosto bila politika raskulačenja. Mi smo to činili da bismo izvršili plan, a tako je i moralo. No bilo je tu i grešaka, ljudi su gubili nerve, šamarali, vukli za brkove..."

Tito, predsedavajući, šeretski je dobacio: „Nekome malo stavljali i pištolj u usta..."

Zbog otkupa, u svakom srezu sedeo je po jedan oficir Udbe da kontroliše prikupljanje žita. To se, međutim, pokazalo kao slabo sredstvo u otvorenom ratu protiv seljaka. Mnogo kasnije, pojedini politički policajci razočarali su se u Udbu i državu kada su saznali da je hrana koju su seljacima otimali od usta slata kao bratska pomoć Albaniji, Grčkoj, Rumuniji. Udba je, međutim, bila rigorozna. Kada je u selu Dolovo kod Pančeva, gde su se seljaci pobunili, pala i krv, Mile Milatović, pomoćnik načelnika srpske tajne policije naložio je Slobodanu Uči Krstiću da odmah ode u to selo i sredi situaciju. Kako se pobuna nije smirivala, opunomoćenik Udbe za Pančevo je izvadio revolver, ali su mu ga seljaci oteli. Na to je i sekretar Komiteta potegao oružje i ubio trojicu. Ova tragedija političarima nije značila ništa. „Odozgo" je i dalje vršen pritisak i na partijske aktiviste, ali i na radnike Udbe, da su neki od njih, u nemogućnosti da izvrše predviđeni otkup, izvršili samoubistvo.

Velike probleme sa otkupom imali su i vojni kontraobaveštajci, o čemu svedoči i iskaz Svetozara Vukmanovića Tempa:

„... Prvo sam određen za načelnika Političkog odeljenja Generalštaba. Jedno vreme je i KOS prešao kod mene. Prvi izveštaj koji sam

dobio bio je onaj gde mi se ukazuje ovaj je neprijatelj, ovaj nije, ovaj je-
ste a sve borci iz 1941. godine. Ja kažem kontraobaveštajcima da malo
pogledaju uslove u kojima su komunisti govorili da je neko pljačkaš i
slično. Ne sećam se imena tih prvoboraca koji su osumnjičeni da su
neprijatelji, ali pamtim da je među njima bila masa ljudi iz Srema. To
je bilo vreme one rekvizicije, pa su borci iz 1941. reagovali vrlo bur-
no. Bio je to obavezni otkup, pa se moglo uzeti i kao obična pljačka.
Uzimala se ljudima i poslednja krava i zrno pšenice. Prisustvovao sam
jednom sastanku, kada je Kidrič pokupio sve svinje po selima. Sećam
se, tada Kidrič napadne Veselinova što nema žita, kaže mu ne uzimaš
dovoljno, štitiš seljake. Veselinov se zaplaka, kaže dnevno mi gine po
pedeset ljudi i to samo zbog otkupa...“

Srpski seljaci i danas pamte ko im je oteo zemlju i imovinu, a po-
sebno ko ih je noću odvodio na saslušanja i tukao. Represalije, koje su
sprovodili mesni aktivisti, zajedno sa inspektorima Udbe i milicije,
bile su surove i gotovo monstruozne. U selu Ratkovo „kulake“ su drža-
li za noge na vrhu crkvenog tornja i pretili im da će ih ispustiti ako ne
potpišu da sve imanje i kuću predaju zadruzi. Perica Novaković, Mile
Obreški, Sava Vojnović su, po sećanju Maksima Kerečkog, u Batajni-
ci zatvarali paore u tesnu kancelariju i toliko ložili furunu dok ljudi
nisu popadali u nesvest od vrućine. Aktivista Panta Kikoš iz bačkog
Kovilja vitlao je seljacima punim pištoljem oko glave i vikao: „Bog,
Tito, pa ja! Daj ruku, upiši se u seljačku radnu zadrugu, pa nećeš imati
obaveze, ako nećeš, oteraću te na robiju, konfiskovati ti sve, pa čak i
ono najmilije!“

Njegov zaštitnik je bio major Udbe Steva Štrbac iz Žablja, koji je
prećutno gledao kako trojica milicionara seljaku Miki Paunoviću, sta-
rini od sedamdeset godina, čupaju brkove. U selu Ba, vršeni su noćni
upadi i simulirana tajna streljanja ljudi, samo da bi se seljani zaplašili i
naterali da ulaskom u zadrugu dokažu da nisu uz Dražu i Staljina već
uz Tita, priseća se seljak Momčilo Popović. Zbog pretnji i paljevina le-
tine i štale, ovaj seljak se žalio i Miletu Milatoviću u Udbi Srbije, mada
je hteo da ide i kod Tita, a ovaj ga vrati u Opunomoćstvo srpske tajne
policije u Ljig, gde ga sačeka razrezivač obaveza Radiša Matić. Tako se
Popović uverio da se otkup vršio u tom krugu između mesne vlasti i
Udbe.

Planski otkup u Ljigu je obuhvatio sve živo i neživo: žitarice, meso,
pasulj, mleko, stoku, stvari, vunu. Uzimana je poslednja šaka brašna
i poslednja kašika masti, čak i ekseri sa zida. Predavalo se, na primer,

državi kilo vune po ovci. Sve što si imao, bilo je kontrolisano i javno i tajno. Ovce su nam brojane i danju, ali i noću. Tako se jednom desilo da je neki aktivista kod Budimira Đirjanovića brojao ovce noću, pa izbrojao i jednu kozu kao ovna. Sutradan je domaćinu s jedanaest ovaca i kozom bilo razrezano da preda dvanaest kilograma vune. Nije aktivista hteo da prizna da je pogrešio, lakše je bilo naterati Đirjanovića da nabavi još kilogram vune. Tada je i nastala seljačka vrabac-pesmica „Ide kulak i državu kune, što na kozu uze kilo vune!".

Slobodan Krstić Uča, jedan od bliskih Krcunovih saradnika, iskreno je bio zaprepašćen idejom o seoskim zadrugama. Neko vreme je uspevao da toga poštedi svoje rodno mesto Jarmenovce, izgovarajući se pred pretpostavljenima da u tom planinskom kraju ne postoje elementarni uslovi za primenu novih tehničkih dostignuća, pa kolektivizacija nema nikakvog smisla. Međutim, general Radivoje Jovanović Bradonja, naterao je Učinog oca i brata da zbog njega uđu u seljačku radnu zadrugu *Novi život*! Kad je sve propalo, pitao ih je podrugljivo koliko ih je koštao taj Bradonjin *Novi život*. Otac i brat su mu odgovorili: „Dobro prošli, izgubili smo samo dve krave i nekoliko ovaca!"

Cazinska buna

Kada je krajem aprila 1950. godine Udba u Banjaluci dobila dojavu, od saradnika s terena, da se u Cazinu priprema „ustanak seljaka", čitava politička i policijska garnitura Bosne i Hercegovine se digla na noge. Opasnost od seljačke pobune zbog nasilnog učlanjivanja u državne zadruge, procenjena je kao „neprijateljska", jer su se seljaci potajno naoružavali, spremali za ustanak šestog maja i jer su ih vodili prvenstveno Srbi sumnjivog političkog opredeljenja. Kao kolovođu Udba je registrovala prvoborca Milana Božića, zemljoradnika iz sela Tržac kraj Cazina, i njegovog sina Nikolu, koji je bio zadužen za obaveštavanje seljaka u Cazinskoj krajini. Plan im je bio, kako je to Udba rekonstruisala, da pobunjeni seljaci iz okolnih mesta zauzmu grad Cazin i ucenom od vlasti u Beogradu zatraže oslobađanje od obaveze stupanja u državne zadruge. „Ustanici" su, međutim, uspeli da zauzmu samo selo Tržac i u njemu stanicu milicije. Na tu seljačku bunu Udba iz Banjaluke je odgovorila slanjem do zuba naoružane jedinice Knoja pod komandom Ostoje Mijića i specijalnog poverenika Ratka Ilića.

Zadatak Udbe je bio da se seljaci milom vrate u svoja sela ili silom pohapse, zatvore, osude i oteraju na robiju. Zaplašeni silnom vojskom seljaci su se brzo predali, dok su njihove vođe, otac Milan i sin Nikola Božić, pobegle u šumu. Udbin oficir Ratko Ilić zauzeo je kuću Božića, zarobio majku i ženu Milanovu, pa je on sa sinom morao da se preda, da mu porodica ne strada. Pored svih uveravanja Udbe da se Milanu i Nikoli neće ništa dogoditi, Udba ih je posle hapšenja predala Armiji. Vojni sud u Cazinu je radi opomene i zastrašivanja seljaka, osudio Milana Božića i njegovog pomoćnika Aliju Mujkića na smrt, a ostale srpske seljake na kazne zatvora. Doktor Darko Bekić, zagrebački naučnik, istraživši po američkim arhivima tek 1986. godine je objavio podatak da je u seljačkim pobunama u Cazinu i Smederevu tajna policija oduzela 27 života. Odslikavajući lik „isterivača boga", književnik Mladen Markov je dao sledeći opis:

„... Isterivač otkupa bio je obično bezosećajan čovek. Bio je privilegovan. Imao je jezovite ideje o tome kako da postigne najbolji učinak. Revolver je bio njegov alat. Oni od kojih je uzimao otkup, kulaci i klasni neprijatelji, bili su kundačeni u jarugama i bestragijama, odvođeni u zatvore. Ako ne izmire obavezu, u lanac muka i poniženja. Isterivač im je čupao brkove i vodio ih na groblje da kopaju sopstvene rake."

Bilo je to vreme kada su seljaci tretirani u partijskom i državnom vrhu kao kapitalistički elementi, kako je rekao sâm Veselinov. Vladimir Bakarić je priznao da je u borbama sa seljacima u Hrvatskoj, odnosno Slavoniji, palo i 50 glava. Seljačkih. Zbog „kulaka" u FNRJ je tih godina aktiviran kompletan represivni sistem, od državnog vrha, preko pravosuđa i Udbe do mesnih odbora i stanica milicije. Dok se seća tih teških dana, težak Milan Đurković iz sela Dublja na sarkastičan seljački način reče: „To je bila prava vlast. Za dvadeset četiri sata doneše i zakon, i presudu, i izvršenje. Nemaš šta da čekaš!?" Njemu je država oduzela četrdeset hektara zemlje i šume i pet godina života. U samoj Vojvodini do maja 1947. godine zbog neizvršenog otkupa, što se tretiralo kao sabotaža državne akcije, kroz zatvore je prošlo 8.821 lice, od čega je samo 720 bilo osuđeno. Kroz robijašnice u Srbiji, međutim, prošlo je 10.082 seljaka. Njih 1.224 je kažnjeno sudski zbog privredne sabotaže, ostali su slani na prisilni rad. Kako je Novica Radivojčić iz Ljiga svojevremeno svedočio novinaru Dragiši Božiću, njemu je sudski proces montirao islednik Udbe Svetislav Nikolić, koji je doveo lažne svedoke da ga terete, ne samo za kašnjenje isporuke žita već i za „razbojničku propagandu protiv seljačke radne zadruge". Zato je ovaj seljak osuđen na godinu dana zatvora s popravnim radom i potpunom konfiskacijom imovine. Zatvorske kazne, u Vojvodini i Srbiji, za seljačku privrednu sabotažu iznosile su, u proseku, od šest meseci do pet godina, a novčane do 300.000 dinara.

Istovremeno je, na primer, u Sloveniji bilo osuđeno samo 93 lica, u BiH 272, i to s blagim kaznama. U zatvor se išlo i zbog pesmica i viceva koje su „kulaci" govorili o Titu i Partiji: „Druže Tito, ti si s nama, tebi žito nama slama!"

Da su srpski seljaci najviše bili izloženi progonu, vidi se i po činjenici da je zatvor Zabela kod Požarevca uvek bio pun neposlušnih zemljoradnika. Po sećanju Ace Stevanovića iz Barajeva, u Zabeli je bilo zatvoreno najmanje 20.000 „žitara", kako su ih udbaši nazivali, mahom Banaćana. Zbog pretrpanosti u srpskim robijašnicama 1946. godine je u Visokim Dečanima podignuto sedam baraka za kulake. U tom logoru s bodljikavom žicom, koji je mogao da primi 3.000 seljaka, komandovali su pravi kriminalci, seća se Jovan Davidović iz okoline Kragujevca. Dnevno sledovanje hrane bilo je parče proje, a nekad i kaša od repe. Zatvorenici su gradili rukama kameni put prema Albaniji. Zbog teškog fizičkog rada i slabe ishrane, nekoliko stotina zatvorenika je i umrlo. Oni su sahranjivani uz zidine manastira Visoki Dečani, bez krstače ili bilo kakvog drugog obeležja. Onim porodicama koje su uspele da saznaju za smrt svojih u logoru, često nisu dozvoljavali da ih preuzmu pod licemernim objašnjenjem da „... nisu odležali kaznu do kraja..."

U to vreme svi ti zatvori i ovaj logor bili su pod direktnom kontrolom Udbe Srbije. Kada se sredinom pedesetih godina pročulo za Goli otok, gde su ležali ibeovci, logor u Dečanima su sami zemljoradnici nazvali – seljački Goli otok.

Cilj prinudnog otkupa bio je ideološko lomljenje seljaka da uđu u državne zadruge, odnosno u kolektiv koji je bio nespojiv s njihovim domaćinskim mentalitetom i individualnom proizvodnjom. Diktat je bio uništiti seljaka kao glavnog neprijatelja komunizma u novoj Jugoslaviji. Bio je to surov način da se kroz novi teror stvori i novi čovek na selu. Seljaci se nisu odupirali davanju hrane, svedoče Prvoslav Marić i Mladen Markov, autori koji su osamdesetih prvi načeli ovaj tabu, ali su baš zato imućnim seljacima i protivnicima kolektivizacije nametani duplo veći razrezi od realnih mogućnosti, da bi se pronašao alibi za državni progon, a često i za pljačku lične imovine. Da paradoks bude veći, goniocima, odnosno aktivistima sa sela, koji su, takođe, imali imanja, država nije tražila ni razreze, a ni poreze, čime su bili plaćeni za svoje nasilje nad komšijama. U ovom obračunu vlasti sa svojim narodom nije bio problematičan politički razlog, pa ni sâm tzv. neprijatelj, jer je on sa aspekta vlasti bio objašnjiv, već je sporna politika progona i likvidacije ljudi bez suda i ljudskog prava na odbranu. Inženjer Stevan Rackov, koji je kao kulak početkom pedesetih robijao u Zabeli, tvrdi da je, radeći činovničke poslove u zgradi uprave, video dokumenta s brojem od 86.000 hiljada seljaka koji su zbog otkupa prošli kroz ovaj požarevački zatvor.

Te 1950. godine, seća se Rackov, i sâm Slobodan Penezić Krcun, ministar srpske policije, posetio je dve hiljade zatočenih seljaka i pretećim glasom ih ubeđivao da se upišu u radne zadruge. Mnogi su to glasno odbili. Kada je seljak Dragomir Milić iz Grivca kod Kragujevca izveo 150 domaćina na protestni marš za Beograd, na njega su 1951. godine opštinske vlasti izvele četu udbaša, armijski vod i dva tenka. Tek sredinom 1950. godine, Jovan Veselinov je na sednici Privrednog saveta Srbije javno priznao da je država pogrešila: „Prosta je istina da žita nema. A mi hoćemo da ga seljaci ni iz čega stvore. Zato smo ušli u pravi rat s njima. Na hiljade seljaka je uhapšeno i osuđeno. Ima i mrtvih. Ljudi sekirama brane ono malo žita što je rodilo. Ima tu i kulaka, ali to su većinom naši ljudi. U NOB-u su bili na našoj strani, a sada su postali neprijatelji. Ne zbog toga što su kulaci, nego zato što je određen previsok otkup. Naši aktivisti koji isteruju otkup odvojili su se od naroda. To su isti ljudi koji su bili u toku rata najpopularniji, a sada su najomrznutiji. Mislim da to ne bi smelo da se događa.“

Rodoljub Čolaković je čak tražio da se povodom ovih zloupotreba formira posebna komisija CK KPJ, ali to nije prihvaćeno, pa je samokritika Jovana Veselinova jednostavno zaboravljena. Zajedno s propašću seljačkih radnih zadruga i kolektivizacije na selu propala je i odgovornost države, partije i Udbe za progon nedužnih ljudi. Ostaje upamćena samo izjava Moše Pijade u Saveznoj skupštini Jugoslavije 1953. godine, kada je u svom ekspozeu naglasio da je od 1945. do 1953. godine u zemlji policija pohapsila 171.731 osobu, a „... mnoge bez ikakvog većeg razloga...“

Kada sam s Draganom Mitrovićem, bivšim načelnikom SDB Srbije, razgovarao o tome kako je tajna srpska policija progonila vlastiti srpski narod, on se u načelu nije složio sa ovom tezom:

„Pogrešno je zaključivati da je srpska služba državne bezbednosti, i pre i posle Brionskog plenuma, udarala na sopstveni narod. Nije ona to nikada namerno činila. Nije tajna policija kriva što su je srpski političari, zarad očuvanja vlastitih pozicija i vlasti, gurali protiv svog naroda. Policija nije nikada politički, na primer, etiketirala ljude, niti izmišljala nove kategorije neprijatelja. To su radili političari. Lepeza neprijatelja je bila zaista široka: izdajnici, ratni zločinci, saradnici okupatora, informbirovci, rankovićevci, liberali, anarholiberali, građanska desnica, levi i desni nacionalisti. Mi u tajnoj službi smo se tome čudili, a često i smejali. Mnogi od nas nisu ni znali šta znače sve te kvalifikacije, ali one su bile ugrađivane u partijska i politička dokumenta, iz kojih su kasnije proisticala naređenja za rad službe državne bezbednosti. Nažalost, srpski političari su uvek insistirali samo na podacima o svojim neprijateljima iz Srbije, a nikada i o onima iz Jugoslavije, dok su sve ostale službe u zemlji prioritet davale, opet, samo protivnicima države i partije iz Srbije i Beograda.

Glavni grad Jugoslavije bio je pedeset godina centar federalne, republičke, vojne i gradske vlasti, što znači da su u njemu radile najmanje četiri, a nekada i svih osam tajnih službi u Jugoslaviji. Mnoge od njih su, takođe, radile direktno protiv Srba i protiv Srbije, ali su im to naši srpski političari dugo tolerisali. Vrhunac takvog žrtvovanja Srbije dostignut je osamdesetih godina, kada je srpskim kadrovima u Federaciji i samoj Republici Srbiji bilo važnije šta kažu Dolanc, Mikulić, Ćulafić, Vrhovec, nego srpski narod i srpska tajna policija. U takvoj situaciji Služba državne bezbednosti Srbije bila je samo politički žrtveni jarac, dežurni krivac za sve promašaje i posebno represivne poteze srpskog rukovodstva, i pre i posle Aleksandra Rankovića. Nijedan rukovodilac srpske tajne policije, od Apisa do mene, nije otišao u zasluženu penziju, svi su bili nasilno politički sklonjeni, a i zato jer nismo hteli da idemo do kraja u političkoj direktivi da Srbin udara na Srbina. Na Srbe je udarao politički i partijski sistem druge Jugoslavije, a ne srpska tajna policija!"

UBIJ BLIŽNJEG SVOG

U trećem izdanju udžbenika *Osnovi državne bezbednosti* doktora Obrena Đorđevića, iz 1987. godine, za polaznike policijske VSUP škole u Zemunu, jugoslovenska, odnosno srpska emigracija je bila svrstana u odeljak spoljnjeg političkog neprijatelja Jugoslavije. U drugoj glavi, pod pojmom „jugoslovenska politička emigracija" nabrojano je čak dvanaest državnih neprijatelja. Svaka je po nacionalnoj karakteristici bila odvojena. Pod stavkom „Srpske fašističke i ekstremne emigrantske organizacije" bilo je poređano devet imena: Srpski nacionalni odbor – SNO, Srpska narodna odbrana – SNO, Srpski kulturni klub *Sveti Sava*, Organizacija srpskih četnika *Ravna Gora* – OSČ, Udruženje boraca kraljevske jugoslovenske vojske *Draža Mihailović* (UBKJV), Savez demokrata i socijalista Jugoslavije – *Oslobođenje*, Jugoslovenski narodni pokret – *Zbor*, Srpski omladinski pokret – SOPO i Pravoslavna crkva u inostranstvu – dionisijevci.

Zato što je to nalagala aktuelna politika SKJ i države SFRJ, srpska emigracija je u ovom udžbeniku predstavljena brojnijom i jačom od ustaške, koja je faktički bila i masovnija i opasnija. Pod stavkom „Hrvatske fašističke i ekstremne emigrantske organizacije", autor doktor Obren Đorđević je naveo sedam imena: Hrvatsko narodno vijeće – HNV, Hrvatski oslobodilački pokret – HOP, Hrvatsko revolucionarno bratstvo – HRB, Hrvatski narodni otpor – HNO, Hrvatski državotvorni pokret – HDP i Hrvatska akademija u Americi. Na listi spoljnih neprijatelja domaćeg porekla u ovoj knjizi za mlade policajce našla se i slovenačka emigracija, s četiri imena, albanska s pet, makedonska s dva i ibeovska i jugoslovenska s po dve imenovane organizacije. Doktor Obren Đorđević mi je naglašavao da je jugoslovenska, a posebno srpska politička emigracija činila najmalobrojniju grupaciju naših sunarodnika koji žive u inostranstvu. Ona je nastala posle završetka NOR-a i proizašla iz tzv. poratne migracije i nju su, po Đorđevićevoj klasifikaciji, činili: pripadnici kvislinškog aparata, pripadnici buržoaskog društva, vojnici, podoficiri, oficiri i generali bivše jugoslovenske vojske, ratni zarobljenici, odmetnici, članovi ilegalnih organizacija, osuđenici za krivična dela, ratni zločinci, pojedinci koji su u inostranstvu zatražili politički azil i pojedini radnici na privremenom radu u inostranstvu koji su podlegli uticaju neprijateljske emigracije i zatražili status izbeglica.

Za razliku od doktora Obrena Đorđevića, mnogi drugi analitičari političke emigracije su je naglašeno u samom imenovanju okarakterisali kao neprijateljsku. Tako doktor Milo Bošković u podnaslovu svoje knjige *Šesta kolona* piše: „Nastanak, organizacija i delovanje antijugoslovenske fašističke emigracije", a pukovnik Milenko Doder svom delu daje naslov *Jugoslovenska neprijateljska emigracija*. Obe ove knjige nastale su na osnovu arhiva SDB-a, odnosno KOS-a JNA. Iz arhiva SSIP-a, svoju knjigu *Antijugoslovenska aktivnost neprijateljske emigracije u SR Nemačkoj 1951–1984*, napisao je i doktor Branko Pavlica, nekadašnji islednik Udbe. Doktor Vladimir Grečić, beogradski istraživač jugoslovenske i posebno srpske dijaspore, tvrdi da u naučnom, a posebno u međunarodnom rečniku uopšte ne postoji pojam „politička emigracija". Izraz „politička emigracija" je kovanica komunističkog aparata u FNRJ tj. SFRJ, koja je služila za lakšu identifikaciju i obeležavanje izbeglih pripadnika nacionalnih snaga i antikomunista u jugoslovenskoj dijaspori kao državnih neprijatelja. Taj izraz nije koristila ni jugoslovenska nauka, a nema ga ni u *Političkoj enciklopediji*, koja je objavljena 1975. godine u Beogradu.

Prema ratnim arhivima iz Jugoslavije, kako tvrdi doktor Milo Bošković, ali i prema podacima OUN-a iz 1946. godine, u inostranstvu se nalazilo 126.000 jugoslovenskih emigranata. Već 1952. godine ratnu emigraciju je činilo 94.000 osoba, od čega je, po klasifikaciji samog autora, bilo 40.000 četnika, samo 30.000 ustaša, 18.000 belogardejaca i 6.000 ostalih emigranata. Jezgro te antijugoslovenske neprijateljske emigracije, piše doktor Milo Bošković, koji je svojevremeno i radio u SDB SSUP-a, a kasnije u PSUP-u Vojvodine i bio profesor na Univerzitetu u Novom Sadu, činili su predstavnici kvislinških formacija, njih 32.000. Među njima je bilo: 446 lica iz državnog aparata NDH, 355 iz Ustaške nadzorne službe, 233 iz policije NDH, 4.564 iz ustaške vojske, 1.699 iz domobrana, 105 iz Nedićevog državnog aparata, 276 iz Specijalne policije, 10.103 iz jedinica Draže Mihailovića i 3.764 ratnih zločinaca. Ukupan broj registrovanih i učlanjenih političkih emigranata u razne antijugoslovenske organizacije, doktor Bošković, odnosno SDB SSUP-a je procenio na 30.000, od čega je status aktivnog državnog neprijatelja, bilo kao teroristi, diverzanti, obaveštajci imalo u arhivama SDB SSUP-a 8.000 emigranata.

Istraživanja antijugoslovenske emigracije Milenka Dodera rezultirala su 1989. godine čak novim saznanjima. Tako, na primer, ovaj vojni obaveštajac i referent za rekonstrukciju stranih obaveštajnih službi, pre svega nemačke na tlu Jugoslavije tokom NOR-a, tvrdi da je u zapadnim zemljama postojalo oko 65 raznih organizacija neprijateljske emigracije: ustaških 25, četničkih 15, albanskih 15, slovenačkih 8 i makedonske 2. Četnici su samo u SAD imali četrdesetak svojih odbora sa svega 2.000 članova. Najveća koncentracija ustaša bila je u Južnoj Americi, Nemačkoj i Australiji, gde ih je bilo duplo više. Realni odnos između odbeglih četnika i ustaša iz Jugoslavije u inostranstvo najbolje se ogledao u broju emigrantskih novina koje su izdavane u svetu. Pod patronatom hrvatskih nacionalista izlazilo je čak 139, a pod patronatom srpskih samo 82 lista. U antijugoslovenskim terorističkim aktivnostima, u kojima je, prema podacima doktora Mila Boškovića, učestvovalo oko 1.200 političkih emigranata, ustaše su bile čak četiri puta opasnije od četnika. Samo Hrvatsko revolucionarno bratstvo, najekstremnija hrvatska organizacija, izvršila je u Evropi i u Australiji 120 terorističkih akcija i tom prilikom usmrtila 53 i ranila 118 lica. Tačnije, HRB je izvelo čak pedeset odsto svih terorističkih i diverzantskih napada na Jugoslaviju.

Na savetovanju o specijalnom ratu, koje je 1983. godine pod pokroviteljstvom Sektora za idejno-politički rad CK SKJ održano u političkoj školi *Josip Broz Tito* u Kumrovcu, jedan od referenata, doktor Petar Knežević, vojni obaveštajac, istakao je da je terorističku delatnost protiv SFRJ izvodilo, uglavnom, pet emigrantskih organizacija: Hrvatsko revolucionarno bratstvo, Hrvatski narodni otpor, tj. luburićevci, Ujedinjeni Hrvati Njemačke, Srpski omladinski pokret *Otadžbina* – SOPO i albanski *Crveni narodni front*. Ovih pet organizacija okupljalo je, po Kneževićevim podacima, 1.500 terorista. Srpski omladinski pokret *Otadžbina* je imao samo tridesetak članova. Delovao je u SAD, Kanadi i Belgiji, a njegovi lideri su bili Andra Lončarić, Nikola Kavaja i pop Stoiljko Kajević. Prvog je ubila SDB Jugoslavije, drugog je FBI stavila na doživotnu robiju, a trećeg je američki sud kaznio sa osam godina zatvora.

Vrbovanje emigranata

Naime, od 1945. do 1984. godine, „fašistička emigracija poreklom iz Jugoslavije", kako tvrdi doktor Milan Pašanski u knjizi *Savremene kamikaze*, izvršila je 447 terorističkih akata, u kojima je poginula 101, a ranjeno 300 osoba. Tom prilikom je ubijeno čak šest diplomata. Prvi je stradao 1946. godine konzul Vicko Glumčić, kada su ga u italijanskom logoru *Eboli* ubili četnici. Posle toga četnička emigracija je izvela vrlo mali broj, tek deset odsto, terorističkih akcija protiv jugoslovenskih predstavništava i predstavnika u svetu. Doktor Obren Đorđević, nekadašnji načelnik SDB Srbije, danas priznaje da je četnička emigracija, izuzev SOPO-a, u poređenju sa ustaškom emigracijom faktički bila bezopasna za SFRJ, ali ju je Tito i pored tog saznanja mrzeo i naređivao da se njeno delovanje neutrališe svim sredstvima.

O jugoslovenskoj političkoj emigraciji, uopšte, s bezbednosne tačke gledano, brigu su u FNRJ, a zatim i u SFRJ vodile i Ozna, i Udba, i SDB Jugoslavije, službe bezbednosti republika i pokrajina, SID SSIP-a i KOS JNA. Svaka od ovih tajnih policija imala je u svojoj organizaciji posebne uprave ili odeljenja za emigraciju. Ozna, koja je formirana još dok je rat trajao, kako tvrdi doktor Obren Đorđević, ofanzivnim obaveštajnim istraživanjima je prikupljala podatke o delatnosti emigrantske vlade u Londonu i snagama u inostranstvu na koje se ta vlada i oslanjala. Ozna je pokrivala i logore izbeglica iz dva razloga: da u tim logorima među jugoslovenskim emigrantima otkrije špijune zapadnih službi, i da vrbuje naše emigrante da rade za tajnu policiju FNRJ.

Čitav ovaj kontraobaveštajni posao vodio se iz Operativnog centra Ozne, koji se nalazio u Beogradu. Udba je imala uspeha u radu protiv emigracije, naročito u periodu između 1946. i 1952. godine, kada je u izbegličkim logorima Italije, Austrije i Nemačke zavrbovala mnoge nacionaliste. U to doba u Udbi nije postojala podela rada prema nacionalnim emigracijama, pa su njeni inspektori radili sve emigrante zajedno. Inspektor Mića Japundža je, na primer, pokrivao logor *San Sabo* u Italiji, *Trajskirhen* u Austriji i *Cindorf* u Nemačkoj. Udba je dosta često svoje saradnike slala u jugoslovenske zatvore, odatle ih je puštala da beže i nalaze utočište u tim istim izbegličkim logorima. Kada bi se ti Udbini saradnici zbližili sa emigrantskim vođama, uredno su

javljali policiji u Beogradu kakve planove imaju četnici, ljotićevci, ne-
dićevci i ostali pripadnici nacionalnih snaga prema FNRJ.

Odbegli milicionar Petar Spajić iz Bosne uspeo je da se jako pri-
bliži, na primer, Bori Blagojeviću, čelniku organizacije *Ravna Gora* u
Francuskoj i Belgiji i da o njegovim planovima izveštava jugosloven-
sku tajnu policiju. Taj metod poturanja saradnika koristila je i SDB, za
šta je primer dolazak Bogoja Panajotovića, osuđivanog delinkventa, iz
Jugoslavije u Francusku, kod Andre Lončarića, a i u SAD, kod Dragiše
Kašikovića, gde je njegov vodič bio pop Stoiljko Kajević. Za obojicu
je dolazak ovog saradnika SDB Jugoslavije bio koban. Advokat Niko-
la Kostić iz Milvokija seća se Bogoje Panajotovića kao čoveka srednje
visine, nabijenog, širokog lica i kratkih jakih ruku. Nigde nije radio,
putovao je po Americi i Evropi, a niko nije znao odakle mu novac za
to. Kada je 1977. izbio slučaj SOPO, Bogoje Panajotović se pojavio kao
saradnik, a možda, kaže Kostić, i agent FBI-ja:

„Bogoje Panajotović jeste bio saradnik, a možda i agent FBI, ali ne-
mam dokaza da je bio i saradnik Udbe. Međutim, iz njegovog pona-
šanja, naročito kada je govorio zaštitnički o jugoslovenskom konzulu
i radu konzulata u Čikagu, može se zaključiti da je štitio i interese
države Jugoslavije, pa i njene policije u Americi. Ja sam, kao advokat,
imao priliku da razgovaram s Panajotovićem. Kao krunskog svedoka
njega je FBI čuvala u Kaliforniji. S njim su uvek bila dva agenta FBI.
Sreli smo se 1978. godine u Džeksonvilu. Prisutan je bio i tužilac Tom
Salivan. Ja sam tražio od Panajotovića službenu izjavu, jer sam na
sudu branio njegovog kuma Nikolu Živovića. Nisam je dobio. Posle
toga niko od američkih Srba nije više video, niti bilo šta čuo o Bogo-
ju Panajotoviću, niti o njegovoj porodici. Jer, koliko znam, on je bio
poreklom iz Niša, bio je oženjen i imao dvoje dece. Moj klijent Nikola
Živović bio je kum na krštenju te dece, ali ga je Bogoje Panajotović
izdao!“

Sâm Kajević je 1995. godine u *NIN*-u pričao da je njega Udba pra-
tila preko izvesne Nene Kukić, ćerke generala Mišine Kukića, koja je
došla iz Beograda u Čikago. Kada je posumnjao da će ga i ubiti, kaže
Kajević, prijavio je ovog agenta američkoj službi FBI-ja, nakon čega
je Nena Kukić proterana iz SAD. Na direktno pitanje da li je Stoiljko
Kajević bio saradnik Udbe, od dvojice načelnika srpske tajne policije
dobio sam dva različita odgovora. Prvi stariji i iskusniji mi je rekao da
Kajević nije bio saradnik Udbe, a drugi mlađi i takođe iskusan obave-
štajac mi je priznao da je pop Kajević radio za SDB Srbije. Šta je istina,

teško je reći, mada ga i Nikola Kavaja optužuje za saradnju s FBI-jem i SDB-om, ali je izvesno da je 1972. godine u Minhenu ekipa Udbinih likvidatora bila pred vratima stana popa Stoiljka Kajevića s naređenjem da ga ubije. Kajevićevi prijatelji tvrde da ga je sreća spasla smrti, a sami likvidatori prećutkuju da su zapravo pogrešili adresu i broj stana u Minhenu. Profesor etike i lider SOPO iz Čikaga, pop Stoiljko Kajević, u Srbiju se vratio u jesen 1990. godine, da bi učestvovao u radu svoje stranke „Sloboda i pravda". Dvadeset petog novembra je uhapšen po naređenju SDB Jugoslavije, odnosno načelnika Zdravka Mustača i odveden u Centralni zatvor. Sutradan, na intervenciju SDB Srbije, pop Kajević je pušten na slobodu i vraćen u Ameriku.

Kao svoj najveći uspeh, Udba, a i SDB, beleži uspešno pridobijanje za saradnju profesora doktora Krunoslava Draganovića, hrvatskog nacionaliste i tvorca tzv. pacovskih kanala, kojima su ustaše iz NDH preko Vatikana pobegle na Zapad, i njegovo dovođenje u Jugoslaviju 10. septembra 1967. godine. Draganovića je jugoslovenskoj Službi izručio u Sloveniji njen saradnik, profesor muzike Miroslav Varoš, koji je godinama živeo u Rimu. Varošu je, zauzvrat, SDB Jugoslavije preselila porodicu iz Sarajeva u Italiju. Krajem osamdesetih, Varoš se vratio u SFRJ i živeo s familijom u Splitu pod imenom Miro Vrdoljak. Njegova ćerka se čak i zaposlila u SUP-u Split. Miroslav Varoš je pored toga za SDB SFRJ napisao nekoliko tomova podataka o ustaškoj emigraciji u svetu, a posebno je napravio analizu terorističke strategije hrvatskih ekstremista, ali i program antiterorističke taktike jugoslovenske tajne policije za borbu protiv ustaša.

Čitav ovaj kontraobaveštajni posao vodio je i završio jedan inspektor, Srbin koji se Krunoslavu Draganoviću predstavljao šifrovanim imenom Franjo. On je, inače, u Beču sredinom šezdesetih već razgovarao s Draganovićem o njegovom povratku u Jugoslaviju. Kada se za to ukazala prilika, odnosno kada je iz Austrije profesor Miroslav Varoš, koji je bio i saradnik BND, tačnije doktora Ernesta Bauera, poveo Krunoslava Draganovića na odmor u Italiju. Automobil se zauvek zaustavio u Sloveniji. Mada je bio ratni zločinac, zbog toga što je SDB SSUP-a Jugoslavije dao podatke o radu Vatikana, o funkcionisanju nemačke obaveštajne službe BND, čiji je agent bio pod šifrom „Salcberger", i o delovanju američke tajne policije, koju je simpatisao, kao i o špijunima iz jugoslovenske emigracije koji rade za strane službe, o organizacionoj šemi i kadrovskom sastavu Ljotićevog *Zbora* u

Nemačkoj, što je dobio od BND, kidnapovani Krunoslav Draganović je slobodno živeo u Sarajevu do smrti, 14. juna 1982. godine.

U arhivi SDB Jugoslavije i danas postoji Draganovićev spisak jugoslovenskih emigranata, koji su radili kao agenti CIA, BND, MI5 i same SDB: Zdenko Žunić iz Kanade, Karlo Severin iz Argentine, Drago Žubnirić i Žarko Milić s Novog Zelanda, Zvonko Kojadin iz Egipta, Josip Sedmak i Ante Dominik iz Italije, Mirko Todorović i Vladimir Bosiljević iz Austrije, Vlado Sečin i Mile Radlić iz Dominikanske Republike, Franjo Adamek iz Turske, doktor Branko Anđeleto iz Trsta, doktor Vjekoslav Bučar, Emilio de Mistrura, doktor Nikola Jeršimović, Solali Boci iz Rima, doktor Alojz Bilišić, Kemal Mujagić, Ričard Pačer iz Beča, doktor Stjepan Buć, doktor Mate Frković, Ahmet Balagaj, Milan Ilinić, doktor Martin Čamaj, Hamid Hromalić, Miro Škrinjarić, Karl Tren, Franjo Pavičić, Marijan Mašek, Jurej Milovac i Jakov Ljotić iz Minhena, doktor Anton Bućković iz Los Anđelesa, Dušan Dujšin iz Njujorka, Franjo Dežalić, Herbert Korfmačer iz Diseldorfa, Marijan Dolanski iz Berlina, profesor doktor Jozef Matl iz Graca, Nikica Martinović iz Celovca, Zvonko Miljanović iz Ošlinga, Jerko Radan iz Barija, Derviš Šehović iz Pariza, Branko Orlović iz Njujorka.

Mehu Palikuću, mladog ustašu, SDB BiH je, na primer, pridobila za saradnju tako što mu je oprostila dezerterstvo iz JNA i kaznu zatvora od pet godina, koja mu je izrečena zbog tog krivičnog dela. Palikuća je „pušten" da iz Jugoslavije pobegne prvo u Francusku, a zatim u Kanadu, gde je postao poverenik HRB-a i član HNV-a, a zatim i osnivač Hrvatsko-islamskog centra u Torontu. Njegovi najbliži saradnici, odnosno doušnici, neko vreme bili su i Vjekoslav Maks Luburić, a i Asim Duraković, čiji je prvi dolazak u Hrvatsku doušnik Meho prijavio Službi državne bezbednosti. Po nagovoru SDB Hrvatske, tajni agent „Duško", kako je Meho Palikuća bio zaveden u arhivima jugoslovenske tajne policije, organizovao je u Kanadi terorističku grupu za miniranje pruge Rijeka–Karlovac. Sredinom šezdesetih Palikuća je čak iz Pariza poslao i jednu grupu ustaških ekstremista da dignu u vazduh i postrojenja *Rafinerije* u Rijeci. Svi članovi ove ustaške diverzantske grupe su, naravno, pohapšeni i osuđeni na robiju. Pojedini su pobijeni još na jugoslovenskoj granici, prilikom ilegalnog ulaska u SFRJ. Doušnik Meho Palikuća se 1958. godine vratio u SFRJ, oženio u Rijeci Marijom Falijanko, ali, željan novih avantura, ponovo se uputio u Kanadu. Tamo ga je na vezi držao konzul Josip Bubaš iz SDB SSUP-a, čijim je inspektorima često slao patike na poklon, dok je neko vreme radio u fabrici obuće u Torontu. U HRB-u je bio „instaliran" kao agent SDB SSUP-a i kriminalac Kemal Mujagić iz okoline Bosanske Krupe, koji je robijao na Golom otoku. Kada mu je jugoslovenska tajna policija oprostila zatvorsku kaznu, Mujagić je pristao da špijunira emigraciju za potrebe SDB-a. Obuka je izvršena u riječkom hotelu *Bonavia*, odakle je Kemal Mujagić pušten da pobegne u austrijski izbeglički logor *Cindorf*, gde ga je preuzeo hrvatski fratar Viljem Cecelja i uveo u ustašku emigraciju u Nemačkoj. Kao „krtica" SDB SSUP-a tajni agent Kemal Mujagić radio je punih deset godina, a onda se vratio u Jugoslaviju.

Ubica jugoslovenskog ambasadora Vladimira Rolovića, ustaški terorista Miro Barešić, još dok je bio u švedskom zatvoru uvučen je u Udbinu mrežu. Taj posao je obavila bosanska SDB na vrlo jednostavan način. U Mostaru je bila uhapšena jedna devojka, Milica Jurić, s koferom punim ustaških letaka. Kako joj je SDB zapretila čak i smrtnom kaznom zbog saradnje s teroristima, ova devojka je pristala da sarađuje s bosanskom tajnom službom. Milica Jurić je dobila zadatak da se kao vatreni simpatizer približi Miru Barešiću. Pisala mu je pisma, koja su slata iz Splita i Zagreba, a i iz Minhena i Štutgarta. U toj prepisci rodila se, namerno, iskra ljubavi i kroz samo šest meseci Milica Jurić je otišla u posetu Barešiću. Njihovo venčanje u Švedskoj je ustaška emigracija iskoristila za političku propagandu, a SDB da se Barešiću uvuče i u spavaću sobu. Preko njegove žene Milice tajna služba Jugoslavije, a posebno Hrvatske, pratila je Mira Barešića, otkrivala sve njegove namere i jednostavno ga držala pod kontrolom. Istovremeno, međutim, crnogorski avanturista Ratko Đokić pleo je svoju mrežu oko Barešića. Želeći da se otkupi kod jugoslovenske policije za neke svoje grehe, Đokić je angažovao nekoliko švedskih delinkvenata da za milion kruna ubiju Miru Barešića. Policija iz Stokholma je to otkrila, uhapsila Đokića i proterala ga u Hrvatsku. Time su bili kompromitovani i planovi SDB-a za likvidaciju Mira Barešića, pa je čitava akcija odložena do daljnjeg.

Sličnu priču 1994. javnosti je ponudio i Dušan Vučković, zvani Repić, mašinbravar sa Umke, navodno da ga je angažovala SDB Srbije da likvidira Mira Barešića u Hrvatskoj, pa mu iz straha da ne progovori, sudi za ratne zločine nad Hrvatima u ovom ratu. Miro Barešić je, međutim, poginuo u Hrvatskoj i sahranjen kao običan hrvatski borac, jer Franjo Tuđman nije želeo od njega više da pravi nacionalnog heroja. Milica Jurić je Barešiću izrodila troje dece i s njim živela u srećnom braku. Sve se to događalo u vreme kada su uprave za emigraciju u SDB

RSUP-a BiH vodili Hrvat Ivan Ćurak, a u SDB-u SSUP-a, takođe Hrvat iz Bosne Stanko Čolak.

Brozovi rezidenti

U SDB-u SSUP-a, na primer, Uprava za emigraciju vodila je brigu o kompletnoj antikomunističkoj delatnosti naših ljudi u inostranstvu, što je i činila SID u SSIP-u, dok su republičke, odnosno pokrajinske službe brinule samo o svojim nacionalnim emigrantima. U Saveznom ministarstvu spoljnih poslova emigraciji je bio posvećen tzv. Treći sektor, u kome su, prema svedočenju Antona Duhačeka, iza rata radili i Duško Laličić, Mladen Devide, Veselin Bakić. Emigrante su posebno od 1945. godine pa do 1966. pratili i o njima prikupljali podatke obaveštajci SID-a koji su bili rezidenti: Aleksandar Demajo, Feliks Gorski, Franc Kos, Anton Duhaček i Jokaš Brajović u Londonu, Stipe Drndić, Kos Franc, Drago Rafaj u Vašingtonu, Gorjan Bogo, Zvonko Lucić u Trstu, Mate Horvatić, Rajko Knežević, Zvonko Lucić, Drago Rafael, Vesko Martinović, Gojko Žarković u Parizu, Slobodan Borisavljević u Bernu, Zdenko Dostal u Beču i Majer Krešo, Nikola Mandić u Rimu. Doktor Branko Pavlica bio je obaveštajac SID-a u Nemačkoj sa specijalnim zadatkom da prati antijugoslovensku neprijateljsku emigraciju. Centri obaveštajne mreže za praćenje ustaške emigracije u Južnoj Americi nalazili su se u Parizu, odnosno Zapadnom Berlinu za evropske zemlje. Svake dve-tri godine pariski centar je centrali u Beogradu slao referate o jugoslovenskoj emigraciji u Južnoj Americi, ali i u samoj Francuskoj. Na pedesetak stranica bio bi opisan sastav i delatnost antijugoslovenskih organizacija, njihovih lidera, kao i sve poruke o eventualnoj obaveštajnoj saradnji koje su pristizale Udbi od pojedinih „državnih neprijatelja".

Centar obaveštajne mreže SID-a za četničku emigraciju nalazio se u Londonu i on je pokrivao Veliku Britaniju, SAD i Kanadu. Samo početkom šezdesetih, obaveštajci SID-a su u Italiji i Austriji vodili četrnaest tajnih akcija. Duhaček svedoči, na primer, da su analize Udbe i kasnije SID-a, načinjene 1955. godine pokazale da je Jugoslavija, upravo u emigrantskim sredinama imala najjača uporišta svojih obaveštajaca. Udba i SID su u to vreme imali svoje obaveštajce, njih sedamdesetak, s još toliko saradničkih veza i to u svim emigrantskim organizacijama, a naročito pri srpskim crkvama u Americi, kao i u srpskoj opštini u Trstu, tako da se u Beogradu uvek znalo šta su radili i kuda su se kretali i ustaški lider Branko Jelić i četnički vojvoda Momčilo Đujić. Muhamed Denjo, izbeglica iz Mostara, posle prebega u Nemačku našao je utočište u štabu doktora Branka Jelića. Vrlo brzo stekao je Jelićevo poverenje, pa ga je ovaj imenovao za svog sekretara. Pritiskom na njegovog oca i majku, koji su ostali u Mostaru, Udba je uspela da pridobije Muhameda za saradnju, pa je ovaj neko vreme intenzivno slao tajnoj policiji BiH sve podatke o doktoru Branku Jeliću. Međutim, njegov brat Ivan Jelić, koji je imao razvijen osećaj za špijune, posumnjao je da Denjo radi za Udbu, pa ga je proterao iz Nemačke. U vreme kada je glavni rezident Udbe u Trstu bio Zvonko Lucić, tajna služba Jugoslavije uspela je da emigrantu Dragoljubu Vurdelji i američkom kapetanu Morganu „nabaci" četiri svoja agenta. Oni su Vurdelji dostavljali Udbine lažne informacije, a od njega dobijali podatke o planovima srpske emigracije. Kada su stekli njegovo poverenje kao telohranitelji, ukrali su kompletnu Vurdeljinu arhivu, kao i poverljiva dokumenta američkog vojnog obaveštajca.

Po sećanju doktora Obrena Đorđevića, koji je u Udbi Srbije vodio Odsek emigracije i dosije Dragoljuba Vurdelje, neposredno iza rata načinjen je pokušaj da se Vurdelja vrbuje da radi za tajnu policiju Srbije. On je to i obećao Obrenu Đorđeviću, ali čim se našao u Trstu, Vurdelja je prišao američkim obaveštajcima, sve im ispričao i tada otpočeo da radi i za njihovu tajnu policiju. Pojedini inspektori savezne tajne službe tvrde da se i danas u arhivi nalazi Vurdeljin potpis s pristankom da radi za Udbu. Sličnu saglasnost s potpisom srpskoj tajnoj policiji dali su mnogi urednici četničkih novina, kuriri i predsednici iseljeničkih organizacija, pa čak i prote i mitropoliti srpske crkve u dijaspori. Aprila 1994. godine *Ekspres politika* u svom izdanju za inostranstvo, koje je štampano u Frankfurtu, objavila je intervju sa inspektorom Božom Spasićem i čitav spisak srpskih emigranata, saradnika Udbe i Službe državne bezbednosti. Posle bure negodovanja srpskih emigranata, Spasić je taj intervju i spisak proglasio falsifikatom i time zataškao svoj čin diskreditovanja mnogih uglednih ljudi u srpskom rasejanju.

Udba je imala čak i direktan angažman sa odbeglim predsednikom vlade Milanom Stojadinovićem, koji je emigrirao u Argentinu. Tamo ga je pronašao kontraobaveštajac Slobodan Krstić, zvani Uča, čije je špijunsko ime tokom 1953. godine bilo Sima Marković. Milan

Stojadinović je pristao na jednu nagodbu s Udbom. On se obavezao jugoslovenskoj tajnoj policiji da će ugasiti ustaški radio u Buenos Ajresu, jer je bio lični savetnik predsednika Perona i njegove supruge Evite, a zauzvrat je tražio da iz Jugoslavije u Argentinu pošalju njegovog brata, Dragomira Stojadinovića. *Ustaški radio čas* je ubrzo ukinut. Milan Stojadinović je izvršio nalog Udbe, a Dragomir Stojadinović, nekadašnji nedićevac, pušten je s robije da ode bratu u Argentinu.

One emigrantske lidere koje Ozna, Udba ili SDB nije uspevala da zavrbuje, često je potajno kompromitovala. Tako je Udba učinila, krajem četrdesetih sa Srećkom Roverom, ustaškim satnikom iz Sarajeva, za koga je u hrvatskoj emigraciji ilegalno pustila glas da je, kao saradnik jugoslovenske tajne policije, izdao čuvenog zlikovca Božidara Kavrana. Povod za ovakvu kompromitaciju dao je sâm Rover, koji je iza rata ilegalno posetio Hrvatsku, odnosno Zagreb, ali mu je Udba pripisala i priču, da je tom prilikom Rover izdao i izručio Božidara Kavrana i njegovu ustašku družinu. Posle toga nijedna ustaška organizacija nije želela godinama da ima kontakt sa Srećkom Roverom. Kada sam u zimu 1990. godine u Klivlendu, u razgovoru s Borivojem Karapandžićem, poznatim ljotićevcem i emigrantskim piscem, postavio pitanje o tome da li se u srpskoj emigraciji zna ko je radio i radi za Udbu, ovaj Valjevac mi je odgovorio: „Gospodine, bolje je da promenite pitanje i da pitate, a ko od emigranata nije radio za Udbu?"

Sve dok je u sistemu bezbednosti Jugoslavije funkcionisao partijski i državni centralizam, do 1966. godine, emigracija je bila u kontraobaveštajnom resoru Zapad. U tom periodu, naime, delovanje političke emigracije je u političkom, vojnom i policijskom establišmentu Jugoslavije vezivano, uglavnom, za tzv. spoljnjeg neprijatelja, pa su i viđeniji emigranti tretirani ili kao špijuni stranih službi ili kao teroristi koji imaju zaštitu zapadnih država. Doktor Milo Bošković iz policijskih arhiva vadi podatak da su, na primer, srpski emigranti doktor Uroš Seferović i Nik Stepanović radili za američku vladu. Ovaj poslednji je bio i pukovnik vojne obaveštajne službe SAD, nastale tokom Drugog svetskog rata. Za nju je radio, kako mi je lično rekao, i Đorđe Vujnović, srpski emigrant iz Njujorka, dok je Mića Kabanica iz Milvokija, inače, poreklom iz Užičke Požege, 1945. u austrijskom logoru radio za englesku službu.

* * *

Stradanje porodice Topalović

SDB je pored progona koji je vršila nad emigrantima u inostranstvu i u samoj Jugoslaviji vršila rigoroznu kontrolu članova porodica odbeglih Srba. Takvog progona od Udbe, u samoj Jugoslaviji, a i u Americi, dobro se seća i doktor Pavle Topalović, lekar iz Nju Džersija, u SAD:

„... Sve što se događalo s mojim ocem Tikom u Drugom svetskom ratu, imalo je kasnije velikog uticaja na moj život i sudbinu moje porodice. Mada Tihomir Topalović, četnički komandant iz Trstenika nije nikoga ubio, ni zaklao, narodna vlast ga je 1945. godine zvanično proglasila za državnog neprijatelja. Zbog toga je sve naše imanje, kuća u Čajkinoj ulici, preduzeće, majdan u selu Dublje, kafana i hotel *Topalović* u centru grada, električni mlin u Počekovini, vinogradi i ostala imovina – konfiskovano. Mi, majka Milena, brat Petar, sestra Nevenka i ja, jednostavno smo izbačeni na ulicu ni krivi, ni dužni. Tika Topalović je bio u zarobljeništvu do 1945. godine, da bi neko vreme proveo po izbegličkim logorima. Kući nije smeo i nije hteo da se vraća, došao je u Ameriku 1951. godine u grad Elizabetvil. Moj otac je bio prvi Srbin u Nju Džersiju. U Patersonu je osnovao srpsku koloniju, kada su u ovo industrijsko mesto počeli da pristižu srpski ratni zarobljenici i emigranti.

Kada je tata odveden u zarobljeništvo, mi smo s majkom ostali u kući, zajedno s jednom hrvatskom i jednom jevrejskom porodicom. Bili smo obeleženi, ljudi na ulici nisu smeli da nam se javljaju, a kamoli da nam pruže neku pomoć. Ja sam išao u školu i mene vlast nije dirala, ali se preko mog brata Petra svetila našem ocu Tiki u emigraciji. Negde u osmom razredu gimnazije Petar je okrivljen da je delovao „protiv naroda i države", da je „negirao ličnost druga Tita". Zbog toga je izbačen iz Gimnazije u Trsteniku s doživotnom zabranom ponovnog upisa u školu, iako takva mera tada nije ni postojala u zakonima FNRJ. Bilo je to 1954. godine. Mnogi trstenički profesori su bili protiv ovakve kazne, ali je konačnu reč dao Okružni komitet KPJ, koji je jednostavno naredio da se Petar Topalović zauvek izbaci iz škole. Petar Topalović je i kao vojnik u Mostaru, opet optužen za neprijateljsku delatnost, ali ovog puta kao američki špijun. Bio je u istražnom zatvoru sedam meseci. Lažni svedoci su bili neki njegovi drugovi iz vojske, koji su tvrdili da je Petar širio neprijateljsku propagandu i nagovarao ih da beže u Ameriku. Advokat koji mu je dodeljen na suđenju nagovarao ga je da sve prizna, kako bi, navodno, dobio manju kaznu. Petar nije imao šta da prizna. U zatvoru su ga pripadnici KOS-a tukli, mučili, poturali mu slana jela, a zatim odbijali da mu daju vodu. U samici je oslepeo, dobio je zapaljenje bubrega, pišao je krv, a noge su mu otekle, tako da nije mogao ni da se kreće.

Na Dan Republike 1961. godine Petar Topalović je pušten iz istražnog zatvora, da im ne umre u samici. Brata smo lečili u Beogradu, u Pragu, a kada je 1966. godine dobio vizu, i u Njujorku. Majka je jedanaest puta molila Udbu da joj izda pasoš da ode kod svog muža, odnosno mog oca Tike, koji je imao američko državljanstvo. Tek dvanaesta molba je uslišena i ona je prva 1965. godine otišla za Njujork, a moj brat godinu dana kasnije. Zaposlio se kao tehnolog, ali je zbog narušenog zdravlja često bio po bolnicama. Umro je od tog mučenja i batina iz mostarskog vojnog zatvora 1968. godine u klinici *Lenoksil* u Njujorku.

Kada je, međutim, moj otac Tika 1963. godine priredio demonstracije protiv Tita u Njujorku, pozvao me je predsednik SD „Trstenik", inače tadašnji načelnik Udbe na razgovor. Dva sata me je ubeđivao i na kraju naterao da pošaljem ocu telegram u kome ga molim da ne pravi te demonstracije, jer se može dogoditi „... da nas više nikad ne vidiš..."

Taj telegram sam lično poslao i još lično i platio u Glavnoj pošti, u Takovskoj ulici. Tamo sam sreo još neke svoje prijatelje koji su mi rekli da je pola Trstenika naterano da piše Tiki Topaloviću i da ga moli da otkaže demonstracije protiv Tita. U to vreme, pred kraj studija, razmišljao sam da pobegnem iz Jugoslavije. Otac mi je, međutim, poslao svog advokata Roberta Gudmena, koji je mene i mog brata od strica, doktora Stevu Topalovića, legalno s pasošima i kolima preko Italije odveo za Ameriku. Godinu dana pre mene u Ameriku se uselila moja sestra, koja je nekom u Udbi Trstenik dala mito da bi dobila pasoš. Tek početkom marta 1967. godine, kada sam dobio vizu, posle dvadeset godina, porodica Tihomira Topalovića je u Patersonu (SAD) opet bila na okupu. Kroz patnju i bol, kroz čemer i jad koji sam prošao u životu, shvatio sam da je bolje ljude razumevati i praštati im, nego im se svetiti. Zato ja želim da pomognem Srbiji i svakom Srbinu. To što se meni dogodilo je danas samo ružan san. Da bismo živeli zajedno, mi ponešto moramo i jedni drugima oprostiti ili zaboraviti."

Ovim rečima je završio svoje kazivanje doktor Pavle Topalović, iseljenik koji je u vreme novog rata poslao u otadžbinu humanitarnu pomoć vrednu dva miliona dolara.

Hrvatski goniči

Kada je sredinom šezdesetih počeo da jača republički etatizam, a posebno hrvatski nacionalizam, Vladimir Bakarić je, iznenađen saznanjem da se doktor Branko Jelić u tajnim dokumentima Ambasade Jugoslavije u Parizu vodi kao ekstremni politički emigrant, političku hrvatsku emigraciju počeo da tretira isključivo kao ekonomsku. Zbog toga je od Steve Krajačića i tražio da posreduje u Beogradu kod Udbe da se ustaška emigracija i zvanično prekvalifikuje u ekonomske emigrante. Pod pritiskom, prvo Hrvatske, a zatim Slovenije, Makedonije i BiH nakon 1966. godine, u SDB-u SSUP-a je usvojeno pravilo da federalni obaveštajci i kontraobaveštajci nemaju pravo da prate i otkrivaju delatnost ustaške, belogardejske, vmrovske i muslimanske emigracije bez znanja republičkih tajnih policija, odnosno i rukovodstava. Posebno im je bilo zabranjeno da za potrebe SDB-a SSUP-a vrbuju emigrante poreklom iz ovih republika, jer se preko njih u Federaciji moglo doći i do saznanja s kojim emigrantskim krugovima vlasti iz Zagreba, Ljubljane, Skoplja i Sarajeva koketiraju.

Iza Brionskog plenuma u leto 1966. godine, kada je formirana SDB SSUP-a, na čelo Uprave za emigraciju počeli su opet da dolaze, uglavnom, kadrovi iz Hrvatske. Neko vreme je tzv. Drugu upravu, od početka sedamdesetih godina, vodio Hrvat iz Mostara, iskusni kontraobaveštajac Stanko Čolak, oženjen Srpkinjom, otac dva sina. Taj resor je zatim vodio i Jovo Miloš, Srbin iz Hrvatske, inspektor iz Zagreba. Bilo je to u periodu od 1972. do sredine osamdesetih godina, kada na čelo Druge uprave dolazi Crnogorac, nekadašnji analitičar SDB-a, Zoran Savićević. U samoj upravi, koja je imala 10–16 inspektora, radili su i Branko Jurak, Mića Marčeta, Aleksandar Milanović, Boža Spasić, Mića Japundža, Ilija Majstorović, Mićo Stanković. Većina njih je šezdesetih godina vodila odeljenja za emigraciju u svojim republikama, Hrvatskoj ili BiH. Sama organizacija, na primer, Udbe Bosne i Hercegovine, bila je takva da je u njoj, pored Prve uprave – za unutrašnjeg, Druge uprave – za spoljnjeg neprijatelja, postojala i posebna Treća uprava – za emigraciju. Bosanska tajna policija je imala pune ruke posla, jer je zbog mešanog stanovništva i, takođe, mešane emigracije imala zadatak da prati i srpske, i muslimanske, a posebno ustaške ekstremiste. Naime, najveći teroristi među ustašama poticali su iz Hercegovine, pa je Udba BiH, prema teritorijalnoj podeli posla,

bila i u inostranstvu zadužena da prati hrvatske nacionaliste i antiko-
muniste iz svoje republike.

Udba, odnosno SDB BiH i SDB Hrvatske su baš po tom teritori-
jalnom principu bili nadležni i za srpske emigrante, jer je poznato da
među četnicima u dijaspori nije bilo mnogo Srbijanaca, već Krajišni-
ka, Ličana, Banijaca, Hercegovaca, pa i Crnogoraca.

S terena Hrvatske, odnosno Kninske krajine, samo vojvoda Mom-
čilo Đujić izvukao je iz Jugoslavije u Italiju više od dvanaest hiljada
vojnika Drinske divizije i članova njihovih srpskih porodica. Zato je
i vojvoda za svog života u Kaliforniji bio pod prismotrom kontraoba-
veštajaca iz Udbe tj. SDB Hrvatske, a i iz jugoslovenske tajne policije,
dok je, na primer, SDB BiH imala svoje jako špijunsko uporište u Ne-
mačkoj, kod ljotićevaca. Najsnalažljiviji u tom poslu bio je inspektor
Stanko Karadeglija, Srbin iz Mostara. Dobri poznavaoci četničke emi-
gracije bili su Mića Stanković, Ilija Majstorović, pa Jovo Mičić, kao i
Peda Đorđević, koji je bio i načelnik.

U SDB Srbije na pitanjima srpske emigracije radili su Bogdan Glo-
ginjić i Petar Radosavljević. Interesantno je napomenuti da je krajem
sedamdesetih i početkom osamdesetih godina SDB Srbije, svesna či-
njenice da četnici iz Srbije a i ostale organizacije srpske političke emi-
gracije ne predstavljaju više realnu opasnost po SFRJ, odbila u SDB
SSUP-a predloge za mnoge kontraobaveštajne i antiterorističke akcije
protiv srpskih antikomunista u inostranstvu. Kako je neke od tih ak-
cija SDB Srbije trebalo da vodi zajedno sa SDB BiH, načelnik te službe
Duško Zgonjanin, Srbin iz Bosne, na Kolegijumu SDB SSUP-a besno
je uzviknuo: „Ako Srbija neće, mi preuzimamo čitavu Evropu i Valića,
i Boškovića, i Blagojevića, i Tošića!“

Tako je i bilo. Srpsku političku emigraciju gonila je više SDB BiH
negoli SDB Srbije.

O progonu emigranata, inspektor Boža Spasić kaže:

„Mi smo u SSUP-u i posebno u SDB-u imali 'crnu knjigu' sa zele-
nim koricama, koja je sadržavala imena domaćih i stranih državljana
čiji je ulazak u SFRJ bio zabranjen ili obavezno propraćen hapšenjem
imenovanih osoba. U toj knjizi nalazilo se, na primer, nekoliko ratnih
zločinaca, kao što su vojvoda Momčilo Đujić, Radosav Grujčić, Stojilj-
ko Kajević, Ivo Rojnica, Mate Meštrović, Nikola Štedul, Vinko Nikolić,
Miro Barešić. Ustanovili smo tako da je jedan od naših vrhunskih spor-
tista, reč je o košarkašu, nosio u London emigrantu Desimiru Tošiću
tekstove, apele, peticije, koje je on naknadno objavljivao u *Našoj reči*.

Crkveni velikodostojnici, pre svega Srpske pravoslavne crkve, praćeni su od jugoslovenske političke policije u akciji 'Partner', jer se verovalo da će Srpska pravoslavna crkva tražiti partnerstvo u vlasti nakon Titove smrti. Na tom, recimo, 'crkvenom spisku' nalazilo se i ime vladike Lavrentija, koji je redovno pretresan na jugoslovenskoj granici.

Naravno, posle raspada Jugoslavije, mnogi od tih 'zabranjenih ljudi' su slobodno ušli u Hrvatsku, Sloveniju, zašto ne reći i u Srbiju. Podsetio bih da je negde 1984. godine Milorad Pantelić, koji je svojevremeno divljao u Australiji, i tamo upozoren da ne dolazi u Jugoslaviju, uhvaćen na beogradskom aerodromu i kasnije u šabačkom sudu osuđen, čini mi se, na šest godina zatvora. Ne sporim da smo često svesno izbegli da upišemo imena nekih lica u te knjige, ne bi li nas posetili. Razume se, mi u Srbiji tu vrstu ustupka nismo činili prema ratnim zločincima, dok su Hrvati odmah pustili u Zagreb ustaškog zlikovca Vinka Nikolića, a i teroristu Nikolu Štedulu. Desilo se to 1989. godine, kada je stigao zahtev CK Hrvatske, s potpisom Ivice Račana, da se ukinu zabrane dolaska određenim krugovima hrvatske emigracije, jer se tad u CK Hrvatske procenjivalo da bi na izborima oni mogli da pomognu 'njihovu stvar'.

Tada je Bernard Luketić, predsednik Hrvatske bratske zajednice dobio 'zeleno svetlo', a velika gužva je bila kada je to trebalo da se isto učini i s Matom Meštrovićem, koji je i pored zabrane, u našem Generalnom konzulatu u Njujorku, dobio dozvolu da dođe u Jugoslaviju. U savetovanju republičkih i saveznih operativaca u Tesliću, pitao sam: 'Ko će uhapsiti Matu Meštrovića na zagrebačkom aerodromu ili Aleksu Đilasa na beogradskom, kada se budu pojavili?'

Ni jedan ni drugi odgovor nisam dobio.

Druga lista, 'Index stranaca' najviše je popunjavana u vreme kada je Stane Dolanc bio alfa i omega jugoslovenske političke i policijske scene krajem sedamdesetih i tokom osamdesetih godina. On je nama naredio da Jovanku Broz izbrišemo iz svih planova rada i obezbeđivanja, jer ona za njega i SSUP nije postojala. Stalno nam je nabijao na nos srpske nacionaliste, izmišljao je te levu te desnu srpsku frakciju, te liberale, te anarholiberale. Mi o tome nismo ništa znali, niti imali u beleškama. To isto Draža Marković je nabijao na nos kolegama iz SDB Srbije, pa smo stalno morali da jurimo neke ljude za koje nismo znali šta to rade protiv države. Posebno smo morali da pazimo ko im dolazi u goste iz inostranstva. Među opasnim gostima bilo je mnogo imena. Ime Aleksandra Zinovjeva, na primer, u tu knjigu je stiglo, najverovatnije, početkom osamdesetih godina, kada su posle Titove smrti upisane određene kategorije ljudi koji rade na destabilizaciji naše zemlje i koji bi, eventualno, došli u kontakt sa ovdašnjom opozicijom. Bio je to deo šire savezne akcije pod šifrom 'Apel' iz prostog razloga što je u to vreme bilo dosta suđenja, pre svega ideoloških, te se tražila podrška u inostranstvu i apelovalo kod mnogih disidenata.

Ime Aleksandra Solženjicina je takođe na tom spisku. Sećam se i imena Uve Olafsona, švedskog novinara koji je pisao antikomunističke članke, veličao ustašku emigraciju, Mira Barešića i ostale. Onda smo ga stavili na listu. Olafson se jednog dana pojavio na zagrebačkom aerodromu *Pleso*. Tamo je zadržan i sledećeg dana vraćen prvim avionom u Švedsku. Sličnu proceduru prošla je i Nora Belof, engleska književnica, autor knjige o titoizmu i Titu, koja je za razliku od Olafsona vraćena s beogradskog aerodroma. Olafson je bio vraćen na zahtev Centra bezbednosti Zagreb, a Nora Belof na zahtev SDB Jugoslavije.

Treća knjiga koju je tajna policija koristila zajedno s javnom u SSUP-u bio je 'Registar poternica i objava'. U njemu je 1993. godine bilo, na primer, oko tri hiljade imena, uglavnom šiptarskih nacionalista, kriminalaca i narko-dilera. Bili su tu Jusuf Karakuši, braća Fadilj i Ismet Ademaj, Kadrija Abdulahu i mnogi drugi bivši policajci iz Prištine. Od naših na listi su, na primer, bili neka Vera Dragomira Aćimović, Ivica Katice Udovčić, Radojica Aleksandra Uljević, Dragan Stanimira Urošević, Milan Milivoja Uskoković, Slobodan Maksima Lučić, Dejan Slobodana Lukić, Predrag Konstantina Šljuka. Pored svakog imena stajala je oznaka P – predati organu starateljstva, H – hapsiti, HO – hapsiti posebno oprezno zbog pružanja otpora, SA – saopštiti adresu i mesto zadržavanja i K – kontrolisati kretanje", objasnio mi je Boža Spasić.

Podzemni rat

Sve do početka devedesetih republike su nosile taj posao protiv emigracije, jer je u to vreme federalna tajna policija već bila svedena na koordinatora republičkih službi, pa je i SDB Jugoslavije sveobuhvatno pratio emigraciju, najčešće na osnovu izveštaja koje je dobijao od republičkih SDB-a, SID-a, delimično KOS-a JNA i svojih obaveštajaca. Oktobra 1975. godine SDB SSUP-a uradio je referat *Jugoslovenska*

neprijateljska emigracija u Australiji u 157 primeraka. U ovom doku-
mentu, koji ima 139 stranica, plus imenik opasnih emigranata na još
50 stranica, ustašama je posvećeno pola prostora, jer je peti kontinent
u to vreme bio jedan od centara delovanja hrvatskih ekstremista. O
srpskoj emigraciji, koja je svrstana u „ostale nacionalne grupacije", na-
pisano je svega deset stranica (83–93).

Neprijateljski deo srpske emigracije skoncentrisan je, uglavnom,
u šest svojih, po članstvu malobrojnih, organizacija i to: Srpska na-
rodna odbrana – SNO, čiju upravu za državu Viktoriju sačinjavaju
predsednik Bošnjak Vladimir, sekretar Mladenović Aleksandar, bla-
gajnik Dugan Sofija i članovi Lazarević Dušan, Trivunac Vojin Voja
i Lalić Aleksandar; Srpski kulturni klub *Sveti Sava* – SKK *Sveti Sava*,
čije rukovodstvo pododbora u Viktoriji su Milašinović Radiša, Jan-
ković Dragiša, Jeftović Branivoje, Milutinović Tadija, Savić Tomislav,
Gazdić Sava, Nikola Vojvodić. Za Novi Južni Vels su Kličković Gojko,
Maksimović Novo, Rakac Ratko i Kujović Nikola.

U Mičel Parku vođe su Pušelja Vukoman i Jovanović Nikola; Udru-
ženje bivših boraca kraljevske jugoslovenske vojske *Draža Mihailović*
vode Vukojčić Radojko,Vukojčić Milorad, Borovina Slavko, Šuka Bog-
dan, Stepanović Zdravko, Matijašević Savo i Mihajlović Tomislav; Or-
ganizaciju srpskih četnika *Ravna Gora* vode Trkulja Uroš, Lošić Du-
šan, Lazić Vučko, Petrović Branko, Popović Živko, Pajić Stojan, Marić
Momčilo, Šipovac Čedo, Vukojčić Milorad; Srpski kulturno-potporni
fond *Draža Mihailović*; i *Zbor*..." (bez imena rukovodilaca).

Dok je likvidacija ostataka nacionalnih snaga u zemlji tretirana kao
javna tajna, radi postizanja unutrašnje kohezije narodnih masa, dotle
se o akcijama Udbe, odnosno SDB-a prema emigraciji u inostranstvu
ćutalo. Za našu javnost to je donedavno bila tabu tema, a za radnike
policije to je i danas službena i državna tajna. Ponajviše zbog toga što
je Udba svoje atentate izvodila na teritoriji stranih zemalja, najčešće
mimo znanja tamošnje policije i vlade, pa je otkrivanjem moglo doći
do diplomatskih i političkih skandala i problema, jer se u poslovima
likvidacije tzv. spoljnog neprijatelja koristila prljavim metodima.

Poznavaoci prilika u političkom podzemlju tvrde da je SDB uz po-
moć svojih plaćenika od rata do danas ubila stotinu političkih emi-
granata. Među nastradalima bilo je najviše članova ustaških organi-
zacija, jer su one bile i najbrojnije, ali i najopasnije po SFRJ. Na toj listi
ima oko šezdesetak imena. Pomenimo samo neka: doktor Protulipac,
Geza Pasti, Mate Milićević, Hrvoje Ursa, Mile Rukavina, Krešimir

Tolj, Nahid Kulenović, Vjekoslav Maks Luburić, Josip Senić, Stjepan i Tatjana Ševo, Nikola Penava, Bruno Bušić, Ante Cikoja, Jozo Oreč, Stanko Nižić, Antun Kostić i Ivo Furlić. Četnička emigracija je izgubila dvadesetak uglednih ljudi. Ubijeni su, između ostalih, i Siniša Ocokoljić, Andrija Lončarić, Sava Čubrilović, Dragiša Kašiković, Berislav Vasiljević i Dušan Sedlar. Od desetak likvidiranih Šiptara najpoznatiji u emigraciji su bili braća Jusuf i Baroš Gervala, Vehbi Ibrahimi, Zeka Kadri i Enver Hadri. Engleski list *Dejli rekord* je 1989. godine, objavio dosta neobičnu kartu sveta s podacima o političkim ubistvima SDB-a. Prema tim podacima jugoslovenska tajna policija je najviše likvidacija u emigraciji imala u SR Nemačkoj, čak dvadeset osam. Zatim u Francuskoj i Italiji po sedam. U Belgiji je izvršeno šest ubistava, a po dva u SAD, Argentini, Austriji i Švedskoj. Najmanje atentata SDB je izvršila u Velikoj Britaniji, Kanadi, Španiji, Južnoj Africi, Australiji i Švajcarskoj po jedno. I na ovoj državnoj strani bilo je gubitaka. Ekstremna emigracija je za četiri decenije ubila 100, a ranila oko 300 jugoslovenskih službenika i građana, dok je policija od rata do danas, u obračunu s državnim neprijateljima izgubila više od 500 ljudi. Bila je to cena kojom se plaćalo za napad, odnosno odbranu Jugoslavije.

Pored atentata na ugledne emigrante, SDB se dosta često koristila i kidnapovanjima da bi došla do svojih državnih neprijatelja. O tome je odluku uvek donosio najviši politički i policijski vrh. Tako se posle dogovora Tita i Čaušeskua dogodilo da je SDB u Rumuniji, uz pomoć tajne službe Sekuritatea, oteo Vladu Dapčevića i dovezao ga u Jugoslaviju da mu se sudi zbog saradnje s ibeovcima. O tome je detaljno u svojoj knjizi *Crveni horizonti* pisao rumunski general Jon Pačepa. Sedamdesetih godina SDB je u Austriji kidnapovala doktora Krunoslava Draganovića, emigranta koji je za vreme rata „pacovskim kanalima" prebacivao ratne zločince na Zapad. Njemu je suđeno u Sarajevu.

Čuvenog biznismena Batu Todorovića Služba državne bezbednosti Jugoslavije je uz pomoć mafije, ukrala u Italiji, uspavala ga i prebacila u Beograd. Akcijom je rukovodio Janez Zemljarić, načelnik SDB Maribor, kasnije član SIV-a. Vjenčeslav Čižek, ustaški emigrant, kidnapovan je 1977. godine u Italiji, ali je uspeo da pobegne Udbinim agentima.

„... Mislim da je s tom praksom likvidacije političkih emigranata savezna Udba, koja je bila nadležna za antijugoslovensku neprijateljsku emigraciju, počela češće da se bavi posle 1966. godine, a posebno početkom sedamdesetih, u vreme kada je ministar federalne policije bio general Franjo Herljević. Tada je od ustaške emigracije ubijeno nekoliko radnika SDB SSUP-a, između ostalih i Sava Milovanović Dilda, radnik SDB Vojvodine u Frankfurtu, a zatim su ustaše izvršile upad u Bosnu, na planinu Rađušu, pa je naša tajna policija preko plaćenih ubica odgovorila emigraciji po principu: 'Oko za oko, zub za zub!'", rekao mi je doktor Obren Đorđević, bivši načelnik SDB Srbije.

Atentat na Savu Milovanovića, jugoslovenskog konzula u Štutgartu, izvršio je ustaša Franjo Goreta greškom, jer je trebalo da ubije konzula Rajka Simonovića, obaveštajca SID-a. Ustaški emigrant Franjo Goreta je 30. avgusta 1966. godine jednostavno zamenio Simonovića za Milovanovića. Ustaša je usmrtio Savu Milovanovića Dildu u kafani jednog Jugoslovena, gde je trebalo da se tajno sastane sa šifrantom Rajkom Simonovićem. Interesantno je da je Simonović od SID-a DSIP-a tražio saglasnost za susret sa ustaškim emigrantom Franjom Goretom. Odgovor iz DSIP-a je stigao pet dana kasnije. Poruka je glasila: „Ne ići na sastanak sa ustašom!"

Za svoj zločin Goreta je kažnjen u Nemačkoj sa osam godina robije, ali je izašao 1972. Pre toga SDB SFRJ je pokušavala dva puta da ga ubije. Na sudu, međutim, ovaj kriminalac i gastarbajter branio se na dosta perfidan način: „Nekada, u mladosti, ja sam bio zatočenik komunističkog zatvora *Stara Gradiška*. Tamo sam pod prisilom potpisao zakletvu da ću biti lojalan policijskim vlastima iz Beograda. Kada sam došao u Štutgart, 'na vezu' me je uzeo radnik Udbe taj Sava Milovanović. Jednog dana on mi je nudio pištolj, 20.000 maraka i penziju da ubijem trojicu ljudi – Šarca, Šimundića i Senića. Nisam pristao. Učinio je to još jednom u stanu, adresa Blumenštrase 18. Naterao me je na to. Kada sam ga upitao ko su ti ljudi, odgovorio mi je: 'Ustaše, neprijatelji!' Da bih spasao moje zemljake Hrvate, okrenuo sam pištolj u Milovanovića i ubio ga", izjavio je Franjo Goreta.

On danas živi u Sarbnikenu sa ženom Sabinom i petoro dece. Pokojni Dilda bio je i sâm žrtva SDB-a i SID-a, jer su se stideli da ga sahrane i jer su se svađali ko će dati penziju njegovoj porodici u Vojvodini.

Trinaest godina kasnije, međutim, i sâm ubica, ustaški emigrant Franjo Goreta, bio je meta Udbine čelične ruke. Na njega su pucali Dragan Barač, Adam Lapčević i Georg Huber. Za to su bili plaćeni 100.000 maraka. Kao organizator atentata označen je Dragan Barač, saradnik SDB SSUP-a, odnosno Službe državne sigurnosti Hrvatske. On je sâm priznao da je naređenje za ubistvo dobio od inspektora

Maksa Manfreda i od šefa Dmitra Šijana iz Zagreba, a pilule za trovanje od Miće Marčete iz SDB SSUP-a. Dragan Barač je živeo u Minhenu i radio je kao trener karatea. Na „vezu" sa šefovima SDB išao je u Sloveniju. Sa Šijanom se susreo na Bledu, gde su se i dogovorili likvidaciju Franje Gorete. Samo tokom 1980. Barač je sedam puta dolazio u Jugoslaviju jer mu trovanje Franje Gorete nije uspelo, tražio je pištolj i prigušivače. Najviše problema sa svojim naredbodavcima iz Zagreba Barač je imao oko honorara. Služba državne sigurnosti Hrvatske mu je davala 70.000 maraka, a Barač je tražio 150.000. Dogovorili su se na 100.000 maraka. Toliko je po proceni hrvatske Udbe vredela glava Franje Gorete, ubice konzula Save Milovanovića Dilde. Bojeći se da sâm likvidira Franju Goretu, člana HRB, karate-majstor Dragan Barač je angažovao dvojicu svojih prijatelja: Adama Lapčevića i Georga Hubera. I oni su bili karatisti. Lapčević je Srbin, viceprvak Evrope. Objasnio im je da mu Goreta duguje „milion dinara" i da samo treba da ga zaplaše, a ako se opire, mogu i da ga ubiju. Sva trojica su s napunjenim pištoljima iz Minhena otputovali u Sarbriken. Upali su u Goretin stan i počeli da pucaju s vrata. Iskusni kriminalac Franjo Goreta, čim je čuo vrisak svoje sestre, koja je prva ugledala nepoznate ljude, potegao je svoj revolver. Njegov metak je pogodio Lapčevića. Tog trenutka na njega se sručila kiša metaka. Uznemireni prisustvom svedoka, ubice su istrčale napolje, sele u kola i pobegle u Minhen.

Njihovi meci, međutim, samo su teško ranili Franju Goretu, ali i njegovu sestru Vinku ni krivu, ni dužnu. Policija je brzo otkrila i lako uhvatila i Barača i Hubera. Naime, Adam Lapčević je progovorio kada je otišao u bolnicu da zaleči svoje rane. Na sudu je Georg Huber dobio 14 godina, Dragan Barač 13, a Adam Lapčević 8 godina robije. Za dvostruki pokušaj ubistva dobili su ukupno 35 godina zatvora. Franjo Goreta je 1991. postao bojnik Hrvatske vojske i posle tri godine ratovanja vratio se 1994. kao pukovnik u Nemačku. Služba državne bezbednosti Jugoslavije pokušavala je još dva puta da ubije Goretu.

Zbog tih naručenih ubistava jugoslovenska vlada je imala dosta glavobolja s Nemcima. Sredinom sedamdesetih, kada su atentati na jugoslovenske emigrante učestali, zvanični Bon je zapretio SFRJ čak i prekidom diplomatskih odnosa. Beograd se branio da je reč o obračunima emigranata oko prevlasti u organizacijama, pa čak i oko para. Nemci nisu tako mislili. Stvari su izglađene kad je Jugoslavija izručila SR Nemačkoj uhvaćene pripadnike „crvenih brigada", odnosno grupe „Bader-Majnhof".

Kada je, nekoliko godina kasnije, Bon opet protestovao, ovog puta protiv Gadafijeve podrške teroristima iz Tripolija, libijski predsednik je otvoreno uzvratio Nemcima: „Tito šalje agente u SR Nemačku s nalogom da likvidiraju tamošnje hrvatske opozicionare. Ipak, time Titova reputacija u Nemačkoj nije uopšte ugrožena. Zato vas javno pitam zašto se Titu dopušta ono što ja ne smem?"

Sigurno je da je jedno vreme nemačkoj policiji odgovaralo da joj jugoslovenska Služba državne bezbednosti „čisti teren" od emigrantskih ekstremista. U ovoj zemlji samo ustaški emigranti okupljeni oko Hrvatskog državotvornog pokreta (HDP) i Hrvatskog revolucionarnog bratstva (HRB) počinili su tridesetak napada na jugoslovenske službenike i predstavnike. Zato su plaćenici SDB-a neko vreme i imali prećutnu saglasnost nemačke policije. Onda kada te saglasnosti nije bilo, oni su delovali tiho i ubojito, i to ne samo u Nemačkoj već u još dvadesetak zemalja sveta. SDB Jugoslavije za likvidatore je birala iskusne delinkvente, posebno one koji su se nalazili na listi Interpola, kako bi mogla, u slučaju njihovog otkrića da ih predstavi kao međunarodne kriminalce. Tajna policija Jugoslavije svoje ugovore s plaćenicima uvek je sklapala usmeno i bez pisanih tragova. Plaćalo se kako kad. Nekad parama, nekad prećutkivanjem krivičnih dela, a nekad puštanjem iz zatvora na slobodu pre vremena. Posle obavljenog posla naredbodavac i izvršilac nisu se viđali. Sem izuzetno. Kako je po nadležnosti, emigracija kao spoljni neprijatelj, bila dodeljena federalnom ministarstvu policije, to je ministar s načelnikom SDB-a uvek donosio odluke o likvidaciji političkih neprijatelja u inostranstvu.

Za te poslove direktno su Titu i Predsedništvu SFRJ odgovarali najpre savezni ministri policije i načelnici tajne službe. Ministri savezne policije posle Franje Herljevića, koji je bio u SSUP-u od 1972–1990. godine, bili su Stane Dolanc, zatim Dobrosav Toro Ćulafić, Petar Gračanin, Pavle Bulatović, pa Đorđe Blagojević i Vukašin Jokanović, a načelnici federalne tajne policije Srdan Andrejević, Zdravko Mustač, Boris Zore, Pjer Mišović, Dragiša Ristivojević, Mihalj Kertes i Miljan Lalović. Dok su načelnici Uprave za emigraciju bili Stanko Čolak, a zatim Jovo Miloš i Zoran Savićević. Izuzev Dolanca i Mustača, svi ovi ljudi žive u Beogradu. A Srdan Andrejević je čak poznat kao sportski funkcioner OFK *Beograda*.

KAKO JE LIKVIDIRAN LUBURIĆ

Dolaskom HDZ-a na vlast u Hrvatskoj je tokom 1991. godine otpočeo povratak ustaških emigranata, koji su željni osvete nad komunistima odmah krenuli u obračun s njima. Prvo što su emigranti zahtevali od nove vlasti bilo je otvaranje arhiva nekadašnje Službe državne bezbednosti Hrvatske i uništavanje dosijea o iseljenim ustašama. Da bi koliko-toliko udovoljio ovim zahtevima, MUP Hrvatske, odnosno novi Ured za zaštitu ustavnog poretka, u kome je ključni čovek bio upravo Josip Perković, nekadašnji načelnik SDB Hrvatske za emigraciju, počeo je, preko sebi naklonjenim listovima, da objavljuje svoja tajna dokumenta. Jedan od takvih listova je i *Slobodni tjednik*, koji uređuje Žarko Rešetar. U ovom nedeljniku je još 1991. godine objavljen dosije Ilije Stanića, Hrvata iz Sarajeva koji je po nalogu Udbe, odnosno SDB Hrvatske, 20. aprila 1969. godine u Karkahenteu, u Španiji, ubio ustaškog lidera Vjekoslava Maksa Luburića.

Priča o ovom hrvatskom likvidatoru obnovljena je februara 1995. godine sa zahtevom da se Ilija Stanić iz Bosne izruči Hrvatskoj ili ustaškoj emigraciji da mu ona sama sudi. Stanić, kako je 1995. ovaj list pisao, živi u Sarajevu. Član je HDZ-a BiH i nosi iskaznicu pod brojem četrdeset, a ujedno je podoficir za logistiku Druge brdske brigade Armije BiH. Pronalaženjem Stanića u Sarajevu, *Slobodni tjednik* se na naslovnoj strani pohvalio da je razrešio „misterij hrvatske povjesti", ali je uz to i podigao javnu poternicu za Ilijom Stanićem, tvrdnjom da hrvatska ustaška emigracija traži izručenje ubojice Maksa Luburića kako bi mu sudili u Zagrebu. Kako je svojevremeno pisao zvanični biograf hrvatske Službe državne bezbednosti, novinar Đorđe Ličina, ratni zločinac Vjekoslav Maks Luburić bio je pojam zverske okrutnosti u NDH. Član ustaškog pokreta postao je sa samo sedamnaest godina, još 1929. a tridesetih je već bio zamenik Janka Pusta, komandanta logora u kome su se ustaše pripremale za atentat kralja Aleksandra Karađorđevića. U NDH, ustaša Maks Luburić bio je treći čovek iza Pavelića i Kvaternika: zamenik zapovjednika Glavnog ustaškog stana, zapovjednik svih ustaških logora i zapovjednik Drugog zbora tj. armije u Sisku. Vjekoslav Maks Luburić bio je najstrašniji tvorničar smrti u NDH, pisao je u hrvatskoj štampi i publicistici Đorđe Ličina. Pred slom ove ustaške države NDH, Maks Luburić pobegao je u Španiju, gde je osnovao ekstremnu organizaciju Hrvatski narodni otpor i štampao list *Drina*. Prilikom susreta sa Slobodanom Draškovićem u Švajcarskoj, iza rata, Vjekoslav Luburić se u razgovoru jednog trenutka pohvalio da je on poreklom Srbin, ali da je kao dete pokatoličen. Sebe je u emigraciji nazivao general Drinjanin, a često se potpisivao i kao Ivo Graničar. Odluka da se Maks Luburić ubije donesena je u centrali Ozne još 1945. godine, ali punih dvadeset godina jugoslovenska tajna policija nije uspevala da nađe pogodnog likvidatora. Tada je otkriven sarajevski kriminalac Ilija Stanić.

Ilija Stanić je deo svoje mladosti proveo je u Konjicu, kod brata Luke, i u Zrenjaninu, kod tetke, gde je učio keramičarski zanat. Gde god bi se pojavljivao, Ilija Stanić bi krao i pravio sebi i rođacima nevolje. Posle jedne racije u Sarajevu pobegao je iz SFRJ u Austriju. Odatle beži u Francusku, gde je uhapšen zbog krađe. Jugoslovenski konzul Mile Nešić tada ga je spasao zatvora. Brbljiv i slatkorečiv, Ilija Stanić se tada ovom konzulu i obaveštajcu SID-a prvi put ponudio da izda svog kuma Vjekoslava Maksa Luburića. Čak je Nešiću nudio i pisana dokumenta o Luburiću i ustašama u Španiji. Jednog dana je doneo i Luburićev plan o miniranju Ambasade Jugoslavije u Parizu. Posle toga SDB BiH je uhapsila Iliju Stanića, natovarila mu na vrat i krađe, a i terorist012ke akcije protiv otadžbine. Da bi se zaštitila od Stanićeve izdaje, SDB BiH ga je zaplašila da će mu braća i majka otići u zatvor, i tako ga „ubedila" da krene na svog kuma Maksa Luburića. Otac Luburićevog ubice, Vinko Stanić, poreklom iz Hercegovine, bio je u Drugom svetskom ratu član Maksove bojne. Kada se 1942. u okolini Konjica, Vinku Staniću rodio sin, Vjekoslav Luburić ga je krstio i dao mu ime Ilija. Vinko Stanić je poginuo 1949. godine, nakon ustaške izdaje fra Bekavca, koji je pred beg u SAD prijavio bandu križara pripadnicima Udbe BiH. Tu izdaju i stradanje svog oca, Ilija Stanić nikada nije zaboravio hrvatskim nacionalistima, emigrantima i odbeglim ustašama.

Kako je Ilija Stanić bio sin ustaše, sve vreme dok je živeo u Sarajevu kao mladić, bio je pod kontrolom SDB BiH, ali i SDB Hrvatske. Onog trenutka kada se Ilija našao u rukama policije, jedino moguće iskupljenje bilo je da počne da sarađuje s bosanskom tajnom policijom. U to vreme ministar bosanske policije, krajem šezdesetih bio je Hrvat

Ante Miljas, a šef SDB BiH bio je Fehim Halilović. Na nagovor SDB SSUP-a, Ilija Stanić, koji je dobio šifrovano ime „Mungos", prebegao je u Italiju, a preko Francuske u Španiju, i uspeo 1966. godine da se zaposli kod kuma Maksa Luburića kao kuvar i vozač, sa zadatkom i ličnom namerom da generala Drinjanina u pogodnom trenutku ubije i tako osveti svog oca Vinka Stanića. Pune dve godine Ilija Stanić je proveo u domu svog kuma Vjekoslava Luburića u mestu Karkahente kod Valensije, a onda se iznenada uplašio i 1968. godine iz Španije pobegao u Nemačku. Njegovi poznanici tvrde da se Stanić zbližio s Luburićevom ćerkom, što je mnogo naljutilo generala Drinjanina, pa ga je isterao iz svog doma. Kada se, međutim, vratio u Sarajevo neobavljena posla, načelnik SDB-a Fehim Halilović ga je poslao natrag u Španiju. Plaćeni ubica je odvezen jugoslovenskim kolima u Italiju, do francuske granice, gde je pušten da ide na zadatak, ali mu je šofer iz SDB SFRJ pre toga oduzeo naš, crveni pasoš. U dosijeima bosanske i hrvatske tajne policije Ilija Stanić je bio registrovan i kao Stanko Ilić, odnosno „Mungos", dok je Maks Luburić bio samo M.

Čitava akcija likvidacije ratnog zločinca Vjekoslava Luburića vođena je pod šifrom „Kobra". Služba državne bezbednosti Bosne i Hercegovine je održavala kontakt sa Stanićem u Valensiji pismima preko njegovog rođenog brata Luke Stanića u Konjicu. U arhivu SDB-a BiH postoji magnetofonska traka sa saslušanja Ilije Stanića, na kojoj je zabeleženo njegovo svedočenje o ubistvu ratnog zločinca Vjekoslava Maksa Luburića u Španiji. Ja sam te trake dobio i preslušao:

„... Bila je zima 1969. godine, kada sam se preko Italije ilegalno ubacio u Francusku. Došao sam vozom do Nice, tu prenoćio, a onda vozom do Pariza. Svratio sam kod Dabe Peranića, s kojim sam prošle godine boravio kod Maksa Luburića. Dabo me je odmah pitao: 'Gde si ti nestao?'

Objasnio sam mu da sam ilegalno išao za Njemačku, pa me je policija uhvatila u krađi i protjerala za Jugu. On je povjerovao, ali mi je rekao da mi general ne vjeruje i da je ljut na mene. Od Dabe sam uzeo moju španjolsku ličnu kartu i otputovao vozom za Barselonu, a ne direktno za Valensiju, da bih vidio da li me neko prati. U Barseloni uzmem kartu za Valensiju. Prvi razred. Legnem i probudim se u Valensiji. Pravo sa stanice otišao sam kod mog prijatelja Željka Bebeka. Četiri-pet dana izbjegavao sam da odem do Maksa, koji je već čuo da sam ja došao. Jedno jutro stavi me Željko u auto i odveze do generala u Karkahente. Dočekao me je usiljenim riječima:

'Gdje si, kume moj!'

Kako su dani prolazili, tako se Maksovo povjerenje u mene vraćalo. Željko i ja bili smo već tri mjeseca u njegovoj kući. Dao nam je sobu u prizemlju, jer je onu na spratu pretvorio u magacin knjiga. U februaru 1969. godine Maksova kuća je bila puna ljudi. Tu mu žena, sin, ja, Željko, a pojavio se i pukovnik Štef Crnički, koji je došao iz Klivlenda. U tom su stigle vesti da je Udba ubila Mila Rukavinu, Tolja i Maričića, a meni Maks u povjerenju kaže:

'Čuvaj se, kume, vidiš šta Udba radi! Otvori i oči i uši!'

'Vidim, vidim, moj generale! Majku im komunističku. Čuvaću se, ne brinite! I ne bojte se vi, čuvaću vas ja!'

General je tih dana osobno bio jako nervozan. Posvađao se sa ženom, pa ga je ona napustila. Kažem ja sebi: 'Odlično! Posvađao se on i sa Željkom Bebekom, a na Branka Marića, koji je pristigao iz Frankfurta, potegao je i pištolj.' Vidim i ja da mu Branko dosađuje, pa viknem na njega:

'Šta ćeš ti, ostavi mi generala na miru!'

Čekao sam svoj trenutak. Išao sam na sigurno. Znao sam da niko ne može biti tako prisan s Maksom, niti mu iko može prići tako blizu kao ja. Kuvao sam mu, sređivao kuću, vozio ga napolje, primao i pazio na goste. Zato sam čekao. Bolje je ići na sigurno, polako, nego navrat-nanos. I sačekao sam."

Čekić i štang

„Odredio sam da to bude krajem februara. Međutim, opet su nam došli Dabo Peranić, pa neki Dragutin Ježina iz Liona i Ante Nožina iz Frankfurta. Sedimo mi tako i pričamo. A ja pitam Maksa Luburića:

'Generale, kada ćemo u Hrvatsku?'

'Kume, sigurno, za tri godine', kaže on.

A ja mislim: 'Nećeš nikad moj kume!'

U to vreme Maks Luburić je pokušavao da dođe u kontakt s Rusima. Pisao je pisma u Moskvu i tražio da ga Rusi puste u Mađarsku. Dobijao je od KGB-a neka šifrovana pisma. General je tada imao običaj da kaže:

'Bolje Hrvatska s ruskim bazama, nego s jugoslavenskom vojskom!'

Maks je šurovao sa starim i s mladim ustašama. Prvi su mu bili potrebni zbog novca, a drugi zbog akcije, drskosti i bezobzirnosti. Uspeo je u Švedskoj da stvori jak odbor borbenih ustaša. Bio je dobar i s jednima i s drugima. Svi su se u hrvatskoj emigraciji te 1969. godine probudili. Zagreb im je dao znak da opet dolazi 1941. godina, a Maks Luburić je sanjao da bude novi Pavelić.

Dana 16. aprila 1969. godine, u Valensiji mi je poštar donio jedno pismo na ime Stanko Ilić. Udba mi piše da mi šalje kurira u Španjolsku specijalno za mene. On mi je donio prašak za Maksa. Dao mi je i dve novčanice od po sto dolara. Poručio mi je da čekam da mi neko dođe iz BiH ili Hrvatske u pomoć. Rekao sam mu da mi niko ne treba. Neću da čekam. Znao sam ja svoj trenutak. U kalendaru sam već zaokružio 20. april. Rekao sam kuriru da više neću da se javljam. Svi su gosti iz Maksove kuće otišli, ja sam bio spreman. Doneo sam u sobu čekić i štanglu. Pripremio sam dokumenta za izlazak iz Španjolske. Ja sam kod Maksa bio prijavljen kao lektor u listu *Drina*, a u Španjolskoj ličnoj karti mi je pisalo da sam profesor hrvatske književnosti. U Udbi, međutim, niko mi nije verovao da ću srediti Maksa. Razmišljao sam, ako to učinim u subotu, neću imati dovoljno vremena da pobegnem. Nedelja je bila bolja. Mali ide u crkvu, Maks spava, a ja imam slobodan dan, pa me niko neće odmah tražiti. Dvadeseti april, dan posle mog rođendana. Cele noći, u subotu na nedelju nisam mogao da zaspim. Ležim u krevetu i gledam na sat. Znojim se. Zvono na crkvi zvoni svakih petnaest minuta. Dva, tri, četiri, pet. Ustao sam, nisam više mogao da ležim. Pregledao sam sve stvari da nešto ne zaboravim. Opet se znojim. Živci mi rade. Siđem dole, pokucam. Maks mi otvori:

'Dobro jutro generale, kako ste spavali?'

'Dobro, dobro', kaže on.

Deset i dvadeset pet. Sin mu Tonči Luburić donio novine i ode u crkvu. Maks mi traži da mu skuham kavu. Kava gotova za tri minute. Prašak koji sam dobio bio je loš. Rastopio se u kesici koju sam držao za pojasom. Morao sam prstom da ga mažem na šoljicu. Ruke sam prao pet puta. Uzmem čekić, koji sam donio iz sobe, stavim ga za pojas i odnesem generalu kavu. Dvadeset pet do jedanaest. Maks pije kavu. Ja držim čekić u pantalonama. Pije. Ništa. Popi sve i ništa. Odnesem šolju u kuhinju. Izvadim čekić i stavim ga na sudoperu. Hteo sam da odem u sobu po štanglu. Jebem ti prašak! Štangla je najbolji lek, kao za Hrvoja Ursu u Frankfurtu. U deset do jedanaest Maks me zove:

'Ilija, meni je zlo!'

Vidim pocrnio kao zemlja. Diže se i povraća. Povedem ga u kujnu na česmu. On povraća u sudoperu, a ja mu rukom pljuskam vodu po licu. U tren uzmem čekić i lupim ga po čelu: – Tup! Maks pade kao sveća. Mislio sam više se dići neće. Kad me on pogleda kao zver. Zamahnem opet čekićem, a on diže ruke da se zaštiti. Ja viknem:

'Majku ti jebem ustašku. Ovako si ti maljem ubijao djecu u Jasenovcu! Vidiš šta te čeka!'

Pogodi ga čekić kroz prste u čelo. Puče lobanja. Izvučem čekić iz glave i okrenem se. Odem do vrata da proverim da li sam ih dobro zaključao. Kad se vratim u kujnu, Maks ustao i dahće kao životinja. Sto kila u njemu. Uzmem onu štanglu pa ga raspalim po čelu. Puče glava kao lubenica. Krv se rasu po kuhinji. Maks tresnu dole kao da je pao sa sto metara visine. Puknem ga još jednom. On se umiri. Umotam ga u deku. Maks otežao, jedva ga dovučem pod otoman. Fino sam ga spakovao da ga ne nađu brzo. Da španjolska policija pomisli da je kidnapovan. Čekić i štanglu bacim u magacin. Presvučem se brzo, izađem na ulicu i uzmem taksi za Valensiju:

'Koliko košta do grada?', pitam.

'Tristo pedeset pezeta', kaže taksista.

'Evo ti pet stotina, ja častim!'

U osam sati i pet minuta uveče sa železničke stanice poslao sam telegram 'bratu' u Konjic: 'M. nikad više!'"

Posle ubistva Vjekoslava Maksa Luburića Ilija Stanić vratio se u Jugoslaviju kao heroj. Na slovenačkoj granici se sâm prijavio i tražio da ga preuzme bosanska tajna policija. Kad je došao u Sarajevo, narednog dana primao je čestitke lično od ministra policije Ante Miljasa i šefa SDB-a BiH Fehima Halilovića. Oni su mu preneli i Titove reči pohvale, pa je Stanić čak verovao da će ga Josip Broz i lično primiti. Parama SDB-a BiH i SDB-a Hrvatske ovom likvidatoru Maksa Luburića kao nagrada kupljeni su auto BMV, stan u Beogradu i stan u Sarajevu, plaćeno mu je školovanje i nađen mu je posao u Zavodu za zapošljavanje BiH. Ubica Maksa Luburića je neko vreme živeo u Beogradu, ali se posle ženidbe s nekom muslimankom i kada mu se rodio sin Igor, odselio u Sarajevo. Često je putovao za Beograd, kod prijateljice. Išao je i za Bešku, u posetu majci i sestri. Njima se lično hvalio da je on ubio ratnog zločinca Vjekoslava Luburića. Mada se sâm time hvalio i po Sarajevu, nije izdržao publicitet koji mu je doneo Đorđe Ličina, novinar *Vjesnika*, s napisima tokom godine o tome kako je Ilija Stanić ubio Luburića. Bili su to, zapravo, prevodi španske štampe koji nisu godili

Staniću, pa je on lično poručio tada Ličini da će i njega likvidirati. Zbog njegove prgave naravi, Sarajlije su izbegavale Iliju Stanića, a SDB BiH je čak planirala i da ga likvidira kao neugodnog svedoka. Naime, kada je Tito jedne godine odlazio u Igalo na lečenje, Ilija Stanić je krenuo na Jadran da se sretne s predsednikom, pa je SDB BiH morala da interveniše i da ga vodi u Petrovac, pod izgovorom da će Josip Broz doći i tamo. Posle tog incidenta s njim u SDB Bosne i Hercegovine, inspektor Duško Zgonjanin, a i neke njegove kolege u SDB-u Jugoslavije, razmišljale su da izvrše atentat na vlastitog saradnika „Mungosa".

Na vezi ga je držao inspektor Mićko Desnica. Život su mu, međutim, spasli Hrvati zaposleni u SDB-u, jer je Ilija Stanić bio Hrvat. Svestan takve opasnosti, Ilija Stanić, odnosno tajni likvidator „Mungos", početkom osamdesetih povukao se u miran život, da bi se aktivirao devedesetih, ovog puta protiv „četničke agresije" na Sarajevo. Autor teksta u *Slobodnom tjedniku* novinar Mihovil Tolić, međutim, ističe da se Ilija Stanić 1995. godine, posebno kao član HDZ-a BiH ne stidi svoje udbaške prošlosti.

Lov na Pavelića

Služba državne bezbednosti Jugoslavije, odnosno sâm Josip Broz Tito sa Aleksandrom Rankovićem je još prvih dana oslobođenja pravio planove o hvatanju i likvidaciji ideologa fašizma na tlu Jugoslavije i ratnih zločinaca. Pored Luburića na toj listi za odstrel bio je i doktor Ante Pavelić, poglavnik NDH, koji je preko Italije uspeo da pobegne u Južnu Ameriku. U Argentini, gde se skrasio, Pavelić je boravio zajedno sa suprugom Marom, sinom Velimirom i ćerkama Višnjom i Mirjanom zvanom Seka. Godine 1953. u izvidnicu je Udba poslala kontraobaveštajca Slobodana Uču Krstića, koji je ispitivao mogućnosti za hvatanje Anta Pavelića i njegovo eventualno prebacivanje u Jugoslaviju. Krstić se brzo uverio da je doktora Pavelića moguće uhvatiti. Čak je i našao dvojicu naših emigranata, dao im je izvesnu kaparu, da kidnapuju poglavnika, ali je Udba od toga odustala, jer joj se akcija učinila suviše riskantnom i skupom. Zvanično nema javnih podataka o tome ko je likvidirao doktora Anta Pavelića. Po verziji koju nam nudi publicista Đurica Labović taj „zadatak" je obavio beogradski patriota, avanturista Žarko.

Njega je, navodno, vodio neko iz naše ambasade. Ljudi pominju ime izvesnog konzula Boška Vidakovića... Akcija je šifrovana pod imenom ovog tajnog agenta „Strela".

U SDB-u Jugoslavije vodili su je Edo Brajnik i Milan Vasić. Egzekucija je planirana za na Dan NDH, 10. april 1957. godine, tačno u podne, kada Pavelić odlazi u centar Buenos Ajresa na ručak. Nasred ulice Žarko je ispalio pet metaka u Pavelića, seo u auto i istog časa odleteo iz Argentine. Tvorac ove legende, Đurica Labović, piše da je poglavnik NDH, međutim, preživeo atentat Udbe, ali je od posledica preminuo u Španiji 28. decembra 1959. godine. Doktor Ante Pavelić sahranjen je na madridskom groblju San Isidro.

Po drugim verzijama Pavelića je ubio jedan crnogorski iseljenik iz Argentine iz osvete zbog stradanja Srba u Jasenovcu i ostalim ustaškim logorima i zatvorima. Ni njegovo ime, zbog moguće odmazde ustaša, nikada i nigde nije javno pomenuto. Po trećoj verziji, SID Jugoslavije je angažovao južnoameričku mafiju i ona je nespretno obavila ovaj posao.

Jedan od onih koji su tragali za ustaškim poglavnikom bio je i plaćeni ubica Vinko Sindičić. Da riječkom ugostitelju Sindičiću nije osamdesetih godina ponestalo para za restoran na ostrvu Krk, ko zna da li bi svet ikada čuo za najvećeg Udbinog ubicu. Kako je godinama kao plaćeni egzekutor Službe državne bezbednosti SSUP-a, ispostave u Zagrebu, uzimao pare za likvidaciju ustaških emigranata, Sindičić je 1988. godine sâm predložio šefu SDB-a Hrvatske, Josipu Perkoviću, da ubije Nikolu Štedula, lidera Hrvatskog državotvornog pokreta. Svoju saglasnost sa ovim planom dao je i Zdravko Mustač, načelnik SDB SSUP-a Jugoslavije. Nikola Štedul, predsednik HDP-a u to vreme bio je čelnik jedne od najagilnijih i najmilitantnijih ustaških organizacija. Živeo je u malom škotskom mestu Kirkaldej kao student, mada je imao pedeset dve godine. Zalagao se za upotrebu sile u stvaranju nove NDH. Početkom osamdesetih njegove pristaše su planirale seriju diverzija po Jadranu, ali i u Osijeku, Varaždinu i Zagrebu. Služba državne bezbednosti Jugoslavije je želela da spreči aktivni HDP, tako što bi likvidirala njegovog predsednika. To je uostalom recept koji su i Udba, a i SDB redovno koristili u borbi protiv spoljnjeg neprijatelja.

Osnovni princip koji su Udba, a i SDB koristili u obračunu s političkim emigrantima bio je da hrvatska služba treba da likvidira ustaše, da slovenačka tajna policija ubija članove „bele garde", makedonska pripadnike VMRO. Samo je srpska politička policija pored četnika, bila zadužena i za baliste, jer šiptarska služba, navodno zbog krvne osvete, nije mogla, odnosno nije htela da se sa šiptarskim likvidatorima bori sa albanskom emigracijom. Tako se i dogodilo da su dva Hrvata, Zdravko Mustač (SDB SSUP) i Josip Perković (SDB Hrvatske) odlučili da jedan treći Hrvat, Vinko Sindičić ubije, četvrtog Hrvata, Nikolu Štedula. Rečeno učinjeno.

Promašaj u Engleskoj

Sredinom oktobra 1988. godine Vinko Sindičić je odleteo za Englesku. U London je ušao s lažnim pasošem na ime Rudolf Lehotski i s lažnim identitetom švajcarskog biznismena. Sutradan je u Edinburgu iznajmio automobil s tablicama F440AFK. Tim kolima se odvezao u Kirkaldej. Puna četiri dana osmatrao je kuću Nikole Štedula u Ulici Glen Lajon. Dvadesetog oktobra parkirao je ispred te kuće i sačekao da Štedul izađe iz kuće. Negde oko pola deset ujutro, Štedul je izašao da prošeta psa. Vinko ga je, onako iz auta, pozvao i čim se Nikola okrenuo prema njemu ovaj je osuo paljbu. Prvi metak je prošao Štedulu kroz usta, sledeća tri su ga pogodila u grudi, a dva u glavu. Obliven krvlju, Štedul je pao, dok je Sindičić dao gas i pobegao s mesta zločina. Na putu za Edinburg u jarak je bacio dva pištolja marke valter i vzor s prigušivačima. Uspeo je tog dana da stigne i na popodnevni let za Ženevu, ali je u avionu, pred samo poletanje uhapšen.

Profesionalni ubica jugoslovenske tajne službe Vinko Sindičić, napravio je prilikom ovog atentata tri velike greške. Prvo, dozvolio je da predugo osmatra kuću svoje žrtve, pa su ga komšije primetile i zapisale broj njegovog iznajmljenog auta. Drugo, odlučio se za likvidaciju na tlu Engleske, mada je znao da u slučajevima političkih ubistava, britanska policija može da zatvori sve izlaze sa ostrva za samo dva sata, i treće Sindičić je loše gađao, pa je Nikola Štedul vrlo brzo stao na noge i došao na sud da svedoči protiv svog atentatora. Tu je utvrđen njegov pravi identitet, jer je protiv njega svedočio i njegov bivši kolega Josip Majerski, agent SDB Hrvatske, zvanično ugostitelj iz Minhena: „Vinko Sindičić je agent Treće uprave SDB Hrvatske, koja se bavi borbom protiv emigracije u inostranstvu. Njegovo tajno ime je 'Linden', a u vreme kada sam ja tamo radio, imao je čin majora Udbe. I ja sam radio protiv hrvatske emigracije, ali sam dezertirao. U Nemačkoj sam osuđivan zbog špijunaže, ali sam danas slobodan građanin. Poznajem Sindičića odlično. On ima četrdeset šest godina. Završio je ugostiteljsku školu i neko vreme je radio kao konobar. Ima stan u Rijeci, na adresi Braće Horvatića broj 5", izjavio je sudu Josip Majerski.

Nakon ovog svedočenja i sâm Sindičić je progovorio:

„U Rijeku sam došao 1960. godine i ostao do 1964. Završio sam školu za konobare. Posle toga zaposlio sam se u Nemačkoj, gde sam bio do 1972. godine. Tamo sam se i oženio, tu su mi i deca rođena. Imam troje dece. Imam u Rijeci stan, restoran *Stara vremena* i u Opatiji brodicu *Lampo*. U Jugoslaviju sam se vratio 1972. godine. Nisam bio član nijedne tajne službe, pa ni Udbe. Nisam major, nisam ni običnu vojsku služio zbog bolesti stomaka!" Dok je trajalo suđenje Vinku Sindičiću u Velikoj Britaniji su ga posećivale dve žene. Josipa Dedović, sestra, i supruga, Lovorka Marušić. Došao mu je u posetu i Drago Krk, kapetan brodice. Od službenih predstavnika SFRJ nije bilo nikoga, mada je jedan naš konzul A. B. iz Londona trebalo da se pojavi kao svedok odbrane. Zvanično SDB SSUP-a, tj. SFRJ na sudu nije stala iza njega, pravila se da ga ne poznaje. Jugoslovenski mediji su ovo suđenje jednostavno prećutali, dok su naši londonski dopisnici samo javljali da je reč o sporu dvojice hrvatskih emigranata. Zbrajanjem kazni za pokušaj ubistva, za falsifikovanje pasoša i lažno predstavljanje, kao i za neovlašćeno posedovanje oružja, sud u Danfermlinu (Škotska) je Vinka Sindičića osudio na petnaest godina robije. Još tokom suđenja u Škotskoj, sâm Sindičić je priznao da je u Italiji svojevremeno osumnjičen za sličan atentat, ali da nije za to bilo dokaza, pa je oslobođen odgovornosti. Prisetio se i da je Nemačka tražila, ne tako davno, njegovo izručenje iz Jugoslavije, ali SDB SSUP-a to nije dozvolio. Priznao je, takođe, da je bio u Rijeci osuđivan zbog privrednog kriminala. Svoju odbranu na sudu je zasnivao na pričama da je vrlo mlad prišao ustaškoj emigraciji i da je čak bio, prvo vozač, a zatim i sekretar čuvenom doktoru Branku Jeliću. Otuda, reče, poznaje i Nikolu Štedula, kome je došao u posetu. Branko Traživuk, nekadašnji rukovodilac Antiterorističkog odeljenja SDB Hrvatske, govoreći za *Dugu* o Sindičiću, potvrdio je neka njegova kazivanja.

Vinko Sindičić se kretao u krugovima emigracije. Nakon tri-četiri godine SDB je izvršila pristup prema njemu, preko porodice. Za taj posao iskorišćena je njegova sestra, Josipa Dedović, koja živi i radi u Opatiji na recepciji jednog hotela. Ona je Vinku nosila specijalne poruke iz Zagreba. Na „vezi" su ga posle držali operativci Centra SDB Rijeka. Dobili su ga na čisto materijalnoj bazi kao profesionalnog ubicu. Da bi negde od 1977. bio predat na direktnu vezu inspektorima RSUP-a Hrvatske. Inspektor Traživuk kaže za Sindičića da je veliki profesionalac koga je SDB maksimalno štitio. Direktnu vezu s njim održavao je tadašnji načelnik uprave za emigraciju, Josip Perković, koji je kasnije postao pomoćnik ministra hrvatske policije, a od 1992. i šef hrvatske obaveštajne službe. Koliko je Branku Traživuku poznato, Vinko Sindičić je kao saradnik SDB Hrvatske učestvovao u atentatima na Josipa Senića, Ivana Tuskora, porodicu Ševo, doktora Branka Jelića, Brunu Bušića i Nikolu Štedula. Prvi zadatak koji je dobio po nalogu SDB-a, profesionalni atentator Vinko Sindičić obavio je u leto 1972. godine. Žrtva je bio Josip Senić, član HRB koji je minirao *JAT*-ov avion 1968. u Čehoslovačkoj. Upucao ga je na spavanju u Hajlderbergu. Da bi stvorio lažni alibi, Sindičić je s devojkom kolima iz Nemačke prešao u Italiju i zanoćio u nekom hotelu. U toku noći izvukao se napolje, seo u auto i vratio se u Nemačku. Pucao je u Senićevu glavu. Prvo u usta. Nemcima je bio sumnjiv, ali nisu uspeli ništa da dokažu. Sâm Sindičić se time hvalio po Zagrebu:

„Znao sam da ću biti hapšen i saslušavan. Taj dan sam obukao mokasine, dolčevitu, hlače gde nije trebao remen, jer to su svi skidali u zatvoru. Kada sam išao na neka suočavanja, svi su izgledali kao dripci, a ja elegantan gospodin. Prošao sam bez problema. Normalno, nakon nekoliko dana sam pušten!"

Iste godine, Sindičić je u Nici ubio hrvatskog emigranta Ivana Tuskora, a onda je otputovao za Veneciju da se nađe sa Stjepanom Ševom i njegovom porodicom. Vinko ih je znao i ranije. Priključio im se još kad su oni došli iz Australije. Vodio je brigu o njima, organizovao je njihov boravak, opet, po zadatku policije.

„Nije on ništa samoinicijativno radio. Iskoristio je njihovo putovanje prema Trstu, za Veneciju i na putu ih pobio i pobegao s lica mesta", seća se Branko Traživuk, bivši rukovodilac Antiterorističkog odjela MUP-a Hrvatske.

Porodica Ševo vozila se u malom automobilu marke NSU princ. Bilo je leto. Kraj avgusta 1972. godine. Na lokalnom putu, kod mesta San Dona di Pjave, egzekutor Vinko Sindičić izvadio je svoj valter 7,65 milimetara. U kolima su ostali mrtvi Stjepan Stipe Ševo, star trideset šest godina, njegova žena Tatjana, stara dvadeset šest godina i ćerka Roze Mari, stara šest godina. Stipe Ševo je bio rukovodilac Hrvatskog revolucionarnog bratstva, još u vreme dok je sredinom šezdesetih živeo u Štutgartu.

Imao je mali restoran, u koji je i Sindičić često dolazio. U strahu od ubistva, Ševo je krajem šezdesetih otišao za Australiju zajedno s novom suprugom i njenom ćerkom. U to vreme HRB je izvršila nekoliko diverzija protiv SFRJ. Kada se vratio s Petog kontinenta, Stipe Ševo je prihvatio usluge Vinka Sindičića ne sluteći da će ga to preskupo stajati. Italijanska policija je, znajući da je Ševo jugoslovenski emigrant, tražila od riječke policije podatke o njemu, kao i o njegovim prijateljima. Riječka tajna policija, međutim, učinila je sve da Italija ne uđe u trag njihovom likvidatoru. U međuvremenu, Sindičić se vratio u Nemačku pod skute svog pokrovitelja doktora Branka Jelića. Ovaj ustaški lider, tih godina priklonio se sovjetskoj struji u emigraciji, pa je zbog toga bio česta meta napada izbeglih Hrvata. Sumnja se da je Vinko Sindičić, za pare, njemu poturio bombu u auto, od koje je doktor Jelić samo lakše ranjen.

„Nakon slučaja Ševo, kada je osetio da u Nemačkoj postaje vruće, Sindičić se povukao u Rijeku da živi relativno mirno. Žeđ za novcem ga je naterala da se opet ponudi Službi koja ga je otpisala, ali ga je finansijski pomagala tek koliko da rešava njegove statusne probleme. Međutim, on vrši pritisak na SDB Hrvatske i ona mu je organizovala nove poslove. Tako da 1978. godine ide na Bruna Bušića", posvedočio je Branko Traživuk u listu *Duga*. „On je u to vreme bio najopasniji ustaša. Stvorio je čak i hrvatsku vojsku u Nemačkoj. Bušić je još 1971. govorio da će jedino Tuđman stvoriti novu NDH. Konačnu reč o atentatu na Bruna Bušića dalo je Predsedništvo SFRJ, odnosno Savet za zaštitu ustavnog poretka. Sâm atentat na Bušića je organizovan po svim pravilima SDB-a. Široki krug saradnika dobio je zadatak da prati Bušićevo kretanje i da ga likvidira."

Da bi se sklonio od emigrantske hajke, Vinko Sindičić je otišao u Australiju. Tamo mu je domaćin bio hrvatski emigrant Vice Virkez, poznatiji po pravom imenu Vitomil Misimović. Kada je 1988. godine izbila afera oko neuspelog atentata na Nikolu Štedula, australijske ustaše su se setile da je Sindičić kod njih sa Ivanom Dronjićem, agentom Udbe, možda ubio emigranta Peru Čovića. Glavni čovek koji je i Vinka Sindičića i Petra Gudelja držao u SDB Hrvatske bio je splitski načelnik, Blagoje Zelić. On je Sindičića kontrolisao preko njegovog kuma Marija Kričanovića iz Omiša, koji mu je i slao poruke Službe državne bezbednosti u Australiju. Taj isti Blagoje Zelić je smišljao planove za likvidaciju i Bušića, i Štedula, i Senića, ali i samog Sindičića. Vinko Sindičić je uhvaćen u Engleskoj, jer je tako hteo SDB Hrvatske, odnosno SDB Jugoslavije. U to vreme glavni ljudi za pitanja emigracije bili su Josip Perković u Zagrebu i Zdravko Mustač u Beogradu. „Kada profesionalni ubica kreće na zadatak, SDB mu obavezno daje najmanje dva pasoša s lažnim identitetom. Prvi se koristi za legalno prijavljivanje avio-kompanijama ili rentakar preduzećima, a drugi prilikom bekstva, da bi se 'pokrio' identitet prvog pasoša", ispričao mi je jedan bivši inspektor MUP-a Hrvatske, koji danas radi u Resoru državne bezbednosti Srbije. Kada je Vinko Sindičić ušao u Englesku, njegovo lažno ime je zapisano prvo u kompjuteru granične službe, a zatim i u terminalu firme *Avis*.

Prilikom povratka, kako nije imao drugi pasoš, Sindičić nije mogao da zameni taj pasoš, tako da ga je policija lako našla preko kompjutera kompanije *Avis*, a i kod pogranične policije. Takva greška nije bila slučajna. Zato se i misli da je SDB Hrvatske, odnosno Josip Perković, pustio Sindičića u Englesku da „ubije" samog sebe. Vinko Sindičić je smetao hrvatskoj tajnoj policiji, prvo jer je puno znao, pa je postojala realna opasnost da se proda Nemcima i da progovori, a drugo, zbog toga što ga je svojevremeno general Franjo Herljević, ministar federalne policije „odlikovao" satom i pištoljem sa inicijalima F. H. Ovaj plaćenik je imao jake pozicije u SDB SSUP-u, a službi u Zagrebu i to je smetalo. Na drugoj strani emigracija je sve češću saradnju sa Zagrebom uslovljavala kažnjavanjem Udbinih likvidatora. Služba društvene sigurnosti Hrvatske je izručila Vinka Sindičića.

Interesantno je da su se posle osvajanja vlasti HDZ i stvaranja nove NDH u Zagrebu, u samom vojnom i policijskom vrhu našli i naredbodavac Josip Perković i nesuđena žrtva Nikola Štedul, koji sada radi za doktora Franju Tuđmana. Ovo pomirenje izdejstvovala je nemačka tajna policija, jer joj je stalo da ustaše i partizani budu zajedno u Zagrebu. Kada se to i dogodilo 1990. godine, HDZ je u Splitu kidnapovao Blagoja Zelića, bivšeg načelnika SDB Split, i Petra Gudelja, njenog saradnika, i odveo ih u logor za Srbe da im se osvete za likvidaciju Bruna Bušića 1978. godine. Tu se ovoj dvojici gubi svaki trag. U međuvremenu, 1996. godine Vinko Sindičić je pisao doktoru Franji Tuđmanu, molio ga za oprost greha i za dozvolu da ostatak zatvorske kazne, shodno međunarodnim propisima, odsluži u „voljenoj domovini". Vrhovnik mu nikada nije odgovorio.

Naređenje iz Predsedništva

Sve odluke o likvidaciji političkih emigranata, a posebno ustaša, donosio je u Jugoslaviji osamdesetih godina Savezni savet za zaštitu ustavnog poretka. Dugi niz godina predsednik tog Saveta bio je niko drugi do doktor Vladimir Bakarić. Posle njega predsednik je bila Milka Planinc, a onda Stane Dolanc i Bogić Bogićević. To su ljudi koji su i potpisivali tajna rešenja za ubijanje političkih neprijatelja po svetu. Definitivna odluka o atentatu na Bruna Bušića donesena je u leto 1978. godine na sednici Saveta za zaštitu ustavnog poretka. Te godine je u Engleskoj snimljen film *Ustaše – borci za slobodu*. Nespretnošću montažera, u tom filmu o obuci ustaša u nekoj šumi, na trenutak se pojavljuje i lik Brune Bušića. Za SDB SSUP-a i ljude iz političkog vrha SFRJ to je bio definitivan dokaz da je ovaj „prolećar" postao terorista. Doktor Vladimir Bakarić je zato i doneo odluku da se Bušić ubije. Zadatak je po pravilu SDB poveren hrvatskoj službi. Glavni razlog za tako krvavi obračun s političkim emigrantima treba prvenstveno tražiti u ponašanju Josipa Broza Tita. Maršal se gotovo patološki bojao atentata. Četnici su planirali pet puta da ga ubiju, a ustaše su pokušale atentat četiri puta. Vojvoda Momčilo Đujić je priznao u intervjuu *NIN*-u da je potegao pištolj na Tita dok je bio u poseti Sjedinjenim Državama 1963. godine. Tito je bio blizu smrti i 1971. u vreme pripreme za zvaničnu posetu Nemačkoj. Tom prilikom oko 450 radnika SDB SSUP-a otišlo je u Nemačku da zajedno s tajnom službom BND-a „očisti teren od terorista". Uhapšeno je tada 1.200 ustaških emigranata, a nekolicina njih je i priznala da su od HNO dobijali ponude da za pare pucaju u Tita. To je za SSUP i Predsedništvo Jugoslavije bio teroristički akt prve kategorije.

Prema podacima zagrebačkog novinara i publiciste Đorđa Ličine, ustaški emigrant i ratni zločinac Mile Rukavina ubijen je u svom stanu u Minhenu oktobra 1968. godine. Zajedno s njim, mecima su u Ulici Paul Heserštrase broj 25, na četvrtom spratu izrešetani i njegovi prijatelji Krešimir Tolj i Vid Maričić. Atentator je bio Nahid Kulenović, rukovodilac ustaške terorističke organizacije *Ujedinjeni Hrvati Njemačke*, a razlog, osveta zbog pokradenih para od članarine i borba za prevlast u emigraciji. Nešto kasnije, osvetnički metak stigao je i samog Nahida Kulenovića. Predsednik HNV Petar Hinić iz Štutgarta, međutim, tvrdi da su svi ovi agenti bili i plaćenici Udbe. Hinić je to tvrdio i za Damira Đurekovića, sina Stjepana Đurekovića, koji je stradao od dvocevke u svom stanu u Kalgariju 1987. godine. Policija je, međutim, utvrdila da je reč o samoubistvu. Zato je i Katolička crkva odbila da ga sahrani, pa je telo Đurekovića mlađeg tajno doneseno na Mirogoj i pokopano u grobnicu porodice Molnar.

Ustaše u Nemačkoj bile su šezdesetih i sedamdesetih izložene istovremenom progonu jugoslovenske tajne policije i nemačke službe, koja je sa SDB-om počela da ostvaruje sve veću saradnju na obostrano zadovoljstvo. U tih poslednjih desetak godina u SRN ubijeno je, kako je pisala emigrantska štampa, nekoliko viđenijih Hrvata: Marijan Šimundić, 13. septembra 1967. u Štutgartu; Hrvoje Ursa, 30. septembra 1968. u Sandlofsu (Hesen); Jozo Jelić, 1967. u Fridrihšafenu; Đuro Kokić, 1968. u Pforchajmu; Mile Rukavina, 26. oktobra 1968. u Minhenu; Krešimir Tolj, 26. oktobra 1968. u Minhenu; Vid Maričić, 26. oktobra 1968. u Minhenu; Mirko Đurić, 9. aprila 1969. u Minhenu; Mirko Šimić, 7. februara u Zapadnom Berlinu; Josip Senić, 9. marta 1972. u Nuslohu (Hajdelberg); Josip Buljan Miholić, 14. septembra 1975. u Eringenu (?); Ilija Vučić, 6. juna 1975. u Štutgartu; Ivica Miošević, 3. jula 1975. u Badenu; Nikola Penava, 8. januara 1976. u Kelnu; Ivan Vučić, 10. juna 1977. u Sarbrikenu. Osim ovih jugoslovenska SDB je pokušala i više neuspelih atentata na Hrvate u azilu u SRN i to: na familiju Dešalić, 30. juna 1965. godine u Diseldorfu (tri člana porodice teško ranjena); na Mirka Gravovca, 23. avgusta 1969. u Frankfurtu; na doktora Branka Jelića, tri puta u Zapadnom Berlinu; na Dana Šarca, 1974. u Karlsruu; na Gojka Bošnjaka, 28. decembra 1973. u Karlsrueu i na Stipa Bilandžića, 30. oktobra 1975. u Kelnu. Zvanično policijsko saopštenje se obično svodilo na lakonsku „obavijest" da „se istraga dalje ne može voditi, jer se tragovi zločina gube u Jugoslaviji".

Kada su 13. maja 1976, povodom proslave Udbe, novinari zagrebačkog *Vjesnika* ministru jugoslovenske policije generalu Franji Herljeviću postavili sledeće pitanje: „Prije izvjesnog vremena organi bezbjednosti u SRN uhapsili su jednu grupu ekstremnih emigranata koji su godinama rovarili protiv naše zemlje. Smatrate li vi to kao dobar znak saradnje u duhu Helsinških dokumenata ili samo polovičan pokušaj sprečavanja terorizma?", ministar Franjo Herljević je odgovorio:

„Hapšenje pojedinih emigranata u SRN i nekim drugim zemljama je dobar znak saradnje u duhu Helsinških dokumenata. Ja, međutim, mislim da su to samo početni rezultati. Iz mnogo razloga očekujemo da će ne samo u ovim, nego i drugim zemljama biti nastavljene radikalnije mjere protiv jugoslovenske fašističke i druge emigracije, ovo tim prije, jer njena aktivnost poprima sve jasnije oblike internacionalnog terorizma."

SRPSKA OSVETA

Zbog toga što su državna ubistva Udbe tj. SDB-a Jugoslavije vršena tajno, ali se njih jugoslovenska tajna policija odricala javno, malo je dokaza i još manje svedoka tog tihog obračuna sa spoljnim neprijateljem. To je otvaralo mogućnost mnogim nagađanjima, ali i davalo priliku pojedinim emigrantima da stvaraju famu o vlastitim stradanjima. Tako se, na primer, dogodilo 1989. godine da je šiptarski emigrant Džafer Šatri u Ženevi bacio bombu pod vlastiti prozor, a posle optužio srpsku policiju da je pokušala da ga ubije. Sličnu priču 1990. godine ponudio je javnosti i ratni zločinac Radislav Grujičić, alijas Marko Janković, bivši zamenik načelnika Specijalne policije i saradnik Gestapoa u Beogradu od 1941. do 1944. godine. Njega je kanadski sud, posle trideset emigrantskih godina u toj zemlji, izveo na „crnu klupu", da mu sudi za zlodela počinjena tokom Drugog svetskog rata. Tom prilikom, predstavljajući se kao agent CIA, ali i kao žrtva srpskog sistema, osamdesetogodišnji Grujičić je ispričao da je Udba pokušavala u više navrata da ga ubije. Razlog: Radoslav Grujičić navodno poseduje originalna dokumenta svedočenja pred Specijalnom policijom majke doktora Mire Marković. Iz tih dokumenata, reče Grujičić, vidi se da je majka Mire Marković izdala više od dve stotine beogradskih komunista. Da bi sprečila objavljivanje tih dokumenata, po Grujičićevom kazivanju, srpska Udba, tj. SDB Srbije po nudila je atentatorima trideset hiljada dolara. Za tu priču Grujičić nije imao ni dokaze, a ni svedoke.

To, međutim, ne znači da srpska Udba tj. SDB nije ubijala svoje zemljake, političke emigrante. Radovan Kalabić piše da je serija ubistava istaknutih Srba, antikomunista, započela likvidacijom Andre Lončarića, predratnog kapetana. On je 1964. godine nađen mrtav u Jedanaestom pariskom arondismanu. Lončarić, predratni obaveštajac, bio je jedan od osnivača Srpskog oslobodilačkog pokreta Otadžbina (SOPO), najmilitantnijeg četničkog krila u emigraciji, i organizator napada na konzulate SFRJ u Americi i Kanadi. Kao engleski agent, bio je četnički kurir koji je održavao veze s kraljem Petrom Karađorđevićem u egzilu. Andrija Lončarić je ubijen u svom stanu, rano ujutro, udarcem sekire u glavu. Američki list *Njujork tajms* u svom izveštaju odmah je napisao: „Njega je ubio jedan jugoslovenski agent!"

Radovan Kalabić sumnja, na osnovu mišljenja srpskih emigranata, da je Bogoje Panajotović bio saučesnik u ovom atentatu. Pet godina kasnije, u svom apartmanu u Minhenu, ubijen je Ratko Obradović, urednik emigrantskog lista *Iskra*. U decembru 1969. godine s četiri hica u glavu, Milan Šop-Đokić, saradnik SDB-a, ubio je Savu Čubrilovića, urednika lista *Srpska borba*, u njegovom švedskom stanu. Prvim avionom JAT-a, Šop je pobegao za Beograd. Švedska je zvanično tražila njegovo izručenje, ali ga SDB nije dala. Jedan švedski novinar ga je, međutim, kasnije pronašao u Beogradu i to u Ulici Gospodara Vučića broj 23 i u listu *Fib aktuelt* objavio reportažu pod naslovom: „Ubica Save Čubrilovića i dalje radi za Udbu!"

Vladimir Ljotić, predsednik *Zbora*, i emigrant Nenad Petrović, publicista, posvedočili su da je nepoznati „Udbin likvidator" ubio i Jakova Jašu Ljotića, brata Dimitrija Ljotića. Ovaj urednik *Iskre* nađen je 8. jula 1974. godine ubijen u kadi punoj vode. Zadavljen je crnom kravatom. Jaša Ljotić je imao osamdeset godina. Mesto zločina: Zibdanštrase broj 15, Minhen, Nemačka. Osmog marta 1975. godine, takođe u svom stanu, ubijen je predratni kapetan, četnik i vlasnik restorana *Sarajevo* u Briselu Bora Blagojević. Ovaj atentat organizovao je Braca Ivančević, načelnik SDB-a BiH. Prvo je angažovao pariskog gastarbajtera Zdravka Trbića, Blagojevićevog ličnog prijatelja. Ivančević mu je dao pasoš na lažno ime Marko Stojčić, pištolj s prigušivačem i kutiju metaka. Plaćenik Zdravko Trbić se, međutim, predomislio i upozorio pedesettrogodišnjeg invalida emigranta Boru Blagojevića da se čuva. Metak 7,65 milimetara ipak ga je stigao nekoliko meseci kasnije. Za ubistvo je okrivljen izvesni Milorad Iličić, takođe, iz Bosne. Đorđe Ličina, novinar *Vjesnika*, blizak saradnik RSUP-a Hrvatske, međutim, pisao je u ovom listu početkom osamdesetih da su ubistva Lončarića, Blagojevića, ali i Petra Valića, Milorada Boškovića i Lazara Vujasinovića, posledica borbe za prevlast u četničkoj emigraciji. Po njemu, glavni naredbodavac bio je vojvoda Momčilo Đujić, koji je tih sedamdesetih godina gostovao u Evropi i za sobom ostavljao krvave tragove.

Urednik i vlasnik malog lista *Vaskrs Srbije*, Petar Vajić, star sedamdeset dve godine, ubijen je u svom stanu 12. maja 1975. godine.

Pisac i antikvar Miodrag Bošković izgoreo je u briselskom apartmanu, Avenija Staljingrad broj 21, 6. avgusta 1976. godine. Pet godina kasnije u istom stanu ubijeni su njegov sin jedinac Milan i prijatelj Uroš Milićević.

Spisak nastradalih srpskih emigranata proteže se od Siniše Ocokoljića, koji je nestao 1945. godine, do Petra Kljajića, Petra Bunjevca, Krste Manevića, Mihajla Naumovića, Bogdana Mamule, Borislava Vasiljevića, likvidiranih krajem sedamdesetih godina. Najveći nemir među emigrantima u Americi, međutim, izazvao je atentat na Dragišu Kašikovića 18. juna 1977. godine. Ubice su tom prilikom ubile i devetogodišnjeg svedoka, devojčicu Ivanku Milošević. Kašiković je bio član SOPO-a i jedan od organizatora napada na komuniste u SAD, Kanadi i Belgiji, kao i demonstracija protiv Tita. Ubistvo se dogodilo u zgradi Srpske narodne odbrane (SNO), na Vest Nort aveniji broj 3909 u Čikagu. Dragiša Kašiković, član SNO-a i urednik lista *Sloboda*, ubijen je udarcem macole u glavu i sa šezdeset četiri udarca nožem, a malena Ivanka s još pedeset četiri smrtonosna uboda. I njene oči su bile izbodene. Tek nekoliko meseci kasnije dezerter JNA Nemanja Jelenić je pred američkim sudom posvedočio da je glavni organizator Udbinih likvidacija u SAD bio Branko Lakić, vicekonzul SFRJ u Čikagu. Njegov najbliži saradnik bio je već pomenuti Bogoje Panajotović, koji se, inače, predstavljao kao „Zoran". Ovaj Nišlija je, kao i Vinko Sindičić, bio po profesiji ugostitelj. Amerika, međutim, nije nikada osudila nijednog Udbinog atentatora, jer je, kako tvrdi Radovan Kalabić, između FBI-ja i jugoslovenske tajne policije SDB-a, tačnije između Džimija Kartera i Josipa Broza Tita postojao dogovor o likvidaciji prvaka srpske političke emigracije. Ubica Bogoje Panajotović je zatim, piše Nikola Kavaja, radio za FBI. Izvršio je plastičnu operaciju lica i ostao da živi u SAD.

Slučaj Đureković

Dvadeset drugog aprila 1982. godine Stjepan Đureković, direktor preduzeća *INA Marketing*, pobegao je u Nemačku. Tamo je, nekoliko meseci ranije, iz Zagreba prebegao i njegov sin Damir Đureković da bi izbegao služenje vojnog roka u JNA. Hrvatska Služba državne bezbednosti znala je za to, ali je ćutala jer je želela da ima direktora

INA Marketinga u šaci. Đureković je prebegao prvo u izbeglički logor Kerkirhen, u Austriji, pod lažnim imenom Josip Miranović, a zatim se prebacio u Minhen, pravo u krilo ustaške emigracije. Priklonio se Ivanu Jeliću, lideru Hrvatskog narodnog odbora (HNO). Kao zalog svoje lojalnosti političkoj emigraciji Stjepan Đureković je u hotelu *Četiri godišnja doba* uručio doktoru Branku Jeliću tajni rukopis knjige *Komunizam – velika prevara*, koju je napisao još u Zagrebu. Ta knjiga je prihvaćena u emigraciji kao nova epohalna vrsta dokaza protiv komunističkog režima u SFRJ, pa je doktor Jelić obezbedio ubrzano štampanje i ostala četiri Đurekovićeva rukopisa: *Ja, Josip Broz Tito*, *Sinovi orla*, *Crveni menadžeri* i *Slom ideala*. Sve ove knjige, međutim, napisala je Služba državne bezbednosti SSUP-a, odnosno Krunoslav Prates, blizak saradnik i Stjepana Đurekovića i jugoslovenske tajne policije. Akciju je vodio inspektor Boža Spasić preko ovog urednika, tj. svoje veze u listu *Hrvatska država*, koji je takođe finansirala SDB Jugoslavije.

„U samom Zagrebu pojavljivanje Đurekovića zajedno sa ustašama iz Nemačke prihvaćeno je sa zaprepašćenjem. *INA Marketing* je o nestanku svog direktora raspravljala tek posle CK SKH. Zvanično CK SKH Đurekovićevo emigriranje tumačio je kao bekstvo od krivičnog progona zbog privrednog kriminala. U Odboru za unutrašnju politiku Skupštine SFRJ zvanično je od SR Nemačke zatražena ekstradicija odbeglog direktora *INA Marketinga*. Time je ovaj skandal poprimio jugoslovenske, a i međunarodne razmere", pisala je tada Jasna Babić u zagrebačkom nedeljniku *Danas*. Međutim, ubrzo su u Zagrebu progovorili Đurekovićevi prijatelji, i pokazalo se da je direktor *INA Marketing* bio prikriveni ustaški agent BND-a. Tokom školske 1941–1942. godine, kako je posvedočio Nestor Gajinović, Stjepan Đureković je kao đak Učiteljske škole u Sremskim Karlovcima bio član „Ustaške mladeži". Njegovo bekstvo je zato i Hrvatskoj otvorilo pitanje kadrovske politike koja je dozvoljavala da bivše ustaše postaju direktori važnih državnih firmi. Bekstvo Stjepana Đurekovića, međutim, uznemirilo je i politički vrh Jugoslavije. O tome je inspektor Branko Traživuk iz MUP-a Hrvatske posvedočio 1992. za list *Duga*:

„Đureković je imao nesreću da u inostranstvu odmah naleti na našeg saradnika Krunoslava Pratesa, glavnog urednika lista *Hrvatska država* i sekretara Ivana Jelića, brata doktora Branka Jelića. Znači naš saradnik Prates mu je organizovao štampanje tih knjiga, tako da smo ih mi odmah imali. Donosila ih je u Zagreb Pratesova žena... Tada

sam još bio operativac u liniji emigracije. Josip Perković mi je bio na-
čelnik... Pošto nismo kontaktirali s Pratesom, Perković mi je rekao da
se planira ubistvo Đurekovića i da mu je Krunoslav Prates dao kopiju
ključa od svoje štamparije u koju Đureković često zalazi zbog štampa-
nja knjiga."

Kako je SDB Jugoslavije tajno finansirao list *Hrvatska država*, a i
rad štamparije Krunoslava Pratesa, ispada da je SSUP plaćao i štampa-
nje knjiga Stjepana Đurekovića. Uz pomoć tih dela, direktor *INA Mar-
ketinga* se popeo dosta visoko na emigrantskoj lestvici. Pred izbore u
Hrvatskom narodnom vijeću (HNV) očekivalo se da će Đureković biti
jedan od kandidata za predsednika odbora u SR Nemačkoj. Smrt ga je,
međutim, preduhitrila:

„U petak, 29. jula 1983. godine, pedesetsedmogodišnji Stjepan
Đureković, urednik izdavačke kuće *Das kroatische buch*, pronađen je
ubijen u podrumu štamparije u Volfratshauzenu. Zločin je otkriven
u 13.35 sati. Prema prvim podacima istrage leš je ležao u podrumu
više sati. Đureković je usmrćen sa šest hitaca iz dva različita oružja i
verovatno jednim udarcem sekire po temenu. Prema izjavama iz min-
henskog tužilaštva odbeglog jugoslovenskog direktora izrešetali su
meci kalibra 22 i 7,65 milimetara. Voditelj HRB-a Mladen Švarc je tim
povodom izjavio da zločin pokazuje jasan rukopis jugoslovenske tajne
službe", javila je tada nemačka agencija *Dojče pres*.

Nemačka tajna služba BND znala da SDB Jugoslavije priprema
obračun s Đurekovićem. Pružala mu je zaštitu. Često mu je menjala
mesto stanovanja i proveravala sve njegove kontakte s ljudima. To ga,
međutim, nije spaslo smrti. Branko Traživuk tvrdi da je atentat izvr-
šila crnogorska služba u saradnji s „beogradskim podzemljem" i to na
veoma loš način. Hrvatski načelnik Josip Perković bio je besan zbog
toga. Služba državne bezbednosti Hrvatske je zato uputila i zvaničan
protest, memorandum direkciji Službe državne bezbednosti u SSUP-u
Jugoslavije, što za takve poslove angažuje kriminalce iz Beograda.
Traživuk je u tom kontekstu pomenuo imena Ratka Đokića, Dragana
Maleševića Tapija i Đorđa Božovića Giške, a neki pominju i ime B. M.
Ima svedoka iz tog vremena koji tvrde da je u tom poslu učestvovao i
Ranko Rubežić. O tome zagrebački inspektor Branko Traživuk u svo-
joj ispovesti novinarima kaže:

„Ubistvo Stjepana Đurekovića, bivšeg direktora *INA Marketinga*,
organizovao je lično Stane Dolanc, nekadašnji major KOS-a, ministar
jugoslovenske policije i predsednik Saveta za zaštitu ustavnog poretka.

Dolanc je početkom osamdesetih bio gospodar života i smrti u Jugo-slaviji. Razlozi za ubistvo Đurekovića su trojaki. Prvo, SDB SSUP-a i Dolanc otkrili su da je Đureković postao saradnik nemačke obaveštaj-ne službe BND. Drugo, kako je *INA Marketing* dugo godina bila ispo-stava Udbe u svetu, posle prebega Đurekovića u Nemačku postojala je opasnost da Nemcima otkrije čitavu mrežu naše tajne policije u svetu, a posebno pozicije Udbe među ustaškim i četničkim emigrantima. Kao treće, Đureković je ukrao i predao BND-u kartu vojnih skladišta nafte i benzina u SFRJ, Rumuniji i Grčkoj, kao i šemu s pozicijama rezervnih skladišta vojnog goriva. Đureković je ukrao od *INA Marke-tinga* dvesta miliona dolara i preneo u inostranstvo."

Inspektor Boža Spasić iz federalne tajne službe tvrdi da je odluku o likvidaciji Stjepana Đurekovića donela Milka Planinc, u svojstvu pred-sednika Saveta za zaštitu ustavnog poretka. Glavni razlog za preuzi-manje „najstrožih mera" SDB SSUP-a, bila je Đurekovićeva namera da se vrati u Jugoslaviju i da na suđenju svedoči o kriminalnim radnjama vrha Komunističke partije Jugoslavije. Pavle Gaži, sekretar RSUP Hr-vatske, sreo se sa Stjepanom Đurekovićem u Bukureštu, što je saznao Josip Vrhovec, pa je smenio Gažija. Jedno vreme Stjepan Đureković je boravio i u Bugarskoj. SDB Jugoslavije je planirala da ga kidnapuje iz Sofije, ali je Stane Dolanc bio protiv toga. Njemu i Vladimiru Bakari-ću direktor *INA Marketinga* nije bio potreban živ. U političkom vrhu SFRJ odlučeno je da se prema Đurekoviću primeni mera predviđena za izdajnike otadžbine, seća se Boža Spasić.

O saradnji Đorđa Božovića Giške sa SDB-om govorila je i njegova majka Milena Božović:

„Pisali su posle njegove smrti da je radio za Državnu bezbednost. Da je radio, znam da jeste, ali je radio u ono vreme kad je postojala neka država, hteo je da pomogne, a pravo da vam kažem, povukao je i mnoge druge da rade za državu. Neću da pomenem nikoga. Da li je on dobijao neki veliki novac od toga, videla nisam, ali sumnjam i da je dobijao, niti me je to interesovalo. Tačno je da je kod mene došao dva-put i onaj inspektor iz DB-a, be-de kako ja kažem, i dao koverat. Kad je Đorđe to radio, ja sam shvatala državu kao nešto ljudski, pravedno, mada mi je moja baba još '46. godine pričala da ćemo tek videti kakve će nas sve muke zadesiti. Što se Đorđe prihvatio toga, ne znam. Valjda je hteo da pomogne državi. Da je do para bilo, on to nikada ne bi ura-dio. Ma bio je dobra duša, to su svi znali, i prvi put je dopao u miliciju zato što je drugim ljudima pomagao..."

Giška je počeo saradnju s policijom u crnogorskoj Službi. Pojavio se u Parizu neki emigrant, Spasić, koji je mnogo pričao u Francuskoj. Od Ratka Mićunovića i SDB SSUP-a Giška je 1982. godine dobio povratnu avio-kartu, četiristo dolara i trista franaka. Pretukao je Spasića nasred ulice, pa je ovaj u bolnici proveo šest meseci. Prema dogovoru sa Službom državne bezbednosti, Giška se sakrio u najbližu zgradu, pričekao nekoliko sati, a onda, kako je bio u trenerci, glumeći džogera otrčao do jednog prijatelja u Parizu. U znak kajanja, Giška je devedesetih godina izjavio:

„Mi smo bili tako idealistički trovani, misleći kako radimo dobro za otadžbinu, a otadžbina se tada računala od Đevđelije do Triglava. Ne treba nikome zameriti što je tada nešto uradio zaslepljen ljubavlju prema otadžbini. Drugačije smo mi to onda gledali, i molim emigraciju i sve ljude koji su nam bili na meti da nikad ne zamere volu koji je gazio kupus, već onima koji su imali vola i slali ga gde su hteli. Jer, vo je uvek vo... Izvinjenje se odnosi na srpsku emigraciju, drugim emigracijama nismo dužni nikakva izvinjenja, jer je među nama večni rat.“

Akcija „Dunav“

Osim Giške, koji je mrtav, i Staneta Dolanca, u akciju „Dunav“, kako je Služba krstila Đurekovićevu likvidaciju, uključen je i jedan Nemac, tajni agent „Alfa“, koji je kasnije likvidiran, a telo mu je zabetonirano. Služba državne bezbednosti Jugoslavije je podrobno pripremala atentat na Đurekovića u gradiću Volfratshauzen, dvadeset šest kilometara od Minhena. Giška je predložio sastav ekipe, iako se posle ispostavilo da neki ljudi i nisu bili najbolji, pa je čak, kasnije u Beogradu, došlo i do svađe. Ipak, ta akcija je jedna od najboljih u istoriji Službe državne bezbednosti. To potvrđuje i podatak da, kada su Božovića uhapsili 1985. u Minhenu, Nemci Giški ništa nisu mogli da dokažu. Đureković je kasnio, pojavio se i kolima ušao u garažu, zatvorio vrata. Tamo su ga sačekali likvidatori SDB-a.

Kada ih je ugledao, Đureković je stao da zapomaže, nudio je i ogromnu svotu novca. Ispalili su u njega, prema nalazima Nemačke obaveštajne službe, šest metaka iz različitih oružja. Na kraju, dobio je i udarac sekirom po glavi. Dva čoveka su odmah izašla i odvezla se. Treći ih je čekao napolju u kolima. Na scenu je stupio stručnjak SDB-a s posebnom namenom – da ukloni i najmanji trag. Ekspert za čišćenje je sjajno obavio posao i nemačka policija se oko atentata na Stjepana Đurekovića do danas bavila samo nagađanjima.

Akcija „Dunav" koštala je SDB 150.000 maraka, a likvidatorima je Služba isplatila po 5.000 dolara. Po Beogradu se priča da u arhivi jugoslovenske tajne policije postoji čak i video-snimak Đurekovićeve smrti.

Međutim, nemačka štampa, pre svega *Špigl*, pozivajući se na dosijea BND-a, sredinom osamdesetih je odgovornost za jugoslovenski državni terorizam počela da prebacuje i na Radeta Čaldovića Ćentu. Ovaj Zemunac, bivši fudbaler, u nemačkom dosijeu BND-a pod brojem ST33-04008 vođen je i s lažnim imenima kao Milovan Bulovan iz Zrenjanina, kao Dušan Vučetić, Živan Mašinjanin, Đulijano Kastanjola i Andrea Zulo. Nemci su Ćentu teretili da je ubio prvo hrvatskog emigranta Nikolu Milićevića Bebana iz Vionice, u Frankfurtu početkom 1980. godine, a izvesni Jozef Klouček, koga je kao svedoka našla služba BND-a, teretio je Čaldovića da je upucao i emigranta Đuru Zagarskog iz Zagreba sredinom 1983. godine. Nurif Rizvanović, agent KOS-a i BND-a, u svojim kazivanjima prozvao je mnoge Srbe i okarakterisao ih kao likvidatore. Nikome od tih Beograđana, ni Đorđu Božoviću, ni Radetu Čaldoviću, ni Ratku Đokiću, ni Ljubi Magašu Zemuncu, ni Draganu Maleševiću Tapiju, nije za navodna naručena ubistva suđeno nigde u inostranstvu, a posebno ne u SR Nemačkoj, u kojoj je godinama vođena žestoka hajka protiv njih.

Čovek zvani Arkan

Postojala su mišljenja vrlo kompetentnih ljudi iz policije da je Arkan bio uključen u tzv. „crne operacije" jugoslovenske tajne policije. O tome su dosta pisale evropske novine, pa i neki hrvatski listovi. Kako je 1995. godine pisao zagrebački *Globus*, pozivajući se na nemačke izvore, Željko Ražnatović je, navodno, zajedno sa Ivanom Radošem zvanim Franjo ubio Stjepana Đurekovića. A za organizatora ovog posla Nemci i *Globus* prozivali su i Ljubodraga Magaša iz Zemuna, poznatijeg kao Ljuba Zemunac, legendu jugoslovenskog podzemlja u Frankfurtu.

Arkanu se pripisivala i likvidacija Miodraga Boškovića u Belgiji, pa i Bore Blagojevića. I ustaše Stanka Nižića, portira iz Švajcarske, nesuđenog atentatora na Tita prilikom njegove posete Francuskoj sedamdesetih godina.

Željko Ražnatović je u dosijeu Interpola bio zaveden i pod imenima Željko Ražnjatović, Roberto Betega, Paul Betega, Marsel de Kok, Stefan Kartni, Bob Elis, Gojko D. Peno, Damian Peno, Rodoljub Kaličanin, Marko Marković, Miroslav Petrović, Đorđe Rolović, Milko Sarvić, Mario Valentini, Pol Karsenti, Marko Markotić, Mario Valentino.

Kada je 22. oktobra 1974. godine švedski biro Interpola zatražio od Generalnog sekretarijata Interpola da objavi „crvenu poternicu" za Ražnatovićem, beogradski biro Interpola obavestio je druge zemlje da je u periodu 1970–1972. godine „ovo lice u Jugoslaviji više puta osuđivano prvo kao maloletnik, a zatim kao punoletno lice. Presude su izricane zbog krađa, teških krađa i oružanih pljački".

Arkana su mnoge zemlje sveta i sudnice teretile s još osamnaest godina zatvora.

To mu je stajalo iznad glave kada se prvi put vratio iz inostranstva u Beograd početkom osamdesetih. Tada se već po prestonici pričalo da je Arkan prijatelj Staneta Dolanca, ministra savezne policije. Po izveštaju s jednog suđenja iz 1983. zbog pucanja na dva policajca u Ulici 27. marta, u njegovim generalijama upisano je – radnik Saveznog SUP-a. Posle se pričalo da je njegov otac Veljko Ražnatović, inače pukovnik vazduhoplovstva JNA, tada vikao po sudnici:

„Reci, Željko, reci svima šta si radio za Jugoslaviju napolju, reci da svi čuju!"

U jednom od intervjua osvrćući se na taj detalj Željko Ražnatović je izjavio: „A i da sam radio za DB, gde se o tome priča? Jel' priča CIA? Jel' priča MOSAD? Ko o tome priča? Pa zato se i zovu tajne službe. Zna se samo da one postoje i tačka."

Priča kaže da je zabrinuti otac Veljko Ražnatović još 1972. godine otišao kod Staneta Dolanca, onda prvog policajca SFRJ, i zamolio ga da se stara o Željku. Dolanc je dobro odradio svoj posao. Arkan je s vremenom postao, bar je tako Stane tvrdio, jedan od najboljih operativaca Saveznog SUP-a.

Željko Ražnatović je rođen 17. aprila 1952. godine u Brežicama, gde je njegov otac Veljko Ražnatović bio na službi, pa ga je, uglavnom, podizala majka Slavka. Otac ju je upoznao u Prištini i s njom dobio tri ćerke i sina Željka. Majka Slavka je bila iz ugledne porodice Josifović, a otac Veljko iz ugledne crnogorske porodice Ražnatović.

Kako mu je otac kao pukovnik avijacije preseljen na aerodrom *Pleso*, Željko je šest godina proživeo i u Zagrebu, a potom se seli u Beograd. Buntovan po prirodi, Veljko Ražnatović je izgubio posao u armiji, a time i brak. Željkovi roditelji su se razveli i neko vreme Željko je živeo s majkom Slavkom i sestrom.

Odmalena je bio jako napredan i nestašan, i valjda mu je zato prvi nadimak bio Hibrid. To mi je ispričao jedan taksista koji je bio njegov drug iz Bulevara revolucije u Beogradu. Ime Arkan uzeo je posle po liku jednog čarobnjaka iz omiljenog stripa koji je čitao u detinjstvu, ali mu se i kasnije vraćao.

Željko Ražnatović je s četrnaest godina došao je u prvi sukob sa zakonom.

Kasnije je Ražnatović u Jugoslaviji osuđen 1972. na šest meseci, a 1982. na osam meseci zatvora. Prva kazna ga je naterala da pobegne iz zemlje pravo u Englesku. Tamo je sreo siromašnog Italijana koga je kasnije, 1979. godine, u Švedskoj izvadio iz zatvora. Devet godina Željko Ražnatović nije dolazio kući.

U inostranstvu je Ražnatović zbog oružanih pljački juren, hapšen i osuđivan u Belgiji, Švedskoj i Holandiji. Ove zemlje su za njim raspisale poternice na osnovu kojih ga je i Interpol tražio.

Ubijen je usred Beograda 15. januara 2000. godine.

Šira javnost za njegovo ime i prezime prvi put je saznala tek 1986. godine kada mu je suđeno zbog nanošenja teških telesnih povreda beogradskom ekonomisti Predragu Đajiću, koga je Arkan na mrtvo ime prebio u jednom liftu.

Ceo ovaj slučaj prošao bi potpuno nezapaženo da optuženi pred sudskim većem na pitanje o zanimanju nije odgovorio doslovce ovako:

„Zaposlen sam u Saveznom SUP-u, u Odeljenju za spoljnu emigraciju. Lični dohodak mi je 90.000 dinara. Posedujem više pištolja, oko dvanaest. Te sam pištolje dobijao za 13. maj – Dan bezbednosti. Zbog čega sam ih dobijao – to nije bitno", izdiktirao je u zapisnik mrtav hladan Arkan da bi već sutradan štampa počela naširoko da se bavi ovom pikanterijom.

Iako je Željko svoju priču argumentovao zdravstvenom knjižicom overenom pečatom policije, Savezni SUP je hitro demantovao njegove navode. Malo ko im je, međutim, poverovao. Arkan je zbog prebijanja Đajića dobio devet meseci zatvora.

Šta je Arkan „radio napolju" moglo se samo pretpostavljati.

Čitava priča o Arkanu kao plaćeniku SDB Jugoslavije lansirana je iz Zagreba 1992. godine kada je Željko Ražnatović bio u hrvatskom zatvoru. Sâm Željko Ražnatović je u mnogim intervjuima kroz šalu direktno demantovao sve priče o njemu kao saradniku policije, bilo koje na svetu:

„Nikad nisu tražili nikakav kontakt, za divno čudo. Niti mi je CIA ponudila da radim za njih. Pošto kažu da radim za DB, pošto radim od dvadeset prve godine, trebalo bi da budem debelo u penziji. Oni su u jednoj emisiji CNN-a rekli da sam ubica za Titov režim od svoje dvadeset prve godine, da sam mašina za ubijanje. Ja imam četrdeset pet, znači dvadeset četiri godine, ne znam kako bi to bilo, oni imaju dupli staž i trebalo bi da sam već u penziji.“

Pričalo se da je beogradska policija jedanput, prilikom pretresa stana, kod Arkana pronašla sedam pasoša s njegovim fotografijama, ali s različitim imenima. I to je Arkan jasno i glasno demantovao:

„Ja nikada nisam radio za DB. To moram opet da podvučem. I nikada nisam ubijao ni za kakav režim, ni za Titov, ni za bilo koji drugi. Ja sam jednostavno bio svoj čovek od samog početka do kraja, i ostaću svoj čovek. Znači, ja nisam nečiji čovek. Kada biste pratili moj životni put onako kako ga ja pratim, videli biste da je to gola neistina.“

Ubistvo u *Nani*

Kada je septembra 1990. godine, u beogradskoj Palati pravde otpočelo suđenje akterima drame u noćnom klubu *Nana*, ono se vrlo brzo pretvorilo u treći proces protiv plaćenika Službe državne bezbednosti Jugoslavije. Prva dva su se dogodila u Nemačkoj 1981. odnosno u Škotskoj 1989. godine. Krajem marta 1990. godine, naime, u restoranu *Nana*, posle kraće prepirke došlo je do pucnjave između Andrije Lakonića, Veska Vukotića i Darka Ašanina. Na podu je ostao smrtno ranjen bivši bokser Andrija Lakonić. Veselin Vesko Vukotić je naredne noći uz pomoć inspektora Miroslava Bižića iz GSUP-a prebegao u Ameriku, a Darko Ašanin je stavljen u istražni zatvor. Zajedno s njim na optuženičku klupu seo je i inspektor Bižić. Prvi je okrivljen za ubistvo, a drugi za zloupotrebu službenog položaja. Na suđenju, međutim, Miroslav Bižić je prvi put za jugoslovensku javnost otvorio temu saradnje SDB-a s beogradskim delinkventima za atentate nad emigrantima u inostranstvu. Braneći se, Miroslav Bižić je rekao i ovo:

„Čim mi je Ašanin javio da je Lakonić 'pao', obavestio sam pretpostavljene u GSUP-u Beograda i SDB SSUP-u Jugoslavije. Razlog za moje javljanje u Službu državne bezbednosti SSUP-a bio je taj što je Veselin Vukotić obavljao neke poslove za ovu službu. Zato sam od SDBJ dobio nalog da sklonim sve isprave i dokumenta koja bi mogla kompromitovati ovu službu. Imao sam nekoliko pasoša izdatih na njihova prava i lažna imena, ali s njihovim slikama. To znam po tome što je, kada je Vukotić zbog saobraćajke priveden u SUP Vračar, iz SDBJ stiglo naređenje: 'Vadi ga, ima da završi jedan posao!'

Tako sam uradio i Vesko je taj posao završio. Isti je slučaj bio i s Branislavom Matićem Belim. On je trebalo da ide na izdržavanje kazne, ali sam ja to odložio dok nije završio posao za SDBJ. To je, inače, redovna praksa kod nas, jer su u pitanju viši državni interesi!"

Za Belog, kao uostalom i za mnoge njegove vršnjake po kalibru, ljubav prema domovini prvo se iskazivala kroz saradnju s federalnom službom DB-a. Po priči Božidara Spasića, inspektora SDB-a zaduženog za specijalne akcije u inostranstvu, s Matićem ga je po svom povratku iz italijanskog zatvora, upoznao Giška. Beli je učestvovao u operaciji protiv šiptarskog aktiviste Džavida Halitaja, koji je kao politički emigrant obezbedio boravak u Cirihu:

„... Halitaja nismo nameravali da ubijemo, već da ga upozorimo i da mu iskomplikujemo boravak u Cirihu. U Beogradu smo kod jednog majstora za popravljanje tehničkih uređaja napravili eksplozivnu napravu. U telefon smo smestili eksploziv, a daljinski upravljač stavili u slušalicu. Svaki atentator je nosio svoj deo – Beli Matić aparat, a njegov kompanjon slušalicu. Kada su stigli u Cirih, Beli i njegov drug uputili su se pravo pred Halitajevu zgradu. Razbili su staklo na ulaznim vratima, otišli do stana i eksploziv, skriven u telefonu, prilepili na vrata. Udaljili su se do obližnje telefonske govornice, oko dvesta metara od zgrade, i odmah aktivirali eksploziv. Količina eksploziva bila je predviđena da napravi ogromnu štetu, preplaši učmale Švajcarce, ali nipošto da ubije nekog. Halitaj je dobio šut-kartu iz Ciriha, jer je postao opasan po okolinu. To vlasti tamo ne tolerišu. Istog dana Beli i njegov saradnik su se vratili u Beograd.

Znam da je to bilo onog dana kada je u Rumuniji ubijen Čaušesku. Seli smo i otvorili flašu viskija. To je bila jedina akcija u kojoj je Branislav Matić Beli učestvovao. Lično sam mu, u znak zahvalnosti, predao pasoš u ruke, jer je tada u Beogradu posedovanje isprava koje je izdala Služba bilo pitanje prestiža. Beli je u to vreme na teretu imao dva meseca zatvora u Padinskoj skeli, ali on to uopšte nije pomenuo kao „revanš" za svoj doprinos u borbi protiv državnih neprijatelja. Sâm je snosio troškove puta u Švajcarsku, odbivši da mu bar to Služba nadoknadi. Poslednja rečenica koju je Matić preda mnom izgovorio", seća se Boža Spasić, „bilo je njegovo pitanje: 'Da li će za ovo saznati Sloba?'"

Ovu priču o angažovanju beogradskih momaka da rade za SDBJ, potvrdio je i bivši Bižićev šef Miroslav Mirko Gojković, rečima da je još 1988. godine u zgradi SSUP-a dogovoreno sa Zoranom Savićevićem, načelnikom za emigraciju, da Miroslav Bižić iz GSUP-a bude saradnik SDBJ za vrbovanje spoljnih saradnika. Tada su sve to odobrili Zdravko Mustač, načelnik SDB SSUP-a, i ministar federalne policije Dobrosav Toro Ćulafić. Andrija Lakonić i Veselin Vukotić imali su pasoše SDB-a i neke poslove s jugoslovenskom tajnom policijom. Desa Živković, maj-ka poginulog boksera, o tome je na sudu posvedočila sledeće:

„Šest godina policija je progonila mog Andriju. Otišao je od kuće 1977. godine da boksuje za *Radnički*. Kad je bio u Budvi, za njim je sti-gla poternica iz Beograda. Kažu učestvovao je u nekom puškaranju na Adi. Bio je sav izrešetan. I pored tri advokata osuđen je na pet godina i šest meseci zatvora. U Zabeli je video da hoće da ga otruju. Pred Novu 1988. godinu javio mi se da ide u Italiju kod sestre Ane. Tada sam mu poslala njegov pravi pasoš. Kada se vratio, pokazao mi je novi pasoš na ime Zoran Stanković. I Vesko je bio takav. Rekao mi je da Vesko radi za Bižića."

Lakonićev otac Petar govorio je o svom sinu kao saradniku SDB SSUP-a Jugoslavije:

„Još u julu 1989. godine rekao mi je da radi za SDB. Da je u tu slu-žbu ušao još u inostranstvu. U Švajcarskoj, u Austriji, u Belgiji. Imao je dva-tri pasoša kod sebe. O kakvim poslovima za SDBJ se radi ne želim da govorim pred publikom. To ću reći sudiji u četiri oka!"

Smrt Andrije Lakonića u uskim beogradskim krugovima je vezi-vana za njegovu potrebu da se često javno hvali šta radi za SDB Jugo-slavije. Po tom tumačenju, Lakonić je likvidiran po nalogu SSUP-a, mada sud takvu mogućnost nije pominjao. Samo mesec dana pre događaja u restoranu *Nana*, 26. februara 1990. godine, na semaforu kod hotela *Šeraton* u Briselu, dva nepoznata mladića pucala su iz auto-mobila marke folksvagen golf u veliku belu limuzinu. U njoj je sedeo Enver Hadri, četrdesetdevetogodišnji vođa Komiteta za zaštitu prava čoveka na Kosovu. Dva iznenada ispaljena metka pogodila su ga pravo u glavu. I pored brze lekarske intervencije, Hadri je preminuo u bolnici. Zvanični predstavnik belgijske policije je tim povodom izjavio pred novinarima: „Smatramo da je ovo politički akt. Tragamo za automobilom sa atentatorima!"

Špijun CIA

Enver Hadri je bio poreklom iz Peći. Njegovi roditelji su albanski emigranti. Otac mu je iza rata streljan kao balista. Enver je međutim, završivši studije u Ljubljani postao arhitekta. Šezdesetih godina, dok je bio u JNA, postao je saradnik albanske tajne službe Sigurimi. Tek desetak godina kasnije Hadri je s mesta opštinskog referenta za ONO i DSZ u Peći, pobegao u emigraciju. Neko vreme je radio u Parizu, a zatim je prebačen u šiptarsko političko gnezdo na Zapadu, u Brisel. Tu je počeo da radi za CIA. Igrajući neprestano između interesa Tirane, Prištine, Vašingtona i Brisela, lukavi Enver Hadri je uspeo da postane čelnik albanskog političkog lobija koji je u svetu bio oličen u Komitetu za prava čoveka na Kosovu. Vešt i komunikativan, imao je prolaz u OUN, Evropski parlament, čak i na samite nesvrstanih, gde je delio letke antijugoslovenske sadržine. Njegova iznenadna smrt uznemirila je albansku emigraciju i pokvarila joj mnoge planove koje je imala, posebno, s nekim američkim kongresmenima. Oni su se, uostalom, sami javno i oglasili. Naime, američki senator Lari Presler je uputio otvoreno pismo belgijskom ministru pravde Melnijoru Voteletu, u kome se, između ostalog, kaže:

„Smrt Envera Hadrija je političko ubistvo. U trenutku pogibije, gospodin Hadri je kod sebe imao listu sa imenima trideset dvoje ljudi koje je ubila srpska policija iz Beograda za vreme prodemokratskih demonstracija na Kosovu. Hadri je trebalo ove nedelje da preda tu listu Komisiji OUN-a za ljudska prava, ali je u tome sprečen. Umesto njega to će učiniti američki kongresmen Džozef Diogardi."

Ne zna se tačno da li je zaista Andrija Lakonić ubio Envera Hadrija, jer se po Beogradu pričalo da je to učinio zajedno s Kristijanom Golubovićem. Ima operativaca SDB Jugoslavije koji tvrde da je Hadrija usmrtio jedan anonimni srpski ugostitelj iz patriotskih razloga. Njega je angažovala SDB SSUP-a. U to vreme Zoran Savićević je bio načelnik Uprave za emigraciju, a Boža Spasić veza s GSUP-om Beograda, tj.

inspektorom Miroslavom Bižićem u pronalaženju likvidatora. Prema podacima briselske policije tokom 1981. godine u Belgiji su od srpskih atentatora stradali i Vehbi Ibrahimi, Emil Kastrioti, a u Nemačkoj i Rasim Zelenaj. Za ovog poslednjeg nemačka štampa je pisala da ga je upucala ljubavnica Zorica Aleksić, koja je tajno radila za SDB Jugoslavije. Šiptarska emigracija, međutim, utvrdila je da su sva trojica bili žrtve plaćenika iz Beograda, ali ne pominje sva imena likvidatora, sem Lakonića i to posle izbijanja afere u Jugoslaviji.

Ovu priču o angažovanju beogradskih momaka da rade za SDBJ kao likvidatori emigranata u svetu potvrdio je i bivši inspektor Božidar Spasić iz SDB SSUP-a, koji je javno u više navrata govorio da je kao član Odseka za specijalne akcije u inostranstvu, pomagao čak sto dvadeset jugoslovenskih kriminalaca u Evropi, kojima je izdao oko devedeset lažnih pasoša SSUP-a, a najboljima i vozačke dozvole:

„... Te 1980. godine na mesto Dimitrija Mitje Krajgera za šefa Službe dolazi Srđan Andrejević. Laknulo nam je, jer je bio iz Srbije. Do tada je bio poznat metod rada sa emigrantima. Sačinjavali smo liste A, B i C osoba koje je trebalo eliminisati jer ubijaju naše ljude. U evropskom podzemlju Beograđani su bili najjači. Pokojni Duja Bećirović, recimo, bio je informator SDB-a. Boban Pantelić Palačinka bio je predviđen da u akciji „Korzo" likvidira nemačkog špijuna i ustaškog saradnika Hansa Petera Rulmana... Lakonić je bio naš čovek, trebalo je da obavi još jednu akciju, jer sam od generala Petra Gračanina dobio poruku: 'Samo nastavite, ali oprezno!'"

Među saradnicima jugoslovenske tajne policije bio je i Ljuba Ernest, beogradski maher koji je u spektakularnoj akciji opljačkao katedralu u Kelnu. Služba državne bezbednosti ga je osamdesetih godina koristila da otkrije ko od Jugoslovena drži novac i zlato u švajcarskim bankama. Od beogradske tajne službe dobio je lažni pasoš i nekoliko šifara jugoslovenskih sefova u Cirihu i Ženevi. Vlada SFRJ se tada najviše interesovala za blago dinastije Karađorđević. Do tada spretni Ljuba Ernest nije izvršio zadatak, jer su ga Švajcarci uhvatili na osnovu poternice Interpola i izručili Italiji zbog nekih ranijih krađa. U rimskom zatvoru Ljuba Ernest je „propevao" i priznao da radi za jugoslovensku tajnu službu. To mu, međutim, nije pomoglo da se spase robije, ali je donelo nevolje Beogradu, koji je morao da se pravda pred Interpolom da ne poznaje nikakvog Ljubu Ernesta. Veliki stručnjak za kase bio je još jedan Beograđanin – Steva Bradač, koji je, takođe, obavljao neke 'patriotske poslove za otadžbinu'.

Politički obračun

Radmilo Bogdanović je aferu *Nana* iskoristio da objedini sve srpske tajne službe, da centralizuje srpsku policiju i stavi je u funkciju vladajuće stranke SPS-a i Slobodana Miloševića.

Mada srpski emigranti nisu više bili neprijatelji SRJ, 1995. godine ipak je ostalo otvoreno pitanje šta čeka onih pet posto srpskih emigranata koji su se bavili terorizmom protiv interesa Jugoslavije? Na primer, da li mogu doći u Jugoslaviju ljudi koji su podmetali bombe na jugoslovenske ambasade i pripremali atentat na Tita. Kako je pop Stojiljko Kajević još 1990. bio u Beogradu, time je i dat odgovor na ovu dilemu. U međuvremenu Hrvatska je primila natrag Mira Barešića, ubicu jugoslovenskog ambasadora Vladimira Rolovića, i mnoge druge ustaške ekstremiste iz inostranstva. Nekima je čak dala i ministarsku fotelju. U Beogradu je iskazana mogućnost da svi srpski politički emigranti i disidenti iz inostranstva mogu ući u Jugoslaviju, ali da će se za pojedince postaviti pitanje njihove odgovornosti za počinjene zločine. Ista sudbina očekuje sve one pojedince koji su za vreme rata počinili zločinačka dela prema našim građanima, jer je poznato da dela ratnog zločina ne zastarevaju. Prema tome, za dolazak u zemlju malobrojnih emigranata koji su izvršili neko krivično delo, nadležni sudski, a ne policijski organ, razmatraće svaki takav slučaj i u zavisnosti od činjeničnog stanja doneti odluku.

Vojvoda Momčilo Đujić, koji je živeo u San Markosu, u Kaliforniji, a koga je FNRJ 1945. proglasila za ratnog zločinca, na osnovu odluke suda u Šibeniku bio je na jugoslovenskom zahtevu za izručenje iz SAD. Nova država SRJ je opozvala sve takve zahteve iz drugih republika, jer za njih više nije nadležna, što znači da je komandant nekadašnje Dinarske divizije slobodan da dođe u Beograd, a i u Knin. Pop Đujić je u zimu 1994. godine taj dolazak i sâm najavio, ali nije došao. Preminuo je u San Markosu u jesen 1999. godine.

Kako je, međutim, sve slučajeve državnog terorizma SFRJ i same Republike Srbije prekrilo ćutanje, tako se zvanično od države Srbije i Jugoslavije nije ni mogao dobiti bilo kakav javni odgovor. Čak i kada je u jesen 1994. godine poslanik Aleksandar Čotrić postavio pitanje ministru srpske policije Zoranu Sokoloviću da li je Služba državne bezbednosti Srbije ubijala srpske političke emigrante, dobijen je odgovor: „Srpska policija nije ubijala srpske emigrante!"

JUGOSLOVENSKA DINASTIJA MAFIJE

Kao zona interesa SAD i Velike Britanije iza rata, Italija je pristala da bude domaćin i odbeglim jugoslovenskim delinkventima, koji su gotovo masovno pedesetih i šezdesetih godina nadirali preko jugoslovenske državne međe. Ko god je u Jugoslaviji ukrao kokošku i bio za to progonjen od policije, nalazio je načina da prebegne u Italiju. U toj zemlji mafije mladi jugoslovenski prestupnici su, prinuđeni da se snalaze, vrlo brzo završavali ulične škole džeparenja, ali i zatvorske kurseve razbojništava. Neki su stigli čak i do *Koza nostre* jer su pod njenim okriljem pljačkali Italiju.

Put Dragana Maleševića u svet preko Italije bio je sladak i kratak. Rođen je 1949. pored Radio Beograda u Hilandarskoj. Crtao je po haustorima i skitao. Šezdesetih godina Dragan Malešević je bio u grupi mladića kod poznatog rvača Čitakovića, zvanog Čita. On ih je učio borilačkim veštinama, pa je tako Tapi trenirao karate, rvanje i džudo.

Kako mi je rekao jedan od njih, poznati Bulka, profesor Čita je podigao oko 300 mladića, ali je, nažalost, ulica odnela do početka 2001. godine živote 264 Čitinih momaka. To je bila cena njihovog života u podzemlju ili na ivici zakona.

Država Jugoslavija i njena tajna služba znali su da koriste tu nemirnu mladost i da ih pod zastavom patriotizma koriste za svoje prljave i tajne igre. Gotovo svaki drugi Srbin i Jugosloven u evropskom, a potom i našem podzemlju, radio je za tajnu policiju kao patriota.

Prva stanica tih momaka, koji su bežali u svet da ga probaju, bila je Italija, odnosno Milano. Tu su pekli mafijaški zanat. Da ta italijanska škola kriminala nije bila laka, govore i činjenice da je, na primer, Rade Ćaldović na početku svoje internacionalne karijere 1972. godine u Veroni dobio metak u stomak. U Rimu je zaglavio u zatvor. Bata Glavac je dobio dva metka u telo.

Kroz Italiju su na svom putu ka Evropi protrčali kao početnici u podzemlju Ljubomir Magaš, Rade Ćaldović, Veljko Krivokapić, Slobodan Grbović, Milan Čivija, Dule Milanović, Dragan Malešević, Mile

Ojdanić, Sava Somborac, Pera Ožiljak, Marinko Magda, Željko Ražnatović, Đorđe Božović. Prva stanica na tom trnovitom putu bio je Trst, zatim Rim, dok je Milano i danas omiljeno stecište jugoslovenskih avanturista.

Jedan od njih, Nikola Tripčev iz Novog Sada, još kao dete nepoznatih roditelja, kada je u trinaestoj godini otkrio da je usvojenik, krenuo je stranputicom. S jedanaest godina je pobegao od kuće. Bilo je to 1966. godine. U dvanaestoj je bio „petlić" u bokserskom klubu *Vojvodina*. Kada je naučio da udara, odvažio se da u četrnaestoj krade automobile. Bio je omladinski prvak Vojvodine u boksu, ali i štićenik popravnih domova u Kruševcu, Novom Sadu i Beogradu. U Kruševcu je boksovao za *Četrnaesti oktobar*, ali ga to nije popravilo:

„Italija je tada za mene bila 'Amerika'. Jedna grupa Novosađana je otišla nešto pre mene – Ivan Lukić, Dobrimir Ilijevski Dobre, Milan Krstačević Buđavi. Krenuo sam s jednim malim koferom, uvezanim kanapom. Imao sam falsifikovani pasoš, pasoš drugog čoveka ali s mojom slikom. Prešao sam granicu i našao se u Italiji. Nisam znao nijednu reč italijanskog. Samo sam u džepu imao adresu 'Via Vitruvio', nekog trga u Milanu. Krenuo sam tamo. Sticajem okolnosti naišao sam na mesto gde se okupljaju Jugosloveni. Jedan od njih mi se predstavio kao Dača iz Beograda. To je bio veliki prijatelj Juse Bulića, Ljube Zemunca i Arkana. Bio je džeparoš i dobro je poznavao Milano. Upoznao sam Dragomira Petrovića Drneta, pa Borislava Vuletića, bili su mi prijatelji. U Milanu me je mnogo puta spasao Stevan Koša Pišta, koga sam znao još iz Kruševca, moj veliki prijatelj. Dobio je veliku robiju jer su mu dokazane tri pljačke banaka. Sreo sam i Dobreta. Tu me je prihvatio Ljuba Zemunac, on je bio kralj u Milanu. Znao me je iz boksa. Ja sam za njega bio dete, jer je Ljuba bio stariji od mene šest godina."

Ljubomir Magaš je otišao u Italiju 1971. godine sa svojim prijateljem Dačom. Krenuli su da nabave dobru garderobu, jer su, kako reče jednom Dača, Beograđani uvek voleli da budu lepo obučeni. Stanovali su zajedno u Milanu, ali su izlazili odvojeno u noćni život. Ljuba je izlazio samo s Jugoslovenkama, a Dača i sa Italijankama. Pre njih u Milanu je bio glavni Dado Cerović, sve dok nije prešao u Đenovu. Iza njega su ostali Bole Grčić, Miša Begonja, zatim oni koje su Jugosloveni znali samo po nadimcima: Metko, Bembe i Glava Ciganin.

U to vreme, početkom sedamdesetih, u Milanu je bio i Boško Vučićević zvani Ćoro ili Koko, momak s padina Zvezdare koji je karabinijerima zadavao velike glavobolje. I on je kao Tripčev bio dete rastavljenih roditelja, odrastao je pored maćehe, jer ga je majka napustila kada je imao samo osamnaest meseci. Ta slika napuštenog deteta, nikada odraslog, pratila je mnoge Jugoslovene iz podzemlja koji su na stranputici života tražili svoj autoritet. Većinu njih podizala je ulica ili posesivne majke bez muške glave u kući. Boško Vučićević je školu kriminala završio u popravnom domu Knjaževac, jer je i njegova maćeha mislila da je to ustanova za popravak dece. Nije ni slutila da u takvim zatvorima dečaci postaju nekontrolisani muškarci.

Željan brzog uspeha na milanskom asfaltu, krajem 1973. godine je sa Aleksandrom Milićem pokušao da ukrade dnevni pazar i da opljačka goste restorana *Kika*. Vlasnik, Paolo Tonđorđo, žestoko im se suprotstavio, pa su ga ova dvojica Beograđana jednostavno isekla rafalom. Ispaljeni pucnji su bili poziv za mobilnu policiju, koja je brzo zatvorila krug oko Vučićevića i Milića i uhapsila ih. Njihove fotografije, objavljene u dnevnim novinama, obišle su brzo Italiju, Jugoslaviju, ali i celu Evropu. Natpisi iznad tekstova o ovoj neuspeloj pljački najčešće su glasili „Jugosloveni terorišu Milano!".

Klan Ljube Zemunca

Društvo Ljubomira Magaša u Milanu imalo je tada desetak članova. I bio je smetnja ostarelim jugoslovenskim kriminalcima koji nisu mogli da trpe drske mlade Beograđane i Zemunce. Zato je došlo do sukoba. Ta afera uzbuđivala je policijske i novinarske krugove Italije i Evrope, koja je svakim danom postajala sve svesnija opasnosti od jugoslovenskih momaka. Prema izveštaju Interpola, naime, 22. marta 1973. noćna dežurna bolnica u Milanu imala je veoma čudne posetioce. Dva Beograđanina, Boško i Slobodan, zatražili su hitnu intervenciju za svog druga, koji je obilno krvario. Hicima iz vatrenog oružja mladiću su bili povređeni desno rame, leva ruka, šaka, a najteža povreda bila je na levoj strani grudi. Boško i Slobodan tvrdili su ozbiljno lekaru da je na njihovog druga nepoznato lice pucalo iz pištolja, na nepoznatom mestu. Povređeni se legitimisao pasošem na ime Ivan Kršikapa s Cetinja, a bio je to, u stvari, Ljubomir Magaš Zemunac.

Milanski policajci su utvrdili da je do vatrenog okršaja došlo u baru *San Lorenco* u Milanu, u vlasništvu Italijana Filipa Frančeska. U baru je pronađeno više čaura, ali i stvari koje potiču iz nekih krađa. Do sukoba je došlo baš oko ukradenih stvari.

Boško, Slobodan i vlasnik bara našli su se ubrzo iza rešetaka, osumnjičeni za pokušaj ubistva Kršikape, koji je prebačen u uvek pretrpani zatvor *San Vitore* u Milanu. Nezadovoljan uslovima u „prenaseljenim" ćelijama, slabom hranom i drilom zatvorskih čuvara, jula 1973. godine Ljubimir Magaš je organizovao pobunu u zatvoru. Čim je pobuna ugušena, Magaš i još šestorica najglasnijih „bukača", svi Jugosloveni, razmešteni su u druge zatvore na jugu Italije. Kršikapa tj. Magaš je premešten u zatvor na ostrvu Gorgon kod Livorna.

Tih meseci se u Jugoslaviji intenzivno tragalo za Ljubomirom Magašem, osumnjičenim da je januara 1973. godine, u šumi na Zvezdari, obljubio jednu maloletnu devojku. Beogradska policija saznala je da je Magaš pobegao u inostranstvo, najverovatnije u Italiju, pomoću tuđeg pasoša. Tek sredinom oktobra 1973. naša policija je otkrila da je Magaš pobegao u Italiju pomoću pasoša Ivana Kršikape. Ali kada je GSUP Beograda od Interpola Italije zatražio da zadrži Ljubu Zemunca tj. Kršikapu, bilo je kasno. Zemunac je pušten iz zatvora 18. septembra 1973. godine i više se nije mogao pronaći, ali je u izveštaju italijanskog Interpola o Ljubomiru Magašu tj. lažnom Ivanu Kršikapi pisalo:

„To je lice poznato kao bokser-amater u Jugoslaviji, predviđen da učestvuje na Olimpijskim igrama, ali je izostao zbog udarca nožem u stomak. Tomislav Špadijer ili Ljubomir Magaš bavio se – ucenom trgovaca. Učestvovao je 1973. godine i u oružanim obračunima u Milanu, u kojima je bilo i ubijenih lica. Kreće se u krugu ljudi koji sačinjavaju Jusuf Bulić, Rade Ćaldović, Tahir Raifović i Svetislav Andrić. Opasan je i sklon bekstvu."

Mlad, željan priznanja da je odrastao, Goran Vuković zvani Majmun, ubio je Ljubu Zemunca u Frankfurtu, ispred suda 1986. godine.

O tom slučaju Goran Vuković je imao svoje mišljenje:

„Nije bilo jednostavno ubiti Ljubu Zemunca, najveću legendu jugoslovenskog i evropskog podzemlja. Bio je spreman da i svoju rođenu majku stavi ispred sebe kad bi na njega izvadili pištolj. Bio je vrlo opasan i okretan. Uvek bi unapred gurnuo trojicu, pa bi onda bezbedno ulazio on. Znao je šta ga gde čeka. Mnogi su pokušali da ga likvidiraju, a pre mene ga je upucao u stomak samo Kole Debeli. To je bilo u Italiji, u Milanu. Arkan mu je u kafani dodao pištolj i ovaj je pucao. Valjda je hteo da mu otme neke pare ili mu ih je Kole bio dao na zajam. 'Evo ih, neću da ti vratim, oteo sam ti ih!', provocirao ga je Ljuba."

Profesionalni džeparoš Nikola Vemić, koji taj „posao zna od rođenja", ušao je u svet kriminala s petnaest godina. Posle domova u Kruševcu i Pančevu, i zatvora u Sremskoj Mitrovici, Šibeniku, Doboju, Kopru, Puli i Beogradu, radio je ali i robijao u Trstu, Rimu, Firenci. Milano je zastrašivao i Dragomir Petrović, zvani Zmaj, kome su Italijani dali ime „Drago lo Slovo". On je bio proglašen čak i za jednog od kumova mafije Kalabreze. Bavio se džeparenjem, otimanjem kockarskih uloga, pljačkanjem banaka i zlatara. Malo ko je znao da je Zmaj bio težak srčani bolesnik i da je bio surov kriminalac jer je znao da ima malo od života. Uhvaćen je ispod jednog bilijarskog stola, u trenutku kada je zadavio rukama jednog lopova i cinkaroša iz milanskog podzemlja. U Milanu je operisao i Goran Vukšić, za kojeg se tvrdilo da je ubio jednog Arapina posle svađe oko nekog tovara droge.

Sedamdesete godine su bile blagorodne za Jugoslovene u Italiji jer su naši susedi imali dosta tolerantan odnos prema pridošlicama s Balkana. U Italiju su dolazili najčešće ljudi iz velikih gradova, Beograda, Sarajeva, Zagreba, ali i iz Niša, Skoplja, Užica, Mostara, Požarevca, Vršca. Stevan Župac je, na primer, imao trideset dve godine kada je u Trstu uhvaćen posle pedesete krađe. Kako je javnosti saopštio Đuzepe Padulano, načelnik Leteće tršćanske policije, mladi Vrščanin je bio specijalista za „kupovinu" po italijanskim robnim kućama sa ukradenim kreditnim karticama. Koristio je lažni američki pasoš i studentsku karticu sa imenom Makloman Makdonald. Sve bi za Župca bilo u redu da jedan trgovac nije posumnjao u njegove kartice, pozvao policiju i Vrščanin se našao iza brave.

Senke Frankfurta na Majni

Druga stanica tvrdih momaka iz SFRJ bila je Nemačka, i to Frankfurt, glavni grad pokrajine Hesen. Kroz istražni zatvor u Franfurtu na Majni prošli su teroristi RAF-a, ali i Ljuba Zemunac, Goran Vuković – njegov ubica, Rade Čaldović, i trenutno najteži srpski osuđenici Miloš Savanović i Milan Lukić, obojica Zemunci i krijumčari droge. Njihov dosije nismo mogli da dobijemo, jer to nemački propisi ne dozvoljavaju. Spisi o Ljubi Zemuncu, videli smo, imaju preko pet hiljada stranica, a o Vukoviću upola manje. Zamenik direktora zatvora, Gerhard Šuce, poznavao je i Magaša i Vukovića.

„Jugoslovenski zatvorenici, pre svega Srbi koje sam upoznao, pametni su i komunikativni ljudi. Svi govore nemački i odlično poznaju naše zakone. Ljuba Magaš je bio inteligentan, ali naprasit čovek. Kad god bismo ga pustili na slobodu, vraćao bi nam se jer je nekog već sutradan pretukao. Jednom prilikom kada je izašao iz zatvora, na parkingu se razdrao na sav glas: 'Gospodine Šuce, zbogom, videćemo se opet!'"

Frankfurtski poslovni ljudi, ugledniji gastarbajteri, pamte, na primer, izvesnog Nedeljka Brezu, čoveka brzog pogleda i još brže ruke, koji se šetao gradom u skupom *bosovom* odelu kao pravi Arsen Lupen, ali s Pala. Imao je običaj da se hvali: „Ja sam profesionalni lopov!"

Kako reče zamenik upravnika, nekada su u ovaj istražni zatvor Jugosloveni dolazili zbog tuča, krađa, a potom zbog ucena ili „reketa", kako se to kaže u podzemlju. Taj reket, izgleda, loše su igrali Vladimir Karan iz Duvna, Dragan Ljubenović iz Sarajeva, Milija Nenadić iz Pljevalja kad su završili na robiji kao mafijaši s kaznama od pet do deset godina zatvora.

U pokrajini Hesen ima 630.000 Srba i Crnogoraca na privremenom radu i još 200.000 drugih građana SFRJ. Prvi naši gastarbajteri počeli su ovde da pristižu krajem pedesetih godina, a već sredinom šezdesetih dolaze i prvi jugoslovenski muvatori s „crnom radnom snagom". Tada momci u najboljim godinama, napuštali su Beograd, kako sami kažu, „zbog šamara, slomljene ruke ili vilice". U Nemačku su bežali „najbolji srpski sinovi", gde su sticali reputaciju i novac:

„U Nemačkoj smo se snalazili kako smo znali i umeli, ali nismo prali tanjire i kopali kanale. Svi iz moje generacije su odlazili preko, jer u Beogradu nije bilo ničega što je moglo da nas privuče", priznaje Boris Petkov, jedan od veterana podzemlja.

„Što se Jugoslovena tiče, bilo je u Nemačkoj sedamdesetih ljudi za poštovanje. Ja nisam verovao u to da postoje Zemunci, Voždovčani ili ne znam ko. Recimo, ja sam bio dobar, zapravo odličan s ljudima iz Ljubine ekipe, ako je to uopšte bila ekipa. Jer mi se nismo previše družili međusobno, nego smo živeli i radili po grupama. Ako baš hoćeš odgovor za Ljubu, on je mogao da deluje kao individualac, bio je jak kao ličnost. Izuzetan tip. Takav je bio i Giška Božović, Ranko Rubežić takođe... Kvalitetan kriminalac ne može postati od nekog ko nije kvalitetan kao čovek. Ima ih, ne bih posebno da izdvajam, ali se zna da je Magaš bio među vodećima, onda Đorđe, Ranko njemu uz rame. Znalo se desetak do petnaest ljudi ko su i kakvi su. U inostranstvu mi je bilo lepo. Ako to nekom nešto znači, najlepši provod pamtim kad smo proslavljali Giškin izlazak iz zatvora. Zakupili smo noćni klub u Beču, došli su viđeniji momci iz čitave Evrope: Italije, Nemačke, Švedske, Holandije... znam da smo, po mom računu, a plaćali su i drugi, otvorili te noći sto pedeset flaša *don perinjona*. Moj deo ceha je bio oko 50.000 maraka. Moglo se tako."

Taj gastarbajterski soj ljudi bio je baza iz koje su izrasli krajem šezdesetih i prvi jugoslovenski kriminalci u Frankfurtu. Makroi, reketaši, narko-dileri, politički delinkventi. Prvi su tapkali i pljačkali, uglavnom Jugoslovene, a ovi poslednji podmetali paklene mašine pod sve što je jugoslovensko.

„Sedamdesetih godina jugoslovensko podzemlje u Frankfurtu je bilo podeljeno na ekonomsko i političko, na hrvatsko, albansko i srpsko. I svako je imalo svoje kumove i lidere. Onog trenutka kada su se politički delinkventi i kriminalci udružili u političkoj organizaciji *Ravna gora*, srpsko podzemlje je preraslo u mafiju. Na njenom čelu je bio Ljubomir Magaš, zvani Ljuba Zemunac. Ta srpska organizacija bavila se igrama na sreću, ucenama uspešnih trgovaca i ugostitelja, i prostitucijom. S njegovom smrću 1986. godine umrla je i srpska mafija. Kraj osamdesetih u jugoslovenskom podzemlju protekao je u smeni generacija. Stari kriminalci su otišli ili prestali da rade, a iz Jugoslavije su došli novi. Mladi, agresivniji, ali nesložni, i zato manje opasni. Mnogi su u Frankfurt dolazili kao lažni turisti da, po nalogu šefova koji žive ovde u Nemačkoj, opljačkaju koju kuću, prodavnicu ili banku. Oni su se bavili ponajviše krađom nakita i garderobe, koju su potom prodavali po Beogradu, Sarajevu i Zagrebu. Devedesetih godina, s prilivom velikog broja izbeglica, azilanata i radnika 'na crno' pojavili su se i ljudi koji su radili na 'proizvodnji' faksifikovanih nemačkih dokumenata. Lane smo uhapsili 800 Jugoslovena s lažnim papirima. A onda su se poslednje dve godine pojavili i trgovci oružjem, koje su donosili iz Bosne preko Srbije. S bombama i automatima kupljenim od njih počinjeni su mnogi prepadi i pljačke banaka po Hesenu i Frankfurtu", potvrdio mi je komesar Peter Borhard iz frankfurtske policije.

Srpsko podzemlje

Kad su počeli da se bave krađom garderobe iz robnih kuća i magacina, nakita i dragocenosti, jugoslovenski mangaši su tu robu

„prodavali" za platu ili mali procenat nemačkim dilerima. Jedan od njih je bio Rihard Gab, antikvar iz Minhena. Njegovi najveći snabdevači kradenom robom bili su u početku Miodrag Mirašević, zvani Bata Glavac, Miša Rošavi, Spomenka Ilić i Sava Somborac. A drugi je bio Haris Hojlfeder iz Štutgarta, poznatiji kao Mali Hari ili kao Prljavi Hari. On je bio srpski zet, jer mu je žena bila Beograđanka. To su ujedno bili ljudi koji su naše momke uvukli u organizovani kriminal, naručujući od njih nove i nove poslove. Harijev glavni čovek bio je her Vasa Ćelavi. Četnik *Ravne gore* iz Štutgarta, star oko sedamdeset godina, često pijan i bučan. Vlasnik tri bara *Domino, Trubadur* i *Riverbot* i jedne javne kuće. Služio je kao pravi domaćin pridošlicama, koje je pedantno ispitivao i uvodio u tajni život Nemačke.

Krađom po robnim kućama i magacinima, na bezobziran i ozloglašeni način, u Minhenu i Štutgartu bavili su se Pera Ožiljak, Čeda Bokser, Rade zvani Lala, Marko Taraba i njegova žena Milka, Sonja, Sava Somborac i Rada Bosanka. Dok je Miša Rošavi bio specijalista za krađu i nabavljanje pasoša svih država sveta.

Gerhard Boden, nekadašnji šef Službe za zaštitu ustava, izjavio je da aktivnost srpskog podzemlja razvija strukture poznate u Italiji i Americi:

„Ta grupa jugoslovenskih delinkvenata, koju su vodili Ljubomir Magaš u Frankfurtu i Vasa Marković, zvani Ćelavi u Štutgartu, bila je struktuirana vertikalno i horizontalno. Funkcionisala je po mehanizmu zatvaranja i posebnom unutrašnjem sistemu kazni. Od članova se zahtevalo, kao i kod sicilijanske mafije, *omerta*, odnosno potpuno ćutanje spram prijatelja i neprijatelja."

Frankfurtski kriminolog Peter Valter je javno priznao da srpski mladići predstavljaju „šlag na torti":

„Ta družina postala je činilac moći. Toj grupi se na području Rajne i Majne niko ne može suprotstaviti."

S beogradskog asfalta u Nemačku su krajem šezdesetih i početkom sedamdesetih stigli i Vasa Stamenković Leteći i Slobodan Grbović zvani Slobo Crnogorac. Prvi je bio profesionalni kockar, komunista s pedigreom Informbiroa. S Golog otoka pobegao je preko granice u svet. Imao je brzu ruku i sigurno oko, lažne kuglice za rulet, na kome je zaradio tolike pare da je otvorio vlastitu kockarnicu u Štutgartu. Slobo Crnogorac je radio kod njega, jer ga je Leteći voleo kao sina. Grbović je, naime, kao mlađi delinkvent prošao Goli otok, i umesto u JNA, pobegao preko Italije za Nemačku. Bio je to lepotan, finih manira. Sve dok nije upoznao Vasu Letećeg, mladi Beograđanin se bavio istim lopovskim poslovima kao i kod kuće. Krao je novčanike i automobile, tukao se i opijao. Zbližilo ih je osećanje za rizik i ljubav prema barbutu, ruletu i pokeru. I ženama. Lepi Sloba je umeo s njima. Umeo je, kažu, i s policijom, jer se sumnjalo da je u Italiji, ali i u Nemačkoj, ocinkario neke svoje ortake. Ovo veliko poslovno prijateljstvo puklo je 1981. godine u Diseldorfu, kada su se Vasa i Slobo sporečkali oko para. U nastupu besa Slobo Crnogorac je pucao u svog patrona Vasu Letećeg. Prvi je završio u zatvoru, a drugi u bolnici. Epilog je bio neobičan. Čim je prezdravio, Vasa Stamenković je položio kauciju za Slobodana Grbovića i izvadio ga iz zatvora.

Sudeći prema natpisima nemačkih novina koje su sistematski pratile srpske prestupnike, tamošnja policija BKA je u ovim jugoslovenskim došljacima videla svoje najveće protivnike. Prema podacima BKA, oni su zarađivali na prostituciji, iznuđivanju, kockarnicama i pružanju zaštite. Navodno, postojala je i neprekinuta veza između najsitnijih kriminalaca i ozbiljnih akcija koje je planirala jugoslovenska Služba državne bezbednosti, koristeći usluge ljudi iz podzemlja.

Ustaška emigracija je tu činjenicu koristila da optuži Ljubomira Magaša i ljude iz jugoslovenskog podzemlja za likvidaciju njihovih članova Stjepana Đurekovića i Nikole Miličevića. Hrvati su okrivili Ljubu Zemunca, takođe Hrvata, da je 1984. naručio i smrt Maksimilijana Krajnca. Prema nemačkim izvorima, glavna meta napada bili su upravo jugoslovenski državljani, premda nije zabeleženo u tamošnjem pravosuđu da su Jugosloveni svedočili protiv svojih navodnih izrabljivača. Tako je potpuno nerasvetljen ostao slučaj ranjavanja krčmara Momčila Matovića 1987. godine. Njega je u njegovom sopstvenom restoranu *Kukavica kod katedrale* u Frankfurtu napala dvojka Stevan Pantić i Stiv Bogevski, pajtaši Gorana Vukovića zvanog Majmun. U diskoteci *Vog* teško je ranjen Pero Puseljić, dok je Sveta Andrejević, posle ranjavanja iz zasede, umro na Božić 1987. u frankfurtskoj bolnici. Ovaj tridesettrogodišnji Beograđanin bio je dvadeseta žrtva obračuna u jugoslovenskom podzemlju krajem osamdesetih godina u Frankfurtu, kada je došlo do raspada klana Ljube Zemunca i do smene generacija na nemačkom asfaltu.

Koliko su neki naši ljudi opasni kao kriminalci govori i činjenica da je frankfurtska policija 1994. godine opet aktivirala svoje Odeljenje za borbu protiv Jugoslovena. Oto Leder, inspektor BKA, bio je pre desetak godina u Frankfurtu i celoj Nemačkoj zadužen za „južnjake". Ovaj policajac je krajem osamdesetih skoro svakog meseca organizovao racije na Jugoslovene, u kojima je hapsio u proseku po četrdesetak naših delinkvenata. Momir Šoškić, jedan od pajtaša Ljube Zemunca smatra da je upravo Oto Leder organizovao ubistvo Ljubomira Magaša usred Frankfurta:

„Frankfurtska policija dugo nije imala nijedan dokaz protiv Srbina kojeg je htela pošto-poto da optuži. Šef Oto Leder nije mirovao. Uhvatio se za slamku, za Gorana Vukovića, i počeo da ga obrađuje. Zajedno su ručali, dozvolio mu je da javno nosi revolver. Oprostio mu je sve grehe i postali su čak kućni prijatelji. Srbi u Ravnoj gori su znali koliko Oto Leder može da bude beskrupulozan, koliko mrzi Srbe i sve što je srpsko, pa su bili na oprezu. Taj Oto Leder je, međutim, naručio ubistvo Ljubomira Magaša. Vukovića je lako nagovorio na sve. Obećao mu je da neće biti osuđen, da će sve prikriti, da će mu oprostiti sve grehe iz prošlosti. Goran Vuković je pristao. Što se tiče nemačke policije, ubistvo Ljube Zemunca je bilo isplanirano do detalja. Majmun mu je prišao s revolverom i iz neposredne blizine pucao u grudi nenaoružanog čoveka. Tog trenutka, kao po komandi, pojavila su se dva nemačka policajca u civilu, kojima se Vuković odmah predao s rečima: 'Ja sam vaš saradnik, ja sam vaš saradnik!'"

Ovo je jedina prava istina o ubistvu Ljubomira Magaša, o njegovom ubici, o nameštaljci nemačke policije. Šef Oto Leder je tada častio šampanjcem sve u sedištu Bundes kriminaliteta u Visbadenu. A i imao je razlog, ostvario je svoj životni cilj da Jugosloven ubije Jugoslovena i da Nemačka od toga ima koristi.

Nema šiptarske, nema ni jugoslovenske, odnosno srpske mafije u Frankfurtu. To je nekada bilo, u vreme Ljubomira Magaša i Ćente Čaldovića. Postoji danas nekakvo rascepkano jugoslovensko podzemlje, ali je ono bez vođe, bez svog kuma. Ljuba Magaš je bio pravi veliki kum. Dok je Tito bio živ, postojala je i jugoslovenska mafija i njen kum. A kada je Tito umro, nestalo je i jugoslovensko podzemlje u Nemačkoj.

Kraj osamdesetih i početak devedesetih bilo je vreme kada su mnogi iskusni Jugosloveni sa italijanskog asfalta krenuli natrag u otadžbinu. Vratili su se da se bore za otadžbinu.

Arkanova Garda

Prvi je u Staroj Pazovi monarhista Mirko Jović počeo 1991. godine da okuplja srpske sinove i formira Srpsku gardu, u kojoj su se zajedno našli i Branislav Matić Beli, i Đorđe Božović Giška i Branislav Lainović Dugi. Kada su se Vuk Drašković i Voja Šešelj odvojili od Mirka Jovića, poveli su sa sobom i Belog i Gišku i osnovali svoju Srpsku gardu. Dugi je pak bio protiv stranačkog uplitanja u srpsku dobrovoljačku vojsku, pa je u Novom Sadu osnovao još jednu Srpsku gardu.

Jedanaestog oktobra 1990. godine Arkan je svoje prijatelje s Marakane potrpao u dvadesetak automobila i odvezao u Pokajnicu. Bilo ih je samo dvadeset šest. Dočekao ih je monah Stefan i upitao:

„Deco, zašto ste došli?"

„Da se zakunemo! Idemo u rat", odgovorio je Arkan.

„Gde se, zaboga, zaratilo?", pitao je zabrinuto monah Stefan.

„Nije još, ali će uskoro buknuti", rekao je Arkan.

„Čime ćete se boriti?"

„Biće oružja, važno je da nas ima", kazao je Arkan.

Ušli su u crkvu, zapalili sveće i zakleli se bogu i narodu.

Kada je Garda formirana, bila je u civilu. Postrojila se i Komandant je izvršio smotru i održao govor. Posle se, pisao je hroničar Živorad Lazić, otišlo na ručak.

Osnivanje Srpske dobrovoljačke garde je preloman trenutak u životu Željka Ražnatovića. U manastiru Pokajnica, 11. oktobra 1990. godine, grupa od dvadeset srpskih dobrovoljaca oformila je Gardu. Arkan je tog dana imenovan za Komandanta. Tako je dobio novo ime. I danas kada se spomene Srpska dobrovoljačka garda prva asocijacija je njen komandant Željko Ražnatović Arkan. Srpsku dobrovoljačku gardu je Arkan zvanično osnovao kod crkve u Radovanjskom lugu, nedaleko od mesta gde je ubijen Karađorđe i gde je ispisana legenda o Crnom Đorđu. S tog mesta krenula je i legenda o Arkanu Tigru.

Komandant je sa sobom uvek nosio krst Srpske dobrovoljačke garde od 34,5 grama zlata. Na njemu je ucrtan datum formiranja Garde. Mnoge vladike su mu zavidele na tako lepom krstu.

Svoje vojno znanje Komandant je često novinarima objašnjavao porodičnom tradicijom. Arkan je poticao iz ratničke familije. Njegov predak Jokelj Ražnatović je svojevremeno bio megdandžija. Posekao je sedamnaest turskih glava, a u vreme srpsko-turskog rata, zarobio dva turska barjaka.

Čvrsto jezgro SDG-a činili su Arkanovi dobri prijatelji, ljudi od poverenja, verne delije. Iguman ih je blagosiljao, a Arkan mu je poklonio jerusalimski krst. Željko Ražnatović je izabran za komandanta SDG-a.

„Da to moram da uradim osetio sam posle utakmice *Dinamo*––*Zvezda* u Zagrebu 13. maja 1990. godine, kada sam primetio da se nešto kuva.

Bilo je to petnaest dana posle pobede Tuđmana i HDZ-a na izborima u Hrvatskoj. Na stadionu *Maksimir* 30.000 navijača je uzvikivalo ustaške parole: 'Srbe na vrbe!' i 'Ubij, ubij Srbina!'

Ja sam predvideo rat. Pokojnom Giški sam rekao: 'Ustaše su došle na vlast, Tuđman je došao na vlast, treba da se organizujemo.' Rekao sam mu 13. maja 1992. da pripremam Srpsku dobrovoljačku gardu. Mi smo tada organizovali štampanje svojih pečata, vojne knjižice, svoje znamenje... Giška je osnovao svoju Gardu, ali je naša bila vanstranačka, narodna. A oni su bili SPO. Ja sam finansirao Srpsku dobrovoljačku gardu. Nijedan metak nismo dobili od JNA. Dobijali smo pomoć od naših ljudi u inostranstvu. I od Srba iz Srbije koji su bili naši simpatizeri...", govorio je Komandant.

U jesen 1994. godine Komandant je dao veliki intervju za srpsku televiziju *Palma*, koji je vodio tragično nastradali novinar Risto Đogo. Tada je govorio o danima posle dolaska iz Zagreba u Beograd:

„Nisam odrastao u tom bratstvu-jedinstvu, jer sam pored sebe imao majku koja je ortodoksna Srpkinja. Ja sam odgajan u srpskom duhu. Otac mi je poreklom bio iz Crne Gore i stalno je pisao da je Jugosloven. A mi smo svi pisali da smo Srbi!

Odmah sam se priključio Srpskoj dobrovoljačkoj gardi i otišli smo na tenjsko ratište. Nismo otišli nepripremljeni. Mi smo kao navijači trenirali bez oružja. A onda smo nabavljali oružje, ali nismo bili pripremljeni vojno, jer ja nikada nisam služio vojsku. Nisam znao nijednu vojnu doktrinu, ni komandovanje. Ali kao sin pukovnika avijacije celog života sam bio vojnik, po krvi... Odmah tu pored mene, međutim, bio je i čovek koji je bio u *Legiji stranaca*, koji se razumeo u vojnu doktrinu. Bio je to Milorad Ulemek, a uz njega je bio i njegov stric Mihailo Ulemek", svedočio je o tim danima Komandant.

Prilikom osnivanja Srpske dobrovoljačke garde i pristupanja u nju mladi Srbi su polagali zakletvu i molitvu:

„Sine Božji! Ti si zapovedio i nama da duše svoje položimo za drugove svoje. Radosno idem da izvršim svetu volju Tvoju, boreći se za otadžbinu i veru svoju. Naoružaj me snagom i junaštvom da odolim neprijateljima našim. Ako pak bude sveta volja Tvoja da položim život svoj u današnjem boju, milostivo dopusti da umrem s tvrdom verom i nadom u večni blaženi život u Tvom nebeskom carstvu. Majko Božja! Sačuvaj me pod pokrovom Tvojim."

„Zaklinjem se s tri prsta, za ovoga svetog krsta, život dajem za spas srpstva! Amin!“

Ovo je zakletva srpskih dobrovoljaca. Daje se jednom, a važi čitav život. Za svoju vojsku Arkan je voleo da kaže:

„Srpska dobrovoljačka garda je elitni deo vojske Republike Srpske Krajine!“

Srpska dobrovoljačka garda je demobilisana krajem 1994. godine, ali je uvek bila spremna da se vrati na ratište, tamo gde treba.

Do novembra 1994. godine svoj život za srpstvo iz SDG-a dali su Šale Vukotić, Dušan Marković, Srđan Cvetković, Mirko Lavadinović, Slobodan Jocić, Slobodan Stjepović, Mile Višnjevac, Milan Jovanović, Branislav Klajsner, Zoran Karić, Branko Živanović, Ivan Okijević, Miodrag Čumić, Milan Mihajlović, Saša Tomić, Vladimir Homa, Slobodan Vulić, Zoran Bujukić, Zoran Maksić, Vladica Nikolić, Miko Petrović, Petar Petrušišin, Ljubiša Simić, Dragan Ristović i Zoran Jovanović.

U Arkanovoj gardi na frontu su se borili čak i prvi beogradski pankeri. Među njima je bio i Srđan Petrović, koga su zvali Srle Panker, miljenik beogradskih žureva. Važio je za srpskog Bajrona, umro je kao borac i unesrećio ženski deo Beograda.

Komandant je Medaljom Obilića odlikovao više članova i prijatelja Garde. Među njima i generala Andriju Biorčevića, komandanta odbrane istočne Slavonije, književnika Žiku Lazića i Marjana Gajinova, dobrovoljca iz Kanade.

Marjan Gajinov, kapetan SDG-a i nosilac medalje *Obilića* se seća kako je postao gardista:

„Arkan me je neočekivano pitao: ’Jesi li ti naš? Živiš u inostranstvu, uvek si bio tuđ! Jesi li naš?’ Klimnuo sam zbunjen glavom da jesam. Naredio mi je: ’E, onda na šišanje!’ Tako sam postao borac Srpske dobrovoljačke garde. I u borbama, gledajući Arkana, pitao sam se da li ga štiti bog ili đavo?“

Mlađi svet u Jugoslaviji upoznao je Željka Ražnatovića tek tada kao srpskog borca, heroja i živu legendu, kao svog Obilića. Arkan je kao komandant Srpske dobrovoljačke garde prvi svim Srbima obećao da više nikad za Srbe neće biti Jasenovca:

„Nećemo više biti ovce! Bićemo pre svega vukovi ili, još bolje, moji tigrovi! U meni je krv Obilića, koja mi ne dozvoljava da sedim kod kuće i gledam kako se fašistička aždaja nadvila nad srpskim selima i kako ustaška kama opet kolje srpsku decu i njihove majke. Srbija je u stravičnom neprijateljskom okruženju. Uz pomoć svih naših neprijatelja stvaraju se pred našim očima Velika Albanija na Srpskom Kosovu, Velika Hrvatska u Srpskoj Krajini, Velika Bugarska u Srpskoj Makedoniji. Muslimani su se povampirili u Bosni, a oni su srpski mučenici koji još ne shvataju da su Srbi, i koje je jako sramota što su se iz velike nevolje poturčili i primili islamsku veru. Zadar, Šibenik, Dubrovnik, Split su srpski gradovi u koje su se na silu naselili katolici. Došlo je najzad vreme da ih odatle isteramo!

Ako nas ustaške snage budu napale i ako u kontranapadu budemo prinuđeni da ih gonimo do Zagreba, a ja sam ubeđen da je ulazak u Zagreb jedini način da se definitivno obračunamo sa ustaškom ideologijom, onda ću ja sasvim sigurno otvoriti jednu poslastičarnicu na Jelačića placu. Ulaskom u Zagreb, mi bismo te poštene Hrvate, koji su u njemu taoci, oslobodili od hipnoze Rimokatoličke crkve i vratili ih u realnost, kako bi mogli da uvide da je Nemačka bila i ostala ono što jeste i da shvate kako je mizerno da se i dalje Nemcima ulizuju, pevajući 'Danke Dojčland'.“

Kada je Arkanova garda rođena u bivšoj kasarni pored vinarije u Erdutu 1991. godine, Željko Ražnatović je osnovao i Centar za obuku Srpske dobrovoljačke garde i svojih „tigrova“. Specijalno za *CNN* komandant Arkan je izjavio da je taj centar dobio od Gorana Hadžića i civilnih vlasti u Istočnoj Slavoniji.

Pričalo se da je MUP Srbije i sâm general Badža uzdigao Arkana u komandanta Srpske garde. Da je u nju dovodio mladiće sa ivice zakona, a i fudbalske navijače. I da je naoružavao Srpsku dobrovoljačku gardu. Željko Ražnatović to nikada nije priznao:

„Znao sam Radovana Stojičića Badžu iz Erduta. Bio je komandant Teritorijalne odbrane. Bio je dobar čovek, starešina i vojnik. Nismo zajedno ratovali, jer je on bio u komandi, a ja na prvoj liniji.“

Centar za specijalnu obuku u Erdutu bio je simbol otpora srpskog naroda Slavonije, Baranje i Zapadnog Srema ustaškim koljačima, vera u očuvanje vekovnih ognjišta i opstanak Republike Srpske Krajine. Kroz njega je prošlo oko deset hiljada mladića. Njima je komandant govorio:

„Srpska dobrovoljačka garda je srpska vojska, vanstranački orijentisana. Nastala je zbog pomoći i odbrane Srba, ma gde se nalazili u zemlji ili svetu. Zadatak SDG-a je očuvanje srpstva, svetosavlja, porodice i srpske sloge. Delovaćemo po principima i pravilima naše vojske iz Prvog svetskog rata. Biću vam strog komandant na obuci, ali ću vam biti kao otac ili rođeni brat u borbi. Ne srljajte u smrt. Pobeda u nekoj bici, ali i živa glava na ramenima su nam najvažnije", govorio je Arkan regrutima u Erdutu.

Jedna je prava tigrica, dar beogradskog ZOO vrta, i bila zaštitni znak Centra u Erdutu. Tigrica Milica bila je smeštena na ulazu u kasarnu.

Od samog početka Arkan je zaveo strogu disciplinu. Iz slavne istorije izvučeni su „originalni metodi" poput dvadeset pet po turu i šišanja do glave neposlušnih. Krađa je u SDG-u bila najstrože kažnjavana. Prilikom jedne od akcija u januaru 1992. godine, velika hladnoća naterala je jednog gardistu da iz kuće nekog Hrvata ponese kožne rukavice. Već sledećeg jutra dobio je pedeset udaraca po turu i Arkan ga je lično demobilisao i poslao kući.

Po ulasku u Erdut Arkan i njegovi ljudi odmah zauzimaju vinariju, prepunu vina i drugih destilata i u njoj prave Centar za specijalnu obuku dobrovoljaca SAO istočna Slavonija, Baranja i zapadni Srem. I držao ju je do kraja 1995. godine i potpisivanja sporazuma o reintegraciji te regije u Hrvatsku. Svih tih godina većina proizvodnje vina bila je u Arkanovim rukama. Gardu je trebalo izdržavati, pa je zato vino bilo skupo.

Tvrdilo se da Arkan nije slučajno izabrao da ratuje u istočnoj Slavoniji, jer se radi o vrlo bogatom području. Međutim, kasnije su u javnosti krenule priče da je pljačkao mesta koja je oslobađao. Kružila je u srpskim novinama priča da je u SDG-u, u drugom ešalonu, bio jedan kustos čije je jedino oružje bio skalpel, da njime iz rama iseče sliku za koju proceni da je vredna. „Arkanovci" iz prvog ešalona su, po toj priči, prethodno vodili žestoke borbe da se to mesto osvoji i da u njega uđu prvi. Posle njihovog „češljanja" sela dolazili bi borci drugog ešalona na kamionima i traktorima i kupili ostalo.

S predsednikom RSK Goranom Hadžićem, pričalo se, proizišao je biznis s naftom iz Mirkovaca.

Komandant Garde, međutim, bio je i jedan od donatora izgradnje mnogih objekata. U Borovu je Arkan bio glavni donator novog obdaništa *Vukašin Vule Šoškoćanin*.

Arkan je otvoreno pričao kako je sâm naoružavao svoje „Tigrove":

„Počeli smo u Tenji s tri lovačke puške, jednim 'heklerom' i nekoliko pištolja. Prvi snajper smo zarobili od Hrvata. Tek posle smo od TO Tenja dobili automatske puške. Nas nije naoružavala ni JNA, ni Beograd. Zarobili smo sedam tenkova u borbama za Kerestinovo.

Njih smo menjali kod JNA za municiju i hranu. Mi tada nismo bili u ljubavi s JNA. Njihovi oficiri su bili komotni, zarozani, neobrijani, često pijani. A moji su bili uvek obrijani, utegnuti. A alkohol im je bio najstrože zabranjen. Tvrdim da moji vojnici nisu počinili nijedan zločin. U borbu smo išli bez posustajanja. Povlačenja nije bilo nikada! Ranjenike i tela poginulih nismo ostavljali na položaju. Uvek smo kretali s pesmom na usnama", pričao je Arkan.

Za mlade borce bio je legenda za života. Mladi Srbi su ga opisivali kao svog idola. U knjizi *Legenda za upućene*, objavljene su najbolje priče s konkursa *Radio B92* za ratnu priču s područja bivše SFRJ. Krajem oktobra 1993. godine pobedila je priča o Arkanu s naslovom *On je bog*.

Oslobađanje Bijeljine

Već septembra 1991. Garda je imala 600 vojnika s bukvicama. Svojom hrabrošću istakli su se i Nenad Marković i uvek nasmejana Ljubinka Adamović, koju su svi zvali Lutka. Došla je iz Osijeka kod komandanta. Mirko Vuković Crnogorac je vodio desetinu kroz Bogdanovce. Garda je imala samo u prvoj godini osamdeset noćnih dejstava. Među prvima je stradao komandantov šurak Šale Vuković, brat Arkanove supruge. Poginuo je u Novoj Tenji prilikom napada na Dom ustaške garde. Pogodio ga je zalutali metak. Pao je, a da Komandant to nije ni primetio.

Vojnik SDG-a bio je i Arif Naser s Kosmeta. Boban Sibinović je bio pesnik Garde. Bili su tu, uz komandanta, ljudi neobičnih nadimaka Šicka, Crvka, Zeljo, Cema Legija ili Milorad Ulemek. U oficirskom koru bio je Cope, pukovnik Stojan Novaković, vlasnik picerije *Tifani* i FK *Obilić*, pukovnik Sava, pekar iz *Merkatora*. Arkanov čovek do kraja bio je i Vojkan Đurović zvani Puškar, s kojim je oslobađao Bijeljinu. Dragoslav Mitić je bio čuveni Bombaš iz Kragujevca. Kod Prijedora su razbili bataljon 502. brigade ustaša i oslobodili grad. Srpska dobrovoljačka garda je prošla Novu Tenju, Laslovo, Borovo naselje, Bogdanovce, Tordince, Lužac, Trpinjsku cestu, Ernestinovo, Tenjski Artunovac, Bijeljinu, Zvornik, Brčko, Čeliće, Obrovac, Kašić, Benkovac, Velebit, Mali Alan, Škabrnju, Sanski Most, Novi Grad, Ključ i Manjaču. Bili su pred Osijekom.

Garda je od dvadeset šest dobrovoljaca izrasla u armiju s 5.000 ljudi, koja je u jednom trenutku bila u prilici da dobije tajno rusko oružje od Vladimira Žirinovskog. Oružje je elektronsko, i po rečima specijalnog ruskog izaslanika Aleksandra Ivanoviča Vidnjekina nalazilo se van Jugoslavije. U to vreme 1993. godine u Gardi je bilo sedam ruskih dobrovoljaca. Oružje nikada nije viđeno, niti je proradilo, pa je ostalo samo propagandni potez.

Srpska dobrovoljačka garda učestvovala je u mnogim borbama za odbranu srpskih ognjišta i naroda. O tim prvim ratnim akcijama vođena je precizna evidencija:

– U avgustu 1991. godine noćnim akcijama počela je odbrana od ustaša u Novom Tenju. Poginuo je jedan borac, a dva su ranjena.

– Sredinom 1991. ustaše su u Laslovu napravile svoje glavno uporište. Konačno je oslobođeno 24. novembra u borbama koje su trajale dva dana. Poginula su četiri borca SDG-a.

– Tokom septembra i oktobra 1991. više puta vođene su borbe u Borovu, Borovo Naselju i Lušcu.

– Prvog i drugog oktobra 1991. vođene su borbe u Bogdanovcima uz dva ranjena borca.

– Bitka za Tordince bila je 26. i 27. oktobra 1991. godine bez gubitaka.

– Akcija u Borovu Naselju iz Borova Sela 8. novembra 1991. imala je dvojicu poginulih i tri ranjena borca SDG-a.

– U akciji u Borovu Naselju od 13. do 18. novembra 1991. godine poginuo je jedan borac, a ranjena dvojica.

– Odbrana Lušca bila je 2. i 3. novembra 1991. godine.

– Borba za Ernestinovo 21. novembra 1991. godine uzela je SDG-u jednog gardistu.

– Okršaj SDG-a u Antonovcu 7. decembra 1991. bio je bez gubitaka.

– Od 1. do 4. aprila 1992. godine trajala je borba SDG-a za Bijeljinu i to bez gubitaka.

Kako je to bilo, pričao je komandant mnogo puta novinarima:

„Neki naši članovi SDG-a su nam slali redovno podatke o stanju u Bijeljini. Kao, na primer, Vojo Đurković nam je javio da se muslimani naoružavaju. Da postoji preko 300 kalašnjikova u Janji, preko 600 u samoj Bijeljini, da je ubačena u grad jedna hrvatska jedinica sastavljena od Šiptara. Da je napravljen spisak viđenijih Srba za odstrel. Mi smo u toku noći pristigli. Oni su već držali punktove u samoj Bijeljini pod snajperskom vatrom. Mi smo formacijski ušli u Bijeljinu i zauzeli centar. Borba je bila nemilosrdna, hrvatske bojovnike nismo štedeli. Oni su koristili automate „šokce", na kojima je pisalo *Made in Croatia*. Bili su zelene boje, pravljeni su specijalno za ustaše i za njihove muslimane.

Oslobodili smo kasarnu, a pukovnik Masala nije hteo iz nje da izađe, a posle mi je popovao kako treba da se borimo. Naravno, pomogao nam je i narod, uzeo je puške u ruke. Major Gavrilović je iz magacina naoružao narod. Istakao se i moj vojnik Mauzer, koji je kasnije postao komandant grupe *Panter*. Imali smo u jednom trenutku u Bijeljini i 3.500 ljudi sa sobom... A u prvom naletu nas je bilo samo šezdeset... Kasnije smo hteli da idemo na Tuzlu, ali mi Biljana Plavšić nije dala...‟

Hadžić je zajedno s komandantom Arkanom išao na prvu liniju fronta i u Kninsku krajinu da pomogne naše Krajišnike. I o tome mi je govorio:

„U Obrovac je Arkan dovezao sedamnaest tona hrane, goriva, lekova i cigareta. Oni su nas, međutim, dočekali s nepoverenjem, kao da ćemo im mi nešto uzeti, iako smo im nosili hranu. Dešavalo se da nam snajperska zrna zuje oko glave. Arkan je bio neverovatno hrabar komandant. Direktno je učestvovao u svim borbama sa svojom gardom, koja je tada bila u sastavu TO Krajine i JNA. Učestvovao je u akcijama oslobađanja Erestinova, Borova Naselja i drugih mesta. Arkan je bio uvek tamo gde je gusto. Na Bogdanovcima je nestao. Mislili smo da je mrtav, a on se iznenada pojavio iz kukuruza. Prepešačio je sâm kilometre i kilometre kroz ustašku teritoriju da bi došao natrag živ u svoju gardu.‟

Posle dva meseca Vlada SAO Slavonija je imenovala Arkana za glavnokomandujućeg svih srpskih dobrovoljaca. O svojoj armiji komandant je govorio s gordošću:

„Srpska dobrovoljačka garda je savremena, mlada i hrabra srpska vojska. Moji borci su pravi tigrovi. Ponosim se njima, nesebični su, odani, neustrašivi. Oni znaju da se bore za svoj srpski narod i svoju svetu Pravoslavnu crkvu!‟

Garda je vatreno krštenje imala u noćnoj akciji u Novom Tenju. Tada su pale i prve žrtve, jedan dobrovoljac je poginuo, a dvojica su teško ranjeni. U novom napadu na Tenju 4. septembra 1991. ginu još četvorica „Tigrova". Borbe su ovde trajale više od dva meseca. Garda je obučavala narod da se bori s njim. Tukli su se za Borovo, Borovo Naselje, Lužac, Laslovo, Bogdanovce, Tordince, Ernestinovo. Tu su u novembru 1991. ustaše ranile i komandanta Arkana. Snajperista ga je pogodio u šaku.

Kada su Hrvati isterani iz Erduta, Hrvatskom se raširila fama o „arkanovcima". Tu famu je dodatno raspirivala Tuđmanova vlast preko svih medija, naročito državne televizije. Ostaće zabeleženo da je u jednom izveštaju HRT-a novinar „iz pouzdanih izvora" javljao da Arkanove „zvjeri peku hrvatsku djecu i onda ih u slast jedu"!!!

Arkan je već tada dosta pažnje posvećivao svom vojnom marketingu, pa je rado puštao reportere da snimaju njega i SDG, a i da ih prate u borbama.

Iako je bio gradski čovek, uvek ga je pratila ratnička legenda o njemu kao nesalomivom borcu. Jednom ga je bomba bačena iz obližnjeg rova pogodila u glavu, drugi put je ranjen u ruku, treći put su ga okružili, ali je ispuzao.

Arkan je kao komandant Srpske dobrovoljačke garde prvo bio Jugosloven, a potom veliki Srbin. Pre odlaska u boj dobrovoljci su išli na molitvu u Sabornu crkvu u Dalju:

„Borimo se da povratimo granice bivše Jugoslavije, sve do Sežane, jer su to srpske granice, Slovenija će opet biti Srpska Slovenija, Hrvatska – Srpska Hrvatska, Bosna – Srpska Bosna, Makedonija – Srpska Makedonija. Slovenija je srpska zato što sam ja u njoj rođen i zato što su se Slovenci udružili s našim neprijateljima, ustašama, pa ćemo morati da ih vojnički porazimo, a pobednik ima pravo da po svom ćefu kroji granice i osvojenim teritorijama daje imena koja on hoće."

Komadantova glava je u Hrvatskoj i Bosni od agencije CIA bila ucenjena na milion dolara.

Komandant nije krio da njegovi ljudi ginu za srpstvo i pravoslavlje. Najcrnji mesec mu je bio oktobar 1992. kada je izgubio 21 borca, a 66 ih je ranjeno.

Jedno vreme Centar za obuku SDG bio je i dom Gorana Hadžića, predsednika Republike Srpske Krajine. U martu 1992. Arkan je sa svojim gardistima obezbeđivao zasedanje Skupštine RSK u Borovu.

„Svi smo bili to veče u plavim uniformama. Narod nije mogao da veruje da je svako od nas bio identično odeven, obučen i naoružan. Usred ratnog vihora mnogima je bilo nepojmljivo da nekoliko stotina vojnika može tako da se uparadi", priseća se jedan od gardista.

Na pomenutoj sednici Skupštine RSK Goran Hadžić je proglašen za predsednika, a u sali je bio i Željko Ražnatović Arkan, koji je iste noći bio imenovan za savetnika predsednika i tako praktično postao član vlade RSK. Bio je to njegov prvi politički angažman.

Srbi su verovali Arkanu! On je bio novi narodni heroj.

Televizija Novi Sad emitovala je 1992. godine šesnaestominutnu filmsku storiju o Srpskoj dobrovoljačkoj gardi. Snimljeni materijal o „Tigrovima" u trajanju od četrdeset pet minuta Srpska dobrovoljačka garda napravila je u sopstvenoj produkciji.

Kapetan Dragan

Tokom januarske ofanzive Hrvatske vojske 1993. godine SDG se pojavila u severnoj Dalmaciji, gde su se borili na Velebitu. Komandant je o tome pričao novinaru Gojku Đogu:

„Bili smo stacionirani u Erdutu, ali smo kontrolisali Slavoniju, Baranju i zapadni Srem. Bili smo jedinica zadužena za antiteroristička i antidiverzantska dejstva. Hvatali smo diverzante na ovom prostoru i čuvali mir. Čak smo bili i Milicija Krajine. Mislim da narod nigde nismo razočarali.

U januaru 1993. smo imali ofanzivu u Republici Srpskoj Krajini. Tada sam bio poslanik Republike Srbije i mogao sam da sedim u skupštinskoj fotelji i da navijam za naš narod. Međutim, ja imam obilićke krvi, ja ne mogu da sedim. Preznojio sam se jedne noći i ujutro poveo ojačan bataljon u Benkovac. Tamo sam našao kasarnu JNA sa sedam hiljada i kada sam ih pozvao u gardu, javilo se samo stotinak ljudi. Rasulo jedno! Mi smo nekoliko puta, na primer, osvajali Baturine, Kašić, ali nije bilo snage da se čuva taj prostor. A domaći nisu hteli da čuvaju ništa. Govorili su: 'Došli su Arkanovi, vi se borite, mi ćemo gledati!'"

U Krajini komandant Arkan se sreo i s Kapetanom Draganom, s kojim se fotografisao. O ovom dobrovoljcu komandant je jednom prilikom izjavio:

„Kapetan Dragan je bio dobar vojnik, inače, čovek koji je došao da bude slavan, jer je Srbima bio potreban takav neko. Međutim, te priče su pale brzo u vodu, jer su Knindže bili ljudi iz Srbije. Ljudi iz Krajine su bili kod njih na obuci, hrabro su se borili. Ja to strašno cenim, međutim, to se raspalo kao mehur jer je Kapetan Dragan izgubio autoritet kod njih. Kad su usledile prave borbe Knindže se nisu pokazale, pa je i priča o Kapetanu Draganu splasnula..."

Dragan Vasiljković, kako se prezivao ovaj momak pridošao iz daleke Australije u Srbiju da se tuče po Krajini za srpstvo i pravoslavlje, dugo je skrivao svoj pravi identitet. Ipak, pratio ga je glas da je bio avanturista i čovek ponekad posvađan sa zakonom.

Odrastao je u domu za decu bez roditelja. Gospođa Ljubinka Žikić ga je usvojila i podigla od njegove treće godine. Tu u domu je pročitao knjigu *Družina Sinji galeb*, koja je u njemu razbudila osećanje za avanturu i putovanja. Kao momak s novom majkom došao je na peti kontinent. Upisao je Vojnu akademiju i sa armijom kao profesionalac proputovao čitavu Australiju, Novi Zeland, Tasmaniju...

I kada je Vasiljkovića život stavio pred dilemu žena, porodica ili putovanja, odlučio se da sedne na svoju jahtu i krene u svet.

Krenuo je iz Melburna i stigao do Hamburga, a potom avionom do Boke Kotorske. Beograd je onda bio blizu.

Tu je Dragan Vasiljković obukao uniformu srpskog dobrovoljca i postao Kapetan Dragan:

„Nakon operacije 'Žaoka', kojom je uzeta Glina 1992. godine, razrešen sam komande i vraćen za Beograd. Rekli su mi da sam ja svoj posao završio i da će to armija da uzme sada u svoje ruke. Znao sam da nisam završio posao, i kada su doneli odluku da me sklone iz Krajine, ja sam, ipak, verovao da je to privremeno da su ljudi koji su donosili tu odluku napravili grešku i da kad budu shvatili tu grešku da će me vratiti.

Onda sam osnovao ovaj *Fond kapetan Dragan*, jer odnos države u to vreme prema vojniku i prema ranjeniku nije bio adekvatan. Tih prvih osam meseci rata država nije znala šta će s ranjenicima, tako da je fond postao institucija koja je počela da deluje kao savest države.

U to vreme su počeli i moji javni nastupi jer mi je bilo jako važno da ostanem u jeku zbivanja, jer sam verovao da će opet doći vreme kad ćemo morati da nastavimo rat.“

To se i dogodilo. Ovoga puta kapetan Dragan je popularisao svoju vojsku u Krajini i nazvao je „Knindže“. Njih je bilo svega šezdeset sedam. Ali je zato kroz njegov kamp za obuku i pripremu ratnika prošlo dvanaest hiljada ljudi.

JUGOSLOVENSKI PSI RATA

Jedan tajnik hrvatskih ratnika, koga je stvorila zagrebačka tajna policija, bio je Mladen Naletilić poznat kao Tuta. On je u Hercegovini imenovan za komandanta Kažnjeničke bojne, dobrovoljačke brigade čiji su se pripadnici milicije mogli lako prepoznati po naočarima za sunce i obrijanim glavama. Naletilić je imao štab u Mostaru i tu je lično preuzeo odgovornost za rušenje šesnaest vekova starog mosta. Kao i mnogi drugi ustaški domoljupci i Naletilić je u Evropi bio kriminalac, ali i doušnik SDB SSUP-a. Radio je za jugoslovensku tajnu policiju. A nalazio se na poternici Interpola zbog niza zločina. I hvalio se svojim vezama s teroristima kao što su Karlos i IRA.

U Hercegovini je živeo u jednom starom zamku u Širokom brijegu, oko petnaest kilometara severozapadno od Mostara. Ovaj zamak je bio pod teškom stražom i okružen sigurnosnim ogradama, pod stalnim je nadzorom video-kamera. Najbliži Tutin saradnik bio je Vinko Martinović zvani Štela.

Obojica su se više borili protiv muslimana, nego protiv Srba u BiH. I njega je muslimanska vlada u Sarajevu teretila za ratne zločine nad muslimanskim civilima. On se vozio zapadnim delom Mostara u jaguaru, praćen svojim telohraniteljima, kao šerif.

Naletilić i Martinović su samo u Mostaru bili odgovorni za oko dvadeset otmica, čije su žrtve većinom bili ljudi nespremni da „sarađuju" – pisalo je u dosijeima koje je sačinio nemački mirotvorac Verner Štok. Evropski policajci su 1996. utvrdili da su Tuta i Štel iz mafijaških prihoda finansirali novu hrvatsku policiju u zapadnom delu Mostara. Prema izveštaju Ifora ova dvojica mafijaša su zarađivali na desetine miliona dolara, jer su kontrolisali raspodelu ispražnjenih muslimanskih stanova, uključujući i oko petsto stanova u zapadnom Mostaru iz kojih su 1995. godine isterane muslimanske porodice. Mladena Naletilića je u Hrvatskoj bio glas kockara koji nije naučio da gubi. Imao je pedeset jednu godinu kada je došao da vodi svoj domoljubni rat. Potiče iz Širokog brijega, iz porodice Mate i Slavke Naletilić sa šestoro dece. Rođen je 1. januara 1946. godine. U Širokom brijegu završio je prva dva razreda gimnazije, a onda je falsifikovao matursku diplomu i upisao fakultet u Sarajevu. Kao brucoš 1968. godine delio je letke protiv jugoslovenskog sistema i vlasti, pa je, kako je sâm jednom prilikom rekao, pobegao preko granice da ne bi bio uhapšen.

U Nemačkoj je Tuta završio menadžersku školu, što mu je omogućilo da uđe u biznis s noćnim lokalima i kockarnicama u Bavarskoj, Holandiji i Belgiji. Postao je poznat kao poslovni čovek tek kada je formirao *Nalet* internacionalni menadžerski servis, preduzeće koje se po Evropi bavilo svim i svačim. Sâm se po Hrvatskoj hvalio da se kockao sa Omarom Šarifom, da se družio sa Ernstom Blohom i Hajnrihom Belom, gradeći tako svoj intelektualni imidž u domovini Hrvatskoj. Kao emigrant iz SFRJ dugo je nosio nadimak „Udbaš", jer se družio sa Željkom Naletilićem i Stankom Čolakom, koji su ga uveli u operaciju „Marlboro". Imao je tajno ime „Slavko sa Širokog brijega".

Kako se Tuta posle nekoliko akcija protiv jugoslovenskih predstavništava dokazao kao ustaša, izabran je za predsednika organizacije *Ujedinjeni Hrvati Evrope*. Družio se s Brunom Bušićem i mnogim drugim poznatim hrvatskim emigrantima, ali i s ljudima iz srpskog podzemlja u Nemačkoj. Lično je poznavao Ljubomira Magaša – Ljubu Zemunca i Željka Ražnatovića Arkana. Zbog svojih kriminalnih radnji u Nemačkoj hrvatski emigrant Mladen Naletilić dospeo je i na poternice Interpola. Tuta se vratio u Hrvatsku 1990, posle dvadesetogodišnje emigracije, nakon obećanja Stanka Čolaka iz savezne tajne policije SFRJ, inače, mostarskog Hrvata i Arkanovog kuma, da ga neće uhapsiti. Sa sobom je doveo sinove iz prvog braka s jednom Nemicom, desetogodišnjeg Uda i dvanaestogodišnjeg Matu, dok je desetogodišnjeg Krisa, iz braka s crnkinjom Barber, ostavio majci u inostranstvu.

Imao je kazino u zagrebačkom hotelu *Holidej in*, a zatim i prvu kockarnicu u Mostaru. Život u glavnom hercegovačkom gradu toliko mu se dopao da je iznad Neretve podigao vilu s bazenom u kojoj je sve do hapšenja provodio svoje slobodno vreme. Kao Hercegovac, nacionalista prve vrste, Naletilić je bio veliki prijatelj s Matom Bobanom i generalom emigrantom Gojkom Šušakom, koji mu je poverio stvaranje ustaške paravojske, a kasnije i mostarske paramilicije – Kažnjenička bojna. Držao je u početku obuku muslimanskoj vojsci, Jusuf Juka Prazina mu je bio veliki prijatelj i odličan učenik, a potom je držao i obuku pripadnika HOS-u u Hercegovini.

Tuta je ratovao protiv JNA i tada pukovnika Momčila Perišića u Zadru, kada je i ranjen. U borbama na Veležu general Tuta dobio je geler u glavu, koji mu i danas tamo stoji. Sâm se hvalio da je s Martinovićem organizovao seriju diverzija po Beogradu. „Jedna od paklenih mašina je postavljena i eksplodirala je u Arkanovom lokalu, gdje se okupljaju njegovi saborci.“

Hrvatski kum Tuta

Prvo veliko bogatstvo Tuta je stekao tokom rata, zahvaljujući preprodaji goriva Srbima dok smo bili pod međunarodnim sankcijama. Drugi izvor bogaćenja bile su sve vrste carinskih dažbina u Hercegovini i na granici prema BiH. S tim novcima Naletilić je kao kum, kako je pisalo u izveštajima Interpola i Ifora, učestvovao u programu privatizacije u Hrvatskoj. On je tada smatrao da su njegovi postupci „legitimni“ zbog njegovog učešća u ratu, jer ima pravo na ratni plen: „Mi smo se borili i imamo pravo da uzmemo ono što hoćemo i samo tu pravdu prihvatam“, govorio je Mladen Naletilić, koga su svi u Mostaru zvali jednostavno General. Treći, možda najveći izvor njegovog bogatstva i moći, bila je ilegalna trgovina narkoticima, koje je general Tuta dovozio iz Italije i rasparčavao preko Mostara do Sarajeva, Zagreba i Skoplja. O tome su pisali mnogi svetski časopisi kao o kanalu dvojice „ratnih gospodara“ Naletilića i Martinovića. Kada je ta optužba osvanula u zagrebačkim novinama general Tuta, osion i moćan, direktno je za šverc droge okrivio šefa tajne policije Miroslava Tuđmana, rečima da „načelnik Tuđman o narko-mafiji u Hrvatskoj ima više informacija od mene“. Njegov saradnik Štela nije pre rata bio poznat u Hrvatskoj kao general Tuta. Ovaj tridesetčetvorogodišnji mostarski taksista „proslavio“ se, prvo kao pripadnik HOS-a, a posebno kao komandant paravojne jedinice „Vinko Škrobo“, koja je po etničkom principu čistila Hercegovinu od muslimana. Zvanično, Vinko Martinović je bio vlasnik auto-servisa i auto-perionice, ali su ga Mostarci najlakše prepoznavali po metalik mercedesu 300, kojim se šetkao po gradu i po džipu marke nisan s kojim je odlazio u ratne pohode.

Učestvovao je u ubistvu Blaža Kreljavića, generala HOS-a i njegove pratilje. Ovaj emigrant iz Austrije, poreklom iz Ljubuškog, zamerio mu se jer je bio protiv paravojske, a posebno protiv Tutine jedinice

Kažnjeničke bojne. Kada je general Blaž Kraljević prešao u Armiju BiH, komandanti Naletilić i Martinović su iskoristili priliku da ga likvidiraju „zbog izdaje hrvatske stvari", jer je navodno hteo da izvrši vojni napad na HVO.

Pritisnut američkim optužbama da nije u stanju da kontroliše zbivanja u Mostaru i evropskim sumnjama da je Zagreb postao centar za šverc droge i kradenih automobila, hrvatski predsednik Franjo Tuđman i Miroslav Tuđman, šef tajne policije, krenuli su u zimu 1997. u veliku raciju. Krajem februara 1997. u selu Cista Provo, raskrsnici puteva ka Mostaru, Sinju, Tomislavgradu i Omišu, odnosno u okolini Splita, uhapšeni su i Mladen Naletilić, zvani Tuta i Vinko Martinović Štel, kumovi hrvatskog podzemlja. Hapšenje je izvela Antiteroristička brigada specijalne hrvatske policije, mada Tuta i Štel nisu pružili nikakav otpor.

Prvi se uzdao u svoj generalski čin, a drugi u milost hrvatske policije, jer je pre toga imao vatreni dvoboj u Mostaru s policijom Sfora. Pored njih, zagrebačka specijalna policija uhapsila je istovremeno i Marina Mazula, Mladena Čovića, Filipa i Roberta Medića, Jozu Kvesića poznatijeg kao Livi, koji su optuženi za krađe, razbojništva, reket, ubistva. Dok je za Robertom Zupcem, Ivicom Čepom i Mariom Zovkom zvanim Cviko, članovima Tutine vojske, bila raspisana poternica. O ovim hapšenjima hercegovačkog klana u Hrvatskoj i naročito u Herceg-Bosni vladalo je u hrvatskoj javnosti podeljeno mišljenje. Naletilić, aktivni doživotni predsednik Udruženja dobrovoljaca i veterana domovinskog rata, general paravojske i komandant Kažnjeničke bojne, kao i njegov zamenik Martinović, inače zapovednik jedinice „Vinko Škrobo", u Hrvatskoj su slovili kao narodni heroji, jer su se borili protiv Srba i muslimana. Vlasti dejtonske Bosne, a sada i Hrvatske, međutim, smatrali su da je reč o organizovanim kriminalcima, koji su u Mostaru formirali pararelnu vlast, policiju i vojsku, toliko jaku da je mogla da blokira funkcionisanje samog grada i čitave Herceg-Bosne. Pritužbe na njihovu kriminalnu aktivnost počele su da pristižu u Sarajevo, Zagreb, ali i u kancelariju OUN-a tokom 1995. godine.

„Bosanski Hrvati ubiru oko milion dolara dnevno na ime poreza koje su nametnuli na robu koja ulazi u Bosnu." Izjavio je tada Safet Oručević, bivši gradonačelnik istočnog dela Mostara. „I mada su obećali da će ovaj novac dati federaciji, mi do sada od njega nismo videli ništa. Ovde se nalazi sto osamdeset policajaca koji pripadaju vojnim snagama EU, koji ne nose oružje i nemaju ovlašćenja da hapse. Oni zapadni Mostar nazivaju 'evropskom prestonicom kradljivaca automobila'. Pripadnici Ifora su tokom 1996. u Mostaru registrovali oko 6.000 ukradenih automobila iz Italije i Nemačke. I zaključili da Tuta i Štel rade i nelegalne poslove vezane za falsifikovanje viza, preprodaju droga, alkohola i cigareta, kao i da regrutuju prostitutke za rad u Nemačkoj i Holandiji. Građevinska preduzeća koja nisu bila spremna za saradnju sa ovim kriminalcima suočavala su se s krađama materijala i sabotažom opreme."

„Hrvatska demokratska zajednica u Mostaru je mafija", napisao je u svom izveštaju Verner Štok, nemački policijski kapetan. „Ona prikuplja reket od vlasnika prodavnica i uzima procenat od građevinskih firmi. Ova mafija ne želi federaciju, ona želi samo da zarađuje što više novca. Zapadni Mostar je u rukama dvojice gangstera, bosanskih Hrvata. Štel Martinović je učestvovao i u masovnom pogromu i progonu muslimana iz Mostara. U ovom gradu je držao dilersku mrežu s narkoticima i prostitutkama. U njegovom klanu bili su Božo Kožul Baja, Darko Marjanović Daka, Zoran Prskalo, Danko Dragoje, Rina Slišković, Zoran Vukoje, Zoran Madraković, Pavo Zelenika i Darko Tadić Cica. Svi oni su pohapšeni u raciji koju je organizovao Miroslav Tuđman, šef hrvatske tajne policije."

Put u Hag

Kako je pisala zagrebačka štampa kum hrvatskog podzemlja Mladen Naletilić i njegov posilni Vinko Martinović optuženi su za otmicu i ubistvo Roberta Nosića u Ljubuškom 1993. godine. Nosić je u to vreme osumnjičen da je ubio jednog Tutinog borca, pa mu se zato general osvetio. Štelu su Muslimani teretili za genocid, pa se lako može dogoditi da komandant Martinović bude isporučen Haškom tribunalu. Obojica, i Tuta i Štel su okrivljeni i za organizovani kriminal u Mostaru i Zagrebu. Nalazili su se prvih nedelja pod istragom u pritvoru u zagrebačkom zatvoru *Remetinac*, gde je nekad bio zatvoren i Arkan.

Kako su obojica kao dobrovoljci i komandanti paravojske delovali pod patronatom Gojka Šuška, hrvatskog ministra odbrane, u Zagrebu ima ljudi koji veruju da će ih Tuđmanov general spasti robije. Većina je, međutim, ubeđena da će i Franjo i Miroslav Tuđman, koji je posebno kivan na Naletilića, pa i general Gojko Šušak žrtvovati Tutu i

Štela radi mira u Mostaru i dalje saradnje sa Amerikancima i Sforom. Hapšenje Naletilića i Martinovića, dvojice predvodnika hrvatskog podzemlja bila je opomena domovinskim kriminalcima da su Franjo i Miroslav Tuđman odlučili da zavedu red u zemlji. Javnost u Zagrebu je brujala da je to bila posledica krađe sedam Tuđmanovih bundi iz jedne krznarske radnje. Prema policijskim analizama u Hrvatskoj je 1997. godine delovalo pedeset organizovanih bandi kriminalaca, s najmanje dve hiljade gangstera, koji uteruju reket i pljačkaju hrvatske građane. Najviše ih je bilo u naseljima Malešnica, Jarun, Siget, Dubrava, Peščenica i Trešnjevka. Bos zagrebačke auto-mafije bio je Ivan Mirko Krpelnik, koji je ukrao 500 automobila i 1996. je ubijen. Jedan od gradskih kumova je Draga Jurij, plejboj, prvak Evrope u tekvondou, član klana „špansko", koji je pobegao u inostranstvo jer se otkrilo da je ukrao mercedes nećaka ministra odbrane Gojka Šuška.

Međunarodni sud za ratne zločine još je krajem 1998. podigao optužnicu protiv Mladena Naletilića Tute i Vinka Martinovića Štele. Prvi je optužen za sedamnaest, a drugi za dvadeset dva ratna zločina. Istoga dana Haški tribunal izdao je i nalog za njihovo hapšenje i izručenje. Vinko Martinović je pre toga osuđen na osam godina zatvora zbog ubistva jedne mostarske muslimanke, dok je protiv Mladena Naletilića bio u toku sudski proces zbog oružanog napada na Policijsku upravu u Ljubuškom i otmicu vojnika HVO-a za kojeg se sumnja da je ubijen.

Ako je Vinko Martinović Štela u Mostaru bio poznat kao najmoćniji lokalni kriminalac pod zaštitom odore HVO-a, kao švercer i ucenjivač bez političkih ambicija, Mladen Naletilić Tuta bio je svakako ključna figura etnički očišćene herceg-bosanske države. Funkcionisao je kao tajni savetnik Gojka Šuška, kao njegov lični obaveštajac, prijatelj i veoma poverljivi saradnik.

Optužnica Međunarodnog suda za ratne zločine protiv Mladena Naletilića Tute i Vinka Martinovića Štele brojala je nešto više od deset stranica. Ona je otkrivala da je muslimanskim zločinima nad hrvatskim civilima u dolini Neretve prethodilo etničko čišćenje muslimanskog stanovništva u tom području koje je izvršila Kažnjenička bojna komandanta Tute.

Uz zaštićene svedoke koji su za sada označeni samo slovima abecede, spominjana su i imena nekolicine žrtava: Aziz Čolaković, Hamdija Čolaković, Enis Pajo, Nedžad Haramandžić. Svi su oni, s još nebrojenim i neidentificiranim Muslimanima, najprije zarobljeni, potom zatočeni u logoru na mostarskom *Helidromu*, u Štelinoj „bazi" ili u

Tutinom zarobljeničkom centru na Širokom Brijegu, smeštenom u jednoj lokalnoj osnovnoj školi. Skončali su u unakrsnoj vatri na mostarskom Bulevaru i u Šantićevoj ulici. Poginuli su kao hrvatski ratni zarobljenici prisiljeni da kopaju rovove ili prenose municiju preko smrtonosne linije hrvatsko-muslimanskog razdvajanja.

A još pedesetak muslimanskih civila likvidirano je u mostarskoj ispostavi Šteline družine Kažnjeničke bojne u junu 1993. Kao Tutin prilog ratnim zločinima, u optužnici se spominju i njegova gostovanja u konclogoru *Helidrom*, gde je 1993. i 1994. uz mučenja i batine „ispitivao" zarobljenike.

Prema navodima Međunarodnog suda za ratne zločine, operaciju prethodnog etničkog čišćenja civilnog muslimanskog stanovništva u dolini Neretve izvršila je Kažnjenička bojna uz vođstvo Mladena Naletilića Tute. Iz sela Sovići još 20. aprila 1993. deportovano je 450 žena i dece, a seoska džamija je do temelja razrušena. Tuta je javno poručio Hrvatima da će ići u Hag da govori o ratnoj ulozi Franje Tuđmana i Jadranka Prpića. Hrvatska demokratska zajednica se boji da će Tuta progovoriti i, da bi spasao glavu, svu odgovornost za genocid Muslimana prebaciti na predsednika Hrvatske. To je i razlog što Hrvatska nije odmah izručila Mladena Naletilića. Tutin advokat, Krešimir Krsnik, o Haškoj optužnici je kazao: „Ako je Tuta optužen zbog zapovedne odgovornosti, dokazat ću da nije bio zapovednik Kažnjeničke bojne jer je imao status običnog vojnika!"

To Mladena Naletilića, ipak, nije spaslo izručenja Tribunalu u Hagu 26. marta 2000. godine.

Moje ime je Ćelo

Na prostoru BiH delovale su i muslimanske parapolicije, čiji su komandanti bili kriminalci s debelim dosijeima. Ismet Bajramović, bosanski musliman, bio je čovek sa ivice zakona i života, koji je za sebe govorio da je branilac Sarajeva. On je, pričale su Sarajlije, 2. maja 1992. godine sprečio JNA da u grad uđe tenkovima. Kada je likvidiran, imao je nešto više od trideset godina i nadimak Ćelo.

Za života je imao običaj da govori: „Nikad se nisam bojao smrt!"

Bio je fudbaler u FK *Sarajevo*, ali i najuspešniji uterivač dugova u glavnom gradu BiH.

Početkom 1985. dobio je četiri godine robije za silovanje. Rođen je 26. aprila 1966. u porodici autoritativnog oca i slabe nastavnice geografije, kao najmlađe od troje dece. Još u školi je počeo da pesniči. A onda je početkom osamdesetih godina na Skenderiji počeo da se druži s Dragišom Kujačićem, sarajevskim dilerom marihuane. Tako se navukao na drogu. Da bi došli do para, pljačkali su stanove po Sarajevu. Tako je dopao u milicijski gradski zatvor.

Kada je sledeći put upao da krade u stan bliskog prijatelja Branka Mikulića odleteo je na robiju u Zenicu. Tu je završio mafijašku školu:

„Zatvorenici su bili podijeljeni u grupice kriminalaca koje su imale svoje šefove. Vrlo brzo sam shvatio da moram te šefove naučiti da me poštuju, kako bih izbjegao njihova maltretiranja. Nakon što sam svim šefovima pojedinačno pokazao da sam jači od njih, više nisam imao problema, ni s pederima. Ipak, slavu, a i simpatije upravnika, i stražara, pokupio sam nakon jednog nemilog događaja. Naime, jedne večeri svi smo htjeli gledati TV prenos nogometne utakmice, dok je jedan psihopata, ubica dvojice policajaca, kojeg su se svi bojali, htio gledati neku dramu. Nakon što me je ispsovao i izvrijeđao, ustao sam i slomio mu nos i nekoliko rebara. Prijavio sam se sâm, uz opšte oduševljenje stražara i uprave kojima je psihopata bio trn u oku. Dobio sam trideset dana samice, uz nepodijeljene simpatije i povjerenje upravnika i zatvorenika. Svaki put kasnije kada su izbijale pobune u zatvoru upravnik me zvao da traži odgovor i dogovara rješenja. Moje riječi nikada nisu bile pregažene, nikada nisam prevario upravnika, ali ni iznevjerio zatvorenike. U zatvoru sam puno naučio o ljudima i mislim da je zatvor najveća životna škola.“

Tu se upoznao s Radovanom Karadžićem i Momčilom Krajišnikom, koji su robijali po političkoj liniji. Respekt koji su prema Ćeli gajili ljudi u zatvoru nastavio se i nakon njegovog izlaska na slobodu. Ćelo je postao najjači u najzajebanijem zatvoru u državi.

Posle mu je bilo lako da radi. Napustio je posao u *Energoinvestu* i postao mafijaš. Pravi biznis je počeo kao uterivač dugova. Radio je za Aliju Delimustafića, biznismena koji je postao prvi policajac BiH. Ćelino radno mesto se zvanično zvalo „referent za naplatu dugova“. Pošto je bio na lošem glasu nije morao da upotrebljava silu. Barem se sam tako hvalio:

„Najviše sam mrzio one koji ti otvoreno kažu da su uzeli robu, ali da je bez sudske presude neće platiti. A to znači da možda i godinama vrte tuđe pare. E, takvima ja mirno kažem da postoje i 'drugi načini' naplate duga.“

Mislio je da će ga fudbal i trener Mirsad Fazlagić prevaspitati, ali Ćelo za to nije imao živce. Pretukao je trenera.

Kad je došao rat, Ismet Bajramović je postao policajac. Pomagao je i klubu, i fudbalerima *Sarajeva*. Tada je zvanično postao član Uprave FK *Sarajeva*. U to vreme se još družio sa Sašom Karadžićem, sinom doktora Radovana Karadžića, koji je dizao Srbe da ih zaštiti od Muslimana.

Pored Ćele na prvim sarajevskim barikadama našli su se Rato, Vule, Škrba, Stanko, Miga, Juka, Edo, Haris, Kruško, Peja i Sića. Sportisti i kriminalci.

Tada je Ismet Bajramović postao komandant vojne policije Glavnog štaba SDA. Načelnik mu je bio Sefer Halilović. A ponekad i Alija Izetbegović lično. Njihovi protivnici su bili prvo Srbi, a potom Hrvati.

Stradao je, ne zna se, da li od srpskog ili hrvatskog metka, ili mafijaškog pokušaja atentata. O tome Ćelo kaže:

„Ranjen sam 26. septembra 1993. godine, dok sam s prijateljima sjedio u jednoj bašti na Ciglanama. Niko nije čuo pucanj, a mene je zrno pogodilo ispod pazuha, u pravcu srca. U prvi mah sam se trznuo za pištolj, ustao i gledao oko sebe. Niko ništa nije shvatio, i tek kad sam rekao da sam pogođen i da mi treba auto shvatili su o čemu se radi. Napravio sam nekoliko koraka i srušio sam se. Preživio sam dvije kliničke smrti.“

Kao komandant vojne policije naoružavao se preko bosanske mafije iz Nemačke. Ćelo je u Nemačkoj imao dva restorana u kojima su se okupljale sve naše estradne zvijezde, predvođene njegovim prijateljima i divnim ljudima Halidom Bešlićem i Harisom Džinovićem, tako da je imao velike prihode.

Nemačka policija je primala prijave o Ćelu kao o šefu bosanske mafije. Početkom 1994. godine i tamo se Ćelo borio protiv Srba:

„Sa mnom su probleme imali jedino ljudi Fikreta Abdića i Željka Ražnatovića Arkana. Nisam mogao dozvoliti da oni maltretiraju, prijete i zlostavljaju našu raju.“

Zlo Juke Prazine

Za razliku od Ćele koji je bio narodski čovek, samoljubivi kriminalac Jusuf Juka Prazina je u Sarajevu početkom devedesetih postao prva sarajevska ratna legenda i nezvanični general. Gradski siledžija je postao branilac Sarajeva, ali i noćna mora Mostara. Zbog njega se u ovom gradu tepalo kriminalcima, imao je ogromnu medijsku podršku. Uvažavali su ga i lekari i političari i pošten svet iz čistog straha.

Juka je uvek imao bolesnu potrebu za dokazivanjem u raji. Sve što je radio, radio je kao borac za svoje ime i tu rat nije ništa promenio. Pre rata je kod Ćele radio naplatu dugova. Pravio je nevolje. Juka je u Ilijašu prebio ljude zbog duga i Ćelo je morao da ga vadi iz zatvora. Zbog nasilničkog karaktera Ćelo ga je oterao iz svoje bande. Kad je pozvan u paravojsku, rekao je: „Ja neću sa Sandžaklijama!“, misleći na Ramiza Delalića, zato što je iz Srbije. Sujetan i ljubomoran, Juka je iz čista mira prebio i oduzeo oružje Ćelovoj policiji. I posle se izvinjavao:

„Joj, izvini, Ćelo, brata mi, ja nisam znao da su tvoji ljudi. Odmah vraćam oružje.“

Juka je imitirao Ćelu. Imao je dobermane i džip kao i najjači Sarajlija. I Juki je tajni komandant bio Sefer Halilović.

Rođen je 7. septembra 1963. godine kao peto dete Edhema i Safije Prazina. Odrastao u siromašnoj radničkoj porodici, brzo je shvatio da je kriminal najbolji posao. Završio je medicinsku školu, a potom prinudno mesarski zanat i kurs za tkača ćilima. Detinjstvo je proveo u Sutjesci, a potom se preselio na Alipašino polje.

Krajem osamdesetih i početkom devedesetih Juka se bavio uterivanjem dugova. Tajno je bio član grupe „Bosna ’84“, udruženja koje se pripremalo za rat sa Srbima. U sarajevskom podzemlju bio je opasan kao kavgadžija. Zbog jednog pištolja sukobio se sa Samirom Ćatićem, koji ga je na Dobrinji ranio sa sedam metaka. Dve godine kasnije Ćatić je ubijen.

Petog aprila 1992. godine počinje meteorska karijera Jusufa Prazine, Juke komandanta. Za nepuna dva meseca, postrojio je oko 3.000 boraca u jedinicu koju je nazvao „Jukini vukovi“. Njegovi najbliži saradnici bili su Samir Kafedžić Kruško, Edo Omerović, Adnan Solaković, braća Nermin i Emir Sukić, nekadašnji reprezentativci u rvanju. Svoju vojničku karijeru u ovoj je jedinici počeo i Vladimir Divjak, sin generala Jovana Divjaka. Bili su to prvi uniformisani branioci Sarajeva. Bili su odlično naoružani i pancirima. Nosili su crne ratničke kombinizone.

Štab mu je bio u obdaništu kod Doma policije. Svi koji su se interesovali za njegovo formacijsko mesto dobijali su sledeći odgovor: „Juka komanduje rezervnim sastavom specijalne jedinice MUP-a BiH!“

Juka je odmah počeo i medijski rat protiv Srba, a za sebe. Kamera koja je konstantno bila okrenuta ka ulici beležila je jurnjavu njegovih prepoznatljivih automobila. Narod je govorio:

„To je Juka na zadatku."

U to doba su Sarajevom kružile neverovatne vesti: „Juka bacio snajperistu sa sedmog sprata", „Juka rasturio četnike na Vracama", „Juka se javio Seferu telefonom iz hotela *Srbija* na Ilidži!"

Dvanaestog jula 1992. godine Predsedništvo Republike Bosne i Hercegovine donosi Naredbu o postavljenju Jusufa Juke Prazine na dužnost komandanta Specijalnih jedinica Armije BiH. Kažu da mu je predsednik Izetbegović tom prilikom rekao: „Juka, ti si prvi general koji je odbranio grad."

Juka Prazina je ratovao na Vracama i na Igmanu kao terorista. Napadao je i povlačio se s članovima porodice. Supruga Žaklina i njihova kćerka dobile su mesto u avionu UNPROFOR-a, kao porodica armijskog zvaničnika. Otputovao je uz obećanje borcima da će se vratiti brzo, otišao je prvo u Zagreb, potom u Nemačku i Švajcarsku, a onda stigao na Igman. U selu Šahbegovići, na obroncima Bjelašnice, kupio je belog konja da na njemu ujaše u Sarajevo preko srpske Ilidže.

U međuvremenu, Juka je zaista pozvao svoje vojnike da mu se pridruže na Igmanu. Oko dvesta se i odazvalo. Početkom zime 1992. godine Igman je bio tesan za „Jukine vukove" i jedinicu „Zulfikar" na čelu s komandantom Zulfikarom Ališpagom Zukom. Povređenog ponosa Jusuf Prazina je pretukao nekoliko Zukinih vojnika, a onda i zapucao po svojima i time definitivno okrenuo Armiju BiH protiv sebe. Januara 1993. godine usledio je obračun Armije BiH s Jukom Prazinom.

Uhapšeno je 158 Jukinih boraca, a on je pobegao, pa je za generalom izdata poternica. Prilikom napuštanja Igmana i prolaska kroz zonu odgovornosti jedinica Četvrtog korpusa Armije RBiH general Juka je razoružan i s grupom svojih ljudi priveden u Konjic. Po privođenju je prezentirao dokumenta da on i njegovi borci poseduju iskaznice HVO-a. Jusuf Prazina nije uhapšen, jer je zarad dobrih odnosa s Hrvatima u Sarajevu odlučeno da bude i dalje na slobodi. A kada je 6. februara 1993. Juka pred Komandom Četvrtog korpusa odbio da preda oružje pri ulasku u zgradu i zapucao na vojnike BiH, njegova jedinica vukova pretvorena je u bandu kojota. Pobegao je u Mostar i prišao Kažnjeničkoj bojni, jedinici Mladena Naletilića Tute, da zajedno pljačkaju i ruše taj grad.

I kada je ranjen tako da je morao ići sa štakama, Juka Prazina je bio general tajne formacije muslimanske policije. Pokušao je da zaleči rane na Jadranu, ali je nezadovoljan tretmanom, a i u strahu od atentata, prešao u Lijež. Iz Belgije je, međutim, vrlo brzo, pred Novu 1994. godinu, stigla očekivana vest: „Ubijen je Jusuf Prazina!"

Likvidiran je desetak dana ranije, u automobilu s još četvoricom svojih boraca. Ubice nikada nisu otkrivene.

Caco ubija Srbe

U samom Sarajevu srpski živalj najviše su terorisali pripadnici Desete brdske brigade Armije BiH. Njen komandant je bio Mušan Topalović Caco, kriminalac koji je u jednom trenutku zavladao čitavim Sarajevom. Terorisao je Srbe, ali i Muslimane, pa je Predsedništvo BiH pokušalo da ga smeni. Caco je u leto 1993. godine inscenirao pobunu svojih brdskih brigadira, pa je MUP BiH jedva uspeo da spreči njegovo hapšenje.

Zvanično Topalović nije bio pod komandom Prvog korpusa Armije BiH. On je bio samostalni komandant ulice, gde je nasilno mobilisao Muslimane za pljačku, a Srbe, koje je zatvarao u privatne zatvore na Dobrinji, Novom Gradu, Alipašinom polju i još nekim delovima Sarajeva, potom je preprodavao kao roblje. Sarajlije se, na primer, sećaju kada su Cacini ljudi kidnapovali Zorana Bećića.

Maj i jun 1992. godine bili su najopasniji datumi za Srbe u Sarajevu. Mušan Topalović ih je progonio. U zatvoru u hotelu *Zagreb* bili su, na primer, akademik Leovac, i poznati sarajevski lekar Trifko Guzina. Tih zatvora je bilo na Otoci, i u Kliničkom centru kod čuvenog Kineza, pa i u hotelu *Evropa* i na još jednom mestu u Novom Sarajevu.

Srbe je kao taoce držao Cacin brat Nane, koji je trgovao životima Dragana Miljanovića i Srđana Bosiljčića. Kada nisu dobili očekivane pare, Caco je ubio Srđana i Dragana, a hrvatskog taoca Slavena ubio je njegov dželat Armin Hodžić.

Caco je smislio poseban metod za ubijanje Srba. Odvodio ih je na ratnu liniju i komandovao: „Kopaj!" Ostavljao je Srbe na brisanom prostoru, zatim bi zapucao u suprotnom pravcu na srpsku vojsku. Srbi bi uzvratili vatrom i ubili tog Cacovog srpskog civila. Onda je Mušan

Topalović takve žrtve podvodio ne kao ubistvo, kao zločin, već kao ratnu žrtvu: „Stradô na liniji".

Mušan Topalović je bio malo drugačiji tip i od Ćela i od Juke. On nije kao Juka radio za svoje ime. Kod njega je glavna bila mržnja prema drugoj strani koja napada njegov narod i njegov grad. Caco je bio muslimanski heroj Sarajeva samo neko vreme. Pričao je da je radio uz znanje i nalog načelnika Glavnog štaba Armije Bosne i Hercegovine. Ali je voleo, onako za sebe, da kao i Juka, otima oružje i plen od Ćelove policije.

Mušanovo nasilje je trajalo sve do pred kraj 1993. godine, kada je komandant armije BiH Sefer Halilović odlučio da ga skloni.

U jesen 26. oktobra 1993. godine u Sarajevu je došlo do blokade Cacine komande i privođenja u Prvi korpus. Tada je Mušan Topalović likvidiran pod nejasnim okolnostima.

KO CINKARI SRJ

Kada su 1991. godine zaratile dojučerašnje bratske republike SFRJ, javno su zaratile i njihove tajne službe, koje su, doduše već bile u sukobu. Svaka od novonastalih država odmah je i pre zvaničnog priznavanja počela da stvara svoje obaveštajne i kontraobaveštajne direkcije na temeljima dojučerašnje Službe državne bezbednosti. Zato se i događalo da su nekadašnje kolege iz federalne i republičke tajne policije preko noći postajale jedni drugima neprijatelji i strani špijuni. Ti procesi formiranja novih službi su negde bili kratki, kao na primer u Makedoniji, koja je jednostavno podržavala svoj bivši SDB RSUP-a, a negde poduži, kao, na primer, u Hrvatskoj, koja je dve-tri godine prvo čistila svoju tajnu policiju od jugoslovenskih kadrova, a potom ju je reorganizovala da bi je podredila direktnoj komandi i kontroli doktora Franje Tuđmana.

Na isteku 1996. godine Hrvatska je imala šest tajnih službi smeštenih u policiji i vojsci Hrvatske. Tri obaveštajne: Sigurnosna izvještajna služba – SIS u Ministarstvu odbrane, Obaveštajna služba hrvatske vojske – OŠV pri Generalštabu i Diplomatska informativna služba – DIS u Ministarstvu vanjskih poslova. Dve kontraobaveštajne: Ured za nacionalnu sigurnost – UNS MUP-a Hrvatske i KOS Hrvatske vojske. I jednu koordinatorsku: Hrvatska izvještajna služba – HIS. Obaveštajnim službama hrvatske armije nove temelje je udario general Martin Špegelj. Jedan od njihovih šefova je general-bojnik Markica Rebić.

Josip Manolić i Josip Boljkovac su radili na formiranju tajne policije pri MUP-u Hrvatske, koja se u početku zvala Služba za zaštitu ustavnog poretka, pa Ured za zaštitu ustavnog poretka i sada UNS. Hrvatska tajna policija u MUP-u ima šest uprava za unutrašnju bezbednost, za bezbednost predsednika i rukovodstva, za kontraobaveštajni rad, za specijalne akcije i operacije, za informacije i dokumentaciju i za tehniku tj. za tajno praćenje i snimanje. Na njegovom čelu je Luka Bebić, stari i iskusni policajac, doskorašnji predsednik Odbora za unutrašnju politiku i nacionalnu sigurnost u hrvatskom Saboru.

Na čelu HIS-a kao koordinator svih tajnih službi Hrvatske nalazi se Miroslav Tuđman, sin predsednika doktora Franje Tuđmana.

Dotadašnji načelnik Službe državne bezbednosti Jugoslavije i drugi čovek SSUP-a, Zdravko Mustač, svojevremeni organizator hapšenja maspokovaca i doktora Franje Tuđmana među njima, postao je 1990. godine specijalni savetnik doktora Franje Tuđmana za bezbednost.

Zbog bekstva Slovenaca, Hrvata, Muslimana, Makedonaca i bojkota 1992. godine čitava policijska aktivnost SSUP-a svedena je samo na poslove obezbeđivanja saveznih i stranih diplomatskih predstavnika, kontrolu stranaca i međunarodni kriminal. Te 1991. godine u našoj zemlji su delovale četiri vrste službi bezbednosti, reklo bi se svaka za sebe. Vojna, koju je predvodio načelnik Marko Negovanović. Savezna, čiji je vršilac dužnosti bio Pjer Mišović. Saveznog sekretarijata za inostrane poslove, čiji je šef bio Branko Tintor, i republičke tj. pokrajinske službe. U BiH načelnik SDB-a je bio Branko Kvesić, u Hrvatskoj je Josip Vukas, inače predsednik Ureda za zaštitu ustavnog poretka, u Crnoj Gori je bio pukovnik JNA Lazar Boričić, u Makedoniji je bio Stevan Pavlevski. A u Sloveniji Miha Brejc, u Srbiji je bio Zoran Janaćković, a na Kosovu Radosav Lukić. I, na kraju, u Vojvodini, načelnik tajne policije bio je Ratko Sikimić.

Kada je Dobrica Ćosić postao predsednik Jugoslavije, lično je insistirao, po dogovoru s generalom Petrom Gračaninom, da njegov šef kabineta, Dragiša Ristivojević, preuzme vođenje federalne Službe državne bezbednosti. U to vreme kao zamenik ministra Ristivojević se pojavljivao u Saveznoj skupštini na raspravama oko policijskih izveštaja. Ristivojević je bio srpski kadar. Radio je u beogradskoj Upravi SDB-a, u vreme Dušana Stupara, kao načelnik kontraobaveštajnog sektora za Istok i albansku emigraciju pre nego što je krajem osamdesetih prešao u SSUP. Za Ćosićevog mandata Dragiša Ristivojević je samo neko vreme bio v.d. načelnika federalne tajne policije, dok 1992. nije otišao u penziju.

Tada je savezna vlada na mesto ministrovog pomoćnika postavila Mihalja Kertesa, koji je nezvanično vodio i SDB Jugoslavije. S njim je, međutim, država SRJ imala druge probleme.

Ambasadori tuđih država

Kada je 1991. godine došlo do razbijanja SFRJ, dvadeset jugoslovenskih diplomata hrvatskog porekla izrekli su telefonskim putem lojalnost vlasti u Zagrebu, a time i spremnost da istupe iz Saveznog sekretarijata za inostrane poslove Jugoslavije. I to po potrebi Republike Hrvatske, koja je već tada imala u svetu desetak svojih ambasada. Ovo ministarstvo već tada je napustilo dvadesetak Slovenaca, ali nije i Štefan Korošec, ambasador koji je radio za Milana Kučana i deželu. I pored dezerterstva tih Hrvata i Slovenaca te godine SSIP nije postao „srpska kuća" jer nije zastupao interese i Srbije i Crne Gore u inostranstvu. Mnogi jugoslovenski kadrovi u diplomatiji nisu shvatali da SFRJ više ne postoji. Oni su hteli da i dalje nose diplomatske frakove već bivše SFRJ, a neki su se iz te jugoslovenske senke spremali za novi prebeg. Punih pet dana Božidar Gagro, ambasador SFRJ u Parizu nije dolazio na posao, a da o tome niko u diplomatskoj obaveštajnoj službi SID ništa nije znao. Kada se posle tajne posete Zagrebu ovaj ambasador pojavio na poslu u SSIP-u, u sredu 16. septembra 1991, niko ga ništa nije pitao. Nedelju dana kasnije ambasador Božidar Gagro je otkrio svoje karte, jer je podneo neopozivu ostavku na mesto diplomatskog predstavnika SFRJ u Francuskoj. U obrazloženju ostavke napisao je da donosi takvu odluku „... zbog prljavog rata srpskih snaga i federalne armije u Hrvatskoj".

Prema ekskluzivnoj informaciji Ureda predsednika Republike Hrvatske, koji je koordinirao čitavu ovu akciju bojkota SSIP-a, lojalnost su, doduše, telefonski, izjavili ambasadori doktor Zoran Andrić u Manili, doktor Ivan Brnelić u Beču, Božidar Gagro u Parizu, doktor Ivan Iveković u Kairu, doktor Zoran Jakšić u Kuala Lumpuru, Vanja Kalođera u Emiratima, magistar Vjekoslav Koprivnjak u Džakarti, Frane Krnjić u Santjagu, doktor Ivica Mastruko u Vatikanu, Rudolf Mazura u Buenos Ajresu, doktor Anđelko Runjić u Moskvi i Hrvoje Skoko u Kampali. Da bi ovoj svojevrsnoj diplomatskoj izdaji Jugoslavije dali što veći publicitet, ambasador Božidar Gagro je organizovao specijalnu pres-konferenciju, što nije činio dok je četiri godine službovao u Parizu. Njegov kolega profesor Ivica Maštruko se iz Vatikana pak oglasio posebnim pismom koje je poslao ministru odbrane Veljku Kadijeviću i generalu Blagoju Adžiću. U njemu se kaže da je izdaja JNA „častan izlaz", što bi, po doktoru Maštruku, trebalo da znači da je i dezerterstvo iz SSIP-a časno.

Jedini koji se od šezdeset Hrvata među diplomatama u svetu pobunio protiv ove nacionalističke prozivke bio je bivši direktor novinske kuće *Vjesnik*, diplomatski obaveštajac i tadašnji ambasador u Indoneziji Vjekoslav Koprivnjak. On je u svom demantiju *Tanjugu* rekao da nije lojalan Zagrebu i doktoru Tuđmanu. Naime, kako je rekao Koprivnjak, njega je 23. septembra 1991. iz Ureda predsednika Republike Hrvatske zvao gospodin Hrvoje Šarinić, sa zahtevom da im se stavi na raspolaganje. Ambasador Koprivnjak je hrabro odgovorio da je njega imenovalo Predsedništvo SFRJ na predlog Hrvatske i da ga ono jedino i može razrešiti na zahtev te republike. Ovaj jugoslovenski diplomata je tada razmišljao da ponudi ostavku ministru Budimiru Lončaru, ali kada je shvatio da doktor Franjo Tuđman manipuliše njegovim moralnim i nacionalnim principima i osećanjima, da je anketa o lojalnosti Hrvatskoj pokušaj da se ambasadori SFRJ pretvore u izdajnike ili u podanike, onda je Koprivnjak odustao od ostavke. A i od toga da se stavi, kako reče, u propagandnu funkciju politike koja je odgovorna za tragediju u Hrvatskoj. U ime SSIP-a na ovu zagrebačku zaveru odgovorio je stari obaveštajac Milivoje Maksić, zamenik saveznog ministra, koji je u specijalnom uputstvu diplomatskim predstavnicima SFRJ u svetu poručio da hrvatski kadrovi mogu da biraju: ili da rade za SSIP ili za Hrvatsku. Igra na dve ambasadorske stolice nije moguća i ko hoće da predstavlja Hrvatsku neka podnese ostavku. U poslednjoj nedelji septembra 1991. Hrvati iz SSIP-a su na ovu instrukciju svog ministarstva odgovorili ćutanjem. Neki od njih se ubrzano bore za federalnu penziju, drugi za SSIP-ov stan, a treći za novi posao u Zagrebu ili u svetu za Hrvatsku. U međuvremenu, Hrvatska je otvorila u svetu dvadeset pet svojih ambasada pod nazivom Informativni uredi Republike Hrvatske. Služba za istraživanje i dokumentaciju kao obaveštajna služba o tome nije ništa detaljnije javljala SSIP-u i Predsedništvu SFRJ. Prva takva hrvatska ambasada otvorena je još 1977. godine u Sidneju, u režiji ustaškog emigranta i ratnog zločinca Srećka Rovera.

Jugoslavija je 1991. godine bila jedina zemlja na svetu koja ima sedam ministara spoljnih poslova. Svaka naša država imala je svog Budimira Lončara, a istovremeno svaka od njih pravog ministra, tog istog Budimira Lončara Leku, nije podnosila. Srbija i srpski kadrovi u SSIP-u ga smatraju tajnim hrvatskim džokerom koji je očistio SSIP od Srba, zato o njemu pišu parole po zidovima i liftovima ovog ministarstva: „Leka je izdajnik!" Lončarevi jaki ljudi u to vreme u SSIP-u su bili Milisav Pajić, šef kabineta, Branko Branković, načelnik za multilateralu, Zoran Popović, savetnik u Briselu, Milena Vlahović, zamenik načelnika u Upravi za nesvrstane, Vladimir Matić, Duško Simeunović, Jasmina Kamberović, Zorana Đorđević-Kraljević, Duško

Francuski, Stevica Stojanović, Velja Slana, Vladimir Sultanović, Vlado Vilotijević, Ibrahim Đikić.

Ljudi Raifa Dizdarevića u SSIP-u su tada bili njegov brat Faik Dizdarević, ambasador SFRJ u Madridu, i Dževad Mujazinović, ambasador Jugoslavije u SAD. Kada je 1991. izbio rat u Jugoslaviji, ambasador Faik Dizdarević je postao diplomatski predstavnik Alije Izetbegovića, a sâm Raif Dizdarević kao penzioner prešao je iz Beograda da živi u novoj državi Herceg-Bosni. Poslednje prebrojavanje zaposlenih, oktobra 1990. godine, pokazalo je da od 2.243 radnika Srbi čine polovinu. Dok Hrvatska ima dvanaest odsto, a Slovenija jedva četiri. Da bi se slika o srbofobičnoj strukturi SSIP-a pojačala, u velikosprske kadrove uračunati su i fizički radnici, administrativci, ali i Srbi iz Hrvatske, Crne Gore i BiH. Tako je stvoren utisak da je SSIP srpska kuća.

Kada je analizirana, međutim, prava kadrovska moć diplomata u SSIP-u, videlo se da je ta Srbija imala u svetu samo četrnaest ambasadora, a Hrvatska i Slovenija po jedanaest, da su Hrvati i Slovenci bolje raspoređeni tj. da su „držali" zapadne zemlje. Istovremeno dok je oko stotinak Srba ostalo bez posla u SSIP-u, produživani su mandati nekim penzionisanim Slovencima i Hrvatima (Milan Zupan i Marko Kosin). Specijalnim ugovorima, međutim, SSIP je angažovao za dve godine 700 honorarnih diplomata koji rade po svetu. Među njima, opet, najviše je Slovenaca i Hrvata. Ta i takva kadrovska nacionalna slika imala je za posledicu sve manji uticaj Srbije na rad SSIP-a. To je Milivoje Maksić, zamenik ministra, tumačio delimično činjenicom da Srbija, izgleda, nije precizno definisala svoje interese u diplomatiji, za razliku od drugih republika. A i mnogi Srbi u SSIP-u su bili više naklonjeni Jugoslaviji nego Srbiji, jer su više verovali u jugoslovenstvo nego u srpstvo. Tako se 1991. i dogodilo da je, posle odlaska kadrova iz Slovenije i Hrvatske, SSIP postao ničija kuća, a SID ničija obaveštajna služba. Generalno gledano, ono malo obaveštajnog kadra koji je bio u inostranstvu i dalje se bavio, kako je znao i umeo prikupljanjem politički važnih podataka, kontraobaveštajnom zaštitom diplomatsko-konzularnih predstavništava i ekonomskom špijunažom. Svaka republika je, međutim, na svoj način koristila SID za sebe i svoju novu diplomatiju.

U to vreme, međutim, diplomatska obaveštajna služba imala je sve manje posla, jer su njene klasične špijunske aktivnosti počele da odumiru. Svetska diplomatija se sve više vodila otvorenih šaka, interesi Zapada bili su svima očigledni, pa se obaveštajni rad svodio na stalne kontakte s diplomatskim predstavnicima, na izučavanje stranih dokumenata i literature. Tajno snimanje, prisluškivanje i špijuniranje postali su vrhunski poslovi za tehničare i stručnjake na kompjuterima. Jugoslovenski špijuni s dozvolom i imunitetom diplomata, krajem osamdesetih i početkom devedesetih godina, još su se aktivno bavili jugoslovenskom emigracijom i posebno ratnim zločincima. Bilo je to vreme kada je SFRJ tražila od SAD izručenje Andrije Artukovića, a radi političke simetrije, na nagovor Hrvatske, vrlo brzo je Jugoslavija zatražila i ekstradiciju četničkog vojvode Momčila Đujića. Posećujući Upravu za emigraciju imao sam prilike da kod načelnika Zdenka Kopse dobijem spisak traženih ratnih zločinaca s prostora Jugoslavije, o kojima su naši diplomatski obaveštajci redovno izveštavali Predsedništvo SFRJ. Tako je bilo zvanično na nivou SFRJ. Nezvanično pak vrlo brzo se dogodilo da je Hrvatska otvorila svoje granice za sve žive ustaške teroriste, emigrante i ratne zločince. Budimir Lončar kao ministar spoljnih poslova držao je potpuno u svojoj šaci SID. U to vreme načelnik obaveštajne službe bio je Branko Tintor, Srbin iz Hrvatske, stari kadar Ranka Zeca, veliki Jugosloven. I pored njega Budimir Leka Lončar je u zgradi SSIP-a, u Ulici Kneza Miloša 24-26, imao sopstveno obezbeđenje, koje ga je svakog dana sačekivalo na ulazu broj jedan. Kada je osetio da srpsko rukovodstvo od njega zahteva da u svetu štiti interese Srbije i Crne Gore, a ne samo propale Jugoslavije, ministar Lončar je podneo ostavku 26. decembra 1991. godine. Pre nego što je napustio SSIP, kažu svedoci, odneo je sa sobom tri kofera diplomatske dokumentacije, a da ga niko iz SID-a i SSUP-a nije u tome sprečio.

Godinu dana kasnije iz SSIP-a odlazi i Branko Tintor, a na njegovo mesto dolazi Zoran Janaćković, dotadašnji načelnik Službe državne bezbednosti Srbije. Time je Srbija izvršila zvanično i osvajanje Saveznog sekretarijata za inostrane poslove. Kada je SRJ potpala pod sankcije i kada su u svetu zatvorene mnoge jugoslovenske ambasade, zbog smanjenog obima posla, i pasivne diplomatske aktivnosti, kao i zbog rasipanja kadrova, došlo je neminovno i do tihog zamiranja funkcija Službe informacija i dokumentacije. Zoran Janaćković je 1994. godine napustio mesto načelnika SID-a i postao generalni sekretar Ministarstva inostranih poslova treće Jugoslavije. Mesto šefa diplomatske tajne službe je do daljnjeg ostalo upražnjeno, mada je bilo namenjeno srbijanskom predstavniku, a time je i SID do daljnjeg ostao na ledu i faktički ugašen.

Svi naši špijuni

Stvaranjem novih službi tajne policije na srpskim prostorima štićeni su poredak, bezbednost, državne i vojne tajne SRJ, a i Republike Srpske. Ko je devedesetih godina bio u mogućnosti, međutim, da kupuje jugoslovensku, hrvatsku i bosansku štampu, i dnevnu i periodičnu, a posebno vojnu, mogao je u njoj da nađe dosta iscrpne podatke o političkim prilikama u Srbiji, o stanju u Vojsci Jugoslavije, njenom sastavu i naoružanju, a naročito o odnosu vlasti i armije. Afere Panić i Panić, slučaj generala Stefanovića i Trifunovića, skandal Opera, dosije Šljivančanin i mnogi drugi ekscesi koji su poslednjih godina potresali Vojsku Jugoslavije, pružile su priliku domaćoj, ali i stranoj javnosti da se i detaljno upoznaju sa unutrašnjim problemima naše armije, koji su tako preko medija postajali javna tajna. Po mišljenju sudija Vojnog suda u Beogradu, međutim, svi ti podaci i činjenice su i dalje bili vojna tajna, a njihovo saopštavanje strancima i krivično delo izdavanja armije, naroda i države. Tokom 1995. KOS Vojske Jugoslavije otkrio je i pred vojne sudove izveo tridesetak špijuna stranih armija, koji su cinkarili SRJ.

Tako se barem moglo zaključiti, po odluci Vojnog suda iz Beograda, da su na Kosovu vojni kontraobaveštajci otkrili poručnika Eljhama Lugićija i kapetana Azema Muljaja, koji su radili za nepostojeću „Republiku Kosovo“ odnosno za albansku tajnu službu. Oni su odavali tajne podatke o teritorijalnoj odbrani na Kosovu i Metohiji i o jedinicama u kojima su radili.

Vojska Jugoslavije je šturim saopštenjima obavestila, na primer, javnost da su tokom 1995. godine uhapšena trojica oficira iz garnizona u Subotici, Podgorici i Bačkoj Topoli koji su radili za hrvatsku tajnu službu. Zbog krivičnog dela špijunaže iz člana 128. ZKP SRJ, u korist države Hrvatske, pred vojne sudije izvedeni su poručnici Benjamin Zuban i Zoltan Kovač, a potom i kapetan Enver Čavkušić. Početkom 1996. na optuženičkoj klupi Vojnog suda u Beogradu našao se i major Marin Marić, koji je za cinkarenje SRJ i VJ državi Hrvatskoj dobio petnaest godina robije. Ovako visoka kazna zatvora izrečena mu je jer je major Marić uspeo da formira špijunsku mrežu na tlu SRJ, u kojoj su se nalazili, kako je istraga pokazala, i njegova supruga Ljubica Marić, zatim potpukovnik Marijan Špernjak, major Đuro Haraček i izvesni Željko Radanović. U Nišu je Vojni sud na ukupno deset godina robije osudio pak drugu grupu hrvatskih špijuna, u kojoj su bili Ankica Brcković, stara dvadeset jednu godinu, civil na službi u Niškom korpusu, Marijan Ćopa, penzionisani kapetan, Željko Medić, auto-prevoznik iz Beograda, i Josip Barić, major iz Niša. Pokazalo se u istrazi da je vođa grupe – Ankica Brcković, prikupljala od 1993. do 1995. tajne podatke o niškom vojnom aerodromu i Niškom korpusu specijalnih snaga i slala u Nemačku svom ujaku Antonu Pavletiću, obaveštajcu hrvatske tajne službe. Njeni kuriri su bili Željko Medić i Zvonko Blaško, župnik iz Niša. Najveći uspeh KOS VJ zabeležio je otkrićem tzv. mađarske grupe koja je, takođe, bila formirana radi odavanja vojnih i državnih tajni hrvatskoj vojnoj obaveštajnoj službi i nemačkom BND-u. Špijunsku družinu sačinjavala su petorica oficira Ratnog vazduhoplovstva i protivvazdušne odbrane iz Železnika, Batajnice i Podgorice, njihove supruge kao kuriri, i žena jednog beogradskog advokata, koja je bila centar za sakupljanje i odašiljanje informacija preko Mađarske u Hrvatsku. Operacija hvatanja mađarske grupe izvedena je krajem 1995. godine i to posle dobijenih podataka iz samog Zagreba, da jedna Beograđanka svakog meseca dolazi kod generala Davora Domazeta, načelnika vojne tajne službe. Identifikacijom ove špijunske kurirke i njene maršrute, izvršeno je i tajno snimanje svih njenih veza i kontakata u samom Beogradu. Oficirima KOS-a bilo je sumnjivo zašto se ova žena kurir, za koju se pokazalo da je supruga oficira VJ, svake nedelje sastaje s drugim ženama, takođe, suprugama oficira VJ, kod jednog advokata u Ulici Narodnog fronta. I zašto svakog meseca njih pet putuju za Segedin, odakle jedna ilegalno ulazi u Hrvatsku i Zagreb.

Istraga je otkrila da su sve žene oficira VJ bile Hrvatice i da su u toj advokatskoj kancelariji pokušavale da srede papire oko povraćaja svoje imovine u Zagrebu. I da su zbog toga putovale u Hrvatsku, gde su zavrbovane da rade za obaveštajnu službu, uz pristanak svojih muževa Srba – hrvatskih zetova. Po nalozima generala Davora Domazeta petorica oficira Vojske Jugoslavije sakupljali su poverljive podatke o tome da li je SRJ kupila nuklearno oružje od Rusije, kakvi su avioni nabavljeni u Moskvi, da li će VJ odgovoriti na bombardovanje Republike Srpske i pograničnih zona oko Jugoslavije, kakva se istraživanja i koja vrsta proizvodnje obavljaju u vojnim preduzećima i institutima. Na sva ta pitanja mađarska grupa je ponudila svoje odgovore, ali je Zagreb bio najzadovoljniji kada je dobio frekvencije radio-veza Prve armije VJ, koja je prisluškivana preko radara u Mađarskoj.

Tajni agent Rizvan

Mađarska je bila prostor s koga su u Jugoslaviju, a potom i u Republiku Srpsku, iz Poljske ušli agenti Vatikana. To se dogodilo februara 1993. godine, kada su na putu za Bosanski Šamac uhapšeni Alina Kamijenskič, Beata Gracin i Zanijat Darijuš, ekonomista, radnica i zidar. Vođa špijunske grupe bila je četrdesetogodišnja Alina Kamijenskič, ćerka poljskog pukovnika, sestra varšavske inspektorke policije, Moskovljanka po udaji, diplomirani ekonomista bez posla. Sa sobom je povela dva švercera, koji su joj bili vodiči po Bosni, gde je Alina sakupljala poverljive podatke o rasporedu i snazi srpske armije na južnim delovima Save prema Hrvatskoj. Prilikom hapšenja kod ovih Poljaka su pronađeni papiri s vojnim podacima, a i sami su u istrazi priznali da su u SRJ i Bosnu upućeni po nalogu poglavara Katoličke crkve u Varšavi.

Za razliku od njih, kapetan Rizvan Halilović, oficir JNA na službi u Kumanovu, delovao je kao profesionalac. Ovaj oficir rodom iz Bijelog Polja aktivno je radio kao obaveštajac muslimanske vojske, ali i kao tajni agent Pakistana. Halilović je otkriven i uhapšen u Makedoniji, ali mu je suđeno na Vojnom sudu u Nišu. Sudija potpukovnik Radenko Miladinović za špijuniranje Vojske Jugoslavije izrekao mu je kaznu zatvora od tri godine. Kapetan Rizvan Halilović je službovao u JNA petnaestak godina. Radio je u Kumanovu, zvanično do maja 1992. godine, a potom se demobilisao. Veran islamskom nacionalizmu učlanio se u SDA i vrlo brzo postao i čelnik ove stranke u Makedoniji. S te pozicije bio je u mogućnosti da održava kontakte direktno sa Alijom Izetbegovićem i Harisom Silajdžićem, kao i njegovim bratom Husrefom i sestrom Sadžidom Silajdžić u Istanbulu. Tu na Bosforu, kapetan Rizvan Halilović je potpisao pristupnicu Alijinoj vojsci i dobio bosanski pasoš s ljiljanima, ali i sklopio dogovor s Husrefom Silajdžićem, agentom pakistanske obaveštajne službe o saradnji. Boravak u Istanbulu podrazumevao je i bliske susrete s turskom tajnom policijom. A i s Mustafom Bej Karfanjulom, specijalnim savetnikom turskog predsednika za Balkan, koji je, inače, poreklom iz Sjenice. Ovaj Sandžaklija je ujedno i vlasnik agencije *Sandžak vilajet*. Kao čovek koji vodi SDA u Makedoniji i pokriva muslimanski teren u Sandžaku, na Kosmetu i Srbiji i kao doskorašnji oficir Rizvan Halilović je bio dobro obavešten o političkoj, ali i vojnoj situaciji na ovoj našoj strani

Balkana. O tome je iscrpno u Istanbulu referisao Sadžidi Silajdžić i Samiru Kazaliću, a potom u Islamabadu pakistanskim obaveštajcima pukovniku Varišu, majoru Selimu, generalu u penziji Ahmetu i „Profesoru", agentu COS-a u civilu.

Centralna obaveštajna služba (COS) Pakistana je samo jedna od četiri službe bezbednosti u ovoj islamskoj državi. Za razliku od Vojne obaveštajne službe koja odgovara za spoljnu bezbednost Pakistana, Federalne istražne agencije koja brine o sigurnosti unutar ove zemlje kao klasična politička policija, COS je služba koja po uzoru i uz pomoć CIA, deluje i van teritorije Pakistana. Kapetan Rizvan Halilović je krajem novembra 1992. godine u Islamabadu baš sa agentima ove službe pravio planove o naoružavanju vojske Alije Izetbegovića u Bosni. Naime, kako je priznao na Vojnom sudu u Nišu, dvostruki agent Halilović je u Pakistanu saznao da jedan bogati Arapin iz Saudijske Arabije želi da za četrdeset miliona dolara nabavi oružje i opremu bosanskim Muslimanima. Halilović je pakistanskim agentima dao spisak potrebnog naoružanja i municije za četrdeset hiljada vojnika Alije Izetbegovića u Bosni. I predložio da se oružje dopremi brodovima preko luka u Rijeci i Pločama. Rok za isporuku je bio mart 1993. godine. Pakistanci su, međutim, predložili da se oružje transportuje avionima preko Splita, pod znakom Unprofora kao humanitarna pomoć. Ova akcija nazvana je u COS-u „Operacija Kilimandžaro".

Avgusta 1993. godine dvostruki špijun Rizvan Halilović je u svojstvu lidera SDA za Makedoniju opet otišao u Istanbul. Mustafa Bejga je angažovao da učestvuje na savetovanju „Vojna i politička situacija na Balkanu i u Evropi", koje je održano u turskom Domu armije. Na ovom skupu, međutim, opet je uglavnom bilo reči o tajnom naoružavanju Muslimana u Bosni, preko Hrvatske, Mađarske i Slovenije. Dosta vremena je posvećeno iznalaženju mogućnosti da se SRJ uvuče u rat, pa makar i direktnom intervencijom NATO i same Turske. Kao pravci napada pominjani su prostori iz Hrvatske, Mađarske, Albanije, pa čak i Rumunije, Grčke i Bugarske. Kapetan Halilović se tom prilikom opet sreo s pakistanskim generalom Ahmedom, ali i s turskim oficirom Mustafom i agentima Nedinom i Mirsadom. Halilović im je tada predao vojne i topografske karte Jugoslavije, posebno Srbije i Sandžaka, koje je nabavio još dok je bio aktivni oficir JNA. Karte su bile namenjene za pravljenje planova za napad. Tome je prisustvovao i Džemo Kolašinac, bivši oficir JNA, takođe, prebeglica i novi muslimanski ataše u Beču. Na Bosforu se Halilović sreo i sa Sulejmanom Ugljaninom, koji mu je naložio da kasnije poseti sedišta SDA u Zagrebu i Beču. Po dogovoru sa Ugljaninom kapetan Rizvan Halilović je u više navrata prevodio muslimanske izbeglice iz Bosne i Jugoslavije u Makedoniju, a potom u Tursku. Radnici SDB-a su ga, međutim, otkrili kao špijuna i priveli Vojnom sudu u Nišu. Interesantno je da je Halilović uhapšen na auto-putu kod Kumanova, oko šest sati po podne, dok se vraćao iz Skoplja. Zaustavila ga je saobraćajna milicija zbog navodne kontrole vozila, a onda su se pojavila dva policajca u civilu. Bili su to pripadnici SDB-a Makedonije. Prebačen je u druga kola, stavljene su mu lisice na ruke i crni povez na oči. Vraćen je natrag u Skoplje, gde je saslušavan trideset sati, da bi potom tajno bio predat Resoru državne bezbednosti Srbije, odeljenju u Vranju.

Arapske agencije

Svoje prisustvo na bosanskom tlu arapske obaveštajne službe prikrivale su na dva načina: kroz direktan oblik političke i vojne saradnje i kroz organizovanje humanitarne pomoći. Čitav svet je znao da su Iran i Turska finansijski i oružjem pomagali Aliju Izetbegovića i njegovu armiju, a da je arapski svet sakupljao dobrovoljce, mudžahedine, koji su se borili za Alaha na srpskoj zemlji. Prema podacima zapadnih obaveštajnih službi, to se i moglo očekivati s obzirom na to da je Alija Izetbegović bio štićenik Irana i član fundamentalističke organizacije *Fadā'iyān-e Islam*, koja je BiH, još u Titovo vreme smatrala islamskom državom. Prvi i svakako najopasniji i najteži posao islamskih tajnih službi, a pre svega iranskog VEBAK-a u Bosni bilo je samo formiranje muslimanske armije pod vidom partijske paramilicije SDA. Taj posao otpočeo je u proleće 1992. godine, kada su Muslimani u okvirima JNA i TO BiH, odnosno devet vojnih okruga SDA osnovali Glavni štab i regionalne štabove „Patriotske lige naroda", kako je ta vojska nazvana. Izvan BiH ova paravojska imala je svoje centre u Srbiji – Novi Pazar, Tutin, Sjenica, Prijepolje, Nova Varoš, Priboj i u Crnoj Gori – Bijelo Polje, Pljevlja.

U ovim poslovima učestvovala je i nekolicina oficira JNA, prebeglica i špijuna SDA. Neke, poput Farida Mujkanovića i Vahida Karavelića, načelnike centara u Tuzli i Brčkom, otkrili su i uhapsili kontraobaveštajci Vojske Jugoslavije. Karavalić je priznao da je u svojoj agenturnoj mreži imao još nekolicinu bivših oficira JNA. Hamiz Šadić je bio potpukovnik i postao je komandant muslimanskog korpusa u Tuzli, dok je potpukovnik Bajram Šapi nastavio u Alijinoj armiji da se bavi organizacijom vojne obaveštajne službe. Raif Miftari je bio kapetan, a Sead Delić, major, kasnije tajni komandant Opštinskog štaba TO Tuzla. Na listi prebega su i Sefer Halilović, Jovan Divjak, Vehbija Karić. Svi oni dezertirali su iz JNA 1992. godine i sa sobom odneli mnoge vojne tajne. Uhapšeni Mujkanović i Karavalić su svojim dojučerašnjim kolegama iz KOS-a VJ otkrili sve planove i akcije naoružavanja „Patriotske lige naroda", koji su i sprovođeni u Tuzli, Brčkom i Sarajevu po nalozima iz Teherana, Istanbula i Kaira. Glavni organizator ovog islamskog kanala u Tuzli bio je, kako rekoše, Armin Pohara, zastupnik prvo SDA, pa HDZ-a, koji se nakon završenog posla vratio u Zagreb. Tamo je svojevremeno i dao jedan intervju u kome je potvrdio da je još 1992. u Bosnu doveo sto osamdeset mudžahedina i tridesetak iranskih instruktora za obaveštajno-izviđački i diverzantski rad. Bilo je to neposredno posle zvanične posete ajatolaha Ahmeda Janatija Sarajevu i Aliji Izetbegoviću.

Jedna od maski za obaveštajnu pomoć Muslimanima bila je, na primer, Agencija za pomoć trećem svetu – TWRA, kojom je rukovodio sudanski diplomata i lekar doktor Elfatah Hasanein. On je bio i član „Nacionalnog islamskog fronta" zadužen za kontakte s Muslimanima na Balkanu. Cilj ove humanitarne organizacije bio je da tajnim kanalima u vreme embarga na isporuku oružja snabdeva vojsku SDA puškama, automatima, topovima, minama i municijom. Organizator ovog ilegalnog posla – Hasanein – takođe je bio i jugoslovenski đak, jer je studije medicine svojevremeno završio u Beogradu. Govorio je odlično srpski i poznavao je Bosnu, Hrvatsku i Jugoslaviju kao svoj džep. To mu je pomoglo da u Novom Pazaru i Bijelom Polju formira svoje prve agenturne centre u SFRJ. Još sedamdesetih godina Elfatah Hasanein je u Sarajevu upoznao Aliju Izetbegovića, a potom u Prištini i Harisa Silajdžića, s kojima je početkom devedesetih dogovarao poslove oko pripreme obaveštajaca, špijuniranja Srba i naoružavanja muslimanske armije. Drugi punkt preko koga je teklo naoružavanje Muslimana bio je Islamski centar *Merhamet* u Zagrebu, koji je nekoliko godina ranije bio utočište tada naših nesvrstanih prijatelja iz organizacije „Muslimanska braća".

AID minira Markale

Tomo Kovač, bivši ministar unutrašnjih poslova Republike Srpske, jedan je od najvažnijih ljudi u srpskom establišmentu sa one strane Drine. Završio je Višu školu unutrašnjih poslova u Zemunu i Fakultet bezbednosti u Skoplju. Diplomirao je na temi „Rad američkih obaveštajnih službi u Sarajevu za vreme Olimpijade". Sa svega dvadeset tri godine postaje glavni inspektor Državne bezbednosti BiH. Iz DB-a prelazi u javnu bezbednost, gde postaje komandir u sarajevskoj opštini Novi grad, najvećoj policijskoj stanici u bivšoj Jugoslaviji. Svojevremeno je general Petar Gračanin Kovačevu stanicu proglasio i najboljom u SFRJ. Tokom ovog rata Kovač je najpre bio načelnik stanice na Ilidži, potom pomoćnik ministra RS za policiju a s te funkcije tokom celog rata bio je komandant milicije RS. Kraj rata je dočekao kao jedini general policije RS. Ujedno i najmlađi general na svim srpskim zemljama i prvi nosilac Ordena Nemanjića.

Tokom 1991. Tomo Kovač postaje komandant ilidžanske policijske stanice, gde mu je u multietničkoj strukturi bosanskog MUP-a u jednom trenutku iz Srbije, a po sandžačkoj liniji Ejupa Ganića, za zamenika bio određen tek u Bosnu pristigli Naser Orić. On je nekada bio jedan od prvih ljudi u obezbeđenju predsednika Srbije Slobodana Miloševića, a za vreme rata komandant odbrane Srebrenice. Kada je Orić došao na Ilidžu da preuzme dužost, Kovač je bahato upao kod njega i bukvalno ga izbacio iz stanice. Tek posle toga Orić se više nikad nije pojavio na Ilidži. „Meni je bio poznat kriminalni dosije koji ga je pratio iz Srbije i nisam želeo da takvog čoveka imam pod svojom komandom", kaže Kovač.

Posle odlaska Miće Stanišića s mesta ministra unutrašnjih poslova krajem 1992. Tomo Kovač je faktički preuzeo dužnost prvog policajca na Palama, i postao ministar posle akcije „Septembar '93" u Banjaluci. U Ministarstvu je bio do sredine novembra 1995. godine, nekoliko dana pre potpisivanja bosanskog mira u Dejtonu. U ministarske zasluge mu se računaju osnivanje specijalne jedinice MUP-a RS i borba na svim ratištima u Bosni.

„Nije slučajno što je baš Sarajevo izabrano za epicentar rata i mira na Balkanu. Zablude su priče o nekoj 'sarajevskoj raji', pa bratstvu-jedinstvu koje se pokazalo na 'najbolji' način u ovom ratu. Mogu o tome da govorim kao čovek koji je rođen i odrastao u Sarajevu. Mogli smo samo da se trpimo i mazimo, ali onaj koga volimo je bio daleko. Za nas Srbe je to bio Beograd, za Hrvate Zagreb, za Muslimane neka arapska zemlja. Međutim, dok god nisu bili priznati za naciju danas najveći Muslimani su se izjašnjavali kao Srbi, pa čak i Alija. Sve dok Hamdija Pozderac i Tunjo Filipović nisu udarili temelje muslimanske nacije. U Bosni je zaista vođen verski rat između pravoslavaca, katolika i isla- mista, s tim što je jedno vreme mogao da preraste u pravi 'krstaški rat' između hrišćana i muslimana. Godine 1993. u srednjoj Bosni, na primer, došlo je do stapanja nekih srpskih i hrvatskih jedinica. Mi smo zajedno ušli u borbe protiv muslimana, sve dok iz Zagreba nije bilo naređeno da se s takvim aktivnostima prestane."

Toma Kovač, bivši ministar i general srpske policije, o delovanju AID-a kaže:

„Sada je jasno da je slučaj Markale, i prvi, i drugi put, inscenira- la muslimanska tajna služba. Onaj čovek bez ruke čiji se snimci nisu skidali sa CNN-a i SKY-a je Jamaković, šef KDZ-a za jednu sarajevsku opštinu. Mislim da je Markale I i Markale II najverovatnije izrežirao Bakir Alispahić, bivši načelnik Centra javne bezbednosti za Sarajevo, koji je niz godina pre i za sve vreme rata bio u kontaktima s najekstre- mnijim muslimanskim terorističkim organizacijama poput *Hamasa* i sličnih. Preko njega su u Sarajevo unošeni snajperi s nitroglicerinom. Mi smo im ulovili jedan konvoj na prilazu Sarajevu gde su njegovim službenim vozilom kao načelnika sarajevskog CSB-a prebacivani ti snajperi u grad. Sa Srebrenkovićem, koji je došao iz Zagreba, a koji je sa Alijom Izetbegovićem pripadao 'Muslimanskoj braći' Alispahić je koordinirao sve terorističke akcije po Sarajevu. Pouzdano znam da u Sarajevu ima na hiljade dece koja se treniraju kao samoubice za dži- had. Videli ste i one snimke igračaka napunjenih eksplozivom. Kome je taj eksploziv namenjen, srpskoj deci s desne ili leve strane Drine? Za Sarajevo su se tri i po godine vodile žestoke borbe. Mi smo držali u okruženju jedan muslimanski korpus u Sarajevu, a iza leđa još jedan prema Zenici i Bjelašnici. Znate, mi smo bili svesni da Sarajevo nikako ne smemo vojno izgubiti. Znali smo da bi vojni pad Sarajeva ujedno bio i pad Republike Srpske. Kada je na kraju potpisan Dejtonski spo- razum i kada smo crno na belo dobili kakva je Bosna, zagovarao sam na sastancima s čelnim ljudima iz RS da se narodu iz srpskih opština otvoreno saopšte činjenice, da bi se organizovalo njihovo povlačenje i kako ne bismo došli u ovu katastrofu koju ovih dana imamo prili- ke da vidimo. Otvoreno sam na Palama rekao da smo dobili šta smo dobili, ali da sada više nema uzmaka i da se sve ono što je predviđeno Dejtonskim sporazumom mora ispoštovati. Video sam veštu manipulaciju međunarodnih medijatora koji su Srbima posle Dejtona davali lažnu nadu da će moći nešto sarajevskih teritorija da zadrže, svesno ih zavlačeći kako bi dobili na vremenu, da Srbi ne bi uradili sa zapadnim delovima Sarajeva isto što i Hrvati u Mrkonjić gradu i Šipovu – izneli sve proizvodne pogone, a ostalo spalili."

Sarajevo je devedesetih, kažu zapadni diplomati i novinari, bilo bazen prepun krokodila koji jedu sami sebe. Jedan od senzacionalnijih zločina u glavnom gradu Bosne bilo je ubistvo drugog čoveka bosanske obaveštajne službe Nedžada Ugljena, do kojeg je došlo u septembru 1996. On je pogođen u leđa dok je izlazio iz svojih kola. Napadač ga je zatim dokrajčio tako što mu je pucao u usta i nakon toga pobegao. Njegova smrt alarmirala je sve pripadnike zapadnih obaveštajnih službi koje imaju svoje ljude u Sarajevu. Ubistvo Ugljena je čak izazvalo i zabrinutost Međunarodnog suda za ratne zločine u Hagu, s obzirom na to da je ovaj bosanski obaveštajac bio zvanični kontakt između tribunala i bosanske vlade. On je bio odgovoran za zaštitu svedoka s kojima bi istražitelji haškog suda želeli da razgovaraju. Ugljen je, takođe, bio oficir za vezu bosanske obaveštajne službe u kontaktima sa ispostavom CIA u Sarajevu. Neki bosanski zvaničnici smatraju da se on suviše približio Amerikancima i da je izneo neke neprijatne tajne u vezi s ratnim zločinima, uključujući i plan za proizvodnju topovskih granata punjenih bojnim otrovima. S druge strane, Amerikanci su bili zabrinuti zbog kontakata koje je Ugljen imao sa Irancima, čiji sve veći uticaj u Bosni je anatema za Vašington. Oni misle da je Ugljen bio umešan u poslove oko centra za obuku terorista koji su Iranci vodili u Fojnici i u koji su u proleće ove godine upale NATO snage. One su uhapsile trojicu iranskih zvaničnika i zaplenile opremu za sklapanje bombi i kornete za sladoled napravljene od plastičnih eksploziva.

Ima i onih koji veruju da je za Ugljenovo ubistvo odgovorna bosanska vlada ili čak i Agencija za istraživanja i dokumentaciju, Ugljenova lična obaveštajna organizacija osnovana u januaru 1996. a po naređenju bosanskog predsednika Alije Izetbegovića. Tu agenciju su, zapravo, formirali Amerikanci kako bi CIA preko nje mogla zvanično i legalno da deluje u Sarajevu, a i u čitavoj dejtonskoj Bosni. Nedžad Ugljen je bio ujedno i šef ispostave CIA u Bosni. Ali kao čovek koji drži na vezi i Amerikance, i Muslimane, i Irance, a neki kažu čak i oficire KOS-a JNA, Ugljen je bio svestan da mu je život u opasnosti. U tom smislu je letos zatražio da bude evakuisan iz Sarajeva. Međutim, predomislio se. Počeo je da nosi automatsku pušku tipa hekler i koh i obrijao brkove. To mu, međutim, nije spaslo glavu. Nedžad Ugljen je ubijen 28. septembra 1996. godine u Sarajevu, ali je njegova smrt i dalje veoma interesovala obaveštajne službe iz svih delova sveta. Ne bez razloga, jer je Nedžad Ugljen zvanično bio zamenik Kemala Ademovića, šefa muslimanske tajne policije, a nezvanično prvi čovek AID-a. Ugljen je bio čovek za vezu političara i kriminalaca. On je i Stranku demokratske akcije, vladajuću muslimansku partiju, koristio za krijumčarenje oružja, iznuđivanje i pranje novca. Neke evropske diplomate misle da muslimanska Agencija za istraživanje i dokumen-taciju stoji iza rasprostranjenih pokušaja zastrašivanja opozicionih političkih lidera. Ta agencija je, navodno, organizovala napad na biv-šeg premijera Harisa Silajdžića, koji je povređen u junu mesecu 1996. za vreme predsedničke predizborne kampanje. Nedžad Ugljen je uz to bio čovek koji je mnogo znao o muslimanskom podzemlju, posebno o ilegalnoj trgovini oružjem, drogom i srpskim zarobljenicima, ali i o političarima koji su s njima poslovali.

Ugljenova smrt

I jedni i drugi, i političari i kriminalci, imali su svoje razloge za smrt Nedžada Ugljena. Najjači je bio taj što su posumnjali da Ugljen radi za Kontraobaveštajnu službu bivše jugoslovenske armije, jer je i sâm nekada bio tajni policajac SSUP-a SFRJ. Nedžad Ugljen je rođen 1952. godine u Mostaru. Bio je oženjen, otac dvoje dece, u SFRJ radio je za SDB BiH kao načelnik tajne policije u Mostaru. Kada je 1991. godine došlo do nacionalnih deoba u Hercegovini, napustio je Mostar i prešao u Sarajevo, gde se zaposlio kao inspektor Specijalne policije novog MUP-a BiH. Tada je počeo da se bavi i privatnim biznisom, uvozio je i preprodavao cigarete, što mu je omogućilo da se brzo obo-gati, da otvori restoran, a to mu je otvorilo i put ka policijskom ali i političkom vrhu Bosne. Maja 1992. Nedžad Ugljen je prešao u Službu državne bezbednosti MUP-a BiH, koji je vodio Alija Delimustafić. Kao džoker Alije Izetbegovića vrlo brzo je postao podsekretar za privredni kriminal u tajnoj policiji BiH i direktno vodio akciju „Trebević" pro-tiv svojih kolega koji su se bavili crnom berzom, mitom i korupcijom.

Tako je Nedžad Ugljen uspeo iz MUP-a BiH da potisne i samog Aliju Delimustafića, Bakira Izetbegovića, Bakira Alispahića, Munira Alibabića i mnoge druge podsekretare. Kada je SDB MUP-a BiH početkom 1994. godine preimenovan u Agenciju za istraživanje i dokumentaciju, njen podsekretar Ugljen je unapređen u zamenika načelnika AID-a i u vođu ekipe za lično obezbeđenje predsednika Alije Izetbegovića, koja je koristila tajno ime „Biser". Za njega se smatralo da je bio prvi policajac Alije Izetbegovića. Kao tako jak čovek Nedžad Ugljen bio je opasan za svoju okolinu, koja je, izgleda našla razloge i načine da ga se zauvek oslobodi.

Kroz svaku od ovih, doduše, oprečnih teorija u vezi s njegovom smrću provlači se i ideja da je Ugljen ubijen u sukobu u kome su Bosanci pioni u igri širih razmera. Po toj varijanti smrti zamenika načelnika Agencije za istraživanje i dokumentaciju tj. muslimanske tajne policije Amerikanci su ubili Ugljena kao znak odmazde zbog ubistva američkog agenta prošlog leta. Drugi razlog je, pričalo se po Sarajevu, činjenica da Vašington, a ni Zagreb, nisu odobravali rad tajne policije AID i samog Ugljena, jer su kontrolisali političke partnere u dejtonskoj Bosni i jačali vlast muslimanskih nacionalista okupljenih oko Alije Izetbegovića. Međutim, uprkos američkom pritisku na Izetbegovića i AID zbog njihove „iranske veze", koji je imao za posledicu smenu načelnika tajne policije Bakira Alispahića i dovođenjem na njegovo mesto Keme Ademovića, AID je opstajao kao „paralelna" i tajna policija SDA, što je suprotno Dejtonskom sporazumu. A Nedžad Ugljen je opstajao i kao prvi obaveštajac Bosne, i kao saradnik CIA, ali i iranske obaveštajne službe. I treći razlog, tačnije odgovor na pitanje zašto bi to Amerikanci, odnosno CIA, uradili tako nešto usred Sarajeva jeste navodno kidanje veze koje je muslimanska tajna policija AID preko Nedžada Ugljena imala sa iranskom tajnom službom.

Po najnovijoj verziji pretpostavlja se da ga je ubila upravo ruka iranskog džihada. Zamenik šefa tajne policije Alije Izetbegovića, naime, imao je poslednjih meseci zadatak da sakuplja dokaze za tribunal Ujedinjenih nacija za ratne zločine o islamskim fanaticima koji su ubijali Srbe i Hrvate po Bosni. Ugljen, zvanično drugi čovek muslimanske obaveštajne službe, zvanično je bio i oficir za vezu između tribunala UN i bosanske vlade. Iranska obaveštajna služba je Ugljena optuživala da je prošle godine Amerikancima otkrio njihov centar za obuku terorista u Fojnici. I da je odao skloništa i jatake nekolicine mudžahadina koji su se, posle zahteva SAD za proterivanje iz Bosne, skrivali u Sarajevu i Zenici. Smatrajući ga svojim obaveštajcem koji je izdao islamski sveti rat, zvanični Teheran je naredio likvidaciju Nedžada Ugljena. Zadatak je poveren, kako danas javljaju svetske agencije, Mohamedu Pur-Salehu, visokom oficiru iranske tajne službe, koji je 1996. nekoliko dana pre atentata na Ugljena viđen u Sarajevu.

Zagreb – centar islamske agenture

Sve do izbijanja rata u SFRJ preko naše zemlje su vodili mnogi tajni kanali za prebacivanje arapskih ekstremista iz Azije u Evropu i natrag. Taj prljavi posao obavljao se uz saglasnost političkog vrha Jugoslavije i same Službe državne bezbednosti SSUP-a, koju je vodio Zdravko Mustač. Glavni centar za skrivanje ovih terorista bio je Zagreb, dok je Skoplje bilo sedište organizacije „Muslimanska braća". Lider nesvrstanih, zemalja u razvoju i oslobodilačkih pokreta u svetu, bivša Jugoslavija je potajno podržavala ilegalnu antikolonističku i antiimperijalističku borbu Trećeg sveta. Ovu političku odluku na vojnom i policijskom planu, sprovodili su u delo KOS JNA i SDB SSUP-a tako što su pomagali aktivnost ekstremista iz nesvrstanog sveta. Ta pomoć se ogledala u obuci, naoružavanju, finansiranju i političkom pokroviteljstvu tih organizacija, pa čak i kada su neke od njih („Crni septembar", „Muslimanska braća" i „Nacionalna arapska omladina") bile antikomunistički i antijugoslovenski orijentisane. Dobar deo tih organizacija i njihovih članova danas se bori na muslimanskoj i hrvatskoj strani protiv Srba u Bosni i Hrvatskoj, a ima indicija i da podstiču nemire u Sandžaku, na Kosmetu i u Makedoniji.

Malo je poznato, na primer, da je pre masakra palestinskih komandosa nad izraelskim sportistima u minhenskom Olimpijskom selu 1972. godine, Abu Daud, vođa terorističke grupe „Crni septembar", baš iz Jugoslavije krenuo na akciju u Nemačku. On je u SFRJ ušao sa sirijskim pasošem na ime Faruk Zainati. Stigao je iz Libana i sleteo na zagrebački aerodrom *Pleso*. U glavnom gradu Hrvatske Abu Daud je proveo dva dana, a u Ljubljani samo jednu noć. Odseo je u hotelu *Turist*, soba broj 117. Kada je grupa atentatora iz Minhena uhapšena, da bi ih izvukli iz zatvora, Fadi El Katar i Omar Barki, članovi „Crnog septembra" su, posle otmice aviona na liniji Bejrut–Frankfurt zahtevali da se razmena putnika i terorista obavi baš u Zagrebu. Ovom akcijom rukovodio je Zlatko Uzelac, ministar hrvatske policije s generalom Đokom Jovanićem, komandantom Pete armijske oblasti.

Pet godina kasnije, Zduhar Jusuf Akhasne, poznatiji u političkom podzemlju Istoka kao „kapetan Mahmud", uz saglasnost SDB SSUP-a sklonio se u Osijek, posle atentata na Sadija Bakha, bivšeg premijera Severnog Jemena. Ovaj član „Palestinske revolucionarne pravde" dobrih jedanaest dana proveo je u zagrebačkom studentskom domu *Stjepan Radić*. Bio je pre toga u Ljubljani, ali se skrasio u Osijeku, gde se oženio Brankom Nalić. Iz Zagreba je „kapetan Mahmud" s Rizom Abašijem, Čanazom Golamom i Sorajom Ansari 14. oktobra 1977. godine organizovao otmicu nemačkog aviona na liniji Palma de Majorka–Berlin, ne bi li iz zatvora izvukao svoju terorističku sabraću Andreasa Badera i Ulrike Majnhof. Zbog kvara, ovaj avion je, međutim, umesto u Zagreb sleteo u Mogadiš, gde su nemački specijalci likvidirali sve članove grupe „Palestinska revolucionarna pravda".

U proleće 1982. godine posle serije atentata nad izraelskim predstavnicima u Kairu, lider tamošnje frakcije „Muslimanske braće", Hasan Naser prebacio se ilegalno u Jugoslaviju. Tom prilikom sin bivšeg egipatskog predsednika Gamala Abdela Nasera je koristio jugoslovenski pasoš. Iz Kaira je odleteo direktno za Zagreb, odakle je prebačen i sakriven u Mošćeničku Dragu. Pune dve nedelje Hasan Naser je proveo u Zagrebu, da bi potom preko Dubrovnika i Rima, takođe, s jugoslovenskim pasošem, odleteo za Damask. Izrael, Egipat i Interpol su zvanično od SSUP-a tražili izručenje ovog teroriste, ali je naše ministarstvo policije, takođe zvanično, odgovorilo da Naserov sin nije u Jugoslaviji.

Na teritoriji bivše SFRJ 1990. godine bilo je oko 350 članova i simpatizera vojne tajne organizacije „Muslimanska braća". Većina njih su zvanično bili registrovani kao studenti univerziteta u Zagrebu, Skoplju, Sarajevu, Ljubljani i Beogradu. Njihova špijunska i teroristička delatnost odvijala se u dva pravca: prema Siriji, Izraelu, ali i prema Jugoslaviji. Početkom osamdesetih „Muslimanska braća" su u više navrata pokušala atentat na Mahmuda Rifaja, sirijskog konzula i Isama Davara, sirijskog obaveštajca u Beogradu. U kontraudaru, oktobra 1981. godine Sirijci su likvidirali takođe u Beogradu, Mahmuda Vadeha, jednog od vođa ove organizacije u SFRJ.

Na antijugoslovenskom planu „Muslimanska braća" su aktivno sarađivala sa islamskim fundamentalistima u Sarajevu, a posebno s grupom Izetbegović, Prguda, Salihbergović i Đurđević. Kontakte s njima je održavao Duha Abdul Fata, koji je još 1980. godine Rešida Đurđevića naoružao pištoljima i bombama. Vođe ove terorističke organizacije od 107 članova u BiH, tačnije 105 u Sarajevu i dva u Banjaluci, jesu Sirijci: Vasim Ben Asam i Muhamed Bandaki. Vezu sa SDB SSUP, odnosno sa Upravom za specijalne akcije, održavao je Abdul Matri Sermini, koji je radio i za sirijsku tajnu policiju.

Posle akcije SDB SSUP-a „Trebević" 1983. godine, kada je ova grupa uhapšena i osuđena, a i posle akcije SDB RSUP BiH „Jahorina" 1984. kada su uhvaćeni Mohamed Hatunić i Malili Mehtić, dok je Halid Tulić pobegao u Jordan, sedište „Muslimanske braće" se iz Sarajeva preselilo u Zagreb, gde se nalazi i danas. Rukovodstvo „Muslimanske braće" u glavnom gradu Hrvatske 1991. godine činili su uglavnom Jordanci: Bilal Al Kasbi, Munir Gaoban, Adnan Sad Din, Abdul Azet i Hasan Hasejdi. Organizacija ima u samom Zagrebu 120, a u Osijeku još 11 članova i Varaždinu jednog, svrstanih u nekoliko frakcija. Od njih su najpoznatije „Salah Džedid", „Front opozicije", „Al Džarah" i „Naseristi". Njihovi lideri su Muhamed Vadziva Ferhat, Mahmud Menla, Hasan Osman i Ferid Al Asgr.

Neki od njih su u Zagrebu dobili i domovnicu i posao, kao na primer očni lekar Kamal Bira Halil, pedijatar Hamdan Ben Mohamed i doktor Usama Abdu Muhamed, svi Palestinci. Većina njih se i dalje vode kao studenti i to najčešće medicine, kao što su Džafer Ahmed Ani, Vasim Usama Nadri i Ahmed Atar, takođe, Palestinci. Mada ih ima dosta i na studijama građevine i to iz Jordana: Adnan Uarar Hadra, Ahmad Mubarak i Ahmed Munajsa. Ova zagrebačka centrala „Muslimanske braće" uticala je direktno na formiranje ogranka u Ljubljani (lider Ahmed Al Kaid) i Prištini (vođa Ahmad Gasim). I pored brojnih poteškoća s kojima se suočava kroz rad na praćenju, dokumentovanju i presecanju aktivnosti pripadnika „Muslimanske braće", na našoj teritoriji, u proteklom periodu, kako je zapisano u jednom izveštaju SDB SSUP-a, „Služba je uspela da otkrije znatan broj pripadnika ove organizacije i dokumentuje njihovu aktivnost i spregu sa strukturama unutrašnjeg neprijatelja koje deluju s pozicija islamskog fundamentalizma i panislamizma. Na osnovu podataka i saznanja do kojih je Služba došla kroz rad na suprotstavljanju ovoj organizaciji, prema određenom broju lica preduzete su odgovarajuće zakonske mere. Samo u periodu od 1983. do 1989. godine otkazan je boravak u SFRJ za više od trideset afro-azijskih državljana koji su delovali s pozicija ove versko-terorističke organizacije."

Kada su počeli prvi jugoslovenski nemiri devedesetih godina, dobar deo članova „Muslimanske braće" u SFRJ napustio je Sarajevo, Ljubljanu, pa i Zagreb, i preselio se u Skoplje, jer su dobili zadatak da u ovim sredinama pripremaju islamske fundamentaliste za propagandne i terorističke akcije. Šef ove organizacije, ne samo za Jugoslaviju već i za čitavu Istočnu Evropu, postao je 1991. godine Abu Enes, Palestinac poreklom iz Jordana, student pete godine Medicinskog fakulteta u Skoplju. U glavnom gradu Makedonije, pred njeno ocepljenje, nalazilo se čak sto pedeset članova ove tajne islamske organizacije, uglavnom Jordanaca. Pored Abu Enesa u rukovodstvu su još i Jasin Musa Kutš, student građevine, Jakub Abdul Hamis, student medicine i Mensur Makdad, student tehnologije i ujedno tajni agent jordanske službe. Njihov zadatak je da uključe muslimansko stanovništvo Makedonije, Kosova i Sandžaka u jugoslovenski građanski rat. Interesantno je da ni bivša SDB SSUP-a, a ni službe bezbednosti Hrvatske i Makedonije nisu nikada preduzimale oštrije mere protiv ovih međunarodnih islamskih ekstremista, jer su očigledno iskorišćeni za razbijanje SFRJ i produbljivanje krize u SRJ.

Prijem u organizaciju se nikada ne obavlja bez prethodne konsultacije sa ogrankom „Muslimanske braće" u zemlji iz koje potiče kandidat. Procedura prijema je vrlo jednostavna. Da bi neko bio primljen u organizaciju treba pre svega da ispunjava sledeće uslove: da je musliman – sunit; da se ponaša u skladu sa islamskim propisima; da se afirmiše kao dobar poznavalac Islama, *Kurana* i *Hadisa*, da redovno odlazi u džamiju i obavlja sve verske obrede; da je u sredini u kojoj živi poznat kao dobar vernik musliman i drugo. Kandidatu se saopšti da treba da ode u neki veći univerzitetski centar (Sarajevo, Beograd, Skoplje, Priština), gde ga prima rukovodilac grupe i saopštava mu da je postao član organizacije. O samom činu prijema u organizaciju ne ostavlja se nikakav pisani trag. Novoprimljeni članovi se prvom prilikom upućuju u Jordan, Saudijsku Arabiju ili Irak na vojnu obuku. Otuda su se vraćali i posle pet-šest godina.

Obuka obaveštajaca

Obuka za obaveštajce, izviđače i diverzante 1993. godine, međutim, vršena je u Iranu i Turskoj, u logorima Ali Abad, Bande Amir i

Urla. Prema tvrđenju CIA, tokom 1996. u jedanaest iranskih „teroristčkih logora" obučavalo se oko 5.000 stranih terorista. Prema ovim podacima pretpostavljalo se da su organizatori bombaškog napada na Amerikance i vojnu bazu u Daranu – saudijske opozicione grupacije „Organizacija za islamsku revoluciju" i „Hizbulah hedzada" – obučeni u „Logoru Imam Ali", u blizini Teherana. Rad ovih centara nalazio se pod direktnom kontrolom iranske tajne službe VEBAK, dok je glavni koordinator posla bio Ali Reza Bajata, specijalista za Balkan, a kasnije i načelnik iranske vojne obaveštajne službe MOIS. On je bio i tvorac centra za obuku mudžahedina i bosanskih terorista u Fojnici. Uživao je veliko poverenje muslimanske vlade u Sarajevu, čiji su pojedini članovi bili njegovi saradnici. Prvu diverziju Bajatovi specijalci izvršili su 1992. godine napadom na kasarnu JNA u Mostaru. A jednu od poslednjih, i to neuspelu, počinili su u Rijeci, kada je izvršen prepad na Fikreta Abdića. Drugi strani instruktor bio je Amer Katebat al Mudžahedin Abu Mali iz Egipta, koji je predvodio odred alahovih ratnika, brigadu „Amer" u sastavu Armije Republike BiH, kako se muslimanska vojska zvanično nazivala. Njegov štab je, posle dolaska iz Egipta, bio prvo u Travniku, a potom u Zenici. Kako tvrdi Jozef Bodanski, sve su to bili ljudi koji su se nalazili na međunarodnim poternicama kao špijuni i teroristi. Jedan od njih je, po nalogu CIA, proteran s teritorije Hrvatske pre nego što se dokopao Bosne.

Naime, letom hrvatske vazduhoplovne kompanije iz Amsterdama je 14. septembra 1996. u Zagreb stigao, robustan muškarac okruglog lica i guste brade. Bio je to Talat Fuad Kasem, tridesetdevetogodišnji borac protiv komunizma u Avganistanu, a zatim u Evropi, kako je voleo da se predstavlja. Kasem, koji je jedan od četvorice najtraženijih ljudi u svetu, jeste ili je bio vodeći pobornik islama, muslimanski revolucionar. On je propovedao nasilno obaranje vlade egipatskog predsednika Hosnija Mubaraka, opisujući je kao neokolonijalističku ispostavu Sjedinjenih Država. Kasem je posle dolaska u Zagreb nestao. Amerikanci su potvrdili da je na tajanstven način vraćen u Egipat, gde je kao osnivač radikalne „Islamske grupe" osuđen 1992. godine na smrt vešanjem zbog pokušaja obaranja režima i uspostavljanja islamske države. Na muslimanske teroriste i stručnjake za specijalna dejstva se i sumnja, kako to tvrde pojedini ruski i neki američki oficiri, da su isplanirali i izveli masakre u redu za hleb na pijaci Markale, na muslimanskom groblju u Sarajevu, za šta su potom okrivljeni Srbi, a što je za NATO predstavljalo alibi da bombarduje teritoriju Republike Srpske.

HRVATSKO-NEMAČKI PAKT

Avgusta 1990. general Veljko Kadijević je obavestio predsednika Borisava Jovića o „daljem prodiranju nemačke linije" u Jugoslaviju s ciljem cepanja i podele zemlje. U međuvremenu, SDB SSUP-a je nabavio i video-kasetu na kojoj je snimljen Franc Bučar, predsednik Skupštine Slovenije, u tajnom razgovoru s poznatim nemačkim obaveštajcem u Švajcarskoj. Jović je bio i obavešten da su i Igor Bavčar i Janez Janša na zahtev BND-a 1990. izradili obaveštajni elaborat s radnim naslovom „Kako izazvati građanski rat u Jugoslaviji". U tom kontekstu bi trebalo i da se sagledava delovanje ne samo nemačke diplomatije već tajne policije i posebno obaveštajne službe prema ljudima i pokretima poreklom s jugoslovenskog prostora.

Profesor Erih Šmit Enbom u svojoj knjizi *Ratnici u senci*, na primer, iznosi ozbiljne prigovore na račun ministra inostranih poslova Klausa Kinkela, njegovog rada u tajnoj službi i njegovog odnosa prema jugoslovenskom pitanju. Najvažnija teza ove knjige je da je Kinkel svojevremeno, kao šef nemačke tajne službe BND, planski radio na razbijanju Jugoslavije uz pomoć hrvatskih fašističkih grupa u egzilu. To je bila teška optužba koja je 1995. bacila kritičko svetlo na nemačko samostalno istupanje pri priznavanju Hrvatske u decembru koje se nije dopalo nijednoj zemlji NATO-a, i ne samo na njega. Kada je Genšer u decembru 1990. zapretio da će tada još zavisnu Hrvatsku priznati kao nezavisnu državu i na taj način zapečatiti razbijanje Jugoslavije, države nastale posle Drugog svetskog rata, on je time samo ubrao plodove jedne višedecenijske revnosne aktivnosti nemačke obaveštajne službe.

Klaus Kinkel, od 1979. do 1982. šef savezne obaveštajne službe BND-a, odigrao je glavnu ulogu u ovoj podzemnoj borbi: za vreme svoje dužnosti predsednika nemačke obaveštajne službe, pospešivao je i ubrzavao svim obaveštajnim sredstvima podelu Jugoslavije. Slično kao i Nemačka, ni Hrvatska se nije mogla pomiriti s porazom i političkim prilikama nastalim posle Drugog svetskog rata. Kao što se Nemačka zaklinjala da će se ponovo ujediniti, hrvatski nacionalisti su ispisali na svojim zastavama zahtev za ponovnim razbijanjem Jugoslavije.

Najznačajniji za vezu BND-a s Hrvatima u Zagrebu bio je austrijski konzul a nemački agent doktor Johan Jozef Dengler. On je počeo odmah da organizuje tajne sastanke u Hrvatskoj, Nemačkoj i Austriji između hrvatskih nacionalista i ustaških emigranata i uspostavlja kontakte s vođama „maspoka". U red njegovih najviših kontakata spada i Bruno Bušić, koji je sedme decenije stekao veliki ugled kao agitator velikohrvatske ideje i pomirenja svih Hrvata. Bušić je održavao veoma dobre odnose sa ustašama i važi za idejnog tvorca današnje Hrvatske. On se zalagao za iznalaženje loših Hrvata. Njegove obaveštajne operacije usklađivali su doktor Ernest Bauer, pukovnik hrvatske obaveštajne službe u Drugom svetskom ratu, i doktor Branko Jelić, ustaški vođa koji je živeo u Berlinu. U ove operacije bili su uključeni neki od budućih vođa secesionističkog pokreta iz 1990. Krajem sedamdesetih godina klerofašistički pokret u Hrvatskoj demonstrirao je svoju snagu javnim nošenjem ustaških zastava. Nije bilo nikoga u Zagrebu, piše Šmit Embom, ko nije nosio stari grb. Pošto je Bruno Bušić ubijen 1979. u Parizu, kao njegov naslednik nastupio je doktor Franjo Tuđman.

Prvog januara 1979. Klaus Kinkel je postao predsednik savezne obaveštajne službe Nemačke. Glavni akter BND-a u Jugoslaviji ostao je agent doktor Johan Jozef Dengler. Sedamdesetih i osamdesetih godina savezna obaveštajna služba Nemačke je, prema saznanjima jugoslovenske obaveštajne službe, držala u Jugoslaviji oko sto agenata. Neposredno pred Titovu smrt 4. maja 1980. u Zagrebu su donete sve glavne odluke o strateškim i personalnim pitanjima u Krajačićevom krugu, u dogovoru ljudi nemačke savezne obaveštajne službe u Hrvatskoj i ustaša iz inostranstva koji su se ilegalno vratili u Hrvatsku. Kada je doktor Tuđman 1981. po drugi put boravio u zatvoru, posetio ga je agent BND-a doktor Johan Jozef Dengler. Vrativši se u Nemačku, on je uspeo da pridobije jedan broj novinara, posebno lista *Frankfurter algemajne cajtung* za organizovanje medijske kampanje u korist Franje Tuđmana.

Savezna obaveštajna služba Nemačke je uspostavila kontakte s nacionalistički orijentisanim novinarima i u samoj Hrvatskoj. Osamdesetih godina, posebno 1981. BND je uspeo da pridobije Antu Gavranovića, predsednika Udruženja novinara Hrvatske i direktora

Privrednog vjesnika. Te godine su u Rimu organizovane konsultacije između Nemačke, Austrije i Italije radi priprema za predviđeni raspad Jugoslavije. Tadašnji predsednik SR Nemačke izjavio je 1982. u razgovoru u četiri oka jednom zvaničnom posetiocu u Bonu da se, doduše, zvanična nemačka politika zalaže za očuvanje celovitosti Jugoslavije, ali da on podržava zahtev za stvaranjem nezavisne Hrvatske. Klaus Kinkel je lično potpisao ocenu svog agenta Johana Denglera o situaciji u kojoj su se predviđali predstojeći nemiri i secesionistički ratovi i kao posledica toga očekivanje oko 250.000 izbeglica u Nemačkoj. Viši službenik BND-a potvrdio je 1994. godine da su od polovine osamdesetih godina oficiri BND-a u velikom broju ulazili u Jugoslaviju da bi osmatrali objekte od značaja za odbranu zemlje.

Ojačani ljudi iz Krajačićevog, Tuđmanovog i Manolićevog kruga počeli su još osamdesetih da prodiru u političke i vojne strukture: „Zdravko Mustač je od 1964. do 1991. bio operativni rukovodilac savezne Udbe; u saveznom vazduhoplovstvu, u izviđačkoj službi i protivvazdušnoj odbrani bili su general Anton Tus i niz hrvatskih oficira za bezbednost. Josip Vrhovec je bio dugo ministar za inostrane poslove, a krajem osamdesetih godina tu funkciju je obavljao Budimir Lončar...“

S priznanjem Hrvatske protiv volje drugih članica Evropske unije, SAD i Rusije u decembru 1990, savezni ministar inostranih poslova Hans Ditrih Genšer jasno je stavio do znanja da su interesi Savezne Republike za uticajnu zonu na Jadranu dovoljno jaki da se zbog toga nastali sukobi unutar Severnoatlantskog saveza potisnu u stranu.

Njegov naslednik, Klaus Kinkel, nastavio je ovakvu politiku svrstavanja na stranu Hrvatske. Aktivnost nemačke tajne službe tj. BND-a u Jugoslaviji deli se na četiri perioda: do 1962. BND je samo pratila političke, vojne i ekonomske događaje u Jugoslaviji. U martu 1962, kada je britanski ambasador Robert obavestio Forin ofis o rascepu u jugoslovenskom partijskom vrhu, i Savezna obaveštajna služba BND-a uzima k znanju zaoštrene nacionalne sukobe, a centrala u Bulahu sprovodi promenu kursa prema ustaškom pokretu unutar jugoslovenskih emigrantskih organizacija i od 1966. pa dalje čak masovno povećava broj svojih agenata u Jugoslaviji.

U trećoj fazi, od 1971, u vreme hrvatskog proleća, Savezna obaveštajna služba preduzima aktivne mere za destabilizaciju Jugoslavije. Konačno, BND od 1980/1981. tj. u vreme predsednikovanja Klausa Kinkela znatno utiče na podelu Jugoslavije svim obaveštajnim sredstvima.

Afera Rulman

Drugog februara 1970. godine u *Špiglovoj* kolaž rubrici „Panorama", među drugim vestima iz sveta štampana je nepotpisana Rulmanova informacija o sukobima u međudržavnim i vojnim vrhovima u Beogradu i mogućnostima da stvarno dođe do vojnog puča. To je gotovo nezapaženo prošlo svuda osim u Jugoslaviji. U tom tekstu od svega trideset dva reda stajalo je da je grupa jugoslovenskih generala koja je završila sovjetske vojne akademije zahtevala od Tita veća ovlašćenja za Armiju i niz neposrednih promena kao što su: prenos nadležnosti teritorijalne odbrane s republika na Generalštab, nabavku veće količine naoružanja u Sovjetskom Savezu, kao i rehabilitaciju generala Armije Ivana Gošnjaka, koji je smenjen s položaja ministra odbrane 1967. godine zato što je strategiju odbrane zemlje usmerio prema pogrešnim granicama, smatrajući da postoji realna opasnost imperijalističkog napada iz Italije i Grčke, a ne sovjetskog napada s teritorije članica Varšavskog pakta, i to baš u predvečerje sovjetske vojne intervencije u Čehoslovačkoj.

Nedelju dana kasnije ispred beogradske kafane *Sunce* zaustavio se automobil sa upadljivim civilnim registarskim tablicama iz koga je kao iz katapulta iskočila grupa agenata tajne policije, namerno uniformisana u skijaške džempere i konfekcijske kapute. Dok je Rulman radoznalo gledao po sali na koju će se ovčicu oni baciti, nije ni primetio da su ga opkolili. Jedan od te gospode mu se značajno predstavio: „Državna bezbednost".

Tek tada se setio potpuno blesavog pisma koje su početkom te godine iz Moskve poslali nekadašnji oficiri JNA, 1948. godine ostali tamo u emigraciji, na adresu Generalštaba, vlade i tužilaštva, a koje će tek posle njegovog hapšenja objaviti *Špigl*.

„Najozbiljnije vas upozoravamo da ćemo se, ukoliko u roku od deset dana ne preduzmete konkretne mere za likvidiranje obaveštajne grupe kojom rukovodi Hans Peter Rulman, smatrati obaveznim da to sami učinimo. Po isteku ovog roka, pored ostalog, objavićemo i spiskove jugoslovenskih saradnika pomenutih (NATO) službi."

Međutim, londonski *Tajms* je kompletirao opštu zabunu stručnom ocenom svog beogradskog dopisnika Dese Trevisan kako je Rulman, zapravo, radio za Sovjetski Savez, izvlačeći taj zaključak iz toga što jedino ruski novinari nisu prisustvovali konferenciji za štampu sazvanoj povodom Rulmanovog hapšenja.

Taj nevidljivi rat kontraobaveštajaca izbio je u javnost početkom sedamdesetih, kada se iza brave beogradskog zatvora našao Hans Peter Rulman, dopisnik nemačkog lista *Špigl*. Uhvaćen je kao nemački špijun, ali mu je, kako sam kaže, suđeno zbog „neprijateljske propagande", jer je u nemačkoj štampi objavljivao informacije poverljive prirode. Rulman je bio ne samo prvi i jedini strani novinar koji je krivično gonjen i proteran iz Jugoslavije, već i jedan od retkih stranaca kojima je suđeno u Beogradu. U glavni grad Rulman je došao tokom 1965. godine. Stanovao je prvo u maloj sobici na uglu ulica Maršala Tita i Svetozara Markovića, a zatim se selio u sve veće i skuplje stanove u ulicama Braće Nedića 25, pa Lole Ribara 6 i Majke Jevrosime 2a. Kako je pisao Vuk Drašković, tadašnji saradnik *NIN*-a: „Hans Peter Rulman, trideset sedam godina, dopisnik, Hilmi Tači, pedeset jednu godinu star, novinar *Rilindje,* i Jovan Trkulja, star dvadeset devet, građansko lice na službi u JNA, okrivljeni su da su povredili član 105. našeg Krivičnog zakona". Izveštač *Špigla* je bio kriv, kako je napisao Vuk Drašković što je od „... septembra do kraja decembra 1968. od Jovana Trkulje, a od februara 1969. do svog hapšenja u martu 1970. od Hilmija Tačija pribavljao poverljive i strogo poverljive vojne i službene podatke u nameri da ih preda stranoj državi i stranoj organizaciji, a delimično ih je predavao dvojici predstavnika dveju stranih država..." Bili su to podaci o odbrambenim pripremama u Jugoslaviji avgusta 1968. o delimičnoj mobilizaciji u zemlji, borbenoj gotovosti jedinica Prvog ešalona, o merama jačanja teritorijalne odbrane i o tzv. puču generala. U Beogradu se pretpostavljalo da Rulman radi za BND, ali se nagađalo da je i saradnik KGB-a. Da je ta glasina tačna „posvedočilo" je i jedno pismo potpisanih ibeovaca koje se posle hapšenja pojavilo u Minhenu, pa i u Beogradu, a u kome se navodno preti SDB-u Jugoslavije da „uništi Rulmanovu grupu", inače će u suprotnom objaviti kompletan „spisak jugoslovenskih saradnika BND-a i KGB-a". Nemačka štampa je, pretpostavljaju policajci, da bi se odbranila od kritika, Rulmana proglasila za špijuna tajne službe Štazi, odnosno agent DDR-a.

O ovoj špijunskoj aferi pukovnik magistar Vitomir Grbac je pisao: „Slučaj Rulman upozorava na to da strane obaveštajne službe imaju dugoročne planove. Podsetimo da je Rulman došao u Jugoslaviju čak 1959. godine i to tražeći politički azil, navodno kao komunista koga progone zapadnonemačke vlasti. Godinama je nastojao da što bolje upozna našu zemlju i njene ljude, dok se istovremeno pripremao za svoju obaveštajnu aktivnost protiv te iste Jugoslavije, koja mu je pružila gostoprimstvo!"

Poznavaoci tadašnjih političkih prilika tvrde da je Josip Broz lično naložio hapšenje Rulmana da bi proizveo aferu kojom može da pritisne Vilija Branta da isplati ratnu štetu Jugoslaviji. Prvostepeni Vojni sud je posle osamnaestomesečne istrage osudio Rulmana na šest godina zatvora, Tačija i Trkulju na po pet i po godina robije, ali je Vrhovni sud Srbije pomilovao nemačkog novinara, posle čega je dopisnik *Špigla* proteran iz Jugoslavije. Kasnija antijugoslovenska i informativna aktivnost Hansa Petera Rulmana, posebno njegovo zalaganje za ideje hrvatskih nacionalista o novoj NDH, potvrdila je sumnje da je dopisnik *Špigla* bio strani špijun, čak dvostruki. Kroz priču o ovom neobičnom čoveku može se sagledati jedna zaokružena vizija obaveštajnog rata između Bona, Moskve, Zagreba i Beograda. U njegovom dosijeu piše:

„Hans Peter Rulman je rođen 1. oktobra 1933. godine u Hamburgu. Već u ranoj mladosti uključio se u razne omladinske organizacije, a sa sedamnaest godina bio je primljen u nemačku Socijaldemokratsku stranku. Kako se oduševljavao 'titoizmom', dolazio je u sukobe sa ostalim članovima SDS-a, te je ubrzo istupio iz nje, uključivši se u KP Nemačke. U jugoslovenskom konzulatu u Hamburgu dobijao je brošure o Jugoslaviji, o našim političarima, oduševljavajući se politikom SKJ. Zbog ideološkog neslaganja bio je isključen iz KP Nemačke. Na jednom omladinskom zboru u Istočnom Berlinu delio je jugoslovenske brošure, što je bio razlog za njegovo hapšenje i osudu na osam godina zatvora. Kad je pušten iz zatvora, vratio se u SRN i počeo intenzivno da se bavi pisanjem, zaposlivši se kao novinar na severnonemačkom radiju. Pisao je i za neke nemačke listove (*Andere cajtung*, *Špigl*). Veoma brzo se ponovo uključio u političku aktivnost kao suosnivač 'Severnoafričkog kluba' (1957), čiji je glavni zadatak bio pomoć pristalicama pokreta FLN-a. Zbog aktivnosti u ovom klubu, bio je 1958. uhapšen, a u toku istrage otkrivene su i njegove veze sa istočnoevropskim zemljama. Zbog tajnog udruživanja, ugrožavanja bezbednosti države i izdaje države, osuđen je na kaznu zatvorom. U zatvoru se 1959. razboleo, odakle je premešten u bolnicu, da bi iz bolnice pobegao u Italiju. U jugoslovenskom veleposlanstvu u Rimu zatražio je azil u Jugoslaviji. Azil je dobio tek kad je već dospeo u Jugoslaviju, jer je oktobra 1959. ilegalno prešao u Jugoslaviju, gde je najpre boravio u logoru *Gerovo*, da bi se kasnije preselio u Ljubljanu, gde je nastavio svoju novinarsku karijeru u raznim listovima (*Tovariš*, TT, *Sodobnost, Perspektive*). Oduševljavao se aktivnošću mlade generacije i osuđivao mere protiv njih. Tokom svog boravka u Ljubljani, Rulman je imao kontakte s predstavnicima NDR-a i SRN-a u našoj zemlji. Sve češće i sve oštrije je kritikovao našu društvenu stvarnost, a izjavio je da se komunizam gradi samo još u Kini. Kada je 1964. prestala da važi presuda zbog koje je napustio SRN, on se vratio u Hamburg, da bi se posle kraćeg boravka, po svojoj vlastitoj želji, ponovo vratio u Jugoslaviju kao dopisnik *Špigla*. Nastanio se u Beogradu, ali je često dolazio u Ljubljanu. Godine 1970. Rulman je uhapšen i osuđen. Posle pomilovanja, godine 1971. Rulman se vratio u SRN, odakle je započeo sa intenzivnim neprijateljskim napadima na SFRJ. Sa 'izuzetno (strogo) poverljivim podacima', koje su mu navodno dali tajni agenti Udbe, ostavlja utisak da poseduje specijalne izvore u Jugoslaviji, koji mu prosleđuju informacije, do kojih drugi nemaju pristup. Mnogo postiže i svojom izuzetnom drskošću pisanja, jer za njega ne postoje kompromisi a s 'proverenim podacima' pojačava ubedljivost svog pisanja. Sem toga, Rulman nikad ne nagađa: sve što napiše, napiše kao činjenicu, kao nepobitnu činjenicu o kojoj nije moguće raspravljati 'stvari su zaista samo takve kakvim ih on opisuje'. Pored pozivanja na lične izvore Rulman se poziva i na podatke, koje navodno dobija od jugoslovenske ekstremne emigracije odnosno od jugoslovenskih oponenata. Status obe strukture mu ujedno služi kao izvor napada na Jugoslaviju i kao dokaz totalitarnosti jugoslovenskog sistema. Rulman retko koristi podatke koje su obradile druge agencije, jer je tamo prostor za dezinformacije bitno sužen. Sve više u Rulmanovim člancima nalazimo primedbu 'nezvanične izjave političkog rukovodstva SFRJ'. Ponavljanjem istih sadržaja u različitim prilikama i u različitim sredstvima javnog informisanja, Rulman želi da poveća verovatnoću uspešnog plasiranja informacija i njenog prijema i odziva u javnosti."

Kako postati Hrvat

Stideći se neutralnog i objektivnog novinarstva, Rulman je za male pare (četiri stotine do hiljadu dolara) učestvovao i u pojedinim konkretnim akcijama hrvatske emigracije. Štampao je antiterorističke letke protiv Jugoslavije, vodio ogorčenu kampanju protiv jugoslovenskog izvoza i turizma, prikupljao priloge za hrvatski zajam u dijaspori, formirao Hrvatsko-nemačko društvo, u koje je uspeo da uvuče i neke poslanike Bundestaga, na sudu svedočio u odbranu ustaških terorista, prvi je na predavanjima na Institutu za svenemačke studije i savremena istraživanja u Lundbergu visokim nemačkim oficirima najavio novo evropsko krizno žarište u Jugoslaviji, kao rezultat neprilagođenog srpskog, „vizantijskog mentaliteta, koji ne može da podnese strance iz drugih republika".

Kao uvaženi ekspert pojavio se na španskoj televiziji u emisiji *Ključ Jugoslavija bez Tita*. U razgovoru je trebalo da učestvuje i Milovan Đilas, ali je na intervenciju jugoslovenske ambasade u Madridu sprečen njegov dolazak, tako da su se pored Rulmana pojavili samo Mihajlo Mihajlov i član CK KP Španije Galjego, koji je gledaoce sablaznio tvrdnjom da je politički pluralizam i parlamentarizam jako dobar za Španiju, ali da bi bio poguban za Jugoslaviju, kojoj jednopartijski sistem sasvim odgovara.

Čak i hrvatskim emigrantima bilo je donekle sumnjivo zašto se Rulman za njih toliko zalaže. Iako je svuda i u svakoj prilici napadno ponavljao da nikad nije bio, niti je sada bilo čiji špijun, otkriven je njegov pseudonim Bruno Ismer, pod kojim je navodno saslušavao begunce iz Jugoslavije i o tome informisao lokalnu policiju. Bilo je mišljenja da je Rulman, zapravo, još iz Jugoslavije od nekoga poslat sa specijalnim zadatkom da u Nemačkoj agituje za razbijanje Jugoslavije i pomaže obnovu antijugoslovenske emigracije. U kulturno-političkom listu Katoličkog društva, *Di furhe*, doktor Ernest Bauer je u maju 1970. godine objavio članak pod naslovom „Uhapšen dvostruki igrač", nagoveštavajući da se Rulman bavio špijunažom u korist istočnih zemalja.

I pre ovog hapšenja i Bauerovog upozorenja, nešto je oko Rulmana bilo sumnjivo i Karlu Gustavu Štremu, direktoru radio-stanice *Dojče vele*, pa je jednog dana zapanjenim urednicima jugoslovenskog programa bez ikakvog objašnjenja saopštio da smesta prekinu da preuzimaju Rulmanove izveštaje iz Beograda, jer preko njega Udba smišljeno protura različite dezinformacije, ko zna s kakvim ciljevima.

U rodnom Hamburgu krišom se uselio u jedan, greškom odavno prazan, državni stan i, uz pomoć majke i očuha, za 12.000 maraka otkupio staru novinsku agenciju *Ost-Dienst* (Služba za Istok), da bi preko nje pokušao da svoje nepodobne članke plasira u različite nemačke medije.

U prvo vreme antijugoslovenske tekstove iz njegovog šapilografi-sanog biltena preuzimao je samo list srpske emigracije *Beli orao*. Tek kad je u *Frankfurter algemajne cajtungu*, praktično jedinim nemač-kim novinama koje nikad nisu podržavale Tita, objavio članak protiv smrtne presude teroristi Miljenku Hrkaću zbog podmetanja bombe u bioskopu *Dvadeseti oktobar* u Beogradu, pošto je i jugoslovenska po-licija dobro znala da to nije učinio on, već jedan njegov rođak koji je pobegao za Australiju – javili su mu se hrvatski emigranti s molbom da dopusti preštampavanje njegovog natpisa kao apela nezainteresovanom nemačkom javnom mnjenju. To je navelo biskupa Šarfa da od Tita zatraži pomilovanje Hrkaća. Njegovo streljanje je zaista odloženo. Međutim, kad su se protesti i nedoumice malo stišali, Hrkaćeve rodi-telje su pozvali da preuzmu njegove lične stvari, što ne mora obavezno značiti ni da je Miljenko Hrkać tada zaista streljan.

Početkom 1990. godine Rulman je u svom časopisu *Hrvatska do-movina* objavio senzacionalnu vest da je za 8.000 maraka nabavio „novi stroj protiv Jugoslavije", koji za sat može izbaciti 1.800 brošura. Od svoje mizerne penzije, zajam mu je dala njegova osamdesetogodi-šnja majka, a on je s dosta samoironije istakao da je zaista sramota da jedna potpuno nemoćna starica odvaja od usta i finansira antijugoslo-vensku propagandu, dok Hrvatima, na pragu nezavisnosti, ni na kraj pameti ne pada da konačno odreše kesu, umesto što mu nazdravičar-ski obećavaju da će jednog lepog dana sigurno biti priznat kao prvi počasni građanin slobodne Hrvatske.

Krajem 1993. godine, u kalifornijskom gradiću San Pedru, Kultur-ni i komitet Hrvatskog republikanskog kluba i Kluba žena Hrvatske seljačke stranke u SAD su Rulmanu dodelili nagradu „čoveka godine", koju su pre njega dobijali hrvatske emigrantske vođe Bogdan Radi-ca i Mate Meštrović, ali i američki univerzitetski profesor Majkl Mek Adams koji se, uprkos dugogodišnjoj projugoslovenskoj američkoj službenoj politici, lično zauzimao za interese Hrvata.

Draganovićeva lista

Prilikom isleđivanja u Sarajevu uhvaćeni i kidnapovani Krunoslav Draganović je dosta detaljno govorio i o ljudima iz emigracije koji su u Evropi radili za BND. Iz zapisnika se vidi da je Draganović ocinkario SDB-u BiH i SDB-u SSUP-a pedesetak nemačkih agenata. On kaže:

„Franjo Adamek se izdavao za folksdojčera, a u stvari bio je Hrvat. On je radio kao špijun samo da bi dobio nemačko državljanstvo. Trgovao je starim automobilima, a potom oružjem, koje je prodavao Turskoj. U suštini je kockar. Oženjen je i ima jedno dete. Doktor Vjekoslav Bučar je bio veoma važan nemački obaveštajac u Rimu. Formalno je pripadao Galenovoj grupi, ali je direktno bio povezan sa šefom nemačke tajne službe u Italiji. Bučar ima neku novinsku agenciju kojom pokriva svoje agenturno delovanje. Uz njega su najviše vezani Slovenci i neki jugoslovenski orijentisani Srbi. Doktor Stjepan Buč živi i radi u Minhenu. Oduvek je bio nemački čovek i sigurno i nemački agent. Doktor Mate Frković iz Minhena, takođe je u obaveštajnu službu Nemačke ušao na lično insistiranje doktora Branka Jelića. Znala mu se i mesečna plata – 400 maraka. I inženjer Hamid Hromalić bio je jedan od najprisnijih Jelićevih prijatelja i radio je za sve obaveštajne službe na koje ga je Branko upućivao. Milan Ilinić je kao mladić bio ustaša, a novinarstvom se bavio još kao student u Zagrebu. Majka mu je Nemica iz Trsta, pa odmalena govori nemački. Nacionalno je desno nastrojen. Sarađuje s nemačkom tajnom službom, prvo preko Bajera, a potom preko Hofmana. Jako se boji Udbe. I Karl Tren, banatski Švaba radi u jednom sektoru minhenskog BND-a. Njegovo konspirativno ime je Trap. Jakov Ljotić je u Minhenu radio ono što i u Beogradu – izveštavao je za nemačku službu. Od njega sam 1950. godine i saznao da dobijaju pomoć od nemačke države od 30.000 maraka, više nego Jelić. Ljotićevci su, inače, masovno bili uključeni u nemačku obaveštajnu službu.

I doktor Nikola Jeršimović je radio u Rimu za BND preko doktora Bučara u Italiji. Franjo Deželić iz Diseldolfa radi za Nemce, čak i posle atentata koji je na njega izvršen. Njegova ćerka Marijana udata je za inženjera Nihada Kulenovića. Pukovnik Marijan Dolanski čim je došao u Nemačku stavio se u službu BND-a. Pošto su ga iscedili, otpustili su ga i jedva je preko naših prijatelja dobio nemačko državljanstvo. Herbert Korfmačer iz Diseldorfa je zajedno s rođakom Mijom Deželićem radio među hrvatskim emigrantima za nemačku obaveštajnu službu. Profesor doktor Jozef Matl iz Graca neko vreme je radio u nemačkom obaveštajnom centru u Beogradu. Mada je bio naklonjen Srbima zadržan je u BND-u zbog ranijih zasluga, a i da bi agentima predavao srpski jezik. Kemal Mujagić je u Nemačku došao iz Bosanske Krupe. Proveo je na Golom otoku dvanaestak godina i pušten je kada je pristao da radi za Udbu. Njegov zadatak je bio da se uvuče u 'Hrvatsko revolucionarno bratstvo' u Nemačkoj, ali čim je došao u Bavarsku priznao je BND-u sve i odao Udbine agente u Evropi. Od tada radi samo za nemačku tajnu službu. Albanski izbeglica markiz Emilio De Mistrura živi u Rimu i veliki je prijatelj kralja Zogua, koji je živeo u Nici. Govori nemački jer je završio nemačku Vojnu akademiju. Radi za BND direktno i to ne skriva. Jedno vreme je bio prijatelj s profesorom Miroslavom Varešom. Njegovi saradnici su bili Nikica Martinović iz Celovca i Zvonko Miljanović iz Minhena. Inženjer Franjo Pavičić radio je prvo za Amerikance, a potom za Nemce, ali ga je tuberkuloza sprečila da nastavi obaveštajni rad. Najkrupnije zverke u BND-u bili su profesor Miroslav Vareš i Solali Boci, novinar krupnijeg kalibra", izjavio je Krunoslav Draganović islednicima SDB-a u Sarajevu.

On je još i priznao da je od profesora Vareša saznao da je 1961. godine postigao prvi angažman s doktorom Ernestom Bajerom i Rihardom Galenom, šefom BND-a posebno zaduženim za jugoslovensku emigraciju. BNA je, naime, pristao da finansira tzv. rimsku grupu s devet hiljada maraka mesečno. Kasnije se ispostavilo, pričao je Krunoslav Draganović da je Bajer plaćao svoje špijune u hrvatskoj emigraciji od četiristo do osamsto maraka mesečno. Sâm profesor Miroslav Vareš je, na primer, 1967. godine dobio osamsto maraka jer je Ernestu Bajeru Galenu kao saradnika preporučio Kemala Mujagića. Posebno aktivan i opasan špijun bio je Derviš Šeković iz Pariza, nekadašnji sekretar bosanskih i sandžačkih muslimana. Pre dolaska u Francusku bio je izbeglica u Italiji i Siriji. Ovaj berberin iz Trebinja i policajac u NDH, u Parizu je neko vreme radio za francusku obaveštajnu službu, koja ga je odbacila kada joj je predao imena hrvatskih lidera u Italiji i Nemačkoj. Posle toga ga je angažovao BND da prati u Đenovi rad doktora Saida Ramadana i „Arapske lige" kao i muslimanske i albanske emigracije poreklom iz Jugoslavije.

Još jedan nemački novinar, Viktor Majer, bio je tajni nemački agent i to u Jugoslaviji, gde je u više navrata prozivan kao špijun.

Puč međunarodne zajednice

Delovanje međunarodnih snaga je drugi značajan činilac raspada SFRJ. Ako je prosečan zapadnjak tumačio raspad Jugoslavije kao rezultat specifičnih genetskih kombinacija ovdašnjih domorodaca

– Balkanci se kolju jer im je urođeno – i ako natprosečno talentovani zapadnoevropski pisci zaključuju da se SFRJ raspala u krvi i zbog gluposti zapadnih diplomatija, Majer je neumoljiv. Zapad nije ni mogao niti hteo da razume Jugoslaviju zbog sopstvenih unutarpolitičkih interesa. Španci nisu želeli da razumeju Jugoslaviju zbog Katalonaca i Baskijaca, Italijani zbog Nemaca u Južnom Tirolu, Francuzi i Britanci su bili vezani za Jugoslaviju jer su se ponosili svojim učešćem u njenom stvaranju, Amerikance je fascinirala uloga Jugoslavije u periodu hladnog rata, a Nemce je više interesovalo ujedinjavanje država nego njihovo rasturanje.

Tek kada je Slovenija na videlo izvukla argument samoopredeljenja, na to načelo se prilikom ujedinjavanja istočne i zapadne polovine pozivala i Nemačka – nemačka diplomatija je smekšala. Kod drugih država su stvari išle znatno sporije. Majer u jednom trenutku doslovno optužuje. Poimence nabraja ambasadore nastanjene u Beogradu i zaključuje da su odgovorni za katastrofalne greške zapadne politike prema Jugoslaviji. Kao da ih je postrojio i nalupao im šamare. „Pisac mora da prizna“, kaže Majer, „kada govori o 1991. godini, da su stavovi koje je, posebno tada, mogao da čuje iz krugova zapadnih diplomata, ostavili skoro traumatičan utisak, da nije nikada čuo tako masovne na opšte uverenje oslonjene mućkalice pogrešnih političkih ocena, intelektualne lenjosti i površnosti, kao od tadašnjeg beogradskog diplomatskog kora. I, konačno, tu je i Rusija: sve što se događalo u vojnom vrhu bilo je uskladeno s konzervativnim ruskim generalima.“

Treća okolnost, koju ne treba zanemariti, jeste hrvatski državni poglavar Franjo Tuđman. Majer ga opisuje kao samouverenog ali naivnog političara. Tuđman je verovao Miloševiću da Srbija nema strateške interese u Hrvatskoj i zato se s njim dogovorio o podeli Bosne i Hercegovine. Milošević je, navodno, vrlo dobro znao za Tuđmanove skrivene namere. Tuđman i Milošević su se o podeli BiH dogovorili na sastanku u Karadorđevu, 25. marta 1991. Majer navodi i od koga je saznao detalje o tom sastanku: od Stipa Mesića, tada najbližeg Tuđmanovog saradnika.

U fazi izmirenja ustaša i nacionalkomunista u Zagrebu početkom 1979. predsednik nemačke Savezne obaveštajne službe bio je Klaus Kinkel. Dok je specijalni štab koji je Kinkel formirao u slučaju Pekinga i Moskve dugo razmišljao ko će u tamošnjim ambasadama preuzeti teške zadatke jednog tajnog opunomoćenika obaveštajne službe koji deluje u drugoj, zapadnoj državi, u tamošnjim ambasadama izbor za

Zagreb nije bio težak. Doktor Jozef Dengler se već dokazao kao dobar akter za takve funkcije na Balkanu, koji rado preuzima rizike i već duže vreme nije bio nepoznat svojim obaveštajnim protivnicima u Beogradu. Tako je upravo njemu i povereno vođstvo sedišta tajnih opunomoćenih obaveštajnih službi koje deluju u ovom području s „referatom 12" u Bulahu. Sedište se nalazilo u Beču.

U Denglerove ljude za najviše kontakte već se ubrajao Bruno Bušić, koji je za hrvatsku stvar i stvaranje velike Hrvatske već izradio manifest: izmirenje svih hrvatskih snaga bez obzira na njihovu političku boju i prošlost sve dok se bore za nezavisnu Hrvatsku. Bušić je još u detinjstvu održavao kontakte s tajnim ustaškim organizacijama u Imotskom, zbog čega je i izbačen iz škole, ali je slične kontakte nastavio i kasnije kada je prešao na studije ekonomskih nauka u Zagreb. Kao poznatog secesionistu njega je, doduše povremeno, proganjala Udba, koja je pratila njegovu aktivnost, ali su ga mnoge hrvatske instance uzimale kao nacionalno svesnog Hrvata u zaštitu. On je krstario uzduž i popreko Evropom i uspostavljao operativne veze sa ustaškim emigrantima i udruženjima. U Zagrebu je pokretao listove i organizovao nastupe, a zatim je počeo da radi i za sovjetsku službu KGB, jer je i on bio zainteresovan za cepanje SFRJ i stvaranje nove hrvatske države. Veran svojoj ideji, Bušić je bio uspešan u uspostavljanju obaveštajnih veza između istočnih i zapadnih agenata među hrvatskim emigrantima s nacionalkomunistima. Njegovu operativnu aktivnost usklađivao je Ernest Bauer, nekadašnji oficir UNS, tajne službe fašističke Hrvatske u Drugom svetskom ratu, koji je u međuvremenu postao čovek za vezu nemačke Savezne obaveštajne službe za Balkan, kao i sa ustaškom veličinom u Nemačkoj, Brankom Jelićem, koji je istovremeno radio i za KGB. U jednom dokumentu SID-a SMIP-a iz 1986. godine o ustaškim teroristima, koji je rađen na engleskom jeziku, za Ernesta Bauera piše da je bio „agent Gestapoa" i „saradnik nemačke obaveštajne službe", i da „ima pasoš Savezne Republike Nemačke".

Pošto je u Hrvatskoj javnosti nedostajala jedna takva energična i delotvorna figura kakav je bio Bušić, Krajačić kao šef KGB-a u SFRJ je sredio njegov povratak u Jugoslaviju. Zajedno s kasnijim veličinama secesionističkog pokreta iz 1990. Ivanom Zvonimirom Čičkom, Draženom Budišom i Antom Paradžikom, Bušić je organizovao otvorene studentske pobune. S Brunom Bušićem agent doktor Dengler je imao tesne veze od sredine sedamdesetih godina. Jedan novinar engleske televizije predstavio je Bušića kao šefa odeljenja za obuku terorističke grupe u blizini Sarbrikena, i šest meseci kasnije 1979. Bušić je ubijen u Parizu. Dengler i njegov predsednik, Klaus Kinkel, procenjivali su ga kao jednog od glavnih budućih vođa u Hrvatskoj i žalili su zbog njegovog gubitka. Svi su tipovali na Udbu kao izvršioca.

Smrću Bruna Bušića bio je otvoren put Franji Tuđmanu za preuzimanje vodstva u hrvatskoj stvari. U to vreme Josip Broz Tito je politički reagovao na sve jače izražene separatističke težnje u SFRJ. Međutim, pokazalo se da nije bio dobro obavešten, jer je, kako tvrdi BND, Tito informacije o tome šta se zapravo valjalo u Hrvatskoj dobio tek iz druge ruke. Za vreme posete Rumuniji sasvim slučajno je saznao da rukovodstvo hrvatske komunističke partije održava kontakte s Brankom Jelićem, poznatim i traženim ustaškim emigrantskim vođom koji je živeo u Berlinu. On je od Rumuna čuo takođe da je hrvatsko rukovodstvo istovremeno obigravalo u istočnoevropskim zemljama kao što su Čehoslovačka, Mađarska i Rumunija, da se preko Sovjetskog Saveza zalaže za slučaj da uspe planirano otcepljenje od Jugoslavije. Po Titovom povratku usledila je „burna" sednica rukovodećeg štaba na poljoprivrednom dobru Karađorđevo, na kojoj je doneta odluka o korenitom čišćenju hrvatskog partijskog i političkog rukovodstva kao i kadrova u armiji. Međutim, i ovo čišćenje imalo je svoje granice. Još je bilo instanci koje su uživale Titovo poverenje, a koje su se pobrinule za to da mnoge glave Maspoka ili ne odlete, ili dobiju samo simbolične kazne zbog pobune. Krajačić se pre svega zalagao za svoje stare kadrove ukoliko se nisu preterano javno eksponirali. Tako je mogao da spase svog najbližeg prijatelja i saradnika, tadašnjeg predsednika hrvatskog parlamenta, Josipa Manolića, tako što ga je poslao u penziju, dok Franju Tuđmana, koji je već bio veoma poznat po svojim spisima nije mogao spasti zatvorske kazne.

Odvajanje policije

Posle toga Stevo Krajačić je na svoju ruku, mimo Tita krenuo u akciju odvajanja Hrvatske i njene tajne policije od Beograda. Specijalno Krajačićevo odeljenje u SDB-u Hrvatske je krajem sedamdesetih pripremilo 150 jugoslovenskih pasoša. Kratko vreme posle toga, u Bonu, u prisustvu zagrebačkog predstavnika Udbe, jednog predstavnika nemačke Savezne obaveštajne službe i uticajnog ustaškog lidera koji je živeo u Berlinu, Branka Jelića, odlučeno je koji članovi fašističke emigracije treba da dobiju ove pasoše. Neki od tih pasoša dospeli su čak do Australije, gde postoji jaka ustaška organizacija. Ova akcija omogućila je da se nesmetano u Hrvatsku vrate čak i ratni zločinci i kriminalci za kojima je raspisana poternica i uspostave kontakti s krugovima oko Krajačića u Zagrebu. Osim toga, ova akcija je predstavljala demonstraciju dobre volje KGB-a i BND-a. Nemačka tajna služba je aktivirala svoje postaje na Balkanu posebno u Zagrebu, Ljubljani i Beogradu. Kao legalni stanovnik, iako obaveštajac BND-a, doktor Johan Jozef Dengler je imao pristupa SSUP-u u Beogradu i, iako veoma ograničeno, tamo mogao da razmenjuje informacije s političkim organima i organima bezbednosti Jugoslavije. U samom Bulahu centralnu ulogu u saradnji sa Udbom igrao je Stamberger koga je Kinkel postavio na čelo referata za specijalne operacije. Ti „partnerski obaveštajni odnosi" nisu, međutim, smetali Saveznoj obaveštajnoj službi Nemačke da nastupa agresivnije u Jugoslaviji. Stare veze su reaktivirane, a tamo gde je bilo potrebno, stariji saradnici su zamenjeni mlađima. Prema saznanjima jugoslovenske kontraobaveštajne službe, Savezna obaveštajna služba Nemačke je sedamdesetih i osamdesetih godina imala sastav od oko stotinu agenata u Jugoslaviji i njihov identitet i vođa za vezu sa SDB-om bio je poznat.

U to vreme partnerstvo hrvatskih secesionista s BND-om dobijalo je sve čvršće forme. Od trenutka neposredno pred Titovu smrt, 1979. godine u Zagrebu su sve odluke u strateškim i personalnim pitanjima donošene samo u dogovoru s centrom oko Krajačića, s nadležnim instancama BND-a i ustaškim predstavnicima. Nemačka tajna služba je tako postala aktivan činilac u oblikovanju balkanske politike. I sovjetska služba je tada intenzivirala svoje napore oko doktora Franje Tuđmana kao naslednika Maspoka. Zahvaljujući jednom zajedničkom projektu u oblasti publikovanja jedne zagrebačke i jedne ruske izdavačke kuće, koje su želele da objave biografiju Lenjina na oba jezika, u Zagreb su prokrijumčareni agenti koji su uspostavili niz kontakata s Krajačićevim centrom i okolinom Franje Tuđmana. Godinu dana posle Titove smrti, međutim, Tuđman je 1981. ponovo bio u zatvoru. Ovoga puta zbog „neprijateljske propagande protiv SFRJ". Tuđman je u drugoj instanci osuđen na dve godine zatvora. U okviru delegacije nemačkog Crvenog krsta doktor Derne je posetio Tuđmana u zatvoru Gradiška. U SR Nemačkoj jedan Hrvat, agent BND-a je pomogao da se organizuje medijska kampanja u korist Tuđmana. Publicisti poput

Hansa Petera Rulmana, Karla Gustava Šterma, Viktora Majera, kao i Rajsmilera, urednik i sâm list *Frankfurter algemajne cajtung* zalagali su se iz petnih žila za Franju Tuđmana.

Savezna obaveštajna služba nije u Hrvatskoj održavala dobre odnose samo s Krajačićevim krugom. Ona je raspolagala tradicionalnim mrežama agenata koje je prema potrebi uključivala, podmlađivala i širila. Agente BND-a u Zagrebu od završetka Drugog svetskog rata vodi čovek čije je šifrovano ime Vlado. Pod ovim imenom pojavljuje se i čovek za vezu u Zagrebu koji usklađuje operativne snage u Zagrebu. To je bio skoro osamdesetogodišnjak Milivoj Huber. On je bio novinar, šef *Privrednog vjesnika*, a BND ga je angažovala kao „stručnjaka za procenu". To znači da je pored sirovih podataka dostavljao i podatke i materijale o izvesnim problematičnim situacijama ili određenim ličnostima. Kao novinar on je imao uticaja na javno mnjenje, a mogao je po želji nalogodavca i da učestvuje u oblikovanju javnog mnjenja. Ovaj agent je takođe vrbovao nove saradnike za nemačku obaveštajnu službu. Tako je, na primer, zavrbovao Vladu, koji je vođen pod šifrovanim imenom Ali. U stvari, reč je o tadašnjem tehničkom direktoru zagrebačkog dnevnog lista *Kurir*, Anti Živkoviću, koji je posle dolaska Tuđmana na vlast napravio karijeru. Osamdesetih godina zavrbovan je preko Vlade i tadašnji direktor *Privrednog vjesnika* Ante Gavranović. On je 1991. postao predsednik Saveza novinara Hrvatske. Njega su na vezi držali doktor Dengler i doktor Bauer. Johan Jozef doktor Dengler je bio agilan diplomata i obaveštajac. Službovao je u Zagrebu, Budimpešti i Helsinkiju kao konzul, odnosno ambasador Austrije i u administraciji KEBS-a. Tokom rata bio je poručnik Vermahta, odakle je i angažovan za BND. Bio je veliki prijatelj pape Vojtile, koji ga je odlikovao za pomoć Vatikanu. Dengler je koristio Jugoslaviju kao tranzitnu zemlju da bi putovao u Rumuniju, Bugarsku i Tursku. U njegove brojne obaveštajne naloge spada i potraga za Karlosom, tada najtraženijim teroristom u svetu. Pod radnim imenom Karl Smit, doktor Dengler je često putovao u Rim. Tamo je održavao kontakte sa američkom obaveštajnom službom CIA. Jugoslovenska kontraobaveštajna služba nikada nije bila sigurna da li je Klaus Kinkel znao da njegov najznačajniji čovek u Jugoslaviji istovremeno radi i za Amerikance. Prema kazivanju Vladimira Konstantinovića, na listi saradnika doktora Johana Jozefa Denglera nalazili su se Perica Jurić, đak BND-a koji je radio u MUP-u Hrvatske, Ivica Vakić, bivši advokat, saradnik SDB SSUP-a i zamenik ministra hrvatske policije, Gojko Šušak, Adil Osmanović

Taran, Ivan Miles, Petar Hinić, Ivan Bubalo, Johan Pečnik i njegovi zemljaci Mark Urank, Hans Ditrih i Stefan Krote iz Graca.

Tajni agent Boljkovac

Nekadašnji austrijski generalni konzul u Zagrebu doktor Dengler, veliki prijatelj progonjenih hrvatskih nacionalista, posle svega se nadao da će biti i bogato nagrađen, ne samo ekonomskim koncesijama austrijskim firmama u budućoj hrvatskoj privredi već i na drugi način. Ne čekajući varljivu i neizvesnu budućnost, Dengleru se Vrhovništvo Hrvatske delimično odužilo već u oktobru 1990. godine. Njemu je vlada Republike Hrvatske, s potpisom tadašnjeg ministra „inozemnih poslova" doktora Zdravka Mršića, izdala „potvrdu" kojom je doktor Dengler „autorizovan u ime hrvatske vlade da stvara kontakte u Austriji u cilju kooperacije između Austrije i Hrvatske". Zbog uspešnih posredovanja između Hrvatske i velikog broja međunarodnih faktora, Tuđman je doktoru Dengleru nakon sastanka 10. decembra 1990. produžio akreditaciju do marta 1991. godine.

Ma koliko je inostrani savetnik novouspostavljene hadezeovske vlasti u Hrvatskoj želeo da se razbijanje Jugoslavije i otcepljenje Hrvatske izvede postepeno i bez sukoba, ta vlast je ubrzo pokazala svu svoju satelitsku i fašistoidnu prirodu, koja nije mogla bez nasilja i krvoprolića. Na jednom od kolegijuma ministra unutrašnjih poslova Hrvatske potvrđene su, između ostalih, i dve do tada nepoznate činjenice: prva, da je BND glavni inostrani faktor koji je pomagao dolazak HDZ-a na vlast u Hrvatskoj, i drugi, da se Hrvatska uz svestranu pomoć iz inostranstva (Nemačka, Austrija, Mađarska) priprema za rat protiv JNA i srpskog naroda, odnosno za terorizam velikih razmera, uz neposrednu stručnu asistenciju nemačkih instruktora. Operativnim putem, organi bezbednosti JNA pribavili su saznanja o toku sastanka s čelnim rukovodstvom Službe državne sigurnosti Hrvatske kod tadašnjeg ministra unutrašnjih poslova, Josipa Boljkovca.

Prema verodostojnom fono-snimku, ovaj sastanak je održan 6. marta 1991. godine, a na njemu je, pored ostalog, rečeno:

„Nama je BND pomogla u obaranju stare vlasti, ali šta ona sada misli i da li samo preko nas hoće da utiče na daljnje odnose u Jugoslaviji, to ja ne znam. Uzmite samo primjer moga dosadašnjeg zamjenika,

Perice Jurića, koji je po liniji BND-a došao u MUP, završio je obavje-
štajnu školu u Baden-Badenu, čudno se ponašao i čudne je propuste
i greške činio. Vrtoglavo je išao linijom smjenjivanja starih kadrova
i instaliranja novih. Praktično je odmah pristupio instaliranju para-
lelne službe u službi. Kada smo išli detaljnije to gledati, vidjeli smo da
je najveći dio njih iz 'Hrvatskog državotvornog pokreta'. Ne bih htio
kao baba da nagađam, ali možda je sve to smišljeni sistem da se ubrza
proces kojim bi se neke pretenzije stranih zemalja prema Jugoslaviji
brzo ostvarile. Tu je najinteresantnija za njih Hrvatska, radi Jadrana,
gdje juriša Mađarska. Oni nas pomažu i pomoću, to ste vidjeli s oruž-
jem, ali ne smijemo državu prodati kao Pavelić, da nam ostanu samo
mrvice od raspada Jugoslavije. Neki, ovi iz emigracije, koji sada rade u
Hrvatskoj i koje smo morali dovesti u zemlju jer su nas njihove gazde
finansirale, očito po nalogu njihovih gazda, i dalje moraju raditi kako
im gazde narede, a nisu oni pod nama... Mi tu moramo biti obazri-
vi, jer koliko su god oni veliki Hrvati, a nisu direktno pod nama, oni
mogu raditi protiv Hrvatske i Hrvata."

Josip Boljkovac, prvi hrvatski ministar policije, danas je samo je-
dan od malobrojnih članova Mesićevog HND-a i zastupnik u Župa-
nijskom domu Sabora.

„Međutim, još 1941. bio sam ilegalac u Zagrebu. Iz njega sam po-
begao, pod imenom Ivan Moškun, jer za mnom je bila raspisana tje-
ralica: prepoznat sam kad su stradali Josip Kraš u Karlovcu i potom
Nada Dimić. Ona je tijekom istrage tek mogla reći da sam ja 'mali s
dva zlatna zuba, izgleda da se zove Joža'. Počeli su potragu za mnom,
ali ja sam, na osnovi ranijeg rasporeda, bio u Črnomercu u Zagrebu na
vezi. Potom sam preko Karlovca stigao u Vukovu Goricu, pa u Poni-
kve, i na Kordun. Bio sam 1943. tek politički rukovodilac hrvatskoga
bataljuna u ovom području. Tada sam sreo generala Rukavinu. Tek
tada smo ustanovili tko je tko, jer njegovo konspirativno ime je bilo
Vladić, a moje Mali. U to je doba prijetila opasnost od savezničkog
iskrcavanja na naš dio jadranske obale. S njima su, pretpostavljalo se,
trebali doći i predstavnici jugoslavenske izbjegličke Vlade u Londonu,
koje bi dočekao 'ministar vojni' Draža Mihailović. Prijetila je obnova
stare Jugoslavije! Tada je rukovodstvo KPH, na čelu sa Andrijom He-
brangom i mojim prijateljima Rukavinom, Holjevcem i Krajačićem,
sudjelovao u razgovorima sa ustašama. U ime Lorkovića i Vokića, pre-
govore su vodili haesesovci Pavao Pocrnić i Božidar Magovac. Pred-
lagali su stapanje hrvatskih domobrana i partizana u jednu vojsku!

U Hitlerovoj Europi, dakle bez Rusije, Hrvatska bi s domobranima i partizanima – imala najjaču vojsku.

S doktorom Franjom Tuđmanom sam se upoznao potkraj 1963. u prisustvu Rukavine, mog mentora i našega najpametnijeg generala, i Holjevca, tadašnjeg ministra prosvjete. Našli smo se u Holjevčevoj kancelariji u Saboru. Tada smo pokrenuli inicijativu, koja je podržana od Zakonodavne komisije Sabora, da Zagreb postane glavni grad Hrvatske. Po Ustavu iz 1963, Zagreb je, naime, bio tek glavni grad uže i šire njegove okolice. Izišao sam za saborsku govornicu i to predložio. Podržao me je Stipe Mesić. Bilo je to potkraj 1964. ili početkom 1965... Kad sam čuo da se zove Mesić, pomislio sam: 'Taj je Hrvat iz Like'. Od tada se znamo i nikad se nismo razdvojili. Holjevac i ja često smo odlazili kod Tuđmana u Institut za radnički pokret Hrvatske. U njemu smo upoznali i Bruna Bušića. Holjevac i ja nagovorili smo ga da ne ide u inozemstvo, jer tamo neće ništa napraviti. I Tuđman se, štoviše, zalagao za to da Bruno ne emigrira. Bruno je bio drag čovjek, bio je odlučan, ali nije shvaćao da se iz inozemstva ništa ne može napraviti. Nismo htjeli da takav čovjek ode, htjeli smo da ostane u zemlji. Posle obaranja Maspoka ja sam 1971. ostao bez posla. Hranio sam svinje, obrađivao vinograd i voćnjak, i primao njemačke ministre i agente, s kojima sam uspostavio dobre odnose još od 1965. S njima sam stupio u kontakt u vrijeme Treće vatrogasne olimpijade, pod općim pokroviteljstvom Konrada Adenauera. Karlovac je, usprkos konkurencije mnogih gradova, zahvaljujući mojim sposobnostima, dobio tu Olimpijadu, pod pokroviteljstvom Josipa Broza. Ta je veza odigrala svoju povijesnu ulogu, i to Tuđman zna. Današnji njemački kancelar Helmut Kol bio je predsjednik pokrajine u kojoj se, među ostalima, nalazi i grad Manhajm. Odlučili smo s njim uspostaviti vezu. Susreo sam se s Mikom Tripalom i dogovorili smo se na koji način osigurati zbližavanje Njemačke i Hrvatske, planirajući, u tom sklopu, *INU* vezati za njemački kapital. Jasno se sjećam, na Kolovim vratima dočekao me visok, korpulentan gospodin. Na sebi je imao radnički kombinezon i rukavice, jer je, s još dvojicom radnika, kopao temelje za kuću. I to je bio predsjednik pokrajine! Njegov mentor, središnji tajnik CDU-a Bruno Hek, došapnuo mi je: 'To je budući kancelar'.

Dakle, poznajem kancelara Kola još iz doba kad je bio tek predsjednik jedne pokrajine s približno četiri milijuna stanovnika. Zbog toga sam mogao ići u Njemačku kad god sam to htio. Često su kod mene u gostima bili središnji tajnik CDU-a, njemački ministar za obitelj i mladež, te državni tajnik doktor Dil. Godine 1966. upoznao sam pukovnika Manfreda Vernera, kasnije tajnika NATO pakta, a dosta dobro poznajem i Mihaela Štajnera.

Ovdje smo se sastajali, u ovom restoranu. To možete pitati i Antu Todorića, oca Ivice Todorića.

U vrijeme priprema obrambenog rata 1991. ovdje sam imao svoj stožer, jer ga nisam mogao imati u Karlovcu pokraj garnizona JNA. U podrumu ovoga restorana primao sam Hrvate iz jugovojske. Ti su oficiri uvečer u civilu dolazili na sastanak, a ujutro bi pukove vodili na vježbu. Za neke se od njih još ne zna, a neki su još u Beogradu. Jednoga sam čak predao i Martinu Špegelju. Vlasnik onoga restorana, nije uopće znao kakvoj se opasnosti izlaže. Budući da nismo bili pri novcu, on nas je sve častio. Još 1989. predsjednik Tuđman me molio da preuzmem na sebe formiranje oružanih formacija. Govorio sam da s time ne prenagljujemo. Tuđman je govorio: 'Već sada moramo raditi na organizaciji'.

Josip Manolić me pitao, u dogovoru s Tuđmanom, imam li ja nekoga u Beogradu i bih li se usudio tamo otići. To je bilo dosta opasno jer sam zbog svoga prohrvatskog angažmana 1971. bio u egzilu, oduzet mi je čin pukovnika i bio sam po vojnim i civilnim sudovima. Ali mnogi ne znaju da sam imao zaštitu preporučenu u Jugoslavenskom veleposlanstvu u Njemačkoj. Jugo-poslanik je bio kod Nijemaca na večeri, i oni su mu rekli da sam ja njihov prijatelj, da sam pridonosio uspostavi odnosa između Njemačke i Jugoslavije, da sam čestit čovjek i da me često posjećuju. Moja veza bila je u Komandi grada Beograda. Zapravo, htjeli smo provjeriti što JNA namjerava učiniti u povodu naših odluka u Zagrebu, kako ne bismo doživjeli sudbinu Mađarske 1956. i Češke 1968. U komandi su sjedila dva potpukovnika. Lukavo sam pred njima telefonirao: 'Rođo, ja sam na proputovanju za Homoljske planine i želio bih te vidjeti, dugo se nismo vidjeli'.

On je rekao da će prekinuti sjednicu i da dođem u Generalštab. A sve je već bilo dogovoreno. Tako smo razgovarali jer se sve snimalo. Sastali smo se u zgradi nasuprot Generalštaba, i pošli smo na Savski venac. Moj prijatelj 'Rođo' bio je u civilu, a pridružili su nam se još neki ljudi, također u civilu. Na putu do Savskog venca pitao sam spremaju li se napasti Hrvatsku. Rekli su da nas neće napasti. Dogovorili su da će podržavati Ustav iz 1974. i konfederativnu opciju. Ali nitko od njih nije znao da sam bio u Beogradu. Tuđman me je pitao kad ću u Beograd, a ja sam rekao: 'Otvorite bocu viskija, upravo sam se vratio iz Beograda. Situacija je za nas povoljna'."

Posledice takvih paktova vrlo brzo su se pokazale.

Uticaj BND-a na Kučana

Uticaj nemačke tajne službe bio je jak i na novu slovenačku tajnu policiju VIS, u kojoj je bilo dosta ljudi iz bivše Službe državne bezbednosti, pa je Milan Kučan odlučio da za šefa postavi anonimnog čoveka Mihu Brejca. U svojim memoarima, Brejc, međutim, objašnjava šta se sve dešavalo u obaveštajnim strukturama dežele:

„Pre mog dolaska u SDB Igor Bavčar je sâm pokušao da izvede nekoliko korenitih mera u SDB-u. Nije baš ništa pokušao u rukavicama, nego baš onako sekirom po sredini. U SDB-u je najbolje odjeknulo njegovo pismo, koje je napisao 27. juna 1990. tadašnjem načelniku SDB-a Štefanu Tepešu i u kojem je zahtevao da Tepeš do 2. jula 1990. pripremi odgovarajuće odredbe kojima se svim radnicima SDB-a, osim IV odeljenja, oduzimaju policijska ovlašćenja i službeno oružje. Bavčar je u tom pismu dalje zahtevao da SDB mora da sve naoružanje preda u skladište RSUP-a i da preda prostorije koje ima u stanicama i u odeljenjima milicije, da se čitav rezervni sastav SDB-a prerasporedi u rezervu milicije, da uprava popiše SDB-u sva tehnička sredstva, pokretna i nekretnine. A da posebna komisija, sastavljena od predstavnika drugih uprava RSUP-a, tu opremu i prostorije delom preraspodeli za upotrebu ostalim delovima RSUP-a Slovenije. To pismo je Tepeš preuzeo kod dežurnog milicajca na ulazu zgrade u Štefanovoj ulici u 19 časova, a sat kasnije već je bio sastanak užeg kolegijuma SDB-a na kome je Tepeš najavio svoju ostavku. Pismo je bilo poslato i načelniku Saveznog SDB-a Zdravku Mustaču, saveznom sekretaru za unutrašnje poslove Petru Gračaninu, njegovom zameniku Ivanu Erženu i Borisu Zoreu u Saveznom SDB-u. Osim Tepeševe ostavke i dalje pasivizacije SDB-a ništa se nije promenilo.

Kad sam preuzeo VIS, već pre agresije na Sloveniju uspostavio sam neposrednu saradnju s tajnim službama Hrvatske, Italije, Nemačke i Austrije. Iz razgovora s Italijanima, Nemcima i Austrijancima saznao sam da tajne službe u Evropi i svetu sve više sarađuju i pomažu se, naročito u borbi protiv terorizma i drugih pojava nasilnog rušenja ustavnog uređenja države. Šefovi kontraobaveštajnih službi država evropske dvanaestorice se čak redovno susreću i dogovaraju o zajedničkim akcijama. Interesovanje za zajedničko delovanje tih službi zasnivalo se na spoznaji da nijedna pojedina služba više nije bila sposobna da dovoljno brzo raspozna sve promene u brzomenjajućoj političkoj mapi

Istočne Evrope i Balkana, kao i aktivnosti ciljnih grupa. Doktor Alfred Ajnvag iz Nemačke pomenuo je da su u arhivama Stazija našli dvesta kilometara filmova i na desetine kilometara papirnih dokumenata, na kojima su bili podaci o šest miliona Nemaca i četiristo do petsto hiljada saradnika. Prema arhivama tajne službe u Nemačkoj su imali isti stav kao i kod nas u tajnoj službi VIS. Samo žrtve mogu da pogledaju svoj dosije i samo je određenim javnim ličnostima dozvoljen pristup delu tog materijala. Objavljivanje imena i prezimena je stvar štampe, a ne službeni stav."

U Sloveniji, čije je rukovodstvo, od predsednika Milana Kučana do vojnog ministra Janeza Janše, dugo patilo od sindroma beogradske Udbe, proces formiranja tajnih službi tekao je dosta burno. Prvo je po nalogu predsednika Milana Kučana stari SDB raspušten i umesto njega formirana je pri policiji Varnostna informativna služba – VIS. Njen prvi načelnik bio je totalni amater profesor Miha Bajc. U Ministarstvu odbrane, međutim, osnovana je Vojna obaveštajna služba – VOMO, takođe, pod kontrolom Milana Kučana, odnosno dežele. Po direktivi Janeza Janše kao pandam ovim agenturama stvorena je SOVA, civilna obaveštajna služba, kojom rukovodi Drago Ferš. Kako je to izgledalo posvedočio je bivši kontraobaveštajac Roman Leljak:

„Radio sam na osnivanju slovenačke tajne službe. Ja sam bio u tajnoj bezbednosnoj službi, i radio sam u Sloveniji s jedinicama. Imao sam zadatak da štitim jedinice od spoljašnjeg neprijatelja, unutrašnjeg neprijatelja ekstremne emigracije. Na jednom tajnom sastanku tadašnjeg Predsedništva Jugoslavije bilo je zaključeno da se u Sloveniji vodi specijalni rat, i da tim ratom diriguje američka CIA preko italijanske obaveštajne službe SISMI, uticajem na omladinsku organizaciju u Sloveniji i da ta omladinska organizacija Slovenije ima zadatak da razbije Jugoslaviju. Ja sam tada imao zadatak da radim na tome. To se zvalo 'Operativna akcija Mladost'. Tako je bila šifra toj tajnoj vojnoj akciji na kojoj sam ja radio. Tada Slovenija nije bila pripremljena za bilo kakvu akciju odvajanja od SFRJ. Kada je došlo do odvajanja, Slovenija je tada već uživala relativno veliku zaštitu u Evropi i svetu. Mislim da je tada za vojsku bio mudar potez što se odlučila na povlačenje. Za mene se, međutim, to preokrenulo, ja sam bio tri meseca zatvoren u onom poznatom slučaju 'Janša i drugi'. Optužba je bila da sam zloupotrebljavao metode rada tajnih službi. To je tajno prisluškivanje, tajni pretres stana... Javnost je bila isključena iz tog procesa i ja sam bio osuđen na četrnaest meseci zatvora. Mislim da su me stavili u zatvor čisto da bi me zaštitili. Posle su me pustili na slobodu, Predsedništvo Slovenije i Janez Stanovnik."

I Roman Leljak, danas poznati slovenački biznismen, čovek koji sa svoja tri preduzeća važi za jednog od najbogatijih Slovenaca, bio je svojevremeno dvostruki, i srpski, i slovenački špijun. Rođen je u Celju 1964. Tamo je završio osnovnu školu, a onda nastavio školovanje u srednjoj vojnoj školi u Sarajevu i potom u vojnoj školi na Banjici u Beogradu. U Ljubljani je započeo vojnu karijeru kao podoficir, a nastavio je studijama novinarstva na Fakultetu političkih nauka. Krajem osamdesetih, kako se to dešavalo s poslednjim generacijama jugoslovenskih inspektora bezbednosti, i Leljak je izašao iz te službe i postao novinar slovenačke *Mladine*. Kasnije je osnovao sopstveno preduzeće. I tako, jednom prilikom kada je 1995. kao biznismen opet došao u Beograd, ispovedao se novinarima magazina *Intervju*:

„Za vreme onih događaja u Sloveniji ja sam bio u samom vrhu i bio sam na strani Slovenije. Jedno vreme sam radio u Ministarstvu za odbranu, odnosno u KOS-u. Mi smo imali tri osnovna zadatka: otkrivanje delovanja unutrašnjeg neprijatelja, zatim nacionalizmi i ekstremna emigracija, i strane obaveštajne službe. Dosta smo govorili o tim ekstremnim emigracijama, mada evo sada svi ti političari koji su bili vani po svim republikama su vođe stranaka, ili predsednici kao Franjo Tuđman, na primer. Ja sam u jednoj svojoj knjizi govorio o tome kako smo Tuđmana obrađivali kao čoveka koji ekstremno deluje protiv Jugoslavije i deluje na njenom razbijanju. On je tad živeo vani, mi smo ga obrađivali, tražili njegove saradnike i tako... a on je posle tri-četiri godine postao predsednik Hrvatske. Nešto slično je bilo i s Vukom Draškovićem kad je radio van... Što se tiče stranih obaveštajnih službi, naš rad na njima značio je suprotstaviti im se. To su razne službe – CIA, SISMI, nemačke službe i tako dalje. Svaka država ima bar pet--šest takvih službi. Upotrebljavali smo različite metode. To su bili razni razgovori, prisluškivanja telefonom, tajni pretresi i tako."

Zmago je bio Kučanov Udbaš

Istovremeno dok su prozivali i napadali srpsku Udbu, slovenačke nove demokrate su izrastale sa Udbom i njenim agentima. Milan Kučan, koji je bio vojni obaveštajac, gradio je svoju karijeru na jakim ljudima iz partije i policije. Kučan je zapravo izrastao iz kruga u kojemu su najvažniji i najmoćniji bili policajci i agenti KOS JAN i prvo KGB, Stane Dolanc i Mitja Ribičič.

U slovenskoj partiji postojale su, naime, dve jake struje. U jednoj je bio glavni Stane Dolanc, naravno s njim je bio i Milan Kučan. To su bili trbovljanski komunisti koji su bili vezani za ljude Sergeja Krajgera i Lidije Šentjurc. Drugu je struju činila tzv. ljubljanska grupa u kojoj je prvo glavni bio Ivan Maček, a kasnije France Popit. Sukob je trajao od 1986. do 1988. godine, a pobedila je Dolancova i Kučanova struja, koja je bila više projugoslavenski usmerena. Imala je dobre i čvrste veze i svoju je moć crpla iz Beograda!

Kučan je u početku bio protiv osamostaljivanja Slovenije od SFRJ. Uplašio se da će on i njegova nomenklatura osamostaljenjem izgubiti vlast. Kada 1991. godine dolazi do promena na prostoru bivše Jugoslavije, oni su svi samo računali kako će proći u tom procesu. Bili su svesni hipoteke koju nose i bilo je normalno da kao „proizvod" jednog totalitarnog sistema budu „osuđeni" na povlačenje s vlasti. Jedna od mogućnosti spasa bila je i osamostaljenje, ali nije bila na prvome mestu. Razrađivane su i neke druge kombinacije. Tako je postojala jedna grupa Slovenaca u Beogradu, koju je vodio tadašnji potpredsednik vlade Živko Pregl, i jedna grupa u Ljubljani, koju je vodio tadašnji Kučanov omladinac, a potom predsednik parlamenta Jozef Školc. On je čitavo vreme bio protiv osamostaljenja. Deset dana pre osamostaljenja u Ljubljanu je doputovao Ante Marković da pokuša da odloži proglašenje samostalnosti.

Stane Dolanc je, međutim, hteo drugačije. Za otcepljenje je imao podršku Nemačke, tajne službe BND-a i KGB-a, kao i ljudi iz bivše Udbe, koji su mu finansirali osamostaljivanje. Oni su na raspolaganju imali velike fondove, imali su tajne fondove i račune, uzimali su novca koliko im je trebalo.

Neko iz „Kučanovog klana" je krajem 1989. godine u inostranstvo prebacio oko osamnaest miliona nemačkih maraka s računa na kome je bila partijska članarina. Milan Kučan je odneo taj novac. U Trstu je postojalo preduzeće *Safti*, koje je osnovano da bi finansijski pomoglo slovensku manjinu, a zapravo je ta firma bila pod potpunim nadzorom Udbe i Milana Kučana. Taj posao finansiranja je završio poznati ultranacionalista Zmago Jelinčić. On je bio jedno od udbaških oruđa Kučanovog klana. Objavljen je bio Zmagov udbaški dosije, ali on ipak osniva Ultranacionalističku stranku da bi odneo glasove DEMOS-u.

Nakon ulaska u parlament, Jelinčić pravi veliki zaokret i daje potporu Drnovšeku, odnosno Kučanu. On je za Udbu radio od 1986. godine kao plaćenik! Milan Kučan je dobro znao koga angažuje.

Najznačajnijih deset ljudi Kučanovog klana bili su Janez Kocijančić, Mitja Gaspari, čiji je tast bio direktor firme *Safti* i preko kojega je prebačen partijski novac u inostranstvo, zatim Jozef Školc, Živko Pregl, Janez Zemljarič, bivši ministar unutrašnjih poslova Slovenije. On je bio stari udbaš koji je bio visoko kotiran u političkoj i policijskoj hijerarhiji SFRJ. Među prvih deset bio je i Herman Rigelnik, Jelko Kacin, Spomenka Hribar i ljubljanski gradonačelnik doktor Dimitrij Rupel, kao i Niko Kovčič, inače, široj javnosti potpuno nepoznat čovek. On je bio Kučanova siva eminencija, udbaš još od 1945. godine, a kasnije jako politički uticajan i moćan čovek!

BIH IZMEĐU TRI VATRE

Kako su se 1991. godine muslimanski nacionalisti na izborima dokopali vlasti u Bosni i Hercegovini, odmah je smenjen Avdo Hebib, načelnik milicije MUP-a BiH, a na njegovo mesto Alija Izetbegović je doveo drugog muslimana, Jusufa Pušinu, nekadašnjeg direktora Milicijske škole. Ovo kadrovsko i nacionalno pomeranje u bosanskoj policiji deo je taktičke igre SDA da od MUP-a BiH napravi muslimansku miliciju, koja bi s vremenom prerasla u pravu stranačku vojsku. To Avdo Hebib nije uspeo da uradi, pa je zamenjen tvrđim čovekom. Ujedno, to je i najava novih kadrovskih promena. Očekivalo se da će Alija Izetbegović i kao predsednik republike, ali i kao lider ove stranke, smeniti suviše mekanog i jugoslovenski orijentisanog ministra unutrašnjih poslova Aliju Delimustafića. Velike kadrovske promene unutar MUP-a BiH počele su odmah posle višestranačkih izbora, koji su završeni troduplim nerešenim rezultatom. Partija koja se domogla predsedničkog kabineta, SDA, za ministra policije postavila je Aliju Delimustafića. Hrvatska demokratska zajednica je za ministra odbrane imenovala Jerka Doka. A za to vreme je SDS dobio resore kontrole ovih bezbednosnih institucija, u kojima su Biljana Plavšić i doktor Miodrag Simović. To je za SDA značilo pravo da u MUP-u BiH sva najvažnija mesta dodeli muslimanima. Tada je u Sarajevu izbegnuto i imenovanje načelnika SDB MUP BiH, pa i načelnika SDB SSUP-a, jer je po nacionalnom ključu to trebalo da bude Srbin. Naime, prvi put posle rata dogodilo se da je u *Službenom listu SFRJ* objavljeno imenovanje Sredoja Novića iz MUP BiH za šefa savezne Službe državne bezbednosti, a da do njega nikada nije došlo, jer to nije bilo po volji vladajućoj muslimanskoj struji u BiH. Srbi su postavljenje Alije Delimustafića prihvatali, jer im je izgledao kao politički umerenjak. Alija Delimustafić je rođen januara 1954. godine u Olovu. Završio je prava i neko vreme radio u SUP-u Sarajevo, potom u Domu JNA, trgovinskom preduzeću *Voćar,* a bio je i direktor *Geneksa.* Posao prvog policajca BiH, kažu njegovi poznavaoci, prihvatio je kao profesionalac, zato mu je i smetalo neprestano politizovanje MUP-a BiH, pa je jednom prilikom ogorčen javno izjavio:

„Uslovi za očuvanje javnog reda, mira i bezbednosti u BiH nikada nisu bili gori nego početkom devedesetih godina, jer su međunacionalni odnosi i u ovoj republici bili dovedeni do ivice građanskog rata. U takvoj situaciji ministar unutrašnjih poslova Alija Delimustafić odlučio se za reorganizaciju MUP-a BiH. Formalno-pravne promene, međutim, nisu dovele do bitnijih poboljšanja stanja u policijskim stanicama. Doktor Miodrag Simović, potpredsednik vlade za oblast unutrašnjih poslova, javno je rekao kako je služba bezbednosti BiH praktično dovedena u situaciju da ne može da ostvaruje svoju funkciju. U MUP-u 41,8 odsto radnika je bez stana. U miliciji trinaest odsto radnih mesta nije popunjeno. A usklađivanje nacionalne strukture radnika MUP-a s nacionalnom strukturom stanovništva predstavlja, takođe, veliki problem, s obzirom na to da dosadašnji nacionalni sastav u stanicama javne bezbednosti ne odgovara u potpunosti nacionalnom sastavu stanovništva! A to u politici znači da su u mestima gde Srbi čine većinu, načelnici, pa i milicionari, uglavnom muslimani, što u ovim vrućim vremenima ne daje garancije za miran i bezbedan život.“

Čovek koji je prvi uspostavio vezu između Zagreba i Sarajeva, odnosno HDZ-a i SDA, bio je bivši milicionar i obaveštajac SSUP-a Nurif Rizvanović. Neki sumnjaju da radi za nemačku obaveštajnu službu i da je on rukovodio akcijom dovođenja članova IRE u redove Zbora narodne garde. Kako bilo da bilo, Nurif Rizvanović je 1991, bio glavni zagovornik stvaranja muslimanske milicije, makar i u saradnji s bosanskim HDZ-om. Pretpostavlja se da je Rizvanović pomagao i Miru Kovaču, predsedniku opštine Posušje, da preko svoje braće Ante i Ljube Kovača iz Nemačke prošvercuje oružje, radio-stanice i lekove za „svoju vojsku“.

Ministar policije Alija Delimustafić pokušao je da se suprotstavi ovoj nacionalizaciji MUP-a BiH ali u tome nije uspeo, jer je bio neprestano okružen, uglavnom, muslimanskim kadrovima. Ti isti ljudi su 1991. godine, u poverljivoj septembarskoj informaciji o bezbednosnom stanju u BiH, otkrili postojanje paravojnih formacija, ali, uglavnom, u srpskim krajevima: na Ozrenu, u Bosanskoj Gradiški, na Romaniji, na Baniji. A kada je trebalo te iste krajeve braniti od ustaških napada iz Hrvatske, MUP BiH je zakazao. Nije to bio jedini neuspeh MUP-a BiH da zaštiti srpsko stanovništvo u ovoj republici. Batinaši koji su prebili ministra za informacije Velibora Ostojića ni do danas nisu pronađeni. U Banjaluci zu izvršena četiri atentata na srpske lidere i predsednika opštine. Napadači nisu nikada identifikovani. Zbog nepružanja pomoći Krajišnicima, Srbi u BiH su u više navrata javno izjavljivali da nemaju poverenje u MUP BiH. A to je i generalni stav doktora Radovana Karadžića i Srpske demokratske stranke. Sve to je ukazivalo na mogućnost zaoštravanja situacije u BiH, pa je ministar unutrašnjih poslova Alija Delimustafić inicirao sastanak s Petrom Gračaninom, ministrom federalne policije i generalom Aleksandrom Vasiljevićem, tada načelnikom Uprave bezbednosti SSNO. Na ovom skupu u Milićima dogovoreno je da SSUP i JNA pomognu MUP BiH tehnički i kadrovski da se suprotstavi delovanju paravojski terorista i kriminalaca. A to znači da je Alija Delimustafić i tada definitivno odbio ideju o stvaranju muslimanske milicije i hrvatske vojske, pod pokroviteljstvom SDA tj. HDZ-a. Time je doveo u pitanje i svoj opstanak u MUP-u BiH. Jer ako je Avdo Hebib „pomeren" samo zato što miliciju nije obukao u muslimansku uniformu šivenu u Sanskom Brodu, onda se logično očekivalo da će i Alija Delimustafić platiti ceh zbog svoje stranačke i nacionalne nediscipline.

U BiH, državi s tri entiteta, s tri kantona, tri policije i armije, stvorene su i tri (kontra)obaveštajne službe. Sa starim kadrovima SDB SSUP-a i KOS-a JNA, i takođe, na organizacionim ostacima Službe državne bezbednosti BiH u Sarajevu, i njenim odeljenjima u Banjaluci.

Rat školskih drugova

Kako je to izgledalo pričao mi je Petko Pele Budiša, prvi čovek Službe bezbednosti Semberskog okruga, bivši inspektor Ministarstva unutrašnjih poslova Republike Srpske, i prvi saradnik od početka rata bivšeg ministra policije Tome Kovača. Budiša mi je pričao:

„Rođen sam pre trideset pet godina u Mrkonjić Gradu, mada sam od 1977. u Sarajevu, gde sam završio Školu unutrašnjih poslova na Vracama kao najbolji maturant u sarajevskoj opštini. Odmah po završetku školovanja primljen sam u Službu državne bezbednosti i verovatno sam bio najmlađi operativac DB-a u tadašnjoj Jugoslaviji. Bosanska SDB je bila pretežno muslimanska, bilo je dosta i Hrvata. Srbi su, naravno, bili u manjini. Međutim, do prve katastrofe je došlo kada je na mesto načelnika SDB-a početkom osamdesetih godina došao Rešid Musić, koji će kasnije postati jedan od osnivača SDA, a danas je siva eminencija svega što se dešava u njegovoj rodnoj Tuzli. Kada je postao načelnik SDB-a, Rešid Musić je tolerisao da se službenici pozdravljaju s 'merhaba' i maltene smo se i mi, Srbi, trebali izuvati kada bismo ulazili u njegov kabinet... Užasno me je sve nerviralo, ali sam radio svoj posao sve dok nisam 1984. godine gotovo isteran iz službe. Te godine su se u Mostaru pojavili grafiti 'Živela velika Srbija', 'Dole crvena buržoazija'. A neposredno pred rat se ispostavilo da iza njih stoji jedan od osnivača HDZ-a i HVO-a, bivši pripadnik službe – Jerko Kostić. Bila je to njihova akcija dezinformacija. U Mostaru sam proveo neko vreme, i, kada sam se vratio, optužili su me za kontakte sa srpskim nacionalistima i za nekakve 'malograđanske sklonosti', lično me je isleđivao Musić. Zabranjen mi je kontakt s kolegama, dolazak na posao...

Rat je počeo. Kovačev školski kolega s Više škole SUP-a u Zemunu, Jusuf Pušina, čiji kumovi žive u Beogradu i čija je supruga na početku rata uživala veliko gostoprimstvo u Srbiji, organizovao je zajedno s Ejupom Ganićem 'zelene beretke', najčešće od grupice predratnih huligana. Na kolegijumu u Ministarstvu unutrašnjih poslova Branko Kresić, načelnik, Hrvat, u lice je skresao muslimanima da je poznato kakve su akcije prisluškivanja i praćenja pa čak i postojanja spiskova za likvidaciju čelnika SDS-a i viđenih Srba sprovođene, i da se to isto verovatno sprema i Hrvatima i napustio je sastanak, tako da su u ratnom Sarajevu ostali samo muslimanski policajci. Međutim, Hrvati su odneli sa sobom i mnogo municije, vozila, naoružanja, prebacili su sve to u Hercegovinu i znatno ojačali HVO. Naime, postoji uvreženo mišljenje da su nakon povlačenja doktora Karadžića s najbližim saradnicima na Pale i srpski policajci napustili MUP. Jesmo doduše, i to u velikoj meri.

Momo Mandić je bio pomoćnik ministra policije Alije Delimustafića i mada o njemu neki krugovi pričaju svašta, mogu da vam kažem kako sam lično u nekoliko navrata bio svedok kada je na Delimustafićeve oči Mandić cepao njegova rešenja o premeštaju srpskih kadrova na lošija radna mesta. Tu je još od srpskih kadrova značajnu ulogu od SDS-ovaca igrao i Mićo Stanišić, koji je posle izbora postao načelnik sarajevske policije, a priključio nam se i Tomo Kovač, u to vreme načelnik stanice policije na Ilidži. Mićo, Tomo i ja bili smo tada, nekako, frontmeni srpskog otpora u policiji, no imali smo i mnogo naših poverljivih ljudi u ilegali. Zbog mojih aktivnosti normalno je i da je moja porodica trpela. I supruga mi je bila zaposlena u DB-u, pa ju je Asim Dautbašić, tada načelnik, proglasio tehnološkim viškom. Tek kada sam im žestoko pripretio, pa čak i fizičkim obračunom jer sam majstor džuda, a ako to ne upali i bombom, smirili su se i istog dana moja žena je dobila unapređenje. Ali, moram da napomenem da su i Delimustafić, Dautbašić, Hebib Avdo, Juka, Caco, Ćelo i ostali bili samo figure u rukama Omera Behmana, današnjeg ambasadora Alijine Bosne u Teheranu. Pa čak mogu slobodno da tvrdim da je i Alija bio prema njemu u podređenom položaju.“

Sve do 1994. godine muslimanska tajna policija je i funkcionisala kao bivši SDB, a onda je pod uticajem, pre svega, Irana i njegove vlade formirana Agencija za istraživanje i dokumentaciju – AID. Njen prvi načelnik bio je Bakir Alispahić, čovek blizak iranskoj tajnoj službi VEBAK, bivši ministar unutrašnjih poslova muslimanske vlade u Sarajevu. AID ima pet odeljenja: obaveštajno, kontraobaveštajno, za tajne operacije, obezbeđenje rukovodstva i za tehniku. Okrivljen za tesnu saradnju sa islamskim teroristima, koje su Amerika i CIA proglasili za svoje neprijatelje broj jedan, Bakir Alispahić je smenjen, a njegovo mesto preuzeo je aprila 1995. godine Kemal Ademović, tada komandant specijalnih snaga muslimanskog MUP-a.

Ove (kontra)obaveštajne službe novih jugoslovenskih komšija nisu bile brojčano velike. Imale su od dve stotine, kao, na primer, Makedonija, do hiljadu zaposlenih kako je to bilo u Hrvatskoj. Ali su zato na raznim pozicijama u dubini Jugoslavije imale svoje saradnike, krtice, doušnike, agente i špijune. Jedno od tih zagonetnih mesta na kojima su se strani obaveštajci okupljali bila je, na primer, Banja Koviljača, pa Subotica, Zvornik, i, naravno, Beograd. Na suprotnoj strani ovim tajnim službama, nalazile su se tajne policije i kontraobaveštajci Republike Srpske, Srbije, Crne Gore i Vojske Jugoslavije, koji su ih uspešno razotkrivali i hapsili. General policije Tomo Kovač je muslimanske špijune počeo da juri još po Ilidži i Sarajevu:

„Na početku rata imali smo dosta uspeha u hvatanju kojekakvih ubačenih muslimanskih špijunskih grupa, jer smo otkrivali razne strane obaveštajce koji su se predstavljali kao novinari. Kasnije smo taj posao nekako batalili zbog važnijih zadataka koje smo imali, a i zbog nerazumevanja u Vladi. Kako da kontrolišemo špijune kada je u RS bilo dozvoljeno da svako, na iole značajnijoj funkciji, može da razgovara sa strancima bukvalno o svemu. Tako, na primer, s gradonačelnikom Banjaluke stranci razgovaraju o Mrkonjiću i Šipovu, a on nije svestan toga da je taj stranac došao sa zadatkom da baš njega podigne na nivo ovlašćenog pregovarača, da poništi RS kao državu i da se Republika Srpska kantonizuje. Ili kad ti strani medijatori dođu u Bijeljinu, pa s tamošnjim gradonačelnikom razgovaraju o Majevici, na primer. Imali smo u Sarajevu predsednike opština koju su u trans pali kada su se rukovali s Klintonom, jer su valjda mislili da su jako važni ljudi... Kada sam posle izbora u BiH preuzeo stanicu milicije na Ilidži, provalio sam muslimanske prislušne centre. Unutar službe oni su vodili samo četvoricu ljudi koje su prisluškivali, potpuno nebitnih. To je meni nešto smrdelo. Ubrzo smo im otkrili potcentar, koji je radio isključivo za SDA i u njemu prave spiskove ljudi koje su pratili i prisluškivali. Na njima je bilo oko šezdeset čelnika SDS-a. I mene su pratili, uvek po trojica muslimana. Oni su bili organizovani preko taksi službe. Na mom spratu je stanovao musliman Ramiz Delalić, koji je ubio onog našeg svata Gardovića na Baščaršiji. Ja sam svako jutro ostavljao porodicu sa zebnjom da li će im se nešto dogoditi dok me nema. Muslimani su pokušali tri puta da mi kidnapuju familiju. Moja supruga i deca su poslednjim avionom napustili Sarajevo. Vozili su se u prtljažniku aviona, pa su od mraza imali užasne posledice. Hvala bogu, sada je sve u redu. Odnedavno sam, pošto sam navikao da živim u velikom gradu, žitelj Beograda, upisujem decu u školu...“

Ispovest Alijinog agenta

Munir Alibabić Munja je rođen 17. oktobra 1950. godine u Srbljanima, u opštini Bihać. Osnovnu školu pohađao je u Srbljanima, u bihaćkom naselju Jezero i Ostrošcu kod Cazina. Učiteljsku školu završio je u Bihaću, a FPN Odsjek sociologije u Sarajevu. Bio zaposlen u SDB-u i MUP-u RBiH od 1. marta 1973. godine do 1. februara 1996. godine. U ratu je obavljao funkciju načelnika sektora SDB-a i načelnika CSB-a Sarajevo. Nosilac je Zlatne policijske značke iz 1992. godine. Svojevremeno kao inspektor SDB-a BiH isleđivao je Aliju Izetbegovića, a od 1993. kao policajac radio je u muslimanskoj tajnoj službi, odakle ga je i isterao baš Alija Izetbegović. Ovo je njegova ispovest:
„Po dolasku u Sarajevo, sredinom 1975, dobivam resor liberalizma i anarholiberalizma, i tu se, kroz mjere Službe, posredno-operativno, sretoh s Rajkom Nogom, Radovanom Karadžićem, Gojkom Đogom,

Dobricom Ćosićem... Interesantno je da su upravo oni sumnjali da Karadžić radi za KOS, jer su nadležni blagovremeno saznavali za detalje razgovora njegovih prijatelja s njim, vođenih u četiri oka. Prijatelji su imali silne peripetije, a on nikad nije pozivan, privođen i hapšen zbog verbalnog delikta, koristio je pogodnosti specijaliziranja na Zapadu, mimo svih kriterija. Nije se nikad znalo da li specijalizira kao psihijatar, književnik ili sportista! Koristio je sve, imao neobjašnjive prednosti, privilegije na radnom mjestu, među prvima je privatno ordinirao, sjedio na klupi FK *Sarajevo*, opljačkao firmu *Građenje*, pušten oslobođen odgovornosti. Vodila ga je i spasavala nevidljiva ruka.

Tokom boravka u Beogradu, a u povodu sudjelovanja na jednom od kongresa književnika, Nogo i kompanija su, u to sam se uvjerio, stalno kukali kolegama iz Srbije o svojoj navodnoj nacionalnoj ugroženosti, ponižavajućem položaju u Bosni. Izjavljivali su da je lako biti Srbin u Srbiji, ali teško u Bosni, tražili zaposlenje u Beogradu, hvalili JNA, govoreći da jedino njoj vjeruju, napadali SK BiH, a hvalili SK Srbije. Provjeravali smo, zaista su svi imali briljantne karakteristike iz JNA... Da li su ih pisali oficiri Vojne bezbjednosti KOS-a?

Od 1976. radim na problematici birokratsko-dogmatskoj, i sa strukturom IB-ovaca, rukovodićevaca, IB emigranata se susrećem, sve do 1983. god. Preko njih su se uglavnom prelamali 'odnosi SFRJ--SSSR'. Svaki zastoj, konflikt, sve do 1983. Jedno od pitanja koje je ostalo otvoreno glasi: Zašto 1948. godine nisu pohapšeni agenti NKVD-a? Ovi su imali instrukciju da verbalno osude Rezoluciju IB-a. Interesantno je da su isljednici upravo na Golom otoku natjerali mnoge IB-ovce da izmisle i da priznaju da su radili za NKDV, za Gestapo, specijalnu policiju, talijansku OVRU, UNS-u. Svaki je izabrao za sebe odgovarajućeg špijunskog gazdu. Poneko i dvojicu. Mogao je čovjek raditi za Gestapo i NKVD uzastopce. A kakav je bio taj isljednik? Bio je preglup, čak i za svoj posao. Sâm, izlučen iz čvrstog stada najboljih sinova naše Partije, preambiciozan, udario je stranputicom i ponašao se kao da je Berijin sinovac. Tražio je špijune, i špijune i špijune. I razumljivo, nalazio ih je.

Rukovodstvo SDB-a je cijeli ovaj period nosilo hipoteku Ranković i bilo je ubijeđeno da što više Partija bude utjecala na rad SDB-a, bit će manje propusta, a samim tim i kritika.

Duško Zgonjanin, faktički prvi čovjek RSUP-a, već 1981. formira ekipu ljudi koji će, sa izvesnim odstupanjima i dopunama 1986. i 1987. godine, vedriti i oblačiti cijelih deset godina. Posebno je forsirao tandeme koji su u napredovanju pratili jedan drugog, kao na sport-skim takmičenjima. Opredijelio se za slijedeće: Slobodan Škipina – Boriša Delić – SDB Sarajevo, Todor Panjković – Milan Ljubojević – SDB Bihać, Mile Mandić – Đuro Savić – Banjaluka, Bogdan Nikolić – Doboj, Mehmed Bajrić – Budimir Nikolić – Tuzla, Slobodan Šarenac – Mostar, Tanović Radoš – Goražde, a na republičkom nivou Rešid Musić – Boris Tankosić, Željko Varunek – Dragan Kijac, Rista Bašić, Ranko Pejanović, Jerko Bradvica, Bru Soće, Sredoje Nović i Jova Tadić. Druga kategorija rukovodilaca se teško uklapala u ovu ekipu izabranih, koji su bili neka vrsta službe u službi, neprikosnoveni, nepogrešivi i kao takvi su u strukturi izvršilaca vezali za sebe 'pouzdanije i povjerljivije operativce', koji su odrađivali specijalne zadatke, pogotovo one na ivici propisa i ovlaštenja. Ti su morali izvršiti i šutjeti, ali su za to bili i specijalno nagrađivani. U osnovi, bili su to loši ljudi i operativci, i kolektiv ih je, zbog povlaštenog položaja, sitnog denunciranja i laskanja, prezirao. Uz ovu Zgonjaninovu ekipu, u KOS-u u BiH su od 1980–1990. godine, pored Mileta Babića, 'harali' Aleksandar Vasiljević, Simeun Tomanov, Fikret Muslimović, negdje 1984. i 1985. godine, pojavio se jedan poručničić Enver Mujezinović, čulo se za Jusufa Jašarevića, Seju Čudića, Šaćira Arnautovića i druge, i sadašnje i bivše KOS-ovce. Zgonjanin i Vasiljević, naravno uz podršku na saveznom nivou, na terenu Bosne sprovode simbiozu SDB-a i KOS-a, u kojoj KOS ipak dominira. Tako se organiziraju zajedničke akcije praćenja aktivnosti nacionalista i kleronacionalista, provjerava se i pokriva svećenički podmladak, kategorija studenata teologije u Jugoslaviji i vani, organiziraju se zajedničke vježbe na terenu, od Bihaća do Zvornika i Gacka, rukovodni kadar milicije pohađa vojne kurseve u Bileći, preko tzv. odbrambenih priprema dobar dio aktivnosti SDB-a se utapa u KOS, kadrovi se preko toga upućuju na dnevne kontakte, organiziraju se zajedničke akcije obezbjeđenja, provode se zajedničke mjere suzbijanja 'kontrarevolucije' na Kosovu. Rezervni sastav SDB-a i milicije bira se uz pomoć KOS-a.

U takvim okolnostima, KOS – preko svojih organizacionih jedinica u trupama, komandama, Ministarstvu odbrane, TO-u, vojnoprivrednom sektoru i 'rezervnog sastava', koji regrutira iz strukture zaposlenih u sredstvima informisanja, obrazovanju, velikim privrednim sistemima, strukturi vjerskih službenika, civila na radu u Armiji i klasičnih agenata i njihovih veza operativno pokriva cijelo područje BiH, njene ključne državne organe. Rezultat toga su i usaglašene procjene

SDB-a i KOS-a oko stanja na terenu, u masama, čime se određivao rad drugih državnih organa, pa i SK u cjelini, koji je pretendirao na rukovodnu ulogu u sistemu i pokušao izvesti demokratske promjene. No, čelni kadrovi Partije, s malim iznimkama, uklopili su se i bili počašćeni time što im čelnici SDB-a i KOS-a vjeruju, te su se prema njima odnosili kao prema svojim zaštitnicima, pa su propuste Službe i KOS-a često predstavljali kao kolosalne uspjehe.

Prioritetan interes SDB-a i KOS-a bile su kategorije albanskih, zatim hrvatskih i muslimanskih nacionalista, a ostale su bile ipak sporadičnije, ravnoteže radi i za nastup pred javnošću."

Svi Zgonjaninovi ljudi

„Negdje sredinom marta 1983. godine saopćeno mi je da sam određen za jednog od isljednika grupi muslimanskih nacionalista, inače intelektualaca, kojoj slijedi hapšenje i ubrzana istraga. S obzirom na zvučna imena, očekivali su se razni pritisci na SDB, bar tako nam je govoreno. Uvodni sastanak su održali Zgonjanin, Bradvica i Musić – prvi ljudi Službe i MUP-a. Tad se sjetih svog susreta sa Zgonjaninom u Jajcu od prije deset godina, ništa se izmijenio nije, radi mnogo, zna policijske poslove, mora se priznati, ali još je drskiji i osioniji. Podijeljeni su zadaci, određena tri glavna isljednika i tri pomoćnika. Ispade da sam po godinama i iskustvu nekako prvi isljednik. Tad vidim da su detaljno isplanirane mjere hapšenja, privođenja i pretresa stanova Izetbegovića i drugih, čime je rukovodio tandem Škipina–Delić.

Poslije sastanka, uslijedio je kratak period priprema, u kojem je Zgonjanin pitao saradnike zašto mene odrediše za isljednika, jer sam svojeglav, na što mu je odgovoreno da od operativaca muslimana trenutno boljeg nemaju, a obećali su mu da ću biti pod njihovom kontrolom.

Godine 1988. u četiri navrata putujem u KPD Foča, po zadatku, da izvidim situaciju oko prijedloga za skraćenje kazne ili pomilovanje Izetbegovića. Sjetih se konstatacije jednog bivšeg kažnjenika: 'Na robiji kao na samrti, čovjek se osjeća beznadežno napušten. Ne čini mu se da iko osim policije na njega ozbiljno misli.' Ima nekih inicijativa oko prijedloga pomilovanja, pa treba da i ja, kao i inspektor, kažem svoje. Tamo sretnem dvojicu oficira KOS-a, koji se dogovaraju s bivšim oficirima Albancima, koji su tu izdržavali kaznu, i saznajem da su ovi naprasno oslobođeni i otputovali u Zagreb i Ljubljanu, šta će tamo, a rodbina im na Kosovu? Nagađam i ja. Nakon razgovora, napišem zapažanje po kojem treba predložiti da se Izetbegović oslobodi od daljeg izdržavanja kazne.

U 1990. zbog potrebe Službe bivam raspoređen na drugo radno mjesto, na nižu funkciju. Presedan, protestiram kod Novića, novog šefa Službe, kaže da su mi to 'spakovali' Škipina i Delić, da bi na moje mjesto doveli nekog svog pulena, da on u tome nije sudjelovao. Žalim se zbog obmana i novom ministru Bešiću, i on pokazuje puno razumijevanje, i kaže da će insistirati da se izvrše korekcije, da zadržim isti status. Slaže se on, princip je u pitanju. Ali, ipak ništa.

Nakon objavljenih rezultata prvih višestranačkih izbora, bivša Zgonjaninova ekipa se iznenada konsolidirala, vidim Varunek se počeo dodvoravati Kljuiću i kandidira se za šefa SDB-a, Nović Plavšićki i pronose se glasine da će svi ostati na funkcijama, pa čak i ministar Bešić. Međutim, biva izabran Delimustafić i dođe sasvim nova rukovodna ekipa pomoćnika. Dobijam rješenje u martu 1991. godine za mjesto načelnika Sektora SDB-a Sarajevo, na kojem je tada bio Delić. On me prilikom smjene uvrijeđeno upita: 'Boga ti, hoćeš li mi reći kada si postao član SDA?'

Odgovorim mu da nisam i da me ne pita za privatne stvari. Otišao je a da se ni s kim nije pozdravio, osim s Dragišom Mihićem, koji je već tada uveliko radio za KOS i otići će među prvima u četničku službu."

Četnici u Sarajevu

„Nagovještaj agresije na BiH uslijedio je već u prvim danima maja 1991. god. Na Romaniju, s četničkom pratnjom i ikonografijom, stiže Šešelj, drže govor on i Karadžić na Novakovoj pećini na Đurđevdan. Tom prilikom huška na rat, hvali se da je formirao četnički korpus u Bosni, posjećuje sjedište SDS-a u Sarajevu. Na putu do Sarajeva i nazad prema Beogradu, zadržava se u više mjesta, poziva Srbe na rat protiv Muslimana i Hrvata. Uzavrelo stanje. Za njim je raspisana potjernica RSUP-a Hrvatske zbog izvršenih krivičnih djela oružanog napada u Borovom Selu i Lici. Predlažem i pripremam njegovo hapšenje, što podržava ministar Delimustafić, ali treba da na kraju verifikuju ljudi iz politike. Držimo ga pod kontrolom sve do Zvornika i meni naređuju da se iz političkih razloga odustane od hapšenja. Kojih?

Interesantno je kako je Karadžić mobilisao svoje sljedbenike za četničke rabote, na osjećanju da ih štiti autoritet, kojeg oni poštuju, i on ih poziva da ubiju prije nego što budu ubijeni. Kasnije, 1995. godine, prilikom napredovanja Armije RBiH prema Doboju, na vijestima čujem da je Milan Simić, komandant četničke odbrane Doboja, preduzeo sve da linije budu stabilne. Eto, želja mu se, ozrenska, ostvarila. Bože, a hvalio se dugo kako mu je otac, partizan i pratilac T. Vujasinovića, upravo poginuo od četničke kame na Ozrenu. Ali tad je ta priča bila unosna.

U ljeto i jesen 1991. godine masovno naoružavanje SDS-a teče preko bivše JNA, a i direktnom nabavkom oružja preko prodavnica i firmi u kojima ključnu ulogu imaju bivši policajci SDB-a i SJB-a, kao što su *Tit*, *Tintor*, *Snajper*, *Kobra*, a od policajaca Tadić, Joksimović, Petković.

Uglavnom, KOS operativno pokriva sve te radnje i istovremeno i javnost i MUP bombardiraju informacijama o masovnom naoružavanju i švercu oružja od Muslimana i Hrvata, SDS nigdje ne spominju. Naprotiv, na sva zvona spominju i hvale njegov odnos prema JNA, odziv na mobilizaciju i slanje dobrovoljaca u Hrvatsku.

Negdje 25. maja 1991. godine hitno me traži Asim Dautbegović i kaže da imamo sve podatke o jednom SDS-ovom kamionu oružja oko Bileće, koji je natovaren u Nikšiću. Šta da radimo? Predlažem mu da ga policija poprati do Mostara, to je predmet iz više nadležnosti, civili i civilno vozilo je u pitanju. I takav nalog se izda i ekipa operativaca čeka u CSB Mostar. Kad zove uspaničeno Fikret Muslimović, potpukovnik JNA, i hoće s nama da razgovara oko oružja. Odmah napade Asima, a on dade slušalicu meni.

Muslimović mi reče: 'Ko vam je dao za pravo da se igrate s ugledom JNA? Vodite računa, razgovarate s potpukovnikom JNA! Smjesta naređujem da se to ne vozi u Mostar, već da se vrati u Bileću. Eno na putu do Mostara srpski narod postavio barikade i ja ću upotrijebiti vojsku i spriječiti da kamion uđe u Mostar, jer je tamošnji CSB antijugoslavenski.'

Pokušaj A. Hebiba pomoćnika ministra policije BiH, u junu mjesecu 1991. godine, da spriječi transport kamiona oružja iz Srbije u Knin, razljutio je druga Muslimovića, tada prvog čoveka KOS-a u Bosni pa je protiv Hebiba podnio i krivičnu prijavu u Vojnom sudu u Sarajevu. Tvrdio je da je u pitanju vojni transport, a u kamionima su bili civili i izvjesna gospođa Milunka.

Boravak Šešelja na Romaniji, otvorena podrška SDS-a njegovim aktivnostima, zatim prolazak tenkova JNA kroz Lišticu, kada su bili blokirani u mjestu Polog, u kojem je Predsjednik Izetbegović održao čuveni govor, rekavši: 'Ja izdati ne znam', otkrivanje plana RAM, te aktivnosti potpukovnika JNA Muslimovića oko spasavanja kamiona oružja SDS-a, njegova izjava da je CSB Mostar antijugoslavenski, koja korespondira sa izjavom trebinjskog gradonačelnika Vučurevića, koji kaže kako istragu ovog slučaja neće prepustiti Mostaru, jer se tamo vjeruje Izetbegoviću i Tuđmanu, i da se u Mostaru neće suditi srpskom narodu, definitivno su skinule maske KOS-a, Beograda i SDS-a.

U oktobru 1991. godine, na dan kad je sa skupštinske govornice u Sarajevu Karadžić zaprijetio Muslimanima da će ih nestati, u noćnim satima obavještava me telefonom s Pala jedan prijatelj, inače Srbin po nacionalnosti, da se u jednom magacinu na Palama tovare kamioni oružja za Vraca i okolinu i da će u njihovoj pratnji biti i Malko Koroman, načelnik SJB-a s Pala. Dao mi je sve podatke, od vozača do vozila. Nazovem komandira PS Novo Sarajevo Kazića i dogovorim šta treba poduzeti da se ta vozila s oružjem oduzmu. I zaista, on i njegov pomoćnik Miletić to izvedu školski, sve dokumentuju do ujutro, vozila na sigurnom. Ali, ujutro se pokrenu mašinerija KOS-a i SDS-a, uz pomoć Delimustafića, preuzeše vozila i odvezoše ih do Krtelja – vrate ih JNA, odnosno SDS-u. I, nikom ništa! Povodom toga, odnosno Karadžićeve prijetnje Skupštini, na moju sugestiju, a na zahtjev dvadesetak građana, advokat Faruk Balijagić podnese prvu krivičnu prijavu protiv Karadžića, što su prenijela i sredstva informiranja. Predlagao sam i drugim advokatima da to urade, ali nisu htjeli ni da čuju.

S druge strane, naoružavanje i priprema legalnih organa BiH za odbranu uglavnom teče stihijski. Ono što se preko MUP-a podijeli SJB-u, to operativci KOS-a fotografiraju, dokumentiraju kao da je u pitanju ilegalna nabavka. Imao sam utisak da to tako rade pojedinci iz MUP-a kako bi se dali argumenti KOS-u u ruke. Međutim, ono što je radio 'čovjek broj tri' i dok je to bilo u njegovim rukama i pod kontrolom njegove ekipe, to je bilo zaštićeno. E, kasnije su i tu šverceri vidjeli interes i našli način da ga ostvare. Također su bila sigurna još dva načina materijalnog opremanja. No, i tu su, nažalost, šverceri pomalo nagrizali stvar, a neki su bili u dosluhu s KOS-om, pa su mnogi naši građani na okupiranim teritorijama to platili glavom.

U takvoj situaciji, rezervisti iz Srbije i Crne Gore dolaskom u Hercegovinu pojačavaju agresiju. S druge strane, državna imovina Bosne je na dobošu, masovno se pljačka. Više puta o tome informišem čak i premijera vlade, ministre i očekivao sam sprečavanje toga. Međutim, i neki ministri su te informacije iskoristili pa i oni ponešto prisvojili. Također, Delimustafić podmićuje i korumpira skoro sve rukovodne ljude, osim predsjednika, Rusmira Mahmutćehajića, Hasana Čengića i još ponekog, poklanja im auta, kupuje poslovne prostore, smjene guvernera Hajre Balorde. Međutim, udružili se Delimustafić, Boban, Pejić, ne daju je, ona obezbjeđuje devizna prava za banke u kojima oni i njihovi prijatelji imaju upliva, vrše se pljačke kod zamjene starih novčanica. Policija organizuje akcije oduzimanja deviza od preprodavaca i tim sredstvima, koja se deponiraju kod Mandića, pomoćnika ministra u MUP-u, finansira se naoružavanje SDS-a i rad budućeg srpskog MUP-a.

KOS u cijeloj ovoj raboti javno glumi objektivnost, neutralnost, a u suštini bio je to u onoj mjeri koliko je takva i JNA, a znamo šta je bila. Državnom rukovodstvu Jugoslavije pa i RBiH, u formi ucjene, prijetnji dostavlja samo podatke o navodnom muslimanskom i hrvatskom ekstremizmu. Ta jednostranost je bila osnova za prijedloge za zavođenje vanrednih mjera u Jugoslaviji i BiH. U vezi s tim, Delimustafić i Žepinić prihvataju jednu saveznu inspekciju koja obilazi SJB, one gdje će kasnije biti izvršeni najveći pokolji i progoni Bošnjaka i Hrvata. Ta komisija sve evidentira nacionalni sastav, popunjenost, naoružanje, stanje odnosa i na kraju izvlači generalni zaključak koji upućuje na potrebu zavođenja vanrednog stanja.

Nakon jednog sastanka između rukovodstva MUP-a RBiH, SSUP-a i KOS-a u Han-Pijesku u CSB će doći na stručnu ispomoć inspektori iz Beograda. U sarajevski je određen Vlado Jestratijević, kojeg je načelnik CSB-a Šabović prihvatio, takva je instrukcija, i on svaki dan šalje depešu u Beograd sa Sabovićevog kolegija. I meni se ovaj najavio da se dogovorimo oko njegovog uticaja na rad SDB-a Sarajevo. Primim ga i kažem, u prisustvu svog zamjenika Jozića, da dođe kad god hoće na kafu ili ako mu treba nešto privatno, a da o poslu nemamo šta razgovarati, da nije nadležan. On se ljutnu, kaže da ima ovlaštenje i za javnu i državnu.

Žalio se Delimustafiću i Žepiniću, bilo je pritisaka, ali je Vlado bio poslovno za mene persona non grata. U ovom me podržava Kvesić, podsekretar SDB-a, koji mi je rekao: 'Ja tim saveznicima ne dam u Livno i Mostar, a ti im ne daj u Sarajevo'.

KOS je bio plasirao jedno uporište agenta, preko Fikreta Abdića, prema državnom vrhu, rukovodstvu PL. Imao je zadatak da prikuplja informacije, ali i da servira neistine kako bi destabilizirao čelne ljude, učinio ih nesigurnim u ličnu bezbednost, vlastite stavove.

Zbog popustljivosti prema KOS-u, javnost kritikuje Delimustafića, a on javno odgovara da to što radi nije ništa drugo nego izvršavanje odluka Predsjedništva RBiH o saradnji sa organima JNA.

Slijede prve ozbiljnije akcije SDS-a, martovske barikade, organizovane uz pomoć KOS-a i kriminalnog podzemlja, koji su angažovani kao snajperisti. Grad je blokiran i presječen. Podaci o tim namjerama su desetak sati prije dostavljeni rukovodstvu MUP-a, Predsjedništvu. Umjesto njihovog sprečavanja, SDS preko svojih kadrova u MUP-u radi na njihovom postavljanju, naoružavanju. Kritične noći SDS-a iz jedne kasarne u Lukavici naoružava četu s Vraca. Bosanci – patriote se obraćaju komandantima i oficirima Bošnjacima iz susjedne kasarne da ih naoružaju, međutim, ovi hoće maltene da ih uhapse, čudno! Ulazim u ozbiljniji konflikt s kadrovima SDS-a iz MUP-a koji su pokušali zataškati svoje sudjelovanje u blokadi grada."

Hapšenje Izetbegovića

„Igra KOS-a se širi, gradovi Bosne padaju, genocid na pomolu. Stiže u Sarajevo Aco Vasiljević, s ciljem da upozna predsjednika s podacima o naoružavanju Muslimana, odnosno organizovanja i opremanja PL i 'Zelenih beretki'. Cilj je kompromitirati rukovodstvo Bosne, zaplašiti ga da kapitulira, četnici i JNA su već granatama zasipali Sarajevo i druge gradove.

Tu večer 2/3. maj 1992. godine sve misli su uperene ka Lukavici, gdje je priveden predsjednik. Rješava se njegova sudbina, sudbina Bosne. Najcrnje misli govore da ih KOS može pogubiti. Sutradan (3. maja 1992.) zove me ministar Delimustafić u kabinet sav nervozan, galami u smislu hoćemo li zbog Alije Izetbegovića izgubiti Bosnu, šta će naša djeca ako on ostane, bez Fikreta nema spasa, Aliju neće JNA, neće Srbi, neće Hrvati. Pitam ga zbog čega me je zvao, a on reče da ga slijedi većina saradnika, osim mene, oko podrške Fikretu. Kažem mu: 'To je ludost šta ti radiš, umjesto da štitiš leđa legalno izabranom predsjedniku, ti ga rušiš! Tako se u ovoj situaciji ne spasava Bosna.' Nakon toga ustanem i krenem iz kancelarije. U tom momentu ulazi njegov potparol i nosi neki tekst, viče: 'Evo ovaj tekst za Fikreta je gotov.' Bilo mi je jasno šta se zbiva, vratim se u kancelariju i imam hitnu poruku od načelnika SJB-a i komandira jedne PS. Javim im se, a oni mi rekoše kako ih je zvao ministar, odvojeno, i naložio da policija otvori vatru na transportere u kojima će biti predsjednik i Kukanjac po izlasku iz komande. Kažem im: 'Ni za živu glavu! Predsjednik se mora spasiti!' Tako su i uradili. Opet informišem Mahmutćehajića o pučističkim namjerama, bit će poslani Pušina i Alispahić da pomognu policiji i TO-u u Dobrovoljačkoj ulici. U Predsjedništvu je prava drama. Neko od KOS-ovih veza je zaključao jednog člana Predsjedništva, da bi ga isključio iz akcije oslobađanja predsjednika. Otključat će ga Sefer Halilović, a kasnije se ovaj član Predsjedništva na sva usta hvalio oko svoje uloge 2. i 3. maja 1992. godine.

Tog dana bit će zarobljen Slavoljub Belošević Beli, jedan od čelnika KOS-a, kojeg počinju saslušavati operativci Sektora, ali stupa na scenu Muslimović, koji je već u Ministarstvu odbrane, odnosno TO BiH glavni za bezbjednost, moli da ga ustupimo, jer treba da dâ informacije o planu borbenih aktivnosti agresora. Jak argument, popuštamo, i Belošević se tako spasava iscrpnog razgovora o mreži i aktivnosti KOS-a, biva razmijenjen pod sumnjivim okolnostima.

U tom periodu bilo je više pokušaja ovladavanja Vracama, Ilidžom i jedinice su poslije uspješnih prodora dobijale naređenje da se povuku. Od koga? Komentarisalo se da potiče od Delimustafića i predsjednika. Znam da je to predsjednik učinio samo jednom, na molbu stranih novinara, koji su bili ugroženi od unakrsne vatre u hotelu *Srbija* na Ilidži, a za druge slučajeve od njega takve naredbe nisu poticale. Ne vjerujem da su i od Delimustafića. To su odrađivale krtice KOS-a! Tačno je da je Delimustafić simpatisao Vasiljevića, Tumanova i druge, ali ništa više od Muslimovića.

Dana 30. maja 1993. godine zove me predsjednik Izetbegović i saopštava mi da su se njih četvorica, ne navodi imena, konsultovali i odlučili da mi ponude mjesto ministra unutrašnjih poslova. Zaista iznenađen, zahvalim se, ne navodim razloge, ali predlažem Alispahića, hvalim ga. Predsjednik primjećuje da za njega ima nekih informacija oko kriminala, zloupotreba. Kažem da ima nekih podataka, a da ja o tome zaista nemam ništa konkretno, nisam se time bavio, on mi je pretpostavljeni, a i Služba kriminalaca je u njegovoj ingerenciji. Pita me predsjednik: 'Je li to tvoj definitivan stav?' Potvrdih. Pita da li bih ja pravio smetnje ako oni odluče drugačije, a ja mu rekoh da ne bi bilo dobro da njega dovodim u nepriliku. Kaže: 'Ti si jedini koji je do sada odbio funkciju ministra.'

Razmišljao sam tada o teškoj ulozi samog predsjednika, koji često mora da donosi odluke i presuđuje bez dovoljno argumenata. Ne postoji nikakav mehanizam stručnog praćenja nekih pojava, provođenja odluka, sve je manje-više improvizacija, počev od Službi bezbjednosti, koje se nisu zaokružile u jedan koherentan sistem, bosanski, nego je to čudna simbioza bivšeg KOS-a, SDB-a, neke nove stranačke Službe, od koje se nije mogla očekivati efikasnost. 'Kad se događaji brzo odvijaju, ljudi u centru odlučivanja preplavljeni su izvještajima sazdanim od pretpostavki, saznanja, nade i zabrinutosti. Izvještaje slika; koherentnost slici događaja mora, u neku ruku, dati onaj ko donosi odluku, koji prihvaća izazov i obrće ga u priliku, procjenjujući ispravno i okolnosti i granice za realnu akciju.'"

Smena načelnika Munje

„U međuvremenu, u Sarajevu je na gnusan način ubijen jedan bivši komandant bataljona Armije RBiH. Posebno se istakao u prvim danima odbrane grada. Borio se i protiv kriminala. Na vrijeme se distancirao od KOS-a i SDB-a, SSUP-a i Arkana. KOS je zbog toga bio ljut na njega, strašno. Neki momenti oko njegovog ubistva su zaista indikativni. Da li je KOS-ova 'ruka iz groba' izašla i izvršila osvetu? Pitanje je koja ga je 'krtica' uhodila. 'Pitanje bez odgovora, za sada, nadajmo se', kaže Munir Alibabić i dodaje:

'Imajući u vidu sve izraženiju stranputicu i privatizaciju Službe od nekolicine KOS-ovaca, dugo sam tih dana razmišljao o tome kako se oduprijeti ovoj hidri, da bi se zaštitile vitalne institucije Republike – od predsjednika pa nadalje, kako održati njihovo bosansko biće, bosansku orijentaciju, a u skladu s našom Platformom borbe za jedinstvenu multietničku Bosnu. Ovim što se zbivalo poslije 26. oktobra 1993. bilo je nagoviješteno da je prvi čovjek na udaru jednog prevratničkog staljinističkog tima osrednjih činovnika kojima je ratni haos i čvrst pogled na Beograd i Zagreb omogućio da igraju ulogu lažnih heroja rata i mira. Zaključio sam da su to vrlo teški dani za bosansko vođstvo, a da je sâm predsjednik izložen drugom udaru – nasilju staljinista, koji u krajnjem slučaju može imati iste posljedice kao i onaj koji je spriječen 3. maja 1992. godine, kada se preko KOS-ove grupe planiralo njegovo fizičko uklanjanje. Sada su ciljevi bili – opkoliti – politički, obračunati se s njegovim najbližim saradnicima, eliminisati ih da bi Prvi čovjek ostao sam sa svojim 'vjernim' ljudima iz bezbjednosti, od kojih su se neki možda pridružili odbrani Republike s ciljem da uglavnom ometu organiziranje otpora fašizmu, kako bi se Bosna pokorila, a pošto to nije bila baš jednostavna stvar, ciljevi KOS-a su promijenjeni, trebalo je ići na njenu podjelu i pripajanje srpskog dijela Srbiji. A za to trebaju i tako opredijeljene rukovodne ekipe i institucije. Kontraobaveštajna služba je rezonovala da treba udariti prvo prema vrhu, oslabiti ga i onda ga usmjeriti u tom pravcu, a poslije će ići lakše.

U ovom kontekstu čine se realnim informacije po kojima je Muslimović držao na vezi i usmjeravao, direktno ili posredno – sasvim je svejedno – grupice ekstremista stranog porijekla, koje su na volšeban način, u periodu totalne blokade srednjobosanskih gradova, ubačeni preko KOS-ovih i SIS-ovih punktova. Inače, neki od ovih su i bili stari KOS-ovi znanci, sa studija iz Beograda, Zagreba i Rijeke. Prilikom pokušaja hapšenja jedne ovakve trojke, oni su se pozivali na Muslimovića, govoreći da im je on šef. Dakle, naši viđeniji KOS-ovci su, pored sudjelovanja u produkciji vlastitog ekstremizma, štitili i pothranjivali i onaj sa stranom etiketom. Sigurno je samo jedno, da je sadejstvo KOS-a s ovim stranim ekstremistima bilo na štetu borbe za Bosnu. To su upravo Grude i Pale, odnosno Zagreb i Beograd rabili i služilo im je kao argument da se kod nas stvara islamska, fundamentalistička država. Dakle, KOS je i tu bio u funkciji podjele Bosne.

Službe – Sektor SDB Sarajevo je pretvorena u KOS-ovizirani dio SDB-a, koji je pod političkim patronatom uže stranačke grupe – frakcije, koja je generator podjele RBiH i pripreme ostalih organa za tu situaciju. U tom cilju simptomatična je uloga Mujezinovića, koji se s položaja načelnika SDB-a bavi provjerom podobnosti i smjenama komandanata brigada i za taj posao koristi ključne pozicije KOS-a, angažovane još iz perioda Vasiljevića, koje nikom nije prijavio, a ugrađene su čak i u komandu brigade. Dalje je preko svojih pozicija nametnuo rješenje tužioca Vojnog suda, od kojih je jedan radio u predratnom Vojnom sudu u V. B. pod Vasiljevićevom komandom, a iskazao je 'principijelnost' na davanju otkaza radnicima nesrpske nacionalnosti u Vojnoprivrednom sektoru u početku rata.

Ovaj nemio tok stvari podstiče češća poređenja sadašnjeg stanja i perioda iz prve polovine 1993, kako u Armiji, tako i u MUP-u. Većina mojih neopterećenih sagovornika se vraća na montirani slučaj 'Sefer'. Jedan od njih, koji je upoznat sa suštinom problema, tvrdi argumentovano da je u pitanju KOS-ova osveta prema njemu zbog pomoći koju je 1991. godine pružio hrvatskoj vojsci u Đakovu, zbog organizovanja 'Patriotske Lige' BiH i odbrane RBiH. Kaže, sada su mu se zbog toga navalili na kosti KOS-ovi vampiri i dodaje da će imati ozbiljnih problema. Pitao sam se kakve su to životinje, ti vampiri. Ovaj mi kasnije kaže – da je u jednoj knjižici pročitao da su to 'veliki slijepi miševi, s dugom izbačenom surlicom, ogromnim ušima i mekanim crvenkastim krznom na leđima, a žuto smeđim na trbuhu. Krila su im dugačka četrdeset, pa i više centimetara.' Pitam ga: 'A kažeš da vampiri sišu krv?' 'Jeste', odgovara ovaj i dodaje da piše da 'to čine tako neprimjetno da obično čovjek ništa ne osjeti, zahvaljujući veoma tankoj sisaljci kojom probiju kožu ne izazivajući bol. Rane koje oni nanesu teško zarastu.'

Sarajevo je sredinom 1994. ponovo u dvostrukoj okupaciji, agresorskoj i ratnih profitera, koji nastoje kontrolisati i 'plave puteve', samo da bi ostvarili materijalni interes. Mnogima je ta komunikacija na slamku pobrkala profitne račune i pitanje je dana kada će s jedne ili druge strane biti isprovociran razlog za njeno zatvaranje. Profiteri sa okupiranog dijela Ilidže vrište, a njihova sabraća ovdje pišete. Prebacuju se velika sredstva iz Sarajeva u inostranstvo na ime fiktivnih kupovina robe, radi se o milionima nemačkih maraka, finansijski moćnici na državnu štetu preuzimaju obaveze i garantiraju u inostranstvu za propale poslove. Već se u Sarajevo vraćaju pojedinci koji bi morali odgovarati za novčane malverzacije, nestanak desetine hiljada komada opreme, skupocjenih vozila MUP-a koja su jednostavno ostavljena u Bugarskoj ili nekoj drugoj zemlji na parkingu, za umiješanosti u neka ubistva, pad Igmana. Ali, dok se pripremaju krivične prijave od CSB-a za ta lica, u MUP-u ih svečano primaju kao velike donatore što revnosno bilježi dirigovana štampa, insistira se da se krivično ne goni ovaj ili onaj zbog toga što je kadar Stranke. Umjesto polaganja računa, neki povratnici za nekoliko dana su već bili u užoj pratnji predsjednika, na iznenađenje javnosti.

Politički moćnici umjesto obaveze da postupaju po propisu, djeluju shodno dnevnim interesima grupe koju predstavljaju. Borba za vlast, amoral i neosnovano pozivanje na 'više interese' su prethodnica kriminalu.

Dobijam iznenada usmenu poruku od predsjednika da hitno napišem sve ono što smo razgovarali o kriminalu pojedinaca, sprezi sa stranim službama i da mu to dostavim. Došao njegov pratilac, šapće mi, kaže sugerisano mu je da to ne prenosim telefonom. Da li se već tada znalo da se jedan od nas dvojice kontroliše? Primim to k znanju, uzmem nekoliko primjera i vidim sve se vrti oko pet-šest lica, ali čelnih, od kojih su tri bivša KOS-ovca, neki su čvrsto pokriće kriminalnim radnjama, zloupotrebama, u njima sudjeluju, a svjestan sam da me javnost smatra dijelom, i to aktivnim, te ekipe. Opet razmišljam da to što sam napisao manje-više zna predsjednik, ima čak i više primjera s drugih strana. Zašto mu treba baš ovo u pismenoj formi? Da li je cilj razračunati se s kriminalom, ili sa onim koji nije u tome a zna za to, ukazuje, bori se protiv toga?

Što da ja služim kao maska u bilo kom obliku, pogotovo da me neko veže za onakve, a znam sebe? Odlučim da ovu informaciju pošaljem u službenoj formi, protokolišem. Znam da zbog toga, s obzirom na odnos snaga, mogu biti popljuvan, zgažen, uništen, da mogu izazvati ljutnju i srdžbu predsjednika, ali ove žrtve u Bosni traže da se stvari zovu pravim imenom, da se za lopovluk kaže lopovluk, za dobro dobro. Dakle, već sam donio odluku i svjestan sam svih posljedica.

Informacija na osam strana se uglavnom odnosi na nedozvoljene radnje i indikativno ponašanje Alispahića, Ugljena, Mujezinovića, Jozića, Varuneka i njihovih pojedinih potčinjenih, kao i aktuelnih i bivših saradnika, a vezano za: prodor stranih službi u naš sistem bezbjednosti i sumnjivo držanje naših aktuelnih bezbjednjaka; krađu povjerljivih dokumenata, njihovo ustupanje stranom faktoru; zloupotrebu dosijea objavljivanjem u štampi, a radi političke kompromitacije pojedinaca – oko angažovanja u SDB-u bivših KOS-ovih i Zgonjaninovih kadrova, kao i lica za koja postoje informacije da su vršili kriminalne radnje; o KOS-ovizaciji SDB-a, odnosno potčinjavanju SDB-a SIS-u, prikrivanju informacija o agresorskim namjerama HVO – zločinima i drugo; privatizaciji SDB-a i prikupljanju informacija za političke i druge obračune; primjeni mjera (neovlašteno) prema članovima Predsjedništva; proizvodnji unutrašnjih protivnika neprijatelja od organizatora otpora agresiji; dekonspiraciji izvora i metoda rada SDB-a, miješanje u nadležnost drugih organa, plasiranje dezinformacija o uspješnim jedinicama i uglednim pojedincima; spasavanju od odgovornosti krivične otkrivenih KOS-ovih pozicija; rasipništvu, sklapanju sumnjivih ugovora u ime MUP-a i drugo; dezinformisanju rukovodstva države o aktuelnom stanju u zemlji i na frontu; izazivanju i produciranju sukoba između predsjednika i premijera; hapšenju, zadržavanju i kompromitaciji nevinih ljudi, a radi zadovoljenja politčkih interesa moćnika, odnosno spasavanju ovih od odgovornosti za kriminalne radnje i drugo; blokiranju rada Ministarstva inostranih poslova o kriminalnim radnjama (šverc, zloupotrebe, preprodaje), čiji su nosioci radnici MUP-a, a koji se odvijaju uz sudjelovanje, znanje i podsticanje Alispahića i drugo, o postojanju indicija da su Alispahić i drugi umiješani (direktno ili indikrektno) u izvršenje ili prikrivanje teških krivičnih djela (droga, ubistva, nestanci i drugo).

Napominjem da je informacija pisana na osnovu mojih tadašnjih saznanja za koje sam naveo samo nekoliko primjera, kojih sam se tog momenta sjetio, a bilo ih je daleko više koje sam izostavio. Smatrao sam da je to dovoljno za primaoca informacije, jer sam se u ranijim razgovorima s njim uvjerio da on o tim licima zna mnogo na osnovu izvještaja drugih saradnika.

Dio moje informacije je pisan u obliku tvrdnji, gdje su postojali čvrsti dokazi, jedan dio u obliku konstatacija i indicija. Informacija je 27. jula 1994. godine već bila kod predsjednika, poslana preko kurira, uredno protokolisan prijem. I već sutradan, vidim da me vjerno čuvaju ekipe bivših KOS-ovaca, pratnja je tu skoro otvorena, telefoni šušte, sitni provokatori i doušnici traže povoda da me sretnu, zapitkuju. A 'doušnici obavljaju više funkcija'. Prva je klasična. 'Slušaju šta ljudi pričaju i o tome izvještavaju svoje pretpostavljene. Druga je zastrašivanje. Daju nam do znanja da smo u njihovim šakama i žele da se bojimo. Treća njihova funkcija je insceniranje situacija koje će nas kompromitovati.'

Vidim, Mujezinović je Sektor već očistio od nepodobnih, histeriše, vrišti na Srbe i Hrvate, ne daje im zadatke, sumnjiči ih, pospješuje njihov odlazak iz Bosne, daje putne naloge samo da što prije odu. Privatizirana Služba od grupice prozvanih u informaciji koju sam poslao. Na brzinu se donosi odluka po kojoj su načelnici CSB-a maltene nenadležni prema sektorima SDB-a, samo da bi meni izbili adut kod insistiranja da Mujezinović radi po propisu. Da li je ta odluka bila u skladu sa Zakonom o unutrašnjim poslovima? Ona je bila više politička nego pravni akt, jer se uglavnom odnosila na mene. I drugi su načelnici CSB-a imali problema zbog odnosa SDB-a prema njima, ali su gutali knedle. U takvoj situaciji očekujem da će me predsjednik zvati u povodu informacija, međutim, umjesto njega zove me jedno jutro Alispahić u kabinet i s vrata mi saopštava da me je smijenio s mjesta načelnika CSB-a, da uzmem rješenje i izvršim primopredaju s novim načelnikom CSB-a, ranijim načelnikom SDB Stari grad. Jedan moj prijatelj, kad je čuo ko dolazi mjesto mene, skoči pa kaže – pa u toj opštini je bilo najviše ubistava, pljačke. Stanica je bila okupirana, i da te taj čovjek zamjenuje?! Šuti, rekoh mu, normalno je da takav čovjek bude Bakirov izbor. Bit će i neko saopćenje u štampi o mom premještaju, eto kadrovsko usaglašavanje, maltene ja unaprijeđen. Raspoređen sam u Interpol za rukovodioca grupe, znam unaprijed da je to fikcija, mjesto proforme, i da me on uklanja samo da sam dalje od predmeta u koje je umiješan...", kaže tajni agent Munja o svom progonu iz policije Alije Izetbegovića.

TAJNE SRPSKE POLICIJE

Sudbonosnu 1966. godinu, tajna služba Srbije završila je s 500 radnika manje u svojim redovima. Toliko je ljudi, naime, bilo otpušteno s posla nakon temeljnog čišćenja od rankovićevaca u bivšoj Udbi Srbije. Taj posao obavila je specijalna policijska komisija za reorganizaciju i kadrove u kojoj su bili Vlada Đorđević, Radomir Kedžić i Obren Đorđević. Ovaj poslednji je u leto povučen s godišnjeg odmora u Bečićima, da bi izvršio prisilno penzionisanje svojih kolega. Kriterijumi za otpuštanje s posla, po priči samog Đorđevića, bili su neperspektivno radno mesto, nedovoljna školska sprema, godine staža i rešeno stambeno pitanje. Izvršena je čak i anketa među zaposlenima, da bi se ljudi izjasnili ko želi, a ko ne želi da ostane u tajnoj policiji. Posle tri meseca rada, sačinjen je spisak od 500 ljudi, čije je otpuštanje potpisao lično Obren Đorđević. Na taj način i sama Udba, odnosno tada već Služba državne bezbednosti Srbije, svedena je s 1.000 na samo 500 ljudi u radnom odnosu. Moraće da prođe skoro dvadeset godina, pa da SDB Srbije 1985. godine, opet postigne punu uposlenost od hiljadu radnika. Služba državne bezbednosti Srbije, doduše, tada nije imala SDB Vojvodine i SDB Kosova u svom sastavu. Tajna policija Srbije, naime, kompletirana je, kao i država Srbija, tek godinu dana kasnije 1986. Tada je jedinstvena srpska tajna služba imala 1.500 ljudi. A početkom devedesetih Resor državne bezbednosti Srbije, posle reorganizacije RSUP-a u MUP-u i kadrovskih promena, imao ih je samo oko 3.000 u Srbiji i 300 u Beogradu. Međutim, i tada su političari i mediji u Sloveniji i Hrvatskoj sve tajne policije na prostoru bivše Jugoslavije izjednačavali sa „srpskom udbaškom mafijom", kako su nazivali i mnoge ugledne biznismene i intelektualce u svojoj sredini, koji su se zalagali za restauraciju SFRJ.

Drugi sindrom koji je još i devedesetih u otcepljenim republikama pripisivan Srbiji, odnosno srpskoj tajnoj policiji, bio je sindrom prisluškivanja. U oba slučaja Slovenija i Hrvatska su ovakvim optužbama maskirale svoju ulogu u razvoju i delovanju političke policije u nekadašnjoj Jugoslaviji, a i danas.

Prvi veliki ispit, nova prepolovljena i reorganizovana Služba državne bezbednosti Srbije imala je u vreme studentskih demonstracija 1968. godine. Bio je to i njen prvi masovniji sudar s akademcima i inteligencijom, koju tajna policija nikada nije volela. Taj animozitet SDB je nasledila od Tita. Predsednik Partije i države Jugoslavije nije voleo inteligenciju, ne zbog toga što je on bio samo bravar, već zato jer je shvatio da iz njenih redova potiču najozbiljnije kritike za vođenje zemlje upućene političkom i državnom vrhu. Kako se seća Milan L. Rajić, tajna policija je najviše posla imala u Srbiji, odnosno Beogradu. Dok se milicija na ulici obračunavala s demonstrantima, operativci SDB-a su noću u tišini hapsili najaktivnije studente i njihove roditelje. Saslušavali su ih, pretili kaznama zatvora i isterivanjem s posla, odnosno s fakulteta, ako se akademci ne manu ulice i politike. Tadašnji načelnik srpske tajne policije Rajko Đaković i šef gradske milicije Nikola Bugarčić, svakog časa su obilazili demonstrante.

Političko rukovodstvo Srbije i Jugoslavije, naime, tražilo je od njih u svakom trenutku tačan broj studenata uključenih u proteste, bilo na ulici, bilo po fakultetima, imena njihovih vođa i njihovih profesora. Poseban pritisak na Rajka Đakovića vršili su savezni ministar policije Radovan Stijačić, republički ministar unutrašnjih poslova Slavko Zečević, načelnik KOS-a general Ivan Mišković, koji mu je panično rekao da studenti uzimaju vlast u Beogradu. Za njega su demonstracije bile delo unutrašnjeg i spoljnjeg neprijatelja Jugoslavije, ali i stranih obaveštajnih službi. Stijačić je zato čak tražio da se vojska pozove upomoć. Đaković je njihove predloge hrabro odbio, jer je smatrao da studentski bunt nije politički već društveni pokret, izazvan velikom socijalnom nesigurnošću u Jugoslaviji. To je bila i službena procena analitičara SDB Srbije. Armija je, doduše, na Titovo naređenje povećala stepen borbene gotovosti, ali nije izlazila iz svojih kasarni. Demonstracije na Kosmetu 1968. godine bile su mnogo dramatičnije nego one u Beogradu. O njima, međutim, desno krilo političkog vrha zemlje nije mnogo galamilo, jer im je odgovarao početak nereda u Srbiji. Zamenik načelnika kosmetske policije Mehmet Šoši je o zbivanjima u Prištini, Prizrenu i Peći redovno informisao Rajka Đakovića, šefa republičke Službe državne bezbednosti. Tako je SDB Srbije dolazila do podataka o antidržavnoj aktivnosti albanskih nacionalista i o pripremama za studentske i iredentističke demonstracije, što su naknadnim informacijama umnogome ublažavali Dževdžet Hamza, ministar policije Kosmeta i Veli Deva, partijski kadrovik iz Prištine. Za njih je sve to bila nameštaljka stare Udbe. Tek kada su demonstracije izbile, Veli Deva je priznao da ga je tajna policija upozorila da je reč o neprijateljskoj akciji. Novu provokaciju srpska tajna policija doživela je godinu dana kasnije. Na mig vojne kontraobaveštajne službe, naime, političkom vrhu zemlje doturene su poverljive informacije o navodnim demonstracijama omladine u Šapcu. Time su 1969. godine KOS i general Ivan Mišković nameravali da opet dignu na noge srpsku Službu državne bezbednosti, ali i srpske i jugoslovenske političare.

Služba državne bezbednosti Srbije krajem šezdesetih i početkom sedamdesetih godina, bila je u nezavidnoj kadrovskoj, profesionalnoj i političkoj situaciji. Prepolovljena, obrukana i stešnjena između naredbodavaca s političkog vrha Jugoslavije i same Srbije, tajna policija je morala da radi ono što joj se naloži. Dok su se ostale republičke službe državne bezbednosti razvijale, i kadrovski, i tehnički, i finansijski. Služba državne bezbednosti Srbije je stagnirala. U suštini srpska tajna služba bavila se obaveštajnim, kontraobaveštajnim i poslovima političke policije, mada za to kadrovski nije bila sasvim opremljena. Bez obzira što je jugoslovenski trend bio da se tajna policija deprofesionalizuje i pretvori u političko-činovničku instituciju, u Srbiji se takav pristup državnoj bezbednosti primenjivao samo prvih godina iza Četvrtog plenuma.

U srpskoj tajnoj policiji, posle Brionskog plenuma od 1966. pa do 1995. godine, rukovodioci SDB-a bili su po pravilu manje političari, a više profesionalni policajci. U tom periodu Srbija i Beograd su imali ukupno četrnaest načelnika tajne policije. Prvi šef SDB Srbije, Rajko Đaković, bio je kao partijski funkcioner načelnik srpske tajne službe od 1966. pa do 1971. godine. Njega je nasledio policajac Milorad Bisić, koji je posle isteka mandata 1976. prešao u tužilaštvo Srbije. Za vreme svog mandata i Bisić je imao velikih problema sa SSUP-om i SDB-om Jugoslavije. Dosta često su ga ministar Franjo Herljević i saradnici zvali na ribanje, jer im nije redovno dostavljao policijske izveštaje koji su u SDB Srbije dolazili iz SDB Vojvodine i SDB Kosova i Metohije. Policijski kontinuitet u Službi državne bezbednosti kasnije su održavali Živojin Jovanović Pop, dotadašnji šef beogradske tajne službe, koji je 1978. poginuo u saobraćajnoj nesreći.

Posle njega, načelnik je kratko bio Srđan Andrejević, stari Beograđanin, kontraobaveštajac po Englezima i analitičar, pa doktor Obren

Đorđević od 1978. do 1985. i njegov zamenik Dragutin Mitrović. Zoran Janaćković je bio politički funkcioner s juga Srbije, tačnije sekretar OK SK Leskovac, koji je 1990. godine došao na mesto penzionisanog Dragutina Dragana Mitrovića, kao čovek od specijalne vrste poverenja tadašnjeg ministra Radmila Bogdanovića. Tadašnji zamenik i Mitroviću i Janaćkoviću, sve do 1992. godine bio je sadašnji načelnik Resora državne bezbednosti Srbije Jovica Stanišić.

Tada novi načelnik srpske tajne službe, Jovica Stanišić, bio je predstavnik pete generacije kadrova u Udbi, odnosno Službi državne bezbednosti. Srpska tajna policija je, naime, od osnivanja 1944. godine do 1995. imala pet kadrovskih transformacija, koje Dragan Mitrović naziva podmlađivanje. Prva je obavljena 1948. godine, kada su u Udbu pristigli iz vojne Garde kao pojačanje oficiri i podoficiri mlađih godina.

Drugo i najveće podmlađivanje obavljeno je 1959. godine, kada umesto tzv. ratne generacije u Udbu dolaze na doškolovavanje i posao radnici, politički aktivisti i školarci. Posle Brionskog plenuma 1966. godine, izvršeno je treće podmlađivanje SDB Srbije sa studentima, uglavnom Beogradskog univerziteta. Četvrta zamena starijih mlađim kadrovima, izvršena je 1975, kada je u tajnu policiju pristigla nova grupa diplomaca s beogradskih fakulteta i Više škole unutrašnjih poslova u Zemunu. U toj grupi bio je i Jovica Stanišić, bivši student FPN-a u Beogradu.

Peto podmlađivanje obavljeno je 1992. godine, posle penzionisanja radnika SDB SFRJ i preuzimanja mlađih operativaca iz savezne u srpsku tajnu policiju. U srpskoj tajnoj policiji, radi formiranja hijerarhije u poslu, uvedena su zvanja inspektora, višeg inspektora, savetnika i višeg savetnika, što nije bitnije uticalo na međuljudske odnose unutar SDB-a. Više je uticala netrpeljivost između kadrova iz prestonice i kadrova iz provincije, jer su ovi prvi smatrali da su policijska elita. Drugi veliki problem je bio dovođenje amatera političkih aktivista i što je bilo još gore, dece visokih oficira, političara i bivših ministara.

Beogradski načelnici

U beogradskoj tajnoj službi od 1966. godine šefovi su bili Milisav Pavle Đurić, politički funkcioner, pa zatim policajci Živojin Jovanović, Obren Đorđević, Momčilo Unković, Duško Stupar, Miodrag Mića

Leković, Radosav Lukić i Zoran Mijatović. Bili su to sve školovani policajci i obaveštajci. Živojin Žika Jovanović, poznatiji još i kao Pop, rođeni Vranjanac, imao je završen Pravni fakultet i Višu školu Udbe.

Sa šesnaest godina je otišao u rat, a s dvadeset je postao oficir Knoja. Posle rata je bio partijski rukovodilac u Nišu, odakle je 1948. godine ušao u Udbu. Momčilo Unković je iz Sente. Istog je godišta, dvadeset osmog kao Jovanović, i u slično vreme 1946. godine, ušao je u Oznu. Završio je Upravnu školu SFRJ u Beogradu, službovao je u glavnom gradu. Prošao je kroz sve sektore rada Udbe i SDB-a, da bi načelnik tajne policije Beograda postao 1980. Politiku je voleo više od svega ostalog, pa je dosta i boravio u tim krugovima. Bili su sve to ljudi stare Udbine škole u koje su Josip Broz Tito i politički vrh Jugoslavije i Srbije imali poverenje. Kako je Tito dosta putovao po svetu, svaki put kada je negde odlazio, jedna od republičkih tajnih službi je morala u inostranstvu da „očisti" teren od emigranata i da maršalu pripremi bezbedan doček. Žika Jovanović je kao šef Grupe za bezbednost druga Tita, na primer, ispred Srbije pratio Josipa Broza prilikom njegove posete Kubi i Panami. Obren Đorđević je, prvo 1952. godine a zatim 1978. godine, brinuo o Titu u Turskoj i SAD. Dragan Mitrović ga je dočekao u Velikoj Britaniji.

Posle njih na rukovodeća mesta, pre svega u SDB Beograda, a i SDB Srbije, počeli su da, umesto kadrova iz rata, dolaze stipendisti s fakulteta. Dušan Stupar je, na primer, rođen 1947. u opštini Sečanj. Gimnaziju je završio u Zrenjaninu, Filozofski fakultet i magistraturu na Fakultetu političkih nauka u Beogradu. Od 1973. radio je u Odeljenju SDB-a za grad Beograd, od 1979. u Kabinetu ministra srpske policije, od 1981. je pomoćnik ministra, a sredinom osamdesetih i šef tajne gradske policije. Milorad Mića Leković je rođen 1948. u Novoj Varoši. Završio je Fakultet političkih nauka u Beogradu 1971. godine. Šesnaest godina je radio najodgovornije poslove u opštini Voždovac i odatle je 19. oktobra 1988. imenovan za načelnika SDB grada Beograda umesto smenjenog Duška Stupara, po volji profesora Radoša Smiljkovića, člana GK SK Beograda. S obzirom na to da je Leković bio potpuni amater za poslove državne bezbednosti, beogradsku upravu je faktički vodio Ranko Savić.

Kako su se menjale političke garniture u Srbiji, Vojvodini i na Kosmetu, tako su se menjali i ministri policije i načelnici tajnih službi. Svaka nova generacija političara dovodila je svoje nove pouzdane ljude. Resor SDB na Kosovu vodio je neko vreme Mehmet Šoši, pa

Islaim Braka, a zatim Jusuf Karakuši, Rahman Morina, Selim Brošaj, Rajko Čalović, Radosav Lukić, a zatim David Gajić. U Vojvodini su prvi „debejci" bili Zoran Martinov, Petar Palkovljević Pinki, Slobodan Tadijin, Ratko Sikimić. Poslednjih tridesetak godina srpski ministri policije bili su Slavko Zečević iz političke garniture Kragujevca, Viobran Stanojević, sekretar OK SK Zaječar, Svetislav Lalović, opštinski funkcioner iz Aranđelovca, Radmilo Bogdanović, nastavnik i policajac iz Svetozareva, i Zoran Sokolović, funkcioner iz Zaječara, koga je nasledio Vlajko Stojiljković, ministar od 1997. do 2000. godine. Kada su odlazili Draža Marković i Petar Stambolić, povukli su se i Slavko Zečević i Viobran Stanojević. Kada su pali Ivan Stambolić i Dragiša Buca Pavlović, pomereni su i Svetislav Lalović i Branko Kostić. Kada je krajem osamdesetih dolazio Slobodan Milošević, došli su i Radmilo Bogdanović i Zoran Janaćković, Zoran Sokolović i Jovica Stanišić, ministar Vlajko Stojiljković i načelnik tajne policije Rade Marković.

Početkom sedamdesetih godina, Služba državne bezbednosti Srbije imala je oko 900 zaposlenih operativaca i rukovodilaca. U beogradskoj direkciji SDB-a bilo ih je najviše – oko 500. Tajna policija glavnog grada, imala je sredinom sedamdesetih ukupno sedam uprava. Bilo je to u vreme kada je SDB Beograda vodio Obren Đorđević. Njegov pomoćnik za operativne poslove bio je Slobodan Stević, poznat danas kao predsednik Udruženja za očuvanje tradicija oslobodilačkih ratova 1914–1918. godine. Prvu upravu za zemlje Istočne Evrope, vodio je Halil Bučan, drugu upravu za Zapad držao je Dragoslav Beli Dimitrijević, a neko vreme i Voja Atanacković. Na čelu treće uprave za unutrašnjeg neprijatelja bio je Moma Unković, dok je u upravi za ratne pripreme načelnik bio Slavko Đurica. Analitiku je u petoj upravi prvo vodio Luka Mustapić, Hrvat iz Dalmacije, a zatim Dragutin Mitrović. U šestoj upravi za obezbeđenje, šef je bio Špiro Sinovčić, i u sedmoj upravi za tehniku Selimir Pale Tešić. Struktura organizacije SDB Beograda bila je identična onoj u Službi državne bezbednosti Srbije.

Kada je Obren Đorđević 1978. preuzeo srpsku tajnu službu, njegov zamenik je postao Petar Radosavljević. Prvi sektor Istok vodio je Milivoje Mirčić, a drugi sektor Zapad Vlajko Stošić. Unutrašnji sektor imao je za načelnika Hristoljuba Mitića, a za ratne pripreme bio je zadužen Blažo Lazović. Peti sektor analitike vodio je Spasoje Paja Bogdanović, a šef tehnike u sedmom sektoru bio je Dragutin Stefanović. Načelnik Obren Đorđević je bio jedan od najiskusnijih (kontra)obaveštajaca u Srbiji. On je jedini na mestu šefa tajne službe Srbije izdržao skoro dva mandata. Početkom osamdesetih trebalo je, naime, da postane i načelnik SDB Jugoslavije, ali kako to Draži Markoviću nije bilo po volji, umesto Obrena Đorđevića u zgradu SSUP-a otišao je Srđan Andrejević.

Obren Đorđević je danas poznat kao zvanični istoričar srpske tajne policije, pisac udžbenika i enciklopedije o državnoj bezbednosti i profesor. Izdavačima je ponudio i svoju novu knjigu o posledicama građanskog rata u Jugoslaviji 1941–1952. godine. Ljudi iz policijskog okruženja, međutim, smatraju Đorđevića jednim od najvećih srpskih kontraobaveštajaca. Rođen je 1927. godine u selu Vraćevšnica kod Gornjeg Milanovca, gde je završio gimnaziju. Kao borac u Čačanskom partizanskom odredu 1945. godine, Obren Đorđević je prebačen u jedinice Knoja za borbu protiv ostataka nacionalnih snaga u Jugoslaviji. Odatle je i ušao u Udbu kao analitičar rada nemačkih tajnih službi tokom rata u Beogradu i Srbiji. Studirao je prava, ali i kontraobaveštajni rad na Višoj školi Udbe, koja je 1952. otvorena u Beogradu. Njen prvi direktor bio je David Laušević, a najbolji student Slobodan Stević. Ova škola je stvarala kadrove za jugoslovensku tajnu policiju, sve dok nije ukinuta 1967. godine.

Uporedo sa studijama Obren Đorđević se, prvo u Gornjem Milanovcu, bavio operativnim radom, najviše oko ibeovaca. Kao operativac 1952. godine, bio je u ekipi Udbe Srbije, koja je imala zadatak da u Maloj Aziji pripremi Titov dolazak u Tursku. Đorđević je, od 1961. do 1964. godine, u Udbi Kragujevca imao puno posla oko stranih špijuna. Naime, Đorđević je tada bio načelnik Odseka za Zapad, Balkan i ostali svet. Srpska Udba je u to vreme uglavnom pratila aktivnosti agenata velikih zemalja, jer nije imala ljude i sredstva da se bavi malim i dalekim državama. Tako, na primer, Srbija uopšte nije pokazivala interesovanje za Milana Stojadinovića, koji je živeo u Južnoj Americi, dok je federalna Uprava državne bezbednosti stalno potraživala informacije o odbeglom jugoslovenskom premijeru.

U svoj prvi uspeh Đorđević ubraja hvatanje italijanskog agenta Lučana Saracenija. On je pod maskom novinara došao u Kragujevac da „snimi" Fabriku oružja. Saraceni je zbog špijunaže osuđen na pet godina robije, ali ga je Aleksandar Ranković, pred svoj put u Italiju 1962. godine, pomilovao i pustio na slobodu iz zatvora u Sremskoj Mitrovici. Iz tih kragujevačkih dana Đorđević pamti prijateljstvo koje je sklopio s majorom Franjom Herljevićem, kasnijim ministrom federalne policije i čovekom koji se odrekao ovog prijateljstva, jer su ga političke vode odnele daleko od Srbije. Kao kontraobaveštajac Obren Đorđević je učestvovao i u akciji otkrivanja Džordža Kertisa, agenta CIA u Subotici. Punih sedam godina Obren Đorđević je bio u srpskoj tajnoj službi instruktor, a zatim dve godine, od 1971, ponovo šef sektora Zapad, ali u Službi državne bezbednosti grada Beograda.

Ta kontraobaveštajna uprava imala je četrdesetak operativaca raspoređenih u pet odseka za SAD, Englesku, Nemačku, Francusku i ostali svet. Svake godine oni su otkrivali i hvatali po pet-šest stranih špijuna u glavnom gradu Jugoslavije. Đorđević nevoljno priča da mu je jedan od tih agenata svojevremeno doneo iz inostranstva pun sanduk dokumentacije o izgradnji supersoničnog aviona. Posle stručne analize u KOS-u i posle poverljivih razgovora s generalom Nikolom Ljubičićem, tajna policija Srbije je donosiocu platila pola miliona dolara za ovu uslugu. Tako je Jugoslavija za male pare i uz mali rizik došla do kompletne konstrukcije mlaznog borbenog aviona. Kada je 1976. godine Obren Đorđević postao i načelnik beogradske tajne policije, bio je faktički po snazi i ugledu peti čovek u Beogradu. Bilo je tada važnije biti šef SDB Beograda, nego načelnik GSUP-a Beograda.

Jataci međunarodnih bandita

Jugoslavija je sve do 1991. godine i u svetskim razmerama predstavljana kao zemlja mira. Dok je međunarodni terorizam harao po Britaniji, Italiji, Španiji, SAD, Bliskom istoku i Nemačkoj, u SFRJ se to političko nasilje svodilo na sporadične, čak ekscesne slučajeve. Dobri poznavaoci ekstremista iz SAD-a i posebno iz Izraela, međutim, često su tvrdili da je stanje u Jugoslaviji opasnije nego što izgleda, jer je SFRJ zapravo bila jatak međunarodnog terorizma. Zbog toga su i njihovi diplomatski odnosi prema Jugoslaviji često bili pod znakom pitanja. Lider nesvrstanih, kolovođa zemalja u razvoju i oslobodilačkih pokreta u svetu, bivša SFRJ je potajno podržavala ilegalnu antikolonijalističku i antiimperijalističku borbu komunističkog i trećeg sveta. Ovu političku odluku, koju su donosili Tito, Partija i država, na vojnom i policijskom planu sprovodili su u delo Ozna, Udba i Služba državne bezbednosti SSUP-a, a i Kontraobaveštajna služba JNA, tako što su pomagali aktivnost oslobodilačkih pokreta, komunističkih frakcija i ekstremista iz nesvrstanog sveta. Prvu internacionalnu pomoć, preko jugoslovenske tajne službe, dobio je „grčki Tito", odnosno vrhovni komandant Demokratske armije Grčke, general Markos. Njegovo pravo ime je bilo Markos Vafijadis, bio je komunista, koji je s 35.000 partizana želeo da se izbori za socijalizam staljinovog tipa u Grčkoj. Početni udar na atinsku vlast izveo je na planini Olimp 28. oktobra 1946. godine, da bi dve godine kasnije, braneći Gramos u leto 1948. izgubio i bitku i rat i pobegao u Albaniju, a zatim u SSSR.

Vezu Beograda s generalom Markosom odobrio je lično Staljin, iako je s Čerčilom dogovorio da Grčka bude pod britanskom političkom kapom, i održavao ju je Tito. Od političkih kadrova ilegalno su u Grčkoj boravili Svetozar Vukmanović Tempo, Lazar Koliševski, Dimitrij Aleksijevski, Metodi Čento i Mihailo Apostolski. Zvanične kontakte s KP Grčke imao je Aleksandar Ranković, a Josip Đerđa se, kao diplomata u OUN, zalagao za grčko komunističko pravo na samoopredeljenje. Oskar Davičo i Mihailo Lalić su o narodnoj borbi grčkih komunista pisali reportaže i scenario za film. Bio je to pravi politički marketing za komunističku Grčku u Jugoslaviji. Atina se čak bojala da će Jugoslavija da mobiliše Makedonce i da ih prebaci generalu Markosu u Grčku. Sanitetsku, vojnu i obaveštajnu pomoć generalu Markosu, tajno preko makedonskih planina, dostavljali su ljudi iz tajne policije Srbije: doktor Velimir Braca Majstorović, hirurg i načelnik bolnice za grčke ranjenike u Katlanovu, potpukovnik Slobodan Krstić Uča, kao i Jovo Kapičić, dvadesetčetvorogodišnji major Jovan Popović, instruktor artiljerijskog naoružanja iz Jugoslovenske armije, specijalni Titov špijun Ivan Karaivanov, agent NKVD i instruktor Kominterne. Saradnici generala Markosa bili su i Đuza Radović, Obrad Trninić, Milo Vrbica, Velimir Docnić, Svetislav Stojanović, Petar Lucić.

Oni su grčkim partizanima samo u prvoj godini građanskog rata doturili 3.134 protivpešadijskih mina, 6.550 protivtenkovskih mina, 9.177 kilograma eksploziva, mitraljeze MG-15. Jovo Popović i Petar Lucić su obučili stotinu Grka da rukuju ovim oružjem. Slobodan Krstić Uča imao je zadatak da generala Markosa ilegalno dovodi u Beograd na konsultacije i vraća natrag u Grčku. Pomoć je slata pod parolom „Sve za front, sve za pobedu"! General Markos, međutim, nije pobedio. Poražen je od englesko-grčke koalicije i moskovske klike, koja je 1948. zbog Rezolucije IB prestala da mu daje političku podršku. General Markos Vafijadis emigrirao je u SSSR pod imenom Mark Ivanovič, a Tito je dugo godina zbog ovakvog mešanja u unutrašnje stvari Grčke imao diplomatskih problema, i sa Atinom i sa Londonom.

Karlos u Beogradu

Ta pomoć Jugoslavije, odnosno tajne službe „prijateljima" iz belog sveta ogledala se u obuci, naoružavanju, finansiranju i političkom pokroviteljstvu tih organizacija, pa čak i kada su neke od njih „Crni septembar", „Muslimanska braća" i „Nacionalna arapska omladina" bile antikomunistički i antijugoslovenski orijentisane. U tim poslovima najaktivniji su bili general Jovo Popović, ispred KOS-a JNA i viši inspektor Jovo Miloš, ispred SDB Jugoslavije. Prvi je bio vojni stručnjak za lako i teško naoružanje i eksplozivna sredstva, i cenili su ga Naser, Gadafi, Husein, Arafat, Asad i mnogi drugi nesvrstani lideri.

Jovo Popović, za koga se priča da je bio i dvojnik Josipa Broza Tita, sarađivao je s prijateljima iz Trećeg sveta kao instruktor koji je obučavao, na primer, Gadafijeve specijalce i Arafatove vojnike. Kada je osamdesetih godina postavljen za direktora Instituta bezbednosti, general Jovo Popović je postao spretan trgovac jugoslovenskim naoružanjem. Dobar deo i jednog i drugog posla, zbog međunarodne javnosti i stranih špijuna general Popović obavljao je ilegalno. Kada je početkom 1995. godine svet obišla vest da je Sadam Husein slao svoje ljude u Jugoslaviju kako bi im beogradski vojni hirurzi podarili plastičnom operacijom njegovo lice, u javnosti se stvorio utisak da je KOS, odnosno general Jovo Popović, 1985. godine organizovao ovu „proizvodnju" Sadamovih dvojnika.

Jovo Miloš, Srbin iz Hrvatske, otac poznatih plivača i reprezentativaca Nenada i Predraga Miloša, vodio je u SDB-u Jugoslavije prvo Upravu za emigraciju, a posle i sektor AA prema oslobodilačkim pokretima. Završio je Udbinu školu i kao čovek koji govori nekoliko svetskih jezika dobio da vodi resore o stranim zemljama. U to vreme je njegov rođeni brat radio kao analitičar u SDB-u Hrvatske. Jovo Miloš je uz pomoć svojih saradnika i saradnje sa stranim agenturama prikupljao i razmenjivao informacije o svim političkim, ali i terorističkim organizacijama u Trećem svetu. Miloš je u više navrata putovao u Afriku i Aziju, posebno na Bliski istok, i pokušavao da jugoslovensku saradnju s tamošnjim pokretima što više legalizuje.

Pretpostavlja se da se Jovo Miloš u Siriji sretao i s čuvenim Karlosom. Nekoliko godina ranije, kada je Karlos prvi put dolazio u SFRJ, načelnik Jovo Miloš je bio taj koji je telefonom od Nemaca primio informaciju da ovaj svetski terorista leti iz Švajcarske za Beograd.

Nemački obaveštajci su Milošu telefonom tako podrobno opisali Karlosa da su znali i koje su mu boje bile pertle na patikama. Jovo Miloš je odmah postavio zasedu Karlosu na aerodromu *Surčin*, ali kako je vest od Nemaca stigla kasno, naša tajna policija nije uspela da ga identifikuje prilikom dolaska. Karlos nije bio jedini strani terorista i revolucionar koji je dolazio u Beograd.

Jugoslavija je za njih bila svratište i sklonište. Kako je javnost rada najbolje pokriće za delovanje obaveštajnih službi, pa i SDB SFRJ, u Beogradu je, na primer, sedamdesetih godina otvoreno Predstavništvo PLO, koje je neko vreme vodio izvesni Muhamed Nabhan. Ova palestinska ambasada služila je zapravo kao obaveštajni i regrutni centar PLO u Evropi i na Balkanu. Preko nje su simpatizeri PLO dolazili u SFRJ na studije, ali i na vojnu, diverzantsku i obaveštajnu obuku, a i jedan broj jugoslovenskih mladića angažovan je u Arafatovoj armiji. Neki od tih dobrovoljaca bili su, na primer, Tomislav Marinac iz Zagreba, Željko Budimirović iz Sarajeva, Ivica Radišić iz Beograda. Mnogima od njih nije bilo povratka iz Palestine, jer su stradali, a ostalima PLO i SDB nisu dozvoljavali da dezertiraju. Prema nekim slobodnim procenama, najmanje hiljadu Jugoslovena borilo se u redovima armije PLO. U federalnoj tajnoj policiji na poslovima s nesvrstanim prijateljima, pored Jove Miloša, radili su i Vitomir Fotić, Nebojša Vidić, sin čuvenog političara Dobrivoja Baje Vidića, Predrag Peđa Đorđević.

Obaveštajnu saradnju sa službama iz zapadnih država vodio je sâm načelnik SDB Zdravko Mustač, koji nije, prema ranijoj praksi, dozvoljavao da se u to mešaju republički funkcioneri SDB-a. Takva praksa nametnuta je u SSUP-u posle dolaska Staneta Dolanca, koji je zajedno s Mustačem držao vezu posebno s nemačkom i austrijskom policijom. U Ministarstvu inostranih poslova, odnosno u SID-u, a zatim u SSUP-u aktivan saradnik obaveštajac za pitanja policijske saradnje bio je i Mitja Krajger, načelnik SDB-a. Ta vojno-policijska tajna saradnja sa zapadnim zemljama, a posebno s nesvrstanima, bila je pokrivena visokim političkim odlukama, snom o svetskoj komunističkoj revoluciji, koje su prestale da važe onog trenutka kada je SFRJ počela da se raspada. Dobar deo tih organizacija i njihovih članova, koje je Beograd nesebično pomagao i zbog njih se kompromitovao kao jatak međunarodnih terorista, danas se bori na muslimanskoj i hrvatskoj strani protiv Srba u Bosni i Hrvatskoj, a ima indicija da podstiču i nemire u Sandžaku, na Kosmetu i Makedoniji.

Čovek koji je umeo da se nosi s nezvanim gostima iz nesvrstanog sveta i koji je brinuo o njihovom smeštaju u Srbiji, bio je upravo Obren Đorđević. U septembru 1975. godine, naime, u pratnji svog telohranitelja Klajna, iz Alžira za Jugoslaviju, preko Švajcarske, stigao je Iljič Ramirez Sančez, poznatiji kao revolucionarni terorista Karlos. Tada je Karlos bio alžirski profesor arheologije, Džordž Ošaran, a Klajn je bio televizijski tehničar. Putovanje je bilo organizovano na najvišem nivou: predsednik Bumedijen je dobio dozvolu i lično se o tome dogovorio s predsednikom Titom. Jugoslaviju je izabrao kao neopredeljenu zemlju koja je bila odlična polazna tačka za njegovo putovanje po Evropi. On je želeo da regrutuje članove „Drugog juna", RAF-a, Crvenih brigada i Nemačkih revolucionarnih ćelija. Bilo je to u periodu kada je nemačka vlada nudila 50.000 maraka za hvatanje svakog sa spiska na kome se nalazilo 40 ekstremista. Među njima su bili i Klajn, Gabrijela Tajdeman i Karlos. Međutim, većina terorističkih grupa nije bila zainteresovana za Karlosov predlog. Dok je čitav niz zemalja tražio od Jugoslavije izručenje Karlosa i Klajna, i nemačkih terorista, Jugoslavija je dala pogrešnu informaciju, da su alžirski profesor i njegov prijatelj već odleteli za Bagdad.

Predsednik Tito je poslušao arapski savet: staviti neprijatelja na svoju stranu.

Karlos je dobio dozvolu da svoju bazu stvori u Jugoslaviji. Jednu je imao u Beogradu, a drugu u Kruševcu. Cena je bila da ne sme da napada građane i posede Jugoslavije nigde na svetu. Tito je od Karlosa dobijao poverljive informacije, naročito o političkoj situaciji na Srednjem istoku. Čitavu saradničku mrežu Jugoslavije s međunarodnim teroristima iz Trećeg sveta, formirao je zapravo Vadi Hadad, glavnokomandujući u Komandi za specijalne operacije u inostranstvu Narodnog fronta za oslobođenje Palestine (skraćenice KOSE FPLP). Ova tajna organizacija je osnovana 1968. godine i to, kako tvrde Amerikanci, pod kontrolom sovjetskog KGB-a, za koji je Vadi Hadad svesrdno i radio. Kako je Karlos bio njegov najpoverljiviji i najbolji saradnik, to CIA pretpostavlja da je i on radio za KGB. Da je to bilo moguće, govori i sama biografija Iljiča Ramireza Sančeza. On je ovu biografiju ispričao i doktoru Obrenu Đorđeviću, koji ga je zajedno s Draganom Mitrovićem uhapsio i saslušavao u Beogradu:

„... Rođen sam 1949. godine u Karakasu, u porodici bogatog advokata prosovjetske orijentacije, koji je trojici svojih sinova dao revolucionarna imena Vladimir, Iljič, Lenjin. Školovao sam se u Londonu i

Parizu, i u Moskvi na Univerzitetu *Patris Lumumba*. Tu sam se i upoznao s Palestincima, koji su me vodili na stažiranje u Jordan i Liban, a onda me zavrbovali da radim za KOSE FPLP. Moj glavni mentor za terorizam bio je lično doktor Vadi Hadad, šef palestinske internacionalne brigade. Kada je 1973. godine u jednoj akciji u Parizu nastradao Mohamed Budija, vođa evropske mreže KOSE FPLP, doktor Hadad je na to mesto postavio mene. U to vreme predstavljao sam se kao peruanski ekonomista Karlos Martinez Tores... Ja sam revolucionar, moja borba je ideološka, pravedna. Ja sam došao u Jugoslaviju, ali ovde neću napraviti ništa. Ja sam borac protiv imperijalizma, kriminalac nisam...“

Karlosa i njegovog telohranitelja Klajna uhvatili su Obren Đorđević, Dragan Mitrović i Jovica Stanišić iz Službe državne bezbednosti Srbije, u hotelu *Metropol*. Doktor Đorđević priznaje da je SDB Jugoslavije imao najavu od nemačke službe BND-a da će Karlos iz Švajcarske doleteti u Beograd. Nemci su imali sve podatke o Karlosu, čak i broj njegovih cipela. Doktor Đorđević, međutim, nije mogao da odgonetne zašto sami Nemci, koji su kontrolisali ciriški aerodrom, nisu uhapsili ovog teroristu. Kada je doktoru Obrenu Đorđeviću i Draganu Mitroviću, njegovom zameniku, postalo jasno da Nemci žele da Karlosovo hapšenje u SFRJ iskoriste za međunarodnu optužbu protiv Beograda za podržavanje terorizma, i kada su to preneli policijskom vrhu zemlje, ministar Franjo Herljević je, uz konsultacije s Titom, odlučio da se Sančez Ramirez Iljič ne hapsi na policijski, već na prijateljski način. Karlos je legitimisan i priveden u zgradu SSUP-a, u Sarajevskoj ulici, zajedno s pratiocem Klajnom, koji je bio u hotelu *Ekscelzior*. Hapšenje su, bez otpora, obavili Obren Đorđević i Dragan Mitrović lično.

U zgradi SDB-a u Sarajevskoj ulici, Karlosa su sreli i videli ministar Franjo Herljević, Mitja Krajger, ali ne i Jovo Miloš. Doktor Obren Đorđević je puna dva dana po tri sata razgovarao s Karlosom. Tim razgovorima prisustvovala je samo jedna žena prevodilac. Pitanja koja je doktor Đorđević postavljao odnosila su se na osnovne podatke: ko je Karlos, s kojim službama sarađuje, zašto je došao u Beograd, s kim sve sarađuje u Siriji, Francuskoj, Alžiru, i kakvi su mu budući planovi. Sančez Ramirez je jedino prećutao odgovor na pitanje zašto je došao u Beograd. Detaljno je govorio o svojim akcijama, o saradnji s KGB-om, Štazijem, Sekuritateom, SDB-om. Pominjao je i imena svojih saradnika, otkrivao je imena saradnika Mosada i prijatelja u „Crvenim brigadama“. Posebno je govorio o vezama zapadnih političara s teroristima s Bliskog istoka.

Njegov sagovornik, načelnik tajne policije Srbije – doktor Obren Đorđević, pretpostavljao je da je Karlos došao da bi aktivirao palestinske baze sa oružjem, koje su se nalazile u Srbiji i samom Beogradu. Svi Karlosovi odgovori su bili iscrpni i iskreni i još do danas nisu dostupni javnosti, jer nose oznaku „državna tajna". Dragan Mitrović iz beogradske uprave SDB-a ispratio je Karlosa na avion. Čuveni revolucionar je bio preobučen u radnika *Energoprojekta*, koji s kolegama odlazi na rad u Irak, tako da nemački BND nije mogao da otkrije kako je Karlos izašao iz Jugoslavije i kuda je otišao. Kako niko u SDB-u Jugoslavije i SDB-u Srbije nije ranije viđao Karlosa, i nije znao kako on zapravo izgleda, tek kada su ga ispratili za Damask, načelnici tajnih službi Srbije i Jugoslavije, a i sâm Obren Đorđević i Dragan Mitrović su se upitali da li je to zaista bio pravi Karlos?

To pitanje je dugo tištilo doktora Obrena Đorđevića. Međunarodni terorista broj jedan, Iljič Sančez Ramirez poznatiji kao Karlos, prestao je da bude neuhvatljiv 1994. godine, kada je uhapšen u Sudanu i prebačen u Francusku, gde je trebalo da mu se sudi.

Dražino ćutanje

Tek krajem sedamdesetih, kada je seo u stolicu načelnika SDB-a Srbije, pedesetogodišnji Obren Đorđević, prvi put je osetio i nemoć tajne policije. Zajedno sa saradnicima nije mogao da se odbrani od učestalih zahteva i Federacije i Republike da progoni srpske intelektualce, emigrante i studente. Tada je Draža Marković imao običaj da imitirajući Tita kaže:

„Obrene, šta kaže čaršija?"

Sve analize SDB-a Srbije su pak pokazivale da ove kategorije ljudi, okupljene oko raznih tribina i pokreta, nisu opasne po ustavni poredak. Tako, međutim, nisu razmišljali jugoslovenski i srpski političari, kojima je proizvodnja državnih neprijatelja bila uračunata u posao. Zbog političke simetrije s Hrvatima, u Srbiji su proganjani Đilas, kao u Zagrebu Tuđman, Ćosić kao Gotovac, Vlada Mijanović Revolucija kao Dražen Budiša, Ljuba Tadić kao Rudi Supek. Za četrdeset godina provedenih u državnoj bezbednosti, međutim, Obren Đorđević je punih četrnaest bio svedok i nemoći SDB-a Srbije da spreči bujanje albanskog nacionalizma i šovinizma na Kosmetu:

„Još krajem šezdesetih godina, kada smo pokušavali da radimo zajedno sa Službom na Kosmetu, shvatio sam da je to veoma teško. Ja sam u Prištinu mogao da odem samo u protokolarnu posetu, jer nisam hteo da se mešam u rad tamošnje Službe državne bezbednosti. Na čelu te Službe bio je Mehmed Šoši, silan čovek, Jugosloven, ali njegov šef je bio Dževdžet Hamza, koji ga je stalno ometao u radu. Bio sam u Prištini 1968. godine. Na ulici sam, odmah posle demostracija, pokupio nekoliko letaka i parola i poneo u PSUP da ih prevedemo i pošaljemo za Beograd u SSUP. Sećam se da je jedna glasila 'Trepča radi, Beograd se gradi!' Sve što smo preveli napisali smo u depeši, ali se tada pojavio Dževdžet Hamza i rekao: 'Ta depeša vam ništa ne valja!'

„Dan pre toga, kada su izbile demonstracije, mi smo doveli milicionare iz Novog Pazara. Njih dvadeset. Kada su iskočili iz lendrovera, demonstranti su pobegli glavom bez obzira. Nišlije su u Podujevu razbile barikade i naterali nacionaliste na beg. Užičani su brzo zaveli red u Vučitrnu. Kada su trinaest godina kasnije opet u Prištini izbili neredi, nije se ništa ozbiljno uradilo da se oni spreče. Vojvodina i Kosmet su već bile samostalne države. Naša obaveštenja o pripremama demonstracija su u političkom vrhu Srbije i Jugoslavije samo uzimana k znanju. Zauzvrat iz SDB-a Jugoslavije smo dobijali obaveštenja opšteg tipa, koja smo mi iz SDB-a Srbije mogli da pročitamo i u novinama. Jednom se čak i dogodilo da nam je Služba iz Prištine poslala zahtev da uhapsimo jednog novinara *Politike*, jer je navodno loše interpretirao govor Mahmuta Bakalija na konferenciji za štampu. To sam ja odbio, ali mi je kolega s Kosmeta rekao: 'Bakali ti je naredio!'

„Odgovorio sam mu da naređenja dobijam samo od RSUP-a i SSUP-a. Kada je pomenuo da je i Nimani tražio hapšenje tog novinara, ja sam im predložio da dođu u Beograd i da se objasne s čovekom. Tako su i uradili. Mi u SDB-u Srbije imali smo sve podatke o iseljavanju Srba s Kosmeta i o novim demonstracijama. Dali smo ih Dobrivoju Vidiću, a on je odmah pozvao Nimanija i zatražio susret s njim. Ovaj mu je, međutim, odgovorio: 'Ako bude trebalo, doći ćemo mi gore. Ne dolazite vi dole!'

Tako je i bilo. Kada su nemiri izbili, Viobran Stanojević, ministar policije, mobilisao je rezervni sastav milicije i zajedno s redovnim sastavom, doveo ga na polazni položaj Raška–Kuršumlijska Banja––Bujanovac. Taj isti Nimani je odbio pomoć rečima: 'Ne može srpska policija da dolazi na Kosovo!' Mi smo se posle dva dana vratili iz Raške. Kako su se nemiri zaoštrili, opet smo došli na polazni položaj, ali nas je Nimani opet odbio, a zatim je Franjo Herljević nastupio s tvrdnjama da su to '... samo nemirna deca...'. Tek treći put smo ušli na Kosmet, ali u sastavu jedinica SSUP-a!"

Opšti bojkot prema Srbiji i njenom rešavanju pitanja Kosova, pored albanskih rukovodilaca, pružali su i rukovodioci SFRJ, pa i SSUP-a. Tadašnji načelnik SDB Jugoslavije, inače, srpski kadar Srđan Andrejević je, na primer, izbegavao službene susrete sa Obrenom Đorđevićem, pa čak i zajednička putovanja za Prištinu. Rezultati rada SDB-a Kosova i Metohije, prema izveštajima Službe državne bezbednosti Jugoslavije, bili su zaista skromni. To se vidi i u Izveštaju SSUP-a za 1982. i 1983. godinu koji sam imao u rukama. U njemu je na četrdeset drugoj strani pisalo:

„Postojeće saradničke i druge pozicije Službe, posebno SDB PSUP SAP Kosovo, po broju, kvalitetu i ugrađenosti, nedovoljne su za pokrivanje izdiferenciranih žarišta neprijateljske delatnosti i lica u obradi SDB-a, i spori za stvaranje novih pozicija. SDB PSUP SAP Kosovo je krajem 1982. godine koristila 115 saradnika i 581 operativnu vezu. U 1983. godini 37 novih saradnika i stvoreno je 127 operativnih veza. U obradi SDB PSUP Kosovo trenutno se nalazi 286 lica: 135 prosvetnih radnika, 21 doktor nauka, 26 studenata, 16 inženjera, 46 službenika, 23 radnika, 10 penzionera, 6 sveštenika, i 14 ostalih zanimanja. U SDB PSUP Kosovo nisu u dovoljnoj meri korišćene akcije političke diferencijacije i kompromitujući materijali do kojih je služba dolazila kroz istrage za stvaranje saradničkih pozicija u cilju dubljih prodora u žarišta neprijateljske delatnosti. Samo tokom 1982. izvršeno je 450 pretresa, informativnih razgovora sa 200 i upozorenja za oko 600 ljudi. SDB PSUP Kosovo, pa i SDB SSUP SFRJ još nema potpuniji pregled lica koja su posle događaja na Kosovu prešla u ilegalu ili emigrirala u Albaniju, na Zapad, u Tursku i Bugarsku, kao i u neke druge zemlje koje neprijateljski deluju protiv Jugoslavije. Nije se uspelo potpunije razjasniti bekstvo u emigraciju pojedinih organizatora nemira, među kojima je i jedan pripadnik SDB PSUP-a Kosovo. U akciji 'ALOS – nemiri', koja je vođena u cilju otkrivanja albanske obaveštajne i političke agenture na Kosovu, obavljeni su samo razgovori sa sto pedeset izdiferenciranih lica i nisu postignuti zadovoljavajući rezultati."

Kada je oktobra 1983. godine, na Tari, održavano specijalno savetovanje policije o zbivanjima na Kosmetu, Jerko Bradvica iz SDB-a Jugoslavije i Duško Zgonjanin, ministar bosanske policije, neprestano su požurivali glavnog referenta Obrena Đorđevića da završi izlaganje jer se njima žurilo u lov na zečeve.

Najžalosnije je, međutim, bilo Đorđevićevo saznanje da i srpsko rukovodstvo nema vremena i strpljenja za policijske informacije o stradanju srpskog naroda i napadima albanskih nacionalista na Kosovu i Metohiji. Svi zahtevi da se te informacije objave u srpskoj štampi, nailazili su kod Draže Markovića i Petra Stambolića na odbijanje. Obren Đorđević je zato počeo da organizuje tajna savetovanja s glavnim urednicima srpskih glasila u Beogradu. Prvo takvo predavanje, održao je u leto 1981. godine zajedno s Vukojem Bulatovićem u listu *Politika*. Aktiv OOSK ove novinske kuće bio je prosto zabezeknut, svedoči Đorđević, podacima koje im je saopštio o Kosmetu načelnik tajne policije. Na sličan, odbojan, način reagovali su Dobrivoje Baja Vidić, Draža Marković i Petar Stambolić 1984. godine. Tada je SDB Srbije sačinio specijalni izveštaj o albanskom nacionalizmu i posebno o antisrpskom delovanju Fadilja Hodže. Izveštaj je rađen u jednom primerku. Pisao ga je Radovan Čajić Čaja s namerom da bude predložak krivične prijave protiv Fadilja Hodže. Draža Marković, Petar Stambolić i Dobrivoje Baja Vidić su, posle čitanja tog materijala samo uzdisali. Njihova reakcija je bila smušena.

Baja Vidić je rekao: „Nosite to od mene!“

Draža Marković je pokušao da bude logičan:

„Dobro, dobro, ali to je samo vaš policijski ugao posmatranja!“

Petar Stambolić je bio kratak i rečit: „Još nije vreme!“

Čelnici Srbije su tako odbili da daju saglasnost da se pokrene krivični postupak protiv Fadilja Hodže, koji je još dugo živeo i umro krajem aprila 2001. godine. Taj unikatni dokument SDB-a Srbije, zato je bio dugo sakriven u arhivi kao strogo poverljiva i državna tajna. Ja ga prvi objavljujem za javnost, kao dokument u ovoj knjizi. Političari su bili ona stepenica koju su rukovodioci tajne policije najteže prelazili prilikom izvršavanja svojih zadataka. Desilo se tako jedne godine, na primer, da je prema informacijama SDB-a Srbije, na Kosmetu trebalo uhapsiti poveću grupu albanskih nacionalista i iredentista. Na spisku tajne službe se našlo čak dve stotine ljudi. Hapšenja su krenula, u njima su učestvovali i operativci iz Beograda, jer je među sumnjivim osobama bilo i nekoliko stranih špijuna, ali se Mahmut Bakali tome usprotivio. Uhapšeno je samo sedamdesetak ljudi, ali nijedan nije izveden na sud. Moma Unković i Obren Đorđević su bili strašno ljuti, ne toliko zbog neuspele akcije, već više zbog toga što su sprečeni da rade svoj posao i što su se obrukali. Ništa manje problema s Kosovom nije imao ni Đorđevićev zamenik, odnosno naslednik, Dragutin

Dragan Mitrović, samo zato što je srpska bezbednosna nadležnost bila sužena na tzv. užu Srbiju. O tome Mitrović kaže:

„Srbija i Služba državne bezbednosti su faktički bile odsečene od Kosova, i u Federaciji, i u samoj Pokrajini. Službeni podaci koje smo dobijali iz SDBJ i SDB Kosmeta bili su nepotpuni, pa je RSUP Srbije često donosio slobodne procene stanja u Pokrajini. Kako Srbija nije imala ovlašćenja da vrši bezbednosnu i kontraobaveštajnu zaštitu u celoj Republici, došlo je do jake penetracije stranih obaveštajnih službi i terorista. Konkretno, u samoj Službi državne bezbednosti Kosova i Metohije radilo je desetak članova ilegalnih albanskih organizacija i isto toliko stranih špijuna. Mi u SDB-u Srbije nismo skoro ništa imali o albanskoj tajnoj službi Sigurimi, zato dole na terenu nismo ni mogli da otkrivamo špijune, već samo izvršioce političkih akcija. To i nije moglo da se uradi bez saradnje sa SDB Kosmeta, ali kako, kad su i njeni šefovi, Jusuf Karakuši, na primer, bili agenti Sigurimija. On je još u vreme Mitje Krajgera odlazio u Albaniju, pa ga je načelnik SDB Jugoslavije zbog toga saslušavao dva sata. Desetak godina kasnije, federalna Služba nije pratila Jusufa Karakušija, iako je za to bila nadležna. Čak mu je i pomogla da pobegne s Kosmeta da bi se sprečilo dalje bezbednosno ugrožavanje Srbije. Republički SUP je predložio ustavni amandman, kojim su utvrđena nova prava i ovlašćenja, ali i obaveze tajne službe u Vojvodini i na Kosmetu. Posle toga je donet i novi Zakon o unutrašnjim poslovima, čime se radikalno promenio odnos između službi državne bezbednosti unutar SR Srbije. Na Kosmet smo uspeli da pošaljemo šezdeset operativaca SDB-a. Međutim, situacija je i pored toga, krajem osamdesetih godina bila na Kosmetu vrlo složena. U demonstracijama je učestvovalo 60.000 ljudi, u štrajkovima 25.000 lica, a privedeno je 1.809 osoba, a 64 uhapšeno. Imali smo podatke da albanski šovinisti spremaju terorističke akcije. Već se dogodilo osamdesetak požara i trideset sabotaža. Iz Jugoslavije je za ovo vreme proterano 500 agenata albanske službe Sigurimi. Tek hapšenjem organizatora demonstracija i štrajkova, među kojima su bili i Azem Vlasi i Ekrem Arifi, članovi PK SK Kosmeta, krenulo se i u sasecanje korena albanskog nacionalizma i secesionizma.“

Medijski rat

Taj proces, međutim, nije išao dovoljno brzo, jer je bio ometen, opet, od predstavnika saveznih organa, ali i od pojedinih srpskih rukovodilaca, koji su prihvatali teze iz Hrvatske i Slovenije, da su po SFRJ podjednako opasni i albanski, ali i malobrojni srpski naciona-listi s Kosmeta. Kakav je odnos Federacije, tačnije i samog Saveta za zaštitu ustavnog poretka SFRJ, bio prema albanskim nacionalistima na Kosmetu i Srbiji, vidi se iz Izveštaja sa sednice 26. decembra 1988. godine, gde se priznaje da SSUP i SDB Jugoslavije ne znaju ko su orga-nizatori demonstracija u Prištini, ali zato znaju zašto su ta „protestna okupljanja građana" organizovana. Objavljujem zapisnik s te sednice Saveta, da bi se shvatila taktika federalne policije i samog državnog rukovodstva u kamufliranju kosovske drame. Da bi se ta slika, koja je nametana i javnosti, koliko-toliko promenila, Dragan Mitrović je odlučio da s poverljivim podacima Službe državne bezbednosti Srbi-je izađe u javnost. U tu svrhu su korišćene redakcije dnevnih listova *Borbe, Politike, Politike ekspres, Večernjih novosti*. U novinama su se pojavile priče i feljtoni o Dževdžetu Hamzi, Fadilju Hodži, Mahmutu Bakaliju, Azemu Vlasiju, Ademu Demaćiju, Prizrenskom procesu, taj-noj službi Sigurimi, rađeni po materijalima iz SDB-a Srbije. Ti natpisi su toliko iznervirali Staneta Dolanca i ostale članove Predsedništva SFRJ, da su na jednoj sednici Saveta za zaštitu ustavnog poretka SFRJ, zahtevali osnivanje komisije za utvrđivanje odgovornosti ljudi koji su te poverljive podatke doturili srpskoj štampi. Kako su ti natpisi bili u funkciji nezadovoljstva i pobune Srba s Kosmeta, vrlo brzo SSUP i Predsedništvo Jugoslavije suočili su se sa srpskim mitinzima u Pokra-jini, ali i u glavnom gradu.

Saglasno svom otporu prema rešavanju srpskog pitanja, Predsed-ništvo SFRJ je naredilo ministru savezne policije, a Dobrosav Ćula-fić je to preneo na policajce: „Sprečite Srbe i Crnogorce s Kosmeta da dođu u Beograd!"

Kada je na pragu devedesetih godina postalo sasvim izvesno da se Hrvatska i Slovenija isključuju iz jugoslovenskog sistema bezbednosti, a posebno od kada je Srbija povratila državnost i nadležnost na čitavoj svojoj teritoriji, u RSUP-u je došlo do velike teritorijalne reorganizacije policije. To je bilo potrebno da bi se dotadašnji pokrajinski sekretari-jati unutrašnjih poslova razbili i uključili u RSUP, kako bi činili je-dinstvenu policijsku i bezbednosnu celinu. Umesto nekadašnjih devet regionalnih i sto šesnaest opštinskih sekretarijata policije, u Srbiji je formirano samo osamnaest većih sekretarijata. Prema toj organiza-cionoj šemi, u tim SUP-ovima su formirani i sektori Službe državne bezbednosti, a u glavnom gradu Beogradu i posebna Uprava SDB-a.

Jedino što još te 1990. godine, nije bilo rešeno, bio je problem usklađivanja ovakve teritorijalne reorganizacije i samog Zakona o unutrašnjim poslovima s novim Ustavom Srbije. Život je, naime, tražio brža rešenja od zakona i ustava. Po rečima Predraga Todorovića, tadašnjeg zamenika ministra srpske policije i neko vreme vršioca dužnosti ministra, Služba državne bezbednosti je već tada bila kadrovski i tehnički dobro opremljena da obavlja svoje kontraobaveštajne i obaveštajne funkcije. Poslove političke policije SDB-a Srbije, nije vršila već deceniju, pa ovom reorganizacijom nije ni imalo svrhe ukidati taj sektor rada. Ono što mi je u intervjuu rekao Predrag Todorović bilo je vrlo nezgrapno, ali začuđujuće:

„Služba državne bezbednosti Srbije je, tvrdim kategorično, poslednja u lancu odgovornosti za tragična zbivanja i egzodus Srba na Kosovu i Metohiji. Mi, kao služba, Kosmet nikada nismo napustili. Tačnije, od svih jugoslovenskih tajnih službi, mi smo dole bili jedini prisutni i mi smo jedini i ostali. Svi ostali su se povukli, i Hrvati, i Slovenci, i Makedonci, i Bosanci. Kako SDB Srbije ne odlučuje i nije zadužena da sprovodi politiku nacionalne ravnopravnosti na terenu, nije odgovorna ni za seobu Srba s Kosmeta, ali ni iz Sandžaka. Za to su krivi kosmetski i sandžački opštinski funkcioneri i republički i pokrajinski političari, koji nisu sprovodili srpsku državnu politiku.“

Slabu poziciju SDB-a Srbije je sedamdesetih i osamdesetih godina imala i u drugoj srpskoj pokrajini – Vojvodini. Tamošnje političko rukovodstvo, vođeno idejama o autonomaštvu, navodilo je SDB Vojvodine da među Jugoslovenima i Srbima pronalazi neprijatelje države. Takav slučaj dogodio se i Romanu Miliću, profesoru, članu PK SK iz Novog Sada 1975. godine.

Ima ljudi koji smatraju da Radmilo Bogdanović i Predrag Todorović kao čelnici RSUP-a, pa zatim i Bora Tomić kao načelnik javne, i Dragan Mitrović, kao šef tajne bezbednosti, nisu na najbolji način „odradili“ vojvođanski i kosmetski problem. Bili su kao nekadašnji Jugosloveni, isuviše meki, po shvatanju novih političara, za oštar obračun sa autonomašima i secesionistima. Bilo je najava da bi novo srpsko rukovodstvo ponovilo Brionski plenum i na taj način razvlastilo Službu državne bezbednosti Srbije, ali se od takve ideje odustalo, kada se osetilo da su rukovodioci srpske tajne policije spremni na ostavke i penzionisanje. Oni su, sem Radmila Bogdanovića i Predraga Todorovića, naglo i penzionisani 1990. godine, uz obećanja da će biti prebačeni u diplomatiju i u politiku. Draganu Mitroviću je čak nuđeno mesto konzula, prvo u Kanadi, a zatim u Kini. To mu je nudio Zoran Mišković, tadašnji generalni sekretar SIV-a, desna ruka Anta Markovića i sin generala Ivana Miškovića Brka.

Mitrović i Mišković su se znali još iz mladih dana, jer je Zoran svojevremeno radio u Službi državne bezbednosti Srbije, kod načelnika Miodraga Naumovića. Doduše, to koketiranje Miškovića mlađeg s tajnom službom, ostavilo je velikog traga na njega, jer je kasnije neprestano žudeo da se vrati u policiju. Koristeći veze oca Ivana Miškovića i strica Milana Miškovića, potomci, sin i kćerka generala Brka, već su radili u SSUP-u. Njemu, Ivanu Miškoviću, i zet Milan Nikolić je bio tajni policajac SDB-a Jugoslavije. Kontraobaveštajac Dragan Mitrović je u tajnu službu Srbije ušao kao student prava. Mitrović je rođen 1939. godine. Dvadesetak godina kasnije, baš kada je primljen u SKJ, zajedno sa svojim kolegama Miodragom Naumovićem i Ilijom Simićem pozvan je na poverljiv razgovor sa Srbom Savićem, šefom srpske policije. Zvanično angažovanje ovih studenata prava, bilo je pokriveno konkursom za posao u *Morava filmu*. Razgovor je obavljen u zgradi Udbe, Brankova broj 25, soba broj dvadeset pet. Posle tog susreta sa Srbom Savićem, i Simić, kasnije sudija, i Naumović, kasnije policajac, i Mitrović kontraobaveštajac, postali su operativci tajne službe Srbije. Dragan Mitrović je tada upamtio Savićeve reči: „Ko jednom ovde uđe, više ne izlazi!"

Posle nekog vremena Ilija Simić prelazi u pravosuđe, a Naumović i Mitrović su otišli u vojsku, u Bileću. Kada su se vratili, posao ih je čekao. Miodrag Naumović je radio kao inspektor za politički kriminal. Njegov zadatak je bio da prati svoje bivše profesore Mihajla Markovića i Mihajla Đurića, što je izazvalo revolt kod njega, pa je odlučio da iz tajne pređe u javnu policiju. Dragan Mitrović je, međutim, ostao u tajnoj službi. Danas se dobro seća svog prvog zadatka u Udbi:

„Rekli su mi samo: 'Ideš u državnu bezbednost ŽTP.' Ima mnogo problema oko bezbednosti. Na glavnoj železničkoj stanici dobio sam sobu na spratu. Moj posao je bio da, između ostalog, pregledam stanicu, vršim i tehnički pregled pruge od Beograda do Pančeva. Kad su Tito, Leka, Kardelj i drugi funkcioneri išli u lov, ja na prugu. Kad Krcun ide u Užice, ja na prugu. Kad je Tito negde putovao, pregledali smo prugu po tri puta dnevno. Kod tunela Ripanj, vojni KOS je čuvao prugu unutra, a mi iz SDB-a napolju, na kiši i mrazu. Naši političari su se strašno bojali atentata. Pregledi pruge i tunela su nekada bili svakodnevni, i leti, i zimi, nema veze. Znao sam svaki prag i svaki tunel od Batajnice do Mladenovca napamet. Onda je došla 1966. godina i ja sam se spasao. Komisija za deformacije u Udbi me saslušavala i pustila. Naredne godine sam prešao u kontraobaveštajni sektor SDB-a Beograda. Moj zadatak je bio da pratim Zapad. Amerikance i Engleze, pre svega. Čak sam zbog obuke i učenja engleskog jezika bio poslat na jednogodišnji kurs u London. Stanovao sam u jednoj engleskoj porodici, a po platu sam išao u našu ambasadu, kod Baje Vidića. U Veliku Britaniju sam ušao kao privredni predstavnik, ali su Englezi vrlo brzo otkrili ko sam ja zapravo."

Njegov kolega Danilo Danilović, poznatiji kao Daniluška, kontraobaveštajac po nemačkoj službi BND-a, išao je na usavršavanje nemačkog u Berlin i Beč. Danilović se u slobodnom vremenu bavio estradom. To je rukovodstvu u Službi državne bezbednosti smetalo, pa je Danilovića jednog dana stavilo pred iskušenje: ili služba ili harmonika. Daniluška se opredelio za muziku i nije se pokajao. A Ranko Guzina se odlučio za novinsku karikaturu i postao majstor crteža.

U beogradskoj Upravi SDB-a Dragan Mitrović je radio „prema CIA" i Zapadu. Kasnije je dogurao do šefa kontraobaveštajnog sektora i zamenika načelnika beogradske tajne službe. Postao je i predavač iz predmeta „Državna bezbednost" na Višoj školi unutrašnjih poslova u Zemunu. Mitrović je tada učestvovao u hapšenju velikog nemačkog špijuna Hansa Pitera Rulmana. Ovog dvostrukog špijuna Nemačke i KGB-a pratili su i hapsili i operativci KOS-a JNA, jer je od podoficira Hilmi Tačija izvlačio podatke o Armiji i SDB Srbije, pošto je imao saradnike i među civilima. Istragu je takođe vodio KOS, a kontrolori istrage bili su Dragan Mitrović i Milan Tepavčević iz srpske tajne službe. Bilo je to po direktnom Titovom nalogu. Josip Broz je hteo da tako pritisne Vilija Branta, kako bi Nemačka platila Jugoslaviji ratnu odštetu. Titov policijski trik je uspeo.

Mitrović pamti Rankovića, Krcuna, ali mnogo više Srbu Savića, bivšeg krojača iz Zaječara, koji je bio šef srpske policije. Nabusit, prek, imao je običaj da šamara svoje saradnike. Savić je Mitroviću pružio priliku da shvati svu suštinu profesije tajnog policajca. Dogodilo se to početkom 1966. godine, kada su Dragan Mitrović i Dragan Nedeljković, šef Udbe u ŽTP-u, dobili zadatak da ispitaju slučaj kupovine 125 lokomotiva u inostranstvu. Saslušavajući činovnike Jugoslovenske železnice, pregledom dokumentacije, ova dvojica su zaključili da je Marjan Dermastija, generalni direktor JŽ-a, Slovenac, uzeo debelu proviziju od Šveđana, da bi kupio njihove dizelke, iako su francuske bile jeftinije. To su Mitrović i Nedeljković i napisali u svom izveštaju, koji su predali Srbi Saviću. On ih je za to pohvalio i izveštaj odneo u federaciju. Vrlo brzo, međutim, Dermastija je saznao za nalaz Udbe Srbije i preko svojih ljudi iz CK SKJ i Udbe Srbije organizovao političku i partijsku hajku na Mitrovića i Nedeljkovića. Srba Savić je tada ćutao. Kada je održan Brionski plenum, taj slučaj privrednog kriminala i istrage tajne policije Srbije, direktor Marjan Dermastija je prikazao kao deformaciju Udbe Beograda i posebno operativca Dragana Mitrovića.

Drugo loše iskustvo o odnosu politike i tajne policije Mitrović je iskusio kada je 1982. godine, umro Aleksandar Ranković. Moma Unković je tada bio šef SDB-a Beograda, a Mitrović zamenik, koji je imao zadatak da „pokriva" sahranu Rankovića. Oko sto operativaca državne bezbednosti glavnog grada, dobilo je zadatak da beleži okupljanje Srba u Beogradu. Podaci SDB-a Srbije s terena i iz prestonice su kazivali da će sahrana biti masovno posećena i da će na nju doći ljudi iz čitave Jugoslavije, što povećava mogućnost izbijanja nacionalističkih ekscesa. O tome je Mitrović izvestio Ivana Stambolića i zatražio pojačanje od javne bezbednosti u očuvanju reda i mira i sprečavanju da se sahrana pretvori u velikosrpski miting. Stambolić je ravnodušno prešao preko takve ocene SDB-a Beograda, sve dok iz CK SKJ, a i iz CK SK Srbije nije, posle političke analize sahrane Aleksandra Rankovića, dobio prekor, da je GK SK Beograda dopustio „srpskim nacionalistima da mitinguju".

Valjevac postaje načelnik

Kada je Obren Đorđević iz SDB-a Beograda prešao da vodi Službu državne bezbednosti Srbije, poveo je sa sobom i Dragana Mitrovića. Sredinom osamdesetih, Mitrović je već bio i načelnik SDB-a Srbije s hiljadu i tri stotine radnika. Kada je ministar srpske policije Svetislav Lalović, na tzv. koordinaciji s političkim rukovodstvom, pomenuo ime čoveka koga predlaže za načelnika, Draža Marković je glasno upitao: „Ko je i odakle je taj Mitrović?"

Bilo je to 1985. godine, u vreme kada je hipoteka Četvrtog plenuma, koja je dvadeset godina pritiskala srpsku tajnu policiju, počela da se ruši i SDB Srbije da staje na svoje noge. Poučen Brionskim plenumom, novi načelnik Dragan Mitrović je izbegavao da se suviše približi političarima i političkom vrhu republike i federacije, da ne bi u prvoj političkoj čistki izgoreo zajedno s njima. Njegov rad je bio dobro organizovan. Svakog jutra je prvo čitao depeše s terena i izveštaje operativaca i načelnika odeljenja, zatim je o tome referisao ministru policije. Svakodnevno je održavan Kolegijum RSUP-a, na kome su u širokom sastavu rukovodilaca policije razmatrana pitanja iz rada i tajne i javne službe bezbednosti. Najdelikatnije probleme iz rada SDB-a rešavali su u četiri oka samo ministar policije i načelnik tajne službe. Posle toga bi Mitrović držao svoj Kolegijum SDB-a, informisao načelnike o ministrovim naređenjima i dogovarao s njima skice operativnih akcija. Jednom mesečno se održavao i sastanak s načelnicama centara SDB-a Srbije u unutrašnjosti, i Kolegijum SDB-a SFRJ, na koji su dolazili načelnici tajnih službi republika i pokrajina. Ti sastanci su obično održavani u institutu bezbednosti na Banjici. Na njima su, i kada su prestali da rade u policiji, pored ministra Dobrosava Ćulafića i načelnika Zdravka Mustača, obično prisustvovali i Stane Dolanc, član Predsedništva SFRJ zadužen za pitanja bezbednosti, i general Jovo Popović, direktor Instituta bezbednosti. Što se tiče političkih skupova, načelnik srpske tajne policije, Dragan Mitrović, odlazio je jednom mesečno na sednicu republičkog Saveta za zaštitu ustavnog poretka, a samo po pozivu u GK SK Beograda, CK SK Srbije, Predsedništvo Srbije i kod Slobodana Miloševića. Ivan Stambolić je imao običaj da mu dolazi u kancelariju u trenerci, po podne, između dva džogiranja.

Mitrovićev zamenik bio je Milivoje Milo Savković, a pomoćnik za kontraobaveštajni, spoljni sektor Jovica Stanišić, dok je za unutrašnji to bio Moma Radosavljević. Kasnije je ovaj odsek političke policije vodio i Ranko Savić, koga je Mitrović planirao za naslednika na mestu načelnika SDB-a Srbije. Savić je bio vrlo revnosan u radu s disidentima, pre svega Đilasom i Ćosićem, a i u vrbovanju novinara za saradnike SDB-a Srbije. Mitrovićev savetnik bio je Dragan Vitomirović. Centrala SDB-a u RSUP-u imala je 1985. godine 200 radnika u šest odeljenja. Analitiku je tada vodio Pavle Paja Bogdanović, dok je prvi sektor u njoj bio Milan Tepavčević, a drugi Boško Orelj. Nasledio ga je Predrag Aleksić. Tehniku je držao Mića Ignjatović.

Treće odeljenje unutrašnjeg neprijatelja držao je Miša Vilotić. Peto odeljenje spoljnjeg neprijatelja, kontraobaveštajno, vodili su, kasnije u sektoru Istok, Milan Tepavčević, i, u sektoru Zapad, Boško Orelj. U šestom odeljenju za obezbeđivanje srpskih rukovodilaca šef je bio Radomir Ciga Cokić. Među zaposlenima nije bilo mnogo žena operativaca. Samo jedna novinarka iz kuće *Politika* primala je platu kao kontraobaveštajac. Podela između kontraobaveštajaca i političkih policajaca za tzv. unutrašnje neprijatelje u SDB-u Srbije je uvek postojala i bila je dosta stroga. Međutim, nijedan operativac nije mogao da bude dobar kontraobaveštajac ako nije istovremeno bio i solidan obaveštajac. To su, na primer, bili Ranko Savić, zadužen za kontrolu inteligencije, kulture i medija, i Zoran Srećković iz Gornjeg Milanovca, koji je pokrivao disidente.

Posebna pažnja se vodila o doktoru Vojislavu Šešelju, koga je politički progonilo kompletno Predsedništvo SFRJ. Doktor Vojislav Šešelj je u SDB-u Srbije imao svoj dosije, od onog trenutka kada je iz Sarajeva došao u Beograd. Za njim je stigla i kopija njegove dokumentacije iz SDB-a BiH i iz KP doma u Zenici. Taj dosije je bio pasivan sve do trenutka kada je Šešelj, 1985. godine, počeo javno i u svojim knjigama da napada Josipa Broza, Branka Mikulića, Staneta Dolanca i generala Nikolu Ljubičića. Oni, međutim, nisu službeno tražili hapšenje doktora Šešelja, jer su se bojali da bi time izgradili njegov kult buntovnika i disidenta. Tajno, međutim, Dolanc i Mikulić su preko GSUP-a Beograd, gde je SSUP imao dobre veze, vršili česta hapšenja Šešelja, mimo znanja i odobrenja RSUP-a Srbije. Zbog toga je Beograd optuživan za represiju nad piscima, tj. disidentima. Zato su se dvojica policajaca – Svetisav Lalović, ministar srpske policije, i Nikola Ćurčić, šef gradske policije, oštro raspravljali. Čak je i Slobodan Milošević 1987. godine morao da interveniše kod Dragana Mitrovića, načelnika SDB-a Srbije, da se doktor Vojislav Šešelj pusti iz zatvora, gde su ga tajno odveli radnici GSUP-a po naređenju Staneta Dolanca.

To policijsko nejedinstvo između RSUP-a Srbije i GSUP-a Beograda bio je osnovni razlog što je prvo izvršena zakonska transformacija srpske policije 1989. godine, a zatim su usledila i velika kadrovska pomeranja 1990. godine. Tek donošenjem Zakona o unutrašnjim poslovima RSUP Srbije je preuzeo nadležnost i nad GSUP-om grada Beograda. Zatečeni „stari“ kadrovi su preko noći pomereni. Nikola Ćurčić, prvi gradski policajac, prebačen je u Institut bezbednosti, a na njegovo mesto je sa aerodroma Beograd doveden Rade Marković. Nove kadrove nameštao je novi ministar srpske policije, Radmilo Bogdanović, koji je uz pomoć generala Petra Gračanina došao iz Republičkog sekretarijata za ONO i DSZ. Ministar je, doduše, imao jedanaestogodišnje iskustvo policajca u Svetozarevu, gde je radio u Odeljenju za pasoše, ali kadrovi pridošli iz Vranja, Leskovca, Sokobanje, Pirota,

Bijeljine i Kragujevca nisu. O tome mi je smenjeni načelnik Miroslav Mirko Gojković iz GSUP-a lično pričao:

„U RSUP-u, na primer, radi i bivši zaječarski tužilac Radovan Šurjanović kao pomoćnik republičkog sekretara, dok je načelnik Uprave za suzbijanje kriminaliteta izvesni Stojan Mišić. Ovaj čovek je radio u *Simpu* Vranje, odakle je prebačen u SUP Vranje, a posle u Beograd. Petar Zeković je doveden za načelnika Odeljenja za privredni kriminal iz SUP Sokobanja, a bivši predsednik Opštinskog suda iz Bijeljine, mladi Boško Popović postao je načelnik za opšti kriminal u RSUP-u Srbije. RSUP Srbije je ovakvom kadrovskom politikom pokušao da sroza ugled SUP-a Beograd. Mnogi stručni ljudi i vredni policajci otišli su u penziju baš zbog takvih amatera, koji su se iz politike uselili u RSUP Srbije i SUP Beograda. To su ljudi koje više interesuje vlast nego policijska služba...“

Niko, pa ni u samoj tajnoj policiji Srbije, ne zna koliko je početkom devedesetih u njoj bilo spoljnih saradnika, jer je svaki operativac i svaki centar imao svoju mrežu dojavljivača. Nijedan od njih nije potpisivao nikakvu pristupnicu SDB-u Srbije. Radili su na reč i za male pare, uz dozu velikog patriotizma. Svaki od tih saradnika bio je zaštićen šifrovanim imenom: „Darko“, „Volga“, „Sibir“, „Ivica“, „Marica“, „Hasan“, „Muhamed“, „Janko“, „Crni Đorđe“.

Čim je 1988. godine postao prvi čovek Srbije, Slobodan Milošević je, na primer, zahtevao od Dragana Mitrovića, šefa Službe državne bezbednosti, da mu dostavi imena agenata službe. Vidno se iznenadio kada je dobio odgovor da imena ne može dobiti, jer ih načelnici ne znaju, a ni sâm Mitrović ih ne zna, a i kad bi ih znao, ne bi smeo da ih oda, jer je to najveća poslovna tajna službe bezbednosti.

Dosije Milošević

Baš takvi ljudi, spoljni saradnici, saznali su da KOS JNA prisluškuje Slobodana Miloševića u njegovom vlastitom stanu i da Armija ima i Miloševićev dosije. Tu akciju prisluškivanja vojni obaveštajci su obavili u februaru 1987. godine, kada su po naređenju generala Ilije Ćeranića iz KOS-a i admirala Branka Mamule, zagovornika slabe Srbije i jake Jugoslavije, pratili razgovore novog srpskog partijskog vođe.

Kako je zapisano u izveštaju saradnika SDB-a Srbije, Slobodan Milošević se žalio prijateljima i saradnicima da je u stanu pronašao bežični prisluškivač na zidu, kod garnišne iznad prozora. Uznemiren zbog toga, predsednik Predsedništva CK SK Srbije je pozvao ministra policije, Svetislava Lalovića, i upitao ga ko je to učinio. Lalović je odgovorio da ne zna, jer porodica Milošević odavno odbija mere obezbeđenja RSUP-a Srbije. Zatim je Slobodan Milošević pozvao neke svoje prijatelje i oni su taj mikrofon skinuli s garnišne. To je sve kod Miloševića rodilo sumnju da ga ili neko iz SDB-a Srbije ili neko iz KOS-a JNA tajno prisluškuje. U tajnoj službi je napravljena rekonstrukcija događaja i zaključeno je da bi taj posao mogao izvesti potpukovnik Milan Damjanović sa svojim prijateljima iz GK SK, koji nisu trpeli Miloševića.

Ovaj lični „bezbednjak" tadašnjeg vojnog ministra držao je uza se stalno Dušana Stupara, šefa beogradske tajne službe, koji je Damjanoviću neprestano donosio informacije o radu SDB-a Srbije, CK SK Srbije, GK SK Beograda i posebno o Draganu Mitroviću, načelniku srpske tajne policije. Sâm Mitrović sumnja da ga je KOS, odnosno Damjanović, prisluškivao, pratio, a jednom prilikom i pretresao njegov stan u Ulici Kralja Milutina. Potpukovnik Damjanović je bio kadar Staneta Broveta, admirala VOS-a, još iz vremena kada su zajedno službovali u Londonu. Iza Milana Damjanovića bi mogao, pretpostavlja Mitrović, da stoji admiral Branko Mamula, tada savezni sekretar za narodnu odbranu. Pored toga što nije trpeo Slobodana Miloševića kao velikog srpskog nacionalistu, admiral Mamula ga nije podnosio ni zato što je ovaj bio miljenik njegovog konkurenta, generala Nikole Ljubičića.

KOS UB JNA je u više navrata poturao Slobodanu Miloševiću „krtice" i u kancelariju na Novom Beogradu, gde su uočeni i tragovi obijanja radnog stola u samom kabinetu. U „bubice" je sumnjao i Slobodan Jovanović, glavni urednik *Politike ekspres* 1989. godine. Posle slučaja „Stupar" u Beogradu je došlo do velikog antagonizma, pa čak i direktnog izbegavanja saradnje između SSUP-a SFRJ, KOS-a JNA, GSUP-a Beograda i RSUP-a i SDB-a Srbije. Glavni grad je postao, tvrdi Dragan Mitrović, slobodno lovište za sve (kontra)obaveštajce svih jugoslovenskih republika, pokrajina i same federacije, koji su jurili „svoje" nacionaliste. Najagresivniji su bili Bosanci, jer su u Beogradu proganjali Vuka Draškovića, doktora Vojislava Šešelja i mnoge penzionisane generale, čije su dosijee doneli i u tajnu službu Jugoslavije, a neka i u kartoteku SDB-a Srbije.

SDB Srbije je u drugoj polovini osamdesetih godina imala pedeset hiljada imena u svojim arhivama.

U tajnoj službi Srbije su postojali tzv. Operativni fond, s dosijeima aktivno praćenih lica, i Arhivski fond, s pasivnim i zastarelim dosijeima koji su se najčešće ili spaljivali ili slali u Istorijski arhiv Srbije. U toj kartoteci aktivnih „državnih neprijatelja" Služba državne bezbednosti Srbije je imala 22.000 imena, ali je ofanzivno radila samo prema 3–4.000 ljudi u zemlji i svetu. Na jednom od tih dosijea bilo je ispisano i ime Dušana Mitevića, direktora beogradske Televizije. Njegovu proveru, još u fazi kandidature, tražio je Dušan Čkrebić, pa je u SDB-u Srbije nastao materijal s dvadeset pet stranica teksta o ličnosti i delu Dušana Mitevića. Zbog pritisaka iz SDB-a Jugoslavije i posebno iz SDB-a Bosne i Hercegovine, srpska tajna policija je osamdesetih otvorila i dva nova dosijea. Jedan za doktora Vojislava Šešelja, a drugi za Vuka Draškovića zbog srpskog nacionalizma. Za SDB Srbiju to su bili pasivni dosijei, jer faktički protiv njih nije ništa preduzimano. Samo je jednom Ranko Savić piscu Vuku Draškoviću oduzeo pasoš. To je tražio Stane Dolanc zbog Draškovićevih antijugoslovenskih nastupa u inostranstvu. Dva-tri dana kasnije, međutim, lično Slobodan Milošević, navodno zbog intervencije patrijarha Pavla, tražio je od SDB-a Srbije da se Vuku Draškoviću vrati pasoš. Zbog toga se kod Dragana Mitrovića javljao telefonom i sâm Vuk Drašković. Pokazivao je inspektoru Ranku Saviću poziv australijskih Srba za posetu petom kontinentu, da govori o Svetom Savi i pravoslavlju, pa je tadašnji šef Odeljenja za unutrašnju problematiku, ljut, vratio taj pasoš. Vuk Drašković je tom prilikom potpisao zvaničnu izjavu za SDB Srbije, po zahtevu načelnika Dragana Mitrovića, u kojoj je obećao da će se u Australiji ponašati kao lojalni građanin Srbije. Ranko Savić je tu Draškovićevu izjavu sa službenom beleškom položio u Draškovićev dosije, koji je već desetak godina postojao u srpskoj tajnoj policiji. Taj dosije je otvoren posle hajke na Vuka Draškovića u BiH zbog knjige *Sudija*, i romana *Nož*, a proširen posle Vukovih istupanja na Slobodnom univerzitetu, u Odboru za odbranu misli i sloboda, na tribinama u Francuskoj 7. Vuk Drašković je bio registrovan kao srpski veliki nacionalista, zajedno sa suprugom Danom, koja ga je, uglavnom, kako su tvrdili operativci SDB-a, i gurala u te disidentske krugove i kasnije u emigraciju.

Savet za zaštitu ustavnog poretka Republike Srbije odlučivao je o tome koji će dosijei i arhive SDB-a biti uništeni, a koji ne. Dok je Radmilo Bogdanović bio ministar, članovi tog foruma bili su Aleksandar Mitrović, Duško Mihajlović, Slobodan Unković i Dragan Mitrović. Sve odluke o spaljivanju dosijea srpskih disidenata i tzv. nacionalista, donesene su jednoglasno. Jer kada su Duško Mihajlović i Slobodan Unković čuli da se u arhivama nalaze i dosiji profesora Ljube Tadića, Zagorke Golubović, doktora Mihaila Markovića i mnogih drugih intelektualaca, rekli su uglas: „To bi trebalo uništiti!"

Većina srpskih političara volela je da bude okružena operativcima državne bezbednosti. Služba državne bezbednosti Srbije je pratila Dražu Markovića svuda po Srbiji, čak i kada je išao u privatne posete. Jedini koji nije trpeo „debejce" bio je Ivica Stambolić, ali je voleo da čita njihove izveštaje u magazinima *Duga* i *Intervju*. Zato mu se jednom prilikom i dogodilo u beogradskoj Skadarliji da je naleteo na nekog pripitog Srbina koji ga je neukusno izvređao. Pravi razlog zbog čega je prvi voleo obezbeđenje tajne službe, a drugi ne, ležao je u činjenici da su i Draža Marković i Ivica Stambolić voleli prijatno žensko društvo, ali sa i bez službenih svedoka. Mada drugih kontakata rukovodstvo Službe državne bezbednosti s političarima nije imalo, jer su oni više voleli da svoja naređenja izdaju ministrima policije nego šefovima tajne službe, ipak je njihova sudbina umnogome zavisila baš od volje i moći tih političara.

Službu državne bezbednosti Srbije, naime, najviše kadrovski, a i operativno, pogađala je podeljenost Republike na tzv. užu Srbiju, Vojvodinu i Kosmet, pa i grad Beograd. Svaka od ovih republičkih jedinica imala je svoju državnu bezbednost, nezavisnu u mnogo čemu od centrale u SDB-u Srbije. Ta njihova samostalnost bila je toliko izražena, da se, na primer, mnogo puta dešavalo da SDB Vojvodine izvršava naloge dobijene iz SSUP-a ili iz RSUP-a Hrvatske, a ne iz RSUP-a Srbije. Najslikovitiji primer za to bio je slučaj novinarke Ranke Čičak.

Kada je izbila tzv. „svinjska afera", o čemu je Ranka Čičak kao dopisnik *Vjesnika* vrlo aktivno pisala, preko noći se našla u zatvoru. Nalog je dao Petar Palkovljević Pinki, vojvođanski ministar policije, na mig funkcionera iz Zagreba i samog Staneta Dolanca iz Beograda. Kako je Ranka Čičak svojevremeno učestvovala u razbijanju hrvatskog špijunskog centra, koji je bio smešten baš u dopisništvu *Vjesnika*, na uglu Nemanjine i Sarajevske ulice u Beogradu, Služba državne bezbednosti je izvadila iz zatvora i prebacila u Rim. Pinkiju je u Novi Sad poslat inspektor Ratko Sikimić da prikupi dokaze o njegovim zloupotrebama i mućkama Slobodana Tadijina, tadašnjeg šefa u Službi državne bezbednosti Vojvodine. Zato se načelnik pokrajinske policije vrlo brzo, umesto Ranke Čičak, našao iza brave. Kao protivnik autonomaša, novinarka Ranka Čičak je krajem osamdesetih aktivno učestvovala u organizovanju vojvođanskih Srba, preko Milice Grković i Miroslava Šolevića u obaranju Boška Krunića. Bliska vrhovima SDB-a Srbije, ali i Predsedništvu Srbije, novinarka Ranka Čičak je postala siguran oslonac zamenika načelnika SDB-a Srbije Jovice Stanišića. Pretpostavlja se, da baš kao dobro obaveštena novinarka, Ranka Čičak najbolje zna kako je nastala humoreska *Vojko i Savle*, napisana na osnovu dosijea generala Gojka Nikolića i akademika Pavla Savića iz KOS-a JNA i SDB-a Beograda. Po jednoj verziji ljudi iz srpske tajne policije, humoresku su smislili admiral Branko Mamula i Buca Pavlović, a napisao ju je književnik Vidosav Stefanović. Redigovao ju je novinar Radmilo Kljajić, koji ju je i doneo u list *Politika*.

U toj aferi i Služba državne bezbednosti Srbije je videla priliku da se obračuna s projugoslovenskom strujom u tajnoj službi grada Beograda, pa je zato formirala specijalnu komisiju za utvrđivanje odgovornosti načelnika Dušana Stupara. Ovog „debejca" funkcionerima je najviše prozivao Zoran Čičak, sin Ranke Čičak. U komisiji su bili Milo Savković, predsednik, Milan Tepavčević i Miodrag Pavlović, članovi. Oni su utvrdili da je predsednik GK SK Beograda Dragiša Buca Pavlović još 1986. godine, preko Dušana Stupara, iz SDB-a Srbije dobio dosijea mnogih akademika tvoraca Memoranduma SANU.

Ministar beogradske policije Branko Kostić je još tada imao svoj Odsek za politički kriminal, odnosno svoju tajnu službu, koja je radila za Ivicu Stambolića. Odobrenje za podizanje dosijea je dao Dragan Mitrović, a obojica, ni Stupar, ni Mitrović te dosijee nisu ni videli. Iz njih je posredstvom Buce Pavlovića januara 1987. nastala kvazihumoreska *Vojko i Savle*, objavljena u listu *Politika*. S obzirom na to da je taj unutrašnji problem SDB-a Srbije i SDB-a Beograda bio neraskidivo vezan za politički duel između Slobodana Miloševića i Ivice Stambolića, odnosno Dragiše Buce Pavlovića, prvog čoveka GK SK Beograda, sâm Slobodan Milošević je bio jako zainteresovan za ishod rada Komisije SDB-a Srbije. Kada se pokazalo da Dušan Stupar nije prekršio pravila Službe, da nije prisluškivao ljude u GK SK Beograda i da nije odgovoran za humoresku *Vojko i Savle*, Slobodan Milošević je tadašnjem načelniku Draganu Mitroviću ljubazno rekao: „Vi sve ovo, šefe, zatrpaste kao mačka govno!"

Dušan Stupar je i pored nalaza Komisije SDB-a Srbije ostao bez posla i bez partijske knjižice. Njegovo mesto zauzeo je Milorad Leković Mića. Nije se ni on dugo održao u državnoj bezbednosti, jer je naleteo na Jovicu Stanišića, zamenika načelnika SDB-a Srbije. Praćenjem beogradske štampe, a posebno lista *Balkan ekspres*, operativci iz Beograda su, naime, uočili da u ovoj novini, čiji je vlasnik bila Ranka Čičak, ima isuviše poverljivih policijskih podataka. Da bi se, po nalogu novog ministra, Zorana Sokolovića, utvrdilo ko iz tajne službe odaje podatke, formirana je, na nivou Srbije, posebna komisija za *Balkan ekspres*. Predsednik je bio Ranko Savić, a članovi Mića Leković i Marko Lazović. Sumnja je pala i na Jovicu Stanišića. To je, međutim, za ove ljude bilo sudbonosno.

Koalicija s Jugoslovenima

Godinu dana kasnije izvršena je nova promena načelnika tajne službe Beograda. Leković je otišao u činovnike, a Savić i Lazović u prevremenu penziju. S Kosmeta je povučen Radosav Lule Lukić, iskusni inspektor SDB-a i kadar sve jačeg i moćnijeg Jovice Stanišića, i postavljen za novog šefa beogradske tajne policije. Približavanjem Slobodanu Miloševiću, ambiciozni Stanišić je stvarao prostor za jačanje Službe državne bezbednosti, ali i za sopstveno napredovanje. Bilo je to vreme jakog delovanja jugoslovenskog policijskog lobija, koji su sačinjavali admiral Branko Mamula, Stane Dolanc, Zdravko Mustač i Branko Kostić, ministar beogradske policije. Ovaj poslednji je dugo godina bio iskusni obaveštajac, nekada načelnik u SDB SSUP-a, pa šef kabineta mnogim šefovima federalne policije. U vreme Brionskog plenuma bio je zapisničar u komisiji Krste Crvenkovskog. Poznat je kao kadar generala Radovana Stijačića i generala Franje Herljevića, koji ga je posle jedne svađe vratio u GSUP Beograda. Kako se seća ambasador Branko Mikašinović, njegov poznanik Jovica Stanišić imao je tada običaj da se žali: „Zdravko Mustač nam drži čitavu službu u svojoj šaci!"

Bila je to posledica direktne koalicije Ivana Stambolića, prvog čoveka srpske partije, a zatim i srpske države, s jugoslovenskim političkim i vojnim vrhom. Čak je i ministar policije, Svetislav Lalović, bio veliki Jugosloven sve do trenutka kada je 1986. godine shvatio da Stane Dolanc, Branko Mikulić, Raif Dizdarević, Milka Planinc, Fadilj Hodža žele da politički potope Srbiju na Kosovu. Dragan Mitrović je tada uspeo da nagovori Lalovića da u Skupštini Srbije pročita oštar govor, koji je pisan u SDB-u Srbije, s puno činjenica o stradanju srpskog naroda na Kosmetu, čime je direktno odgovorio na sve optužbe

Predsedništva SFRJ i SSUP-a da su za stanje u ovoj Pokrajini krivi srpski nacionalisti. Bilo je to vreme kada je i general Nikola Ljubičić napustio projugoslovensku orijentaciju i okrenuo se srpskoj politici.

Ivica Stambolić je ostao vezan za Staneta Dolanca, Dobrosava Ćulafića i admirala Branka Mamulu. Po tvrđenju Dragana Mitrovića, upravo Dolanc, odnosno SDB SFRJ, i Mamula, tj. KOS JNA, pratili su i prisluškivali Stambolića, a i snabdevali ga uznemiravajućim informacijama o delovanju srpskih nacionalista. Posebno o piscu Miodragu Bulatoviću, čije je hapšenje Ivica Stambolić i tražio, zajedno sa Stanetom Dolancom. Stambolić se bojao dolaska Srba s Kosmeta u Beograd, govoreći za njihove mitinge da je to – ulica. Kada je na Osmoj sednici Slobodan Milošević preuzeo vlast od Ivana Stambolića, ovaj je ostao usamljen, jer ga tada Stane Dolanc i Branko Mamula nisu podržali. Razočaran, priča Mitrović, bivši lider Srbije je svojim poznanicima govorio, a to je u knjizi *Put u bespuće* i napisao, da su ga SDB Srbije i Slobodan Milošević 1989. godine držali u kućnom pritvoru, što uopšte nije bilo tačno.

Poslednji veliki posao koji je Dragan Mitrović uradio u SDB-u Srbije, pre odlaska u penziju, bila je organizacija i obezbeđenje dolaska Slobodana Miloševića na Proslavu šest vekova Kosovske bitke. Manifestacija je održana na Vidovdan 1989. godine. Pored srpskog rukovodstva, Milošević je uspeo da na Kosovo Polje dovede članove Predsedništva SFRJ. Radi obezbeđenja funkcionera i čitavog skupa formirana su tri štaba. Jedan u RSUP-u Srbije, drugi u PSUP-u i treći u SSUP-u.

Članovi srpskog štaba su bili Dragan Mitrović, Milivoje Milo Slavković, Jovica Stanišić i Radomir Čokić. Ubedljivo najbolji poznavalac prilika na Kosmetu, od ovih načelnika, bio je Milo Savković, koji je punih dvadeset pet godina proveo u Pokrajini. O svemu je pedantno vodio službene beleške, tako da mu ništa nije promicalo. Kada je Dragan Mitrović sredinom osamdesetih došao na ideju da Savkovića iz PSUP-a Kosova, s mesta šefa za informatiku prebaci na funkciju zamenika u SDB-u Srbije, prištinsko rukovodstvo policije se pobunilo. Razlog bunta zvanično je bila potreba za takvim profesionalcem, koga su Šiptari smenili s mesta načelnika analitike, a nezvanično ometanje Srbije da ojača svoju tajnu policiju sa ovakvim ekspertom za Kosmet. Uz to Savković je za funkcionere iz Prištine, ali i u SSUP-u Jugoslavije, bio neugodan svedok, jer je znao kako se na Kosmetu štimuju službeni izveštaji za SDB SFRJ i predsedništvo Jugoslavije. Zbog toga je Mitrović zamolio ministra savezne policije Dobrosava Ćulafića Tora, koji je bio i rođak Milivoju Savkoviću, da ga preuzme u SDB-u Jugoslavije.

Posle samo tri meseca od dolaska u Beograd, načelnik Dragan Mitrović je prebacio Savkovića u SDB-u Srbije i tako izigrao šiptarske kolege s Kosmeta i iz savezne tajne policije.

Prištinski štab bezbednosti su tada vodili Jusuf Karakuši i Rahman Morina, a savezni Zdravko Mustač iz Službe državne bezbednosti i pukovnik Mihailo Pavičić, zamenik načelnika KOS-a JNA. Specijalne ekipe za kontradiverzantsko dejstvo, sastavljene iz jedinica sve tri službe, pregledale su čitav teren kod spomenika Kosovskoj bici. Javna bezbednost PSUP-a Kosova i Metohije pohapsila je sve albanske nacionaliste i srpske ekstremiste, a njihove lidere s Kosmeta stavila pod strogu kontrolu. Izolacija je izvršena na prostoru čitave Jugoslavije, na gotovo, rutinski način, jer je bilo ozbiljnih najava atentata na Slobodana Miloševića.

Takve informacije stizale su prvo od stranih obaveštajnih službi. Najpre iz KGB-a SSSR-a, a i od saradnika SDBJ i tajne policije Srbije ubačenih u emigrantske redove u Švajcarskoj i Belgiji. Šiptari su, naime, planirali da napadnu Miloševića i u Beogradu. Kod Prokuplja je čak pronađen i jedan savremeni snajper, kakav se u SFRJ ne koristi, što je za SDB Srbije bio znak više, da se Šiptari za nešto ozbiljno pripremaju. Zbog toga je u SDB-u Srbije sačinjen plan likvidacije najpoznatijih albanskih emigranata u inostranstvu i šiptarskih ekstremista u Jugoslaviji. Prvi na listi za odstrel bio je Džafer Šatri iz Švajcarske. Za likvidatore su određeni iskusni saradnici srpske tajne policije iz sveta. Nijedan od njih nije bio čovek podzemlja, jer SDB Srbije s takvim ljudima nije nikada sarađivala.

Kako je i Miloševićev stan bio pod stalnom prismotrom raznih tajnih službi i emigracije, to je Dragan Mitrović, odnosno Radomir Čokić, šef obezbeđenja SDB-a Srbije, od ministra policije Radmila Bogdanovića, tražio da se prvi čovek Srbije iseli iz stana u bezbedniju kuću na Dedinju. To nije bilo moguće izvesti brzo i efikasno, pa je porodica Milošević za fizičko obezbeđenje dobila samo jednog „portira" u zgradi. Strepnje o atentatu na Slobodana Miloševića podgrevala je i istraga pucanja sve četiri gume na Miloševićevom automobilu, koja još nije bila rešila dilemu da li je to bilo slučajno ili namerno. Bezbednjaci Srbije su se najviše bojali ne toliko pojedinačnog pokušaja napada na predsednika Republike, koliko eventualnog podmetanja eksploziva ili bacanja bombi u sâm narod, posebno kod Miloševićevog nastupa na Kosovu Polju, jer bi panika izazvana takvim terorističkim aktom uništila mnoge živote, a i srušila sâm kosovski mit o Srbima.

Slobodan Milošević je strepeo od odlaska na Kosovo Polje 1989. godine, ne toliko zbog najava mogućeg atentata već zbog odgovornosti da govori pred više od milion ljudi i zato što je tu, na Kosmetu, trebalo da zada snažan politički udarac pripadnicima „neprincipijelne koalicije". Najvažnije od svega je, međutim, bilo da Slobodan Milošević iskoristi proslavu Kosovske bitke, koju su pratile na stotine stranih izveštača, da internacionalizuje srpsko pitanje na Balkanu i u svetu. Osećajući da će se Milošević s Kosova Polja vratiti kao pobednik, čelnici JNA su na sve načine pokušavali da mu otežaju poziciju i da ga, makar, učine još nervoznijim. Kontraobaveštajna služba Armije izbegavala je da ustupi svoj aerodrom u Prištini za sletanje helikoptera RSUP-u Srbije sa Slobodanom Miloševićem.

Armija s Kosmeta nije ni dovela sve svoje ljude da fizički obezbede miting i nije izvela svoje snajperiste na okolna brda šljake iz TO Obilić, jer joj nisu stigla „naređenja iz Beograda". Zbog nepoverenja u rukovodstvo PSUP-a, niko iz pokrajinske policije nije puštan na kilometar od Slobodana Miloševića. Sav posao oko obezbeđenja Miloševića morao je da završi RSUP sa SDB Srbije. Bilo je planirano da Slobodan Milošević na Kosovo Polje dođe automobilom iz Prištine. Kako je noć pre mitinga pala obilna kiša i raskvasila kosmetske njive, to su na stotine automobila i autobusa upali u gusto i crno blato. Dragan Mitrović je zato odlučio da Miloševića doveze helikopterom RSUP-a. Predsednik Srbije je kolima došao iz Beograda do Kruševca, a odatle helikopterom pravo na Kosovo Polje. Tim putem se Slobodan Milošević i vratio kući, odmah posle održanog govora. Članovi Predsedništva SFRJ vraćali su se malim avionima Federacije i uz pratnju obezbeđenja SSUP-a i JNA.

Čišćenje redova

Posle sređivanja stanja u SDB-u Beograda, neprimetno su iz SDB-a Srbije uklonjeni neki ljudi koji su radili za KOS JNA. Njih je otkrio Jovica Stanišić, što je on i iskoristio da probudi sumnju da je načelnik Dragan Mitrović, kao Jugosloven, blizak vojnoj kontraobaveštajnoj službi i armijskom vrhu. Ta sumnja je bila toliko jaka da je izazvala pozornost Slobodana Miloševića prema načelniku njegove tajne službe. Stvar je bila u tome što su mnogi unutar Srbije, Beograda i Jugoslavije očekivali kako će se Dragutin Dragan Mitrović, načelnik

Službe državne bezbednosti Srbije, izjasniti. Da li za meku ili tvrdu srpsku stranu, ili za SFRJ i za JNA. Svaka od tih strana želela je Mitrovića ili da pridobije ili da sruši. Najaktivniji je u tome bio baš KOS JNA, koji ga je tajno pratio i prisluškivao, a istovremeno i širio glasine da to Mitrović radi Slobodanu Miloševiću.

Takva političko-policijska igra oko tadašnjeg načelnika SDB-a Srbije, dovela je srpsko rukovodstvo, pre svih ministra policije Radmila Bogdanovića i profesora Radoša Smiljkovića, u situaciju da razmišlja o novom čoveku. Njihovi kandidati za šefa tajne službe bili su profesor Budimir Košutić, doktor Dragan Simeunović, Ratko Marković, pa čak i predsednik Privredne komore Vlajko Stojiljković. Kako su svi oni tu ponudu odbili, a kako je doktor Borisav Jović podržavao rad Dragana Mitrovića, ovaj načelnik SDB-a Srbije je i pored ponuđene ostavke Slobodanu Miloševiću, ostao u svojoj kancelariji do daljnjeg. Njegov zamenik, Milivoje Milo Savković, šef operative i ekspert za Kosmet, otišao je u preranu, invalidsku penziju.

Načinjen je pokušaj da Srbija uđe i u SSUP i u tajnu policiju Jugoslavije. Lično je Slobodan Milošević tokom 1989. godine vodio razgovore s Dobrosavom Torom Ćulafićem, kome je otvoreno rekao da je kao crnogorski kadar, ispustio federalnu policiju iz ruku. U SSUP-u je vladao nepotizam i sistem nezameranja lošim kadrovima. Najviše primedbi na federalnu policiju imao je Slobodan Milošević, zato što SSUP ne podržava Srbiju u borbi za suzbijanje iseljavanja Srba s Kosmeta i razbijanja šiptarskog secesionizma. Kao kompromisno rešenje ovih problema, Toro Ćulafić je od Miloševića tražio da mu ustupi Dragana Mitrovića za načelnika Službe državne bezbednosti Jugoslavije. Bilo je ideja i da Dragan Mitrović postane načelnik SID-a u Saveznom sekretarijatu za spoljne poslove umesto Branka Tintora, ali se hrvatsko i slovenačko rukovodstvo nije slagalo da jedan Srbijanac uđe u „njihovu" kuću. Slobodan Milošević, prvi čovek Srbije, međutim, imao je druge planove.

Dragan Mitrović je u pedeset prvoj godini života penzionisan. Prilikom rastanka, Mitrović je molio Miloševića da ne dozvoli da se SDB Srbije raspadne, kako se to već događalo 1966. godine, jer bi tajnoj službi posle bilo potrebno najmanje dvadeset godina da opet stane na noge. Sličnu molbu Mitrović je prvo uputio i generalu Nikoli Ljubičiću, a posle i profesoru Radošu Smiljkoviću i generalu Petru Gračaninu. Na tzv. koordinaciji, kojoj su prisustvovali Slobodan Milošević, Borisav Jović, Aleksandar Bakočević i Bogdan Trifunović, načelnik u ostavci Dragan Mitrović je tražio da se SDB Srbije spase od razbijanja.

Većina njih je, želeći da politički likvidira Svetislava Lalovića i Dušana Stupara kao ljude Ivice Stambolića, bila za to da i Mitrović s grupom rukovodilaca SDB-a Srbije napusti posao. General Nikola Ljubičić je to sprečio, čime je spasao srpsku tajnu službu od novog Četvrtog plenuma. Na mesto Mitrovića je 1990. godine došao iskusni političar, borac za srpstvo s juga republike i neiskusni policajac, tek oporavljen od teške bolesti, Zoran Janaćković. Bio je to izbor Slobodana Miloševića i Radmila Bogdanovića, kome se žurilo da uzme policiju u svoje ruke.

Posle smene Dragana Mitrovića došlo je i do pomeranja i samog ministra Radmila Bogdanovića, zato što je bio kadar stare garniture generala Nikole Ljubičića i Petra Gračanina, a i blizak struji doktora Borisava Jovića. Milošević je na čelu MUP-a Srbije želeo svog pouzdanog čoveka, pa je prvi čovek srpske policije od 1991. bio ministar Zoran Sokolović, zaječarski kadar, aktivista u vreme Osme sednice. Njegov zamenik i ujedno i načelnik Resora javne bezbednosti postao je magistar Radovan Stojičić, poznat po nadimku Badža. Sekretar ministarstva bio je Slobodan Miletić, a šef kabineta i šef nepostojeće Službe informisanja – Slobodan Tepšić. Načelnik Resora državne bezbednosti postao je Jovica Stanišić. Stojan Mišić imenovan je za pomoćnika ministra za kriminalitet, a Rade Marković za pomoćnika ministra bez portfelja. Zatim je, drugom promenom kadrova, 1993. godine, u GSUP-u za novog gradskog ministra policije postavljen Petar Zeković.

MUP Srbije je naredne 1994. reorganizovan. Imao je ukupno jedanaest uprava, od čega je polovina bila operativne, a ostale administrativne prirode. Upravu milicije vodio je Vlastimir Đorđević zvani Rođa, a njeno Odeljenje milicije komandir Obrad Stefanović. Upravu za suzbijanje kriminaliteta predvodio je Dragan Ilić, a u Upravi za bezbednost saobraćaja načelnik je bio Dragiša Dinić Gile. Milan Puzović je bio načelnik Uprave za strance, pogranične i upravne poslove. Jedina žena načelnik, Ljiljana Morić, vodila je Upravu za obrazovanje i usavršavanje. Rukovodilac Školskog centra je bio doktor Andreja Savić, a direktor Srednje škole u Sremskoj Kamenici Mile Milovanović zvani Požarac. Institut bezbednosti vodio je Nikola Ćurčić, a načelnik Uprave za informatiku je bio Dragan Anucović, koji je svakog dana dolazio na posao iz Novog Sada. Radojica Maksimović je bio dekan Policijske akademije, dok je Viša škola SUP-a u Zemunu bila neko vreme bez direktora.

Prvi čovek beogradske policije bio je Petar Zeković zvani Zeka, dok je njegov pomoćnik za kriminalitet bio Ratko Brakočević, a pomoćnik za miliciju Sreten Lukić. Upravu za suzbijanje kriminaliteta vodio je

Milorad Vlahović Vlaja, a u Upravi za strance i pogranične poslove načelnik je Petar Mladenović. Brakočević i Mladenović su vrlo brzo otišli u penziju. Resor državne bezbednosti Beograda vodio je malo poznati inspektor Zoran Mijatović. Radio je svojevremeno u Upravi za emigraciju, a zatim kao šef gradskog SDB-a na Aerodromu *Beograd*.

Jovica Stanišić je prilikom reorganizacije MUP-a Srbije 1991. godine tajnu policiju, koja se zvala Služba državne bezbednosti (SDB), preimenovao u Resor državne bezbednosti RDB. Time je hteo da se oslobodi zaostavštine SDB-a, koja je funkcionisala isključivo kao politička policija, a da afirmiše RDB kao službu za borbu protiv terorista i naoružanih državnih neprijatelja Srbije. U tom resoru je 1995. radilo oko 200 inspektora, koji su pokrivali ne samo Srbiju već i Jugoslaviju, Balkan, Evropu i svet. Stanišićevi najbliži saradnici bili su Dragiša Ristivojević, bivši v. d. načelnik tajne službe SFRJ i reaktivirani penzioner SSUP-a, zatim kao zamenik Mile Tepavčević, iskusni policajac iz Srbije, Branislav Nešić, specijalac, aktivni karate majstor, nezvanično telohranitelj načelnika tajne policije Srbije, zatim Vlada Dragićević, stručnjak za elektroniku i strane jezike, Mile Gajić i Milan Filipović Fića, organizatori specijalnih akcija.

O državnoj bezbednosti na Kosmetu brinuo je jedan Beograđanin, David Gajić. On je sa svojim inspektorima uspeo da otkrije organizatore šiptarske ilegalne vojske i paramilicije na Kosmetu.

U vrhu SDB-a MUP-a Srbije radila su i dva policajca hrvatskog porekla. Zlatko Radnić, koji je već više od deset godina radio u srpskoj tajnoj policiji i bio načelnik Uprave za obezbeđenje, čiji je otac, general Čeda Radnić, svojevremeno bio načelnik KOS-a JNA. Drugi Hrvat u SDB-u Srbije bio je Franko Simatović zvani Frenki, zamenik načelnika Jovice Stanišića. Simatović je više od petnaest godina bio radnik MUP-a Srbije. Nekada je radio kao kontraobaveštajac po Amerikancima, a sada je načelnik novootvorenog obaveštajnog odeljenja.

Hrvat u srpskoj tajnoj policiji

Posle Jovice Stanišića, šefa srpske tajne policije u penziji, i Željka Ražnatovića Arkana, koji je ubijen 15. januara 2000. na Novom Beogradu, predsednik Slobodan Milošević od ekipe koja je predvodila njegovu tajnu armiju punih sedam godina danas ima samo Hrvata

Franka Simatovića. O Frenkiju se malo zna jer je to zaštićeni tajni po-
licajac. I pored toga glasine o njegovom junaštvu učinile su ga popu-
larnim. Frenkijev nadimak mnogi Srbi danas izgovaraju s poštova-
njem, jer ga prihvataju kao svog narodnog heroja.

Franko Simatović, poznatiji kao Frenki, Hrvat je crnogorskog po-
rekla s najdužim stažom u srpskoj tajnoj policiji – dvadeset pet godina.
Nekada je radio u Beogradskoj upravi SDB-a kao kontraobaveštajac za-
dužen za zapadne agenture. Bio je ekspert za CIA i BND. Kada se SFRJ
i SDB Jugoslavije raspala, a Jovica Stanišić postao prvi čovek srpske
tajne policije, Frenki je imenovan za njegovog zamenika 1993. godine.

Rođen je 1950. godine u Beogradu, gde je završio Višu školu unu-
trašnjih poslova u Zemunu i pohađao Fakultet za ONO i DSZ. Zagre-
bačka *Arena* je pisala o njemu kao o bliskom saradniku Željka Ražna-
tovića, Milana Martića i Kapetana Dragana. Tačnije, kao osnivaču i
organizatoru srpskih paramilicijskih snaga i komandantu Specijalne
jedinice MUP-a Srbije.

Franko Simatović u Beogradu, u marini RDB-a Srbije, ima gliser
presretač *Formula* neobične snage i potrošnje: 300 konjskih snaga i
150 litara na sat, s tim što mu radnici *Brodogradilišta* „na crno" trenut-
no prave brod *Orao* pod nadzorom Radivoja Cicvarića, koji takođe u
marini ima poveći brod *Saksona*.

Otac Frenkija Simatovića, Pero Simatović, kao vojni i jugosloven-
ski kadar iz Beograda s prvom ženom imao je dvoje dece, sina Franka
i ćerku Dubravku, udatu Horvat, koja živi u Rijeci. Simatovići danas
žive u Beogradu, otac u Njegoševoj, a sin Frenki na Senjaku.

Kako je nedavno pisala zagrebačka *Arena*, Simatovići su Dubrov-
čani, jer je Frenkijev otac Pero rođen u Župi Dubrovačkoj 1921. go-
dine. I njegov otac Baro, Frenkijev deda, Dubrovčanin je i Hrvat. A
Perova majka a Frenkijeva baba – Ivanjica – paštrovićka je Crnogorka
iz Petrovca na Moru. Pored Pera njih dvoje, Baro i Ivanjica, imali su i
sina Vlada.

Frenkijev otac je studirao u Dubrovniku, a u to vreme je već bio
i poznati plivač i vaterpolista. U proleće 1941. godine Pero Simatović
je otišao u domobrane, jer je bio prohrvatski nastrojen. A njegov brat
Vlado Simatović, prosrpski orijentisan, otišao je u četnike. Obojica su
kraj rata dočekali u partizanskim uniformama.

U Austriji je kao domobran Pero Simatović završio Vojnu akade-
miju i 1943. se vraća u Zagreb. Tu se iste godine oženio Frenkijevom
majkom, jednom lepom curom iz Bjelovara, iz porodice Vinter. Oboje

prelaze krajem rata u Beograd, gde su rođeni i Franko i Dubravka. Kao deca oni su redovno odlazili kod bake u Dubrovnik, ali kasnije, kada su odrasli, to nisu činili ni Frenki, ni sestra Dubravka.

U međuvremenu, njihov otac Pero je postao poznat u Beogradu kao osnivač Vaterpolo kluba *Partizan*. Kada je, međutim, Frenkijev otac šezdesetih otišao na službu na Sinaj, kao oficir OUN-a, žena ga je napustila i decu odvela u Bjelovar. Tek krajem šezdesetih, Franko Simatović iz Bjelovara opet dolazi u Beograd na studije. Tada se i njegov otac Pero drugi put oženio i, iz Egipta, takođe vratio u Beograd.

Baba Ivanjica Simatović, Crnogorka iz Paštrovića, kako je za sebe govorila, okupila ih je oko sebe poslednji put 1983, kada je u Dubrovniku obavljena ostavinska rasprava oko porodične imovine. Unuk Frenki i unuka Dubravka su proglašeni njenim direktnim naslednicima. Od tada pa sve dok se Frenki nije pojavio u jednoj emisiji *CNN*-a 1995. godine kao navodni arkanovac, Dubrovčani nisu znali gde je Perin mali.

Sami Srbijanci o specijalcu tajne policije Frenkiju znaju vrlo malo. O njemu su javno saznali nešto više tek sredinom devedesetih, kada je za strane novine progovorio jedan član njegove paravojske, Branislav Vakić. U razgovorima za *Gardijan*, ovaj bivši paravojni komandant i visoki član Miloševićeve levičarske koalicije opisao je kako je mala grupa tajnih policajaca pod direktnom Miloševićevom kontrolom upravljala tajnim prljavim ratom, naoružavajući hiljade osuđenika i šaljući ih u Hrvatsku i Bosnu. Od aprila 1991. pa sve do završetka rata krajem 1995, paravojne grupe, kao što su Srpski četnički pokret i Arkanovi „Tigrovi", sprovodile su ubilačke pohode etničkog čišćenja i pljačke na velikom delu prostora bivše Jugoslavije. Konce je iz senke povlačila mala grupa ljudi iz Resora za državnu bezbednost Ministarstva za unutrašnje poslove Srbije, potpuno lojalnih Miloševiću, koji ih je na ta mesta i postavio.

U samom MUP-u Srbije oni su bili poznati kao „vojna linija". Svedoci pominju tri ključne figure u „vojnoj liniji" koje su odgovorne za naoružavanje i obuku pripadnika paravojnih jedinica – Radovana Badžu Stojičića, Franka Frenkija Simatovića i Mihalja Kertesa. Oni su radili za Jovicu Stanišića, šefa Miloševićeve tajne policije. Jedan od ključnih izvora *Gardijana*, Branislav Vakić, rekao je da se prvi put sastao s Badžom i Frenkijem u maju 1991. godine u oblasti istočne Slavonije u Hrvatskoj. „Od njih smo dobili samo oružje. Ali u januaru 1993. počeli smo zajednički da radimo u Skelanima i nadomak Srebrenice."

Vojislav Šešelj je pričao novinarima da su se njegovi ljudi borili zajedno s „Crvenim beretkama" i osim Frenkija, kao njihovog komandanta, pomenuo je i Mihalja Kertesa. Kertesa je kao komandanta „Crvenih beretki" imenovao još jedan srpski gospodar rata, Dragoslav Bokan. Dok je Frenki preuzimao komandu nad četnicima u istočnoj Bosni, Badža se povezao s „Tigrovima", milicijom Željka Ražnatovića Arkana. Fotografija iz 1991. dovoljno ilustruje te „specijalne odnose". Arkan i Badža nasmejani stoje ispred centra za obuku „Tigrova" u Erdutu, u blizini istočnoslavonskog fronta.

Istražitelji Tribunala za ratne zločine sakupljali su dokaze koji povezuju aktivnosti srpske paravojne grupe direktno s kabinetom predsednika Jugoslavije. Tako je izneta činjenica da su specijalci Frenkija Simatovića iz Resora državne bezbednosti MUP-a Srbije primali naređenja neposredno od Slobodana Miloševića. „Frenkijevci" rade za Miloševića, i samo za Miloševića, pisala je američka štampa.

„Frenkijevci su zvanično bili 'Jedinica za specijalne operacije' RDB-a MUP-a Srbije. Imala je 500 članova regrutovanih iz RDB-a ili iz Komande specijalnih jedinica VJ. Prema podacima DIA i CIA, to su sve zreliji vojnici, veterani, ne stariji od trideset pet godina. Svako od njih je podvrgnut stalnom takozvanom 'psihometričkom testiranju', kako bi se obezbedila njihova oštrina, kao i odanost predsedniku SRJ. Članstvo u 'Jedinici za specijalne operacije' pruža se samo onima koji su već dokazali lojalnost Slobodanu Miloševiću."

Britanski funkcioneri MI6 kažu da je Simatović bio „karika" između paravojnih jedinica i vlade, da je Simatović „mutna" figura i da, koliko je poznato, uopšte ne postoje njegove fotografije.

Major britanske vojske Džulijan Moir sakupljao je sve informacije o Frenkijevoj jedinici:

„Miloševićeva garda je prepoznatljiva po karakterističnim crnim maskama i crvenim beretima. U štampi ih zato često nazivaju 'Crvene beretke'. Njeni članovi upotrebljavaju posebna moderna vozila s pogonom na dve osovine i dodatkom posebnog oklopa. Deluju u grupama od oko 20 do 25 ljudi. Jedinica za specijalne operacije je dobro uvežbana, dobro motivisana i veoma, veoma opasna. Ona je odigrala ključnu ulogu tokom represalija na Kosovu. Za razliku od 'honorarnih' paravojnika lokalnih srpskih vođa i dobrovoljačkih šefova, ova organizacija je bila pod direktnim predsednikovim nadzorom. Jedinica za specijalne operacije RDB-a je učestvovala u većini takozvanih 'crnih' ili 'mokrih' operacija. To su planirani, predumišljeni napadi s ciljem likvidacije specifičnih lica, porodica ili grupacija kosovskih Albanaca koje je Miloševićeva obaveštajna služba odredila kao važne mete."

Jedan od retkih „Frenkijevaca" koji je poznat i poimence je Duško Milačić. Italijanski vojnici u Peći raspolažu očevicima koji su spremni da posvedoče da su Milačić i njegova jedinica vršili silovanja i „masovna ubistva" za vreme okupacije.

Drugi član paravojske Frenkija Simatovića koji je poznat javnosti u SRJ je Zvonimir Svetković Zvonko. On je predvodio jedinicu „Frenkijevaca" koja je upala u Peć u maju 1998. Tokom samo jednog dana, 14. maja 1998. godine, streljali su 45 muškaraca. Zvonkova grupa je onda polila leševe benzinom i zapalila ih. Druga grupa je na sličan način likvidirala preko 40 ljudi u mestu Čusk.

Treća jedinica „Frenkijevaca" je terorisala Đakovicu. Lokalni vođa srpskih dobrovoljaca, Božidar Dogančić, šetao se tada ulicama Đakovice, praćen timom Jedinice za specijalne operacije, i ukazivao na kuće onih koji su određeni za streljanje.

„Frenkijevci" nisu ograničili delovanje samo na područje Kosova. U maju 1998. godine, jedna od njihovih jedinica izazvala je oružani sukob s crnogorskom policijom u varoši Rožaje. Jedinica je zarobila Edina Dedića, sina lokalnog šefa policije. Naoružani policajci su oslobodili Dedića i onda sledili jedinicu koja je jurila nazad u svoju bazu u Peć, na zapadu Kosova.

Dokazi ovih ratnih zločina srpskih paravojnika se u Tribunalu prvenstveno koriste za dodatne optužbe i za jačanje optužnice protiv jugoslovenskog predsednika Slobodana Miloševića.

Prema britanskim tajnim dokumentima Franko Simatović Frenki je bio jedan od retkih tajnih policajaca MUP-a Srbije koji je 1998. godine „preživeo" smenu svog šefa Jovice Stanišića. Ostao je na čelu svoje specijalne jedinice, kada je načelnik Resora državne bezbednosti postao general Rade Marković.

U „radni učinak" obavešteni mu ubrajaju i formiranje posebne izviđačke jedinice u VJ, poznatije pod imenom „Šeširići". Frenkijevi ljudi su na Kosovo stigli februara 1999. Bilo ih je oko 1.000. „Narasli" su na 1.500. On ih je delio u male jedinice od po 20-30 ljudi, svaka jedinica imala je svog komandanta. Šiptari su pričali da su najopasniji bili „neki u džipovima krem boje, obučeni u zelene uniforme", a još opasniji „neki u svetlobež uniformama s kaubojskim šeširima na glavi". Upućeniji u „ratne igre" navodili su da su „Šeširići" noću, kradom, ulazili na Kosovo i snimali položaje UČK. „U pitanju su profesionalci, koje nije interesovalo da ubijaju žene i decu već da se bore protiv UČK. Kodeks im je nalagao da nema silovanja, ubijanja žena i dece, mučenja civila bez obzira na nacionalnost, jer takva borba ne služi na čast srpskoj naciji", ističu policajci koji su ih sretali na terenu.

Istaknuti članovi poznati su uglavnom po nadimcima Legija ili Cema, Major Fića, Žika Crnogorac, Pera Divljak. Oni koji im znaju prava imena ne vole da ih pominju, a čak i o nadimcima pričaju šapatom. Glavni centar za obuku bio je u Kuli kod Vrbasa, ali su slični logori postojali i na Tari, a tokom rata 1991–1995. i u Pajzošu, u Slavoniji, i Tikvešu, u Baranji.

Zadatak Frenkijeve vojske, kako je nazivaju Srbijanci, jeste da na kriznim tačkama oko Kosmeta kontroliše i suzbija delovanje albanskih oružanih snaga OVK. Te tačke su Bujanovac, Preševo i Medveđa, srbijanske opštine na jugu s većinskim albanskim stanovništvom, i granični prelazi Končulj kod Bujanovca i most na Ibru u Kosovskoj Mitrovici.

Zbog ispoljenog profesionalizma Frenki je istovremeno poveren i Kontraobaveštajnoj službi jugoslovenske armije. Krajem devedesetih pri Vojsci Jugoslavije formirao je posebnu jedinicu izviđača pod tajnim nazivom „Šeširići". Pripadnici ove paravojne formacije se ilegalno nalaze u bezbednosnoj zoni od pet kilometara na administrativnoj granici između Srbije i Kosmeta. Kako je po Kumanovskom sporazumu u toj zoni zabranjeno prisustvo srpske policije ili vojske, to tajna jedinica „Šeširići", noću ilegalno ulazi na Kosmet i vrši snimanje pozicija albanske Oslobodilačke vojske Kosova. A vrlo često organizuje i diverzije i napade na njih.

Zbog političke zategnutosti odnosa između Srbije i Crne Gore i incidenata u kojima u Crnoj Gori učestvuju jugoslovenska armija i crnogorska policija, Frenki i njegovi specijalci su poslednjih nedelja prebačeni pod Lovćen. Njihov zadatak u Crnoj Gori jeste da sprečavaju ulazak stranih instruktora koji će obučavati crnogorsku policiju i da one najsumnjivije hvataju na teritoriji ove republike, ne bi li se tako sakupili „dokazi" o njenoj saradnji sa stranim plaćenicima.

U zimu 2001, godine, posle kadrovske čistke u RDB-u MUP-a Srbije, prestala je aktivnost Franka Simatovića Frenkija, koji je jednostavno bez traga i pompe otišao u penziju.

KO JE BIO JOVICA STANIŠIĆ

Američka štampa je početkom 1997. godine o Jovici Stanišiću, šefu srpske tajne policije, pisala kao o čoveku koji je jedan od stubova vladavine Slobodana Miloševića. Načelnik RDB-a nije se slagao s dolaskom Vlajka Stojiljkovića za šefa republičke policije, pa je Jovica Stanišić uspeo da uz saglasnost Slobodana Miloševića izdvoji tajnu policiju iz sastava MUP-a. Ukazom od 21. aprila 1997. godine, Milošević, tada predsednik Srbije, RDB stavlja pod svoju kontrolu i pod kontrolu Vlade Republike Srbije. Istog dana Stanišić je zabranio ministru policije Vlajku Stojiljkoviću ulazak u zgradu RDB-a na Banjici. Ta zabrana je trajala šest meseci.

Stanišić je smenjen te iste godine pod nejasnim okolnostima. Mislim da je Jovica Stanišić sâm sebe smenio s mesta načelnika tajne policije, jer je kao odličan obaveštajac znao da će mu se Vlajko Stojiljković s Nikolom Ćurčićem, direktorom Instituta za bezbednost, i ljudima Mire Marković i JUL-a, osvetiti. Stanišić je i znao šta će se narednih godina dešavati sa Srbijom i nije hteo da izgubi glavu zbog toga. A glavu je voleo više od predsednika. Sâm Stanišić je prilikom odlaska s mesta prvog čoveka državne bezbednosti nagovestio dolazak terora i slom ove službe.

Milan Milutinović, predsednik Srbije, razrešio je dužnosti Jovicu Stanišića, načelnika Resora državne bezbednosti MUP-a Srbije, a na njegovo mesto imenovao generala Radeta Markovića. Bila je to, kako je izjavio Ivica Dačić, portparol SPS-a na konferenciji za novinare, „redovna kadrovska smena", posle isteka mandata Jovici Stanišiću. Milan Milutinović se posebno zahvalio na angažovanosti Jovice Stanišića u poslovima bezbednosti, a sâm doskorašnji načelnik srpske tajne policije dao je izjavu u kojoj je rekao da je sedam godina radio u skladu sa ustavnim i zakonskim ovlašćenjima, i u interesu Slobodana Miloševića, predsednika SRJ.

Ovako intonirana izjava doskorašnjeg prvog obaveštajca Srbije, ali i Jugoslavije, izazvala je u javnosti razne komentare, što je pokazalo da je smena Jovice Stanišića, načelnika Resora državne bezbednosti, u MUP-u Srbije izazvala posebnu pažnju.

Kad je pao krajem januara 2001. godine, Radomir Rade Marković je u istrazi više puta optuživao svog tri godine mlađeg prethodnika Jovicu Stanišića, smenjenog s mesta načelnika RDB-a Srbije, dok je za sebe tvrdio da je isključivo radio „u okviru službe", Ustava i zakona. Za Stanišića kaže da je zloupotrebljavao službeni položaj. Da je formirao parapoliciju, da je podržavao Arkana, i represijom branio Miloševićev sistem. Između ostalog i za mutne radnje u marini Sekcije za moto-nautiku *Brodograditelj*, koju su preplavili brodovi i čamci bivšeg vrha državne bezbednosti: Stanišić tu drži brod *Dženi Brendon*, kupljen u Velikoj Britaniji; Mihalj Kertes brod *Dunav* i gliser *Papilon*.

Stanišić je organizovao uvoz oružja, nafte, cigareta koristeći neke ljude s kriminalnom prošlošću, navodno je Marković govorio u istrazi. Stanišić je organizovao ljude koji su pratili konvoje sa švercovanom robom, na graničnim prelazima u saradnji sa Saveznom upravom carina i Mihaljem Kertesom. Resor državne bezbednosti je u Stanišićevo vreme otimao milione u stranoj valuti pomoću kojih je formiran Fond za specijalne namene RDB-a, odnosno za izgradnju tobože službenih objekata, privatnih kuća, apartmana na planinama i na Crnogorskom primorju.

Marković je naglasio da valja utvrditi poreklo imovine Jovice Stanišića i njegovih bliskih saradnika, pre svega Milana Prodanića, bivšeg načelnika Osme uprave DB-a, i Milana Tepavčevića Tepe, Stanišićevog pomoćnika, koje je Marković smenio čim je postavljen za šefa.

Marković je, govoreći istražnom sudiji o zloupotrebama u RDB-u, naveo da se brod Jovice Stanišića nalazi u luci *Brodogradilišta Beograd*, koje je 1990. godine svojim penzionerima, zaposlenima i retkim poslovnim prijateljima ustupilo deo pored obale na kome je izgrađena marina Sekcije za moto-nautiku *Brodograditelj*, kako su zvanično članovi sportskog društva nazvali svoju organizaciju.

Jovica Stanišić je dao nalog izvesnom generalu policije Gavri da raseli sve u okolini, što je u rekordnom roku i učinjeno. Državna bezbednost je potom sačinila ugovor s Đorđem Anteljem zvanim Đoka Gemaks, vlasnikom firme specijalizovane za gradnju vila i kuća policijske vrhuške, ekskluzivcem za dobijanje placeva na Senjaku, Dedinju i Banovom brdu. Firma *Gemaks* je za potrebe baze JSO postavila pontone, očistila rečno dno, postavila šipove i na učvršćivanje obale utrošila oko 250.000 tona gvožđa, izgradila ogradu, dovezla kontejnere i instalirala komunikacije. Ispostavilo se da pristanište baze JSO nije dovoljno bezbedno za *Dženi Brendon*, brod Jovice Stanišića kupljen u Engleskoj, kako reče Rade Marković, novcem državne bezbednosti, te je zbog sigurnosti premešten na vez sportskog društva *Brodograditelj*, odnosno u marinu. Mihalj Kertes je tu imao brod *Dunav* i gliser *Papilon*. Briga o brodovima i čamcima DB-ovaca poverena je izvesnom Radivoju Cicvariću, poverljivom čoveku DB-a i nekadašnjem kapetanu *Jugoslovenskog rečnog brodarstva*.

Pojedini jugoslovenski listovi su već licitirali da će posle smene Radeta Markovića na njegovo mesto doći Zoran Janaćković, bivši šef srpske tajne policije i potom načelnik diplomatske obaveštajne službe, a danas ambasador SRJ u Makedoniji. Zaposleni u RDB-u MUP-a Srbije bi, međutim, više voleli da se na mesto načelnika vrati Jovica Stanišić, za koga tvrde da je pravi profesionalac.

Jovica Stanišić, doduše, nije do kraja izveo zamišljeni projekat službe, ali je uradio dosta – depolitizovao je RDB, nametnuo mu profesionalne kanone, doveo ga na zavidan nivo u stručnom i tehničkom smislu. U odnosu na svet napravio je respektivnu službu i postavio granicu za njenu unutrašnju upotrebu. Jovica Stanišić se tajno sastajao s Ričardom Holbrukom i Žakom Klajnom.

Doveo je Evgenija Primakova u Beograd da podrži Miloševića. Otvorio RDB-u put ka stvaranju moderne policije koja svoj rad zasniva na poštovanju Ustava i zakona. Jovica Stanišić se, međutim, u vreme pada i hapšenja Radeta Markovića nije oglašavao.

Tajanstveni načelnik

O Jovici Stanišiću, načelniku u SDB-u Srbije, koji je svojevremeno u kabinetu doktora Obrena Đorđevića, planiran da postane šef srpske tajne policije od 1991. godine, malo se znalo u javnosti. Za samo mesec dana 1995. godine, međutim, Jovica Stanišić, načelnik Resora državne bezbednosti Srbije, pojavio se javno, na beogradskoj televiziji, čak dva puta. Prvi put je to bilo prilikom proslave Dana bezbednosti 13. maja 1995. godine, kada je delegacija MUP-a Srbije, u kojoj je bio i Stanišić, posetila Slobodana Miloševića, predsednika Srbije, a zatim i grob najpoznatijeg srpskog policajca, Aleksandra Rankovića, u Aleji velikana. Time su čelnici MUP-a Srbije, izgleda, hteli da posle trideset godina rehabilituju Aleksandra Rankovića, nekadašnju žrtvu Titove političke klike i jugoslovenske policije, ali isto tako i da javnosti stave do znanja da je Resor državne bezbednosti, posle trideset godina, u Srbiji opet jedinstven i jak, kao u doba Leke Rankovića i Slobodana Penezića Krcuna. Primetno je bilo da šef tajne bezbednosti, Jovica Stanišić, nije lako podnosio prisustvo novinara i reportera. Saglasno svom zanimanju, da štiti državu Srbiju od tajnih akcija i operacija čiji je cilj rušenje poretka, Jovica Stanišić je poslednjih godina izbegavao sve prilike da upadne srpskoj i jugoslovenskoj javnosti u oči. Čak je i svakih mesec dana menjao kućni broj telefona da bi izbegao i privatne susrete prve vrste s poznanicima i prijateljima. Trećeg juna 1995. godine, načelnik srpske tajne službe bio je svetski junak dana. Beogradska televizija ga je prikazala kao čoveka koji je spasao obraz Srba i samog Slobodana Miloševića. Kao specijalni izaslanik predsednika Srbije, načelnik Resora državne bezbednosti, Jovica Stanišić posetio je Pale, obavio poverljive razgovore s doktorom Radovanom Karadžićem i rukovodstvom Republike Srpske, oslobodio 150 pripadnika „plavih šlemova" i javno ih doveo u Srbiju. U pratnji odreda specijalaca MUP-a Srbije i svojih inspektora, Jovica Stanišić je vojnike OUN-a smestio u novosadski hotel *Sajam*, a zatim ih preko Surčina ispratio za Zagreb, u direkciju Unprofora. Konvoj je imao tri autobusa i ambulantna kola. Pored Jovice Stanišića bio je tu i Aleksa Buha, specijalni izaslanik Radovana Karadžića. Prešavši iz Bosne u Jugoslaviju na graničnom prelazu Karakaj, oko dva sata ujutro, pred novinarima koji su s televizije pozvani posebno za ovu priliku, načelnik tajne policije Srbije je javno rekao:

„Rukovodstvo Republike Srpske prihvatilo je apel predsednika Slobodana Miloševića, da kao znak spremnosti učini korak u pravcu mirovnog rešenja krize, pusti na slobodu 150 pripadnika snaga UN. Pregovori nisu bili tako teški kao što se misli. Rukovodstvo Republike Srpske pustilo je ove vojnike u znak dobre volje prema mirovnom procesu i koliko sam ja stekao utisak i na Palama vlada duboko uverenje da se iz krize može izaći samo mirom nikako ratom. Ovaj gest RS najbolji je dokaz za to!"

Koliko je akcija dovođenja vojnika OUN s Pala u Jugoslaviju bila tajnovita, govori i činjenica da o njoj ništa nije znala ni Sonja Karadžić, kćerka i miljenica predsednika RS, a ni rukovodstvo Službe državne bezbednosti SRJ, koje se na prelazu Karakaj pojavilo s velikim zakašnjenjem. Srpskom načelniku tajne policije, tajnost je bila garancija uspeha misije, u koju ga je uputio Slobodan Milošević lično.

Pojavljivanjem na televiziji u ulozi specijalnog izaslanika, Jovica Stanišić se predstavio kao čovek od, trenutno, najvećeg poverenja kod predsednika Srbije. Za poznavaoce ovog policajca to nije bilo ništa neobično, jer upravo Stanišić sa svojim radnicima već pet godina čuva Slobodana Miloševića. Lični telohranitelj predsednika Srbije, Senta Milenković, na Stanišićev zahtev je pre četiri godine prešao iz brigade specijalaca MUP-a u državnu bezbednost. Resor srpske tajne službe zadužen je i za bezbednost članova porodice Slobodana Miloševića, tako da i po tim zadacima Jovica Stanišić direktno odgovara samo predsedniku Srbije. U ovoj akciji na Palama učestvovao je i načelnik tehnike Vlada Dragićević u funkciji prevodioca, čiji je posao da sa specijalnim elektronskim uređajima „čisti" prostor u kome se kreće Slobodan Milošević od prislušnih uređaja i tajnih mikrofona. Dragićević je za SDB Srbije počeo da radi pre petnaestak godina, posle studija na Filološkom fakultetu u Beogradu. Kao dete oficira JNA i Ratnog vazduhoplovstva, ovaj operativac je brzo stekao poverenje rukovodstva srpske tajne policije, ali kako sâm nije bio zadovoljan tim poslom, napustio ga je i prešao u izdavaštvo. Neko vreme je boravio i u Japanu, ali se krajem osamdesetih vratio u Beograd i zatražio posao u operativi SDB-a Srbije. Po nalogu srpske tajne službe, Dragićević je tada prebačen u SDB Jugoslavije, odakle ga je 1993. godine i preuzeo Jovica Stanišić.

Posle uspešne misije u Bosni, i značajnih političkih poena, koje je ovom akcijom Stanišić doneo Miloševiću, u domaćoj i svetskoj javnosti, predsednik Srbije je primio načelnika Resora državne bezbednosti MUP-a Srbije. Tom prilikom je Jovica Stanišić podneo iscrpan izveštaj o misiji oslobađanja „plavih šlemova". Ova akcija je dala za pravo analitičarima srpskih zbivanja na Balkanu da zaključe kako je Jovica Stanišić uspostavio zvanične kontakte između Slobodana Miloševića i Radovana Karadžića, ne bi li na političkoj sceni opet zajedno nastupili. Svetski lideri su pozdravili Miloševićev gest. Francuska ga je okarakterisala kao lični uspeh predsednika Slobodana Miloševića. Bio je to, međutim, ne samo i lični uspeh Jovice Stanišića već i izvanredna prilika da se iz Resora državne bezbednosti vine u politiku.

Na političkoj sceni Srbije mogu se sresti ličnosti koje su nekada radile za srpsku tajnu službu. Dušan Mihajlović, lider Nove demokratije je na primer, radio u SD-u Valjevo, dok je doktor Nenad Đorđević, u beogradskoj tajnoj policiji bio zaposlen kao kontraobaveštajac.

Politika i diplomatija jesu ono što Stanišić intimno želi, kao budući posao, čak je pohađao kurseve stranih jezika, jer je shvatio da s dolaskom mira u Bosnu i Jugoslaviju s javne i tajne scene moraju da siđu svi protagonisti militantne opcije.

Reorganizacijom Resora državne bezbednosti, načelnik Jovica Stanišić je 1991. godine, formirao Obaveštajno odeljenje, koje je vodio Marko Lazović. Time je, zapravo, formirana srpska obaveštajna služba umesto SID-a, u Ministarstvu inostranih poslova Jugoslavije koja je u međuvremenu ugašena. U svojstvu predsednika komisije za bezbednosnu saradnju sa stranim državama, Jovica Stanišić je tokom 1995. godine, posetio Kinu i Rusiju, a tokom 1996. godine i SAD.

O Jovici Stanišiću su mnogi svedočili kao o čoveku koji je koordinirao pobunu Srba u Hrvatskoj, organizaciju Srba u Bosni, zaštitu Srba na Kosmetu i u Sandžaku. Neki delinkventi su se hvalili da su njegovi saradnici, a jedan okrivljeni za ratne zločine je čak na sudu tvrdio da je ubijao po nalogu RDB-a Srbije. Nastupom u misiji „plavi šlemovi" na Palama, Jovica Stanišić je potvrdio da je direktno umešan u bosansku krizu, ali samo kao mirovnjak. Jovica Stanišić je iz Bačke Palanke. Njegov otac, Milan Stanišić, radio je u socijalnom kao šef odseka, a brat Nikola mu je bio omladinski aktivista. Stanišići su kolonisti iz Crne Gore. Doselili su se posle Prvog svetskog rata na Kosovo, a zatim preko Prokuplja, posle Drugog rata u Bačku. Jovičina majka, Radmila Rada, potiče od Babovića s Kosova.

Jovica Stanišić je pedeseto godište, išao je u palanačku gimnaziju, a 1974. je završio Fakultet političkih nauka u Beogradu. Njegov veliki prijatelj je Mihalj Kertes. Njihovi roditelji su se znali, Jovičin brat Nikola je išao s Kertesom u školu. Kako svedoči inspektor Boža Spasić, upravo je Kertes, kao poverljivi čovek Jovice Stanišića, sprečio razbijanje SDB-a Jugoslavije, ali time i raspad u SDB-u Srbije:

„Još godine 1989. godine, federalna Služba državne bezbednosti je već bila na vrhuncu raspada. Na čelu Službe sedi čovek iz Hrvatske, iskusni obaveštajac Zdravko Mustač. Zamenik mu je čovek iz Slovenije – Ivan Eržen, a šef tj. načelnik obaveštajne službe Slovenac – Boris Zore. Svako u takvoj SDB SSUP-a vuče na svoju stranu. Raspravljaju se oko nove koncepcije Službe državne bezbednosti... A zemlja se raspada. Glavni šefovi operative, takođe, raspravljaju kako treba da izgleda služba, jasno im je da strana agentura razbija SFRJ. Međutim, dok se vodi rasprava, na jednoj strani su Slovenci i Hrvati, uz njih Crnogorci, Albanci, a na drugoj Srbi i Makedonci. Bez obzira na to što se SDB raspada, i dalje postoji samostalni sistem funkcionisanja, po nekim linijama rada. Recimo, kada je reč o terorizmu, SDB Jugoslavije sarađuje i sa Slovenijom, iako nismo sigurni u njihovu iskrenost. Slovenci kriju i ne prijavljuju šiptarske teroriste, a mnoge pretvaraju u neke političke borce. Mi u SDB-u SFRJ smo znali da Šiptari i Slovenci švercuju s voćem i povrćem koje se dovozi s Kosova u Sloveniju. Odatle se vraća na Kosmet slovenačka roba. Znamo da malim kamionima prave interesantnu transverzalu koju smo brzo otkrili. Ne idu glavnim putevima nego se vuku kroz Bosnu i Hercegovinu, gde smatraju da je manja kontrola, pa prolaze kroz Crnu Goru i onda je lakši ulaz na Kosovo.

Ministar policije, general Petar Gračanin, taj problem je hteo da iznese na SIV-u. Ante Marković je pak taj problem trebalo da iznese na sednici Predsedništva države. Partija više ne postoji. U Predsedništvu CK SKJ je svako radio za sebe, za svoju republiku, pa su i službe počele za njihove interese da rade. Operativci u Saveznom SUP-u, jer su bili iz svih krajeva zemlje, počeli su da rade svako za svoju branšu, koja se nalazi u Beogradu. Stvara se slovenački lobi, koji se okuplja u slovenačkoj vili na Dedinju, hrvatski lobi se opet okuplja u svojoj vili ili po nekim stanovima po Beogradu. Pojavio se, na primer, Stipe Mesić u zgradi Savezne SDB. Kod nas je radio neki Željko Bartolović. Došao je iz Osijeka i pratio je predsednika SFRJ. To je bilo u 15.30 časova i Mesić jednostavno prolazi naše portire, ne javlja se generalu Petru Gračaninu. Odlazi u prostoriju gde sedi inspektor Bartolović i odmah se tu okuplja hrvatski policijski lobi. Posle se ide u policijsku kafanu *Dom*. Tu su ćevapi, vino. Pilo se tu do uveče, a da niko ne postavi pitanje zašto sedi šef države u Saveznoj službi. Onda možeš da zamisliš kakav je bio 'intiman' odnos predsednika Mesića prema federalnim policajcima iz Hrvatske. Prema podacima koje smo već u to doba dobijali znali smo da se Mesić sastaje krišom sa američkim ambasadorom Vorenom Cimermanom, ovde u Beogradu, a da usput, kad ide za Zagreb (svakog petka je službenim mercedesom putovao) skreće po motelima, gde se susreće sa sumnjivim ljudima i stranim špijunima, bez zvaničnog znanja SDB-a Jugoslavije. Mi, kontraobaveštajci Jugoslavije, koji smo ostali da odrađujemo bezbednost predsednika Mesića, došli smo u situaciju da ne znamo kome sad ovu tajnu informaciju da dajemo i od koga da tražimo saglasnost da onemogućimo Mesićevo odavanje državnih tajni. Od šefa službe ne možeš tražiti saglasnost, jer ti kaže da čitaš novine kao ostali. Kaže: 'Nemoj se više baktati ni sa Amerikancima, a ni sa Albancima'. U Srbiji se 'dogodio proces događanja naroda' i srpska služba se potpuno zatvorila prema federalnoj tajnoj policiji. Dakle, mi jugoslovenski obaveštajci i kontraobaveštajci 1989. godine, postajemo ničiji policajci. To je bila katastrofa. A profesionalac si. Hoćeš da odradiš posao. Moraš, obaveza ti je da štitiš državu. Kad u SSUP-u, međutim, vadiš jedan pasoš, treba da ti ga potpiše petnaest ljudi, a ako ti treba pasoš za agenta iz Srbije i u Srbiji, ne smeš da ideš u Bosnu ili Hrvatsku da uzmeš od tamošnje SDB taj pasoš, jer time otkrivaš svog agenta. Prema tome, ostaje ti da radiš samo koliko možeš i koliko umeš. Mi postajemo, zapravo ilegalci u rodnom gradu, u svojoj Srbiji", priznao mi je Boža Spasić i dodao: „Ja sam onda na svoju ruku odlučio da nađem vezu u Srbiji. Obratio sam se Mihalju Kertesu, koji nije bio policijski čovek. Svi smo mi Srbi tada bili u problemima. Mi smo u SDB-u SFRJ bili potpuno odsečeni od Srbije. Zahvaljujući kontaktu s Kertesom, a njegovim s Jovicom Stanišićem, predsednik Srbije je sve to što se dešavalo u SSUP-u znao. Ja sam svaku informaciju koju sam dao Gračaninu, nosio i kod Kertesa, a to je stizalo do Miloševića. U Srbiji su vodeći ljudi cenili naš rad, jer su bili svesni šta smo sve znali. Mi smo, pored Kučana, imali svog agenta, koji radi i dostavlja podatke, a ti podaci obrađeni, idu samo u dva pravca. Idu ka Predsedništvu države i preko Mihalja Kertesa srpskom rukovodstvu, računajući da će neko u tom rukovodstvu na vrlo visokim funkcijama, vrlo ozbiljno shvatiti naše podatke, što je pokazala srpska služba, koja se kasnije vrlo dobro postavila. Nijedna služba se nije tako dobro postavila prema ratu kao srpska služba. To se vidi iz određenih političkih poteza", kaže Spasić.

Jovica Stanišić se u tajnoj policiji Srbije zaposlio posle završenog fakulteta. Radio je kao kontraobaveštajac u sektoru Istok i postao specijalista za KGB u beogradskoj upravi SDB-a. Kasnije je u SDB-u Beograda radio u analitici, a kada je prešao u tajnu službu Srbije, bio je prvo operativac kontraobaveštajnog sektora Zapad, a kasnije i pomoćnik načelnika za Sektor kontraobaveštajne delatnosti.

Lov na šakala

Učestvovao je, na primer, u Nemačkoj, na uspostavljanju saradničke mreže među emigrantima. U akciji hvatanja Sančeza Iljiča Ramireza, poznatijeg kao Karlos, u beogradskom hotelu *Ekscelzior*, učestvovao je kao operativac. Nekoliko godina je u državnoj bezbednosti bio pomoćnik, prvo načelniku Draganu Mitroviću, a zatim Zoranu Janaćkoviću, da bi posle odlaska ovog drugog za šefa obaveštajne službe Ministarstva spoljnih poslova Jugoslavije preuzeo rukovođenje Resorom državne bezbednosti MUP-a Srbije. Važi za sposobnog, hitrog i oštrog načelnika. Pojedini opozicioni lideri su ga prozivali zbog krivičnog progona političkih neistomišljenika. *Naša borba* je za Stanišića pisala da je Miloševićeva meka ruka. List *Balkan ekspres* ga je redovno prozivao zbog mnogih tajnih poslova, a list *Vreme* mu je pominjao ime u vezi sa aferom kidnapovanja Veljka Džakule, ubistva Radojice Nikčevića, novog hapšenja doktora Vojislava Šešelja i srpskog ministra Save Vlajkovića. Kako je to izgledalo u Novom Sadu marta 1993. godine, svedoči Stanišićev prijatelj Sava Vlajković:

„Oni su došli po mene da bi me odveli na informativni razgovor. Njih trojica, došli su ujutro u šest sati. Pozvonili su i žena im je otvorila vrata. Nikog nisam poznavao odranije, predstavili su se... Kažu ko su, i kažu da pođem s njima na informativni razgovor. I još, da će izvršiti pretres stana. Ne kažu zašto. I odmah su izvršili pretres stana. Kažu nađite svedoke, ja pozovem dva svoja drugara. Ukućani ćute i gledaju, šta da kažu. Bili su vrlo korektni... Oni su znali ko sam ja. Kažu: 'Gospodine Vlajkoviću!' Ja sam imao 3.000 švajcarskih franaka, i žena 2.000 nemačkih maraka. To su uzeli. I našli su neke beznačajne papire u mom atašeu. Tako, to je trajalo jedno devet sati... Onda su rekli da idemo u Beograd, i seli smo u kola. Da me odvedu, kažu, u DB u Beograd. Oni su, naime, novosadska ekipa koja je samo učinila uslugu beogradskoj ekipi. U kolima ih pitam šta je posredi, ali oni ništa ne odgovaraju. Kažu: 'Ne znamo', i nastave da ćute... Oni su, kasnije sam saznao, postavili ljude oko moje zgrade, zatim kola, ta plavo-bela. Možda su mislili da ću skočiti kroz prozor... Dovezli su me u Beograd, u Ulicu Kneza Miloša, i predali beogradskoj ekipi. Oni su me stavili u svoja kola. Idemo na pretres službenog stana. I odemo na Banovo brdo, gde oni, kao vrše pretres, komšije su mi bili svedoci. Ništa, šta će naći. Ja po njihovom ponašanju vidim da tu nisu bili prvi put. Kao pregledaju stan, pa se vratimo u Kneza Miloša, odakle odemo u pretres stana u Zmaj Jovinoj ulici, koji je bio u renoviranju. Negde oko sedam uveče postavili su mi prvo pitanje: 'Je li ministarstvo izdalo ovu potvrdu?' 'Jeste!' Tek posle ponoći, oko pola jedan, ja sam dobio rešenje o hapšenju i pritvaranju na jedan dan. A pre toga, već u večernjim informativnim televizijskim emisijama bilo je saopšteno da sam uhapšen."

Jugoslovenska i srpska štampa je početkom devedesetih godina, Stanišića dovodila u vezu i sa dovođenjem Kapetana Dragana iz Australije u Srbiju i Krajinu, za aktiviranje Sime Dubajića, generala Dušana Pekića, pa i Željka Ražnatovića za naoružavanje Srba u Bosni, za vođenje rata preko generala Božidara Stevanovića u RV i PVO JNA, kao i za držanje na vezi komunista i socijalista u Banjaluci. Njemu se pripisuju i zasluge za razotkrivanje paravojske i paramilicije među šiptarskim nacionalistima na Kosmetu. Zato ga domaći mediji i predstavljaju kao čvrstu ruku sistema u Srbiji. Hrvatska štampa je o Jovici Stanišiću pisala kao o čoveku koji je s Markom Nicovićem organizovao atentat na Milana Kučana tokom 1993. godine. Na Palama se verovalo da Stanišić preko tamošnjeg ministra policije, Miće Stanišića, drži bosansku miliciju i tajnu službu. Dok se u Podgorici sumnjalo da je i Boško Bojović, načelnik SDB-a Crne Gore, bio čovek Jovice Stanišića. Pojedinci zato i dalje misle da je Jovica Stanišić danas, zapravo, prvi policajac u Srbiji, ali i u Jugoslaviji.

Jovica Stanišić nikada nijedno slovo koje je napisano o njemu nije niti demantovao, niti potvrdio. To je bilo u skladu s njegovim shvatanjem tajnosti poziva šefa državne bezbednosti. Aferu s avanturistom Čedom Mihailovićem, koji se 1995. u Hagu predstavio kao pripadnik srpske tajne policije, Jovica Stanišić je, uz korišćenje prava na informativni razgovor s Milošem Vasićem, novinarom koji je prvi lansirao vest o tajnom agentu Čedi, pretvorio u pouzdanu priču o nedužnosti RDB-a Srbije u ovom slučaju. Stanišić ume da bude ubedljiv i razložan. Kolege ga cene kao velikog profesionalca. Ambiciozan je. Voli da se druži i okružuje intelektualcima, i da diskretno bude prisutan u javnosti. Viđan je javno samo na utakmicama *Crvene zvezde*.

Zbog načina rada, odnosno efikasnosti i tajnovitosti, Jovica Stanišić je malo poznat javnosti, pa ga često brkaju s Mićom Stanišićem, bivšim ministrom policije Republike Srpske, s kojim nije u srodstvu, mada su tesno sarađivali kao policajci na poslovima bezbednosti Srba u Bosni. Kada je tokom 1994. godine, u Republici Srpskoj rasformirana Karadžićeva tajna služba „Tajfun", jer su u nju navodno ušli ljudi Jovice Stanišića, ministar palanske policije, Mićo Stanišić, sklonio se u Beograd. Takva glasina pratila je i Boška Bojovića, smenjenog načelnika tajne službe Crne Gore. To je tumačeno kao da su se dvojica poverljivih ljudi Radovana Karadžića i Mila Đukanovića pridomili kod Jovice Stanišića i srpske tajne policije, što je, zapravo, značilo da je RDB Srbije držao pod kontrolom vladu i Republike Srpske, ali i Crne

Gore. Pričalo se neko vreme po Beogradu, da su posle svađe između Miloševića i Karadžića i dve srpske tajne službe, ova iz Beograda i ona s Pala, zaratile, odnosno da je ovaj drugi u Republici Srpskoj hvatao i čak terao u zatvor inspektore i operativce Jovice Stanišića, koji su ilegalno radili u Bosni. Kako je Jovica Stanišić sâm otputovao na pregovore s Radovanom Karadžićem, to je značilo da ga je i predsednik RS prihvatio kao „svog" pregovarača i čoveka od poverenja Slobodana Miloševića. Sâm predsednik Srbije to je donekle potvrdio i time što je u leto 1995. prilikom zvanične posete Moskvi i Borisu Jeljcinu sa sobom poveo i načelnika tajne službe, Jovicu Stanišića. Tako su se Stanišiću i zbog mirotvornih zasluga u Bosni i zbog diplomatskog putovanja u Rusiju, a i Kinu, politička vrata definitivno otvorila. Taman toliko, da iz policije pređe u diplomatiju i da postane srpski „Akaši".

Slava Đukić, nezvanični biograf porodice Milošević-Marković, i Zvonimir Trajković, savetnik predsednika Republike Srbije, opisivali su šefa srpske tajne policije kao ozbiljnog, pouzdanog, odlično informisanog i agilnog čoveka na koga se Slobodan Milošević u potpunosti oslanja. Istovremeno, međutim, analitičari vladavine Slobodana Miloševića naglašavali su da Stanišić nijednu svoju odluku nije doneo, niti je mogao donositi bez saglasnosti samog predsednika Srbije. Zato, kada je britanski *Gardijan* objavio tekst o ulozi srpske policije u bosanskom ratu, na listi prozvanih našli su se prvi srpski policajac, Jovica Stanišić, a potom i Slobodan Milošević, jer on je i bio meta kampanje tog lista. Evo šta je *Gardijan* pisao o aktivnosti Resora državne bezbednosti Srbije poslednjih godina:

„... U razgovorima za *Gardijan*, bivši paravojni komandant, otpušteni šef policije i visoki član Miloševićeve levičarske koalicije, opisali su kako je mala grupa tajnih policajaca pod direktnom Miloševićevom kontrolom upravljala tajnim prljavim ratom, naoružavajući hiljade osuđenika i šaljući ih u Hrvatsku i Bosnu. Od aprila 1991. pa sve do završetka rata krajem 1995, paravojne grupe, kao što su Srpski četnički pokret i Arkanovi 'Tigrovi', sprovodile su pohode etničkog čišćenja i pljačke na velikom delu prostora bivše Jugoslavije. Konce je iz senke povlačila mala grupa ljudi iz odeljenja za državnu bezbednost Ministarstva za unutrašnje poslove Srbije, potpuno lojalnih Miloševiću, koji ih je na ta mesta i postavio. U samom Ministarstvu oni su bili poznati kao 'vojna linija'."

MUP i dobrovoljci

Svedoci pominju tri ključne figure u „vojnoj liniji" koje su odgovorne za naoružavanje i obuku pripadnika paravojnih jedinica: Radovana Badžu Stojičića, Franka Frenkija Simatovića i Mihalja Kertesa. Oni su radili za Jovicu Stanišića, šefa Miloševićeve tajne policije. Kertes je, takođe, bio Miloševićev „ministar za srpsku dijasporu" što mu je omogućilo povod za stalna putovanja u Hrvatsku i Bosnu. Ovi ljudi sada zauzimaju važna mesta u Miloševićevom režimu. Lanac komandovanja koji od „vojne linije" vodi ka Miloševiću je jasan.

Predsednik ne samo da nije disciplinovao svoje ljude posle otkrivanja zločina počinjenih u oblastima pod njihovom kontrolom, već ih je i unapredio. Šefa državne službe bezbednosti, Stanišića, mnoge diplomate smatrale su za drugog najmoćnijeg čoveka u Jugoslaviji.

Jedan od ključnih izvora, Branislav Vakić, prvi put se sastao s Badžom u maju 1991. godine u oblasti istočne Slavonije u Hrvatskoj. Vakić, bivši bokserski šampion iz Niša, drugog grada po veličini u Srbiji, bio je odlučan da se bori za svoje sunarodnike u vreme kada se Jugoslavija raspadala i kada su počele da izbijaju čarke između Hrvata i Srba. Vakić je stigao s bradatom grupom avanturista i oslobođenih robijaša koji su se nazivali Srpski četnički pokret i bili pod vođstvom profesora po imenu Vojislav Šešelj. Kada su četnici stigli u istočnu Slavoniju, mnogi od njih su imali samo lovačke puške. Badža je ubrzo doveo stvari u red.

„MUP Srbije je počeo da pomaže četnicima u maju", kaže Vakić. „Snage MUP-a su u to vreme bile pod kontrolom Radovana Stojičića Badže. Od njih smo dobili samo oružje. Ali u januaru 1993. počeli smo zajednički da radimo u Skelanima i nadomak Srebrenice."

U vreme kada su četnici prešli u Bosnu, Vakić je komandovao jedinicom od šest hiljada ljudi. U isto vreme u Bosnu je stigao i Badža. Njegov uticaj je jasan kada se pogledaju fotografije koje je Vakić s ponosom istakao u svojoj kancelariji u Nišu. Fotografija iz 1991. prikazuje Vakića u društvu grupe četnika koji drže automate tompson iz četrdesetih godina. Na snimku koji je napravljen dve godine kasnije, u blizini Srebrenice, Vakić pozira s vrlo osetljivom snajperskom puškom, opremljenom prigušivačem i teleskopskim nišanom.

„Od MUP-a smo dobili uniforme i oružje koje smo hteli: pešadijsko naoružanje, automate, snajpere s noćnim nišanima i granate", priseća se on.

Vakić kaže da su početkom 1992. godine njegovi ljudi obučavani u vojnoj bazi u Bubanj potoku, u blizini Beograda. Krajem 1992. i tokom 1993. njegovi četnici su prebačeni u novu bazu u Bajinoj Bašti (na granici s Bosnom) gde su se sreli s Frenkijem Simatovićem, koji je predvodio specijalnu jedinicu MUP-a, poznatu pod nazivom „Crvene beretke". Pored toga što je trenirao Vakićeve ljude, Frenki im se i pridružio prilikom prepada na Muslimane dok se rat širio u Bosni: „Od septembra do oktobra 1992. godine, nekoliko meseci nakon što su se jugoslovenske snage zvanično 'povukle' iz Bosne, borili smo se s Frenkijevim jedinicama u Bratuncu. Bili su dobri, ali se nisu borili onako srčano kao pravi nacionalisti", dodaje Vakić.

U avgustu 1993, on je poslao grupu od 300 svojih ljudi na dodatnu obuku u Ministarstvo unutrašnjih poslova na planinu Taru, blizu Bajine Bašte, ali je odnos s Frenkijevim ljudima prekinut ubrzo pošto su oni pokušali da ih ubede da napuste Radikalnu stranku. Pripadnici „Crvenih beretki" su, kaže Vakić, bili lojalni samo Miloševiću i njegovoj Socijalističkoj partiji Srbije. Vojislav Šešelj, Vakićev šef u četnicima i u Radikalnoj stranci, pričao je novinarima da su se njegovi ljudi borili zajedno s „Crvenim beretkama" i, osim Frenkija, kao njihovog komandanta pomenuo je i Mihalja Kertesa.

Dok je Frenki preuzimao komandu nad četnicima u istočnoj Bosni, Badža se povezao s ozloglašenim „Tigrovima", milicijom Željka Arkana Ražnatovića. Fotografija iz 1991. dovoljno ilustruje te specijalne odnose. Arkan i Badža sa osmehom stoje ispred centra za obuku „Tigrova" u Erdutu. Druga fotografija prikazuje džip ukrašen obeležjima „Tigrova" s registarskim tablicama Ministarstva unutrašnjih poslova Srbije.

Dobro obavešteni izvor iz redova Miloševićeve vladajuće koalicije, uz uslov da ostane anoniman: „Odakle mislite da su stigli oružje i džipovi? Kako je Arkan stigao na sva ta mesta? Gde god da je bio Arkan, bio je i Badža", govorio je engleskim novinarima. Nakon Miloševićevog dolaska na vlast 1987. godine i Stanišićevog paralelnog uspona na čelo službe bezbednosti Srbije, Badža je uključen u saradnju i poslat „na posao u Hrvatsku i Bosnu".

Kada se 1992. pojavio u Beogradu, Badža je imenovan za šefa uniformisane srpske policije. Postao je Nicovićev nadređeni, i pored očiglednog nedostatka kvalifikacija. Ispod Badže, Frenkija i Kertesa nalazila se mreža agenata državne bezbednosti koji su rukovodili procesom etničkog čišćenja.

Na samom početku rata u Bosni, u aprilu 1992. godine, paravojne grupe su iz Srbije prešle u pogranični grad Zvornik i sprovele seriju pokolja Muslimana. Transport i koordinaciju ovih ubica organizovao je čovek koji se predstavlja kao Marko Pavlović. On je 1992. preuzeo kontrolu nad zvorničkom jedinicom teritorijalne odbrane, tobožnjom grupom lokalnih dobrovoljaca ovlašćenih da brane grad u kriznim vremenima. Prema srpskom izvoru iz Zvornika, koji je u to vreme bio dobro obavešten, Pavlović je bio član Službe državne bezbednosti Srbije.

Branislav Vakić, lider ultradesničarske Radikalne partije u Nišu, razjaren je zbog pokušaja režima da lažira tamošnje lokalne izbore i veruje da je Milošević na putu da padne. Čak je i Miloševićev vrhovni špijun Jovica Stanišić, preko svojih prijatelja i kolega nagovestio da je pokušao da ubedi Miloševića da postigne kompromis sa opozicijom i izrazio svoju zabrinutost zbog rastućeg tvrdokornog uticaja predsednikove supruge Mirjane Marković. On je, takođe, bio umešan u oštru političku borbu s Badžom oko kontrole u Ministarstvu unutrašnjih poslova.

Ovaj tekst, koji su tokom zime 1997. prenosile mnoge svetske agencije otkrio je zapravo namere Zapada da izvrši javni pritisak na tajnu policiju Srbije, ne bi li time iznudio popuštanje RDB-a i Jovice Stanišića u lojalnosti Slobodanu Miloševiću. Nekoliko meseci kasnije Jovica Stanišić je smenjen.

Portparol SPS-a Ivica Dačić je izjavio tada da je Stanišiću istekao mandat, koji, inače, u državnoj bezbednosti traje četiri godine.

Povlačenjem iz Resora državne bezbednosti Jovica Stanišić je napravio veliku rupu u sistemu bezbednosti Slobodana Miloševića, koju je novi ministar policije Vlajko Stojiljković pokušao da zatvori novim čovekom.

ČUVAR PORODICE MILOŠEVIĆ

Dvadeset osmog oktobra 1998. godine Odlukom Vlade Srbije imenovani su i novi pomoćnici ministra unutrašnjih poslova, Vlajka Stojiljkovića. Tom prilikom Vlada je na mesto pomoćnika ministra MUP-a, kako je pisalo u zvaničnom saopštenju, ponovo imenovala general-potpukovnika Radomira Markovića. Istovremeno je ovaj general, poznatiji samo kao Rade Marković, imenovan i za načelnika Resora državne bezbednosti Srbije. Novi tajni policajac, Rade Marković, bio je ranije načelnik policije na surčinskom aerodromu, zatim načelnik GSUP-a Beograd i načelnik u MUP-u Srbije.

Rođen je 1946. godine u Lukavcu kod Tuzle. Diplomirao je prava uz rad, a od 1970. godine radio je kao policajac u GSUP-u glavnog grada. U jugoslovenskoj metropoli Rade Marković je prošao sve profesionalne stepenike kojima idu policajci od karijere. Bio je inspektor u Odeljenju za teška razbojništva, zatim komandir Stanice milicije na aerodromu *Beograd*, pa načelnik Uprave za suzbijanje kriminaliteta, šef Javne bezbednosti i napokon prvi čovek GSUP-a Beograd.

Pokazao je da je veliki profesionalac. Kolege su kod njega cenile pravno obrazovanje i policijsku inteligenciju. Nije se ponašao kao klasičan policajac, uvek se trudio da prvo bude čovek koji se bori protiv kriminala i kriminalaca. Tako je i javno govorio. To mu je sve i donelo 1992. godine mesto šefa beogradske policije.

Rade Marković je tada spadao u mirne i neupadljive ljude, sa uvek istim izrazom lica. Privatno je bio zaljubljen u avione, i među vazduhoplovcima je bio poznat kao sportski pilot, a dobio je dozvolu i za upravljanje helikopterom. Nekada je često igrao tenis na terenima na Kalemegdanu, a potom se preselio na prostore zatvorenog tipa. Posebno je angažovan oko sportskih susreta pripadnika policije i uživa u borilačkim veštinama policajaca. A priča se i da je kao šarmer imao velikog uspeha kod Beograđanki, posebno dok je radio na Surčinu.

Međutim, Marković je istovremeno upamćen i kao oštar protivnik opozicije i demonstranata. I kao policajac koji je šamarao Danu

Drašković. Godinu dana kasnije premešten je iz GSUP-a Beograd u MUP Srbije za pomoćnika ministra unutrašnjih poslova. Tada je postalo jasno da je Marković posle SKJ postao politički kadar SPS-a.

U početku je više bio savetnik nego operativac, jer je čekao pravi razmeštaj u MUP-u. Kada su sredinom devedesetih uvedeni policijski činovi, Rade Marković je postao pukovnik.

Za razliku od Jovice Stanišića, koji je bio pregovarač, Rade Marković je načelnik udarač. Od njegovog dolaska na čelo RDB-a pojačan je politički i policijski obračun sa opozicijom, posebno s pripadnicima pokreta „Otpor". Ne pamti se kada je Rade Marković javno i pred nekim telom srpskog parlamenta podneo izveštaj o radu tajne policije. Kako su se u međuvremenu dogodili slučajevi Ćuruvija, Stambolić i ubistvo članova SPO-a na lazarevačkom drumu, ime generala Markovića je neminovno vezano za nestanak ovih ljudi.

Zbog preterane vezanosti za porodicu Milošević i upotrebu represivnih metoda rada, kako smo saznali, u RDB-u je došlo do podele na ljude „za" i „protiv" načelnika Radeta Markovića. Ovi drugi, kako nam je saopštio novi koministar policije Božo Prelević, jedva čekaju da ovi prvi odu i stave RDB na zdrave noge.

Marković se veoma zbližio s porodicom Milošević. To je učinio prvo kao telohranitelj Marka Miloševića, a potom kao čuvar njihove ćerke, Marije Milošević.

Rade je, inače, pasioniran i odličan lovac. Još dok je Marko Milošević bio dete, učio ga je da puca i bio zadužen da ga vodi sa sobom. Rade Marković i Dušan Stupar, nekadašnji šef kabineta bivšeg ministra policije Viobrana Stanojevića, vodili su mladog Miloševića u lov i pazili na njega. I to je pravdao poslom.

Posle se Rade Marković preko dece približio i doktorki Miri Marković. U spisak budućih generala koji je dostavljen Radovanu Stojičiću Badži, Markovićevo ime dopisala je lično Mirjana Marković. Od 1996. godine Rade Marković ima čin general-majora. Bio je veoma ekstreman u policijskom i političkom smislu. Zalagao se 1996. godine, u vreme studentskih protesta, da se protiv demonstranata upotrebi sila. „Treba ih razjuriti motkama i premlatiti", govorio je. Marković je tada bio pomoćnik ministra za informatiku u MUP-u.

Posle ubistva Radovana Stojičića Badže 1997. godine, postaje načelnik Javne bezbednosti, i to kao general-potpukovnik. Godinu dana kasnije, po smeni Jovice Stanišića, dobija čin general-pukovnika i postaje šef SDB-a.

„Od sada smo svi u službi jednog čoveka, Slobodana Miloševića", navodno je svojim saradnicima rekao Rade Marković po preuzimanju funkcije šefa RDB-a.

Radomir Marković je istovremeno bio i čovek koga su visoko cenili i uticajni krugovi u srpskom i jugoslovenskom podzemlju. Među kolegama u tajnoj policiji imao je nadimak „Pištolj", zato što se nikada nije odvajao od pištolja i revolvera magnum 357. Čak ni kad je odlazio u kupatilo.

U septembru 2000. godine, uoči parlamentarnih i predsedničkih izbora, Marković je kao načelnik tajne policije naterao rukovodeći kadar te službe da se učlani u JUL ili SPS. Rade Marković i Vlajko Stojiljković su širom otvorili vrata posebno funkcionerima JUL-a u policiji, a neki od njih su direktno učestvovali u rukovođenju državnom bezbednošću. Pod Markovićevim rukovodstvom napravljena je organizacija koja je učestvovala u unutrašnjim političkim obračunima, zbog čega je svoj karakter političke policije dokazala, a imidž terorističke policije potvrdila.

RDB Srbije je sve više postajao predmet interesovanja u političkom vrhu SPS i JUL s jasnim ciljem da se smeni njeno rukovodstvo i služba stavi pod političku kontrolu ove dve partije. Vešto je pripremljen novi „plenum", koji će RDB potpuno demontirati i staviti u funkciju suludih ideja partijskih čelnika JUL-a i SPS-a.

Po Ustavu i zakonu

U kontakt emisiji RTS-a tih dana načelnik tajne policije, Radomir Marković, rekao je za RDB da je to „jedinstvena služba" koja postupa „isključivo po Ustavu i zakonima". Tada je odbacio sve optužbe da se srpska tajna služba koristi uslugama podzemlja i velegradskih kriminalaca:

„DB se bavi zaštitom i u taj deo se ne uklapaju kriminalci. Niti je DB tražila njihovu pomoć, niti ih imamo u svojim redovima. Parapolicijske snage u našim redovima nisu ni postojale. Ne znam za njih. Imamo specijalne jedinice Javne i Državne bezbednosti, kao i jedinice za posebne namene", kazao je javno Rade Marković.

Šef srpske tajne službe priznao je na televiziji da poštuje Ustav, da RDB funkcioniše, ali da ne zna ništa o slučajevima Ćuruvija, Stambolić i lazarevački drum. I javno odbio pomisao o svojoj ostavci.

Rade Marković se posle pada Miloševićevog režima dosta dugo zadržao na funkciji prvog čoveka Resora državne bezbednosti Srbije, iako ga je javnost prozivala, a DOS očekivao njegovu ostavku.

Dugo se u januaru 2001. godine pričalo da je Marković bio jedini policajac koji istovremeno posećuje i aktuelnog predsednika Vojislava Koštunicu i bivšeg predsednika Slobodana Miloševića. Tumačilo se to da i jedan i drugi ne žele ostavku šefa RDB-a Srbije, iako ju je on kovertirao predsedniku SRJ, koji za njega zvanično nije nadležan.

Markovićevu ostavku i u GSUP-u, a potom i u RDB-u prvi je tražio Vuk Drašković s poslanicima SPO-a.

Novine su zabeležile da se navodno Marković predlogu za ostavkom suprotstavio čak i pretnjama da „kao čovek koji u ovom gradu ima specifičnu težinu jer ima brojne poznanike u podzemlju". Te ljude je zadužio ne činjenjem usluga, nego svojim profesionalnim ugledom. Mnogi od njih su mu se već javili i rekli: „Šefe, samo reci kome treba da jebemo mater, pa zar sada treba tako da rešavamo stvari". Što je zvanično registrovano.

U svom intervjuu RTS-u i agenciji *Beta* iz Beograda, koji je dao sredinom novembra 2000. godine, šef srpske tajne policije, Radomir Marković, izjavio je da ne namerava da podnese ostavku i da kontrolu nad tim resorom treba da imaju legalni organi koje postavi parlament posle republičkih izbora.

„Ako republički organi odluče o mom razrešenju, ja ću to, naravno, prihvatiti, ali neću pod pritiskom partija i partijskih lidera da podnosim ostavku. Ja sam za svoj rad odgovoran srpskoj vladi i ministru unutrašnjih poslova", rekao je Marković, kao i da bi i sadašnja prelazna vlada, ukoliko o tome postigne saglasnost, mogla da ga smeni.

Oktobarska narodna revolucija u Beogradu pokazala je da Rade Marković i RDB MUP Srbije nisu bili baš čvrst bedem Miloševićevog režima, jer su 5. oktobra 2000. delovi tajne policije otkazali poslušnost Slobodanu Miloševiću. Resor državne bezbednosti je vođen direktno iz kuće porodice Milošević. Poslednjih nedelja oko Slobodana Miloševića bili su stalno i jedino Nikola Šainović, Gorica Gajević i Uroš Šuvaković, koji je zvanično bio partijski koordinator za RDB. Izvestan uticaj na rad tajne policije imao je i Nikola Ćurčić, nekadašnji prvi beogradski policajac.

Međutim, RDB MUP Srbije se tog sudbonosnog dana podelio na tri dela, od kojih je svaki čekao promene pa da preuzme službu i dovede je u red.

U takvoj situaciji, kako mi je posvedočio koministar policije Božo Prelević, šef tajne policije, Rade Marković, svakodnevno je odlazio kod novog jugoslovenskog predsednika doktora Vojislava Koštunice, koji mu je rekao da su to profesionalni i korektni razgovori. Tako je šef srpske tajne policije održavao sebe u političkoj igri, a neki misle i SPS na vlasti.

Tih dana smo se, nažalost, uverili da je u Srbiji važnije ko kontroliše SDB nego ključne ekonomske tokove od kojih zavisi elementarna egzistencija građana i države u celini. To je dokaz da je u proteklih deset godina, kao i za vreme Titove vladavine, tajna politička policija bila ključni instrument vladanja Miloševićevog režima i da se ta činjenica i danas veoma uvažava. Zato je Srbija i funkcionisala kao partijsko-policijska, a ne kao pravna i demokratska država.

U Srbiji je, posle septembarskih izbora i oktobarskih događaja, pod pritiskom radikalno promenjene političke i izborne volje građana pala neodgovorna i korumpirana republička vlada, a pre toga ministar unutrašnjih poslova, zatim je raspuštena Narodna skupština Srbije i izabrana prelazna vlada. Međutim, i dalje nije bio smenjen šef tajne srpske političke policije, kome se na dušu stavljaju mnoge teške zloupotrebe ove službe, koje on do sada nije ničim opovrgao.

DOS i SPO su, međutim, od preuzimanja vlasti, dok su čekali nove republičke izbore 25. decembra 2000. godine, insistirali na smeni Radeta Markovića. Vladan Batić je to objasnio vrlo argumentovano:

„Ne znam da li Milošević i dalje kontroliše tajnu službu, ali znam da ta policija i dalje motri na svaki naš korak, da prisluškuje telefone, dok se socijalisti ponašaju kao da se ništa nije desilo i hteli bi opet da vladaju.“

I sâm Zoran Đinđić, jedan od lidera Demokratske opozicije Srbije i predsednik Demokratske stranke, optužio je Službu državne bezbednosti Srbije da radi za SPS i istakao da načelnik te službe Rade Marković mora da ode:

„Marković mora da ode i zbog toga što je visoki funkcioner SPS-a Uroš Šuvaković još savetnik u RDB-u. Kome on to nosi izveštaje iz službe ako ne nekom svom šefu iz bivše vlasti?“

Prema Ustavu Srbije, generali policije i šef tajne policije odgovaraju i predsedniku Republike Srbije. Predsednik Milan Milutinović je ćutao. Oglasio se, međutim, drugi predsednik SRJ doktor Vojislav Koštunica.

Sâm Vojislav Koštunica, predsednik SRJ je izjavio da nije tražio smene u vojsci i policiji već da one samo treba da po zakonu obavljaju svoj posao.

Kako je vreme odmicalo, a Marković nije diran, otvorila se sama po sebi dilema da li postoji neki možda prećutni dogovor između tajnih službi bivšeg režima i DOS-a? Da li pojedinci iz levice kupuju svoju glavu dodvoravajući se novoj vlasti?

Narodni pokret „Otpor" iskoristio je tu pat poziciju oko odgovornosti i ostavke Radeta Markovića na isteku 2000. godine da u Kruševcu organizuje potpisivanje peticije za smenu šefa RDB-a Srbije. Akcija je izvedena pod nazivom „Rade Markoviću, pošto si obišao sve zatvore, sad nam kaži gde je najbolje?"

Krajem novembra 2000. godine u performansu *Zabela 007* otporaši su u skeču „Rade Markoviću, sve što si prljavo radio tajno, sudiće ti se javno", na Trgu kod gradske fontane u Kruševcu objavili da šefa srpske tajne policije čeka zatvorenička soba u požarevačkom zatvoru.

„Otpor" je tada, naime, načelnika RDB-a Srbije direktno optužio za ubistvo Slavka Ćuruvije i nestanak Ivana Stambolića.

„Radomir Marković je prvi čovek koji mora da napusti svoju funkciju a posle treba i da mu se sudi. Aktivisti 'Otpora' prikupljaju potpise za njegovu smenu i do kraja nedelje će peticiju predati nadležnim organima. Nemamo nameru da za ovaj zahtev sačekamo kraj republičkih izbora", izjavio je u nedelju na konferenciji Vukašin Petrović, jedan od portparola „Otpora".

Peticiju za smenu Radomira Markovića u prvom krugu potpisalo je 20.000 Beograđana i oko 60.000 građana Srbije.

Bio je to pritisak koji Marković ipak nije mogao da izdrži.

Hapšenje posle ostavke

Svoju pisanu ostavku na mesto načelnika RDB-a MUP-a Srbije Rade Marković je 25. januara 2001. godine poslao na četiri adrese – doktoru Vojislavu Koštunici, predsedniku SRJ, Milanu Milutinoviću, predsedniku Srbije, doktoru Zoranu Đinđiću, premijeru Srbije, i Dušanu Mihajloviću, ministru srpske policije. General-pukovnik tajne policije je pokupio svoje stvari, ne čekajući da se u kabinetu u kojem je proveo nešto više od dve godine pojavi Goran Petrović, novi načelnik Resora državne bezbednosti Srbije.

Deset dana nakon što je potpisao ostavku, Rade Marković je sedeo kod kuće i čitao knjige. Imao je još dve godine do penzije i šest meseci pravo da prima funkcionersku platu.

Procenjujući njegovu realnu ulogu u zaštiti bezbednosti Srbije, Slobodana Miloševića, njegove porodice i stranke na vlasti Dušan Mihajlović, ministar policije je krajem aprila 2001. godine u jednom intervjuu rekao:

„Mislim da Rade Marković nije bio pravi šef srpske tajne policije. Šef je bio Nikola Ćurčić, koji je bio od njega jači i u profesionalnom i u operativnom smislu. Milošević se teško prevario kada je jednog profesionalca kakav je bio Jovica Stanišić zamenio policajcem u uniformi. Sa Stanišićem Milošević nije imao problema sa svojom bezbednošću, sa opozicijom i svetskim policajcima. Stanišić ga je čuvao tako dobro da je imao vremena da se posveti ratovima. Milošević je na stolu imao sve tajne izveštaje Ričarda Holbruka i Pentagona. A kad je doveo Markovića, nije imao ništa. Marković je doveo RDB do metastaze, toliko je bio nesposoban da je rešio da fizički likvidira opoziciju. Prvo Vuka Draškovića, zatim Slavka Ćuruviju i potom Ivana Stambolića. To je prevršilo čašu, narod je shvatio besmisao vlasti Slobodana Miloševića i okrenuo se protiv Miloševića!"

Trogodišnja karijera Radomira Markovića kao prvog tajnog policajca Srbije okončana je u petak 23. februara 2001. godine, oko pola osam uveče.

„Operacija Marković" je urađena u najvećoj tajnosti. Za njegovo hapšenje znali su samo premijer Zoran Đinđić i Dušan Mihajlović, ministar unutrašnjih poslova. Kako je uhapšen bivši načelnik RDB-a Srbije Rade Marković, opisali su novinari lista *Nedeljni telegraf*, koji su imali sreće da prisustvuju tom činu.

Dan pre privođenja Markovića ekipe RDB-a već su bile raspoređene oko njegove zgrade. Čekao se samo pravi momenat za akciju. U lično obezbeđenje Radeta Markovića stavljeni su ljudi od poverenja, spremni da plan privođenja sprovedu u delo.

U petak, 23. februara 2001. godine, ispred Markovićeve zgrade u Žarkovačkoj ulici broj 48, na Banovom brdu u Beogradu, oko 18.30 stala su dva automobila, beli golf s dvoja vrata i crni audi. Četvorica mladića iz tih automobila su prišla džipu grand čiroki koji je bio parkiran ispred samog ulaza i pozdravila se s dvojicom mladića u njemu.

Osim pomenutih automobila, koji su bili vidljivi na prvi pogled, u okolnim ulicama, na rastojanju od sto metara, stajala je naoružana podrška kolegama u slučaju nepredviđenih okolnosti.

Posle kraćeg razgovora, jedan od pridošlica vadi mobilni telefon iz džepa i kaže: „Gospodine Markoviću, stigla je smena, otvorite vrata."

Ivanka Marković, supruga bivšeg načelnika tajne policije, otvara vrata i pušta trojicu ljudi unutra. Umesto pozdrava, trojica pripadnika RDB-a Srbije vade svoje službene legitimacije i nalog za privođenje Radeta Markovića. Bivši šef RDB-a kao da je očekivao ovakve „goste" i pristaje da ga nekadašnje kolege sprovedu do automobila. Na izlazu iz zgrade susreću se s Brankom Đurićem, bivšim načelnikom GSUP-a Beograd, koji je sa suprugom došao na večeru kod Markovićevih i koji nemo posmatra lišavanje slobode svog prijatelja Radeta.

Radnici MUP-a Srbije priveli su na informativni razgovor bivšeg načelnika Resora državne bezbednosti general-pukovnika policije Radeta Markovića, Nenada Ilića iz Jagodine i Miomira Bujoševića iz Lazarevca, takođe radnike RDB-a. Ova lica su predata Nebojši Živkoviću, istražnom sudiji Okružnog suda u Beogradu, s krivičnom prijavom zbog osnovane sumnje da su počinila krivično delo ubistva sa umišljajem više lica po članu 47, stav 2, tačka 6 Krivičnog zakona, i krivično delo falsifikovanja službene isprave i dokumenata o nesreći koja se dogodila 3. oktobra 1999. godine na magistralnom putu Beograd–Čačak. Istražni sudija Okružnog suda u Beogradu odmah je odredio svoj trojici pritvor u trajanju od trideset dana.

Ova krivična prijava odnosi se na slučaj „Ibarska magistrala" od 3. oktobra 1999, kada su u saobraćajnoj nesreći kod Lazarevca poginula četiri funkcionera SPO-a – Veselin Bošković, direktor Direkcije za građevinsko zemljište Beograda, Zvonko Osmajlić, direktor Sportskog centra *Tašmajdan*, Vučko Rakočević i Dragan Vušurević. Tom prilikom je i lakše povređen Vuk Drašković, predsednik SPO-a.

Tužilaštvo ih tereti zbog „namerno izazvane saobraćajne nesreće kamionom marke mercedes, u vlasništvu MUP-a Srbije, 3. oktobra 1999. godine na Ibarskoj magistrali, kada su poginula četvorica istaknutih članova SPO-a".

Hapšenje bivšeg šefa srpske tajne policije je bilo rezultat otvaranja strogo poverljivih dokumenata RDB-a MUP-a Srbije. Zato je i očekivano u Beogradu, jer je tokom februara sâm ministar srpske policije, Dušan Mihajlović, rekao da je: „... istraga u svim slučajevima nerazjašnjenih ubistava intenzivirana i da je napravljen pomak". I da su: „... svi podaci koji su državna tajna iz Resora državne bezbednosti, a u funkciji su krivičnih istraga, stavljeni na raspolaganje istrazi".

Čim je Marković uhapšen, o tome su bili obavešteni Vladan Batić i tužilaštvo. Tek kasnije su obavešteni skoro svi ostali iz DOS-a.

Vladan Batić, republički ministar pravde, izjavio je da će: „... vrlo brzo javnosti biti obznanjeni još neki slučajevi misterioznih ubistava".

„Ovo je samo početak priče i verovatno na kraju te piramide stoji Slobodan Milošević!"

Rade Marković je smešten u Centralni zatvor u Beogradu, a pričalo se da je čitav jedan sprat tog zatvora rezervisan za Slobodana Miloševića. Zahtev za pokretanje istrage podnesen je zameniku okružnog tužioca Milunu Dragutinoviću. Advokat Dušan Mašić postao je branilac bivšeg šefa RDB-a.

Povodom ovog hapšenja, o čemu je vest munjevito obigrala i zemlju i svet, u dvadeset dva sata u republičkoj vladi održan je vanredni susret s novinarima, kome je, osim Vladana Batića, ministra pravosuđa, prisustvovao i Čedomir Jovanović, šef odborničke grupe DOS-a u Skupštini Srbije.

U domaćoj i svetskoj javnosti već tada se smatralo da je hapšenje Radomira Markovića bilo okasneli početak konačnog obračuna s režimom Slobodana Miloševića.

„Da sam se ja pitao, Rade Marković bi 5. oktobra bio u zatvoru, jer postoje opravdane indicije da je on učestvovao u svim najvećim državnim zločinima koji su organizovani u prethodnom periodu", potvrdio je svojim rečima novi srpski premijer, Zoran Đinđić, u svom komentaru ovog događaja.

Šesnaesti načelnik

Promene u Jugoslaviji krajem 2000. godine postale su svetska senzacija. Sve svetske agencije objavile su vest da je Srbija dobila novog šefa tajne policije. Izbor je pao na gotovo potpuno anonimnog čoveka. Goran Petrović je postavljen na mesto šefa Resora državne bezbednosti MUP-a Srbije u četvrtak, 25. januara 2001. godine, po formiranju nove republičke vlade. I sve te agencije su se utrkivale da o njemu saznaju što više.

Goran Petrović, novi i šesnaesti načelnik Resora državne bezbednosti MUP-a Srbije, prvi je Beograđanin na čelu srpske tajne policije i njen najmlađi šef. Za Markovićevog naslednika se pisalo da je inteligentan, dosledan i pošten. Čak i da je knjiški tip s naočarima. Petrović je dete prosvetnih radnika. Njegov otac Raka bio je i rukovodilac sektora u okviru Resora državne bezbednosti Srbije. Sin Goran je izabran među deset kandidata, zato što za njega nije urgirala nijedna stranka iz DOS-a. Vest da je imenovan za načelnika RDB-a zatekla ga je na radnom mestu pravnog savetnika u jednoj privatnoj beogradskoj firmi.

Rođen je 20. januara 1961. i već je radio u Službi državne bezbednosti petnaest godina. Prošao je put od pripravnika do operativca tajne policije, iz koje je izbačen 1999. godine, u vreme NATO napada na Jugoslaviju. Tada je bio rukovodilac Sektora za suprotstavljanje stranim obaveštajnim službama. Bio je kontraobaveštajac za CIA i rad ostalih američkih obaveštajnih službi.

Bio je veliki radnik, reorganizovao je svoj sektor. Petrovićev uspon u RDB-u zaustavljen je dolaskom Radeta Markovića na njeno čelo, jer Petrović nije želeo nijednu partijsku knjižicu, pa ni onu iz JUL-a. Otišao je iz RDB Srbije u činu majora. Najuren je zbog toga što je ostao u kontaktu sa svojim bivšim šefom Zoranom Mijatovićem i snabdevao ga informacijama. Goran Petrović i Zoran Mijatović su dugo važili za bliske saradnike. Poslednjih godina postali su i kućni prijatelji.

Za njega kažu da više liči na pogrbljenog profesora i da zato ima nadimak Grba. Za samo tri i po godine završio je Pravni fakultet u Beogradu s veoma visokim ocenama. Oženjen je Slađanom, poreklom iz Gnjilana, i imaju dve ćerke, od osam i dvanaest godina. Vodi ih u pozorište, iako je pasionirani ljubitelj dobrih filmova. Redovan je gost *Zvezdara teatra*. Novi šef RDB-a je, inače, odličan poznavalac književnosti, a omiljeni pisci su mu David Albahari i Dobrica Ćosić.

Kao analitičar i kontraobaveštajac sarađivao je sa Zoranom Mijatovićem, dok je ovaj bio načelnik Centra SDB-a u Beogradu, pa ga je uzeo za svog zamenika. Mijatović (55), koji je bio načelnik Petroviću, isteran je iz službe 1998. godine, posle odlaska Jovice Stanišića. Pukovnik Mijatović važi za korektnog čoveka, koji poznaje posao.

Za pomoćnike po određenim linijama rada imenovao je Davida Gajića i Milutina Popivodu. Mijatović je do smene Jovice Stanišića, 1998. godine, bio načelnik njenog beogradskog centra, dok su Gajić i Popivoda bili šefovi Državne bezbednosti za Kosovo, odnosno Vojvodinu. David Gajić je napustio službu pre nekoliko godina, a svojevremeno je bio pomoćnik načelnika RDB-a Jovice Stanišića za Kosovo.

Petrović, Mijatović i Gajić pripadaju povećoj grupi operativaca koji su napustili službu u vreme kada je kontrolu nad njom počeo da preuzima JUL. Zbog činjenice da je na tom talasu s čela službe pomeren i Jovica Stanišić, većina ovog kadra u internim krugovima važi za Jovičine ljude. Prema brojnim spekulacijama koje su prethodile najnovijem kadrovskom rešenju, upravo se Jovica Stanišić najčešće pominjao kao čovek koji je čelnicima DOS-a trebalo da sastavi listu kandidata. Nezvanično, kao jedan od najozbiljnijih kandidata za šefa RDB-a dosta dugo se kotirao donedavni kominstar policije, Stevan Nikčević, uprkos činjenici što je u prelaznu vladu ušao uz podršku SPO-a.

Praški dnevni list *Pravo* smatrao je da Petrovića sada čeka nelaki zadatak da preuzme tajnu policiju, da odseče njene veze s liderima bivšeg režima i da objasni čitav niz skandala iz prošlosti, kao što je, na primer, nestanak bivšeg šefa srpskih komunista, Ivana Stambolića. Zbog toga je Petrović napravio novu ekipu načelnika. Šef Centra RDB Beograda je postao Branko Jovanović, dok je za njegovog zamenika imenovan Željko Rašeta. Izvesno vreme je rukovodio jednim odeljenjem RDB-a u Zemunu.

Jovanović je na čelu beogradske tajne policije zamenio Milana Radonjića koji se na tom položaju nalazio od jeseni 1998. godine. Jovanović i Rašeta su dugogodišnji radnici RDB-a i bili su angažovani na kontraobaveštajnim poslovima. Početkom devedesetih godina boravili su i na Kosovu.

Prvi potez novog načelnika bio je da se reši starih kompromitovanih kadrova. Taj proces je započeo tokom marta 2000. godine smenom svih zamenika i pomoćnika od bivšeg načelnika Radeta Markovića do opštinskih centara, smenom svih načelnika u RDB-u i centrima RDB-a u Beogradu, Novom Sadu, Nišu, Subotici, Vranju, Smederevu. Bio je to faktički proces rekonstruisanja nove tajne službe.

Samo četiri dana kasnije od postavljenja za šefa srpske tajne policije, Goran Petrović se našao u nezavidnoj situaciji usred Beograda. Njegov vozač, Dušan Jakšić, star trideset jednu godinu, ranjen je iz vatrenog oružja uveče oko devetnaest časova na uglu Krunske, tj. bivše Ulice Proleterskih brigada, i Ivana Milutinovića na Vračaru, dok je sedeo u kolima marke BMV BG 370-760. Na Jakšića je iz malokalibarskog oružja pucao za sada nepoznati muškarac, koji je iz drugog vozila, takođe marke BMV, prišao Jakšićevim kolima, otvorio svoja vrata od kola i ispalio nekoliko hitaca u Jakšića i ranio ga u obe ruke.

Povređeni Jakšić transportovan je u Urgentni centar. Bio je samo četrdeset četiri sata na novoj dužnosti kod načelnika RDB-a Srbije. Posle operacije Dragan Jakšić je prebačen na Ortopedsko odeljenje Urgentnog centra. Bio je jedini pacijent u sobi. Ispred zatvorenih vrata dežurali su pripadnici MUP-a.

Vozač novog načelnika RDB-a Srbije je ranjen u momentu kada je njegov šef Goran Petrović bio na razgovoru sa Zoranom Đinđićem, premijerom Srbije, i Dušanom Mihajlovićem, potpredsednikom Vlade Srbije i ministrom unutrašnjih poslova, u sedištu Demokratske stranke u Ulici Proleterskih brigada. Do pucnjave i ranjavanja je, kako nezvanično saznajemo, došlo samo nekoliko minuta pošto je Goran Petrović ušao u zgradu na ranije zakazan razgovor s premijerom i ministrom unutrašnjih poslova, koji je trebalo da bude održan u prostorijama Demokratske stranke u Krunskoj broj 69. Tema razgovora je bila bezbednost u Republici.

Beogradska policija organizovala je odmah opsežnu potragu za napadačem, ali bez vidljivog uspeha. Bivši inspektor tajne policije Boža Spasić je tvrdio da je reč o atentatu na Gorana Petrovića, šefa srpske tajne policije. Mladen Lojović, vlasnik detektivske agencije, izjavio je da je u policijskim krugovima saznao da iza napada i ranjavanja vozača načelnika RDB-a stoji najobičniji pokušaj krađe kola. On nije isključio mogućnost i da je ovu provokaciju izazvala bivša vlast i da su u to umešane sadašnje perjanice SPS-a, možda i neke druge bivše vladajuće stranke.

„Pucanje u ruke vozača na jeziku oružja i mafije znači 'ne diraj', 'ostavi na miru'. Da su vozaču SDB-a pucali u noge, poruka bi značila 'beži odavde', 'sklanjaj se'“, procenio je profesor doktor Dobrivoje Radovanović, direktor Instituta za sociološka i kriminološka istraživanja u Beogradu. „Iza njega verovatno stoje 'određene grupe bliske podzemlju i lojalne starom rukovodstvu SDB-a i doskorašnjem načelniku Radomiru Markoviću'. Posao je 'odradio' neko od krugova bliskih podzemlju ili neko od operativaca koji ima legitimaciju SDB-a. Takvih je ogroman broj, među kojima ima dosta ljudi iz službe, ali i iz redova kriminalaca koji su radili za SDB. Izabran je metod upozorenja, a ne ubistva, jer je zaplašivanje korisniji metod. Ako uspeju da zaplaše, onda su mirniji. Ubistvom ne bi postigli ništa jer bi se digla velika prašina i na mesto načelnika bi došao neko drugi koji bi poveo još strožu borbu protiv kriminala.“

Premijer Zoran Đinđić je ocenio da je moguće da je napad na vozača šefa RDB-a organizovan da bi se usporilo dovođenje reda u MUP-u, ali da taj proces neće biti usporen.

„Ako imate načelnika SDB-a koji nema rutinsku zaštitu svoje Službe, nego treba ekstra da traži tu zaštitu, onda je pitanje šta ta Služba uopšte radi. Ako ne štiti svoga načelnika, kako onda da štiti neke druge ličnosti koje mogu da budu ugrožene?", rekao je Zoran Đinđić.

Goran Petrović je javno novinarima predstavljen na konferenciji tako što njegovo ime i funkcija nisu pomenuti. Sedeo je pored ministra Dušana Mihajlovića 9. marta 2001. godine, a da ga niko od novinara nije poznao, niti bilo šta pitao. Kao izveštač s te konferencije nisam hteo da ga otkrivam, jer njegovu izjavu nisam mogao da upotrebim. Dnevni mediji bi tu izjavu potrošili, a ja ne bih imao od nje koristi. Tako je Goran Petrović nastavio u anonimnosti da se bavi svojim poslom.

Jedan od važnih poslova prve nedelje aprila 2001. godine bilo je, na primer, otkrivanje svih članova paravojske SPS-a koja je u rezidenciji na Dedinju čuvala i sprečavala hapšenje Slobodana Miloševića. Samo u Lovćencu je u četvrtak 5. aprila 2001. uhapšeno petnaest pripadnika narodne straže koja je 31. marta 2001. godine štitila Slobodana Miloševića i njegovu porodicu u rezidenciji *Mir* u Beogradu. Mobilizacija branilaca porodice Milošević u dedinjskoj rezidenciji u Lovćencu je, prema svedočenju nekih od njih, započela mesec dana ranije. Poziv za mobilizaciju je stizao obično kasno noću, telefonom, uz obaveznu lozinku koja je glasila: „Biće posla za Hag! Dođite!"

Takav tajanstveni poziv, uz upozorenje da Miloševića treba čuvati od međunarodnih kriminalaca, upućivan je članovima paravojske SPS-a i JUL-a u Beogradu, Bijelom Polju, Lovćencu, Pirotu, Vranju, Požarevcu, Zaječaru, Jagodini i Paraćinu. U ovom gradu su, na primer, privedeni Saša Matić, staklloduvač i otac dvoje dece, i njegov sugrađanin Dejan Đukić.

Pretpostavlja se da se tajnoj mobilizaciji odazvalo trideset Lovćenaca, od kojih je polovina uhapšena. A među njima su bili Zoran Raičević, Dejan Lekić, Veselin Đurnić, Radomir Markišić, Radomir i Radovan Baća Krivokapić, braća Dragan i Žarko Mijanović, Dragan Lagator, Nikola Perović, Radomir Marković, i Petar Pejović, funkcioner SPS-a iz Lovćenca.

Uporedo s bitkom za bezbednost zemlje novi načelnik srpske tajne policije Goran Petrović ima i novi zadatak: da reorganizuje RDB. Po rečima ministra policije, Dušana Mihajlovića, reorganizacija tog ministarstva izvršiće se najkasnije do leta 2001. godine.

„Služba državne bezbednosti će se izdvojiti iz MUP-a u samostalnu organizaciju ili nacionalnu agenciju, koja bi bila pod kontrolom predsednika, premijera i parlamenta Srbije. Takođe, reorganizacija podrazumeva decentralizaciju MUP-a i stvaranje uprave za borbu protiv organizovanog kriminala, koja bi sarađivala sa sličnim organizacijama u Evropi. Glavni zadaci MUP-a bi bili otkrivanje počinilaca i organizatora svih ubistava, počev od ubistva zamenika ministra policije Radomira Stojičića Badže", i dodao „da će se policija posebno baviti rasvetljavanjem pljačke budžeta", rekao je Dušan Mihajlović na sednici Odbora za odbranu i bezbednost Skupštine Srbije.

NOVI NAČELNIK

Odluka Dušana Mihajlovića, srpskog ministra policije, da doktor Andreja Savić postane novi načelnik Resora državne bezbednosti MUP-a Srbije iznenadila je jugoslovensku javnost, ali ne i ljude iz policije. Pukovnik Savić je 2000. godine, kada je biran naslednik Radeta Markovića, bio zajedno s Goranom Petrovićem kandidat za načelnika tajne policije. A Miša Vilotić je pominjan kao njegov zamenik. Tada se, međutim, ministar odlučio za mlađeg i manje poznatog kontraobaveštajca Gorana Petrovića. On je, međutim, pokazao nedovoljno odlučnosti da se uhvati ukoštac s problemima u tajnoj policiji, posebno s momcima iz „Crvenih beretki“, pa je prihvaćena njegova ostavka. Petrović je postao načelnik Službe za informacije i dokumentaciju SID-a u Saveznom ministarstvu inostranih poslova. A Dušan Mihajlović je odlučio da RDB poveri starijem i iskusnijem bezbednjaku, svom kolegi Andri, koga poznaje već dvadeset godina.

Lično doktor Andreja Savić se uvek zalagao da srpsku tajnu policiju vodi profesionalac, što mi je jednom prilikom i rekao:

„Ličnosti koje vode ove službe moraju da budu veliki profesionalci, zanatlije, izuzetni stručnjaci. Lično sam veliki protivnik da na čelo službe dođe političar, odnosno čovek koji nije stručnjak iz te oblasti.“

Možda je to i bio razlog da prihvati funkciju vršioca dužnosti načelnika Resora državne bezbednosti MUP-a Srbije, sa željom da na toj funkciji ostane kasnije i kao načelnik.

Profesor Andreja Savić je rođen 1947. godine u Račniku kod Jagodine. Zbog toga, a i zbog ranijih kontakata u RSUP-u Srbije, neke njegove kolege ga povezuju s Radmilom Bogdanovićem, bivšim ministrom srpske policije, koji je, takođe, poreklom iz Jagodine. Andra, kako ga zovu kolege, kao i mnogi drugi tajni policajci, završio je Fakultet političkih nauka u Beogradu, gde je i magistrirao na temi „Informativno-propagandna komponenta bezbednosti SFRJ“ 1988. godine. Doktorirao je na Fakultetu bezbednosti u Skoplju 1991. godine na temi „Novi međunarodni informativni poredak i specijalni rat s posebnim osvrtom na bezbednost SFRJ". Posle fakulteta zaposlio se 1972. godine u Beogradskom centru SDB-a kao operativac. Šef mu je tada bio čuveni intelektualac među tajnim policajcima, Ranko Savić.

S dvadeset pet godina Savić je kao kontraobaveštajac bio zadužen za tzv. unutrašnjeg neprijatelja, tačnije za anarholiberale. Tada su čelnici ove političke grupacije bili profesori Ljuba Tadić, Zagorka Golubović i Mihajlo Marković. Kao operativac Savić je imao na vezi i neke profesore, i neke studente, ali i neke beogradske novinare, koji su s njim sarađivali iz patriotskih, ali i finansijskih razloga.

Posle sedam godina operativnog rada Andreja Savić je unapređen u samostalnog analitičara Beogradskog centra SDB-a. Bilo je to krajem sedamdesetih, u vreme kada je Jovica Stanišić u ovom centru postao samostalni analitičar za istočne tajne službe. Andrin šef je tada bio Milan Tepavčević Tepa, kasnije zamenik Jovice Stanišića, načelnika RDB-a Srbije devedesetih godina. Krajem osamdesetih godina Andreja Savić je vidno napredovao i postao prvo zamenik načelnika analitike, a potom i šef analitike u Beogradskom centru SDB-a. I dalje je pratio rad tzv. unutrašnjeg neprijatelja, tačnije grupu profesora Tadića, koja je od anarholiberala prerasla u građansku desnicu. Bio je ujedno zadužen da prati i komunističku desnicu, posebno ibeovce, i nove srpske nacionaliste.

Kao analitičar, Savić je upozorio policijski i politički vrh Beograda i Srbije na agresivnost albanskih nacionalista i terorističkih grupa na Kosmetu i u prestonici. A posebno je uočio i upozorio politički vrh Beograda na opasnu pojavu Slobodana Miloševića kao srpskog nacionaliste. Upamćen je u Beogradskom centru SDB-a i po svojoj studiji loših odnosa u Federaciji, u kojoj je izneo procenu o mogućem raspadu SFRJ.

Odgovoran rad, skromno ponašanje i visoke moralne karakteristike Andre Savića bili su presudni za njegov izbor i prelazak u SSUP kao kadar RSUP-a Srbije. Po prelasku na Institut bezbednosti doktor Savić se bavio i poslovima organizacije tajne službe Srbije. Početkom devedesetih doktor Andra Savić proveo je nekoliko meseci u Francuskoj, gde je izučavao način i organizaciju rada francuske službe bezbednosti. S grupom saradnika doktor Andreja Savić je 1992. godine osmislio projekat reorganizacije SDB-a Srbije, ali njegov predlog nije prihvaćen u RDB-u Srbije. U tom projektu doktor Savić je zamišljao tajnu službu kao servis bezbednosti van ministarstva policije, a pri političkom vrhu države.

Kada je RDB Srbije 1993. godine preuzeo Savezni SUP, načelnik tajne policije Jovica Stanišić je doktora Andreju Savića imenovao u Institutu bezbednosti za šefa katedre za državnu bezbednost i načelnika Obrazovno-istraživačkog centra RDB-a Srbije.

Komentarišući jednom prilikom taj proces destabilizacije SDB-a SSUP-a 1993. godine, doktor Andreja Savić je, ovom reporteru, izjavio:

„Savezni SUP je faktički prestao da postoji. Nije ispunjavao svoje ustavne i zakonske obaveze. Bio je to poslednji čas da se stvari preuzmu i da se sačuvaju nacionalni interesi. U bivšoj saveznoj službi, koja je ranije funkcionisala dosta dobro, bilo je mnogo fondova i dokumentacije. A kada se država rastura, postoji velika opasnost od oticanja podataka i mogućnost da strane obaveštajne službe dođu do određenih poverljivih podataka. Neke su i došle do važnih informacija. Danas Srbija i Crna Gora imaju svoje službe, kao i Vojska Jugoslavije. A u SSUP-u postoji služba koja je u nastajanju, kao i obaveštajna služba SID u Ministarstvu spoljnih poslova, koja je, takođe, kao i savezna SDB bila slovenačko-hrvatski trojanski konj u Beogradu."

Istovremeno Andreja Savić se bavio i pedagoškim radom. Od 1988. godine u Institutu bezbednosti SSUP-a bio je predavač za predmet „Metodika i taktika rada SDB-a". Šest godina kasnije doktor Savić je napisao udžbenik za tajne policajce *Uvod u državnu bezbednost*. To je bilo jedno od retkih dela o sistemu bezbednosti Jugoslavije, kojim je doktor Savić, kako nam je rekao, pokušao da demistifikuje rad tajne službe. U tom svom udžbeniku doktor Savić je dao jednu preciznu profesorsku definiciju tajnih službi, koja oslikava suštinu njihovog postojanja i delovanja:

„Obaveštajna služba je društveno-istorijski i klasno uslovljena, specijalizovana organizacija, koja u okviru svog delokruga rada sprovodi tajne obaveštajne, kontraobaveštajne i subverzivne akcije prema vitalnim interesima protivnika, koristeći pritom, takođe, specifične metode i sredstva, s ciljem ostvarivanja određenih političkih interesa i zaštite unutrašnje i spoljne bezbednosti zemlje.

Najbitnije je, međutim, da je taj resor državne bezbednosti, kao deo državnog aparata, neosporno i institucija koja bitno utiče na stvaranje političkih odluka garniture na vlasti. Taj uticaj tajna služba, a posebno politička policija, zasniva", tvrdi doktor Andreja Savić, „pre svega na svojim specijalnim ovlašćenjima i metodima rada, na monopolu nad najdelikatnijim informacijama, na usmeravanju same službe prema državničkim i političkim potrebama vlasti, kao i na neposrednom kreiranju državne politike. Odnos između državne politike i tajne policije se u osnovi svodi na određivanje poslova i zadataka za obaveštajnu službu od strane političkog vrha, s jedne strane, i od povratnog uticaja političke policije, svojim informacijama i analizama na organe vlasti, na drugoj strani. Uticaj obaveštajnih službi na političke krugove ogleda se pre svega u autoritetu njihovih rukovodilaca."

Tihi čovek Andra

Taj udžbenik je promovisan na Institutu bezbednosti, ali i u Višoj školi unutrašnjih poslova u Zemunu, gde je profesor Andreja Savić počeo da predaje predmet „Državna bezbednost". Taj predmet je u ovoj školi uveo doktor Obren Đorđević 1989. godine, kada je postao i šef novootvorene Katedre državne bezbednosti. Posle doktora Đorđevića ovu katedru su u Višoj školi unutrašnjih poslova u Zemunu vodili i Dušan Stupar, Dragan Mitrović, doktor Milan Marković i Jovica Stanišić, da bi je 1992. godine preuzeo i doktor Andreja Savić.

Objavio je tada i monografiju *Taktika i metodika rada Državne bezbednosti*, kao i niz članaka, referata i prikaza zapaženih u stručnim krugovima.

Zahvaljujući naučnom i profesorskom radu, doktor Andreja Savić nije svih ovih godina imao dodira s politikom, tako da nije imao ni dodira s funkcionerima policije bliskim Slobodanu Miloševiću i doktorki Miri Marković. Nije ni partijski bio angažovan.

Profesor Andreja Savić je veliki protivnik prakse da tajna služba bude politička policija:

„Mislim da se služba u velikoj meri oslobodila ideologizacije. Sigurno da to nije uspela u potpunosti, ali ustavni princip da policajac ne treba da bude član nijedne stranke, veoma je zastupljen. Teorijski gledano, u uslovima višepartijskog sistema Resor državne bezbednosti ne sme da bude u funkciji ove ili one partije. Verbalni delikt smo smestili u muzej i on nije više predmet rada ove službe. Mislim da je i sintagma 'unutrašnji neprijatelj' definitivno proterana s ovih prostora. Možemo govoriti samo o antiustavnoj delatnosti s pozicija domaćeg terorizma koji ugrožava ustavni poredak. Svi ovi slučajevi koje smo imali u godinama ratnog okruženja uglavnom su vezani za ilegalne organizacije i grupe terorističkog karaktera, i to uglavnom na području Kosova i Metohije i Sandžaka."

Kao profesor bezbednosti i kao načelnik tajne policije doktor Savić će imati priliku da operativno ujedini svoja teorijska i praktična viđenja RDB-a.

Doktor Andreja Savić je, kažu njegove kolege, tih čovek, i službeno i privatno. Oženjen je Verom. Imaju ćerku i vrlo je privržen svojoj porodici. Andreja Savić ne puši, ne pije i ne voli policijske zabave. Strastveni hobiji su mu čitanje knjiga i igranje šaha. Doktor Savić je jedan od najboljih šahista u jugoslovenskoj policiji. Ima zvanje internacionalnog majstora šaha. Dugo je bio predsednik Šahovskog saveza Beograda, a od 1994. do 1998. godine i potpredsednik Šahovskog saveza Jugoslavije.

Direkcija – nova tajna služba

Savetovanje o reformi unutrašnjih poslova i službe bezbednosti Srbije, koje je krajem aprila 2002. godine održano u Vrnjačkoj banji, više je ličilo na samit tajnih agenata nego li na naučni skup eksperata za policiju i tajne službe. Na jednom mestu, u poznatom banjskom kupatilu našlo se 130 policajaca, (kontra)obaveštajaca, diplomatskih predstavnika i pripadnika raznih agentura iz zemlje i sveta.

Glavna tema ovog savetovanja je bila reforma unutrašnjih poslova i službe bezbednosti Srbije. To je vladin strateški posao u koji su, pored Ministarstva unutrašnjih poslova i Republičkog sekretarijata za zakonodavstvo, kao modelatori novih zakona uključeni članovi Savetodavnog tela u kome su se nalazili predstavnici OEBS-a, Saveta Evrope, Fonda za otvoreno društvo i drugih nevladinih organizacija, kao i profesori Beogradskog univerziteta.

Prvoj javnoj raspravi o reformi policije i tajne službe Srbije prisustvovali su i novinari akreditovanih redakcija iz zemlje i sveta, koji su bili najviše zainteresovani za sudbinu srpske tajne policije.

Autori novih zakonskih rešenja predložili su tri radne verzije zakona o srpskoj tajnoj policiji. MUP Srbije i Resor državne bezbednosti uradili su nacrt Zakona o bezbednosno-informativnoj direkciji, kojoj su neki novinari odmah skovali kraticu – BID. Republički sekretarijat za zakonodavstvo je ponudio nacrt Zakona o bezbednosno-informativnoj agenciji – BIA. A Liga eksperata pri Danskom odboru za ljudska prava ponudila je nacrt Zakona o obaveštajno-bezbednosnoj službi – OBS.

Radnu verziju zakona koju je ponudio RDB, odnosno MUP radilo je dvadeset ljudi, a oni su, kako mi je rekao Vlada Dragičević, načelnik u tajnoj policiji, analizirali dokumenta čak 24 tajne službe zemalja u tranziciji i zapadnih država.

Prema nacrtu novog zakona o srpskoj tajnoj policiji sadašnji Resor državne bezbednosti se gasi i osniva se Bezbednosno-informativna direkcija, čime se ime RDB menja u ime Direkcija. Autori ovog zakona su se odlučili za naziv Direkcija jer smatraju da je to poznato ime u svetu tajnih službi i da samo ime izbegava svaku asocijaciju na stare službe Oznu, Udbu, SDB i RDB i njhove zloupotrebe. Kako u opisu rada Direkcije nema tzv. unutrašnjeg neprijatelja, to nova srpska tajna služba neće kao njene prethodnice imati karakter političke policije.

Glavni poslovi Direkcije biće zaštita ustavnog poretka Republike Srbije kroz kontraobaveštajni rad, suzbijanje terorizma, borbu protiv organizovanog i privrednog kriminala i obaveštajni rad.

Direkcija će imati status pravnog lica i biće pod direktnom kontrolom Narodne skupštine Srbije, Generalnog inspektora i Vrhovnog suda Srbije, koji će donositi odluke o primeni tajnih operativnih sredstava i metoda rada.

Profesor Andreja Savić, načelnik Resora državne bezbednosti i glavni reformator službi bezbednosti, o predlogu MUP-a Srbije mi je rekao:

„Reforma službe bezbednosti predviđa da Resor državne bezbednosti izađe iz sastava MUP-a Srbije i da se formira nova i samostalna Obaveštajno-informativna direkcija. Ona treba da očuva celovitost i efikasnost u zaštiti državnog suvereniteta, tako što ćemo izvršiti transformaciju postojeće i zdrave bezbednosne infrastrukture i nadograditi je novim zakonskim rešenjima i novom praksom. Direkcija, neće biti, kako to neko misli, samo prepakovani RDB, niti će to biti sasvim nova tajna služba. U ovoj fazi reforme izvršićemo depolitizaciju i demilitarizaciju tajne policije. Direkcija, kao prvo, neće biti vezana za odluke političkog vrha ili političkih stranaka, i neće se baviti političkim protivnicima ili tzv. unutrašnjim neprijateljem. A drugo, nova srpska tajna služba ukinuće postojanje oružanih specijalnih formacija i činove. Ogroman deo njene aktivnosti biće vezan samo za prikupljanje vitalnih informacija potrebnih za servisiranje državnih organa, ali i za zaštitu ustavnog poretka.

Ovaj nacrt predviđa očuvanje tajnosti rada Direkcije, od primene njenih tajnih metoda do tajnovitosti troškova iz budžeta za rad nove tajne službe. Predloženo je i da Direkcija sadrži policijska ovlašćenja, odnosno da kontraobaveštajci imaju prava na hapšenje špijuna, terorista i kriminalaca, a da to ovlašćenje nemaju obaveštajci BID-a."

Radna verzija zakona o BIA, koji je obrazložio Darko Radojičić, dosta je slična s predlogom doktora Andreje Savića, jer takođe predviđa formiranje samostalne tajne policije pod nazivom Bezbednosno-informativna agencija. Učesnici u diskusiji su, međutim, ocenili da je ovaj predlog staromodan i da je preuzeo previše odredbi iz bivših zakonskih rešenja.

Da li nova tajna policija Srbije sme i treba da hapsi? To pitanje je izazvalo živu diskusiju. Čini se da je Mića Nikolić, pomoćnik načelnika RDB-a dao vrlo praktičan odgovor:

„Policijsko ovlašćenje je srž delovanja tajne policije, jer je ono bitno za obradu špijuna, terorista i mafijaša. To su visokorizični poslovi, koji ponekad zahtevaju i munjevito reagovanje pripadnika tajne policije. I dok se mi s policijom dogovorimo oko hapšenja, osumnjičeni može da nestane!"

Tu ideju da Direkcija ima pravo da hapsi profesor Andreja Savić mi je obrazložio sledećom činjenicom:

„Mi danas imamo dosta rizičnih tačaka u bezbednosti zemlje. Na jugu Srbije imamo albanske teroriste, čiju aktivnost smo uspeli da stavimo pod kontrolu. U čitavoj Srbiji imamo problema sa organizovanim kriminalom, koji Resor javne bezbednosti ne može sâm da reši, pa se RDB uključuje u borbu protiv mafije dajući svoju logističku podršku. A kako dve trećine aktivnosti naše tajne službe čine kontraobaveštajni poslovi, to je neophodno da se borimo i protiv stranih agentura i špijuna. Treba znati da je Beograd danas centar stranih agentura na Balkanu. Da bismo sve te poslove uspešno obavili, nama su u novoj tajnoj službi neophodna policijska ovlašćenja."

Zbog toga je i Goran Petrović, načelnik SID-a, rekao da je savršen zakon o nekoj tajnoj službi samo onaj koji se odlično potvrdi u praksi.

Služba pod kontrolom

Na osnovu rasprave u Vrnjačkoj banji moglo se zaključiti da će nacrt reforme službe bezbednosti, koju je ponudio RDB imati blagu prednost u odnosu na druga dva predloga. Zaključeno je da se za dve nedelje uradi konačna radna verzija zakona o službi bezbednosti i preda Vladi Srbije.

Savetovanje o reformi unutrašnjih poslova i službi bezbednosti imalo je dva cilja. Prvi je u Vrnjačkoj banji definisao lično ministar policije Dušan Mihajlović:

„Mi treba da se do 2004. godine pripremimo za evropsku integraciju. A da bi se to dogodilo, Srbija treba da dobije policiju i službu bezbednosti po evropskim standardima, od njihove zakonske regulative preko plata zaposlenih do kompletne opremljenosti!"

Drugi cilj je, kako nam rekoše ljudi iz RDB-a, da se kroz reformu policije, a posebno službe bezbednosti očuva kontinuitet i suverenitet tajne policije Srbije, kako ona u slučaju da naša zemlja postane protektorat međunarodne zajednice, ne bi bila, kakva je to danas praksa u nekim susednim državama, samo služba u funkciji neke strane agenture.

Kada smo poslednjeg dana savetovanja u Vrnjačkoj banji glavnog reformatora doktora Andreju Savića upitali kada se može očekivati da novi zakon o tajnoj policiji stupi na snagu, načelnik RDB-a nam je rekao:

„Zakon o novoj tajnoj službi treba da bude usvojen u junu. Srbija do leta dobija novu i potpuno samostalnu tajnu policiju koja će se zvati Bezbednosno-informativna direkcija."

A na naše pitanje da li će sadašnji načelnik RDB-a biti i prvi direktor nove Direkcije, profesor Andreja Savić nam je rekao:

„Biću zadovoljan ako naša reforma službe bezbednosti uspe. Mislim da posao direktora Direkcije treba prepustiti mlađima, jer je i to način da novu službu predstavimo u novom svetlu!"

U Vrnjačkoj banji su se posle više godina na jednom mestu našli predstavnici svih šest tajnih službi u SRJ – Resora državne bezbednosti Srbije, Uprave bezbednosti GŠ VJ, vojne Obaveštajne službe pri Ministarstvu odbrane, diplomatske obaveštajne Službe informacije i dokumentacije – SID i Službe obezbeđenja u SMIP-u, kao i Službe državne bezbednosti Crne Gore.

Kako je duhovito primetio jedan kontraobaveštajac iz Srbije, poslednji ovakav samit jugoslovenskih bezbednjaka održan je 1989. godine. Tada je Zdravko Mustač, načelnik SDB SSUP-a, sa Stanetom Dolancom u Institutu bezbednosti održao savetovanje (kontra)obaveštajaca pred raspad SFRJ. A sada su MUP Srbije i ministar Dušan Mihajlović napravili savetovanje policajaca i (kontra)obaveštajaca pred stvaranje nove države Srbije i Crne Gore.

Ljudi iz MUP-a Srbije su zato uvereni da će njihov pionirski posao na reformi policije i službe bezbednosti podstaći reorganizaciju crnogorske tajne policije i vojne kontraobaveštajne i obaveštajne službe, i stvoriti osnove za stvaranje Obaveštajne zajednice Srbije i Crne Gore, odnosno jedinstvenog sistema bezbednosti nove države.

Beogradska sačekuša

Smrt generala policije Boška Buhe, početkom juna 2002. godine, nije bila samo još jedna u nizu 136 nerešenih likvidacija na velegradskom asfaltu. Ona je bila dokaz da je organizovani kriminal postao glavna karika u društvenom i političkom životu Srbije.

Nikada smrt nije bila tako dominantan simbol i pečat srpske prestonice kao poslednjih decenija. Na isteku dvadesetog i početku dvadeset prvog veka, ubistva političara i kriminalaca, tajno pripremana i izvedena, postala su, nažalost, beogradska svakodnevnica. Te likvidacije su nazivane sačekuša. Metak ubica nije birao. Od njega su stradali i obični ljudi, anonimni građani koje je smrt učinila poznatim, ali i već poznata lica koje je smrt ovekovečila.

Sredinom ovog veka u Beogradu je godišnje ubijano tridesetak ljudi. Ubice su najčešće hvatane, jer su se mnoge od njih same prijavljivale čuvarima reda. Kako su se ubistva umnožavala, i sredinom devedesetih dostigla i prosek od stotinu godišnje, tako se i broj ubica smanjivao, jer novi gospodari smrti nisu želeli da dopadnu u ruke delilaca pravde. Tako se i desilo da do isteka 2001. u belom gradu ima preko 136 nerešenih likvidacija, uglavnom, tvrdih momaka s velegradskog asfalta i policajaca, a i političara. Smrt generala policije Boška Buhe bila je samo jedna u nizu tih 136 nerešenih likvidacija na velegradskom asfaltu. Ona je bila dokaz da je organizovani kriminal postao glavna karika u društvenom i političkom životu Srbije.

General policije Boško Buha, pomoćnik načelnika Resora javne bezbednosti MUP-a Srbije ubijen je 10. juna 2002. godine ispred hotela *Jugoslavija* na Novom Beogradu u 2.45 minuta. Bivši načelnik beogradske policije Boško Buha je to veče proveo u društvu prijatelja na jednom od obližnjih splavova, koji su poznati po tome što rade do duboko u noć – u restoranu *Žabar*. Izašao je s prijateljima do parkinga. U trenutku napada general Buha je bio sâm. U momentu kada je Buha otvarao vrata na džipu tojota BG 288-305, na njega su iz neposredne blizine pucala dva napadača, koji su ga pogodili u grudi i stomak. Na žrtvu je ispaljeno sedam hitaca iz kalašnjikova.

Ubice su svoju žrtvu čekale u obližnjem šumarku koji se nalazi tik uz slabo osvetljeni parking. Boško Buha je teško ranjen pao na asfalt, dok su atentatori pobegli kroz šumarak, preko polja i asfalta prema porušenoj kineskoj ambasadi i nestali u noći. Trenutak kasnije čule su se škripa automobilskih guma i policijske sirene.

Prijatelj ranjenog Buhe i saobraćajci iz ponoćne patrole, bacili su se na zemlju kada su čuli pucnje, i nisu videli atentatore. Jedan od saobraćajaca je pozvao hitnu pomoć, koja je preuzela ranjenog generala Buhu i odvezla ga u beogradski Urgentni centar.

Pomoćnik načelnika Resora javne bezbednosti primljen je u bolnicu bez pulsa i u besvesnom stanju. Lekari su pokušali reanimaciju. Prema prvim informacijama iz bolnice, iako teško ranjen, Buha je imao jak puls, zbog čega je postojala nada da će preživeti i da će istražitelji moći da obave razgovor s njim. Nažalost, sat i dvadeset minuta posle ranjavanja Buha je preminuo.

Tokom uviđaja nađene su tri čaure, ali se veruje da je ispaljeno znatno više metaka. Nalaženje čaura ometala je kiša, a veštačenje će pokazati da li su meci ispaljeni iz jednog ili dva oružja. Na faru Buhinog automobila otkriveno je oštećenje od metka, što će istražiteljima pomoći kod utvrđivanja pravca iz koga je pucano.

(Ne)moć policije

Ministar unutrašnjih poslova Srbije, Dušan Mihajlović, izjavio je istog dana da je rano govoriti o nekim saznanjima o ubistvu pomoćnika načelnika Resora javne bezbednosti Ministarstva unutrašnjih poslova, general-majora Boška Buhe.

„Podigli smo čitavu policiju na noge, prevrnućemo i nebo i zemlju dok ne pronađemo počinioca ovog zločina", rekao je Mihajlović, koji nije hteo da govori o motivu ovog zločina dok se ne otkrije i ne sasluša ubica generala Buhe.

Republički ministar pravde, Vladan Batić, odmah je ocenio da ubistvo general-majora Boška Buhe nije političko ubistvo:

„Mislim da je to jednostavno obračun podzemlja s čovekom koji je bio još dosta davno na rukovodećim funkcijama u policiji. Nadam se da će bar to ubistvo biti rasvetljeno."

Srpski premijer, zatečen u Novom Sadu, prve reči je uputio policiji: „Od Mihajlovića očekujem da u nekoliko narednih dana vladi ili Savetu za nacionalnu bezbednost prezentuje jasnu strategiju šta službe treba da urade u ovom slučaju. Na osnovu toga ćemo proceniti da li je policija učinila sve i da li je spremna da uradi sve što je u njenoj moći i nadležnosti da sve što je moguće proveri, razreši i kaže na kraju dokle je stigla", izjavio je, između ostalog, doktor Zoran Đinđić.

Boško Buha je rođen 30. septembra 1959. u Virovitici, od oca Vladimira i majke Koviljke. U Zagrebu je završio Fakultet narodne odbrane, a policijsku karijeru počeo je u rodnom gradu. U Beograd je došao 1991, i 1992. je postavljen za načelnika OUP-a u Sopotu. Šest godina kasnije postao je komandant Policijske brigade SUP-a Beograd.

Sâm protiv mafije

Godinu pre NATO bombardovanja službeno je boravio na Kosovu, gde je bio ranjen. Uvek kada mu je pominjan Tribunal u Hagu, načelnik Buha je branio svoje ljude i svoje postupke na Kosmetu: „Neću dozvoliti da ijedan policajac odgovara za ono što sam ja naređivao. Odgovoran sam za sve što su uradili policajci iz moje jedinice dok smo bili na Kosovu i Metohiji. Mi smo na Kosovo i Metohiju išli da se borimo protiv terorista. Ukoliko me pozovu, spreman sam da kažem šta smo tamo radili i da odgovaram za sve", rekao je jednom prilikom general-major Boško Buha, kao načelnik SUP-a Beograd. Istakao je tada da su svi slučajevi nezakonitog delovanja policajaca na Kosovu i Metohiji pokrenuti pred našim sudovima. Na pitanje da li se oseća bezbedno, jer se i njegovo ime nalazi na spisku objavljenom u *Reporteru*, odgovorio je da se prvi put kad su mu postavili to pitanje posle objavljivanja spiska nalazio u Hrvatskoj na putu za Sloveniju i da to dovoljno govori o tome da li se oseća bezbedno.

U događajima 5. oktobra oko Savezne skupštine, Boško Buha je bio s grupom policajaca zarobljen u Kosovskoj 43. Prešao je na stranu demonstranata i vrlo brzo, u februaru 2001. godine, imenovan je za načelnika GSUP-a Beograd.

Upamćen je kao načelnik koji se obračunao s velegradskom auto-mafijom, koji je registrovao klanove organizovanog kriminala u prestonici, ali i koji se ogrešio o zagovornike homoseksualizma, jer nije sprečio njihovo batinanje od radnika GSUP-a Beograd.

Jednom prilikom je o opasnosti od pripadnika organizovanog kriminala rekao:

„Mafija prvo pokušava da neke policajce uvuče u podzemlje, da ih podmiti ili uprlja, potom da ih kompromituje. Meni su nuđeni neki kontakti s ljudima iz podzemlja. Beogradska mafija pokušava da se dodvori nekim političarima iz DOS-a, nudi im razne usluge, novac, pa i dosijea da kompromituju svoje političke protivnike. Jer, oni mafijaši koji su dobro radili u Miloševićevom režimu pokušavaju da pretrče u tabor DOS-a ne bi li dobili patronat za poslove i tako zaustavili progon... Ako političari i policajci odbiju ponudu, mafija izvrši pritisak na MUP, inscenira skandal, posle kojeg se javno traži smena ministra policije Srbije.“

Buha se kao načelnik GSUP-a Beograd krajem 2001. godine nije mnogo pojavljivao u javnosti. Neki Beograđani su čak sumnjali da je Buha doprineo objavljivanju spiska policajaca koji su ratovali na Kosmetu, a drugi da je podržavao pobunu pripadnika „Crvenih beretki“, pa je to, navodno, bio razlog da se smeni iz GSUP-a Beograd.

„Prelazim u MUP na mesto pomoćnika generala Sretena Lukića i biću verovatno zadužen za organizaciju svih poslova u MUP-u oko suzbijanja kriminaliteta u republici“, rekao je kada smo u decembru 2001. godine radili intervju za list *Nedeljni telegraf.*

A to je značilo da je general policije Boško Buha i dalje bio u prvim redovima borbe protiv organizovanog kriminala. Njegova likvidacija, međutim, nije otvorila samo to bolno pitanje nove vlasti već je i iskorišćena za produbljivanje krize unutar vladajuće koalicije.

Narodni pokret „Otpor“ ocenio je da je ubistvo Boška Buhe upozorenje da se jalovom i deklarativnom borbom neće stati na put kriminalu.

Velimir Ilić, predsednik Nove Srbije, najavio je da će zatražiti ostavku ministra unutrašnjih poslova Srbije, Dušana Mihajlovića, ukoliko u narednih nekoliko dana ne budu otkrivene ubice Boška Buhe.

Takvih ocena i predloga bilo je mnogo u Jugoslaviji u poslednjih dvanaest godina, jer je u tom penodu, samo u Beogradu, ubijeno 136 lica koja su direktno ili indirektno bila povezana i s politikom, i s policijom, ali i s našim podzemljem.

Smaknuće Andrije Lakonića

Nezvanično Srbija je dobila svoju mafiju kada su se mnogi tvrdi momci sredinom osamdesetih iz zemalja Zapadne Evrope vratili svojim kućama u Beograd. Mnogi od njih su radili za jugoslovensku tajnu policiju, a i za sebe.

Kada je 1986. godine kod Istočne kapije u Beogradu ubijen Ranko Rubežić, koji je ličio na velegradskog desperadosa, ta likvidacija tada nije imala političku pozadinu koja bi uznemirila srpsku i jugoslovensku elitu. Slično je bilo i sa ubistvom Ljubomira Magaša, kuma jugoslovenske mafije u Nemačkoj, koga je pred zgradom suda u Frankfurtu likvidirao Goran Vuković. Za oba ubistva se samo govorilo da ih je režirala jugoslovenska, odnosno nemačka policija, da bi smirila svoje podzemlje.

Prva politička afera zbog tajnih likvidacija izbila je krajem marta 1990. godine kada je u restoranu *Nana*, posle kraće prepirke došlo do pucnjave između Andrije Lakonića, Veska Vukotića i Darka Ašanina. Na podu je ostao smrtno ranjen bivši bokser Andrija Lakonić. Veselin Vesko Vukotić je naredne noći uz pomoć inspektora Miroslava Bižića iz GSUP-a prebegao u Ameriku, a Darko Ašanin je stavljen u istražni zatvor. Zajedno s njim, na optuženičku klupu seo je i inspektor Miroslav Bižić iz GSUP-a Beograd.

Prvi je okrivljen za ubistvo, a drugi za zloupotrebu službenog položaja. Uhapšeni su bili i Miroljub Kurtović Mirče, vlasnik *Nane*, knjigovođa Živko Grujić, i gost Spasoje Ivanović. Na suđenju, međutim, Miroslav Bižić je prvi put za jugoslovensku javnost otvorio temu saradnje tajne policije Službe državne bezbednosti SFRJ s beogradskim delinkventima za atentate nad emigrantima u inostranstvu.

Desa Živković, majka poginulog boksera, o tome je na sudu posvedočila sledeće:

„Šest godina policija je progonila mog Andriju. Otišao je od kuće 1977. godine da boksuje za *Radnički*. Kad je bio u Budvi, za njim je stigla poternica iz Beograda. Kažu, učestvovao je u nekom puškaranju na Adi. Bio je sav izrešetan. I pored tri advokata osuđen je na pet godina i šest meseci zatvora. U Zabeli je video da hoće da ga otruju. Pred Novu 1988. godinu javio mi se da ide u Italiju kod sestre Ane. Tada sam mu poslala njegov pravi pasoš. Kada se vratio, pokazao mi je novi pasoš na ime Zoran Stanković." Taj pasoš je Lakonić dobio od

SDB-a Jugoslavije da bi s njim sakrio svoj identitet kada je išao u Brisel da likvidira albanskog nacionalistu Envera Hadrija.

Laki je u Beograd došao iz Nikšića krajem sedamdesetih godina. Boksovao je prvo u perolakoj, a potom u lakoj pa velter kategoriji. Vicešampion Jugoslavije bio je 1978. godine i član državne reprezentacije. U dresu Jugoslavije boksovao je u Memfisu, u SAD, i izgubio od Darila Fulera. Savezni trener Bruno Hrastinski je voleo srčanost Andrije Lakonića. Živeo je u Beogradu sa sestrom Anom i sestrićem.

Početkom osamdesetih napustio je BK *Radnički* i s Miroslavom Popovićem otišao u Niš. Sledeće godine je Lakonić napustio boks. Posvetio se poslovima oko estrade. Bio je veliki prijatelj s familijom Ašanin. Darkovom sinu Marku poklonio je zlatan lanac s krstom.

Andrija Lakonić je bio poznat beogradskoj javnosti kao nasilnik, jer je marta 1985. godine ispred kafane *Sabor* na Sajmu pucao u Danila Radonjića. Zato su se ljudi oko njega bojali njegove brze ruke.

Pitao sam lično Darka Ašanina šta se zapravo dogodilo u klubu 24. marta 1990. godine?

„Zločin u *Nani* je epilog jednog tužnog obračuna dvojice muškaraca. Jedan divan momak, duša od čoveka, Vesko Vukotić, bio je primoran da se brani od dojučerašnjeg prijatelja pijanog i agresivnog Andrije Lakonića, koji je potegao pištolj. Taj Andrija je gotovo svake večeri potezao pištolj na ljude po gradu. Vesko je morao da brani svoj život. I odbranio ga je. Sve se to dogodilo pred desetak svedoka. Sada se priča da je to bilo namešteno ubistvo. Gluposti!"

Laki, kako su ga prijatelji zvali, preminuo je od četiri teške rane. Dve na stomaku bile su od kalibra 7,65 mm, a u glavi je imao malokalibarsko zrno kalibra 5,6 mm. Te kobne večeri Andrija Lakonić je s prijateljima obišao više kafea. Posle bara *Paladinijum* otišao je u *Mažestik*, a odatle u *Džoni Voker* i *Nanu*.

Smrt Andrije Lakonića u uskim beogradskim krugovima je vezivana za njegovu potrebu da se često javno hvali šta radi za SDB Jugoslavije. Po tom tumačenju, Lakonić je likvidiran po nalogu SSUP-a, mada sud takvu mogućnost nije pominjao.

Kad je početkom oktobra 1990. sudija Vladan Vukčević iz beogradskog Okružnog suda doneo oslobađajuću presudu za Darka Ašanina, tridesetdvogodišnjeg biznismena, okrivljenog za ubistvo Andrije Lakonića u noćnom klubu *Nana*, telefoni u kući ovog staklara iz Krnješevaca nisu prestajali da zvone. Rođaci, prijatelji i poznanici su se javljali da čestitaju Darku na izvojevanoj pravdi. Vesko Vukotić je tada već bio u Americi, a policajac Miroslav Bižić je kao prvi velegradski detektiv krenuo u privatni biznis s pronalaženjem automobila.

Ministar srpske policije, Radmilo Bogdanović, uspeo je da preko afere Lakonić slomi Savezni sekretarijat unutrašnjih poslova i prozove tajnu policiju Jugoslavije, koja je imala dogovor s nekim policajcima iz GSUP-a Beograd da angažuju momke sa asfalta za poslove u emigraciji. Ispostavilo se da su Andrija Lakonić i Darko Ašanin učestvovali u likvidaciji Envera Hadrija u Briselu.

Epilog ove afere je bio koban, jer je pored Lakonića, i njegov nekadašnji partner u likvidacijama emigranata, Darko Ašanin, ubijen u zasedi 1998. godine, takođe u Beogradu. Kako nikada nije utvrđeno ko je zapravo ubio Andriju Lakonića, tako se ne zna ni ko je na svoju ruku presudio Darku Ašaninu.

Kako je ubijen Beli

Donator Srpske garde Branislav Matić Beli ubijen je 4. avgusta 1991. godine ispred svoje kuće na Voždovcu, u ulici Milana Raspopovića, rafalnom paljbom iz, kažu očevici, automatskih pušaka dvojice napadača.

Tog dana, 3. avgusta 1991. godine, u Topoli je održan skup Srpske garde. Okupilo se oko sedam hiljada ljudi na osnivanju odreda „Tanasko Rajić". Došavši pred kuću, Beli je sačekao da iz automobila BMV BG 44-44 izađu njegova supruga, komšinica s dvoje dece i Giškina devojka. Zatim je i sâm izašao. Začuvši prve pucnje, stigao je tek da dovikne: „Lezite!"

Nakon ispaljenih hitaca ubice su uskočile u beli mercedes bez registracije i nestale. Na mestu ubistva pronađeno je 27 čaura. Nikakvi drugi detalji koji bi uputili na počinioce dobro planiranog i surovo sprovedenog ubistva nikada nisu otkriveni.

Kasnije se iz nekih priča čulo da je jedan od ubica iz okoline Bratunca, drugi iz Srebrenice. Zvonko Osmajlić iz SPO-a, koji je takođe pokojnik, tada je pričao da ga je po zvala telefonom neka devojka i rekla mu:

„Ubili smo ti Belog, sada si ti na redu."

Đorđe Božović, najbolji drug Branislava Matića (ubijen je naredne godine na ratištu kod Gospića), dva dana kasnije novinarima je ispričao svoju verziju ovog dramatičnog događaja:

„Aktuelni režim je pokazao spremnost i odlučnost da spreči širenje Srpske garde i onemogući konkurenciju u 'zaštiti' Srba u ovoj propaloj Jugoslaviji. Odred za hapšenje, koji su meni nedavno poslali u hotel *Slavija*, zamenili su odredom za likvidaciju Belog i mene. Tog jutra krenuli smo da održimo smotru bataljonu Srpske garde koji nosi ime Tanaska Rajića, sastavljenom od momaka iz Čačka, Lučana i Gornjeg Milanovca. Branislav i ja smo krenuli kolima s namerom da izvršimo smotru junački i patriotski raspoloženog bataljona. Smotru smo izvršili u legendarnom Takovu. U povratku kući razdvojili smo se, Beli je krenuo autom, a ja svojim džipom. Njegov auto je bio brži od džipa i on nas je ostavio barem pet minuta vožnje iza sebe. Kad smo mi stigli u Beograd, imali smo šta da vidimo. Pomislio sam prvo da je možda bačen suzavac. Kod kuće mi je rečeno da je Beli ubijen. Vratio sam se na mesto gde su ga ubili.“

Beli Matić je s Đorđem Božovićem i Aleksandrom Kneževićem bio tvorac ideje i realizator osnivanja Srpske garde, pod pokroviteljstvom SPO-a. Zaseda na Voždovcu bila je i zamka za njih, ali oni nisu stigli do Matićeve kuće. Matićeva smrt je zato i vezivana za aktivnost oko garde, jer je on bio njen najveći donator. Iz fabrike u Vučju, za gardiste je nabavio deset hiljada uniformi. Istovremeno, šuškalo se da je Matić finansijski pokrivao i nabavku naoružanja.

Supruga Tanja je u novinama potvrđivala priče da su imali međusobnih razmirica zbog prevelike materijalne podrške koju je davao SPO-u, nabavivši pre svega skupoceni BMV, jer je „bilo sramota da se predsednik najvećeg opozicionog bloka vozi u polovnom zastavinom automobilu“. BMV je vozio šofer Vuka Draškovića, a zastavu 101 redakcija *Srpske reči*. Koliko je Matić ostavio povoljan utisak u stranci kojoj je pripadao, svedoči rečenica Vuka Draškovića izgovorena posle njegove pogibije: „To je bio najbolji čovek kojeg sam ja upoznao i pisaću o njemu u knjizi“.

Branislav Matić je želeo da ostvari san o „konačnom proterivanju komunizma iz Srbije“. Zbog činjenice da je ubistvo usledilo posle povratka sa skupa u Topoli, dobilo je politički karakter.

Majka Milica Matić, bila je očajna kad je shvatila da njen Beli učestvuje u „stvaranju istorije“:

„Niko nije hteo da pravi Srpsku gardu, nego moj sin. Kakva crna garda, za to se gubi život. Kažem, kad je bio u zatvoru, bilo mi je mnogo teško. Vraćam se iz posete sva slomljena, utučena, ali, ko velim, hvala bogu da ga politika ne interesuje, jer se za to gubi glava. Zato se od politike treba sklanjati. Kad, odjednom, vidim slučajno na televiziji svog sina. Viknem mužu: 'Blagoje, pa šta je ovo?!' A on odgovara da moraju da se sruše komunisti. Srušiše oni njega. Srpski pokret obnove ga je preko noći zaboravio. Uglavnom, vidim da su se posle Braninog ubistva mnogi njegovi vajni prijatelji povukli. Više ih ne interesuju ni Garda, ni kralj, ni politika, ništa. Užas."

Branislava je majka Milica zvala od milošte Brana. Rođen je 22. juna 1952. godine u Beogradu. U krštenici piše: Srbin. Bio je jedinac. Imao je sve. Bio je majci jako dobar: „Voleo je drugove, voleo je ljude!" S pet godina doselio se na Voždovac. U školi je bio dosta živ. Beli je bio gradsko dete. Od sedme godine je učio engleski jezik. Posle toga je lako naučio i druge jezike, italijanski, češki, nemački. Završio je školu učenika u privredi i stekao zvanje bravara. Vojsku nije služio. Ženio se dva puta. Imao je već dvoje dece kada je 1987. upoznao Tanju, devojku devetnaest leta mlađu od sebe. Ona mu je rodila sina.

U sudskim dosijeima piše da je Branislav Matić zbog pozajmice automobila i falsifikovanja vozačkih dozvola osuđivan na po nekoliko meseci zatvora 1972. pa 1975. pa 1979. kada je osuđen uslovno na dve godine.

U pritvoru je bio 1984. od 2. februara do 30. maja. Prvi veći zatvor dobio je 1985. godine, kada je osuđen na šest meseci jer je zapalio stan jednom beogradskom taksisti koji mu je silovao devojku. Beli je kaznu izdržavao u Padinskoj Skeli. Drugi put je kažnjen šest meseci jer je posedovao ukradeni automobil.

Od svojih trideset devet godina života, Beli je punih dvadeset sedam prijateljevao s Giškom.

Sâm Đorđe Božović Giška je sumnjao da će Beli sačuvati živu glavu. To je nakon pogibije Belog otkrio gardistima iz odreda „Branislav Matić".

Prijatelji pokojnog Belog kažu da mu je, neposredno uoči pogibije, prećeno, ali da on to nije ozbiljno shvatao, odnosno nije to smatrao dovoljnim razlogom da se opaše pištoljem, jer ga nikad nije nosio.

Milica Matić takođe pominje i nadaleko čuveni „tajni spisak za likvidaciju", na kojem je, navodno, bilo i ime njenog sina:

„Kad je poginuo, u novčaniku mu se nalazio neki papirić sa imenima. U prvom trenutku na to nisam obratila pažnju, jer mi je u smrti sve drugo bilo nevažno. Zvao me je Dugi Lainović i rekao da će sutradan doći da mi kaže ko je ubio mog sina. Stigao je, ništa mi nije rekao, ali je uzeo taj papir i odneo sa sobom. Posle sam u nekom njegovom intervjuu pročitala da priznaje kako je to uradio."

Knele je zauvek zaspao

U apartmanu 331 hotela *Hajat* na Novom Beogradu, 28. oktobra 1992. godine, ubijen je Aleksandar Knežević Knele, dvadesetjednogodišnjak iz naselja Braće Jerković.

Kneletovo telo je pronađeno sledećeg dana u petnaest časova. U SUP-u Beograda ostalo je zapisano da je sobar primetio gosta kako leži na podu, najverovatnije pijan, jer je iz sobe osetio kiselkast miris. Knele je ležao između televizora i kreveta, potrbuške, raširenih nogu i savijenih ruku. Glava mu je bila u lokvi krvi. Na sebi je imao trenerku i crne *najki* patike. Obdukcijom su utvrđene tri smrtonosne rane: dve sa desne i jedna sa leve strane potiljka. U sobi su pronađene četiri čaure metaka ispaljenih iz automata CBC T-45. Na sobnom ogledalu, u dnu, krvlju je bio ispisan broj jedan.

Rekonstrukcija kretanja Aleksandra Kneževića je pokazala da je u *Hajatu* bio od 21. septembra. Pre toga je bio kod svoje babe, lečio se od gripa. Baka mu je govorila: „Nemoj sine da ubiješ nikoga, pa neće niko ni tebe!"

Njen savet se nije ostvario.

Poslednjeg dana života Knele je u popodnevnim časovima posetio Darka Ašanina u njegovoj kući u Krnješevcima. Predveče je otišao za Beograd. Čim su saznali da je ubijen, Kneževićevi prijatelji su pohrlili u hotel *Hajat*. Priča se da je u gnevu Mirko Tomić Bosanac, njegov prijatelj, danas pokojnik, polupao stakla na dva mercedesa parkirana ispred hotela, od kojih je jedan pripadao Jezdimiru Vasiljeviću.

Jedno od prvih objašnjenja Kneletovog ubistva, trebalo je da bude njegova veza s Belim i Giškom, odnosno njihovim političkim uverenjima. Kneletov otac Dušan Knežević, u to vreme je tvrdio da likvidacija ima isključivo političku pozadinu. Po njegovom uveravanju, još u vreme pogibije Belog, postojao je plan da Beli, Giška, Goran i Knele budu likvidirani iste večeri po povratku sa skupa Srpske garde održanog u Topoli. Ovu tezu trebalo je da potvrdi i činjenica da je Giška ubijen metkom ispaljenim iz puške SAR singapurske proizvodnje, a da je kasnije, u različitim prilikama, na Gorana Vukovića i Kneleta pucano iz istog oružja.

Aleksandar Knežević je bio momak s Voždovca, veliki prijatelj Đorđa Božovića. S njim je pristupio Srpskoj gardi i s njim je bio u Borovu selu u uniformi gardiste. Knele je s Giškom bio i na demonstracijama devetog marta 1991. godine. Policija ga je zato stalno pratila, jer je bilo procenjeno da Knežević kao novi vođa ulice može da okupi oko sebe do 5.000 mladih ljudi. Neko vreme Knele je bio i zvanični telohranitelj Vuka Draškovića. Kneletov ubica nikada nije pronađen.

Ubijen je srpski Eskobar

I priča koju su 1993. širile dnevne beogradske novine povezivala je poznatog beogradskog biznismena Radojicu Nikčevića s velegradskom policijom, ali i s kolumbijskim kartelom i Pablom Eskobarom, kraljem kokaina. Ta priča je posebno podgrejana kada su novine objavile čitulju s potpisom ovog Kolumbijca. Đovani di Stefano je, međutim, jednom prilikom priznao da je s Radojicom Nikčevićem išao u Kolumbiju privatnim avionom.

Bilo je i priča o Nikčevićevim vezama s prvim ljudima Malezije. U oba slučaja navodni crnogorski lobi iz Njujorka spajao je jednog srpskog direktora Radojicu Nikčevića s najvećim trgovcima droge u svetu. Oni koji su bolje poznavali Nikčevića tvrdili su da su sva ova putovanja bila u sklopu akcije ulaganja kapitala *Šumadije* u lanac hotela.

A onda je iznenada ubijen.

Radojica Nikčević, star četrdeset pet godina, bio je direktor Prve beogradske stambene zadruge *Šumadija*. Prema saopštenju MUP-a Srbije, ubijen je 7. oktobra 1993. godine u 8.15 časova, u Beogradu, u Ulici Vase Pelagića broj 54, dvadesetak metara od vrata svoje firme i u blizini restorana *Šeher*.

Nepoznati ubica je najverovatnije sačekao Nikčevića iza garaže, kada je izlazio iz kola, izašao pravo pred njega i pucao mu pravo u čelo. Posle se dao u beg tako što je seo u beli jugo i pobegao Ulicom Vase Pelagića. Po priči drugih očevidaca, zaposlenih u *Šumadiji*, napad na Nikčevića su izvela dva nepoznata lica u radničkim kombinezonima. Nikčević je izašao iz svog automobila, prešao desetak koraka, gde mu se jedan od napadača prikrao i pucao mu u potiljak iz pištolja. Drugi je čekao u belom jugu kojim su nepoznati revolveraši pobegli Ulicom Vase Pelagića.

Četrdesetpetogodišnji Radojica Nikčević, rođeni Beograđanin nikšićkog porekla, za sebe je sâm govorio: „Crnogorac sam srpskog roda". Bio je košarkaš u penziji i bubnjar, a nekadašnji predsednik

KUD *Abrašević*. Kao vatreni partizanovac, bio je član rukovodstva Fudbalskog kluba, i predsednik Košarkaškog kluba u vreme kada su „crno-beli" košarkaši osvojili evropsko prvenstvo 1992. godine. Radojica Nikčević je bio i pilot, predsednik vazduhoplovnog kluba *Savski venac*, a kao dobrovoljac učestvovao je u poslednjem ratu, u operacijama u Sloveniji, i kada se letelo na Slavonski Brod.

Kao diplomac Više ekonomske škole u *JIK banci* je bio jedan od rukovodilaca. U *Šumadiju* je došao 1985. godine. Zadruga je bila pred likvidacijom, opština se odlučila na prinudnu upravu i dovela ga je za prinudnog direktora. Pod rukovodstvom Radojice Nikčevića zadruga je dobila nove lokacije i nove poslove na Dedinju i Senjaku. Sagrađeno je naselje *Gorica* u Sremčici. *Šumadija* je brzo iz baraka u Ulici Svetozara Markovića prešla u novu poslovnu zgradu na Topčiderskom brdu kod restorana *Šeher*. Bila je to verovatno tada najlepša poslovna zgrada u Beogradu. A živeo je sa suprugom, prevodiocem u SSIP-u, u običnom stanu.

Šumadija i njen direktor, Radojica Nikčević, javnosti su bili poznati i po svojim stanovima, ali i po tek otvorenom *Radio Pingvinu* i kafiću *Pingvin*, čiji je on bio jedini vlasnik.

Direktor je nameravao da s Đovanijem di Stefanom, Amerikancem italijanskog porekla, finansira filmove o genocidu nad Srbima. Njih dvojica su se upoznali u Francuskoj, posredstvom srpskog biznismena Miše Ćulafića. Nikčević je imao svoju privatnu firmu *Busy Dragon* u Hongkongu i radio je s tekstilom i bavio se kupovinom nameštaja od bambusa. Javnost je u Beogradu pominjala i firme u Londonu, lanac od 140 bioskopa u Moskvi. I jedni i drugi kažu da je Nikčević bio pravi biznismen i uspešan poslovni čovek. Istina, pomalo prek, brz na odlukama. Bio je čovek od reči.

Radojica Nikčević je bio veliki patriota. Pomagao je Srbe s Kosova. Sagradio je kuću za četiri prosvetna radnika u Peći. Kuću je gradila firma *Invest eksport*, a slučajno ili namerno njen vlasnik je Dragoslav Miličić, jedan od čelnika SPO-a. Njegovi prijatelji bili su i Milorad Vučelić, Radoman Božović, Milo Đukanović, Jovica Stanišić. Otuda su ga povezivali sa Službom državne bezbednosti Srbije.

Glasine su širene i o njegovoj vezi s mafijom u zemlji i u svetu. Naročito posle hapšenja njegovog poslovnog partnera Đovanija di Stefana zbog šticovanja deviza i transakcija sumnjivog porekla s firmom *Tref rejsing tim*, čiji je vlasnik bio Vlada Kovačević, zvani Tref.

Radojica Nikčević je bio finansijski i politički moćan čovek. Njegovo ubistvo je bilo zastrašujuća opomena da u Beogradu postoje ljudi koji smeju da udare tako visoko i da ostanu nekažnjeni, do dana današnjeg. Nije se znalo jedino šta je bio pravi motiv ubistva Radojice Nikčevića: novac ili politika?

Osveta Goranu Vukoviću

Kada je 12. decembra 1994. godine u Beogradu ubijen Goran Vuković, poznatiji kao ubica Ljube Zemunca, prijatelji su se od njega oprostili sa oko 200 umrlica u dnevnim beogradskim novinama. Po mafijaškim zakonima, te umrlice su bile i svojevrsni poslednji i iskreni pozdrav prijatelja, ali i licimerni pozdrav neprijatelja.

Goran Vuković je ubijen u ponedeljak, noću, u klasičnoj „sačekuši", srpskoj zasedi iza žbuna, na uglu ulica Srpskih vladara i Svetozara Markovića, kod Jugoslovenskog dramskog pozorišta u Beogradu. Na njega i njegovog prijatelja Duška Malovića, inače, specijalca Republike Srpske, u trenutku kada su ulazili u auto, nepoznati napadači ispalili su pedesetak metaka iz automata hekler i koh s prigušivačem.

Poslednjem ispraćaju Gorana Vukovića na Topčiderskom groblju prisustvovalo je u subotu 17. decembra 1994. godine više od 600 ljudi. Pred tužnim skupom od Vukovića se oprostio njegov prijatelj Željko Stevanović rečima koje su upozoravale:

„Dragi brate Gorane! Danas Voždovac, Beograd, Srbija, Jugoslavija, svi oni koji su te voleli, plaču. Odlazi još jedan vitez. Odlazi najveći od velikih. Nema više Giške, Kneleta, Romea, Žapca, Bokija, nema više ni našeg Gorana. Dragi brate, ušao si u legendu, a otišao tako brzo i bez pozdrava u nezaborav!"

Da nije ubio Ljubomira Magaša u Frankfurtu, ko zna da li bi Goran Vuković bio zvezda jugoslovenskog podzemlja. Zato se odmah posle atentata na njega i sumnjalo da je Vuković žrtva osvete Magaševih ljudi iz Beograda. Pričajući jednom prilikom Gordani Jovanović svoj život, i sâm Vuković je nesvesno, govorio o Ljubi Zemuncu, otkrivajući da ga savest peče i da nije miran, jer je obeležen kao ubica najjačeg među najjačima:

„Ja sam rođeni Beograđanin, odrastao sam u Sarajevskoj ulici. Praktično nepripremljen i još zelen uleteo sam u tu aristokratiju podzemlja. U zatvoru sam ranije bio jedanput sedam meseci i jedanput godinu i po dana. Oba puta zbog ugrožavanja opšte bezbednosti.

Prvi put sam se sukobio sa zakonom u Sarajevu, kad su me 1978. napali neki muslimani. Ubio sam čoveka nožem i osuđen sam na sedam meseci zbog prekoračenja nužne odbrane. Bilo ih je šest-sedam protiv mene samog. Možda stvarno imam dirljivu biografiju: Nisam uradio ništa veliko, osim što sam ubio Ljubu Zemunca. Potpuno neverovatno."

Goran Vuković se vratio u rodni Beograd prvog oktobra 1991. godine s punim džepovima. Kako se sâm hvalio, u Nemačkoj je zaradio velike pare. Posle robije iz Nemačke je proteran kući. Njegovo sedište u Beogradu bila je diskoteka *Luv* u naselju Braća Jerković na Voždovcu. Zato se i pretpostavljalo da je bio kum voždovačkog klana, u kome su bili mladi pripravnici iz velegradskog podzemlja. S njim je neprestano bio i Boris Petkov. Obojica su bili naoružani i pištoljima, ali i pancir košuljama. To njihove napadače, međutim, nije sprečavalo da čak osam puta pokušaju da ubiju ubicu Ljube Zemunca.

Aprila 1992. godine s livade u naselju Braća Jerković neko je ispalio „zolju" na Vukovića u trenutku kada je s Veskom Veličkovićem ulazio u automobil. Od eksplozije šrapneli su pogodili Gorana Vukovića u nogu, a detonacija mu je pokidala tetivu. Dva meseca je bio u bolnici, odakle je potom otišao u Španiju na odmor. Nekoliko meseci kasnije, u oktobru, posetioci restorana *Tifani*, u Ulici Vojvode Stepe su ispod Vukovićevog automobila primetili paklenu mašinu. „Bomba", uzviknuo je neko, dok je Vuković startovao automobil. S njim je u kolima bio sin jednog generala. Srećom po njih, eksploziv nije aktiviran, pa ga je specijalna brigada MUP-a Srbije demontirala.

Naredne zime, kada je s Borisom Petkovim izlazio iz *Luva*, Goran Vuković je zasut mecima iz puške koju su kasnije identifikovali po čaurama kao „kikača". Još jedan sličan napad iz zasede na Vukovića primetile su i njegove komšije. Jedan od njih je video dvojicu napadača „koji su pobegli". Trinaestog januara 1993. Boris Petkov je, opet kod diskoteke *Luv*, s pištoljem u ruci jurio za atentatorom naoružanim velikom puškom. Već sutradan, međutim, Goran Vuković se našao oči u oči sa svojim likvidatorima.

Milovan Zorić se posle neuspelog atentata na Gorana Vukovića javio Brigadi SSUP-a da je na bolovanju, a Radojica Dožić je ranjen prebačen u bolnicu. Obojica su prilikom pokušaja ubistva Gorana Vukovića koristili službeno oružje.

Vukovića je uvek pratio nadimak Majmun i priča o ubistvu Ljube Zemunca:

„U Beogradu je štampana knjiga *Ljuba Zemunac – maneken smrti*, da bi se dokazalo da sam po nalogu nemačke policije ubio Ljubu i time obezglavio frankfurtsko podzemlje, odnosno stavio tačku na seriju političkih ubistava koja su za Udbu izveli Ljuba i njegovi ljudi. Čista glupost je i priča da sam Ljubu ubio po naredbi Udbe. Navodno, jedan Ljubin čovek je za račun službe bezbednosti ubio čuvenog jugoslovenskog privrednika Stjepana Đurekovića, kasnije optuženog za pljačku društvene imovine, i zato ga je trebalo likvidirati.“

Bez obzira na Vukovićeve tvrdnje ili opravdavanja, našao se u čitulji.

Hitac u policajca

Dragan Radišić zvani Raša, velegradski policajac ubijen je 1. februara 1996. na kućnom pragu na Karaburmi, sa osamnaest metaka u leđa. Bio je inspektor za krvne i seksualne delikte.

Za inspektora beogradske policije Dragana Radišića govorilo se da se nikome iz podzemlja posebno nije zamerio. Pojedinci su, doduše, pričali da je imao tvrdu ruku i bio uporan policajac. Ubijen je iz sasvim nejasnih razloga.

Iza njega su ostali supruga Tatjana Radišić i dve ćerke. Dve noći pre tragičnog događaja curice su mirno spavale u svojim novim krevetićima, odlazeći na počinak uz tatine poljupce. Dragan Radišić je želeo da ima srećnu porodicu, da zajedno uživaju u malim radosnim trenucima. Nepoznati krvnik ili krvnici su ga sprečili u tome.

Decu su pripremali za prvi dan u vrtiću. Dok je majka Tanja oblačila devojčice, Dragan je otišao u prodavnicu da kupi hleb. One su sedele za stolom i čekale da se pojavi pa da doručkuju. Čekanje se nešto odužilo, ali je supruga Tanja pomislila da je ipak nešto iskrslo, da je Dragan u redu za mleko i hleb. Kad je prošao čitav sat, Tanju i decu je uhvatila panika. Ćerkice su počele da plaču. Tijana je imala četiri i po godine, a Dragana tri godine, pa ih je majka Tanja ponela dole do ulaznih vrata. Kad su posle sat i po čekanja sišle, videle su Dragana kako leži na prvom stepeniku u ulazu u zgradi.

„Pomislila sam da se onesvestio. Spustila sam decu, i ugledala lokvu krvi. Gledala sam sve to, jasno mi je bilo šta se desilo, ali nisam mogla s tim da se pomirim, pa sam zurila bez glasa, kao da gledam neki horor film. Onda sam počela da vrištim, da zovem pomoć, ali se niko nije pojavljivao. Počela sam da lupam po vratima, za mene je to bila večnost, a prošlo je pet minuta. Vikala sam komšijama da zovu hitnu pomoć, a oni su me pitali koji je broj telefona... Tek mi je kasnije bilo jasno u kakvom sam šoku bila kad nisam ni znala gde su mi deca. Došla je hitna pomoć, i njegove kolege. Tako se završila naša dotad lepa porodična priča“, izjadala se jednom prilikom Tanja Radišić.

Kad je njen muž Dragan Radišić ubijen, imao je nepunih trideset pet godina. Rođen je u Valjevu, ali je u Beogradu išao u školu. Rano je ostao bez roditelja, pa je odrastao uz tetku Dragicu. Završio je policijsku školu u Kamenici i potom u Zemunu i zaposlio se u GSUP-u. U svom poslu je, govorile su njegove kolege, bio fanatik. Odlazio je na posao bez gunđanja, usred noći, rano ujutru, čak i kad je ručao, bilo kad da ga pozovu.

Tanja i Dragan su se zabavljali tri godine i bili pet godina u braku, dobili dve curice i bili srećni.

„Svakog prvog u mesecu idem na groblje i nosim mu čokoladu, jer mu je to bio omiljeni slatkiš, i crvenu ružu... Dok smo se zabavljali, išli smo u Poreč, Ohrid, u Pariz, Veneciju... Nije ga bilo sramota da me u društvu najbližih prijatelja zove Micko, a ja sam njega zvala Mačak. Kada se rodila Tijana, dobila je nadimak Coka, a Draganu je prozvao „Žuto čudo“. Planirali smo da sve to proputujemo i s našim curicama. Žao mi je što moj Dragan neće doživeti da uživa u odrastanju naših devojčica. One još pamte scenu ispred zgrade, jer su me pitale zbog čega sam vrištala. Dragana, mada je bila baš mala, kad prođemo pored ulaza ponekad se okrene i kaže: 'Tata je ovde ležao'.“

Tanji Radišić i deci Dragana Radišića, koga su ubili nepoznati zlikovci, pomažu otac, majka, brat i Draganova tetka Dragica, kao i Draganove kolege da lakše podnesu život bez svog Raše.

Pucanj u Miroslava Bižića

S policijskim inspektorom Miroslavom Bižićem znao sam se šest godina. U vreme kada su novinari akreditovani u policiji mogli da prave intervjue sa uspešnim inspektorima imao sam priliku da razgovaram s popularnim Bižom desetak puta. Bio mi je i gost u televizijskim emisijama na *TV Politika* i *TV Novi Sad*. Uvek veseo, vedrog duha bio je lak sagovornik, jer je raspolagao s mnogim podacima, koje je javnosti stavljao na uvid. Kažu da je najbolje poznavao beogradsko podzemlje i bio najbrži i najbolji strelac u srpskoj policiji.

Stepenište tržnog centra u Novom Beogradu, poznatog kao *Merkator*, bilo je 21. maja 1996. godine, međutim, kobno i za bivšeg policajca Miroslava Bižića Bižu. Tog dana pošao je u svoju privatnu detektivsku agenciju *Biža*, specijalizovanu za pronalaženje ukradenih limuzina.

Ubica je sačekao Bižića između 9.20 i 9.30 jer je znao kada dolazi na posao. Nije stigao da zakorači u zgradu. Bižić je bio na poslednjem stepeniku, kada mu je mladić obučen u tamne pantalone, tamnu radničku bluzu i s belim kačketom na glavi, prišao s leđa. Ispod jakne je munjevito izvadio oružje i smrtonosne hice ispalio Bižiću u gornji deo leđa, vrat i potiljak. I „overava" ga s nekoliko projektila u glavu. Zatim je mirno odšetao kroz obližnju garažu, prema Ulici Palmira Toljatija.

Život Miroslava Bižića ugasio se u njegovoj četrdeset šestoj godini. Policija je stigla samo da javi da je „istraga u toku". Interesantno je da je ovakav opis atentata sâm Miroslav Bižić opisao još 1993. godine, kada je na istom stepeništu ubijen Žorž Stanković. Tada nije ni slutio da će poginuti na potpuno isti način.

Miroslav Bižić je sahranjen 24. maja u Zemunu, gde je i rođen 1950. Od njega su se oprostili i oni koji su ga do juče osuđivali kao neodgovornog policajca – Rade Marković, bivši načelnik beogradske policije i pomoćnik ministra MUP-a Srbije, Ratko Brakočević, načelnik u GSUP-u Beograda, kolega Slaviša Šćekić i načelnici SUP-a beogradskih opština.

Bižićevi su poreklom Ličani. Otac vozač, majka domaćica, sin policajac. U braku s Maricom Kovač-Bižić imao je sina Vjekoslava, večito zaljubljenog u muziku. Živeli su u stanu na Vidikovcu, gde sam jednom prilikom intervjuisao Miroslava Bižića. Malena pudlica bila im je čuvar stana, jer ko god je prolazio hodnikom, ona je lajala i upozoravala na došljake. Biža mi je tada pokazao svoj čuveni telefonski imenik s hiljadu brojeva prijatelja i „prijatelja". To je bilo njegovo profesionalno blago, rezultat dvadesetpetogodišnjeg rada u policiji.

Pošto je završio srednju saobraćajnu školu Miroslav Bižić se 1969. zaposlio u GSUP-u. Posao mu je bio da reguliše saobraćaj na beogradskim raskrsnicama. Mahanje rukama mu nije bilo teško, jer je to naučio kao veslač zemunske *Mladosti*. Kada je shvatio da ne može večito da bude saobraćajni milicionar, Biža je vanredno završio Višu kriminalističku školu u Zemunu i postao viši inspektor. Bio je najmlađi i najpametniji inspektor, jer je vrlo brzo postao šef Odseka za suzbijanje imovinskih delikata i krađu automobila. Bio ga je glas da je odličan strelac, brz na pištolju, ali zbog težine spor u trčanju za delinkventima.

Policijski posao je smatrao intelektualnom rabotom, zato je 1987. diplomirao na Defektološkom fakultetu. To je bilo pokriće rukovodstvu gradske policije da Miroslava Bižića 31. januara 1989. postavi za načelnika Odeljenja za suzbijanje maloletničke delinkvencije. Uz Mirka Gojkovića, Marka Nicovića, Miroslav Bižić je bio najpopularniji, najbolji i najpoznatiji gradski policajac. Službena ocena Miroslava Bižića bila je najčešće: „Naročito se ističe!"

U Bižićevo vreme, dakle osamdesetih, jugoslovenska prestonica je bila najbezbedniji glavni grad u Evropi. Miroslav Bižić je tada, a i kasnije, znao sve šta se događa, ne samo u Beogradu već i u Minhenu, Frankfurtu, Milanu, Rimu, Trstu, Parizu, Londonu, čak i Njujorku. Odatle su ga obaveštavali njegovi prijatelji iz podzemlja, kojima je nekada, dok su bili maloletnici, pomagao da sačuvaju i kožu i glavu. Sada su mu to vraćali informacijama.

Po svedočenju Marka Nicovića, načelnika u GSUP-u, iz Državne bezbednosti SSUP-a tražili su da čovek za kontakt s podzemljem bude Miroslav Bižić, koji je ujedno dobio zadatak da vrbuje određene prestupnike iz svog delokruga. Služba državne bezbednosti SSUP je odredila svog inspektora Božu Spasića. Sve je dobro funkcionisalo. Bilo je „dosta uspešnih akcija" dok sistem nije pao kada je u klubu *Nana* ubijen saradnik tajne policije Andrija Lakonić.

Bižić nije bio kukavica, niti čovek koji bi se lako predao. Zajedno s kolegom Ljubišom Savićem otvorio je detektivsku agenciju *Biža*. Pronalaženje kradenih automobila za Bižića i Savića je bio relativno lak posao, jer su imali iskustvo iz policije, veze i u policiji i u podzemlju, a i autoritet ljudi od reči. Pričalo se da su mlade kradljivce jeftino plaćali da im doteraju auto koji su ukrali, a potom ga davali vlasnicima na otkup za veće pare. Te priče nikada nisu dokazane. Agencija *Biža* je, na primer, za potrebe švajcarske firme *Ziber Hegner* istraživala nestanak 8.000 *samsung* kolor televizora, koji su ukradeni avgusta 1991. godine na pruzi između Slavonskog Broda i Vrpolja.

Miroslav Bižić je ubijen sa svežnjem novca. U džepu je imao 30.000 maraka, a u zašivenoj postavi još 100.000 maraka. Bio je poslovan čovek, a ne samo bivši policajac i detektiv. Najžalosnije je što baš beogradska policija nikada nije pronašla krvnika svog kolege, i što Marici Kovač-Bižić i njenom sinu Vjekoslavu nikada nije dala odgovor ko im je ubio muža i oca.

Smrt generala Badže

U restoranu *Mama mia*, u General Ždanovoj ulici, kobnog 11. aprila 1997. susreli su se jedan uvežbani profesionalac ubica i jedan neoprezni funkcioner čuvara javnog reda i mira. Atentator, visok između 175 i 185 centimetara, ušao je u malu salu s najlon čarapom na glavi, prišao stolu za kojim je sedeo Radovan Stojičić, uperio automat u njegovog sina Vojislava i potom sručio rafal u generalova leđa i glavu.

S Radovanom Stojičićem me je upoznao Radmilo Bogdanović, ministar srpske policije, koji je imao lep običaj da novinare dovodi na pres konferencije. Iako je imao strašan nadimak – Badža – pomoćnik ministra za javnu bezbednost je voleo da ga saradnici tako zovu. Primio me je u svom kabinetu, ali i posle višeminutnog razgovora za magazin *Intervju* nisam dobio pravo da napišem tekst, jer Badža, ipak, nije voleo novinare. Imao je običaj i da se skriva od njih, jer je osećao da ne razumeju njegovo tvrdo poimanje policijskog zanata. Kasnije, kada se Badža peo po policijskim funkcijama, nismo mnogo razgovarali, jer je tada imao običaj da na pitanje odgovori pitanjem:

„A gde ste vi u Vukovaru?“

Bio ga je glas da je veliki profesionalac, a poginuo je kao puki policijski amater. Njegov ubica je kriknuo, opalio još jedan rafal u prozore i krupnim koracima izašao napolje u polumračnu General Ždanovu ulicu. I nestao bez traga.

General Radovan Stojičić Badža došao je u restoran na poziv svog sina Vojislava i prijatelja Miloša Kurdulije, negde oko ponoći. Stigao je bez milicijske pratnje, koju po Pravilu službe kao funkcioner mora uvek da ima, bez telohranitelja, s kojima je inače uvek javno izlazio, i bez šofera, koji, takođe, kao službeno lice mora da ga vozi po Beogradu i po Srbiji. Seo je za sto okrenuvši leđa prema vratima, tako da nije bio u situaciji da pogledom kontroliše prostor i ljude u njemu. Prvi srpski policajac očigledno nije smatrao da je njegov život u opasnosti, čim se odlučio da otpusti telohranitelje i vozača i da okrene leđa vratima.

Profesionalno obučeni ubica, koji je dobio zadatak da baš na javnom mestu likvidira zamenika ministra srpske policije, general-pukovnika, poznatog džudistu, odličnog strelca i rvača Radovana Stojičića, čekao je ovakvu priliku koju mu je pripremio sâm načelnik Badža.

Ubistvo na prepad prvog srpskog policajca uspaničilo je i ozbiljno uplašilo politički vrh Srbije. Lično Jovica Stanišić, načelnik Resora državne bezbednosti, obavestio je predsednika Slobodana Miloševića da je general Stojičić ubijen. Narednog jutra održan je Kolegijum MUP-a Srbije kojim je predsedavao Zoran Sokolović, ministar srpske policije u ostavci i prvi čovek SMUP-a Jugoslavije. Bio je prisutan i Nikola Šainović najpoverljiviji i najefikasniji kadrovik SPS-a. On je dobio zadatak da vodi istragu, organizuje raciju na ubicu i aranžira sahranu generala Radovana Stojičića. Čitava policija je dignuta na noge, sve ulice grada Beograda su stavljene pod kontrolu. Milicionarima su ukinuta sva odsustva, bolovanja, odmori i naređeno im je da rade non-stop.

Istraga je, naime, pokazala da su meci kalibra devet milimetara, kojima je ubijen prvi srpski policajac, ispaljeni iz američkog automatskog pištolja ingram M11. Ovo oružje se retko koristi na našim prostorima, jer je proizvedeno još 1970. godine i jer ga službeno ne koristi ni naša poilicija, ni naša vojska. Automat je težak 1.590 grama, dug 222 milimetara i precizan do dvadesetak metara. Deluje pojedinačno ili rafalno, ali mu se rafal od pet metaka čuje kao jedan pucanj. CIA ga koristi kao svoje službeno oružje, a od 1982. u Americi se nalazi u slobodnoj prodaji. Neke evropske terorističke grupe koristile su ga u svojim akcijama. Ingram M11 se može naći na srpskom ilegalnom tržištu, ali potražnja za njim nije velika, jer su uzi i škorpion mnogo popularniji.

Na osnovu činjenice da je korišćen automat ingram M11 bilo je penzionisanih inspektora SDB-a koji su tvrdili da je Stojičića likvidirala italijanska mafija, po nalogu Zagreba. Reč je, navodno, bila o osveti za Vukovar. U međuvremenu pojavili su se ljudi koji su tvrdili da je Badža bio član duvanske mafije i da je likvidiran zbog krijumčarenja cigareta i podele profita iz crne berze.

Stojičić je bio školovan policajac. Radio je kao pozornik na Tašmajdanu, u noćnoj smeni, pa je zato i dobio nadimak Badža. Istakao se na Kosmetu, pa je sredinom osamdesetih postao i komandir srpskih specijalaca. Proslavio se akcijom isterivanja albanskih nacionalista iz rudnika Trepča. Tokom rata 1991. godine Radovan Stojičić je imenovan za komandanta Teritorijalne odbrane istočne Slavonije i grada Vukovara. U Erdutu je formirao poseban štab za obuku dobro-voljaca. Kao poseban uspeh Stojičiću su tada ubeležene akcije protiv ustaških snajperista na vodotornju prilikom oslobađanja Vukovara.

Kada je Radovan Stojičić 1991. postao načelnik Resora javne bez-bednosti, a potom 1992. i zamenik ministra Zorana Sokolovića, di-rektno je učestvovao u organizaciji, kadrovskom jačanju, narastanju i uniformisanju srpske milicije. Bio je inicijator izgradnje policijskog centra za obuku na Goču i tvorac Antiterorističke jedinice MUP-a Sr-bije, kojom je i komandovao.

Služeći se ovlašćenjima koja je pokrivao novi Zakon o činovima pripadnika MUP-a, predsednik Slobodan Milošević ga je nagradio najvećim činom – proglasio ga je za general-pukovnika. „Kao pri-padnik Službe unutrašnjih poslova i kao čovek, lično sam presrećan, i mogu da kažem da sam još kao dete došao u ovu službu i to je sve što imam i sve što znam. Moja profesija je moj život i većeg priznanja za mene od ovog nema", rekao je tada Stojičić.

Sahranjen je u Aleji velikana. A na Dan bezbednosti 13. maja 1997. godine najboljim milicionarima i policajcima MUP-a Srbije uručeno je tek ustanovljeno priznanje *Radovan Stojičić*.

Atentat na Kundaka

Nešto posle osam sati ujutro u petak 24. oktobra 1997. godine Zo-ran Todorović, novi direktor *Beopetrola*, suvlasnik firme *TiM trejd* i generalni sekretar Jugoslovenske levice (JUL), stigao je pred zgradu u Bulevaru Lenjina broj 115, izašao iz motornog vozila mercedes BG 115-67, a zatim je ubijen.

Bio sam u autobusu GSP-a kada sam čuo vesti da je na Novom Beogradu ubijen Zoran Todorović. Neko je to rekao poluglasno. Ljudi u autobusu su vest oćutali. Bili su ravnodušni, već oguglali na slične informacije. Samo je neki zlobnik promrljao, onako za sebe:

„Tako mu i treba!"

Zoran Todorović je bio dugogodišnji komunistički funkcioner, član direkcije, sekretar JUL-a i najbolji drug doktorke Mire Marković, supruge Slobodana Miloševića, prvog čoveka Srbije. Ta činjenica ni-koga u mojoj okolini nije dotakla, jer je još od vremena pogibije gene-rala Radovana Stojičića u narodu postojalo ubeđenje da se to „velikaši između sebe ubijaju". Čak ni *Tanjug* nije žurio, jer je vest objavio s četiri sata zakašnjenja.

I dok je službeni vozač ostao u vozilu, Todorović se uputio ka stepenicama koje vode do ulaza u *Beopetrol*. Zastao je da se rukuje i razmeni nekoliko reči s drugim vozačem, Sinišom Milenkovićem. U tom trenutku pritrčao im je nepoznati mladić i iz automata s prigušivačem ispalilo rafal u glavu i gornji deo tela Zorana Todorovića. Kundak je ostao na mestu mrtav, a Siniša Milenković je teško ranjen.

Ubica, visok oko 170 centimetara, tamnijeg tena, slabe telesne građe, u punijoj jakni sivo-plave boje i s plavom pletenom kapom, pobegao je niz ulicu.

Poslednji ispraćaj, u subotu, kome su prisustvovali pored Slobodana Miloševića i Zoran Lilić, Milan Milutinović, Mirko Marjanović, Nikola Šainović, Gorica Gajević, Dragan Tomić, Milorad Vučelić, Ljubiša Ristić, Snežana Aleksić, Zorica Brunclik, Dragoljub Milanović, Hadži Dragan Antić, Siniša Vučinić prihvaćen je kao red, narodni običaj, koji je i kod političara, ali i kod mafijaša, uvek bio znak žalosti i primirja. Doktorka Mira Marković, čelnik JUL-a, nije bila u Beogradu. Javila se pismom iz Indije, koje je svojim emotivnim nabojem skrenulo pažnju javnosti. Njegovi najbolji partijski i lični prijatelji dostojno su ga poslednji put pozdravili. S njima je godinama delio i dobro i loše. Na čitulji u *Politici* potpisali su se i doktorka Mira Marković, doktor Slobodan Unković, doktor Radoš Smiljković, doktor Vladimir Štambuk, doktor Nikola Ristić, doktor Jagoš Purić, doktor Miloš Aleksić, doktor Ivan Radosavljević, Tahir Hasanović, doktor Dragoljub Đokić, Goran Trivan, Snežana Aleksić, doktor Nebojša Maljković, doktor Petar Škundrić, doktor Šćepan Ušćumlić.

Prijateljstvo s profesorkom Mirom Marković od 1986. godine bilo je temelj Todorovićeve političke i poslovne karijere i moći. Hvalio se da je „treći čovek Srbije". Zoran Todorović je rođen 1959. godine u Šapcu. U SKJ je primljen 1976. godine. U političke vode SKS ušao je na Fakultetu političkih nauka u Beogradu, kada je s mesta studenta prodekana kod doktora Radoša Smiljkovića postao sekretar Predsedništva UK SK. Svoje pesme je potpisivao kao „Teodor A". Na BU se sprijateljio s doktorkom Mirom Marković, a na Osmoj sednici SKS u GK SK Beograda postao je kao novi prvoborac saradnik i Slobodana Miloševića. Odmah potom postao je predsednik SSRN Beograda. Na toj funkciji suprotstavio se tadašnjem predsedniku boračke organizacije, Stanku Matijaševiću, koji je napadao dodeljivanje Sedmojulske nagrade četničkom sinu Matiji Bećkoviću. Zoran Todorović je takav stil nazvao „kundačenje". Postao je poznat jer je organizovao proslavu Božića i razvijanje „pluralizma unutar SSRN". Kako se kasnije i sâm pridržavao ovog Matijaševićevog stila, kada je politički napadao profesora Konstantina Petrovića i političara Dragišu Bucu Pavlovića, vrlo brzo je dobio nadimak Kundak.

Čim je iz SSRN prešao u JUL, Zoran Todorović je počeo da spaja politiku i biznis. Zbog toga je došao u sukob s nekim političarima, a najviše s Draganom Tomićem iz *Jugopetrola*. Osnovao je zato svoju firmu *ATL* za spoljnu trgovinu naftom i strateškim proizvodima. S preduzećem *TiM* i sinovima jednog ambasadora i jednog ministra, držao je monopol u uvozu i distribuciji šećera, brašna, cementa, deterdženata, nafte. Bio je zastupnik za Jugoslaviju *Junilevera*, multinacionalne holding kompanije koja drži prodaju robe izvoznika luksuzne robe: *Pikvik* čajevi, *Kelvin Klajn*, *Faberže*, *Helen Kertis* i *Reksona* kozmetika, *Dav* i *Magnum*.

Radio je s Kinezima, Rusima i Korejcima. Uvozio je čak, kažu, i pištaljke za studentske demonstracije protiv SPS-a i JUL-a. Zviždaljke je, kako je pisala *Naša borba*, Kundak uvezao iz inostranstva po nabavnoj ceni od šezdeset para po komadu, a „neprijateljskom" taboru iz koalicije „Zajedno" ih prodaje za pet dinara. Uz proviziju od 1,40 dinara po zviždaljki, Kundak je ovom transakcijom zaradio tri miliona dinara.

Bio je toliko bogat da je planirao da sâm kupi neku partiju, jer su „ove bile jeftine".

Kupovao je zemlju, na primer, imanje DPP *Žikica Jovanović* u Banatskom Brestovcu od 3.500 hektara plodne banatske zemlje, dvanaest staklenika od šest hektara, voćnjake, šume, stoku. Njegova firma je bila 72. na listi 200 najvećih jugoslovenskih preduzeća, i sedma među trgovcima. Imao je samo jedanaest stalno zaposlenih i milion dinara godišnjeg profita. Sredinom 1997. godine Zoran Todorović Kundak dolazi na čelo DP *Beopetrol*, naftnog preduzeća s 200 pumpi, vrednog 130 miliona dinara, nastalog od zagrebačke *INE*.

U novinama, Zorana Todorovića su oni koji su ga napadali nazivali „najvećim srpskim spahijom i šeikom". Ti nadimci su učvršćeni naročito kada se proneo glas da će Kundak iz *Beopetrola* preći u *NIS*. Kako je Kundak spajao politički uticaj sa sivom ekonomijom u vreme sankcija njegovi neprijatelji su mu dodelili i nadimak „Poslovni buldožer".

Funkcioneri SPS-a i JUL-a su smrt Zorana Todorovića okarakterisali kao politički atentat.

Atentat na Darka Ašanina

Fabrikant stakla i ogledala, vlasnik preduzeća *Koloseum* i kluba smeštenog u kući Rodoljuba Čolakovića na Dedinju ubijen je iz zasede 1. jula 1998. godine.

Utakmica Argentina–Engleska bila je kobna za vlasnika kluba *Legat* u Beogradu. Darko Ašanin je ubijen iz zasede 1. jula 1998. godine u bašti svog restorana dok je gledao utakmicu. Neko me je posle dvadeset četiri sata nazvao telefonom i rekao mi:

„Tvoj prijatelj je mrtav!"

Darko je voleo da sedi s prijateljima u svojoj bašti. Žbunje iza njegovih leđa bilo je dobar zaklon za atentatore. Ubica ili ubice koje su bile sakrivene baš u toj živoj ogradi u Drajzerovoj ulici broj 50, s dvadesetak metaka presekli su Darka Ašanina dok je gledao utakmicu. A njegovog prijatelja Đorđa Miškovića ranili u noge i potom nečujno pobegli. Intervencija beogradske hitne pomoći nije spasla Ašaninu život, jer je preminuo u Urgentnom centru.

Darko Ašanin je imao je četrdeset dve godine, ženu i četvoro dece. Poslednjih godina otvorio je dva kazina, u Herceg Novom i na Kopaoniku, pa je zbog toga zapostavio svoje poslove oko proizvodnje italijanskih ogledala. Klub *Legat* trebalo je da bude novo stecište mladih, brzih i poslovnih ljudi. Iako klub zbog renoviranja nije radio, u njemu su svakog dana bili Ašaninovi poslovni i lični prijatelji, jer je u Drajzerovom prolazu bila smeštena njegova kancelarija. Darko Ašanin je na poslu bio nenaoružan i bez pancir košulje. Kolt metalize stajao mu je napunjen na ormanu u kancelariji.

Zbog nesporazuma oko kazina u Crnoj Gori, a i zbog javne podrške svom rođaku Pavlu Bulatoviću, ministru odbrane, i Momiru Bulatoviću, bivšem predsedniku Crne Gore, biznismen Darko Ašanin je bio u verbalnom sukobu s nekim Crnogorcima, koji su za sebe govorili da su „Milovi ljudi". Taj sukob, međutim, nije bio toliko oštar da bi se sumnjalo da su ti Crnogorci naručili likvidaciju Darka Ašanina. Sumnja se da je Ašanin imao velike dugove, jer je investirao novac u kazina koja nisu dobro radila. U toj činjenici njegovi prijatelji vide mogućnost osvete velegradskih zelenaša.

Ašanin je u Beogradu završio Pedagošku akademiju, ali nikada nije radio kao nastavnik. Sedamdesetih godina se otisnuo u svet. U Nemačkoj je neko vreme živeo od boksa. Bio je prvak pokrajine Vestfalija u velter kategoriji. A potom je marke zarađivao kao izbacivač.

Darko Ašanin je kao i mnogi mladići s tvrdim pesnicama bio dete vojnog lica. Rođen je u Jajcu pre četrdeset dve godine. Kao mladić bavio se boksom u beogradskom *Novom kolektivu*. Bio je poznat kao veliki Jugosloven. I to nikada nije krio, ali ga je vređalo što je to drugima smetalo:

„Skoro četrdeset godina sam Jugosloven i to za mene ne može da propadne. U meni to nije presahnulo. Stric mi s Golog otoka nije živu glavu izvukao, otac mi je pre vremena penzionisan kao kapetan... a sebe smatram apolitičnim.“

Imao je na stolu pozlaćeni servis za kafu s Titovim likom. Uzeo sam jednu puklu šoljicu da je popravim i vratim u *Legat*. Još je kod mene, a kod Darka u stolu su ostale moje magnetofonske trake sa intervjuom koji nikad nisam objavio.

U žiži interesovanja domaćih medija i jugoslovenske javnosti Darko Ašanin se našao početkom devedesetih, jer je kao navodni saradnik Službe državne bezbednosti bio okrivljen za ubistvo bivšeg boksera i kolege Andrije Lakonića. Pet godina kasnije Darko Ašanin je uhapšen u Grčkoj, dok je bio na godišnjem odmoru s porodicom. Belgijska ambasada u Atini zahtevala je njegovo hapšenje zbog sumnje da je upravo Darko Ašanin bio umešan u ubistvo Envera Hadrija 25. februara 1990. godine. Sâm Ašanin je tvrdio da je žrtva netačnih informacija Belgije i Interpola, odnosno novinara Milovana Brkića, koji je pisao o atentatu na Hadrija i pritom pominjao Ašanina.

Ašanina su iz grčkog zatvora izvukli njegovi advokati Borivoje Borojević i Toma Fila, ali i njegov rođak, ministar odbrane Pavle Bulatović. Kasnije se ta bratska usluga koristila za tumačenje uloge Darka Ašanina i njegovih momaka, odnosno prijatelja u obezbeđivanju Momira Bulatovića na crnogorskim izborima i držanje strane predsednika Crne Gore u političkim sukobima s premijerom Milom Đukanovićem. Neke novine su tada za Ašanina napisale da je „terorista“. Takva kletva, kažu njegovi prijatelji, strašno ga je uplašila. Otuda je i sumnja da je osveta, motivisana političkim svađama, mogla da bude jedan od motiva atentata na Darka Ašanina.

U bašti restorana sedeo je u majici, bez pancira i bez telohranitelja. Čekao je metak sudbine, kako sâm jednom reče.

Zaseda za pukovnika Vlaju

Jedanaestog marta 1999. godine, oko 19 časova, ispred Sportskog centra *Košutnjak* ubijen je pukovnik MUP-a Milorad Vlahović.

Godinu dana kasnije, na javnom mestu, likvidiran je i ministar odbrane SRJ.

Atentator je, izgleda, znao da Milorad Vlahović često dolazi na rekreaciju u *Košutnjak*. Neosvetljen parking i prilaz ulazu u zgradu pogodovao je ubici. Vlahović se dovezao, parkirao kola i pošao u zgradu. Kada je bio na stepenicama, ubica je istrčao iz žbunja, pucao mu u glavu i telo, pa pobegao, najverovatnije automobilom u kojem su ga čekali saučesnici.

I pored brze intervencije hitne pomoći, Vlahović je izdahnuo na putu ka bolnici. Policija je blokirala izlaze iz Košutnjaka, proveravala vozila i putnike. Naoružani i sa psima tragačima pročešljali su šumu oko sportskog centra. Policija zasad nije dala informacije o rezultatima istrage i potrage za ubicom. Milorad Vlahović je za sobom ostavio suprugu i dvoje dece.

Kod Vlahovića nije pronađena službena značka, ni službeni pištolj, a do Sportskog centra *Košutnjak* dovezao se privatnim automobilom svoje supruge. Pukovnik Vlaja je bio nezadovoljan položajem savetnika u Upravi kriminalističke policije, na koji je postavljen 1997. godine posle opšte reorganizacije GSUP-a. Do premeštaja Vlahović je bio načelnik Uprave za suzbijanje kriminaliteta beogradskog SUP-a, a za to vreme na mestu savetnika bio je Rade Marković, kasnije pomoćnik ministra policije zadužen za državnu bezbednost. Nekoliko dana pre Vlahovićeve smrti iz MUP-a se povukla i njegova supruga Vesna i zaposlila se na drugom mestu.

Za proteklih sedam godina na beogradskim ulicama ubijeno je 18 policajaca, uglavnom na službenoj dužnosti. Ove, 1999. godine, osim pukovnika Vlahovića, stradali su i Zoran Pavličević i Slavoljub Božović, inspektori SUP-a Beograd. Njih je, prilikom hapšenja, ubio Aleksandar Matić. Neposredno posle ubistva inspektora Slavoljuba Božovića i Zorana Pavličevića i ranjavanja Rodoljuba Milovića, takođe inspektora SUP-a Beograd, 4. januara 1999. u Ulici Mirijevski venac broj 28, uhapšeni su Aleksandar Matić, star devetnaest godina, koji je pucao u policajce, te Milan Mihailović, star dvadeset jednu, Vlado Miladinović, star dvadeset i Bojan Jozić isto star devetnaest godina. Sumnjalo se da je Matić 3. januara iz pištolja CZ M-70 ubio i Davida Dukića.

Ubistvo ministra odbrane

Sedmog februara 2000. ministar odbrane Pavle Bulatović ubijen je u restoranu FK *Rad* u Beogradu oko 18.55 časova. Ubica je pucao s tribina obližnjeg stadiona na Banjici koje se nalaze tik uz prozore restorana. Kroz jedno prozorsko okno ispalio je tri kratka rafala, prema nezvaničnim saznanjima ukupno osam metaka, nišaneći u ministra Bulatovića, udaljenog svega nekoliko metara, koji je sedeo okrenut licem prema prozoru.

Prilikom paljbe upravnik restorana zadobio je prostrelnu ranu u predelu ramena, a Vuk Obradović, direktor *JU garant banke* je lakše povređen. Na zidu ispred koga je sedeo ministar Bulatović vidljive su zagitovane rupe od metaka. Iako su odmah prevezeni na Vojno-medicinsku akademiju, koja se nalazi preko puta stadiona FK *Rad*, Pavle Bulatović je podlegao povredama uprkos naporima lekara.

Ministar odbrane imao je svoju pratnju, ali je obezbeđenje sedelo u drugom delu restorana, na samom ulazu, preko puta šanka. Prve pretpostavke su bile da je ubica pobegao preko fudbalskog terena, koji je bio u potpunom mraku, u pravcu obližnje šume i odatle izašao na Bulevar JNA, gde je atentatora mogao da čeka saučesnik u automobilu. Angažovani su i službeni psi, ali ni njihovom upotrebom nije pronađen trag.

Restoran *Rad* je posle atentata na saveznog ministra odbrane izgledao zaprepašćujuće. Oveća rupa na prozorskom staklu, malo srče od polomljenih čaša i flaša na stolu i 5-6 velikih rupa od metaka na zidu bili su tragovi atentata na Pavla Bulatovića. Nigde krvi. Ubica je posao obavio čisto i precizno. Pavle Bulatović je, sudeći po svedočenju prisutnih, verovatno video svog ubicu. Sedeo je i večerao s prijateljima, licem okrenut ka prozoru kroz koji je napadač ispalio smrtonosne rafale. Leđima je bio gotovo naslonjen na zid, koji je ostao izbušen mecima. S njegove leve i desne strane, za stolom za osmoro, sedeli su general-major Vuk Obradović i upravnik restorana Mirko Knežević.

Pavle Bulatović, „čovek za specijalne namene", tako su ga zvali u Crnoj Gori. „Ministar za budžet", odgovarali su u Beogradu, pošto je bio preokupiran obezbeđivanjem sredstava za Vojsku Jugoslavije. On je bio rezervni artiljerijski kapetan prve klase. Poreklom je iz Gornjih Rovaca kod Kolašina, gde je rođen decembra 1948. godine. Bio je prvi čovek SKJ na Univerzitetu u Podgorici, gde je radio od 1973, a potom ministar crnogorske policije od jula 1991. godine. U Vladu Crne Gore Pavle Bulatović je ušao 1989. godine. U Saveznu vladu je pak ušao 14. jula 1992. godine, kao federalni ministar policije, a kasnije, 3. marta 1993, postaje i ministar odbrane Jugoslavije.

Antibirokratsku revoluciju 1987. u Crnoj Gori Bulatović je dočekao kao asistent na titogradskom Ekonomskom fakultetu, na predmetu Teorija cena, ali i kao glavni i odgovorni urednik *Univerzitetske riječi*, gde je sarađivao i Momir Bulatović, jugoslovenski premijer. Urednički posao je obavljao predano, a na Ekonomskom fakultetu došao je do zvanja asistenta i prodekana.

Pavle Bulatović bio je perspektivan partijski kadar i polaznik partijske političke škole „Josip Broz Tito" u Kumrovcu. Izrastao je u političara od formata na talasu nacionalne afirmacije Srbije i Crne Gore i antibirokratske revolucije krajem osamdesetih godina. Političku karijeru Pavle Bulatović je započeo baš kao kritičar crnogorske policije, neumorno pominjući čuvenu Žutu gredu kao primer buđenja, ali i sprečavanja naroda u Crnoj Gori da iskaže svoje emocije. Posle toga ga je Radoje Kontić, premijer Crne Gore, i imenovao za prvog čoveka policije u svojoj vladi. Ministar Bulatović je za šefa Državne bezbednosti u MUP Crne Gore odmah postavio svog ujaka, pukovnika Lazara Boričića, a za pomoćnika Maksima Koraća, jednog od prvaka antibirokratske revolucije i glasnogovornika 11 podgoričkih mesnih zajednica, koga je lično primio Slobodan Milošević.

Prve višestranačke izbore Bulatović u Crnoj Gori dočekuje 1990. godine potpuno spreman da njegov SK pobedi. Time se policija još više vezala za Partiju, ali i za Momira Bulatovića i Mila Đukanovića. Ujedno, Pavle Bulatović je iz Crne Gore „objavio rat" Anti Markoviću i Reformskoj koaliciji, a njegovi ljudi su i organizatori čuvenog sprečavanja saveznog premijera Ante Markovića da ruča u Virpazaru. Pavle Bulatović, ubijeni ministar odbrane SR Jugoslavije, bio je pod istragom Haškog tribunala zbog moguće uloge u zločinima koji su 1998. i 1999.

izvršeni na Kosovu – rekao je tom prilikom Grejem Bluit, zamenik glavnog tužioca Tribunala u Hagu. Šest meseci kasnije Aleksandar Vučić, srbijanski ministar za informacije, pred novinarima je rekao da je Hag naručio likvidaciju Pavla Bulatovića jer nije mogao da ga uhapsi.

Jugoslovenski ministar odbrane, Pavle Bulatović, bio je jedan od najlojalnijih i najbližih saradnika predsednika Slobodana Miloševića. Uvek je ostajao u senci, iako je držao neke od najvažnijih državnih funkcija tokom ratnih godina u SRJ, i mada je bio savezni ministar od 1992. godine.

Bulatović je smatran za važnog Miloševićevog igrača u tenzijama između Srbije i Crne Gore. Strani analitičari su tvrdili da se „tokom bombardovanja zalagao za konkretniju vojnu intervenciju na teritoriji Crne Gore" i da je „Bulatović bio aktivan u organizovanju vojne policije koja bi mogla biti upotrebljena u eventualnim sukobima u ovoj jugoslovenskoj republici".

Svetske agencije su prenele vest i da je poslednja dva meseca Bulatović čekao na smenu s mesta saveznog ministra odbrane. Funkciju je trebalo, kako prenose mediji, da preuzme načelnik Generalštaba VJ general Dragoljub Ojdanić.

Kada je došlo do raspada SFRJ i rata u Bosni, Pavle Bulatović je kao prvi čovek crnogorske policije i saveznog SUP-a tesno sarađivao s Mihaljem Kertesom i Božom Vučurevićem na odbrani Srba u Hercegovini, Kninskoj krajini i kasnije na Kosmetu. Tada smo nas dvojica razgovarali za novine o radu SSUP-a. Kasnije smo u više navrata dogovarali intervju, posredovanjem pukovnika Radeta Matovića, ali zbog zauzetosti ministra Bulatovića nismo ga realizovali.

Ubistvo ministra odbrane, i to na javnom mestu, šokiralo je i jugoslovensku javnost i jugoslovenske političare. Nemačke novine su pisale da se Slobodan Milošević toliko uplašio za sebe da je „spavao u atomskom skloništu na Dedinju".

U Palati federacije povodom smrti Pavla Bulatovića održan je komemorativni skup, kome je, pored najviših državnih funkcionera, prisustvovao i Slobodan Milošević, predsednik SR Jugoslavije. Komemoraciji su pored Bulatovićeve supruge Slavke, sina Balše, ćerki Ivane i Jelene, unuka Mateje, prisustvovali i Momir Bulatović, Nikola Šainović, Zoran Lilić, Milan Milutinović, Mirko Marjanović, general Dragoljub Ojdanić, savezni i republički ministri i visoki funkcioneri

SPS-a, JUL-a, SRS-a, SNP-a. Počast ministru Bulatoviću odali su i predstavnici Rusije, Kine i Ukrajine.

Pukovnik VJ i jedan od načelnika katedre u Centru vojnih škola Vojske Jugoslavije, Milan V. Petković, poznat kao ekspert za obaveštajne službe i pitanja primene sile u međunarodnim odnosima mi je tim povodom rekao:

„CIA je organizovala atentat na ministra odbrane Pavla Bulatovića usred Beograda. Ministar odbrane je ubijen u ključnom trenutku za Jugoslaviju, po proceni stratega CIA, pred partijske kongrese, kada je moglo da se dogodi da Pavle Bulatović bude postavljen na novu i važniju funkciju u državi, što bi dovelo do kadrovskog jačanja u zemlji."

Baron panonske ravnice

Branislav Dugi Lainović je bio biznismen koji je tesno sarađivao s jugoslovenskom armijom i policijom. Nabavljao je u ratno doba kerozin i naftne derivate u Bugarskoj i Rumuniji. Pričalo se da je sarađivao s tajnom policijom Jugoslavije, a kasnije i s RDB-om Srbije.

Branislav Lainović je ubijen po podne 20. marta 2000. godine, na Konjarniku, dok je stajao na ulici i telefonirao. Momak koji je pucao u Dugog nije imao maskirnu kapu na glavi. Prišao mu je i pucao u vrat. Taj metak je ostao Lainoviću u glavi.

„Ubica je stajao kraj kioska i čekao da mu Dugi okrene leđa. Moj kum nije imao pištolj, nije imao pancir, ni telohranitelje, jer nije imao neprijatelje. Imao je dva mobilna telefona kod sebe. Centrala mobilne telefonije će nam javiti sve brojeve koji su bili u kontaktu s njim pre njegove smrti. Kada je pao, ubica mu je ispalio još jedan metak u slepoočnicu. Čaure nisu nađene, pa pretpostavljam da je ubica koristio revolver. Posle ubistva likvidator je mirno prešao Ustaničku ulicu. Jedan momak star šesnaest godina je prišao telu ubijenog Branislava Lainovića i uzeo njegov mobilni telefon. Bio je i dalje uključen. Momak je potom otrčao prema Ulici Vojislava Ilića. Taj momak je Lainovićev telefon koristio sve do osam sati uveče tog dana", ispričao mi je Lainovićev kum Raša Mijušković.

„Voleo je Srbiju, voleo je Vojvodinu, a Novi Sad najviše. Dugi je mogao da živi gde je hteo u svetu, ali je ostao u svom Novom Sadu, jer je osećao da su Novosađani voleli njega", priča mi Raša Mijušković.

„Branislav Lainović nije bio kriminalac. Imao je samo nestašnu mladost, ali to je bilo tako davno, da više i nije važno. Mi smo se i upoznali u Nemačkoj i ludovali kao i svi momci iz Juge.“

Dugi je rođen 17. novembra 1955. godine kao treći sin Alekse i Leposave Lainović. Otac mu je bio strog i pravičan čovek, koji je uvek držao porodicu na okupu. Kada je njegova devojka Beba zatrudnela, otac mu je rekao: „Moraš da se ženiš. Ne može dete da se rodi bez oca!“ Tako je Dugi veoma mlad postao i muž i otac. Njegov otac, Aleksa Lainović, preminuo je pre dve godine za volanom.

Dugi je bio vrlo dobar đak, ali je zbog svoje preterane želje za pravdom ponavljao drugi razred srednje elektrotehničke, jer je dobio keca iz vladanja. Imao je talenat za sve. U osnovnoj je bio član dramske sekcije. Igrao je u predstavi *Nikoletina Bursać*. U srednjoj je jednog dana odlučio da se takmiči u atletici. Otišao je na turnir i pobedio u skoku uvis. Posle toga je počeo da igra košarku u KK *Železničar*. I u KK *NAP Novi Sad* igrao je krilnog centra. Sa 195 centimetara zakucavao je s dve ruke kao Praja. Protiv *Partizana* je nadigrao Miška Marića, deset centimetara višeg od sebe. A zbog lošeg suđenja na utakmici s *Proleterom* iz Zrenjanina izbušio je sve četiri gume na sudijinom automobilu.

NAP nije hteo da ga pusti u inostranstvo, pa je Dugi jednostavno otišao u Nemačku i zaigrao za KK *Kromberg* iz istoimenog mesta kod Hamburga. Na jednoj utakmici postigao je 71 poen, pa su menadžeri počeli da se otimaju oko njega. *Hesen* mu je nudio velike pare, ali je predsednik kluba u Krombergu, inače šef tamošnje policije, to sprečio tako što je Dugom namestio da ga proteraju iz Nemačke.

U to vreme Lainović je, seća se Raša Mijušković, upoznao Ljubu Zemunca tako što ga je Magaš prvi pozvao: „Dođi kod mene!“ U Frankfurtu je upoznao i Radeta Čaldovića Ćentu, koji je, takođe bio strastveni kockar. U rat je otišao kao patriota. Giška je tražio da mu Dugi bude zamenik rečima: „Ja ne znam većeg Srbina od Lainovića!“ Kada je SPO u septembru 1991. godine pokušao da Srpsku gardu pretvori u stranačku vojsku, Dugi se usprotivio. Garda se zato pocepala, većina je ostala uz Dugog, a manjina je prišla Zvonku Osmajliću i Vuku Draškoviću.

„Dugi je ratovao zajedno s JNA. Bio je 1991. u Gospiću. Ranjen je u nogu. Ratovao je u Hercegovini. Tu je upoznao generala Perišića, kome se divio kao oficiru i patrioti. Kada je 1992. godine Karadžić počeo da ispoljava svoj ultranacionalizam, a JNA da izdaje dobrovoljce,

Dugi je dao ostavku na mesto komandanta Srpske garde i napustio ratište", kaže njegov kum Raša Mijušković.

Dugi je iz Nemačke došao s nešto malo para. Obogatio se u Vojvodini. Najveće pare donela mu je diskoteka *Paradizo*, koju je otvorio 1991. godine u Novom Sadu. U nju je uložio 1,5 miliona maraka. Samo laser ga je koštao 200.000 maraka. I ozvučenje još toliko. Jedna firma iz Milana je s 800.000 maraka ušla u ovaj posao, ali ju je Dugi isplatio za godinu dana. *Paradizo* je vikendom dnevno Lainoviću donosio i po 15.000 maraka. Njegova godišnja čista zarada u ovoj diskoteci bila je oko milion maraka.

Posle toga Dugi je otvorio restoran *Kaprićo*.

Svoj novac je ulagao i u građevinarstvo. U Beogradu, na Dedinju, podigao je dve zgrade za 1,5 miliona maraka, a potom ih prodao za 7 miliona maraka. U Novom Sadu, u Ulici Lasla Gala broj 1 podigao je zgradu od šest spratova i stanove prodao, a lokale iznajmio. Bio je suvlasnik predstavništva *Adidas* u Jugoslaviji. Vlasnik trgovačkih firmi u Marbelji. U Španiji je imao kuću. U Sofiji je imao trgovinu i restoran. Iz Bugarske je uvozio smrznutu ribu. U Atini je skoro otvorio novu trgovačku firmu. Grci su tada imovinu Branislava Lainovića procenili na najmanje 30 miliona maraka.

U Novom Sadu Dugi je imao nekoliko stanova, desetak panoa-kioska na ulicama grada, dve kuće, jednu u Sarajevskoj, drugu na Kamenjarima. Bio je mašina za pravljenje para, jer je imao hrabrost da prvi uđe u nove poslove i odnese kajmak. Prvi je otvorio diskoteku, prvi je doneo poker aparate u Novi Sad, prvi je krenuo da gradi poslovni prostor. Zvanično je imao tri firme, nezvanično, novac je ulagao u poslove preko svog advokata Dragana Gojkovića.

Planirao je da otvori TV i radio-stanicu *Lala*, pa i dnevni list *Lala*.

Dugi je bio baron panonske ravnice, džentlmen koji je pozajmljivao pare i malo poznatim ljudima. Zato su ga zvali Robin Hud iz Novog Sada.

Imao je dug jezik i govorio je glasno i oštro. Mnogima je to smetalo, ali Dugi je govorio istinu, pa je to još i bolelo. Danas mnogi Novosađani misle da je Branislava Lainovića ubio taj njegov jezik.

Posle toga Beogradom je kružilo pitanje ko je sledeći za likvidaciju?

Istog dana, predveče, dok sam se vraćao sa Lainovićeve sahrane, njegov poznanik Zoran Davidović Ćanda, momak pevačice Jelene Karleuše i moj komšija, ubijen je na ulasku u Zemun i sahranjen 17. marta 2000. na Centralnom groblju u Beogradu.

Zaseda za direktora JAT-a

Napadači su 25. aprila 2000. uveče sačekali da Petrović izađe iz metalik sivog automobila audi 100, BG 98-05, vlasništvo JAT-a i da krene prema ulazu u kuću. Na samo dvadesetak metara od ulaza u dvorište napadači su mu pripucali s leđa tačno u glavu.

Žika Petrović, generalni direktor *Jugoslovenskog aerotransporta*, čovek o kome srpska javnost nije imala nikakve posebne informacije, sem da je vodio dobro svoju firmu, izrešetan je oko 21.30 sati nadomak ulaza u svoju zgradu u Ulici Jaše Prodanovića broj 20. Prema prvim informacijama, na njega su iz škorpiona ili pištolja kalibra 7,65 mm, pucala dvojica nepoznatih muškaraca ispalivši u njega oko četiri hica.

Ubistvo direktora JAT-a bilo je samo nastavak „crne serije smrti" u Beogradu. Likvidacija je odrađena po starom receptu s beogradskog asfalta, tako da očevidaca nije bilo. Samo je jedan mladić koji stanuje u blizini rekao da je čuo nešto potmulo „kao kada točak automobila pređe preko plastične flaše". Napadači su pobegli u pravcu Cvijićeve ulice, prometne i mračne.

Policiju su o ubistvu obavestili prodavci obližnjeg kioska, a beživotno telo Petrovića prvo su primetila dvojica mladića. Policija je odmah blokirala taj deo grada. Uviđaj je trajao više od dva sata.

Požarevački kadar, direktor državne kompanije i ugledan poslovni čovek, Žika Petrović je svojom smrću uzbudio vrh srpske policije. Tokom policijskog uviđaja su bili viđeni i general-pukovnik Radomir Rade Marković, načelnik Resora javne bezbednosti MUP-a Srbije, general-major Branko Đurić, načelnik beogradske policije, i pukovnik Milenko Erčić, načelnik Uprave kriminalističke policije SUP-a u Beogradu.

Žika Petrović, generalni direktor JAT-a, rođen je 1939. u Požarevcu. Saobraćajni fakultet je završio 1968. godine u Beogradu. Iste godine je počeo da radi u JAT-u, gde je izabran za generalnog direktora 1992. godine. Bio je oženjen i imao je dvoje dece. U slobodno vreme bavio se košarkom i fudbalom.

U JAT-u je radio na kontroli platforme u Odeljenju za prihvat i otpremu putnika, potom kao samostalni referent za unapređenje organizacije rada, rukovodilac Službe za unapređenje organizacije rada u JAT-u. Bio je i rukovodilac Odeljenja za prihvat i otpremu putnika, zatim, rukovodilac Sektora zemaljske operative, rukovodilac RZ sa-obraćajni centar, direktor Operativno-kontrolnog centra i pomoćnik generalnog direktora za poslove zemaljske operative i izvršni direktor za vazdušni saobraćaj.

Opraštajući se od svog direktora i bliskog prijatelja, Momir Pavličević, predsednik Upravnog odbora *JAT*-a, istakao je na komemorativnoj sednici da je Žika Petrović uvek imao snage da *JAT* preporodi poput feniksa iz pepela. On je istakao da su oni koji su pucali u Petrovića pucali u sistem vazduhoplovstva SRJ, ali i u državu.

Komemoraciji Žike Petrovića su, pored zaposlenih u *JAT*-u, prisustvovali i brojni poslovni partneri, savezni ministri Dejan Drobnjaković, Borka Vučić i Margit Savović, potpredsednici jugoslovenske vlade Nikola Šainović i Jovan Zebić, potpredsednici Vlade Srbije Dragan Tomić i Dragan Todorović, republički ministri Vlajko Stojiljković i Slobodan Čerović, predstavnici VJ i generali MUP-a Srbije Radomir Marković, načelnik Resora državne bezbednosti, i Dragiša Dinić, pomoćnik načelnika Resora javne bezbednosti. Komemoraciji su prisustvovali i direktor Koncerna *Sartid* Dušan Matković, koji je bio u Odboru za sahranu, kao i Slobodan Radulović, direktor *C marketa* i bivši direktor *Beobanke* Zlatan Peručić.

Povodom tragične smrti Petrovića održane su komemoracije i u Moskvi i Pragu, u prostorijama predstavništva *JAT*-a.

Sahranjen je na starom požarevačkom groblju, u porodičnoj grobnici. Na grob Žike Petrovića položeni su venci i predsednika SRJ Slobodana Miloševića i njegove supruge doktorke Mire Marković, predsednika Direkcije JUL-a. Pred početak sahrane tri aviona *JAT*-a su nadletela Požarevac odajući počast svom direktoru, a u poslovnici *JAT*-a u njegovom gradu u knjigu žalosti se upisalo nekoliko stotina građana.

Za potpredsednika srpske vlade doktora Vojislava Šešelja ubistvo direktora *JAT*-a bilo je delo zapadnih obaveštajnih službi:

„Izvršioci terorističkih dela su srpski kriminalci u funkciji zapadnih službi“, izjavio je lider radikala Vojislav Šešelj, napominjući da je očigledno da su SAD umešane u srpsko podzemlje.

Drugih saznanja, sem nagađanja da je Petrović likvidiran zbog osam miliona maraka koje su prošle kroz njegove ruke, nije bilo, jer beogradska i srpska policija nisu uspele da otkriju atentatora na direktora državne avio-kompanije, Žiku Petrovića.

Čovek zvani Arkan

Vest o teškom ranjavanju Željka Ražnatovića u beogradskom hotelu *Interkontinental* objavljena je prvo kao kajron na TV *Politika*, usred popodnevne subotnje emisije, 15. januara 2000. godine.

Pokopu Željka Ražnatovića na Novom groblju u Beogradu 20. januara 2000, u četvrtak, u jedan sat po podne, prisustvovalo je preko 5.000 ljudi iz Beograda, Srbije i Crne Gore.

Neko je glasno izbrojao 86 venaca i buketa. Na njima su se videli potpisi Cece i dece, majke Slavke, kumova, prijatelja iz daljine Đovanija di Stefana, fudbalera i boksera *Crvene zvezde*, Jugoslovenskog saveza kik-boksa i mnogih drugih.

Neposredno posle zločina, zaposleni iz *Interkontinentala* tvrdili su da je Ražnatović u hotel došao oko tri sata pre svoje pogibije, dakle posle 14 časova. Subotnje popodne provodio je u porodičnom ručku. Kasnije je u holu sedeo s prijateljima, među kojima su bili i nastradali Milenko Mandić Manda i Dragan Garić. Prišao im je za sada nepoznati čovek. Detalji razgovora ostali su tajna jer živih svedoka nema, ali je izvesno da je ovaj nešto kasnije iz pištolja i ispalio smrtonosne hice. Šta se zaista dogodilo u beogradskom hotelu *Interkontinental* javljano je s mnogo više pretpostavki i u nedelju 16. januara 2000. godine. Neposredno posle ubistva njenog supruga, Svetlana Ražnatović je ispričala listu *Vesti* iz Frankfurta da su u hol hotela, gde je Arkan sedeo s prijateljima, došla četvorica mladića, obučenih sportski, u trenerke i patike. Prišli su Mandi i Željku i upitali da li na spratu radi „fitnes sala". Ovi su im odgovorili da je u subotu posle podne sala zatvorena. Pre toga su se s njima pozdravili, što ukazuje na to da su se poznavali. I dok su dvojica produžila dalje, druga dvojica su počela da pucaju.

„Ceca, skrhana bolom, pod jakim sedativima, ipak uspeva da po ko zna koji put ispriča priču, priseti se prizora koje nikad neće zaboraviti. Od smrti je bila udaljena pedesetak metara. Sa sestrom Lidijom otišla je u butik *La Frans* i tamo razgledala haljine. Odjednom, začuo se rafal. Pojurila je ka holu, gde je s prijateljima Mandićem i Garićem sedeo Željko, međutim, prodavačice su je zadržale. Htele su da je spreče da uleti u vatru", pisale su *Vesti* iz Frankfurta.

„Ceca se otrgla i dojurila do mesta krvoprolića. Željko je ležao u lokvi krvi, a ona je sa sestrom Lidijom počela da ga vuče ka izlazu. Niko od prisutnih nije joj pritekao upomoć. Interventna ekipa SUP-a

Beograd stigla je vrlo brzo, ali hitna pomoć ne. Pozvali su je službenici *La Fransa*, umesto zaposlenih u hotelu. Ceca je, onako krhka, jedva vukla supruga. Kad ga je dovukla do jednih policijskih kola, tamo nisu hteli da ga prime bez odobrenja pretpostavljenog."

Arkanovoj supruzi, prema njenom svedočenju, tada pristiže u pomoć gost koji je sedeo u *Braseriji* i njegovim BMV-om odlaze u Urgentni centar.

„Ceca rukom sve vreme vadi Željku krv iz usta kako bi mu omogućila da diše. Ne odvaja se od njega ni za tren ni u operacionoj sali. Ali, spasa nije bilo. Željko joj umire na rukama. Ona tada pada preko njega u nesvest. Daju joj infuziju, kako bi bila u stanju da se pridigne", pisale su *Vesti* iz Frankfurta.

Ko je bio Željko Ražnatović moglo se čuti već u sredu 19. januara 2000. godine u *Domu sindikata* u Beogradu kada je Stranka srpskog jedinstva iz Jagodine održala komemoraciju za Arkana.

Jedini govornik na skupu bio je Borislav Pelević, svadbeni kum, bliski Arkanov saborac, đeneral Srpske dobrovoljačke garde:

„Željko Ražnatović Arkan je sin velikog oca, Veljka Ražnatovića, pukovnika JNA koji je oslobodio Prištinu. Željko Ražnatović Arkan je bio svima poznat kao komandant Srpske dobrovoljačke garde. Od kada su srpski narod i srpske teritorije došle u opasnost, prvi se stavio u odbranu naroda i zemlje. Žrtvovao je nesebično svoj život i život svog sina. Njegov sin je ranjen, jer samo heroji vode svoje sinove u rat."

U subotu 22. januara 2000. godine, MUP Beograda je na konferenciji za novinare saopštio ime ubice i dvojice njegovih pomagača i saučesnika prilikom ubistva Željka Ražnatovića Arkana, Milenka Mandića Mande i Dragana Garića, kao i teškog ranjavanja Ljiljane Albijanić, gošće hotela *Interkontinental* koju je okrznuo jedan metak.

„Provere za sada nisu konačne, ali je definitivno ustanovljeno da je Dobrosav Gavrić, star dvadeset tri godine, iz sela Trbušnica, u opštini Loznica, uhapšen jer je izvršilac krivičnog dela ubistva 15. januara ove godine, u 17.10 časova, u separeu hotela *Interkontinental*. Policajac na raspolaganju. Kao Gavrićevi pomagači i saučesnici, takođe su uhapšeni i Dejan Pitulić, star trideset tri godine, iz Beograda i Vujadin Krstić, star trideset šest godina, iz Malog Zvornika", izjavio je potpukovnik Miodrag Gutić, načelnik Odeljenja za suzbijanje krvnih i seksualnih delikata SUP-a u Beogradu i dodao da je beogradska policija u kratkom roku otkrila izvršioca i njegove pomagače „na žalost svih onih koji su želeli da to bude drugačije".

Prema njegovim rečima, posle zločina, Gavrića je Pitulić, svojim automobilom marke golf, prevezao do privatne ordinacije doktora Vasiljevića u Loznici.

„U Loznici ih je čekao Krstić. Međutim, po savetu lekara, odvezli su ga u lozničku bolnicu", objasnio je potpukovnik Gutić.

Posle Mandićevog ubistva i teškog ranjavanja Ražnatovića i Garića, koji su preneti u Urgentni centar u Beogradu, gde su preminuli, u hotelu su odmah izvršili uviđaj dežurni istražni sudija, tužilac i kriminalistička policija beogradskog SUP-a. Na licu mesta je pronađeno više tragova koji su naknadno bili predmet veštačenja. Prilikom uviđaja pronađeno je i više ispaljenih projektila iz vatrenog oružja kalibra 9 milimetara.

Čovek sa sedamnaest imena

Željka Ražnatovića Arkana znao je svaki čovek i svako dete iz Jugoslavije. I svima se činilo da ga zaista dobro poznaju. O njemu se govorilo na dva načina, javno i tajno. Javno, bio je vlasnik voluminozne vile u Ljutice Bogdana broj 3, FK *Obilić*, firmi *SDG kompani*, *Ari kompani*, *Vizantin kompani*, Zadruge *Delije*, poslastičarnice *Ari* i pekare *Srpska kruna*, kockarnice u hotelu *Jugoslavija*.

Imao je devetoro dece iz pet brakova Mihajla (24), Sofiju (21), Anđelu (19), Milenu (16), Nikolu (16), Vojina (16), Mašu (9), Veljka (4) i Anastaziju (2).

Govorio je tečno engleski, francuski i italijanski, a služio se nemačkim i holandskim jezikom. Hobi mu je bio sakupljanje slika srpskih slikara i u svojoj vili poseduje pozamašnu kolekciju. Željko Ražnatović nije pušio, nije pio i ustajao je svaki dan u sedam sati ujutru.

Tajno, Arkan je bio borac iz senke, čovek jake i nezgodne naravi, strah i trepet za svoje neprijatelje.

Govorio je:

„Ja sam lav koji živi kako živi i sve što mislim to i kažem!"

Odrastao je na Novom Beogradu, a kasnije se preselio u Ulicu 27. marta.

Prema dostupnim zvaničnim podacima, završio je srednju i Višu ugostiteljsku školu i Višu menadžersku školu, a devedesetih je diplomirao i na Višoj trenerskoj u Novom Sadu na temu „Priprema igrača za utakmicu".

Njegova životna priča zato jeste toliko originalna da se može nazvati samo arkanovska.

Arkan je bio dete nesrećnog detinjstva. Prve batine je dobio od oca zbog Tita. Lomili su jadac i on je viknuo: „Tata, umro je drug Tito!" Otac Veljko je skočio, istrgnuo sinu novine iz ruku, na šta mu je Željko rekao: „Jadac!" Pobegao je od kuće s devet godina, pravo u Dubrovnik.

Rođen je 17. aprila 1952. godine u Brežicama, gde je njegov otac Veljko bio na službi, pa ga je, uglavnom, podizala majka Slavka. Otac ju je upoznao u Prištini i s njom izrodio tri ćerke i sina Željka. Majka Slavka je bila iz ugledne porodice Josifović, a otac Veljko iz cenjene crnogorske porodice Ražnatović.

Kako mu je otac kao pukovnik avijacije preseljen na aerodrom *Pleso*, Željko je šest godina proživeo i u Zagrebu, a potom se seli u Beograd. Buntovan po prirodi, Veljko Ražnatović je izgubio posao u armiji, a time i brak. Željkovi roditelji su se razveli i neko vreme je živeo s majkom Slavkom i sestrom.

Odmalena je bio jako napredan i nestašan i valjda mu je zato prvi nadimak bio Hibrid. To mi je ispričao jedan taksista koji je bio njegov drug na Bulevaru revolucije u Beogradu. Ime Arkan uzeo je kasnije, po jednom liku čarobnjaku iz omiljenog stripa koji je čitao u detinjstvu, ali mu se i kasnije vraćao.

Željko Ražnatović je s četrnaest godina došao u sukob sa zakonom. Džepario je Beograđane i krišom obijao trafike. Zbog krađe je 1969. godine osuđen na tri godine maloletničkog zatvora u Domu za maloletne prestupnike u Novom Sadu. Upisali su ga u Pomorsku školu u Kotoru, ali je Željko s društvom pobegao u Italiju. Tamo je vežbao svoju laku ruku.

Krajem šezdesetih i početkom sedamdesetih mnogi nestašni srbijanski momci, pre svega, Beograđani i Zemunci, našli su se preko granice u Italiji. Očekivali su med i mleko, a dočekala ih je surova ulica. Da ti italijanski dani nisu bili laki, govore i činjenice da je, na primer, Rade Ćaldović na početku svoje internacionalne karijere 1972. godine u Veroni dobio metak u stomak. U Rimu je zaglavio u zatvor. Bata Glavac je dobio dva metka u telo. Kroz Italiju su na svom putu ka Evropi protrčali kao početnici u podzemlju – Ljubomir Magaš, Rade Ćaldović, Veljko Krivokapić, Slobodan Grbović, Milan Čivija, Dule Milanović, Dragan Malešević, Mile Ojdanić, Sava Somborac, Pera Ožiljak, Marinko Magda, Željko Ražnatović, Đorđe Božović. Prva stanica na tom trnovitom putu bio je Trst, zatim Rim, dok je Milano i danas omiljeno stecište jugoslovenskih avanturista.

Jedan od njih, Nikola Tripčev iz Novog Sada, još kao dete nepoznatih roditelja, u trinaestoj godini, kada je otkrio da je usvojenik, krenuo je stranputicom. S jedanaest godina je pobegao od kuće. Bilo je to 1966. U dvanaestoj je bio „petlić" u bokserskom klubu *Vojvodina*. Kada je naučio da udara, odvažio se u četrnaestoj da krade automobile. Bio je omladinski prvak Vojvodine u boksu, ali i štićenik popravnih domova u Kruševcu, Novom Sadu i Beogradu. U Kruševcu je boksovao za *Četrnaesti oktobar*, ali ga to nije popravilo:

„Želeo sam da budem nezavisan i 1972. sam krenuo u Italiju. Italija je tada za mene bila 'Amerika'. Nisam znao nijednu reč italijanskog. Samo sam u džepu imao adresu 'Via Vitruvio', nekog trga u Milanu. Krenuo sam tamo. Sticajem okolnosti naišao sam na mesto gde se okupljaju Jugosloveni. Jedan od njih se predstavio kao Dača iz Beograda. To je bio veliki prijatelj Juse Bulića, Ljube Zemunca i Arkana. Bio je džeparoš i dobro je poznavao Milano. Upoznao sam Dragomira Petrovića Drneta, pa Borislava Vuletića, bili su mi prijatelji. Tu me je prihvatio Ljuba Zemunac, on je bio kralj u Milanu. Znao me je iz boksa. Ja sam za njega bio dete, jer je Ljuba bio stariji od mene šest godina."

I Arkan je, kao i Nikola Tripčev, u Italiji prišao klanu Ljube Zemunca, koji je bio najjači i najsnalažljiviji od svih iz Jugoslavije.

Klan Ljube Magaša u Milanu je tada imao desetak članova. I bio je smetnja ostarelim jugoslovenskim kriminalcima, koji nisu mogli da trpe drske mlade Beograđane i Zemunce. Zato je došlo do sukoba. Ta afera uzbuđivala je policijske i novinarske krugove Italije i Evrope.

Taj beogradski klan, u kome su bili Ljubomir Magaš, zvani Ljuba Zemunac, Rade Ćaldović Ćenta, Goran Vuković, Đorđe Božović Giška, Branislav Matić Beli, Kristijan Golubović, Darko Ašanin, Vasa Šangajac, pa i Željko Ražnatović Arkan, kasnije je od sedamdesetih do osamdesetih godina prošao kroz gotovo sve nemačke, ali i francuske, italijanske, belgijske i švedske apsane.

Mrtvi Arkanovi prijatelji

Smrt Željka Ražnatovića izazvala je mnoge komentare među ljudima iz njegovog okruženja, koji su smatrali da je takav ishod njegovog života i očekivan, s obzirom na to da je Arkan živeo brzo i opasno.

Otkako se vratio u Jugoslaviju Arkan je vodio dve paralelne bitke, jednu za sebe i svoj privatni život i drugu za srpski narod. Na oba fronta, tvrde neki njegovi poznavaoci, počeo je da gubi onog trenutka kada su iz njegovog života počeli da nestaju njegovi najbolji prijatelji i najodaniji ljudi.

Iako su atentatori na Arkana i njegove drugove osuđeni na dvadeset godina robije, u srpskoj javnosti je ostao utisak da pravosuđe nije bilo sposobno da otkrije naručioce i prave inspiratore tog zločina. Govorilo se o jednom klanu iz beogradskog podzemlja, koji je želeo da potisne Ražnatovića, ali i o srpskoj tajnoj policiji, koja se, navodno, bojala da ne izazove političke nevolje. Odgovor nije dat, pa su likvidacije vezane za Arkanovo ime nastavljene. Neki su ih tumačili kao nastavak osvete naručiocima i organizatorima likvidacije Željka Ražnatovića i njihov kontraudarac arkanovcima.

Željko Ražnatović je, inače, poslednjih godina svog života bio suočen s gorkom istinom da ljudi oko njega ginu jer su mu bili bliski i odani.

Prvi od Arkanovih ljudi koji je izgubio život bio je Radojica Nikčević (45), direktor stambene zadruge *Šumadija*. Ubijen je 7. oktobra 1993. u 8.15 časova ujutro, u Ulici Vase Pelagića broj 54, dvadesetak metara od vrata svoje firme.

Mnogo ljudi, čak pedesetak, Arkan je izgubio i na ratištima širom Jugoslavije. Arkana i njegovu suprugu Nataliju posebno je pogodila smrt Natalijinog brata, koga su svi zvali Šale. Njegovo telo je u Hrvatskoj zamenjeno za četiri katoličke časne sestre. Prema nekim računicama Arkan je van ratišta, na beogradskom asfaltu, izgubio desetak vrlo jakih ljudi, što je umnogome oslabilo njegovu poziciju.

Iz tog prvog kruga ljudi oko Arkana iz igre su s vremenom izbačeni i Raka Stanišić, poznatiji kao Raka Dilinger, koji je ranjen i ubijen u Crnoj Gori, zatim čuveni Vule Gojak, Nebojša Đorđević Šuca iz Zemuna, i Rade Ćaldović Ćenta, koji je ubijen zajedno s Cecinom kumom Majom Pavić 1997. u Francuskoj ulici u Beogradu.

Gubitkom tih ljudi Željko Ražnatović je izgubio verne i odane prijatelje, ljude na koje je uvek mogao da računa. Posle Radojice Nikčevića, Zorana Stevanovića, Vlaste Petrovića, oca pokojnog Bojana Petrovića, i Darka Ašanina, oko Arkana su počeli, tvrde danas njegovi poštovaoci, da se okupljaju estradni muškarci. Bili su to civili i ljudi koji su ga tapšali po ramenu, dizali u nebesa, koji su ga hvalili, a koji su se izmicali uvek kada je bilo gusto. Takvi ljudi, pričaju danas arkanovci, ubili su u Željku instinkt za opasnost.

Arkan je nekada umeo da oseti neprijatelja na pet kilometara!

U međuvremenu, Arkan se opustio toliko da se smatrao sigurnim, naročito u hotelu *Interkontinental*, gde je provodio najveći deo dana.

Danas njegovi ljudi govore kako je Arkana bilo teško obezbeđivati. Najmanje dvadeset ljudi je dnevno radilo na njegovoj bezbednosti u Beogradu. Šef obezbeđenja je imao neobičan nadimak – Niški. On je svakog jutra utvrđivao plan kretanja komandanta i članova njegove porodice.

Međutim, Arkanovi saborci, koji su činili gro ekipe telohranitelja, kada su se zamorili, zamenjeni su ljudima, koji su takođe izgubili ili nikad nisu ni imali instinkt za opasnost.

Osveta Gidri

Osnivač i predsednik *Ultimajt fajt saveza Jugoslavije*, Miodrag Stojanović Gidra (1950), ubijen je 17. februara 2001. godine oko 13.30 časova u blizini Partizanovog stadiona u Beogradu. Sudeći po onome što se moglo videti na licu mesta, Gidra je likvidiran u klasičnom stilu beogradskog podzemlja. Ubica je bio visok oko 175 centimetara, s tamnim naočarima i kačketom.

Gidra je pre ubistva bio s prijateljima u kafiću *Dendi* na Slaviji, odakle je otišao u saunu *Slavija luks*, a zatim u teniski klub u Humskoj broj 1. Sačekuša je bila organizovana ispred teniskog kluba *Partizan*, u Humskoj ulici. Nepoznati napadač, pristigao iz pravca restorana *Zlatiborac*, prišao je parkiranom audiju A4 registracije BG 455-600, u kome se nalazio Gidra. S crnom kapom na glavi, u crnoj jakni i plavim farmerkama, prišao je i kroz zatvoren vozačev prozor iz pištolja ispalio 5-7 hitaca u Miodraga Stojanovića. Gidrin audi, inače vlasništvo njegove žene Svetlane, bio je „priklešten" ispred broja 8 u Humskoj s još dva automobila, iako je okolo bilo dosta slobodnih parking mesta.

Pretpostavlja se da je pucano iz pištolja „duga devetka". Gidra je, smrtno pogođen u glavu i vrat, na licu mesta preminuo. Napadač je imao i saučesnika, koji ga je čekao u micubiši koltu zelene boje, bez registarskih tablica, parkiranom u blizini. Pobegli su u pravcu *Marakane*, a zatim i Bulevara mira, gde im se gubi trag.

Njegova likvidacija je dugo i brižljivo planirana, jer su ubice, po svemu sudeći, bile dobro upućene u kretanje Miodraga Stojanovića.

Ubice su bile spremne. Sačekale su da izađe iz prostorija *Partizana*, i likvidirale ga u njegovim kolima.

Uviđajne ekipe beogradske policije obavile su svoj posao na licu mesta a, kako nezvanično saznajemo, ispod vozačevog sedišta u audiju pronađen je pištolj marke CZ, za koji se pretpostavlja da je pripadao Gidri. Sahranjen je u Baru.

Smrt Mileta Bombone

Srpska javnost je gotovo zaboravila na jednog od najpoverljivijih Arkanovih prijatelja, Milana Đorđevića, sve dok mu tužna vest, u nedelju uveče 11. marta 2001. godine, nije vratila publicitet.

Te noći, oko devet uveče, Milan Đorđević, star pedeset jednu godinu, zvani Mile Bombona, izrešetan je na desetak metara od svoje kuće u Ulici Nikole Sovilja u Beogradu. U tom atentatu ubijeni su i Milan Roknić, star četrdeset devet godina, iz Mirijeva, i Dušan Milovanović, star četrdeset šest, s Voždovca. A ranjen je Đorđevićev sin Nenad, star četrnaest godina. Njih trojica su se vraćali s malog fudbala, koji su igrali u hali *Balon* na Južnom bulevaru, kada su zasuti kišom metaka iz automata i pištolja.

Čuvši pucnjavu, na lice mesta odmah je došla i Nenadova majka Slobodanka. Dečak, koji igra fudbal u kadetskom timu *Crvene zvezde*, zadobio je više prostrelnih rana, srećom, nisu mu povređene kosti i krvni sudovi i bio je van životne opasnosti.

Zasedu, tzv. sačekušu, kakvih je poslednjih godina u Beogradu bilo na desetine, na uglu ulica Gospodara Vučića i Nikole Sovilja postavila su dva napadača. Jedan je bio naoružan automatskom puškom kalašnjikov, a drugi pištoljem kalibra devet milimetara. Čim je Đorđevićev crveni reno tvingo BG 150-710 skrenuo u ulicu Nikole Sovilja, nepoznati napadač, koji je do tada bio okrenut ka betonskoj ogradi i pravio se da vrši nuždu, okrenuo se i iz kalašnjikova otvorio rafalnu paljbu. Ubrzo mu se pridružio i drugi napadač koji je pucao iz pištolja CZ-99. Pošto su u žrtve ispalili više od trideset hitaca, napadači su pobegli crvenim audijem s četvorocifrenim brojem u kome ih je čekao saučesnik. Pratnju im je pravio crni audi s dvojicom momaka.

Stanari zgrada u okolnim ulicama pozvali su hitnu pomoć i policiju i pomogli im da iz kola izvuku teško ranjenog Roknića i Đorđevića, i njegovog sina Nenada. Mile Bombona je pogođen mecima u oko i grudi. Telom je zaštitio svog sina, koji je ranjen u obe podlaktice i potkolenice. I pored intervencije lekara Urgentnog centra, i Milan Đorđević i Milan Roknić su preminuli iste noći.

Na lice mesta došla je odmah Svetlana Ražnatović, kuma Mileta Bombone, ušla u njegovu kuću i sat vremena kasnije sa sobom odvela ostalo četvoro Đorđevićeve dece da ih skloni na sigurno. Od 118 nerazjašnjenih ubistava u Beogradu poslednjih deset godina ovo je bilo prvi put da je u likvidacijama pucano i na dete, odnosno člana porodice žrtve. Zbog toga je kuma Ceca osetila potrebu da zaštiti porodicu kuma Milana Đorđevića. Bio je oženjen Slobodankom i imaju petoro dece, tri ćerke i dva sina.

Milan Đorđević je bio najpoverljiviji čovek Željka Ražnatovića.

Metak stiže kroz prozor

Tajne likvidacije Arkanovih ljudi su nastavljene po prestonici i početkom dvadeset prvog veka. Luka Mirković, star trideset osam godina, iz Beograda, usmrćen je hicima iz automatskog oružja u utorak 24. aprila 2001. godine oko 23.45 časova, u svojoj kući u Ulici Kružni put broj 78 u naselju Medaković III.

Život nije mazio Luku Mirkovića. Njegova supruga Ljiljana pala je 1999. ispred kuće i usled moždane kapi preminula. Od tada se Luka Mirković povukao i posvetio vaspitanju svoje tri ćerkice. Pokušavao je da vodi miran život, svestan da to nije lako jer je bio okružen smrću. Posle supruge, Luka je ostao i bez oca i nekoliko prijatelja.

Njegov najbolji prijatelj, Miodrag Miša Nikšić, vlasnik FK *Zvezdara* i lanca kockarnica, ubijen je 11. jula 1995. godine ispred kafića *Mig*. Njihove žene su bile rođene sestre. Mirković je posle ubistva Miše Nikšića nastavio njegove poslove u FK *Zvezdara* i objektima za igre na sreću.

U međuvremenu, Luka Mirković je ostao bez još jednog prijatelja. Vaso Pavićević, poznati crnogorski momak, likvidiran je u automobilu marke kadet.

Mirkovićev kum bio je Milenko Mandić Manda, koji je ubijen zajedno sa Željkom Ražnatovićem i Draganom Garićem u hotelu *Interkontinental* 15. januara 2000. godine. Luka je bio u bliskim odnosima, kako tvrde neki ljudi sa Zvezdare, i s Milanom Đorđevićem, zvanim

Bombona, kumom pokojnog Arkana, koji je sredinom marta 2001. godine izrešetan desetak metara od svoje kuće u Ulici Nikole Sovilja broj 7 u Beogradu. Smrt je potom pohodila Luku Mirkovića.

Metak za Trojketa

Branislav Trojanović Trojke, star trideset osam godina, Beograđanin, vlasnik fudbalskog kluba *Zvezdara*, ubijen je u subotu 21. jula 2001. godine oko šest sati ujutro u pucnjavi ispred svoje kuće u Ulici Veljka Dugoševića broj 17, u Beogradu.

Visoki funkcioner fudbalskog kluba *Zvezdara* iz Beograda, Branislav Trojanović (1953) ubijen je u ranim jutarnjim časovima. Na njega su, zasad nepoznati napadači, ispalili više rafala iz automatskog oružja u trenutku kada je ulazio u parkirani automobil pežo 306, registarskih tablica BG 196-884.

Napadači, pretpostavlja se da ih je bilo više, strpljivo su čekali da se Trojke, kako su ga zvali u određenim gradskim krugovima, pojavi iz obližnje kuće u kojoj je živeo. Trojke je bio prijavljen na drugoj adresi, ali su njegovi egzekutori očigledno bili dobro upućeni u njegova kretanja. Posle izvršenog ubistva oni su pobegli u nepoznatom pravcu ne ostavljajući za sobom nikakve tragove.

Branislav Trojanović je pogođen s više hitaca u glavu i telo, tako da nije imao ni najmanje šanse da preživi i izdahnuo je na licu mesta. Policija je posle obavljenog uviđaja krenula u opsežnu potragu za ubicama, ali za sada nema nikakvih bližih informacija o toku istrage.

Poslednjih godina Trojke se nalazio na funkciji sekretara FK *Zvezdara*, kluba koji je upravo u ovo vreme doživljavao svoje najveće uspehe.

Slučaj Gavra

Bivši radnik državne bezbednosti Momir Gavrilović, star četrdeset dve godine, ubijen je 3. avgusta 2001. godine iz vatrenog oružja u petak uveče oko 22 sata na uglu ulica Džona Kenedija i Gramšijeve na Novom Beogradu.

Prema rečima očevidaca, u Momira Gavrilovića Gavru je mučki pucao iz neposredne blizine za sada nepoznati muškarac srednjih godina, s kačketom na glavi. Ubica je protrčao pored Gavrilovića, ispalio mu nekoliko metaka u glavu i pobegao. Na mestu događaja nađene su čaure na desetak metara sa obe strane od Gavrilovićevog tela, što je navelo i na sumnju da se možda radi o dvojici napadača. Kako sumnja policija, nepoznati ubica je izgleda pobegao metalik sivim mercedesom početnih brojeva registracije BG 444. Jedan od Gavrilovićevih komšija iz Gramšijeve ulice, koji je te noći vozio bicikl, video je ubice i ubistvo iz blizine, ali se nije prijavio policiji da svedoči.

Momir Gavrilović rođen je 23. aprila 1959. u Beogradu, gde je završio Četrnaestu beogradsku gimnaziju i potom Višu školu unutrašnjih poslova u Zemunu. Njegov otac, beogradski lekar, preminuo je prošle godine. Imao je majku i brata Mirka, koji već četiri godine radi u Las Vegasu kao taksista. U tajnoj policiji, Gavra, kako su ga zvali ukućani, radio je od februara 1985. Od 1993. do 15. septembra 1999. godine bio je pomoćnik načelnika jednog odeljenja u Centru Resora državne bezbednosti u Beogradu. Početkom devedesetih je u okviru Združenog odreda SSUP-a boravio na području Uroševca na Kosmetu. A potom je 1992. godine kao pripadnik Jedinice za specijalne operacije, upućen u ime MUP-a Srbije u Erdut da pomogne Željku Ražnatoviću Arkanu. Ratovao je u Slavoniji kao pripadnik JSO RDB-a Srbije. Bio je tada komandant Jedanaestog korpusa vojske Republike Srpske Krajine. Jedno vreme radio je i na suzbijanju šverca i krijumčarenja u Slavoniji i na granici sa Srbijom. Poznanstvo sa Arkanom u Erdutu preraslo je u prijateljstvo. Željko i Svetlana Ražnatović bili su na svadbi Momira i Aleksandre Gavrilović u hotelu *Hajat* 1996. godine. Posle Arkanovog ubistva Gavra je posećivao udovicu Svetlanu Ražnatović.

Simptomatično je, međutim, da je Momir Gavrilović bio Arkanov prijatelj i da je to, od ubistva Željka Ražnatovića do danas, deseta žrtva koja je direktno ili indirektno bila povezana sa Arkanom.

Kako se sve to dogodilo ispričala mi je njegova supruga Aleksandra Lazić Gavrilović kada sam pripremao intervju za list *Nedeljni telegraf.*

„Od tog kobnog petka Gavra i ja mnogo smo očekivali. Tog dana je Gavra trebalo treći put da bude u Kabinetu predsednika Jugoslavije. Izgleda da su od susreta mnogo očekivali i ljudi iz Kabineta, jer su u četvrtak, oko 16 sati, zvali da provere da li Momir dolazi sutra u 10 kod Ljiljane Nedeljković, šefa Kabineta. Ja sam se javila na taj poziv. Momirov mobilni telefon bio je isključen, jer smo strepeli od prisluškivanja, pa je saradnica iz Kabineta, čije je prezime, čini mi se, Bogićević, pozvala Momira na kućni, fiksni telefon. Čitavo veče u četvrtak Gavra i ja smo proveli razmišljajući šta će se sutra u Kabinetu dogoditi. Naime, u jednom razgovoru s Vojislavom Koštunicom, predsednik je pitao Gavru da li bi se vratio u službu? Momir je tada, mislim da je to bilo krajem aprila, rekao Koštunici:

'Neću da se vraćam u RDB Srbije dok su ti ljudi tamo! I nikada ne bih!'

Veče pre našeg razgovora Gavrini prijatelji i on nagađali su šta će mu u petak biti konkretno ponuđeno u Kabinetu predsednika SRJ. Iz svega što su govorili zaključili su da mu Koštuničini ljudi neće ponuditi ništa konkretno...“

Kao operativac, Gavra je direktno učestvovao u akciji hapšenja ministra Save Vlajkovića, zatim u akciji hvatanja i vraćanja odbegle Dafine Milanović s granice SRJ u Beograd, u operaciji hvatanja šiptarskih terorista na Novom Beogradu. Napustio je tajnu policiju u septembru 1999. jer se nije slagao s koncepcijom rada Radeta Markovića, kao ni sa ukupnom atmosferom u RDB-u. Gavra nije bio član nijedne stranke, niti bilo kog klana u Beogradu. Bio je na Miloševićevoj listi nepodobnih ljudi kao čovek koji je spasao život Zoranu Đinđiću tokom agresije NATO-a na Jugoslaviju. Naime, kada je SPS poveo kampanju protiv Đinđića i kada se pojavila opasnost od atentata na Zorana Đinđića, lično je Gavra odveo lidera Demokratske stranke u Crnu Goru i smestio ga kod svojih jataka.

Prvi kontakt s Vojislavom Koštunicom inspektor Gavrilović je ostvario posredstvom profesora Lasla Sekelja. A potom s Ljiljanom Nedeljković, sa savetnikom Gradimirom Nalićem i još jednim savetnikom. Tada je obavešten da se u Kabinetu predsednika Jugoslavije pravi kadrovski raspored za novo rukovodstvo Resora državne bezbednosti Srbije.

„Gradimir Nalić je Gavri rekao da je postignuta saglasnost oko svih članova tog novog rukovodstva, osim za jednog čoveka kog nisu još uzimali u obzir. Koliko ja znam, a kako je Gavra rekao, na sastanku u Kabinetu, 3. avgusta, nije bilo ni reči o korupciji, o voždovačkom ili surčinskom klanu, ni o bilo kakvoj sprezi političkog vrha Srbije i nove vlasti ili policije s mafijom“, rekla mi je njegova supruga Aleksandra. „Gavra, uostalom, nikada nije imao nikakvih kontakata s ljudima iz podzemlja. Družio se samo sa onima u koje je imao poverenje i koji su mu bili prijatelji. Nikada nije u kući komentarisao ni likvidacije po

Beogradu. Lično je bio pogođen samo ubistvom Željka Ražnatovića, ali ga nije mnogo komentarisao."

Kada je Gavra ubijen, u javnosti je predstavljen prvo kao kriminalac, kao da je neko tako hteo, a potom kao vrhunski obaveštajac. I to je neko tako hteo. Mnogi poznanici i prijatelji, pa i kolege, mrtvog su ga se odrekli. Njegova supruga je ostala sama i zbunjena:

„Ne znam ko je i zašto ubio Gavru. Ne mogu da naslutim nikakav motiv za Momirovu likvidaciju. Raspitivala sam se i u GSUP-u. Saslušavali su me oko sat i po. Kada sam ih pitala da li išta znaju o Gavrinim ubicama, inspektor mi je kratko odgovorio: 'Radimo punom parom!'"

Od tada do danas policija nije saopštila nikakvu vest o ubicama Momira Gavrilovića, koji je bio razlog političkih nesuglasica u DOS-u.

Slučaj Gavra je zataškan radi političkog mira u Srbiji. Likvidacija Boška Buhe, generala policije, narušila je taj mir, jer je dala za pravo kritičarima vlasti koji tvrde da DOS nije uspeo da se odupre podzemlju i da kriminal stavi pod kontrolu. Naprotiv, ubistvom Boška Buhe stiče se utisak da kriminal i dalje vlada društvenim i političkim životom Srbije.

LITERATURA

Beograd u ratu i revoluciji 1941–1945, Istorijski arhiv Beograda 1984.

Bezbednost, časopis, RSUP Srbije, Beograd 1974.

Dokumenti o VOS-u, RSUP Slovenije, Ljubljana 1976.

Ko je ko u Jugoslaviji, Hronometar, Beograd 1982.

Krivični zakon SFRJ, Savremena administracija, Beograd 1982.

Mala politička enciklopedija, Prosveta, Beograd 1988.

Politička enciklopedija, Savremena administracija, Beograd 1978.

Sarajevski proces – dokumenti, Bosanski institut, Cirih 1987.

Specijalni rat protiv SFRJ danas i mere suprotstavljanja, zbornik, CK SKJ, Kumrovec 1983.

Sve srpske vlade, Ministarstvo za informacije, Beograd 1992.

Vojna bezbednost, VINC, Beograd 1990.

Vojnoobaveštajna služba, VINC, Beograd 1990.

Babović Budimir: *Interpol mit i stvarnost*, Globus, Zagreb 1986.

Babović Budimir: *Interpol i Jugoslavija*, privatno izdanje, Beograd,1994.

Babović Budimir: *Interpolove priče*, VINC, Beograd 1988.

Babović Budimir: *Iz dosijea Interpola*, ABC produkt, Beograd 1991.

Belof Nora: *Zapravljena dedoščina J. B. Tita*, ZAT, Maribor 1990.

Bošković dr Milo: *Šesta kolona*, Dnevnik, Novi Sad 1986.

Bošković Nedeljko: *O terorizmu uopšte i iskustvima iz akcije Raduša*, OBŠC, Beograd 1978.

Bulatović Ljiljana, Spasić Božidar: *Smrt je njihov zanat*, Politika, Paladin, Beograd 1993.

Bulatović Ljiljana: *Prizrenski proces*, Književna zajednica, Novi Sad 1988.

Cenčić Vjenceslav: *Enigma Kopinič*, Rad, Beograd 1983.

Ćosić Dobrica: *Stvarno i moguće*, Cankarjeva založba, Ljubljana 1988.

Ćuruvija Slavko: *Ibeovac*, Filip Višnjić, Beograd 1990.

Čaušević Enver: *Ilidžanci*, Zvezdara, Beograd, Mina, Sarajevo 1990.

Danilović dr Rajko: *Upotreba neprijatelja*, Agencija Valjevac, Valjevo 1993.

Delić V. Milan: *Osnovi bezbednosti*, Institut bezbednosti SSUP-a, Beograd 1990.

Doder Duško: *The Yugoslavs*, Random House, Njujork 1978.

Doder Milenko: *Jugoslovenska neprijateljska emigracija*, Centar za informacije i publicitet, Zagreb 1989.

Doder Milenko: *Kopinič bez enigme*, CIP, Zagreb 1986.

Dragutinović Milan: *Oči u oči s odmetnicima*, Dnevnik, Novi Sad 1988.

Duhaček Anton: *Ispovest obaveštajca*, Grafopres, Beograd 1992.

Daković dr Spasoje: *Fadilj Hodža i Enver Hodža*, Naučna knjiga, Beograd 1989.

Đilas Milovan: *Druženje s Titom*, privatno izdanje, Beograd 1990.

Đilas Milovan: *Nova klasa*, Narodna knjiga, Beograd 1990.

Đilas Milovan: *Razgovori sa Staljinom*, Književne novine, Beograd 1990.

Đilas Milovan: *Tamnica i ideja*, Kolašinska liga za ljudska prava, London 1984.

Đorđević dr Obren: *Leksikon bezbednosti*, Privredapublik, Beograd 1989.

Đorđević dr Obren: *Osnovi državne bezbednosti*, VSUP, Zemun 1987.

Đorđević dr Obren: *Zaštita revolucije*, FPN, Beograd 1979.

Đukić Slavoljub: *Čovek u svom vremenu razgovori s Dobricom Ćosićem*, Filip Višnjić, Beograd 1989.

Đukić Slavoljub: *Između slave i anateme*, Filip Višnjić, Beograd 1994.

Đukić Slavoljub: *Kako se dogodio vođa*, Filip Višnjić, Beograd 1992.

Đukić Slavoljub: *Slom srpskih liberala*, Filip Višnjić, Beograd 1990.

Đureković Stjepan: *Komunizam: velika prevara*, International Books, Njujork

Dželebdžić Milovan: *Obaveštajna služba u NOR-u 1941–1945*, Vojnoistorijski institut, Beograd 1987.

Gaćinović Đ. Radoslav: *Suprotstavljanje diverzantskim aktivnostima*, Radničke novine, Zagreb 1989.

Gajić Glišić Dobrila: *Duše u plamenu – tajni život srpske emigracije*, Litopapir, Čačak 1995.

Gajić Glišić Dobrila: *Iz kabineta ministra vojnog – srpska vojska*, privatno izdanje, Čačak 1992.

Galić Mirko: *Politika u emigraciji*, Globus, Zagreb 1990.

Gligorijević Milo: *Rat i mir Vladimira Dedijera*, Narodna knjiga, Beograd 1986.

Gligorijević Milo: *Slučajna istorija*, BIGZ, Beograd 1988.

Gligorijević Milo: *Srbija na Zapadu*, Politika, Beograd 1991.

Ilić Ratko: *Opredeljeni za izdaju*, Oslobođenje, Sarajevo 1989.

Ivanović Siniša: *Špijun u mantiji*, Nova knjiga, Beograd 1987.

Izveštaj Saveznog javnog tužilaštva o političkom kriminalitetu 1963–1990.

Janković Milorad: *Rat špijuna u Kraljevini Jugoslaviji*, Združena štampa, Zagreb 1982.

Kalabić Radovan: *Srpska politička emigracija*, privatno izdanje, Beograd 1992.

Kalezić dr Vasilije: *Đilas, miljenik i otpadnik komunizma*, Zodne, Beograd 1986.

Karapandžić Borivoje: *Jugoslovensko krvavo proleće*, Mladost, Beograd 1989.

Kavaja Nikola: *Sinovi izdate Srbije*, privatno izdanje, Njujork 1989.

Kesar Jovan, Simić Pero: *Leka*, Akvarijus, Beograd 1990.

Kljakić Dragan: *Izgubljena bitka generala Markosa*, Narodna knjiga, Beograd, 1987.

Kovačević Milenko: *Obračun s odmetnicima*, Kultura, Beograd 1990.

Kovačević Sreten: Hronologija antijugoslovenskog terorizma, VSUP, Zemun 1981.

Kovačević Sreten: *Terorizam i Jugoslavija*, Arkade print, Zemun 1992.

Krstić Slobodan Uča: *Kako sam hvatao Dražu Mihailovića*, BIGZ, Beograd 1988.

Labović Đurica: *Pet hitaca u Pavelića*, Eksportpres, Beograd 1992.

Ličina Đorđe: *Tragom prave lisice*, CIP, Zagreb 1990.

Lopušina Marko: *Crna knjiga*, Fokus, Beograd 1991.

Lubarda Vojislav: *Svilen gajtan*, Dečje novine, Gornji Milanovac 1990.

Lukić Vojin: *Brionski plenum*, Stručna knjiga, Beograd 1990.

Marić Milomir: *Deca komunizma*, Mladost, Beograd 1990.

Marković Dragan, Sava Kržavac: *Zašto su smenjivani*, Partizanska knjiga, Beograd 1985.

Marković Milivoje: *Preispitivanja*, Narodna knjiga, Beograd 1986.

Matić Boško: *Krcun*, Dečje novine, Gornji Milanovac 1988.

Mićković Radoš, Višnjić Aćim: *Komandant srpske garde Giška*, Književna zajednica Herceg Novi 1993.

Mićović Vojislav: *Specijalni rat i Jugoslavija*, Rad, Beograd 1986.

Milašinović dr Radomir M.: *Teror slobode*, Jugoart, Zagreb 1985.

Milovanović Nikola: *Kroz tajni arhiv Udbe*, Sloboda, Beograd 1986.

Minić Miloš: Četnici i njihova uloga u vreme NOR-a 1941–1945, Komunist, Beograd 1982.

Nahtigal Ivan: *Strane obaveštajne službe i njihova delatnost protiv SFRJ*, SSUP, Beograd 1971.

Nenadović Aleksandar: *Razgovori s Kočom*, Globus, Zagreb 1989.

Novinska dokumentacija *Politika*, *Borba*, Tanjug, *Duga*, *Intervju*

Numić Selim: *Dobra zemljo, lažu*, Nova knjiga, Beograd 1990.

Odić Slavko, Kbomarica Slavko: *Partizanska obaveštajna služba 1941–1942*, CIP, Zagreb 1988.

Pačepa Jon Mihaj: *Crveni horizonti*, Akvarijus, Beograd 1990.

Pavlica dr Bogdan: Antijugoslovenska neprijateljska emigracija u Nemačkoj, Glas, Beograd 1987.

Pavlović Živojin: *Ispljuvak pun krvi*, Grafički atelje Dereta, Beograd 1990.

Popov dr Nebojša: *Društveni sukobi izazov sociologiji*, Mladost, Beograd 1988.

Popović Miroslav: *Udri bandu*, Filip Višnjić, Beograd 1988.

Radić Radmila: *Verom protiv vere*, INIS, Beograd 1995.

Radončić Fahrudin: *Adem Demaći*, Danas, Zagreb 1991.

Radonjić doktor Radovan: *Izgubljena orijentacija*, Radnička štampa, Beograd 1985.

Rajić L. Milan: Srpski pakao u komunističkoj Jugoslaviji, Evro, Beograd 1991.

Savić Andreja: *Uvod u državnu bezbednost*, VSUP, Beograd 1994.

Sekulić Zoran: *Pad i ćutanje Aleksandra Rankovića*, Dositej, Beograd 1989.

Seratlić Novo: *Šesta kolona*, VINC, Beograd 1989.

Simeunović dr Dragan: *Savremeni terorizam*, Poslovna politika, Beograd 1990.

Simić Pero: *U krvavom krugu*, Filip Višnjić, Beograd 1993.

Spasojević Svetislav: *Slučaj Martinović*, Partizanska knjiga, Beograd 1986.

Stanković Drago: *Anatomija procesa Milovanu Đilasu*, CIP, Zagreb 1989.

Stojanović B. Milenko: *Svjedočanstva golootočkih zločina*, Stručna knjiga, Beograd 1993.

Šešelj dr Vojislav: *Knjige za lomaču*, privatno izdanje, Beograd 1988.

Šešelj dr Vojislav: *Osvajanje slobode*, privatno izdanje, Beograd 1988.

Todorović dr Boško, Vilić Duško: *Izdaja i odbrana Jugoslavije*, Privredapublik, Beograd 1990.

Todorović dr Boško, Vilić Duško: *Razbijanje Jugoslavije*, Književne novine enciklopedija, Beograd 1995.

Todorović doktor Boško, Vilić Duško: *Vanredne prilike*, Privredapublik, Beograd 1989.

Trešnjić Milan: *Vreme razlaza*, Književne novine, Beograd 1989.

Tufegdžić Vojislav, Knežević Aleksandar: *Kriminal koji je izmenio Srbiju*, B92, Beograd 1995.

Uprava bezbednosti SSNO: *Obaveštajni sistem SAD*, Beograd 1978.

Vasović R. Danko: *Valdhajm – jedna karijera*, Mladost, Beograd 1988.

Vidačić Rajko: *Obračun s balistima*, Stručna knjiga, Beograd 1990.

Vlasi Azem: *Majstori mraka*, Globus, Zagreb 1990.

Vuković Zdravko: *Od deformacija SDB do maspoka i liberalizma*, Narodna knjiga, Beograd 1989.

Vurdelja G. Dragoljub: *Obezglavljena srpska crkva*, privatno izdanje, Trst 1964.

Zejneli Zejnel: *Ko je izdao revoluciju*, Jedinstvo, Priština 1988.

Beleška o autoru

Marko S. Lopušina novinar je i publicista.

Lopušine su trebješko bratstvo Jokanovića iz plemena Drobnjaka. Imalo je i nadimak Lopušine, jer je junak Vuk Jokanović „sekao turske glave kao lopure"...

Lopušina (Janković), ranije Jokanović, grana Gavrilovića (Trebješana ispod Trebjese) – Nikšićana, nastanjeni su u Strugu, Sirovcu (Drobnjaci) i drugim mestima.

Rođen 1951. godine u Raškoj, u Srbiji. Završio osnovnu školu i gimnaziju u Brusu i Fakultet političkih nauka u Beogradu. Nije član nijedne stranke. Oženjen je i ima sina. Radio u listu *Sekundarne sirovine* 1976. kao novinar i urednik, u listu *Zdravo* 1978. kao novinar, u magazinu *Intervju* od 1981. kao novinar i urednik, a 1997. bio i glavni urednik. A potom kao urednik u magazinu *Profil* 1999. i listu *Nedeljni telegraf* 2008.

Saradnik je portala *Serbiana*, *Dveno*, časopisa *Ogledalo* iz Čikaga, *Srpskog glasa* iz Melburna, *Novina* iz Toronta, Srpskog radija u Los Anđelesu i Sidneju, Srpske zajednice u Mariboru i portala u Hrvatskoj i Makedoniji. Saradnik je SANU i Matice srpske na *Srpskoj enciklopediji*, poglavlje o iseljenicima i dijaspori.

Član Udruženja novinara Srbije, član Udruženja književnika Srbije i član Udruženja ribolovaca Zemuna. Član Kongresa srpskog ujedinjenja iz Sjedinjenih Država i član asocijacije Srpska veza iz Beograda. Počasni član Tesline naučne fondacije u Filadelfiji od 2012. godine. Uvršćen u knjigu *Ko je ko u Srbiji* i u ediciju Kongresne biblioteke u Vašingtonu za 2008/09. godinu *Who is Who in USA and Canada*.

Dobitnik Nagrade „Laza Kostić", Udruženja novinara Srbije za 2002. godinu i vlasnik zlatnog prstena UNS-a kao jedan od najboljih novinara za 2004. godinu.

Dobitnik Priznanja izdavačke kuće *Narodna knjiga* u 2003. godini kao najbolji publicista u Srbiji i Crnoj Gori. Dobitnik Bronzane povelje na Internacionalnom festivalu reportaže 2004. godine u Somboru.

Dobitnik Zlatne značke Kulturno-prosvetne zajednice Srbije za 2008. godinu.

Nosilac ordena „Vuk Stefanović Karadžić" za doprinos novinarstvu, srpskoj kulturi, informisanju i očuvanja identiteta Srba u dijaspori.

Poslednje priznanje koje je dobio je Plaketa Narodne skupštine Srbije, Odbora za dijasporu, februar 2014. godine. A nagovešteno je i da je dobitnik prve nagrade za publicistiku „Dragiša Kašiković" za 2014. godinu.

Autor je pedesetak feljtona o iseljenicima, obaveštajnim službama, delinkvenciji, i još tridesetak knjiga iz ovih oblasti.

Autor je knjiga: *Najzagonetnije jugoslovenske ubice* (1987), *Crna knjiga: cenzura u Jugoslaviji 1945–1991* (1991), *Svi Srbi sveta* (1994), *Ubij bližnjeg svog 1: jugoslovenska tajna policija 1945–1995* (1996), *Ubij bližnjeg svog 2: akcija državne bezbednosti protiv špijuna od 1946–1997* (1997), *CIA protiv Jugoslavije* (1997), *Ubij bližnjeg svog 3: istorija jugoslovenskog podzemlja 1945–1998* (1998), *Svi Srbi sveta: vodič kroz dijasporu* (1998), *Tajne službe sveta: deset najvećih agentura i špijuna* (1999), *OVK protiv Jugoslavije: kako smo izgubili Kosovo i Metohiju* (1999), *Balkanska smrt: šiptarska narko-mafija* (1999), *Najbogatiji Srbi sveta* (1999), *Sačekuša: krvavo srce Beograda* (2000), *Mafije sveta* (2000); *Lov na Miloševića: američka antisrpska politika* (2000), *Ko je ko u YU podzemlju* (2000) *Srbi u Americi* (2000), *Komandant Arkan* (2001), *Radovan Karadžić: najtraženija srpska glava* (2001), *Svetska enciklopedija podzemlja* (sa sinom Dušanom, 2001), *KGB protiv Jugoslavije* (2001), *Tajne srpske policije* (2001), *Ubij bližnjeg svog 4: jugoslovenska tajna policija 1945–2002* (objedinjava sva tri prethodna toma, 2002), *Ceca: između ljubavi i mržnje* (2003), *Fudbal je više od igre: životna priča Milovana Mitića, majstora loptanja i učitelja fudbala* (koautor s Milovanom Mitićem, 2003), *Enciklopedija špijunaže* (koautor s Milanom Petkovićem, 2003), *Crnogorski klan* (2003), *FBI i Srbi: kako američka politička policija progoni naše ljude* (2003), *Srpska mafija: ko je ko* (2003), *Tajni ratnici ex-Jugoslavije* (2003), *KOS: tajne vojne službe bezbednosti* (2004), *Legija i zemunski klan* (2004), *Srbi u dijaspori: adresar i imenik* (koautor sa sinom Dušanom, 2004), *Srbi su harali svetom* (2005), *Tajne službe sveta* (2005), *Milo, jedna evropska priča* (2005), *Teroristi sveta* (2006), *Ilustrovana istorija srpske dijaspore* (koautor sa sinom Dušanom, 2006), *Lovci na Ratka Mladića* (2006), *Hotel Moskva: prvih 100 godina* (2008), *Srbi u Americi: 1815–2010* (koautor sa sinom Dušanom, 2010), *Masoni u Srbiji* (2010), *CIA u Srbiji: 1947–2010* (2010), *Britanska prevara: MI6 u Srbiji* (2011), *Ubice u ime države* (2012), *Špijuni majke Srbije* (2013), *Srbi u Australiji* (koautor sa sinom Dušanom, 2013), *Srbi u Istočnoj Evropi 1. knjiga* (2014), *Tajna društva u Srbiji i tajne verskih zajednica* (2015), *Crna knjiga: cenzura u Srbiji 1945–2015* (2015), *Srbi u Istočnoj Evropi 2. knjiga* (2016), *Srbi u Švedskoj i Skandinaviji* (2016), *Enciklopedija srpske dijaspore: Srbi u prekomorskim zemljama* (koautor sa sinom Dušanom, 2016), *Princ Čarls i Srbi: britanska podmukla diplomatija prema Srbiji* (2016), *Srbi u Rusiji* (2017) i *Srbi u Nemačkoj: od Getea do danas* (2019), *Tajni čuvari hrišćanstva: templari, zmajonosci i masoni u Srbiji* (2019), *Srbi u Austriji* (2019), *Stranci koji nas vole* (2020), *Srbi u Berlinu: istorija doseljavanja* (2020), *Enciklopedija srpske dijaspore: Srbi u evropskim zemljama* (2021) i *Stranci koji nas mrze: nekad i sad* (2022).

Marko Lopušina je priredio knjige *Autobiografija Mire i Slobodana Pavlovića: Idi sine ali se ne vraćaj*, autobiografiju Nikole Kavaje *Komandos ili Sinovi izdate Srbije*, *Srpska bratska pomoć u SAD i Kanadi*, *Purpurna reka, ispovest Cvetana Slepčeva* i knjige *Bila sam žena Brozovog špijuna* Dušanke Prokić.

Marko Lopušina živi u Zemunu i piše širom srpskog rasejanja.

Veb-sajt adresa: www.lopusina.com

SADRŽAJ

Knjige Marka Lopušine u izdanju Izdavačke kuće TEA BOOKS (digitalna i/ili štampana izdanja)

www.ingramcontent.com/pod-product-compliance
Lightning Source LLC
Chambersburg PA
CBHW021804270326
41932CB00007B/52